더미를 위한

마케팅

제5판

더미를 위한

마케팅

제5판

지넷 맥머트리 지음
김성아 옮김

시그마북스
Sigma Books

더미를 위한
마케팅

발행일 2018년 5월 10일 1쇄 발행
지은이 지넷 맥머트리
옮긴이 김성아
발행인 강학경
발행처 시그마북스
마케팅 정제용, 한이슬
에디터 권경자, 김경림, 장민정, 신미순, 최윤정, 강지은
디자인 최희민, 김문배, 이연진

등록번호 제10-965호
주소 서울특별시 영등포구 양평로 22길 21 선유도코오롱디지털타워 A404호
전자우편 sigma@spress.co.kr
홈페이지 http://www.sigmabooks.co.kr
전화 (02) 2062-5288~9
팩시밀리 (02) 323-4197
ISBN 978-89-8445-991-5 (04320)
978-89-8445-962-5 (세트)

Marketing For Dummies®, 5th Edition

이 도서의 국립중앙도서관 출판예정도서목록(CIP)은 서지정보유통지원시스템 홈페이지(http://seoji.nl.go.kr)와 국가자료공동목록시스템(http://www.nl.go.kr/kolisnet)에서 이용하실 수 있습니다.
(CIP제어번호: CIP2018011541)

* 시그마북스는 (주) 시그마프레스의 자매회사로 일반 단행본 전문 출판사입니다.

소비자는 판매의 대상이 아니라

대화의 대상이 되길 원한다.

- 찰스 그레이브스

들어가는 글

마케팅은 과학과 예술이 결부된 분야로, 비즈니스에서 가장 성취감을 높여줄 수 있는 직무 중 하나다.

오늘날의 마케팅은 데이터와 예측 분석을 통해 하나의 과학이 된다. 소비자 행동 분석을 통해 인간 심리를 파악하고 영감과 흥분을 촉발하는 이벤트 및 관계를 통해 감정을 자극하며 분야 간 경계를 부수는 기술을 적용하고 한계를 넘어 상상력과 혁신, 창조력을 이끌어내는 예술로 승화한다. 또 이 책을 읽다 보면 마케팅에 재미와 게임적 요소도 녹아 있다는 사실을 알게 될 것이다.

제품을 출시하고 소비자의 생애가치를 높이는 데 활용할 수 있는 강력한 기술들이 존재하지만, 그럼에도 불구하고 마케팅은 만만한 영역이 아니다. 소비자의 기대감과 요구가 계속 변하고 모바일 기기 및 소셜미디어에 할애하는 시간이 늘어나면서 소비자의 머릿속 또한 엄청나게 산만해지고 있으며, 지리적 장벽을 완전히 무너뜨린 전자상거래 덕분에 소비자들은 그 어느 때보다 다양한 구매 옵션을 갖게 됐기 때문이다.

이 책은 오늘날과 같은 시장 환경 및 소비자 중심 세상에서 이미 효과가 입증된 마케팅 전략과 기법, 그리고 관련 기술에 대한 탄탄한 실무 지식을 전달한다. 소속된 회사가 대기업이든 중소기업이든, 또 사업 성격이 B2B든 B2C든 상관없이 모든 독자가 도움을 받게 될 것이다.

어떤 분야에서든 성공하기 위해서는 고객에게 의미가 있으면서 설득력 있고 흥미로운 방식으로 자신이 하는 일을 분명히 표현해야 한다. 관련 메시지에 고객의 포부와 가치, 이상을 녹여낼 수 있으면 효과는 더 높아진다. 또한 계획도 필요하다. 제품을 시장에 도입하고 제품의 실질적이고 인지된 가치를 높이며 유통업체 및 B2B 채널 관리자와 협력관계를 구축하고 고객의 충성도를 높이며 브랜드 에반젤리스트(evangelist : 전도사라는 의미로, 브랜드나 제품을 자발적으로 홍보하는 마니아 고객-역주)를 만드는 여정을 하나의 지도로 그려낼 수 있어야 한다. 게다가 그 모든 과정은 브랜드가 현 시대에 맞고, 향후 성공할 수 있는 기초를 마련할 수 있도록 새로운 제품과 서비스를 통해 지속적인 혁신을 마련하는 작업과 병행돼야 한다. 마케팅은 나약한 사람들을 위한 일이 아니며, 즐겁고 창조적이며 흥분과 도전을 즐기는 사람들에게 어울리는 직무다.

이 책을 읽으면서 기억할 점은 불가능이란 없다는 사실이다! 성공의 핵심은 가용할 수 있는 자원을 통해 스마트하고 효율적으로 일할 수 있는 계획을 꼼꼼하게 세우는 것이다. 이는 마치 마음속에 확실한 목적지를 두고 여행 경로를 짜는 것과 같다. 목적지로 가는 도중에 아무리 마음이 솔깃한 샛길이 나올지라도, 원래의 경로를 계속해서 걷는 의지도 필요하다.

이 글을 읽고 있는 독자가 한 조직을 이끄는 사장이든 마케팅 임원이든 아니면 중소기업의 관리자든 이 책은 스스로 마케팅 활동을 계획하고 실행하길 원하는 모든 이들에게 방향을 제시할 것이다. 너무 지엽적인 방법 대신 마케팅 업무를 완수하는 스마트한 방식들과 더불어 아이디어를 더 큰 그림으로 발전시킬 수 있는 방법들도 제시할 것이다. 마케팅 관련 대행사에서 일하는 사람이라면 직장에서 주어진 업무 목표를 달성하고, 자신의 커리어를 발전시키기 위해 마케팅 계획에 어떤 항목들을 포함시켜야 하는지 습득하게 될 것이다.

이 책에 대하여

이 책은 중소기업의 사장이나 임원부터 대기업의 일반 사원까지, 그리고 마케팅 계획 수립 및 상품 기획, 광고 캠페인, 인쇄 광고, 웹사이트 등 각종 마케팅 직무를 담당하는 사람들 모두를 만족시킬 것이다. 그밖에도 정치 캠페인 기획자나 공공 보건 전문가, 기업의 경영진 및 이사회 일원, 박물관이나 비영리조직의 관리자, 또 프리랜서로서 꾸준한 고객 확보를 위해 자신의 영역에서 전문성과 개인 브랜드를 홍보해야 하는 컨설턴트에게도 큰 도움이 될 것이다.

결국 이 책은 모든 마케터에게 도움을 줄 수 있다. 그들이 사업을 하는 소비자 중심 사회에 대해, 업무에 즉시 활용 가능한 매체 및 채널 관리 도구에 대해, 그리고 다양한 마케팅 활동을 관리하고 실행하고 평가하는 데 활용 가능한 기술들에 대해 이 책은 개인별 상황에 맞게 통찰을 제공할 것이다. 독자들은 만족스러운 고객경험과 여정을 만드는 방법뿐 아니라 이메일, 디지털, 인쇄 매체를 통한 마케팅 캠페인과 다이렉트 마케팅을 통해 매출과 이익을 증대하는 방법을 터득하게 될 것이다. 게다가 이 모든 활동을 성공적으로 수행하면서 비용은 더 절감하고 효율은 더 높이는 방법도 터득하게 될 것이다.

독자에게 드리는 말씀

이 책을 읽다 보면 고객과 시장에 대해 미리 추측하지 말라는 충고가 여러 번 나온다. 하지만 개정판을 집필하면서 필자가 이 책을 읽을 독자들에 대해 추측한 몇 가지 사실이 있다.

» 이 책의 독자들은 사업을 하거나 사업체에 속해 있으면서 현재 비즈니스 환경에 맞는 제품을 성공적으로 시장에 도입할 수 있는 방법을 알고자 하고, 그에 대한 책임을 갖고 있는 사람들일 것이다. 다만 뛰어난 마케팅을 수행하기 위한 실무 지식이 부족할 테고, 그래서 이 책에서는 각 기법들을 가능한 한 분명하고 구체적으로 설명할 것이다.

» 독자들은 판매를 개선하고 조직을 성장시키는 새로운 아이디어와 기술, 프로세스를 기꺼이 시도해보고자 할 것이다. 주어진 과제나 필요한 기술이 자신의 역량 밖이라면 다른 이들(광고대행사나 데이터 전문가, 디자이너 등)의 도움이 필요하다고 인식할 것으로 예상된다. 마케터들은 외부 서비스를

자주 활용하기 때문에 뛰어난 실력으로 일을 제때에 그리고 예산에 맞춰 완수할 수 있는 대행사들을 다수 확보하고 관리하는 것은 매우 중요하다.

» 또한 이 책의 독자들은 상상력과 창의력을 발휘하다 어느 때고 필요에 따라 엄격하고 분석적인 사람으로 변할 수 있을 것이다. 마케팅에서 성공하기 위해서는 이런 두 가지 역량이 모두 필요하기 때문이다. 이 책을 읽어나가면서 숫자를 다루는 여러 공식들을 접하게 될 것이고, 매출과 투자수익률, 고객당 투입되는 비용을 전망하고 산출하는 방법도 터득하게 될 것이다. 그러나 또 다른 순간에는 고객에게 정서적 공감대와 흥미를 유발하면서 소통할 수 있는 '게릴라' 마케팅 활동과 즐거움을 창출할 수 있도록 상상력을 발휘하는 방법에 대해서도 알게 될 것이다. 더 중요하게는 오늘날 소비자들의 사고방식을 배우고, 선택이라는 인간의 심리(대다수 사람들의 생각과 행동을 촉발하는 무의식적 생각)에 어떻게 어필하는지 알게 될 것이다.

» 이 책의 독자들에게 무한정 쓸 수 있는 예산이 없으리라는 것도 충분히 예상 가능하다. 그래서 필자들은 예산 규모와 상관없이 집행할 수 있는 마케팅 프로그램을 개발하는 아이디어들을 제시한다. 판매자와 구매자 모두를 위해 어떻게 하면 거래 방정식에서 가격을 제거하고 고객과 관계를 맺어나갈 수 있는지 깨닫게 될 것이다.

아이콘 설명

이 책에 활용된 다음 아이콘들은 본문에서 값진 정보를 찾는 데 도움이 될 것이다.

사례 보기

모든 마케팅은 실제 세상에서 벌어지는 활동이다. 이 아이콘이 붙어 있다는 것은 해당 내용이 다른 마케터에 의해 실제로 성공적으로 (혹은 그 반대로) 수행된 사례라는 것을 나타낸다.

체크포인트

마케팅에서 성공하기 위해 꼭 기억해야 할 중요한 정보나 핵심 지식에 이 아이콘이 사용된다.

더미를 위한 팁

이 아이콘은 독자가 자신의 마케팅 프로그램에서 즉시 시도해볼 만한 구체적인 조언을 나타낸다. 문제를 성공적으로 해결하기 위해 올바른 관점이 필요할 때도 있으므로, 이 아이콘은 당면한 과제를 효과적으로 처리할 수 있는 해법을 강조할 때도 사용된다.

경고메시지

마케팅을 실행하면서 곤란한 상황에 처하는 경우도 많은데, 여정 여러 곳에 설치된 지뢰가 당신을 기다리고 있기 때문이다. 그런 위험을 경고할 때 이 아이콘을 활용했다.

책 이외의 자료

이 책에 수록된 뛰어난 콘텐츠와 더불어 보다 많은 마케팅 기법과 팁이 궁금하다면, www.dummies.com에서 'Marketing For Dummies cheat sheet'를 찾아보라. 또한 더미 시리즈에는 세부 분야별 마케팅 책들이 여러 권 있어서 독자들이 궁금한 주제별로 책을 선택할 수 있다.

나아갈 방향

만약 독자 중 불가피한 이유로 올해에는 비즈니스 서적 한 권을 골라 그중 딱 한 장만 읽을 수 있다면, 이 책의 제2장을 추천한다. 제2장은 선택의 심리와 소비자의 무의식을 자극해 가공할 만한 투자수익률을 창출하는 방법에 대해 설명한다. 무엇이 사람들의 감정과 기쁨, 두려움, 기대, 욕망을 불러일으키는지 정확히 파악하지 못하면 가치 있는 고객들과 평생토록 관계를 맺음으로써 지속 가능한 비즈니스를 효과적으로 구축할 수 없다.

이 책에 수록된 주제 중 구체적인 분야 하나만 급히 알고자 하는 독자도 있을 것이다. 현재 다른 무엇보다 브랜드 웹사이트를 개선하는 일이 가장 시급하다면 제11장으로 가라. 영업 전략 및 고객 접근 방식에서 효과를 높이고 싶다면 제16장이 그 비밀을 알려줄 것이다. 다이렉트 메일 캠페인을 개발하고 있다면 어떨까? 이메일과 다이렉트 메일 등의 마케팅 채널 및 데이터의 역할, 그리고 이 둘을 성공적으로 활용하는 방법은 제10장에서 찾을 수 있다. 제5장에서는 마케팅 계획을 세우는 방법을 배울 수 있고, 제8장에서는 매출과 수익성을 증대하는 마케팅 캠페인 개발에 도움을 줄 수 있는 디지털 도구 및 전술에 대해 습득할 것이다.

어떤 직무를 담당하고 또 어떤 역할을 맡고 있든 이 책을 통해 어떤 일을 생각하고 실행하는 새로운 방법을 터득하게 될 것이다. 게다가 그 방법들은 대기업이든 중소기업이든, 또 B2B든 B2C든 모든 업종에서 이미 효과가 입증된 것들이다. 그러니 일단 이 책의 본문을 읽고, 그 내용을 비즈니스 현장에서 직접 실행해보고, 그럼으로써 마케팅 활동을 빛나게 하라.

차례

PART

1

소비자 중심 사회에서의 마케팅

제1부 미리보기

- 소비자를 산만하게 하는 환경을 극복하고, 세대별로 맞춤화된 마케팅 전략 이해하기
- 소비자의 선택을 이끄는 핵심 비밀을 발견하고, 사회적 영향력 집단 활용법 발견하기
- 시장성장률 전망에 따라 시장점유율 증대 방안 및 브랜드 포지셔닝 전략 이행하기

Chapter

01

오늘날의 소비자와 성공적 마케팅의 핵심 요소 이해하기

제1장 미리보기

- 산만한 소비자의 시선 사로잡기
- 세대에 따른 마케팅 차별화
- 신뢰 구축하기
- 탁월한 고객경험 창출하기
- 게릴라 마케팅으로 즐거움 선사하기

사업을 하는 사람들에게 오늘날처럼 흥분되는 시대는 없었으며, 그중에서도 마케팅은 특히 더 흥미진진해졌다. 우리 주위에 존재하는 각종 커뮤니케이션 채널과 기술 덕분에 당신은 수백만 명의 대중을 상대로 마케팅을 하는 동시에 고객 개개인에 대해 학습하고 그들과 진정한 일대일 소통하는 일도 가능하다. 당신의 고객이 어떻게 여가시간을 보내는지, 어떤 매체와 채널을 주로 이용하며 또 얼마나 자주 이용하는지, 그들의 관심사는 무엇이고 각 브랜드에 대해 어떤 태도와 선호도를 갖는지, 어떤 방식으로 쇼핑을 하고 좋아하는 것과 싫어하는 것은 무엇인지, 또 당신의 제품을 구매해줄 고객의 생애가치는 정확히 얼마인지까지 확실한 고객 정보를 얼마든지 얻을 수 있다. 그리고 이 모든 지식을 바탕으로 그들이 어떤 상품을 언제 얼마나 많이, 또 얼마나 자주 구매할 것인지 판단할 수 있고, 고객별 세부 니즈 및 당신과 맺은 관계에 따라 커뮤니케이션할 수 있다.

우리는 고객의 태도와 정치적 성향, 소셜미디어 이용 방식을 파악할 수 있고, 그들을 자극하거나 영향을 줄 수 있는 기회가 포착되는 온라인 사이트 및 개인 계정에 원하는 마케팅 메시지를 실을 수 있다. 또한 고객의 이전 행동을 분석함으로써 향후 행동을 과학적으로 예측할 수도 있다. 우리의 마케팅 역량은 나날이 발전하고 있다.

IBM의 왓슨 같은 인공지능 시스템의 등장으로 이제 우리는 프로그래밍된 기계로도 고객과 대화를 나눌 수 있다. 수백만 명의 고객과 동시에 개별적 대화를 진행하면서 더 많은 정보를 얻을 수 있고, 그 지식을 바탕으로 고객의 필요와 욕구에 맞춰 그들이 원하는 것을 원하는 때에 정확히 전달할 수 있다. 더욱 놀라운 것은 이 모든 커뮤니케이션이 언제든 시간에 구애받지 않고 실시간으로 진행된다는 점이다. 우리 앞에는 무한한 가능성이 펼쳐져 있다.

한편 이런 변화에는 또 다른 일면이 있다. 기술의 발전으로 소비자들은 더 많은 지식과 힘을 얻게 됐고, 쇼핑의 판도마저 완전히 달라졌다. 강아지 사료가 떨어진 소비자는 더 이상 동네 애견용품점을 방문할 필요가 없다. 무엇이든 온라인으로 주문하면 2~3일 안에 집에서 받아볼 수 있기 때문이다. 게다가 배송비도 대부분 무료다. 사람들은 마치 자신이 그 상품의 유일한 고객이라도 되는 것처럼 자신을 떠받들고 응대하기를 바란다. 고객은 상품이 제공하는 가치가 만족스럽지 않거나 개인의 중요한 명분과 맞지 않다고 판단되면 언제든 가차 없이 관계를 끊는다. 오늘날의 소비자에게는 선택할 수 있는 옵션이 너무 많기에 충성심은 이제 옛말이 돼버렸다. 소비자들은 세상을 이롭게 하는 착한 브랜드를 선택하고, 단순히 제품이나 가격 대신 그 상품이 부여하는 전체적인 경험을 바탕으로 구매를 결정한다.

이런 시장의 지각변동을 고려할 때 이제 마케팅 담당자들도 게임의 법칙을 바꿔야 한다. 제품 및 서비스를 유통하는 방법, 기존 고객 및 잠재 고객에게 접근하고 소통하는 방법, 그리고 그들과 정서적이고 물리적으로 관계를 맺는 방법 등에서 전방위적으로 변화를 모색해야 한다. 이제 뛰어난 제품과 가격만으로 승부를 걸 수 있는 시대는 지났다. 고객과 그들의 삶에 가치와 행복, 열정을 더하는 충만한 경험을 제공해야 한다.

이 책은 지금까지 언급한 내용들을 효과적이고 경제적으로 실행할 수 있는 방법들을 제시한다. 당신의 사업이 B2C에 속하든 B2B에 속하든 그 규모가 동네나 지역 기반이든 아니면 전국 혹은 글로벌 수준이든 상관없다. 또한 당신이 이제 막 창업 전선에 뛰어든 사업가든 아니면 자신의 직무와 경력에서 큰 영향력을 발휘하고 싶은 마케터든 모두 적용 가능하다.

이 책은 마케팅 계획, 성장 전략, 유통 채널, 가격 및 판촉 전략을 구사하는 필수 마케팅 지식을 다룰 뿐 아니라 소비자의 감정에 소구하는 창의적인 경험 및 웹사이트, 온라인 · 오프라인 프로모션과 마케팅 캠페인을 어떻게 전개하는지 그 방법들도 제시할 것이다. 고객의 충성도와 생애가치를 기대하기 어려운 세상에서, 이 두 가능성을 모두 극대화하며 평생 고객을 만들 수 있는 핵심 요소들도 발견하게 될 것이다. 또 제6장에서는 마케팅 활동의 효과를 측정하는 기법을 배우게 되는데, 그 과정에서 투자수익률(return on investment, ROI) 및 응답률 분석과 같은 전통적 평가지표를 뛰어넘어 브랜드를 성장시키는 방법에 대해 깊이 있는 통찰을 얻게 될 것이다.

각 주제에 대한 구체적인 실행 방법 및 지침들을 논하기에 앞서 선행되어야 할 것이 있다. 오늘날 소비자의 사고방식과 행동, 그리고 이들의 새로운 소비문화에 주목해야 한다. 무엇이 소비자의 주의를 산만하게 하고, 이를 어떻게 극복하며, 어떤 브랜드와 관계를 형성하거나 깨버리는 데 영향을 미치는 세대별 특징은 무엇이고, 기업에 대한 소비자의 신뢰도는 어떤 작용을 하며, 브랜드 가치 및 행동에 대해 소비자가 품고 있는 기대는 무엇인지 이해해야 한다. 이 장에서 지금부터 그 내용들을 살펴보자.

현 시대 소비자들의 의식구조 받아들이기

요즘 소비자들의 의식구조는 '산만함'이라는 한 단어로 요약될 수 있다. 소비자들이 각종 화면을 바라보는 시간이 길어질수록 이들의 정신 상태는 점점 더 산만해진다.

e마케터 및 닐슨의 조사 결과에 따르면, 요즘 사람들은 하루 평균 10시간씩 컴퓨터, TV, 휴대폰, 기타 전자기기의 화면을 보면서 보낸다고 한다. 그리고 이중 3시간은 휴대폰에 소모한다.

딜로이트가 발표한 '스마트폰 사용 보고서'에 따르면, 미국의 18세 이상 성인 대다수는 스마트폰을 보유하고 있으며, 하루에 평균 46번씩 스마트폰을 확인한다. 이를 사용자 전체로 환산하면 미국에서는 매일 약 80억 번씩 스마트폰 화면이 켜지는 셈이다. 만약 당신이 하루에 16시간 동안 깨어 있다면(8시간 수면을 취하고), 당신은 3분마다 스마트폰을 확인한다고 볼 수 있다.

따라서 마케터들은 이 사실부터 염두에 둬야 한다. 당신의 잠재적 고객은 대부분 상당히 산만하며, 그만큼 주위에서 벌어지는 일에 관심이 없다.

여기서 한 가지 더 고려할 점은, 많은 사람들이 매체 소비에 있어서 멀티태스킹을 한다는 점이다. 액센츄어가 실시한 연구 내용을 보면, 미국 소비자의 87%는 한번에 둘 이상의 전자기기를 사용한다는 것을 알 수 있다. 이를테면 TV를 시청하면서 동시에 스마트폰으로 검색하거나 채팅과 문자, SNS 포스팅, 게임을 하는 것이다. 이런 상황에서 마케터들이 소비자의 시선을 사로잡고 상호작용을 할 수 있는 가능성은 희박할 수밖에 없다.

소비자 시선 쟁탈전에서 이길 수 있는 최선의 무기는 훌륭한 마케팅 계획이다. 잠재적 고객들의 시선을 모두 확보할 수 있는 각종 채널을 대상으로 당신의 마케팅 예산과 활동, 그리고 고객경험을 어떻게 주도할 것인지 지침이 되는 계획이 필요하다.

이 책에서 우리는 소비자의 감정에 호소할 수 있는 창의적인 마케팅 계획을 어떻게 개발할 수 있는지, 소비자들이 공감할 수 있는 공통 가치를 통해 이 정신없고 복잡한 시장 환경을 뚫고 어떻게 그들과 관계를 형성해나갈 수 있는지, 그들의 라이프스타일에 맞는 유통 채널을 어떻게 개척할 수 있는지, 이메일과 인쇄물, 모바일, 그밖의 매체를 통해 어떻게 효과적인 다이렉트 마케팅 프로그램을 집행할 수 있는지 살펴볼 것이다. 당신은 이 기법들을 통해 어떻게 더 많은 소비자에게 주목받고 그들의 행동을 이끌고 판매를 창출할 수 있을지 그 비결을 터득할 것이다.

세대에 따른 마케팅 차별화

이 책은 우리 아버지 세대를 위해 쓴 게 아니고, 1999년에 같은 제목으로 출간됐던 책과도 내용이 다르다. 시간과 기술, 채널과 니즈가 바뀌었으므로 고객을 접촉하고 관계를 맺고 그들에게 제품을 판매하는 방법도 바뀌어야 한다. 이런 변화들과 더불어 세대 간에 나타나는 차이와 간격도 점점 더 커지므로, 그들이 살아가고 쇼핑을 하고 브랜드와 관계를 맺는 태도 및 관점, 방법들도 기술과 매체, 그리고 사회적 트렌드에 맞게 새롭게 정의돼야 한다.

이번 섹션에서는 B2B나 B2C 상관없이 오늘날 사업을 하는 대부분의 기업이 공략하는 각 세대의 행동을 유발하는 가치와 태도에 어떤 차이가 있는지 통찰을 제공할 것이다.

현 시대에서 '쇼핑'을 주도하는 사람들은 다음 세 가지 세대로 구분된다.

- » 밀레니얼 세대 : 18~34세 사람들
- » X세대 : 35~54세 사람들
- » 베이비붐 세대 : 55~70세 사람들

각 세대에 대한 정보는 책과 업계 백서, 동영상, 각종 보고서까지 수없이 많지만, 마케터에게 가장 중요한 것은 각 세대가 브랜드에 어떤 인식과 기대감을 갖고 있고, 또 어떤 가치와 자극에 주로 반응하는지를 이해하는 것이다.

표 1-1부터 표 1-3은 각 세대를 대상으로 마케팅 활동을 전개할 때 영향을 미치는 특징과, 각 세대와 의미 있는 관계를 맺고 그들의 니즈를 해결할 수 있는 방법에 대해 설명한다. 마케터들은 고객 프로필과 감성적 판매 제안(emotional selling proposition, ESP; 제2장 참조)을 개발하고 광고 크리에이티브(제6장 참조)를 발전시킬 때 이런 세대별 특성과 사고방식, 그리고 잠재적 행동부터 중점적으로 고려해야 한다.

밀레니얼 세대는 그들의 부모 세대처럼 브랜드나 권위를 무조건 신뢰하지 않는다. 그들은 고객과 직원, 그리고 더 광범위한 공동체적 선을 위해 브랜드가 담당해야 할 역할에 높은 기대 수준을 갖고 있다. 이런 특징은 요즘 소비문화의 강력한 트렌드이기도 하다.

표 1-1 밀레니얼 세대를 위한 마케팅

주요 가치	세대 공략 전략
존경은 주어지는 게 아니라 노력해서 얻는 것	통계, 산업 관련 지식, 경험을 부각함으로써 브랜드의 마케팅 리더십과 권위를 확보하라.
브랜드 신뢰도가 전반적으로 낮음. 브랜드는 신뢰할 만한 존재가 아니고 타인의 이익을 위한다고 여기지 않음	투명하라. 최고의 제품이 아니라면 최고라고 말하지 말라. 고객 서비스가 미흡하다면 말로 약속하기 전에 행동으로 고쳐라. 실수를 저질렀을 때는 솔직히 인정하고 고객의 목소리에 귀를 기울여라.
변화를 갈망함	브랜드에 에너지를 불어넣고 흥미와 새로움을 더할 수 있도록 적절한 변화를 부여하라.
대담한 컬러, 아이디어, 유머, 상호작용에 잘 반응함	상호작용이 강한 디지털 채널을 이용하라. 게임(제8장 참조)이나 밀레니얼 세대의 에너지에 맞는 밝은 색상을 활용하고, 게릴라 마케팅 전술처럼 파괴적 이벤트에 참여할 수 있는 기회도 선사하라.
공감과 관련성 탐색	제품 자체가 그들의 라이프스타일에 부합되고 가치를 더하게 하라. 마케팅은 그것을 증명하는 도구로 활용하라.
지적이고 개방적이며 책임감이 강함	항상 투명하게 소통하고, 제품이나 브랜드 가치를 과장하거나 허위 내용을 전달하지 말라. 한번 깨진 신뢰는 되돌릴 수 없다.
브랜드에 대한 기대감	사용자 생성 콘텐츠 및 제품 디자인에 직접 참여하게 하고, 그들의 요구에 즉각적으로 대응하라.

표 1-2 X세대를 위한 마케팅

주요 가치	세대 공략 전략
가치 있는 일에 대한 개인의 참여 및 공헌	봉사 활동 및 기업의 사회적 책임(CSR) 프로그램을 개발하라.
자신이 하는 일을 통해 인정받고 싶은 욕구	감사 이메일 및 VIP 회원 초대권을 보내고, 경험, 콘텐츠, 할인, 제품 등을 통해 보상하라.
자율성과 자유의 갈망	가격, 패키지, 서비스 계약 등에 대해 선택할 수 있는 옵션을 부여하라. 커뮤니케이션 옵션도 제공하라.
균형 있는 삶을 강구	브랜드 가치를 X세대의 가치 및 개인의 삶에 맞춰라.
권위를 수용하면서도 의심하는 태도	브랜드 리더십 및 권위를 객관적인 방식으로 포지셔닝하라.
경제에 대한 의심, 실직과 경제력 감소에 대한 두려움, 대기업에 대한 회의적 태도	제품 및 브랜드가 부여하는 안전, 안락함, 마음의 안정을 소구하라. 가격 및 제품 정보를 투명하게 전달하라. 안전한 상황과 심적 평화라는 이들의 니즈를 중심으로 브랜드 혜택들을 디자인하라.
기업가 정신을 지님	새로운 프로그램, 아이디어, 행동을 시작하려는 이들의 욕구에 호소하라.

표 1-3 베이비붐 세대를 위한 마케팅	
주요 가치	세대 공략 전략
자신의 선택 및 삶을 스스로 통제하고 있다는 느낌	의사결정 과정을 보조하고, 관련 정보를 제공하며, 지침이 되는 정보 제공하라.
자신이 하는 일로 인정받고 싶은 욕구	그들의 거래에 감사를 표하고, VIP 회원 이벤트에 초청하고, 가능한 자주 보상하라.
발전을 즐김	베이비붐 세대들은 오랜 직장생활과 재무설계를 통해 축적한 자산으로 이제 삶을 즐기고 싶어 한다. 따라서 "당신은 그럴 만한 자격이 있다"라는 슬로건 아래 그들의 자긍심을 인정하고 고취시켜라.
자아실현을 모색	유산을 남기고, 영향력을 발휘하며, 개인적 목표를 달성하고, 남들에게 인정받는 등 그들에게 가장 중요한 가치를 마케팅 메시지와 경험에 녹여 넣어라.
협력적	자선사업, 환경보호 등 공익에 초점을 맞춘 브랜드 활동에 동참하도록 유도하라.
낙관적	베이비붐 세대는 공동체와 인간에게서 선함을 발견하고 사람이 하는 말을 신뢰할 수 있다고 믿는다.
목표 지향적	목표 및 계획을 세울 수 있도록 보조하라.

각 세대는 브랜드를 바라보는 방식도 다르고 고객으로서 대접받기 원하는 방식에도 차이가 있다.

요즘 소비자들 사이에서 신뢰 자산 쌓기

기업과 매체, 그리고 정부에 대한 소비자의 신뢰감은 전 세계적으로 점점 낮아지고 있다. 이와 관련된 소비자 태도를 매년 발표되는 에델만 신뢰지수 보고서만 봐도 알 수 있다. 2017년 소비자 신뢰지수는 불과 1년 전보다도 3포인트나 떨어진 역대 최저치를 기록했기 때문이다. 신뢰도를 비롯해 소비자 관련 주요 주제들에 대한 연구 자료를 더 보고 싶다면 에델만의 공식 웹사이트(www.edelman.com)를 방문하기 바란다.

요즘 사람들은 기업 관련 정보를 얻으려 할 때 또래 집단이나 '자신과 비슷한 사람들'을 가장 신뢰하며, 회사의 최고경영자나 임원들은 지속적으로 신뢰를 잃고 있다.

소비자들에게 신뢰가 가장 높은 산업이 기술 분야고, 가장 낮은 산업이 금융서비스 및 화학, 은행이라는 점도 주목할 만하다.

조사에 따르면 보험 고객 중 보험 회사가 계약한 내용을 청구 시점에도 실제로 지킬 것으로 믿는 소비자는 고작 30%밖에 안 된다고 한다. 만약 소비자 신뢰도가 낮은 산업에 속해 있다면 투명하게 소통하고 회사의 이익보다 고객의 의사결정 과정을 보조하는 객관적 정보를 제공함으로써 브랜드 신뢰도를 높일 수 있는 방법을 찾아라.

이 모든 사실은 무엇을 의미할까? 고객이 기업을 신뢰하지 않으면, 또한 고객이 일반적으로 신뢰하지 않는 업종에 속해 있다면, 기업 활동과 관련된 콘텐츠, 고객경험, 그리고 메시지를 고객이 믿을 수 있게 만들어야 한다는 것이다. 고객이 경험을 통해 기업과 그곳에서 일하는 사람들이 정직하고, 기업의 이익보다 고객의 니즈에 관심을 가지며, 약속한 말은 지킬 것이라는 사실을 증명해야 한다.

조직의 최대 경쟁 역량은 소비자의 신뢰를 얻을 수 있는 능력이다. 소비자의 신뢰가 가격보다 훨씬 더 중요하다.

제2장에서는 선택의 정서적 · 심리적 영향력과 소비자들 사이에 지속 가능한 신뢰를 구축하면서 그들의 감정에 소구하는 방법을 배우게 될 것이다.

공동 목적 규정하기

전통적으로 소비자들은 브랜드에서 더 많은 가치를 얻기 위해 괜찮은 가격, 좋은 품질, 훌륭한 서비스를 요구해왔다. 오늘날 소비자들의 요구는 이보다 훨씬 더 많아졌다. 그들은 기업이 투자자, 이해당사자, 경영진을 어떻게 보상했는지뿐만 아니라 회사 종업원들과 지역 공동체, 지구, 그리고 사회 소외 계층을 위해 무슨 일을 해왔는지도 궁금해한다. 제2장에서 다루겠지만 콘커뮤니케이션즈가 수행한 기업의 사회적 책임(corporate social responsibility, CSR) 관련 연구에 의하면, 80% 이상의 소비자는 그 브랜드가 이 세상을 더 나은 곳으로 만들기 위해 해온 업적들과 현재 하고 있는 활동들을 통해 구매를 결정하고 브랜드 충성도를 갖는다고 답했다. 전 세계 소비자의 약 90%는 가격과 품질이 비슷하다면 사회를 위해 좋은 일을 하는 브랜드로 기꺼이 교체할 의향이 있다고 답했다.

80% 이상의 소비자들은 그 브랜드가 벌이는 활동들과 이 세상에 미치는 긍정적인 영향력이 자신들의 구매 활동이나 쇼핑 장소, 그리고 타인에게 추천하는 제품에 영향을 미친다고 답했다. 자신의 구매 결정에 가장 큰 영향력을 미치는 주체로 다른 소비자나 친구, 또래 집단을 말하는 사람들이 지속적으로 증가하고 있는 상황을 감안한다면, 브랜드의 이타적 행동이 갖는 중요성은 더욱 급격히 증가할 것으로 기대된다.

소비자의 90%는 CSR 노력을 통해 사회와 환경 문제 해결에 앞장서는 브랜드를 더 신뢰하며, 소비자 중심 문화 속에서 함께 번성하려고 노력하는 브랜드를 구매 시 고려한다.

이런 트렌드는 마케터들에게 무엇을 의미할까? 또 중소기업 및 글로벌 시장을 무대로 사업을 벌이는 대기업들에게는 어떤 의미가 있을까?

» 브랜드도 사회적으로 무엇인가를 옹호해야 한다.
» 광고 활동과 매체에 자원과 예산을 사용하는 것처럼 회사 자원의 일부를 우리 사회를 더 좋은 곳으로 만드는 데 할당하라.
» 그런 선행은 단지 좋은 일로만 끝나지 않는다. 브랜드의 선행은 그 제품을 쇼핑과 추천, 그리고 충성심의 대상으로 만드는 핵심 역량이 된다.

착한 브랜드가 되려는 움직임은 가공할 만한 위력을 발휘함으로써 급기야는 반소비주의 시대의 불을 지폈다. 애드버스터스는 1980년대 후반부터 꾸준히 활동해온 소비자 단체로, 소위 '문화훼방' 운동에 적극적으로 관여해왔다. 애드버스터스는 문화훼방 운동을, 소비자의 쇼핑 경험을 방해하면서 판매를 통해 이익을 극대화하려는 대기업들의 근본적이고 그다지 긍정적이지 않은 진실을 드러내는 활동이라고 설명한다. 예를 들어 이들은 광고가 아동 노동을 비롯한 각종 비윤리적 관행들을 저지르는 기업들의 비현실적이고 오해를 불러일으키는 약속을 전달하는 도구라고 믿는다. 그리고 이에 따라 대기업에 자신들의 메시지를 전달하는 운동을 조직적으로 전개한다. 애드버스터스의 대표적 문화훼방 운동으로는 "월가를 점거하라"가 있는데, 활동가들은 이 시위를 통해 2011년에 뉴욕 월스트리트 거리를 점거함으로써 대형 은행들을 규탄하는 유사 시위들을 전 세계적으로 촉발하는 계기를 마련했다.

마케팅 담당자들이 애드버스터스에 대해 알아야 할 가장 중요한 점은 이들의 기본 철학이다. "상업주의로 인간의 심리적 · 육체적 · 문화적 환경을 적대적으로 전복한 세력에 맞서 싸운다"가 바로 이들의 철학이다.

이 말이 극단주의 소비자 단체의 극단적 표현으로 들릴 수도 있겠지만, 이들의 존재는 빅 브랜드에 대한 소비자의 불신 및 불만이 어느 정도인지를 보여준다. 그리고 이런 사실은 닐슨이나 에델만, 콘커뮤니케이션즈가 신뢰와 소비자 소셜미디어 등에 대해 조사한 결과에서도 확인할 수 있다.

이 책을 읽어나가면서, 그리고 현업에서 브랜드 포지셔닝 전략과 메시지, 마케팅, 고객 참여 프로그램을 개발하는 과정에서 투명성, 커뮤니케이션의 정직성, 브랜드 행동과 동맹 활동의 진정성, 그리고 브랜드가 지지하고 전파하는 가치가 지닌 힘을 늘 염두에 둬야 한다. 애드버스터스의 웹사이트나 수많은 독자들이 구독하는 그들의 잡지에 자신의 브랜드가 등장하는 불명예를 바라지 않는다면 말이다.

사회적 이슈에 얽혀 소비자에게 압력을 받는 브랜드는 흔히 볼 수 있다. 미국의 소매업체인 타깃이 고객의 성정체성에 따라 화장실을 선택하게 한다는 방침을 발표했을 때 회사 주가에 어떤 변화가 일어났는지 기억나는가? 칙필레(Chick-fil-A)의 CEO가 동성결혼에 반대하는 발언을 했을 때 일어난 소비자들의 불매운동은 또 어떤가?

제품과 가격을 뛰어넘어 사회적 문제를 기초로 소비자의 기대와 요구가 형성되는 시장에서는 아주 신중하게 개발된 최고의 마케팅 계획이 가진 힘보다 기업의 행동과 말이 훨씬 더 큰 영향력을 발휘할 수 있다. 따라서 사회 문제에 대한 회사의 입장과 이를 어떻게 전달할 것인지 고민해야 한다. 그렇다고 회사의 재무적 이익을 창출하는 기본 가치를 바꾸라는 말이 아니다. 사회 문제에 대한 소통 방식을 고려하고 대응하라는 뜻이다. 자신이 믿고 지지하는 가치를 표명함으로써 힘을 발휘할 수 있다. 따라서 브랜드도 긍정적이든 부정적이든 고객의 피드백에 대응하는 계획이 필요하다.

마케팅 계획에 제품과 유통 채널을 개발하고 수익을 창출하는 로드맵만 포함돼서는 안 된다. 다음 사항도 마케팅 계획에서 규정해야 한다.

- 브랜드가 무엇을 옹호하는가?
- 사회와 환경에 어떤 식으로 책임 있는 행동을 할 것인가?

- » 어떤 대의를 지지하고, 그에 따라 고객을 어떤 식으로 대할 것인가?
- » 지지하는 공동 가치와 대의에 따라 고객과 어떤 관계를 구축할 것인가?
- » 브랜드에 대한 신뢰 자산을 구축하기 위해 어떤 식으로 투명한 소통을 전개해나갈 것인가?

고객과 관계 구축하기

브랜드의 가장 큰 경쟁 역량은 기발하고 재밌는 마케팅 캠페인이 아니다. 또한 이 책을 계속 읽어나가면서 더 잘 알게 되겠지만 상품의 가격도 아니다. 브랜드가 가진 가장 강력한 경쟁력은 신뢰와 가치, 관련성을 기초로 발전시키는 고객과의 관계에 있다.

고객들은 '자신과 비슷한' 브랜드 페르소나를 찾고자 한다. 브랜드는 다른 무엇보다 그 기업과, 기업의 고객이 가장 중요하게 여기는 것들을 반영해야 한다. 또한 비슷한 사고방식을 가진 사람들(기업의 경영진, 현장 직원, 고객 서비스 담당자, 고객 등)의 공동체이기도 하다.

따라서 마케팅 계획은 올바른 판매 채널과 유통업체, 사회 참여, 광고 전략을 통해 지속적이고 수익성 있는 사업을 구축하는 게 아니라, 하나의 공동체를 구축하는 일이다.

이런 미션을 잘 수행해왔으며, 이 책에서 그와 관련된 세부 내용을 다룬 브랜드로는 탐스, 와일드팡, 파타고니아 등이 있다. 뒤에 나오는 사례들을 읽은 후 이 브랜드들의 온라인 사이트를 방문해보라. 이들이 비슷한 가치와 목적을 가진 고객들과 강한 정서적 유대감을 구축하기 위해 어떤 활동을 하는지 확인하고 꾸준히 지켜보라.

브랜드를 중심으로 커뮤니티를 개발하는 것은 회사의 CSR 프로그램 계획을 발표하는 것보다 더 중요하다. 이는 사람들이 그 브랜드와 관계를 맺고, 지역 커뮤니티에 영향력을 발휘할 수 있도록 함께 봉사하고, 구세군이나 적십자, 어린이 권익보호 단체 등이 벌이는 자선 활동에 시간과 돈을 기부하도록 유도하는 것이다. 또한 커뮤니티는 기업의 발전 여정에 참여하는 사람들에게 지침이 되는 정보를 공유하는 중심이 된다. 그 종류는 건전하고 현명한 투자를 하는 것부터 협회에 가입하는 일, 또 어떤 대의나 정치 캠페인을 지원하는 일 등 다양하다.

조직이 지원하는 커뮤니티는 판매하는 제품과도 관련이 있어야 한다. 만약 의류를 판매하는 회사라면 저소득층에게 면접 의상을 지원해주는 프로그램을 운영하면 브랜드 기반을 강화하는 데 의미 있는 일이 될 것이다. 탄소배출량이나 기후변화를 최소화하는 커뮤니티를 구축하는 것도 좋은 일이지만 의류 회사에게는 평범할 수 있다.

비슷한 생각을 가진 사람들과 커뮤니티를 구축할 때 다음 질문을 기초로 활동 방향을 정하라.

- 어떻게 하면 브랜드를 사업적 니즈 대신 고객 니즈에 맞출 수 있을까?
- 핵심 고객 집단과 어떤 공통 목표와 이상을 공유해야 할까?
- 그런 공동 목표를 중심으로 마케팅 활동과 커뮤니티 구축 프로그램, 브랜드 가치를 어떻게 조화롭게 관리할 수 있을까?
- 고객과 함께 공동 목표를 달성하기 위해 온라인과 오프라인에서 어떤 프로그램을 실행하면 좋을까?
- 제품을 판매하거나 유통하는 소매업체들은 어떤 평판을 갖고 있고, 그들의 평판이 고객 및 커뮤니티와 맺는 브랜드 명성에 어떤 영향을 미칠 수 있을까?

지속가능성을 위해 고객경험 향상하기

고객의 기대와 요구가 세대에 따라 다른 것처럼 마케팅 캠페인의 성격도 세대에 따라 달라야 한다. 이와 관련해 최근 마케팅 부서를 고객경험 부서로 명칭과 역할을 바꾸는 트렌드도 목격된다.

심지어는 최고마케팅책임자(CMO)란 직급을 최고경험책임자(CXO)로 개명하거나, 광고 캠페인 대신 고객경험 프로그램을 온·오프라인에서 추진하는 기업들도 생겨나고 있다.

오늘날 고객경험은 어떻게 정의될까? 고객경험이란 고객이 그 상품을 최초로 구매할 때부터 구매주기가 완전히 종료될 때까지의 과정에서 브랜드와 고객 사이에 일어나는 상호작용 전체를 말한다. 이런 상호작용들은 의사결정 프로세스를 구성하는 각 단계마다 발생한다.

- **문제 및 니즈 파악** : 고객이 문제를 해결하거나 니즈를 충족하기 위해 제품 구매가 필요하다는 것을 인식한다. 예를 들어 집에서 사용하는 컴퓨터가 고장 나서 새 컴퓨터가 필요한 경우처럼 말이다.
- **발견** : 고객들은 니즈에 따라 원하는 상품 후보들을 탐색한 다음 자신에게 필요한 기능 및 사양을 결정한다. 이를테면 노트북, 데스크톱, 태블릿 PC 중 하나를 결정하는 것이다.
- **평가** : 구매하고 싶은 제품 유형이나 모델을 발견했다면 이제 브랜드를 평가하기 시작한다.
- **시험 혹은 구매** : 조사를 마친 후 인터넷이나 실제 상점에서 각 브랜드의 판매자들을 만나본 다음 소비자는 구매를 결정한다.
- **확인 및 확신** : 고객은 자신이 올바른 선택을 내렸는지 확인하기 위해 브랜드를 결정한 이후나 제품을 구매한 후 다시 정보를 수집한다. 고객 리뷰를 읽거나 같은 브랜드나 제품을 구입한 지인들과 대화를 나누거나 소셜 미디어에 자신의 결정을 게시함으로써 더 많은 타인에게 자신의 선택을 검증받고자 한다.
- **충성도 부여** : 구매 이후에도 브랜드 경험은 멈추지 않는다. 고객이 제품을 사용하고, 그 브랜드의 고객 서비스나 기술 지원 활동 등을 접하면서 고객의 경험은 지속된다.

소비자의 판단과 결정이 일어나는 이 모든 단계를 마케팅 계획과 고객경험 전략에 포함시켜야 한다. 이런 단계별 대응 전략을 전체 마케팅 계획에 조화롭게 편입시키고 효과적으로 배치하는 방법을 지금부터 설명하겠다.

고객경험 계획에 따라 의사결정 프로세스 관리하기

필자인 지넷 맥머트리의 멘토인 찰스 그레이브스는 마케팅에 대해 이런 훌륭한 조언을 했다. "소비자는 판매의 대상이 아니라 대화의 대상이 되길 원합니다." 다시 말해 소비자는 개인적으로 관심을 가진 제품에 대한 내용을 듣고, 그에 따라 올바른 결정을 내리길 원한다. 마케터가 소비자에게 상품을 판매하는 대신 정보를 전달하고 교육한다는 자세를 가지면 판매자나 공급업체가 아닌 신뢰받는 파트너가 될 수 있으며, 이는 고객의 생애가치와 충성도를 높이는 방법이 된다(자세한 내용은 제16장 참조).

교육 중심 마케팅은 강력한 마케팅 커뮤니케이션 전략일 뿐 아니라 건전한 고객경험 전략도 될 수 있다. 고객이 상품과 브랜드를 경험하는 각 단계마다 적절한 지침과 도움을 제공하면 경쟁자들 사이에서 우위를 점할 수 있다. 이런 중요한 임무에서 성공할 수 있는 고객경험 활동의 예가 여기 있다.

» **문제 및 니즈 파악** : 만약 판매 제품이 컴퓨터라면 소셜미디어나 디지털 채널을 활용하는 콘텐츠 마케팅 계획에 제품 백서나 교육 자료 등을 포함시켜라. 관련 내용은 제7장과 제8장에서 더 구체적으로 알아볼 것이다.

» **발견** : 고객 조사(제4장 참조)를 수행하면 오늘날 소비자들이 가정용 컴퓨터를 구입할 때 어떤 요인을 가장 중요시여기며, 소비자의 의사결정 과정에 어떤 식으로 관여할 수 있는지에 관한 정보를 확인할 수 있다. 발견 단계에서는 소비자가 현명한 선택을 하는 데 도움을 줄 수 있는 제품 가이드나 체크리스트를 개발하라. 그리고 소셜미디어 광고나 다이렉트 마케팅에 그런 콘텐츠가 있는 사이트로 연결되는 링크를 게시하자(제10장 참조).

» **평가** : 영향력 집단을 통한 마케팅 활동으로 사람들로 하여금 그 브랜드를 지지하게 만들면, 제품에 대한 확실한 지원군을 확보하고 마케팅 메시지의 신빙성도 높일 수 있다. 기자나 블로거 같은 영향력 있는 사람들을 통해 콘텐츠를 공유하는 방법에 대해서는 제7장에서 살펴볼 예정이다. 잠재적 구매자들이 브랜드가 제공하는 감성적이고 개인적인 가치를 인식하게 만드는 감성적 판매 활동도 이용할 수 있다. 이런 방식은 B2B와 B2C 모든 영역에서 매출을 증대하는 데 효과가 있다고 알려져 있다. 감성적 판매 제안(ESP)을 개발하는 기술은 제16장에서 다룬다.

» **구매** : 소비자가 구매를 한 다음에도 마케터의 임무는 끝나지 않는다. 제품의 감성적이고 기능적인 가치를 지속적으로 전달하고, 그동안 구축한 커뮤니티를 통해 고객을 탁월한 브랜드 경험 여정에 참여하게 함으로써 브랜드가 추구하는 가치를 함께 지지하도록 만들어야 한다. 사회적 공통 가치를 통해 브랜드 커뮤니티를 구축하는 것은 앞에서도 잠깐 언급했지만

제5장에서는 관련 내용을 마케팅 계획 측면에서 보다 세부적으로 다루고, 제12장에서는 고객의 참여를 이끄는 브랜드 커뮤니티 및 하이브(유사한 특징과 가치를 가진 개인들이 집단을 이뤄 벌집처럼 단단히 결속돼 있는 것을 지칭-역주)를 구축하는 방법을 설명한다.

» **확인, 확증, 충성도 형성 단계** : 브랜드 하이브와 커뮤니티를 구축하는 일은 이 단계에서도 매우 중요하다. 고객에게 감사 메시지를 보내거나 리워드 프로그램에 VIP로 모시거나 고객이 즐길 수 있는 디지털 게임을 전송하는 일 모두 고객의 충성도를 높이고 생애가치를 창출할 수 있는 방법이 될 수 있다. 이와 같은 프로그램에 대해서는 제8장에서 논의한다.

판매 프로세스를 뛰어넘어 강력한 고객경험 창출하기

앞서 설명한 것처럼 고객경험은 판매 프로세스와 함께 시작되지만, 마케팅 계획은 판매가 종료된 후에도 계속되는 고객의 긴 여정을 관리함으로써 그들의 충성도와 추천 가능성, 그리고 생애가치까지 확실히 높여야 한다. 고객경험 관리 전략의 일부로서 고객의 최초 구매 시점부터 생애가치가 끝나는 시점까지 고객의 전체 여정 및 각 단계를 도식화하고 관리해야 한다.

다시 한번 강조하지만 고객 여정은 판매 과정과 그 이후에 걸친 모든 단계를 포함하며, 소비자와 만나는 모든 접점에서 가치를 제공해야 한다.

» 제품을 구매한 고객에게 어떤 식으로 고마움을 전달할까?
» 브랜드와 관련된 논란이 있을 때 어떻게 문제를 해결할까?
» 고객이 제품을 계속 구매할 것인지 어떻게 확인할 수 있을까?
» 고객의 충성도와 추천 활동을 어떻게 보상해야 할까?
» 의미 있는 활동이나 공익적 프로그램에 고객 참여를 어떻게 이끌 수 있을까?

고객 여정의 목적은 브랜드와 고객 사이에 정서적 유대감을 구축하고 관리하는 것이며, 그들로 하여금 그 브랜드를 다른 사람들에게 추천하도록 만드는 것이다. 이 목적을 가장 효과적으로 달성하기 위해서는 제품 및 서비스 구매와 직접적인 관계가 없을지라도 그 사람들의 삶에 가장 큰 영향력을 미치는 동맹 관계를 파악하는 것이다. 정치 및 종교 단체가 그 대상이 될 수도 있다. 사람들은 누군가 혹은 어딘가에서 어떤 가치를 특정한 방식으로 믿으라고 가르치지 않는 한 자신들이 그것을 왜 믿는지 혹은 사회적으로 왜 지지하는지 잘 모르는 경우가 많다. 따라서 가치의 옳고 그름은 중요한 게 아니다.

여기서 중요한 것은, 사람들에게는 삶의 지침이 되는 강력한 믿음이 있다는 사실이고, 그런 믿음과 가치에 따라 지속적으로 무언가를 선택하고 결정한다는 점이다. 자신이 선택한 기관에 대한 사람들의 헌신은 너무나 공고하기 때문에, 자신이 아주 오랫동안 지켜온 가치에 대한 보상이 희망, 믿음, 기대 같은 무형 자산밖에 없을지라도 자신의 귀중한 시간과 비용을 기꺼이 투자한다.

사람들이 어떤 믿음 구조나 가치 체계에 헌신할 때 겪는 경험은 그 유형이나 정도는 다를지라도 모든 종교 및 정치 단체에서 공통적으로 발견할 수 있다. 예를 들면 기독교, 불교, 유대교, 이슬람교 등 모든 종교에는 공통적으로 교리가 있다. 또 그런 교리 및 원칙은 정치 조직에도 존재한다. 이런 원칙에는 상징, 감각적 자극, 약속, 커뮤니티, 의식 등이 포함된다.

성공적인 브랜드에도 이런 교리가 있다. 개인적으로 가장 좋아하는 브랜드를 생각해보자. 그 브랜드에 이런 교리가 어떤 식으로 포함돼 있는지 살펴보라. 종교적 요소로 사람들의 신뢰를 얻는 가장 대표적 브랜드로는 애플이 있다.

» **상징** : 전 세계 소비자 대부분이 알고 있는 애플의 단순한 아이콘은 창조성, 혁신, 소통과 자기표현, 그리고 음악이나 동영상 등의 엔터테인먼트를 즐길 수 있는 개인의 힘을 나타낸다.

» **감각적 자극** : 애플 제품들은 간편한 방식으로 사용자에게 음악과 동영상을 제공함으로써 감각을 자극하고, 여기서 한 걸음 더 나아가 사용자가 창의성을 발휘하고 개인 미디어를 창조할 수 있는 기회를 부여함으로써 사람들의 감각을 더욱 자극한다.

» **약속** : 사람들은 애플이 새로운 앱과 기능을 도입할 때마다 브랜드가 약속한 품질과 혁신 그리고 새로움을 경험하고 신뢰하게 된다.

» **커뮤니티** : 애플은 아이튠즈처럼 사용자들이 가입할 수 있는 아주 다양한 온라인 커뮤니티들이 있고, 이제는 애플이라는 브랜드 자체가 하나의 커뮤니티가 됐다. 우리가 알고 있는 사람들 다수가 애플의 전자기기를 갖고 있

으므로 누구든 제품에 대한 아이디어와 팁, 열정을 쉽게 공유할 수 있게 된 것이다.

» **의식** : 애플스토어에서 쇼핑을 하는 것을 즐거운 의식과 같다. 여러 가지 제품을 살펴볼 수 있는 쾌적하고 세련된 환경, 매장 문을 들어서는 순간 고객별로 배치되는 직원의 도움, 핸드 스캐너로 처리되는 간편한 결재 및 거래, 고객과 직원 사이를 가로막는 카운터 대신 편안하게 직원과 교류하고 도움받을 수 있는 분위기, 지니어스바를 통해 접할 수 있는 한층 더 맞춤화된 서비스 등을 생각해보라.

어떻게 하면 이렇게 종교에 버금가는 프로그램을 통해 고객의 브랜드 충성도를 높일 수 있을까? 그 해답은 이 책 전반을 통해 얻을 수 있을 것이다. 제8장에서는 디지털 마케팅 기법들을 확인하고, 제16장에서는 감성적 판매 전략, 그리고 제2장에서는 가공할 만한 ROI를 창출하기 위해 인간의 무의식을 자극하는 방법을 살펴보자.

게릴라 마케팅을 통해 경계 넘기

마케팅 프로그램과 브랜드 관리를 통해 고객들에게 종교에 가까운 신뢰를 얻는 데서 멈추지 말고, 전통적 마케팅의 영역을 뛰어 넘어 더욱 확대할 필요가 있다. 이를 실행할 수 있는 한 가지 방법이 게릴라 마케팅이다.

매복 마케팅(ambush marketing)으로 알려진 **게릴라 마케팅**(guerilla marketing)은 전통적인 마케팅 활동들에 의해 규정된 경계 밖에서 경쟁자 및 고객들을 기습 공격하는 독창적인 아이디어가 전부라고 할 수 있다. 여기서 경쟁자에 대한 공격이란 그들의 시장점유율을 빼앗거나 그들의 상품에 주목하고 있는 소비자들의 시선을 가로채는 것을 말하며, 고객에 대한 공격이란 그들이 경쟁 브랜드들에 대해 갖고 있던 일상적인 경험이나 기대감을 뛰어넘는 기발한 즐거움과 경험을 제공하는 것을 의미한다.

게릴라 마케팅에 대한 간단한 정의는 다음과 같다.

> 제품, 서비스, 가격, 기타 일상적인 메시지에 집중하는 전통적인 마케팅의 경계를 뛰어넘는 활동, 메시지, 창의성, 경험, 이벤트

관심을 유발하는 것에서 더 나아가 게릴라 마케팅의 주요 목표는 소비자 행동을 더 나은 방향으로, 아니면 적어도 브랜드의 매출과 고객충성도를 증대할 수 있도록 소비자 행동을 원하는 방식으로 변화시키려는 것이다.

재미 이론

소비자의 일상적 행동을 변화시키는 게릴라 마케팅 중 아주 좋은 예로, 재미 이론(fun theory)을 만든 폭스바겐을 들 수 있다. 이 프로그램은 재미를 통해 소비자의 행동을 더 나은 방향으로 바꿀 수 있다는 믿음을 바탕으로 개발됐다. 여기서 말하는 '더 나은 방향'이란 제8장에서 고객의 참여도를 높이는 게이미피케이션(gamification)에 대해 설명하면서 더 구체적으로 다룰 예정이다.

폭스바겐은 재미 이론 프로젝트를 실행하기 위해, 먼저 일반 고객들에게 일상 속 행동을 더 좋은 방향으로 바꿀 수 있는 아이디어를 제안해달라고 요청했다. 그런 다음 가장 우수한 아이디어를 선정하기 위해 각 아이디어가 실제로 효과를 내는지 시험하고 검증했다.

그중 새롭고 재미있는 행동으로 사람들의 일상 습관을 성공적으로 바꾸는 주목할 만한 아이디어 몇 가지를 소개하자면 다음과 같다. 각 아이디어를 살펴보면 고객의 브랜드 여정(니즈 파악부터 구매 확정 단계까지)을 이루는 각 접점에서 '즐거운' 고객경험을 창출할 수 있는 방법들이 떠오를 것이다.

» **재미를 통해 도시에서 속도위반율을 낮출 수 있을까?** 이 프로젝트는 스웨덴 스톡홀름 전 지역에 지나가는 차량의 속도를 나타내는 표지판을 설치하는 것으로 시작됐다. 요즘은 도로에 속도계가 설치된 곳이 꽤 많다는 점에서 이 부분은 전혀 새로운 아이디어가 아니었다. 하지만 이 프로젝트에서 독특한 요소는 운전자에게 적정 속도를 지키는 즐거움을 선사했다는 점이었다. 속도 카메라는 차량의 속도를 측정해서 기준보다 높은지 낮은지를 불빛으로 나타냈다. 만약 차량이 기준 속도를 초과했을 경우에는 벌금 티켓을 받게 된다. 반대로 적정 속도를 달린 운전자들에게는 모두 복권을 한 장씩 줬는데, 바로 속도위반 벌금으로 모인 기금을 상금으로 탈 수 있는 복권이었다. 3일 동안 속도 카메라는 약 2만 5,000개 차량의 주행 속

도를 측정했고, 차량의 평균 속도는 기존 시속 32킬로미터에서 시속 25킬로미터로 줄었다. 즉 속도가 22%나 감소한 것이다.

» **재미 요소가 있으면 사람들은 에스컬레이터 대신 계단을 이용할까?** 사람들이 건강에 더 좋은 선택을 하도록 기획된 프로젝트로 '재미'를 활용한 또 다른 실험은 에스컬레이터 옆에 놓인 계단을 건반으로 바꾸는 것이었다. 계단으로 올라가거나 내려가는 것으로 음악을 연주할 수 있다면 사람들은 건강에 좋은 계단을 더 많이 이용하게 될까? 기대는 적중했다. 계단을 이용하는 사람들이 평상시보다 66%나 증가했다.

» **재미를 부여하면 사람들이 쓰레기 분리수거를 더 많이 할까?** 폐병 수거에 재미 이론을 가미한 또 다른 실험에서는 폐병 수거함을 오락기로 바꿨다. 폐병을 수거함에 넣으면, 마치 아케이드에 있는 오락기처럼 수거함에서 불빛이 반짝이며 소리가 났던 것이다. 게다가 수거함에 병을 넣을 때마다 포인트도 쌓을 수 있었다. 이 포인트는 현금으로 바꿀 수 없고 실질적인 가치도 없었지만, 수거함 주위로 자신의 포인트를 확인하려는 사람들이 몰렸다. 평상시에는 폐병 수거함을 이용하는 사람이 하루 평균 2명 정도였지만 이렇게 재미있는 변화가 일어난 후 수거함을 사용하는 사람 수는 단 하루 만에 100명 정도로 늘었다.

재미 이론을 활용한 이 실험들에 대한 영상은 www.thefuntheory.com에서 확인할 수 있다.

게릴라 마케팅에 대한 다른 사례들

앞에서 살펴봤듯이 재미와 게임 요소는 행동 변화를 유발한다. 따라서 게릴라 마케팅은 브랜드 이미지를 구축하고 제품 판매를 높이는 데도 매우 효과적으로 활용될 수 있다. 적절한 재미가 충분히 가미된다면, 어쩌면 포켓몬고 같은 열광적인 반응을 세간에 일으킬 수도 있다. 사용자가 휴대폰 카메라를 특정 장소에 대면 증강현실로 포켓몬 캐릭터를 확인할 수 있으며 잡아서 아바타로 활용하거나 훈련시켜서 다른 사용자의 포켓몬과 전투를 벌일 수 있는 게임 말이다.

게릴라 마케팅처럼 놀라움과 재미를 활용하는 기법에는 다음과 같은 예가 있다.

- **증강현실** : 증강현실(augmented reality, AR) 게임이나 앱을 통해 휴대전화 화면에 제품이 팝업으로 떠오르게 해서 제품 구매 니즈를 높이는 방법이다. 이런 앱은 식품이나 음료 브랜드에 특히 효과적이다. 뒤에서 기발한 방식으로 증강현실을 활용한 발팍의 사례를 다룰 것이다.
- **플래시몹** : 뉴욕 타임스 스퀘어에서 여러 사람들이 갑자기 다 함께 춤추고 노래한다면 보행자들은 어떤 반응은 보일까? 타임스 스퀘어 근처에 있는 한 상점의 직원들이 판매하는 제품의 무료 음료 쿠폰이나 화장품 샘플을 나눠주는 이벤트를 플래시몹 형태로 선보인다면?
- **시선을 압도하는 전시물** : 시내에 있는 한 고층 빌딩에 걸려 있는 전광판에 제품이나 브랜드 로고를 독창적이고 매혹적인 방식으로 띄운다면 어떨까? 그리고 그 안에 할인 쿠폰 코드를 세련된 기법으로 살짝 포함시켜서, 눈치 빠른 소비자라면 놓지시 않고 할인 기회를 이용하게 하는 것이다.

이런 활동들은 사람들의 시선을 끌면서 그들의 일상 습관까지 바꾸는 효과를 발휘한다.

업계에서 간단하게 활용할 수 있는 근사한 게릴라 마케팅 기법은 그밖에도 많다.

- **환불 정책** : 명품을 판매하거나 구독 중심으로 상품을 제공하는 회사라면 한번에 큰 비용을 지불하는 고객의 두려움을 덜어주기 위해 노드스트롬보다 더 나은 환불 정책으로 고객에게 접근하라.
- **무료 제품 시험 기회** : 소비자에게 무료로 제품을 사용해본 후 만족스럽지 않으면 바로 반품할 수 있게 하라. 그 제품에 대한 만족도가 어떻든 일단 집에 들여놓은 제품을 돌려보낼 확률은 매우 낮다.
- **프리미엄 전략** : 다른 이들이 유로로 제공하는 것을 무료로 제공하고, 자체 온라인 사이트에 다른 브랜드의 광고를 띄우는 것과 같은 방법으로 추가 수익을 창출하라. 기본 서비스를 업그레이드하는 것도 좋은 선택이다.

게릴라 마케팅에 CSR 기법을 결합하면 더 강력한 효과를 얻을 수 있다.

게릴라 마케팅과 커뮤니티 구축

최고의 게릴라 마케팅 전술은 이를 수행하는 회사나 경험하는 고객 모두에게 즐거움을 선사할 때 가능하다.

이 장 초반에 우리는 한 여성의류 매장에서 구직 활동에 나선 저소득층 여성들에게 면접용 의류를 무료로 제공함으로써 브랜드 커뮤니티를 구축하는 아이디어에 대해 논의한 바 있었다. 여기서는 게릴라 마케팅을 통해 사회적 자선 활동과 경계를 뛰어넘는 아이디어를 어떻게 결합할 수 있는지 살펴보자.

만약 고객들에게 학대받거나 노숙자가 된 여성들이 직업을 갖고 사회로 복귀할 수 있도록 보조하는 활동에 참여해달라고 요청한다면 어떨까? "기억하세요"라는 공익 캠페인을 성공시키기 위해 고객들의 개인적 경험과 감성을 활용할 수도 있다. 가령, "기억하세요. 당신이 어떤 일을 막 시작하려 하는데, 남들이 당신은 그 일을 할 수도 없고, 해서도 안 되며, 결국 못 할 거라고 단언한다면 어떨까요? 하지만 당신은 마침내 성공적인 비즈니스우먼이 되어, 그들의 예상이 틀렸다는 사실을 몸소 증명한다면 말이에요"라는 메시지나 광고로 고객의 감성에 호소하는 것이다.

이 캠페인은 누구나 인생의 한 시점에 다른 사람들의 도움으로 성공할 수 있다는 사실을 되살려줌으로써 지금 막 새로운 여정을 떠나려는 '한 여성을 후원하는' 활동에 고객들의 참여를 유도한다. 유니세프는 사람들로 하여금 한 아이와 결연 관계를 맺어 매월 그 아이의 교육, 음식, 잠자리를 지원하는 후원금을 내도록 독려한다. 앞서 언급한 의류 회사도 고객들에게 매달 소액의 후원금을 받아 자신이 선택한(프라이버시를 위해 익명으로) 여성을 위해, 혹은 지역사회의 여성보호센터에서 생활하는 여성들에게 의류를 후원하는 활동에 동참해달라고 요청하는 것이다. 고객이 매장에서 옷을 구입하면 영수증에 표기된 메시지나 이메일로 구입한 옷을 더 이상 입지 않게 되었을 때 그 옷을 지역 내 여성보호센터에 기부해달라고 요청하는 것이다. 여기서 한 걸음 더 나아가 후원의 날을 정해서 회사 아울렛 매장에 고객들을 초대하고, 입던 옷을 기부하면 신상 의류를 20% 할인된 가격에 구입할 수 있게 하는 방법도 있다. 이런 자선 활동들을 통해 '비슷한 사람들' 사이에 커뮤니티를 구축하고, 세상에 좋은 일을 함으로써 도움이 필요한 사람들에게 기쁨을 되찾아주는 것이다. 이는 고객들과 지역 공동체 사이에 유대감을 형성하는 강력한 방법이다.

이런 캠페인은 고객을 참여시키고 새로운 아이디어로 놀라움을 줄 뿐 아니라 브랜드에 대한 충성심을 지켜나갈 정서적으로 강력한 명분을 만듦으로써 경쟁사를 쉽게 따돌릴 수 있다는 점에서 최선의 게릴라 마케팅이라 할 수 있다. 사람들은 탐스 신발을 구입할 때 도움이 필요한 아이 한 아이에게도 신발 한 켤레가 기부된다는 사실을 안다. 지금까지 논의한 의류 브랜드의 게릴라 마케팅도 같은 아이디어로 호소한다고 볼 수 있다. 고객은 그 매장에서 바지나 코트를 하나 구입할 때 훈훈하고 좋은 기분을 느낄 것이다. 왜냐하면 그 브랜드를 선택한 덕분에 자신의 마음에 쏙 드는 옷을 다른 누군가도 입게 되리란 것을 알기 때문이다.

마케팅 계획이란 제품을 세상에 내놓고 돈을 버는 방법을 제시하는 단순한 가이드가 아니다. 이는 사람들이 더 좋은 삶을 살고 더 즐거운 삶을 누릴 수 있는, 더 나은 세상을 위해 사람들을 한데 모으는 경험이나 이벤트, 결과를 창조해내는 것이다. 브랜드가 전달하는 가치를 중심으로 고객에게 정서적 충족감을 전달하고 공동체를 형성한다면 실패가 더 어려운 일이 될 것이다.

Chapter

02

선택의 심리, 그리고 고객의 생애가치를 높이는 소비자 심리 활용법

제2장 미리보기

- 소비자의 무의식에 마케팅 집중하기
- 고객의 선택을 이끄는 핵심 요인 발견하기
- 사회적 영향력 집단 활용하기
- 행복과 목적을 추구하는 사람들의 니즈 인식하기
- 고객의 ESP 프로파일 개발하기

고객이 무언가를 선택할 때 고려하는 결정적 요인을 물으면 흔히 들을 수 있는 답변으로는 품질, 명성, 브랜드 인지도, 편의성, 가격 등이 포함된다. 대부분의 의사결정 과정에서 이런 요인들이 어느 정도 영향을 미치는 것은 사실이지만, 대부분의 소비자나 마케터들이 생각하는 만큼 절대적 요인은 아니다. B2B든 B2C든, 구매량이 많든 적든, 모든 의사결정에서 다른 요인들이 선택에 영향을 미치기 전에 작용하는 훨씬 더 강력한 요인이 존재한다. 그 주인공은 바로 인간의 무의식이다. 뉴로마케팅(neuromarketing : 뇌과학을 통한 마케팅) 분야의 선구자로 유명한 하버드대학교의 제럴드 잘트먼 교수의 연구를 포함해, 뉴로마케팅에 대한 각종 연구 결과에 따르면 무의식은 인간의 사고와 행동 중 90%를 좌우한다.

잠시만 생각해보자. 사고의 90%가 무의식 상태에서 일어난다면 나머지 10%에 대해 마케팅을 벌인다는 게 과연 의미가 있을까? "한정 프로모션", "오늘만 특가 할인", "경쟁사보다 월등한 품질" 같은 메시지로 사람들의 의식에 호소해서 행동을 유발하는 마케팅은 전체 의사결정의 10%만 공략하는 것이다. 얼마나 무모한 짓인가!

무의식 : 소비자의 선택을 이끄는 참된 실체

전통적으로 광고는 제품의 편의성, 브랜드 명성, 더 좋은 가격 등 의식이 처리하는 매력적인 특징을 전하는 데 집중해왔다. 하지만 광고, 콘텐츠, 온라인 포스트, 경험 등 어떤 매체를 통해 메시지가 전달되든, 일단 소비자의 무의식 세계에 제대로 호소하지 않으면 사람들은 제시된 상품의 가치를 이해할 정도로 그 광고를 충분히 살펴보지 않는다. 만약 이 연구 결과가 사실이라면, 우리는 사람들의 의사결정을 이끄는 두뇌의 고작 10%에 호소하기 위해 전체 예산의 90%를 허비하고 있는 것이다. 누가 봐도 이는 효과적이지 않다.

인간의 무의식은 마케팅 활동과 메시지를 즉시 판단한 다음, 어떤 '행동'을 취할지 바로 지시한다. 이런 생각과 행동들은 인간의 '스키마(schema)', 즉 우리가 믿는 것이 '사실'이고, 실재하며, 가치가 있다고 믿게 만드는 이미 형성된 일련의 생각과 믿음에 의해 결정된다.

스키마와 무의식의 영향력

인간은 모두 정치, 종교, 사회, 브랜드에 대한 믿음 및 선택을 주도하는 스키마를 갖고 있다. 그 결과 우리의 스키마가 틀렸다거나 기존에 갖고 있던 믿음에 의문을 제시할 만한 증거가 존재할 때에도, 기존의 개념과 맞지 않는 특이치는 그냥 무시해버린다.

퓨 리서치의 연구 결과에 따르면 백신과 GMO(유전자 조작 식품), 기후 변화와 같은 사회적으로 중요한 이슈들에 대한 주장의 근거를 믿는 방식에 과학자들과 일반 대중 사이에 큰 간극이 있다고 한다. 자신이 선택한 정치가나 종교, 그밖에 자신의 신념을 형성한 존재들에 대해 어떤 말을 듣던 간에, 사람들은 자신이 믿기로 결정한 것들을 그대로 믿으며, 그에 반대되는 사실은 무시하려는 경향이 있다. 자신의 믿음을 거스르는 주장의 근거가 아무리 과학적이고 논리적일지라도 말이다. 예를 들어 과학자들 중 88%가 GMO가 인체에 안전하다는 연구 결과를 제시해도, 이들의 주장에 수긍하는 대중은 전체의 37%에 불과하다.

사는 동안 오랫동안 믿어왔던 사실들에 대해 생각해보자. 그런 개인적 믿음과 태도를 쉽게 바꿀 수 있을까? 고객에게 브랜드를 바꾸도록 설득하거나 새로운 브랜드의 특징과 가치를 인식시키거나 다른 제품 대신 그 제품을 사용하도록 설득하는 일 사이에는 큰 차이가 없다. 고객이 그 브랜드를 고려하고 사용하게 하려면 강력한 사례를 개발해야 한다. 최선의 사례를 만들기 위해서는, 자동화된 CRM 시스템이나 데이터 관리 플랫폼, 또 이 책에서 다루게 될 다양한 기법을 통해 단순히 훌륭한 마케팅 메시지를 전달하고, 개인 맞춤화된 프로모션 혜택을 제공하기보다는 선택에 관한 심리학 원칙을 제대로 적용할 줄 알아야 한다.

스키마는 자신이 성장한 문화나 공동체, 환경에 의해 발전시킨 태도나 인식만을 반영할 뿐 아니라, 인간의 두뇌가 일반적으로 작동하는 원리도 보여준다. 이를테면 스키마는 패턴과 리듬 등에 대한 인간의 무의식적 기대라고 할 수 있다. 음악을 들을 때 인간의 두뇌는 각각의 멜로디가 어떤 식의 조화를 이루는지, 또 음계와 리듬이 어떤 식으로 변하고 흐르는지 일련의 지각 과정을 겪는다. 그래서 사람들은 유명 클래식 작곡가나 인기 있는 뮤지션들이 자주 사용한 '스키마'에 부합되는 음악을 좋아한다.

음악을 듣거나 정치 및 종교 단체를 선택할 때 인간의 기대감을 좌우하는 정신적 스키마와 마찬가지로 인간에게는 '브랜드 스키마'도 있어서 자신이 신뢰하는 브랜드를 통해 어떤 경험을 하게 될지 사전 기대감을 형성한다.

제품 및 브랜드와 관련된 스키마는 대개 이전에 가진 경험이나 기억, 그리고 사람들의 의식과 무의식적 가치를 통해 구축된다.

종종 불협화음을 내는 의식과 무의식

글로벌 광고대행사인 영앤루비컴은 2013년에 인간의 의식적 가치와 무의식적 가치가 서로 조화를 이루는지 확인하기 위해 미국과 남미, 아시아 전역에서 성인들을 대상으로 연구를 수행했다. 이들은 그 결과를 '비밀과 거짓말(Secrets and Lies)'이라는 제목의 보고서로 발표했는데 그 내용은 많은 사람들을 놀라게 했다. 인간의 의식적 사고와 무의식적 사고 과정이 서로 상당히 괴리되어 있었기 때문이다. 표 2-1을 보자. 심리학자들이 수년간 주장해왔듯이 사람들은 무의식 속에서 생존하기 위해, 의미 있는 관계를 통해 다른 사람들과 연결되기 위해, 그리고 자신이 자란 전통에 의해 이끌어진다는 것이다. 물론 젊은 소비자들의 태도 보고서를 살펴보면 이런 사실을 스스로 인정하는 사람들은 거의 없다.

이제 그 비밀을 살펴보자.

» 여기서 가장 흥미로운 점은, 인간의 의식적 사고에서 최상의 가치로 여겼던 '도움이 되는 존재'란 항목이 인간의 무의식 속에서는 실험에 포함된 16개 가치 중 꼴찌였다는 사실이다.

» 의식적 사고에서 '성적 욕구 충족'은 16개 가치 중 14번째를 차지하지만, 무의식적 사고에서는 2번째로 중요한 가치라는 사실도 알 수 있다. 행복해지려면 자신의 삶에 타인이 필요하다는 사실을 사람들이 의식적으로는 인정하려고 들지 않아서가 아닐까? 대부분의 사람들은 아마도 충분히 독립적으로 살 수 있고 그래도 괜찮다고 생각하고 싶겠지만, 수년간 진행된 심리학 연구 결과를 보면 인간은 일반적으로 타인과 관계를 맺음으로써 더 행복하고 충족된 삶을 살 수 있고 자신의 잠재력을 훨씬 더 많이 발휘할 수 있다.

여기서 얻을 수 있는 교훈은 사람들이 말하거나 생각하는 것들이 그들이 실제로 행하는 것과 다를 수 있다는 것이다. 이 연구 결과만 봐도 마케터들이 마케팅 콘텐츠에

표 2-1 의식적 가치 vs. 무의식적 가치

상위 의식적 가치	상위 무의식적 가치
도움이 되는 존재	안전 유지
자신의 길을 선택	성적 욕구 충족
인생의 의미 찾기	전통 존중

【 B2C보다 B2B에 더 효과적인 심리적 동인 】

연구에 따르면 개인이 가진 가치는 소비재는 물론 사업적 거래에서도 선택에 영향을 준다. 실제로 구글과 모티스타가 수행한 조사는 다음의 결과를 제시한다.

- B2B 고객이 B2C 고객보다 판매 대리점 및 서비스 제공자들과 감정적으로 더 연결돼 있다.
- 사업적 거래에서 개인의 가치가 선택에 반영되면 구매자들이 추가로 가격을 더 지불할 가능성이 8배나 높아진다.
- 반대로, 사업적 거래를 하는 구매자 중 14%만이 공급업자 사이에 존재하는 실질적 차이를 구별하고, 그에 따라 가격을 지불한다.

이 연구 결과는 경쟁이 치열한 B2B 마케팅 환경에서 간과하지 말아야 할 매우 강력한 메시지를 전달한다. B2B 종사자들의 경우 구매자의 개인적 가치를 파악하고 그에 적절히 대응하면 확실한 경쟁 우위를 얻을 수 있다. 대부분의 B2B 마케터들이 이런 특징과 대응 방식을 제대로 이해하지 못한다는 점에서 이는 더욱 강력한 무기가 될 수 있다. 이 장에서 우리는 이런 개인적 가치에는 어떤 것들이 있고, 인간의 뇌에서 이런 가치들을 어떻게 처리하며, 그 가치들과 연관된 감정과 행동들이 어떤 식으로 촉발되는지 살펴볼 것이다(관련 연구를 더 자세히 알고 싶다면 www.thinkwithgoogle.com에서 'From Promotion to Emotion: Connecting B2B customers to Brands'라는 글을 참조하라).

서 무엇을 가장 강조해야 하는지에 대해 아주 많은 것들을 시사한다. 소비자들의 의견을 통해 광고에 담은 메시지가 그들의 실제 행동과는 다를 수 있다는 사실을 명심하자.

판매를 이끄는 심리적 동인

의식적이든 무의식적이든 인간의 모든 행동은 다음과 같은 두 가지 감정의 전제에 의해 이행된다.

- » 고통의 회피
- » 즐거움의 추구

인간이 하는 모든 행동은 사회적으로든 직업적으로든 개인적으로든 이 두 가지 기본 욕구에 의해 발현된다. 자신이 담당하는 상품군을 구매하는 고객이 의식적 · 무의식적으로 어떤 고통을 피하려 하는지 이해하면, 마케터는 일상적인 의사결정 과정의 뒤에 숨겨진 고객 심리를 더 제대로 포착한 마케팅 메시지를 개발할 수 있을 것이다.

마케팅 측면에서 고통과 즐거움이란 인간의 삶에서 어떤 사건들이 전개되거나 좋은 일 혹은 나쁜 일이 벌어질 것으로 예상될 때 사람들이 갖는 두려움과 기쁨을 의미한다. 예를 들어 자동차 보험에 가입하는 사람은 자동차 사고를 당했을 경우에 그에 따른 차량 피해나 금전적 손실을 보험이 처리해준다는 것을 인식하면서 그에 따라 위안의 기쁨을 얻는다. 또 보험 때문에 사고에 따른 큰 고통을 피할 수 있다. 그러므로 이 두 가지 감정은 자동차 보험이라는 품목과 특정 브랜드를 선택하게 만드는 주요 동기가 된다.

고객들을 대상으로 설문조사를 수행한다면 그들이 해당 상품군에 대해 어떤 두려움을 갖고 있는지 파악할 수 있는 문항을 설문지에 넣어라. 또 그 제품을 구매함으로써 얻는 즐거움은 무엇인가? 또 그 브랜드를 선택할 때 연상되는 두려움과 기쁨은 무엇인가? 혹시 고객들이 미흡한 고객 서비스나 까다로운 환불 정책 그리고 너무 높은 가격에 대한 두려움을 갖고 있지는 않은가? 이런 질문들에 대한 답을 잘 알고 있다면 마케터는 고객의 구매를 촉발하는 데 아주 효과적인 메시지나 콘텐츠 및 고객경험을 개발할 수 있을 것이다.

신경전달물질이 선택에 미치는 영향

신경전달물질 및 호르몬은 사람들이 일상생활에서 다양한 자극과 마주쳤을 때 강한 감정 반응을 일으키는 주체로, 기쁨을 느끼거나 두려움 및 고통을 피하려는 인간의 행동에 가장 큰 영향을 준다.

이런 신경전달물질에는 다음과 같은 것이 있다.

» **도파민** : 인간이 어떤 보상을 기대할 때 도파민이 분비된다. 예를 들면 직장에서 뛰어난 업무 실적에 따른 승진, 신차 출시에 따른 사은 행사, 독실한 신앙생활 후에 찾아올 위대한 사후세계, 또 이타적 사랑에 대한 보상처럼 말이다. 도파민이 생성되면 사람들은 행복감에 젖고, 좀처럼 실수하지 않으며, 목표도 더 쉽게 달성한다. 사람들이 마약에 중독되는 것도 이런 도파민 분비 때문이다.

» **옥시토신** : 옥시토신은 사랑의 호르몬으로 알려져 있다. 타인과 관계를 발전시킬 때, 상대에 대한 자신의 감정이 타당하며 상대도 같은 감정임을 느낄 때, 그 사람과 함께함으로써 자신이 가치 있고 사랑받는 사람임을 강력히 인식할 때 인간의 뇌에서 옥시토신이 분비된다. 주로 사랑에 빠졌을 때 나오는 호르몬으로 유명하다. 그 결과 사람들은 사회적이고 직업적인 공간에서도 타인과 다정한 유대 관계를 맺으려 하고, 그런 대상을 발견하면 열렬한 지지를 보인다. 연구에 따르면 옥시토신이 분비되면 판단과 두려움을 관할하는 뇌의 기능이 일시적으로 멈춘다고 한다.

» **코르티솔** : 신체적 · 감정적 · 사회적 · 재정적으로 위협을 느끼면 혼란과 불안, 의심, 두려움이 솟구치는 것을 느낀다. 이런 상황에 처한 사람은 위협과 맞서 싸우거나 순순히 받아들이고, 아니면 가능한 빨리 위기를 피해 안전지대를 찾으려 한다. 후자의 경우는 주로 현실을 부정하는 상황으로 표현된다. 다른 사람과 다툼을 유발하거나 사람들의 행동을 추진하는 심리적 전투력도 바로 코르티솔의 힘이다.

» **세로토닌** : 우울증을 예방하는 데 도움이 되는 호르몬이다. 세로토닌은 마음에 평온함을 가져오고, 일상에서 부닥치는 크고 작은 도전들에 대해 희망과 낙관주의, 그리고 자신감으로 대응할 수 있게 한다. 익숙한 스키마적 패턴과 음조로 된 음악을 들으면 보통 사랑과 향수, 위안 혹은 자신감을 느끼게 되는데, 이 모든 것들이 세로토닌 분비와 기분에 영향을 준다.

의도적이든 아니든 마케터가 이런 신경전달물질의 분비를 유도하면 자신이 원하는 방향으로 소비자의 행동을 촉발할 수 있는 감정을 만들 수 있다. 여기서 주의할 것은 경쟁 제품 대신, 자신이 담당하는 브랜드나 관련 경험, 제품에 소비자가 열광할 수 있는 방식으로 호르몬 분비를 촉발해야 한다는 점이다. 많은 마케터들이 부지불식간에 자신의 브랜드뿐 아니라 경쟁자의 브랜드를 부각시키는 효과를 낸다.

이를 마케팅에 어떻게 연결할 수 있을까? 생각보다 간단하다. 첫 번째 단계는 해당 품목의 제품을 선택할 때 어떤 감정이 결부되는지를 파악하는 것이다. 예컨대 앞서 언급한 보험 상품들의 경우에는 실제로 사고가 났을 때 원래 약속한 서비스를 제대로 이행하지 않을 것으로 불신하는 고객들이 많다. 하지만 이렇게 불신에 찬 고객들도 감당할 수 없는 사고에 대한 두려움으로 어쩔 수 없이 보험에 가입한다. 대형 자동차 사고가 나거나 사는 집이 불 타 없어지거나 심각한 병에 걸려 엄청난 치료비가 필요한 경우처럼 말이다. 따라서 보험 상품을 판매하는 사람들이 마케팅 활동에서 강조해야 할 두 가지 감정은 불신과 두려움이다. 이때 고려할 만한 세 가지 방법이 있다. 그 내용은 다음과 같다.

» 테스티모니얼 마케팅(testimonial marketing : 소비자의 체험담을 전달하여 신뢰성을 높이는 마케팅-역주)으로 약속한 보험료 및 서비스가 제대로 제공된다는 사실을 보여줘라.
» 외부 수상 사례를 인용함으로써 상품이나 서비스가 업계 표준에 부합하고 경쟁사보다 뛰어나다는 사실을 증명하라.
» 해당 품목과 관련된 두려움을 인식하고 처리하라. 고객이 그 감정을 왜 느끼는지 이해하고 있음을 표현하라. 당신도 고객과 다르지 않다는 것을 공감하게 만들어라. 인간은 지신과 비슷하다고 인식되는 사람들로부터 구매하려는 경향이 있다.

USP 대신 ESP 활용하기

오늘날 마케터가 수행해야 할 가장 중요한 일 중 하나는 USP(unique selling proposition : 독특한 판매 제안)에서 ESP(emotional selling proposition : 감성적 판매 제안)로 초점을 옮기는 것이다. ESP는 앞서 언급했던 인간의 감정에 호소하기 때문에 마케팅 메시지가 고객들에게 더 잘 다가갈 수 있다.

브랜드 ESP는 해당 품목과 관련된 감정을 어떻게 충족시킬 수 있는지를 보여주는 기술서이기도 하다. 고객에게 제공할 감성적 가치를 이해하는 것은 성공적인 마케팅 활동(다이렉트, 소셜, 개인화, 대중 그리고 경험 및 이벤트 등)에 핵심이 된다.

일례로 명품 의류를 판매하는 회사라면 고객이 그 브랜드나 심벌이 붙은 옷을 입음으로써, 그리고 일반 의류보다 훨씬 더 많은 돈을 지불함으로써 얻고자 하는 감정적 니즈가 무엇인지 파악해야 한다. 훨씬 더 높은 가격을 지불하면서 그 제품을 구입하게 만드는 감정에는 다음과 같은 것이 있다.

» 매력과 아름다움
» 자신감과 자존감
» 값비싼 명품을 입지 않은 이들에 대한 우월감

마지막에 언급된 우월감이란 감정은 다른 감정보다 무의식 속에서 가장 강력한 영향력을 발휘한다. 남들에게는 없는 무언가를 자신은 갖고 있고, 그것을 누릴 만큼 경제적 여유를 가진 사람들이 극소수일 때, 그 사실을 인식하든 인식하지 못하든 인간은 우월감을 느낀다. 그리고 우월감을 가진 사람들은 자신에게는 남들보다 강한 생존 능력이 있다고 기대한다. 이때 도파민 분비가 일어나면서 자신을 남들보다 우위에 있게 해준 제품이나 경험에 대한 기쁨을 느끼게 된다. 이런 감정은 대부분 무의식적으로 일어나지만, 굉장한 현실적이다. 결국 6만 달러가 넘는 구찌의 악어 핸드백을 구입하는 이유도 개인적 우월감과 생존 능력을 느끼게 하는 이런 감정 때문인 것이다.

브랜드 ESP에서 다뤄야 할 감정이 있다면 그것은 바로 그 상품이 고객에게 제공하는 생존 능력이며, 그 생존 능력을 높이는 데 경쟁 제품보다 더 탁월한 역량을 보여야 한다는 점이다. 이는 소위 사람들이 말하는 쓸데없는 심리학 이론이 아니다. 이는 마케터로서 소비자의 감성에 호소하면서 그들에게 적합한 메시지와 오퍼, 프로모션을 제공하고, 그 결과 '상상도 못했던 ROI'를 창출하는 데 꼭 필요한 통찰력이다.

보상 vs. 손실

마케팅에서 소비자의 감정에 호소하는 방법을 고민할 때 먼저 기억할 사실은, 인간은 보상을 추구하기보다 위험을 피하려는 성향이 더 강하다는 점이다. 의식적이든 무의식적이든 사람들은 새로운 보상을 받는 것보다 이미 갖고 있는 것부터 지키려 한다. 특히 보상을 추구하는 과정에서 도리어 가진 것을 잃을 수 있을 경우에 이런 성향은 특히 더 강하게 발현된다. 이는 인간의 생존 본능의 일부다.

심리학자이자 작가인 대니얼 카네만은 인간의 심리와 인간이 정보를 처리하고 무언가를 선택하는 과정에 대한 많은 실험을 수행했다. 그의 실험들이 일관적으로 보여주는 사실이 하나 있는데, 그것은 사람들은 무언가를 얻기 위해 무언가를 잃을 수도 있는 상황에서 선택을 해야 할 때 대부분 무언가를 얻는 것보다는 손실의 위험을 피하는 쪽을 택한다는 점이다. 즉 사람들은 확실한 이득을 얻거나 확실한 손해를 피하기 위해 더 높은 가격을 지불한다는 사실을 발견했다.

다음 질문을 스스로에게 해보라.

- » 고객은 당신의 제품을 구입하지 않을 때 어떤 잠재적 손실을 입을 수 있을까?
- » 당신의 브랜드는 고객에게 그런 손실을 주지 않겠다는 약속을 어떻게 확실히 지킬 수 있을까?

이 두 가지 질문에 답을 할 수 있는지, 그리고 그 답을 실제로 이행할 수 있는지가 당신의 제품을 다른 제품들과 정서적으로 다르게 만드는 핵심이며, 이런 식의 차별화는 다른 무엇보다 더 중요하다.

어떤 제품의 특징 및 기능, 가격을 모방하는 것은 가능하다. 하지만 고객이 그 제품을 통해 얻는 감성적 경험과 충족감은 쉽게 모방할 수 없다. 이런 감성적 충족감은 이 책에서 논의하는 전략 및 전술에 기초한 모든 마케팅 활동 중 최우선순위가 돼야 한다.

생존 본능

거울을 보고 있는 여성의 이미지와 두개골 이미지를 동시에 담고 있는 착시 그림을 본 적 있는가? 이 그림을 본 사람들은 대부분 두개골을 먼저 인지한다. 이는 인간의 뇌가 보상이나 기쁨을 인지하기 전에 피해를 막도록 위협을 먼저 인식하도록 만들어져 있기 때문이다.

고객들에게 두려움을 주는 대상들을 파악하고 이를 즉시 해결함으로써 그들을 안심시켜야 한다. 고객의 두려움을 경감하거나 가시적인 해결 방법을 제시하면 그들의 무의식적 사고에 더 효과적으로, 그리고 의식적 사고에 더 확실히 소통할 수 있다.

다음은 제품 유형에 따라 사람들의 생존 본능을 활용하는 방법이다.

- » **보험** : 집이나 자동차처럼 중대한 자산을 파괴할 수 있는 사고나 재해로부터 생존하기
- » **교육** : 좋은 직장을 구하지 못하거나 양질의 삶을 누릴 수 없거나 자녀를 제대로 양육할 수 없는 경제적 문제에서 벗어나 생존하기

【 생존과 스릴을 좇기 위해 태어나다 】

지난 수년간 인간이 환경에 의해 만들어진다는 사실을 증명하는 연구 데이터들이 쏟아졌지만, 심리학 이론들은 많은 사람의 태도와 선택이 그들의 DNA의 일부로 정해져 있다는 사실을 뒷받침한다. 심리학자들은 인간이 두 가지 정서 시스템 중 하나를 갖고 태어나며, 그에 따라 삶에서 겪는 일들과 일상에서 발생하는 자극들에 감정적 반응을 나타낸다고 주장한다. 이 중 한 시스템은 생존하고 안전을 유지하려는 인간의 니즈에 의해 작동한다. 그리고 또 다른 시스템은 스릴을 느끼고 위험을 감수하며 아드레날린을 분출하는 흥분을 좇으려는 태도에 의해 작동한다. "태어날 때부터 성향이 정해져 있다"고 주장하는 이 이론은 같은 부모에게서 태어난 아이들도 위험과 안전에 대한 태도가 왜 그렇게 다를 수 있는지 설명한다. 보통 형제자매는 같은 환경과 양육 방식 아래서 자라기 때문이다.

사람들이 브랜드와 그 프로모션에 끌리는 데 이 두 가지 정서 시스템이 어떤 영향을 미치는지 아는 것은 성공을 위해 꼭 필요하다. 인간이 무엇을 선택할 때 가장 강력한 영향을 미치는 것 중 하나가 바로 이런 정서적 요인이기 때문이다.

> » **명품 자동차** : 영향력 집단이나 즐거운 경험에서 배제되거나 비즈니스에서 존경받지 못하는 것처럼, 높은 사회적 지위를 누리지 못하는 위험으로부터 생존하기

ESP에는 그 상품군을 통해 의식적 · 무의식적으로 얻을 수 있는 두려움과 기쁨이 포함돼 있어야 한다. 또 ESP는 마케팅 메시지와 콘텐츠, 사회적 대화, 고객경험, 영업 제안서에 반영돼야 한다. 한 브랜드의 ESP를 개발하는 것은, 브랜드 활동과 가치에 지침이 되는 미션 선언문을 작성하는 일만큼 상당히 중요하다.

인간의 기본 심리 이해하기

어떤 업종에서든 효과적인 마케터가 되려면 인간 심리의 기본 원칙들과 더불어 인간의 생각이 어떤 식으로 행동을 유발하는지 이해해야 한다. 최근 몇 년간 행동 마케팅 분야의 전문가라 주장하는 많은 기관들이 등장했다. 하지만 이들 대부분은 과거 행동을 통해 미래 행동을 예측하는 데에만 초점을 맞춘다. 물론 이런 역량도 데이터베이스 개발이나 CRM, DMP, 다이렉트 마케팅 활동을 전개하는 데 중요하지만, 그것만으로는 충분하지 않다.

성공하려면 심리적 동인에서 표출된 행동, 즉 앞서 언급한 신경전달물질이나 다른

심리 처리 프로세스에도 주목해야 한다. 오래된 이론이든 새로운 이론이든 심리학자들이 입증한 이론들로부터 사람들이 생각하고 행동하는 방식에 대해 아주 많은 것들을 배울 수 있다.

이제 심리학 분야에서 가장 큰 공헌을 한 심리학자인 지그문트 프로이트와 칼 융에게서 얻은 몇 가지 통찰을 설명하겠다.

프로이트의 성격 이론

프로이트로부터 얻을 수 있는 주요 마케팅 교훈 중 하나는 그의 성격 이론(personality theory)에서 찾을 수 있다. 그는 인간이 기본적이거나 복잡한 결정을 내릴 때 머릿속에서 서로 싸우는 세 가지 성격, 혹은 목소리가 있다고 주장한다. 이들 세 가지 성격이란 원초아, 자아, 초자아를 말한다.

- **원초아**(id)는 원하는 것을 즉시 손에 쥐어야 하고, 그것이 자기 자신이나 타인들에게 미칠 영향력에 대해서는 신경 쓰지 않는, 통제 불능의 유아처럼 행동한다.
- **자아**(ego)는 원초아를 만족시키려 하면서, 그렇게 하는 적절한 방식을 먼저 생각하고 계획한다.
- **초자아**(superego)는 이성의 목소리로, 사회적 규범과 이제껏 삶에서 얻은 경험, 옳고 그름 등을 바탕으로 가장 적절한 행동을 결정한다.

이 세 가지 중 어떤 목소리가 가장 우세하느냐에 따라 그 사람의 성격이 결정되는데, 마케터들은 프로이트의 성격 이론을 바탕으로 쇼핑과 고객충성도와 관련된 소비자의 행동을 예측할 수 있다.

소비자의 구매 결정에 이 세 가지 성격 중 어느 것이 가장 많이 관여하는지를 상품군과 브랜드별로 생각해보라. 쿠키나 도넛 판매자가 다이어트나 건강과 상관없이 소비자의 충동적 욕구를 일으키고 싶다면 어떻게 하는 것이 좋을까? 원초아에 어필함으로써 자아와 초자아를 제압해야 한다. 이 방면에서 탁월한 역량을 보이는 오레오는 광고에서 우유에 푹 적신 촉촉한 오레오 쿠키의 모습을 보여준다. 쇼핑몰을 돌아다니다 보면 시나몬 롤이나 따뜻한 초콜릿 쿠키의 고소한 냄새가 콧속을 자극해오는 데, 이 또한 충동적인 원초아를 공략하는 좋은 예다.

하지만 건강이나 영양을 중점적으로 강조하는 제품이나 앱은 먼저 올바른 식생활과 운동 습관에 대한 정보로 자아에게 어필한 후 저칼로리 쿠키를 언급함으로써 건강이라는 목표를 달성하기 위한 계획을 포기하지 않고도 원초아를 만족시킬 수 있다.

융의 원형 이론

원형 이론(archetypal theory)으로 유명한 칼 융은 인간의 모든 행동과 생각이 무의식적으로 일어나기 때문에, 인간 심리는 대혼란 상태에 가깝다고 주장한다. 융의 원형 이론에서 마케터들이 얻어야 할 교훈은 사람들이 다음과 같은 네 가지 주요 원형(archetype) 사이를 순환한다는 사실이다.

- **그림자** : 인간 본성의 어두운 면이나 통제되지 않은 동물적 자아
- **자아** : 의식과 무의식이 연결되는 곳
- **아니무스** : 가치와 성격 측면에서 개인의 진짜 자아
- **페르소나** : 진정한 자아인 아니무스를 은폐시키고 남들에게 보여주기 위한 자아

고객의 핵심이 이들 원형 중 어디에 해당되는지 알면, 그에 맞는 마케팅 활동을 벌일 수 있다. 만약 이제 막 직장생활을 시작한 X세대에게 마케팅을 한다면 그들은 직장에서 더 많은 기회를 잡으려고 자신의 업무 실적이나 잠재력 그리고 차별성 등을 부각하려 할 것이다. X세대의 이런 니즈에 도움을 줄 수 있는 제품이라면 관련 특성을 마케팅 메시지와 크리에이티브에 반영해야 한다.

융은 자신의 책 『영혼을 찾는 현대인(Modern Man in Search of a Soul)』에서 브랜드 포지셔닝과 마케팅 메시지 개발에 전략적 지침이 되는 또 다른 뛰어난 견해를 제시한다.

> 믿음, 희망, 사랑, 통찰력은 인간이 노력을 통해 성취하려는 최고의 가치며, 경험을 통해서만 얻을 수 있다.

만약 이것이 사람들이 인생에서 추구하는 진정한 가치라면, 우리가 판매하는 제품들은 이런 감성적 결과를 얻고자 하는 사람들의 여정을 어떻게 지원할 수 있을까?

» 교육 분야에 있다면 학교에 다시 들어가는 것이 사람들로 하여금 원하는 최상의 가치를 달성할 수 있도록 통찰력을 줄까?

» 명품의 경우 그 브랜드의 의류나 자동차 등을 구입함으로써 사람들이 삶에서 원하는 사랑을 쟁취할 수 있을까?

담당하는 브랜드가 지원하는 심리적 충족감에 관한 주요 질문들을 스스로에게 해보라. 질문에 답을 하는 과정에서 그 제품을 기존과는 아주 다른 방식으로 볼 수 있게 될 것이다. 그 다른 방식이란 바로 고객들이 무의식 속에서 그 제품을 생각하는 방식과 연결된다.

강력한 사회적 영향력 집단과 연계하기

심리적 동인들과 더불어 앞에서 설명했던 심리학 이론에 뿌리를 둔 사회적 영향력 집단도 사람들의 생각과 선택, 행동을 이끈다. 지금부터 그 예들을 살펴보자.

권위자

예일대학교 교수였던 심리학자 스탠리 밀그램은 사람들이 자신의 기존 가치나 의식에 반하는 일을 수행할 때 권위자 역할을 담당하는 인물들이 어떤 영향력을 행사하는지에 관한 연구를 수행했다. 그가 설계한 실험에서 지원자 중 한 사람에게는 학생, 그리고 또 다른 한 사람에게는 선생 역할을 맡게 했다. 실험에서 학생 역을 맡은 지원자에게는 몸에 전기 장치를 연결해, 선생 역할을 맡은 사람이 버튼을 누를 때마다 전기 충격을 받게 돼 있었다. 그런 다음 선생 역할을 맡은 사람에게 학생 역할을 맡은 지원자가 질문에 오답을 말할 때마다 버튼을 누르도록 지시했다. 실험이 진행되면서 학생의 오답 수가 많아질수록 전기 충격은 더 강해졌다. 선생 역할을 맡은 지원자들은 화면 반대쪽에 있는 학생이 고통스러워하는 소리를 들으면서 점점 심리적 불편함과 고통을 느끼기 시작했다. 하지만 흰 가운을 입은 실험 지시자가 선생 역할을 맡은 지원자들에게 전압을 높인 후 버튼을 누르라고 지시했을 때 대다수의 피실험자들은 자신의 의식과 달리 지시받은 행동을 그대로 따랐다.

놀랍게도 65%의 지원자들이 권위를 가진 지시자의 명령을 지속적으로 따랐다. 연구 보고서에 따르면 피실험자들은 자신이 타인에게 고통을 가하고 있다는 생각에 불안해하거나 스트레스 증세를 보였고, 정도가 심한 일부 지원자들은 땀을 흘리거나 몸을 덜덜 떨고 입술을 깨물거나 신음하고 손톱으로 피부를 긁어내기도 하고, 초조한 듯 계속해서 웃거나 발작 증세를 보이는 사람도 있었다.

이 실험은 강력한 권위가 어떤 식으로 타인의 행동에 영향을 미치는지 보여준다. 많은 사람들이 어렸을 때부터 경찰관과 선생님, 종교 지도자, 부모, 의사 등 여러 권위자들을 존경하도록 배우기 때문이다.

마케팅 계획에 권위가 가진 이런 힘을 활용하기 위해서는, 먼저 다음 내용부터 이행하라.

- 담당하는 제품군에 가장 큰 영향력을 미치는 권위자나 기관을 찾아라.
- 그들에게 전문성을 부여해준 공통적으로 갖고 있는 전문 지식과 그 전문성이 담당 브랜드의 가치 및 특성과는 어떤 관계가 있는지 확인하라.
- 담당하는 상품군과 브랜드를 인증하는 권위자 및 기관과 동맹을 맺을 수 있는 방법을 찾아라. 브랜드 웹사이트에 그들의 블로그 글을 올리거나 프로모션 이벤트에 초청하거나 비용을 지불하고 브랜드 홍보 대사 역할을 맡길 수도 있다.

권위자의 영향력을 활용하는 또 다른 방법으로는 전문가의 연구 보고서를 인용하거나, 제품에 대한 메시지를 입증하고 강화하기 위해 커뮤니케이션에 전문가의 추천이나 증언을 포함시키는 테스티모니얼 마케팅도 가능하다.

사회적 증거

아무리 교양 있고 지적이고 기량이 뛰어나다 할지라도, 고객은 인정하든 아니든 사회적 증거에 의한 영향을 받는다. 이는 생존을 위한 인간의 욕구와도 관련돼 있다. 인간은 타인들이 자신에게 없는 것을 갖고 있거나 이루지 못한 것을 해냈을 때 스스로 약하거나 불리하다고 느낀다. 이런 경우에 사람들은 무의식적으로 열등감을 느끼고, 그 반대급부로 성취감과 안전감을 찾게 된다.

심리학자이자 작가인 로버트 치알디니는 인간의 이런 심리가 다양한 상황에서 어떻게 작용하는지를 확인하는 실험들을 수행했다. 그는 사람들에게 호텔에서 수건을 재활용하고 환경보호 프로그램에 참여하는 것과 같이 어떤 일이 좋은 일이라고 단순히 말하는 것보다 그들의 이웃이나 친구, 동료들은 이미 뭔가 의미 있는 활동을 하고 있다고 전했을 때 그 프로그램에 동참할 확률이 훨씬 높아진다는 것을 발견했다.

테스티모니얼 마케팅이 탁월한 효과를 내는 것도 바로 이런 측면 때문이다. 98%의 고객만족도나 높은 순추천지수(net promoter score, NPS) 같은 지표들은 사람들에게 그들과 비슷한 소비자 상당수가 그 제품이나 브랜드를 이미 사용하고 있다는 사실을 보여줌으로써 그들의 제품 구매 의지를 급격히 높인다.

소비자의 행동에 영향을 주고 싶다면, 다른 사람들은 이미 그 행동을 하고 있음을 알려야 한다. 예를 들어 아마존닷컴 사이트에 들어가보면 '이 상품을 구매한 고객이 검색한 상품' 목록이 뜬다. 사람들은 좋은 상품이나 좋은 기회를 놓치지 않으려 하므로, 그 상품들을 검색할 확률이 높다.

호혜성

삶은 평등하지 않다는 생각에 얼마나 많은 사람들이 동의하든 간에 우리는 삶이 모두에게 공평하기를 희망한다. 적어도 자신은 타인에게 공평한 대접을 받기를 바란다. 선한 행동이 또 다른 선한 행동을 이끌고, 사람들이 호혜성의 원칙에 따라 서로를 대할 때 인류는 발전한다. 개인적 · 직업적 관계에 있어서도 똑같다. '받은 만큼 돌려주기'의 가치를 이해하는 브랜드는 CSR 활동뿐 아니라 충성심을 보이는 개인에게 그만큼 혜택을 환원하는 노력을 기울인다. 그리고 이런 기업들은 상황이 좋을 때나 나쁠 때나 지속적인 생명력을 발휘한다.

지지하는 기업이 자신을 인식하고 고마워한다는 사실을 깨닫게 되면 그 기업에 대한 만족도가 더 높아지면서 거래 및 추천 빈도도 더 높아지기 마련이다.

마케팅에서 호혜성을 효과적으로 활용한 가장 좋은 예로 퍼스트뱅크라는 한 지역은행이 실시한 광고 캠페인을 들 수 있다. 퍼스트뱅크가 낸 옥외광고에는 '수학강사', '개 산책 도우미', '웨딩싱어'라는 각 단어 아래 전화번호만 들어가 있었고, 은행의 상품 정보나 혜택 같은 상업적 내용은 전혀 없었다. 이 광고 캠페인은 순수하게 고객에게 도움을 주려는 목적으로 진행됐다. 그리고 광고에 적힌 전화번호는 정말로 그 직업을 가진 사람의 개인 전화번호였다. 사람들이 해당 번호로 전화를 걸면 번호의 주인은 당연히 퍼스트뱅크를 추천했다. 이 광고가 뛰어난 이유는, 어떤 고객이든 퍼스트뱅크는 그들을 진심으로 아끼고, 은행이 받은 사랑을 돌려주겠다는 마음을 효과적으로 어필했기 때문이다. 게다가 그런 마음을 단순히 글로 표현한 게 아니라 상당한 광고 예산을 투입해 행동으로 보여줬다. 당시 퍼스트뱅크의 마케팅 상무에 따르면, 다른 은행들은 고객을 잃고 있었지만 해당 광고 덕분에 퍼스트뱅크는 새로운 고객들을 확보할 수 있었다고 한다.

호혜성은 마케팅 프로그램에 접목할 수 있는 간단하고도 합리적인 원칙이다. 엄청난 예산을 들여야만 고객들의 사랑에 보답할 수 있는 것도 아니다. 더 나은 서비스와 리워드 포인트, 무료 사은품, 뉴스레터를 통한 감사 인사, 콘텐츠 마케팅, 소셜미디어 포스트 등 여러 방법으로 전달할 수 있다. 하지만 그 가치는 엄청나다. 제4장에서 다루겠지만 고객 설문조사를 기획할 때, 고객에게 어떤 식으로 보상받고 싶은지를 직접 묻는 것도 좋은 방법이다.

희소성

몇 년 전 미국의 대형 제과업체 중 하나인 호스티스 브랜드는 사업상 문제로 영업을 중단해야 했다. 트윙키를 비롯한 미국의 인기 과자들이 하루아침에 사라지게 된 것이다. 이윽고 사람들은 지난 몇 년간 거의 잊고 지냈던 이 간식들을 절실히 원하게 됐다. 어린 시절부터 트윙키를 먹었던 성인들은 동네 슈퍼마켓으로 돌격했고 박스채 사재기를 하기 시작했다. 며칠 만에 트윙키의 매출은 3만 1,000%(오타가 아니다) 상승했다. 이는 단지 희소성이 소비자의 사고와 행동에 미치는 강력한 힘을 보여주는 사례일 뿐이다. 평소에 원하지도 않고 특별한 가치도 못 느꼈던 제품도 더 이상 가질 수 없다고 생각하면 갑자기 간절히 원하게 되기 때문이다. 그러면 누구보다 더 신속하게 그 물건에 손을 뻗고, 남보다 더 많이 사들인다.

희소성의 원칙은 마케팅에서 늘 볼 수 있다. "이 가격은 딱 한 자리 남았습니다", "마지막 땡처리"처럼 말이다. 그게 사실이든 아니든, 소비자가 그 말을 믿든 말든, 희소성의 메시지는 보통 효과를 발휘한다. 혹시 모르니 일단은 사고 보는 것이다.

이런 심리적 · 사회적 요인들은 모든 고객에게 일반적으로, 또 구체적으로 영향을 미친다. 이를 가장 효과적으로 활용하려면, 그 브랜드의 '상위(umbrella)' 포지션과 각 소비자 세그먼트에 적절한 가치와 포부, ESP를 포함한 포지션을 정해야 한다.

예를 들면 이렇다. 만약 유기농 식품이나 무독성 생활용품을 파는 소매점이라면 이런 ESP를 개발할 수 있을 것이다.

> 우리의 집은 가족의 건강과 행복을 파괴할 수 있는 독성물질로부터 해방돼야 합니다. 특히 아이들은 해로운 물질로부터 보호받아야 마땅합니다. 우리 제품을 사용하는 가족은 무해성에 대한 확신을 갖고, 가정이라는 안식처에서 보호받고 진정한 휴식을 취하면서 삶의 다른 문제에만 집중할 수 있습니다.

이 ESP는 자신감과 기쁨, 안락함이라는 세 가지 요소를 모두 전달하는 제품을 사용할 때 갖는 가치를 중심으로 제품을 포지셔닝하고 관련 메시지를 전달한다.

여기, ESP가 B2B 분야에서 어떤 역할을 하는지 보여주는 실제 사례가 있다. 필자는 예전에 한 금융 회사에서 일한 적이 있었는데, 회사는 고객들에게 부동산 상품을 판매하기 위해 부동산 투자가 얼마나 수익성이 높고 스마트한 투자 방식인지를 설득하려 했다. 당시는 미국 금융 위기에 버나드 매도프가 저지른 최악의 투자 사기가 드러난 직후였으므로 아무도 부동산에 투자하지 않았다. 서브프라임 모기지 사태로 부동산 경기가 바닥을 찍고 있었다. 그래서 우리는 과감하게 ESP를 바꾸기로 결정했다. 우리의 부동산 상품들이 얼마나 탄탄하고 고객사가 얼마나 믿을 만한지를 제시하기보다는, 잠재적 고객들이 갖고 있는 두려움과 인식, 그리고 부동산에 대한 스키마를 그들과 직접 나눴다. 우리는 실제로 이렇게 말했다. "아시다시피 부동산 투자에는 나름의 리스크와 어려움이 있습니다. 투자자들이 늘 의심의 눈초리부터 던지는 이유를 저희도 잘 알고 있죠." 이처럼 우리는 그들이 가진 두려움을 먼저 언급했고 그들의 스키마를 확인시켜줌으로써 신뢰를 구축했다. 고객들은 우리의 말에 귀를 기울였고 마침내 긍정적인 결정을 내렸다. 내가 담당했던 고객사는 그동안 설득에 난항을 겪고 있던 네 군데 투자사로부터 계약을 따낼 수 있었다.

고객의 행복과 목적에 호소하기

날마다 인간은 끊임없이 행복을 찾고 연관성을 발견하려 애쓴다. 행복은 우리가 삶에서 추구하는 최고의 가치일 뿐 아니라 브랜드 입장에서는 그 힘을 파악해야 할 자석과도 같은 존재다. 코카콜라는 독보적인 음료 회사일 뿐 아니라 매출이나 고객충성도, 브랜드 명성 측면에서 세계 최고의 브랜드다. 이 책을 쓰는 지금, 코카콜라는 페이스북 페이지에 1억 명 이상의 팔로워를 갖고 있다. 코카콜라는 전 세계 사람들에게 예상치 못한 방법으로 행복을 전달하는 '행복 캠페인'을 전개함으로써 행복 전도사가 됐다. 코카콜라의 마케팅 콘텐츠는 제품에 대한 설명은 배제한 채 행복을 찾고 공유할 수 있는 동영상이나 광고, 소셜 포스트, 웹 콘텐츠 등으로만 구성돼 있다. 하지만 지금도 코카콜라는 인터브랜드를 위시한 대표적 브랜드 분석 회사들이 선정하는 전 세계적으로 가장 존경받고 최고의 매출 실적을 내는 글로벌 5대 브랜드 자리를 놓친 적이 없다.

코카콜라의 마케팅 활동은 소비자가 삶에서 경험하는 최고의 순간들 중심에 코카콜라 제품을 둠으로써 일반인들의 행복한 순간에 초점을 맞춘다. 또한 전통적으로 서로를 이해하지 못했던 다양한 공동체 간에 상호작용을 이끌고 두 집단의 차이를 좁히는 가교 역할을 함으로써 행복을 찾도록 돕는다.

조너선 하이트는 자신의 책 『명품을 코에 감은 코끼리, 행복을 찾아나서다(The Happiness Hypothesis)』에서 인간의 행복을 이루는 다섯 가지 기본 요소를 논한다.

- 다른 사람들과 연결돼 있다는 느낌
- 차이 만들기
- '선'과 관련돼 있고 이를 경험하기
- 호혜성
- 공정성과 정의

그것을 인식하든 아니든 우리는 개인적으로나 직업적으로 이 다섯 가지 요소를 삶에서 추구한다. 문화나 민족, 국적과도 상관없다. 그리고 사람들이 브랜드를 선택하는 방식을 연구한 내용들을 보면 행복을 이루는 요소는 사람들의 구매 결정에도 영향을 미친다.

에델만과 콘커뮤니케이션즈가 수행한 여러 연구는 다음의 사실을 제시한다.

- » 71%의 소비자는 자신이 가진 가치와 비슷한 가치를 가진 기업의 브랜드를 구매한다.
- » 80%의 소비자는 가격과 품질이 비슷하다면 브랜드를 교체할 용의가 있다.
- » 90%의 소비자는 무책임하고 소비자를 기만하는 브랜드의 구매를 중단한다.
- » 89%의 소비자는 사회적 · 환경적 요인을 생각하는 브랜드를 구매한다.
- » 80%의 소비자는 사회적 책임을 다하는 기업의 이야기를 타인에게 전한다.
- » 76%의 소비자는 신뢰하는 브랜드가 후원하는 자선 행사에 참여한다.
- » 72%의 소비자는 신뢰하는 브랜드가 지지하는 가치에 자발적으로 동참한다.

이 세상에서 어떤 문화나 민족으로 태어났든 또 언제 태어났든 인간은 모두 천성적으로 행복을 추구하고 삶의 목적을 탐색하며 이 세상과 주위 사람들에게 긍정적인 영향을 미치는 삶을 살고자 한다.

사업이 현재는 물론 미래에도 건실하기를 원한다면 선행을 행하는 것은 중요한 일이다. 조너선 하이트가 행복을 이루는 다섯 가지 기본 요소를 통해 주장했듯, 우리는 삶의 목적을 찾고 달성하려 할 때 가장 큰 행복을 발견한다. 의식적이든 무의식적이든 사람들은 자신의 인생에서 의미를 탐색하고 적극적으로 이 세상을 바꾸려 하며 선과 관련된 개인적 유산을 남기고 싶어 한다. 융은 인간의 이런 특징을 개인화(individuation) 과정이란 이론으로 설명하는데, 인간의 행동을 이끄는 동인들에 대한 다른 연구들도 행복을 추구하는 인간의 본능적 니즈는 지금까지도 그랬듯, 앞으로 변하지 않을 것이라고 말한다.

얼마나 많은 사람들이 삶의 목적을 찾고 달성하려고 노력하는지는 릭 워렌의 『목적이 이끄는 삶(The Purpose Driven Life)』이 전 세계적으로 성경 다음으로 많이 번역된 책이라는 사실만 봐도 알 수 있다. 오늘날 많은 소비자들은 종교와 자원봉사라는 전통적인 방법 외의 것들을 통해 삶의 목적을 탐색하고, 더 나아가 슈퍼마켓이나 온라인 상점 장바구니에 담은 자신의 선택들을 통해서도 삶의 가치를 추구한다.

이런 새로운 소비문화가 아직도 인간에게 감정과 영혼이 있다는 사실만을 보여주는 것은 아니다. 이는 어떤 산업에 종사하든 기업은 브랜드의 성격과 고객경험, 그리고

마케팅 프로그램에 CSR 활동을 통합해야 함을 부각한다.

도대체 '목적'이란 무엇이고, 그 목적을 마케팅 프로그램과 경험, 그리고 메시지에 어떻게 통합할 수 있을까? 목적이란 "어떤 일을 하거나, 뭔가 중요한 것을 이루려는 결심"을 뜻한다. 과연 무엇이 브랜드의 주요 고객들과 각 고객 세그먼트의 행동을 이끄는지 파악하는 것은 마케팅 조사를 수행할 때도 가장 큰 목표가 돼야 한다. "당신을 움직이는 힘은 무엇입니까?" 같은 단순한 질문으로도 고객들의 신뢰와 지지, 참여, 구매를 이끌어내는 방법에 대한 중요한 통찰을 얻을 수 있다.

자선 사업 및 CSR 전문가이자 크리스티와 아메리칸 익스프레스에서 근무한 경력이 있는 토비 어스닉은 목적이 브랜드에 미치는 영향을 주제로 활발한 연구 활동을 펼치고 있다. 그는 기업들의 CSR 활동이 지지하는 가치를 위해 큰돈을 기부하는 단계를 뛰어넘어 계속 진화하고 있다고 이야기한다. CSR은 기업이 가진 사회적 가치를 중심으로 그들이 이 세상을 위해 전개하는 선행들을 다양한 방법으로 촉진하고, 단지 매출의 일부가 아니라 기업의 자원 및 지적 자산까지 기부하는 방향으로 변하고 있다고 주장한다.

2015년 3월 21자 「이코노미스트」에 실린 한 기사는 GE의 전 CEO인 잭 웰치가 했던 다음과 같은 말이 인용됐다. "기업 전략으로서 주주 가치를 추구하는 것은 세상에서 가장 바보 같은 짓입니다."

물론 이 책에 나오는 일부 내용을 보면 논란의 여지가 있는 주장이지만, 그의 말은 제품과 브랜드를 오늘날 소비자들에게 가장 중요한 문제들에 맞춰 조정하고, 관련 문제들과 아이디어를 고객 및 파트너, 공동체 리더들과 함께 개선해나갈 수 있는 방법들을 모색해야 한다는 것을 의미한다. 많은 연구 데이터들을 보면 브랜드의 목적을 규정하고 그 내용을 실천해나가는 것은 결코 '멍청한' 짓이 아니며, 사실상 기업이 할 수 있는 가장 스마트한 일 중 하나라는 것을 증명한다.

브랜드가 추구하는 목적을 규정하고 그에 따라 CSR 노력을 기울이는 것은, 기업이 대내외 고객들과 감정적 · 심리적 유대감을 형성하는 첫 단계가 된다. 브랜드가 추구하는 가치에 동참하는 사람들을 통해 회사의 CSR을 실행 가능하게 할 때, 브랜드 가치뿐 아니라 회사의 수익을 좌우하는 고객의 열정과 충성도를 높일 수 있다.

사람들은 자신이 실천한 선행이 이룬 결과에서 행복감을 얻는다. 자선사업을 통해 브랜드를 구축한 것으로 유명한 탐스는 목적 중심의 사업을 전개함으로써(탐스 제품을 구매한 소비자가 그만큼 세상을 도울 수 있게 함으로써) 회사 설립 3년 만에 매출을 900만 달러에서 2,100만 달러로 만들었다. 9달러 정도의 제품당 원가와 약 60달러의 판매가로 달성한 탐스의 업적은 다른 기업들에게도 불가능한 일이 아니다.

성공적인 CSR 프로그램과 목적 지향 전략의 핵심은 진정성이다. 따라서 진실성이 떨어지는 CSR 활동은 오히려 역효과를 낳는다. 브랜드는 해당 산업과 관련된 의미 있는 사회적 가치를 진실한 태도로 지원해야 하고, 자선 활동에 고객들을 참여시킬 때도 진정성을 보여야 한다.

이런 진정성은 브랜드가 전달하는 기부금의 규모가 아니라 조직의 사업 목표를 뛰어 넘는 대의명분을 위해 마케팅 채널과 예산, 자원을 사용하는 방법과, 당신의 움직임에 동참하도록 타인들을 자극하는 방식에 의해 알 수 있다.

모든 요소 결합하기

사업 계획 및 마케팅 계획을 세울 때 다음의 질문을 해보라.

- 그 상품군을 구매할 때 어떤 감정들을 느끼게 되는가?
- 그런 감정들이 구매 과정과 최종 결정에 어떤 역할을 하는가? 각 감정의 역할을 구체적으로 설명하라. 이를테면, 다음과 같다. "고객은 이 제품을 구입할 때 흥분감을 느낀다. 이 제품을 사용하는 고객은 우아함이 돋보이고, 사회적 지위를 높일 수 있으며, 타인들에게 더 환대받을 수 있다."
- 이런 감정에 어필하기 위해 그 브랜드를 어떻게 포지셔닝해야 할까?
- 고객에게 주목받기 위해서는 마케팅 메시지에 어떤 내용이 가장 중요한가?
- 고객의 선택을 이끄는 감정을 자극하려면 어떤 크리에이티브를 이용해야 할까?

» 고객에게 주목받고 그들의 행동을 유도하는 데 가장 믿을 만한 브랜드 약속과 오퍼는 무엇인가?
» 고객이 그 브랜드를 신뢰하고 따르고 브랜드에 대한 충성도를 유지하게끔 만드는 감정을 구축하고 자극하기 위해서는 어떤 브랜드 경험을 제공해야 할까?

이 질문들에 대한 답을 해보는 것만으로 마케팅 프로그램에 적절한 브랜드 ESP와 행동 사항들을 개발하는 데 도움이 될 것이다. 심리적 · 사회적 · 감성적 영향력에 대한 정보를 수집하면, 그다음 단계로는 당신이 원하는 고객 행동을 이끌고 그들과 관계를 형성하는 데 영향을 미치는 요인들을 시각화하여 그 관계를 그려 넣을 수 있는 ESP 프로파일 및 가치표를 개발할 수 있다.

대부분의 브랜드는 하나 이상의 세그먼트를 타깃으로 하기 때문에, 이런 요소들을 각 고객 세그먼트에 딱 맞는 구체적인 콘텐츠 형태로 개인화하고 맞춤화할 필요가 있다. 고객 세분화의 기준이 세대별이든 감성적 니즈든 생애주기든 역사든 아니면 그 상품군에 대한 태도든 ESP 메시지는 각 고객 세그먼트별 페르소나를 움직일 수 있도록 정확히 맞춰져야 한다.

ESP 가치표를 개발하면 각 세그먼트별로 고객들의 태도에 어떤 차이가 있고, 그에 따라 각 세그먼트에 어떤 메시지를 전달해야 하는지 파악할 수 있다.

표 2-2는 무독성 유기농 세제를 판매하는 한 회사가 개발한 브랜드 ESP의 예다.

이 표는 단지 예를 들기 위해 간단하게 작성한 것이다. 실제 ESP 표는 브랜드 타깃인 세대나 인구 · 통계적 집단별로 각 요소를 세부적으로 정의해야 한다. 각 세그먼트 내에서 하위 집단별(가족 중심 집단, 퇴직 집단, 전문직 1인 가구 등)로 ESP를 정리하는 것도 가능하다. 표 2-3은 세그먼트별 ESP에 대한 또 다른 예다.

시장조사(자세한 내용은 제4장 참조)를 통해서도 각 상품군을 구매하는 핵심 소비자들에게 영향을 미치는 감정과 가치들을 파악할 수 있다. 핵심 고객 및 세그먼트별 심리적 · 감성적 · 사회적 가치를 정리하고 ESP 가치표를 정리하면 타깃 고객 세그먼트에 보다 적절한 마케팅 자료와 경험을 개발할 수 있다.

표 2-2 무독성 유기농 세제 구매자들에 대한 ESP 가치표

	밀레니얼 세대	X세대	베이비붐 세대
기업에 대한 신뢰	낮음	중간 혹은 낮음	중간 혹은 높음
권위에 대한 태도	권위에 대한 존경심 낮음. 옳고 그름에 대해 다수의 의견을 믿지 않고 자신의 주장을 펼침 또래 집단의 의견과 리뷰에는 많이 좌우됨	권위를 존경하면서도 늘 따르지는 않음 존경받는 집단과 또래 집단의 의견을 신뢰	권위를 존중하며, 자신의 스키마와 논리에 맞을 때는 관련 데이터와 지침을 신뢰 뉴스와 대중 집단, 동료들의 의견에 좌우됨
가치	건강과 청정 환경을 원함. 쓰레기와 화학물질 혐오, 천연제품 선호	환경과 건강에 대한 관심 높음. 신제품에 개방돼 있으면서도 기존 제품 사용을 무조건 중단하지는 않음	늘 사용하던 제품에 만족하는 편이고 건강 관련 메시지를 신뢰하지만 습관을 바꿀 정도는 아님
메시지	환경보호국(EPA)이 제시하는 증거에 대한 신뢰가 낮고, 사회적 증거를 굳게 믿음 건강과 환경보존에 대한 약속이 중요	EPA의 연구 결과나 이를 증명하는 다른 연구기관 및 제3의 단체에 의한 데이터 신뢰 가족의 건강과 환경을 보호하는 약속이 중요	EPA 연구 결과나 증거 자료, 약속을 신뢰 자신과 가족을 보호하며 환경을 보존한다는 약속이 중요
크리에이티브	대담한 메시지, 믿을 만한 주장, 소셜 및 모바일 채널 대담한 색상과 쌍방향적 디지털 매체와 동영상	뉴스 같은 메시지, 교육적 형태, 이메일과 다이렉트 마케팅 대담한 색상, 모바일, 학교 표준 폰트	교육적 형태, 이메일과 다이렉트 마케팅, 배너 신뢰 가는 색상, 전통적 폰트 및 톤

표 2-3 명품 여성의류 구매자들에 대한 ESP 가치표

	밀레니얼 세대	X세대	베이비붐 세대
기업에 대한 신뢰	낮음	중간 혹은 낮음	중간 혹은 높음
정서적 동인	자신 있는, 열정적인, 동기 중심, 흥이 많은	행복한, 낙관적인, 확신에 찬	만족하는, 추억을 그리워하는
상품군 ESP	명품은 힘을 부여하고, 목적 지향적으로 만듦	명품은 지위와 성공에 대한 상징	명품은 삶과 전통, 가족, 개인적 유산을 반영
브랜드 선택 요인	지향하는 목표와 현재 가치를 반영한 브랜드	자신의 정체성을 반영하는 믿을 만한 파트너이자 자신의 욕구를 충족해주는 브랜드	자신의 정체성을 반영하며, 늘 구매해오던 브랜드
브랜드 기대	정직, 진실, 최신 트렌드, 자신의 가치 반영	투명성과 자신을 돋보이게 하는 혁신성	품질, 전통, 서비스
선호 가치	자기표현, 새로움, 트렌디함, 독창성, 개성을 반영하는 대담한 스타일	자신의 지위를 보여주는 클래식한 스타일, 기능과 개성에 맞는 패션	전통적 스타일, 개인의 취향을 반영하는 품격 있는 의류
브랜드 ESP	xxx는 당신과 당신의 성격, 당신의 독특함, 당신의 가치를 표현하는 디자인을 지향합니다.	xxx는 당신의 인생, 성취, 스타일을 표현하는 의류입니다.	xxx는 삶의 여러 상황에 맞게 당신의 스타일을 표현하는 파트너입니다.

Chapter

03

성장을 위한 기초 다지기

제3장 미리보기

- 시장성장률 결정하기
- 성장 중심의 마케팅 관리
- 마켓 세분화 전략 살펴보기
- 시장점유율과 포지셔닝 전략 실행하기
- 그로스해킹 시도하기
- 혁신성 유지하기

북미 원주민들에게는 자연 속 요소들이 삶의 중요한 교훈을 알려준다는 만트라가 있다. 그중 하나는 인간은 계속 앞으로 흐르면서 전진하는 강과 같은 삶을 살아야 한다는 것이다. 그렇지 않으면 이끼나 곰팡이 같은 오염물이 낀 연못처럼, 성장하지 못하고 정체되고 만다.

마케터들도 같은 관점으로 비즈니스를 바라봐야 한다. 빠르게 흘러가는 급류나 성장의 파도는 어디에 있고, 사업에서 자본을 창출하기 위해서는 성장의 조류에 어떻게 편승할 수 있을까?

사업이나 제품의 성공을 위해 준비할 수 있는 가장 단순하고 믿을 만한 마케팅 전략은 성장이 있는 곳에 가는 것이다. 최근 부각되는 기회들을 찾아서 가능한 그 **성장 조류**에 편승하는 것을 마케터의 최우선순위 중 하나로 삼아야 한다. 그렇게 하면 사업에서 수익을 낼 가능성이 높아지고, 그 수익을 차기 제품 개발과 마케팅 캠페인, 새로운 시장 진출 혹은 새로운 유통 관계 구축에 필요한 자본으로 활용할 수 있다.

이 장에서는 목표 시장의 성장률이 어느 정도인지 결정하고, 장 · 단기 성장을 모두 고려한 최선의 전략을 발견하기 위해 기회들을 평가하는 방법을 습득하게 될 것이다.

시장성장률 측정하기

일반적으로 어느 국가, 어느 시기든 빠르게 성장하는 시장은 몇 개 안 된다. 일부 시장은 사실상 축소하고 있는 경우가 많다. 시장성장률을 제품의 매출 성장 및 수익을 좌우하는 결정적 요인이므로, 시장 성장의 속도가 얼마나 빠른지 혹은 느린지 아는 것은 매우 중요하다.

당신이 몸담고 있는 주요 시장의 현재 성장률과 미래의 잠재적 성장률은 물론, 그 시장에 등장한 기회나 위협들도 꾸준히 추적하고 평가하라. 이런 요인들을 담당 브랜드와 경쟁 브랜드의 SWOT 분석에 포함해야 한다. SWOT 분석은 제5장에서 다루게 되는데, 분석을 통해 그 브랜드의 **강점**(strength)과 **약점**(weakness), **기회**(opportunity)와 **위협**(threat) 요인들을 더 잘 이해할 수 있다.

주력 시장이라면 연간 성장률이 5~10% 정도는 돼야 한다. 성장률이 5% 미만이면 사업을 전개하는 데 어려움이 따를 것이다. 사업 목표를 달성할 수 있을 정도로 주력 시장이 빠르게 성장하지 않으면, 혹은 다른 분야의 성장으로 인해 성장 속도가 둔화될 신호가 보이면, 아마도 새로운 시장을 찾거나 현재 사업을 재편하거나 제품 라인을 조정해야 할지도 모른다.

특정 시장의 성장 잠재력을 측정하려면 시장의 현재 성장률을 보여주는 간단한 지표를 활용하면 된다.

» 업계 전체 매출의 연도별 추이
» 시장 고객 수의 증감 수준
» 고객당 구매량과 구매 유형의 변화

이런 성장 지표들을 지난 1년 혹은 3년에 걸쳐 살펴보면, 시장에서 어떤 일들이 벌어지고 있고 앞으로 어떤 상황이 벌어질 수 있는지 파악하는 데 도움이 된다. 물론 이런 지표들은 정식 통계 공식이나 예측 분석으로 산출한 결과가 아니라서 기본적인 사항만 확인할 수 있지만, 그럼에도 불구하고 성장의 대략적인 방향을 제시할 것이다.

스테티스타닷컴은 약 1만 8,000개 소스에서 수집한 다양한 산업 및 시장에 대한 데이터를 제공하는 통계 포털 사이트다. 스테티스타닷컴에서는 산업별 연간 성장률과 향후 예상되는 시장 전망 등에 대한 보고서를 확인할 수 있는데, 몇 가지 예를 보자면 다음과 같다.

» 만약 가정용 가구 회사라면 스테티스타닷컴에서 특정 연도의 가구 매출과 관련된 통계 수치들을 검토할 수 있다. 예를 들어 2013년, 가정용 가구 시장의 규모는 1,010억 달러에 달했다. 스테티스타의 보고서는 전체 매출을 매장 유형에 따라 분류한 후, 각 세그먼트에서 상위 기업들의 시장점유율과 매출액, 수익을 보여준다.
» 광천수를 판매하는 회사라면 미국 및 다른 국가에서 광천수 시장의 성장률과 인구 1인당 매출, 인구 1인당 섭취량과 더불어 성장 전망 등에 대한 데이터를 확인함으로써 시장 트렌드에 대한 통찰력을 얻을 수 있다.

스테티트타를 비롯해 시장 정보를 제공하는 다른 업체들의 보고서도 살펴봄으로써 공략하려는 지역에 대한 세부 데이터를 얻을 수 있는지 확인하라. 포레스타나 가트너 같은 전문 분석 단체, 상공회의소, 무역협회 등도 마케팅이나 시장 트렌드 정보들을 얻을 수 있는 좋은 소스에 해당된다.

또한 제품을 판매하는 지역의 비즈니스 뉴스에도 주목하라. 주요 도시별로 주택 매매, 신축 건물 현황, 부동산 개발, 일자리 증감률 등에 대한 경제 지표들을 살펴보라.

만약 현재 사업을 벌이는 시장이 축소되거나 정체돼 있다면, 새로운 성장 기회를 탐색하고 변화를 모색해야 할 때다.

정체돼 있거나 축소 중인 시장에 대처하기

시장이 정체되거나 축소하고 있을 때에는 다음과 같은 조정 작업을 고려하라.

- 손실을 피하기 위해 소매점 수나 다른 주요 투자를 줄여라.
- 기존 경계를 넘어 사업 반경을 확대하기 위해 판매 채널을 온라인으로 옮기는 방법을 찾아라. 전자상거래 인프라에 투자할 의지가 있다면 이 방법만으로도 빠르고 강력한 효과를 경험할 수 있다. 이익률을 보전하기 위해서는 이 전략을 택하기 전에 온라인 주문과 상품 배송을 효율적으로 처리할 수 있는 방법을 확보해야 한다.
- 수익성이 떨어지는 모델은 오프라인 매장에서 빼고 온라인 매장에서만 판매하라. 이렇게 하면 안 팔리는 제품을 진열대에 계속 쌓아둠으로써 재고비를 낭비하는 일은 없어지면서 고객에게 기존과 같은 상품 옵션을 줄 수 있다. 이 방법을 활용하면 매장의 평당 수익을 극대화하면서 간접비도 낮출 수 있으므로 월마트나 타깃도 이 기법을 상품 관리에 효과적으로 이용한다.
- 신규 유통사, 중간 판매상, 온라인 채널, 전략적 파트너 등 제품을 판매할 수 있는 새로운 판매처를 물색하라. 이 밖에도 상품의 이윤을 높이기 위해 기존 유통 파트너와 거래 조건을 재협상할 수 있다. 협력사 입장에서도 고객을 잃고 매출이 줄어들거나 새로운 고객을 찾아야 할 일이 없으니 나쁜 일만은 아니다.

시장성장률과 성장 시장에 지속적인 관심을 두면 매출과 수익 잠재력을 동시에 높일 수 있다. 성장률이 낮거나 성장이 멈춘 시장에서 경쟁하는 회사들은 잔인할 만큼 서로를 물어뜯을 수밖에 없다. 이런 시장에서 승리하기 위해서는 종종 가격을 대폭 낮추거나 이익률을 포기해야 한다. 따라서 현명한 마케터들은 성장 시장에 주력하는 전략적 선택을 취하고, 제품이 판매되는 모든 시장에서 성장률을 면밀히 관찰함으로써 성장 둔화의 신호가 나타났을 때 재빨리 전략상 변화를 취한다.

변화가 요구되기 전에 스스로 변화하는 법을 배우는 것은 지속적으로 수익을 내고 활발한 사업을 펼치는 데 꼭 필요하다. 성공의 조류를 계속 탈 수 있으리라고 절대

장담하지 말라. 꾸준히 성장을 모색하는 성공한 기업이나 경영진은 결코 현실에 안주하지 않는다.

제품력을 강화할 수 있는 서비스를 추가함으로써 매출을 향상시켜라. 전체 세그먼트나 특정 세그먼트에 어필할 수 있는 서비스를 찾아라. 이때 목표는 고객이 더 이상 늘지 않는 정체된 상품에 새로운 수익원을 창출하는 것이다. 다음과 같은 예들을 고려하라.

- 요즘 가스, 전기 회사들은 보일러나 에어컨용 에어필터를 정기적으로 교체해주거나 낙뢰 등으로 가전제품이 전압상승의 피해를 받지 않도록 하는 부가 서비스를 공급한다. 회원가입 형태로 제공되는 이런 서비스는 고객생애가치나 매출을 개선하는 데 도움이 된다.
- 소프트웨어 회사들은 라이선싱이나 사스(software as a service, SaaS : 사용자가 필요로 하는 서비스만 제공해주는 온디맨드 형태의 소프트웨어-역주) 모델 개발에 참여함으로써 처음에만 소프트웨어 시스템을 고가로 판매하고 거래를 완료하는 대신 매달 수익을 창출하는 사업 모델을 택한다. 장기적으로 보면 이 방법이 회사에 훨씬 더 큰 가치를 가져온다.

또한 잠재적인 목표 시장의 경제 상황과 건전성을 평가하라. 기존 시장이 성장하고 있지 않다면 인구 성장세가 높고 경제 전망도 낙관적인 근처의 다른 시장을 살펴보라. 해당 시장에 저비용의 숙련된 노동력이 존재하는지도 고려하라. 최근 유타주는 하이테크 및 소프트웨어 회사들의 성지가 됐다. 거주민들의 교육 수준이 높으면서 생활비는 상대적으로 낮기 때문이다. 결과적으로 기업들은 품질이나 인적 자본을 절충하지 않고도 실리콘밸리보다 저비용으로 사업을 전개하면서 더 높은 수익을 거둘 수 있다.

최선의 성장 전략 찾기

시장 성장과 확대는 마케팅에 있어서나 지속 가능한 브랜드를 구축하기 위한 기반을 다지는 데 가장 일반적으로 활용되는 확실한 전략이다. 그 개념은 고객들이 해당 제품을 가능한 더 효율적으로 접하고, 인구통계적으로나 지역적으로 새로운 고객 집단에 제품을 판매하기 시작함으로써 수익성을 키우고 유지하는 것이다.

분명한 것은 마케팅 전략은 브랜드마다 다르다는 점이다. 이미 확립된 시장에 새로 진출한 브랜드, 성장을 도모하는 기존 브랜드, 새로운 매출원을 창출하기 위해 기존 브랜드 아래 하위 모델을 출시하는 브랜드 등 처한 상황이 제각각 다르기 때문이다. 이어지는 내용은 이런 다양한 브랜드 시나리오에서 성공할 수 있는 몇 가지 전술이다.

시장 진출 전략

기본적으로 이 책의 전체 내용은 시장 진출(go-to-market, GTM) 전략을 다룬다. GTM 전략이란 제품을 최종 고객에게 전달하고, 높은 매출과 인지도를 모두 달성하는 과정의 청사진이라고 할 수 있다. 가격, 유통, 홍보는 GTM 전략의 핵심 요소다. 다음의 내용들은 브랜드를 주목받게 하고 고객 기반을 구축할 수 있도록 제품을 출시하는 몇 가지 혁신적인 방법을 설명한다.

존재감 형성하기

신제품 출시에 많은 자원을 투입할 수 있는 대기업들은 자체적인 소매 채널을 통해 목표 고객에게 다가가고, 고객들의 제품 구매 및 사용 경험을 전체적으로 관리하고 통제할 수 있다. 애플은 신제품을 출시할 때 고객의 쇼핑 경험을 주도면밀하게 기획하고, 신제품이 아마존이나 베스트바이 같은 일반 소매점에서 판매되기 전에 애플 매장을 통해 브랜드 페르소나를 구축해왔다. 애플과 같은 출시 전략은 충분한 예산만 있다면 신규 브랜드를 성장시키는 강력한 플랫폼을 구축하는 탁월한 방법이다.

크라우드펀딩

킥스타터 같은 크라우드펀딩 사이트들이 전개하는 캠페인들은 제품 판매보다 펀드 마련에 중점을 두지만, 그런 캠페인들이 입소문을 퍼뜨리고 강력한 후원자들을 모으는 데 효과적인 건 사실이다. 제품 데모와 근사한 동영상 등으로 강력한 마케팅 캠페인을 진행함으로써 다수의 매체에서 킥스타터 캠페인을 언급하고 붐을 조성하면, 별도의 비용을 들이지 않고도 브랜드의 인지도가 급상승한다. 게다가 크라우드펀딩 캠페인이 시장에 열광적 분위기를 만들어내면 제품의 성공을 같이 기원하고 그 제품과 브랜드를 자신의 인적 네트워크에 공유함으로써 브랜드 스토리를 기꺼이 대중에 전달하는 다수의 열정적인 지지자들도 거느릴 수 있다. 만약 이런 지지자들이 각자 페이스북, 트위터, 링크드인 같은 소셜 사이트에 500명 정도의 친구들이 있다면, 믿을 만한 C2C 커뮤니케이션(consumer-to-consumer communication : 소비자 간의 커뮤니케이션-역주) 채널을 통한 상당히 효과적인 홍보 작업이 이뤄질 수 있다.

베타테스트

베타테스트도 매우 효과적인 시장 진출 전략이 된다. 일례로 필자들은 최근 신규 사업을 착수하는 일에 참여했는데, 그 회사에서 활용했던 방법 중 하나가 바로 베타 프로그램이었다. 출시할 때 정한 가격은 이후 인상하기 어려우므로, 그들은 출시 특가나 할인 행사를 하는 대신에 독특한 상품 구성을 패키지를 기획했다. 베타테스트 참여자들을 모집한 다음, 그들이 제품을 성공적으로 사용한 사례를 회사 마케팅 자료에 사용하는 조건으로 할인 가격을 제공한다는 아이디어였다. 많은 사람들이 베타테스트에 참여해서 제품을 개선하는 과정에 참여하기를 바라지만, 입증되지 않은 제품을 제일 먼저 구입한다는 두려움 때문에 베타테스트 제품을 구입하지 않는 경향이 있다. 또 할인율이 지나치게 높은 제품은 그 가치가 떨어진다는 신호가 될 수 있으므로 오히려 역효과가 될 수 있다는 점에 유념하자.

베타테스트에 소비자들의 참여를 요청할 경우에는 해당 상품군에 대한 정보를 먼저 공유하거나 테스트 제품에 대한 사용 가이드를 제공함으로써 할인된 가격 외에도 소비자들이 테스트에 참여할 만한 다른 동기를 부여해야 한다.

일단 테스트 단계가 완료되면 참가자들에게 관련 보고서와 함께 이후 대응책을 공유하라. 다음번에 제품을 구매하거나 회원 서비스를 갱신할 때 이용할 수 있는 소액의 할인 쿠폰을 제공하면 그들과 계속 고객 관계를 유지할 가능성이 커진다.

차별적 경험

오늘날의 마케팅에서는 가격이나 특별 혜택 혹은 제품의 기능이나 약속이 성공을 좌우하지 않는다. 그보다 더 중요한 것은 경험이다. 사람들에게 그 제품을 다시 선택하고 사용하고 싶은 마음이 들게 만드는 것이 바로 경험이다. 경험은 제품을 사용하거나 서비스를 이용하고, 판매 이후에 발생하는 서비스나 연대감(제4장 참조)을 확인하는 과정에서 만들어진다. 신제품이나 게릴라 마케팅을 통해 소비자에게 이전에 느끼지 못했던 흥분을 불러일으키는 것도 상당히 효과적이다(제1장 참조).

기존 제품을 발전시켜 수익성 증대하기

시장에서 제품의 위상과 판매량을 높이는 가장 효과적인 방법 두 가지는 시장에 더 많은 수의 상품을 소개하고, 베스트셀러 상품을 통해 더 많은 고객들이 그 브랜드를 접할 수 있도록 이끄는 것이다. 지금부터 이 두 가지 방법을 어떻게 성공적으로 실행하는지 설명하겠다.

더 많은 상품 도입

신제품 출시는 궁극적으로 특정 시장에서 브랜드의 점유율을 높이는 강력한 방법이다. 단순한 예로, 작년에 10개 상품을 판매했는데 올해는 20개의 상품을 내놓을 경우 상품당 똑같은 수만 팔아도 매출은 2배가 된다. 물론 처음에는 신제품이 기존 제품만큼 잘 팔리지 않을 가능성도 높다. 하지만 계속 판매한다면 몇 년 안에 판매에 속도가 붙을 수 있다.

더 많은 상품을 출시할 계획이라면 다음의 두 가지 방법을 고려하라.

- » 현재 제품 라인을 보완하거나 기존 고객층의 니즈를 충족시키는 제품을 재판매하거나 유통함으로써 상품 수를 키워라.
- » 현재 경쟁사 중 아무도 판매하지 않는 제품을 한두 가지 개발함으로써 혁신을 도모하라.

둘 중 어떤 방법을 취하든 회사가 신제품을 출시했다는 사실을 알리고 고객들이 그 상품을 구매하도록 설득하는 데는 이전보다 2배의 노력이 들어간다. 경쟁사가 해당 제품에 대한 정보를 구해서 비슷한 제품을 도입하기 전에 충분한 판매 실적을 이끌어야 하기 때문이다. 경쟁사가 유사 제품을 출시할 경우 더 저렴한 가격이나 더 공격적인 마케팅 활동으로 유통 현장에서 당신의 제품을 압도할 가능성이 크다.

따라서 신제품이 출시됐을 때에는 처음 몇 달 안에 제품을 최대한 잘 노출시키고 지속적인 마케팅 활동을 벌이는 것이 중요하다. 신제품 위주로 마케팅 커뮤니케이션을 집중하는 것도 신규 시장을 성공적으로 개척하는 열쇠다. 오늘날에는 다양한 콘텐츠 관리 시스템이 존재하기 때문에 신제품을 출시할 때 마케팅 효율성을 충분히 더 높일 수 있다.

사람들에게 당신의 브랜드나 제품을 자주, 지속적으로, 그리고 전문적인 방식으로 노출함으로써 가시성을 높여라. 블로그나 뉴스 채널을 통해 제품 및 브랜드를 홍보하고, 광고와 다이렉트 메일, 이메일, 검색엔진 마케팅, 옥외 광고(전광판이나 지하철 광고 등), 전화 판매 혹은 학회나 전시회 등도 이용할 수 있다.

기존 브랜드든 새로운 브랜드든 신제품을 대중에 소개하는 탁월한 방법 중 하나로 그 제품을 키오스크(kiosk)에서 조금 할인된 가격으로 판매하는 방법이 있다. 일단 키오스크는 쇼핑몰의 다른 매장보다 사람들 눈에 더 잘 띈다는 장점이 있다. 명품 여행용품 브랜드인 앤슨 콜더는 맨해튼에 있는 한 번잡한 건물의 키오스크 매장을 통해 처음 출시됐는데, 건물의 유동인구가 많아 브랜드를 빠른 시일 안에 효과적으로 노출시킬 수 있었다. 이 방법으로 앤슨 콜더 제품만의 스타일과 품질을 대중에게 각인시키고 실질적인 판매는 주력 판매 채널인 온라인에서 발생했다.

차별성이 높은 제품이라면 제품 데모 공간을 마련해서 사람들이 그곳에 머물면서 간단한 다과와 함께 제품을 직접 체험할 수 있는 기회를 제공할 수 있다. 무료 시식은 쇼핑몰이나 코스트코 같은 대형 할인매장에서 사람들의 발길을 멈추게 하는 힘이 있다. 무료 커피를 나눠주기 전에 이메일 주소처럼 유용한 개인 정보를 수집함으로써 잠재 고객의 데이터베이스를 구축하라(관련 내용은 제10장에서 더 자세히 다룰 예정이다).

생산이나 마케팅 측면에서 익숙하지 않은 제품을 출시하면 비용 및 위험도가 높아질 수 있다. 이런 위험 요인을 반영해서 신규 시장에 출시한 제품의 첫해 매출은 좀 낮게 계획해야 한다. 일반적으로는 그 제품이 회사나 팀에 얼마나 생소하고 위험도가 크냐에 따라 예상 매출을 20~50% 정도 낮추는 경우가 많다. 신규 시장에서는 매출을 창출하는 데 드는 비용이나 시간이 2배 정도 더 걸리기도 한다. 잠재 고객들이 그 브랜드에 익숙하지 않으므로 도입 초기에는 꼼꼼하게 기획된 적극적인 마케팅 활동이 필요하기 때문이다. 물론 예산도 그만큼 더 필요한 것이다.

베스트셀러를 정상에 올리기

만약 회사에 **베스트셀러** 상품(다른 제품보다 월등이 많이 팔리는 제품)이 있다면 예산의 상당 부분을 그 상품에 집중함으로써 매출을 극대화하고, 그 판매 수익으로 회사의 다른 사업을 지원해야 한다. 일부 마케팅 전문가들은 베스트셀러의 매출을 나머지 제품들의 평균 매출보다 10배 수준으로 키우라고 조언한다. 뛰어난 베스트셀러 상품은 해당 품목에 속한 일반 제품들보다 100배 이상 더 많이 팔릴 수 있다. 만약 어떤 상품 라인에 베스트셀러가 하나 있다면, 그 인기가 지속되는 한 비교적 쉽게 회사의 매출과 수익을 높일 수 있다.

인기 제품의 수요를 더욱 높이는 방법으로는 고객에게 새로운 경험을 제공할 수 있는 기능이나 서비스를 추가하거나 다른 회사와 제휴를 통해 양사의 제품을 패키지나 번들 상품으로 기획할 수도 있다. 파드너십이나 번들 상품은 특히 소프트웨어나 소매점에서 효과가 높다. 예를 들어 포근한 울 담요를 제조하는 회사라면 실내용 슬리퍼를 판매하는 회사나 소형 커피머신 판매사와 제휴를 맺어 집 안의 안락한 환경과 경험을 강화할 수 있다.

그럼 베스트셀러 상품은 어떻게 만들 수 있을까? 먼저 한 제품에 집중하라. 무난하게 팔리는 제품이 여러 개 있다고 만족하면 안 된다. 사람들을 더 많이 열광시키는 더 많은 잠재력을 가진 상품을 계속 찾아라. 여러 후보들을 가지고 실험하라. 모멘텀을 가진 제품을 찾게 됐을 때(도입 초기에 제품 매출이 놀랄 만큼 빠르게 상승한다면, 그 제품에 모멘텀이 있다는 것을 알게 될 것이다) 조직의 마케팅 활동을 재빨리 그 제품에 집중하라. 판매 촉진 전화와 광고의 중심에 그 제품을 두고, 회사 웹사이트 상단에 그 제품이 한눈에 띌 수 있도록 배치하라. 각종 매체에 그 제품 관련 소식을 전하고, 신규 고객들이 그 제품을 사용해보도록 특별 혜택을 제공하라. 베스트셀러는 그 상품의 잠재력을 믿는 마케터에 의해 발견되고 탄생할 수 있다. 그러니 당신의 통찰력을 믿어라!

베스트셀러가 될 만한 잠재력을 가진 제품이 있다면, 최선의 노력으로 가능한 한 빨리 그 제품을 회사의 주역으로 만드는 마케팅 전략이 필요하다. 베스트셀러 제품에 대부분의 예산과 노력을 할당해 마케팅 계획을 세우고, 나머지 제품들은 죽지 않을 만큼만 최소한의 예산을 할애하라. 그러면 베스트셀러 상품 때문에 사람들이 그 브랜드에 몰리게 되므로 전체 매출도 동반 상승하게 된다. 또한 베스트셀러 제품 덕분에 그 브랜드는 품질 및 서비스 면에서 명성을 얻게 되므로, 나머지 제품들에 대한 걱정도 줄어든다.

일단 베스트셀러가 탄생하면 수익이 증대할 것이다. 그리고 수익의 일부를 다음 베스트셀러를 개발하는 데 활용할 수 있다. 일반적인 경우라면 현재의 베스트셀러도 언젠가는 그 모멘텀을 잃는다. 늘 다음번 히트 상품을 찾아라. 그렇게 준비 태세를 하고 있다가 적당한 시기가 왔을 때 그 제품에 날개를 달아줄 수 있다. 아이디어와 제품들을 시험하면서 인내심을 갖고 기다려라. 또 다른 베스트셀러를 찾지 못했다면, 마케팅 전략을 바꿔라. 베스트셀러만이 성공의 유일한 수단은 아니지만, 이 전략에 맞는 제품이 있다면 행운임에는 틀림없다.

매출이 어느 정도는 일어나고 고객만족도가 좋은 제품의 경우에도 추천 마케팅과 리워드 프로그램은 잠재 매출과 이익을 극대화하는 데 매우 중요하다. 제품을 계속해서 구매해주는 고객들에게 반복 구매에 대한 감사의 표시로 할인권을 제공하라. 또한 제품을 타인에게 추천해준 고객에게도 금전적 보상을 고려하고, 그런 보상 활동이 수익에 도움이 되는지 확인하라. 주택 리모델링 회사인 시스템 페이버스는 추천받은 고객이 일정 규모 이상의 프로젝트를 진행한 경우 추천한 고객에게 500달러를 지급한다. 고객 한 사람당 추천할 수 있는 사람 수에도 제한이 없다. 호혜성에 기초한 이 프로모션은 기존 고객의 만족도를 높임은 물론, 시스템 페이버스의 브랜드와 서비스를 고객들의 마음속에 각인시키는 데 효과를 발휘한다. 그리고 이런 고객 추천 프로모션은 회사의 전체 수익을 높이는 데도 매우 긍정적 역할을 한다. 오늘날까지 시스템 페이버스는 추천한 고객에게 총 130만 달러의 보상 금액을 지급했다.

시스템 페이버스가 보상금으로 100만 달러를 지급했다는 것은 고객 추천을 통해 약 2,000개의 리모델링 프로젝트를 진행했다는 의미다. 만약 이 회사의 프로젝트당 평균 매출이 1만 달러라면, 프로모션에 따른 매출 효과는 2,000만 달러나 된다! 별도 광고도 하지 않았다는 점에서 이는 상당히 놀라운 성과다.

뜨는 제품 더 띄우기

또 다른 전략으로 새로운 베스트셀러가 될 조짐이 보이는 제품의 공급과 수요에 영향을 주는 방법이다. 제품이 목표 시장에서 강력한 위상을 구축했다면 상품의 유통량을 조절함으로써 매출과 가격에 영향을 줄 수 있다. 이를 추진하는 한 가지 방법은 상품을 전문점에서만 한정 수량으로 판매하는 것이다. 이렇게 하면 보통 사람들은 그 제품을 더 갖고 싶어 한다. 일반 소매점에서 유통되는 제품들은 제2장에서 논의했던 두 가지 요소(배타성과 희소성)를 통해 제품의 경쟁력을 높이는 기회를 잃을 수 있다. 고객의 수요가 증가하면 제품 가격을 더 자유롭게 올릴 수 있다. 물론 월마트 같은 대형 소매유통은 고정 가격을 계약 조건으로 채택하기 때문에 제조사에게는 가격 변경 권한이 없다.

비니 베이비는 이 전략을 효과적으로 실시한 대표적 예다. 비니 베이비 인형을 개발한 타이 워너는 상품을 아주 단기간 동안만 공급하고 판매를 중단함으로써 비니 베이비를 컬렉터 상품으로 만들었다. 그러자 비니 베이비 인형을 사려고 하는 사람들이 더 많아졌다. 그는 몇 백 가지 곰인형을 만들었는데, 그중 몇 개 모델은 구하기가 하늘의 별따기만큼 어렵다. 비니 베이비 중 이런 희귀 아이템은 가격이 3,000달러까지 천정부지로 치솟았다.

회사에서 가장 잘 팔리는 제품의 유통 전략을 살펴보라. 제품의 생산 수량을 줄임으로써 상품의 가치가 더 높일 수 있을까? 더 배타적인 상품으로 만듦으로써 접근성을 낮출 수 있을까? 아니면 그 상품이 더 이상 팔리지 않을 때까지 계속 판매함으로써 가능한 오래 수익을 챙기는 편이 나을까?

베스트셀러 제품의 수익성을 극대화하는 방법에 대해서는 고려할 점이 많다. 지금은 세간의 관심이 집중되는 상품도 단지 몇 주 만에 인기가 시들해질 수 있다는 사실을 기억하라. 쟈크 비소네테는 자신의 저서 『비니 베이비의 거품(The Great Beanie Baby Bubble)』에서 1990년대 광적인 인기를 끌다 비참하게 추락한 상품 중 하나가 비니 베이비라고 설명한다. 회사가 비니 베이비 생산을 중단한다고 발표했을 때, 수집가들은 강박에 가까울 정도로 이 인형을 구입하려는 욕망에 사로잡혔다. 심지어는 이혼을 결정한 부부 사이에서 비니 베이비 인형의 양육권을 두고 소송을 한다거나 살인사건이 일어나기도 했다. 하지만 이런 광적인 인기는 그 열기가 시작된 만큼이나 재빨리 식었다. 이베이에 경매로 올라온 이 작은 인형들의 높은 가격은 하루가 다르게 떨어졌고, 이제는 많은 소비자들이 비니 베이비가 뭔지도 모를 정도로 대중의 관심 밖으로 사라졌다.

현재 가장 잘 팔리는 제품의 성장을 극대화하는 전략이 무엇이든, 제품의 철수 전략도 함께 갖고 있어야 한다. 다음 질문에 대한 답을 준비하라.

» 인기에 적신호가 뜨기 시작했다면 판매량보다 생산량이 더 많아지기 전에 생산을 중단할 계획을 갖고 있는가?
» 어느 시점부터 그 제품을 정가에 판매해서 소모품으로 포지셔닝할 생각인가?
» 어느 시점에 그 제품을 다른 신제품으로 교체해서 동일한 소비자 집단에 비슷한 매력을 어필하고, 신제품을 통해 높은 수익을 내는 판매 사이클을 재창출할 계획인가?

시장세분화 전략 개발하기

시장세분화 전략이 성공하려면 소비자들을 그저 비슷한 사람들의 집단으로 분류하는 것만으로는 충분하지 않다. 각 집단에 어필할 수 있으면서 적절한 페르소나를 개발하고 이를 중심으로 마케팅 활동을 전개해나가야 한다. 시장세분화는 대규모 매출이 꾸준히 발생할 수 있도록 소비자가 심리적으로 공감할 수 있는 메시지를 개발하고 각 세그먼트에 적절한 콘텐츠를 생산하는 활동이 병행되어야 한다.

시장세분화는 다양한 방식으로 수행될 수 있다. 하지만 그 핵심은 소비자들을 구매 결정 프로세스와 방법, 과거 거래 이력, 태도 등을 기준으로 합리적으로 분류하고, 그렇게 해서 도출된 각 세그먼트에 효과적으로 접근할 수 있도록 조직과 마케팅 활동이 확립돼야 한다는 점이다. 모든 채널에 새로운 버전의 콘텐츠를 동시에 생성하고 전송할 수 있는 디지털 자산 관리 플랫폼은 각 세그먼트에 대한 커뮤니케이션 효율성을 높이는 아주 중요한 도구다.

세분화 전략을 이행하는 첫 단계는 세그먼트별로 디지털 마케팅과 인쇄 마케팅 콘텐츠를 자동으로 조정할 수 있는 강력한 콘텐츠 마케팅 시스템을 확보하는 것이다. 그래야 필요한 마케팅 활동을 시장에 동시에 적용해서 판매 효과를 지연시키지 않고 강력한 효과를 낼 수 있다.

세분화 전략의 장점은 제품과 마케팅 활동을 동일한 특징을 가진 각 집단에 맞춰 전개할 수 있다는 점이다. 만약 어떤 한 세그먼트가 다른 세그먼트보다 지속적으로 월등한 실적을 낸다면 틈새 전략을 고려할 수 있을 것이다. 즉 다른 세그먼트나 채널에 쏟는 집중력을 확 낮추고, 대신에 실적이 월등한 세그먼트에 모든 자원을 할당하는 것이다. 보다 맞춤화되고 개인화된 서비스를 원하는 세상에서, 틈새 마케팅이야말로 가장 합리적인 선택일 수 있다. 특히 대기업은 전문화되고 개인화된 마케팅에 불리하다는 점에서 틈새 마케팅은 대기업과 경쟁하는 중소기업들에게 유리한 전략이 될 수 있다.

고객 세그먼트

가장 일반적으로 사용되면서 효과가 입증된 시장세분화 전략으로 최신성(recency : 얼마나 최근에 구매했는지), 빈도(frequency : 얼마나 자주 구매하는지), 금전적 가치(monetary value : 얼마나 구매하는지)를 기준으로 한 RFM 기법이 있다. 이 기법에 따라 고객들을 분류하면 제품을 재구매할 확률이 가장 높으면서 사업에 가장 높은 수익성을 가져올 고객들을 판별할 수 있다. 또한 비슷한 가치를 지닌 집단들을 규정해놓음으로써 그들과 '대량 개인화(mass personalization)'된 커뮤니케이션 활동을 할 수 있다. RFM은 탄탄한 데이터 기반 마케팅 전략을 실행하는 기반 중 하나다(제10장 참조).

다음 사항을 기초로 고객 세그먼트를 분류할 수 있다.

- RFM(최신성/빈도/금전적 가치)
- 구매 제품
- 거래 가치
- 구매 빈도
- 세대별 태도
- 브랜드 및 품목에 대한 신뢰 자산
- ESP 프로필(제2장 참조)
- 컨버전 채널(소셜미디어, 웹사이트, 소매점, 추천 등 어떤 채널을 통해 유입됐는지)
- 구매 및 브라우징 패턴
- 인구통계적 특성(교육 수준, 성별, 소득 정도)

- » 지리적 특징
- » 브랜드와의 관계(자발적 관심, 비자발적 참여, 장기 고객 등)

마케터들은 강력한 데이터베이스 프로그램 및 분석 도구들 덕분에 기존 고객들에 대해 더 자세히 알 수 있고, 성장 트렌드에 편승하면서 고객 리드를 효과적으로 확보할 수 있는 고객 세그먼트 개발 방법을 배울 수 있다. 가령, 고객 중 일부 집단이 특히 빠른 성장세를 보인다면 그 고객들에게 맞춘 서비스를 제공해서 그들의 구매량을 늘리거나, 그 고객들과 비슷한 특징을 가진 사람들의 명단을 구매하는 것을 고려할 만하다. 또한 각 세그먼트의 니즈에 맞게 제품, 가격, 판촉, 유통 계획을 조정할 수 있을 것이다. 만약 이런 활동들을 실제로 고려하고 있다면 각 고객 집단에 맞게 마케팅 콘텐츠도 조정해야 한다.

만약 제품의 고객 기반이 줄고 있거나 현재의 고객 세그먼트가 기대만큼 마케팅 활동에 호응하지 않는다면 새로운 세그먼트를 추가하는 방법을 고려하라. 예를 들어, 헬스케어 산업에 종사하는 임원들을 대상으로 코칭 서비스를 전문으로 제공하는 컨설팅 회사는 비영리 집단 종사자들을 대상으로 비슷한 서비스를 제공함으로써 회사의 핵심 역량을 변경하거나 신규 서비스 개발에 큰돈을 쓰지 않고도 시장 기반을 확대할 수 있다.

틈새시장 마케팅

특정 세그먼트에 제품이나 서비스를 특화하면 경쟁사보다 뛰어난 능력을 발휘하는 계기가 될 수 있다. 하지만 이런 접근 방식이 늘 맞는 것은 아니다. 틈새시장 전략은 다음과 같은 상황에서 효과를 낼 수 있다.

- » 지금보다 더 작고 제한적인 특징의 세그먼트에 제품을 특화했을 때 더 많은 수익을 낼 수 있을 것 같다.
- » 기존 시장은 규모는 크지만 경쟁자가 너무 많아서 확고한 고객층을 통해 안정된 수익을 낼 수 없을 것 같다.
- » 제품이 가진 특장점이 효과를 발휘할 수 있는 세그먼트가 존재한다.
- » 전체 시장이나 산업을 주도하기에는 조직의 규모가 너무 작아서 그중 세부 세그먼트의 리더가 되는 것이 더 타당한 목표로 보인다.

시장점유율 전략 발전시키기

사업 규모를 확대하는 것은, 규모가 더 크고 사업 기반이 더 확고한 브랜드들과 경쟁해 시장점유율을 증대하는 최선의 방법일 것이다. 시장점유율은 매우 간단한 개념이다. 제품이 속한 시장에서 해당 품목의 전체 매출 중 그 제품의 매출이 차지하는 비중을 말한다. 시장세분화 전략을 사용할 경우에는 제품이 공략하는 시장 세그먼트가 전체 시장이 될 것이다. 예를 들어, 당신이 담당하는 전자기기 브랜드의 연간 매출이 200만 달러인데 그 전자기기 품목의 전체 글로벌 매출이 2,000만 달러라면, 당신 제품의 시장점유율은 10%다. 정말 간단하지 않은가?

다음은 시장점유율에 관한 몇 가지 통찰이다. 이를 고려해 시장점유율 전략을 효과적으로 전개해보자.

평가지표 정의하기

시장점유율을 결정하기에 앞서, 그 사업에 가장 중요한 지표부터 결정해야 한다. 시장점유율을 판매소득, 출하량, 판매량 중 어떤 것을 기준으로 정하는 게 가장 나을까? 뭐든 관련 데이터를 수집할 수 있으면서 그 제품에 가장 타당한 것으로 정해야 한다.

벤치마크 확정하기

시장점유율을 효과적으로 높이기 위해서는 현재 위치를 정확히 파악해야 한다. 시장 규모와 점유율을 예측하는 방법에는 다음과 같은 것들이 있다.

1. **시장에 속한 고객 수 추정하기**
   예를 들어, 그 나라 국민 중 치약을 구매하는 사람의 숫자는 몇 명이나 되는지, 또 그 도시에 속한 기업 중 컨설팅 서비스를 이용할 가능성이 있는 회사는 몇 군데나 되는지 파악하는 것이다. 소비자 통계 데이터를 제공하는 포털 사이트인 스테티스타나 기업 대상의 데이터베이스인 후버스 같은 서비스를 활용하면 시장 규모와 매출, 그리고 산업별 선도 회사 등에 대한 꽤 정확한 정보를 얻을 수 있다.

2. **고객별 연평균 구매량 산정하기**

각 고객은 치약을 1년에 평균 6개씩 구입하는가? 컨설팅 서비스는 평균 15시간 기준으로 받는가? 산업별 2차 자료들을 찾아보면 각 브랜드의 판매 데이터나 연간 성장률에 대한 구체적인 정보를 얻을 수 있다.

3. **앞에서 구한 두 숫자를 곱하면 해당 품목의 연간 시장 규모를 파악할 수 있다. 그리고 담당 제품의 연간 판매량을 연간 시장 규모로 나누면 시장점유율이 산출된다.**

인구 및 경제 트렌드를 파악하기 위해서는 인구통계 데이터(우리나라의 경우 국가통계포털 kosis.kr를 참조하라-역주) 사이트에 관련 정보를 살펴볼 수도 있다. 이런 데이터들을 통해 향후 시장성장률을 전망하거나 마케팅 계획을 세우는 데 도움을 받을 수 있다.

시장점유율을 측정하는 또 다른 방법으로, 도매업체들의 4분의 3가량이 저가의 차(tea)를 판매한다면, 나머지 4분의 1에 해당하는 프리미엄 차 시장과는 직접적인 경쟁 관계를 갖지 않을 것으로 예측할 수 있다. 이 중 전체 차 시장의 연간 매출이 38억 8,600만 달러이고 당신이 판매하는 프리미엄 차 브랜드의 연간 매출이 5억 2,500만 달러라면, 이 제품의 시장점유율은 0.525÷(0.25×3.886)이라는 식을 통해 54%로 산출된다. 이 경우에는 전체 시장을 프리미엄 차 시장으로 한정했기 때문에 점유율 숫자가 상당히 커졌다. 제품의 시장점유율을 여러 방법으로 산출해보면, 어떤 지표를 사용하는 것이 적당한지 깨달을 수 있다.

시장점유율 전략을 개발하기 위해서는 담당 제품과 그 제품이 시장의 어느 품목에 속하는지 명확히 규명해야 한다. 다른 말로 그 제품이 속한 카테고리, 즉 그 제품과 경쟁 제품(혹은 서비스)이 속한 집단을 알아야 한다. 제품의 카테고리를 아는 것은 매우 중요하다. 그 제품이 시장의 어떤 품목에 속하는지 모르면 시장점유율을 높이는 전략을 개발할 수 없기 때문이다. 이를테면, 당신이 현재 전문 매장에서 프리미엄 차를 판매하는 부티크 사업을 하고 있다면, 다음 사항을 결정해야 한다.

- 그 브랜드가 일반 대중 브랜드와 경쟁하고 있는가?
- 그 브랜드처럼 매장에서 프리미엄 차 상품들을 판매하면서, 매장을 제품 판매처이자 고객들의 사교 공간으로 활용하는 다른 브랜드들과는 어떤 경쟁 상황에 놓여 있는가?

» 혹시 온라인에서 차를 판매하는 업체들에게 시장점유율을 빼앗기고 있는가?
» 소매보다 도매로 차를 유통함으로써 더 크게 성장할 수 있는 기회는 없는가?

고객들의 차 소비 행태나 행동을 전망하려면, 무역협회나 스테티스타 데이터 등 여러 단체에서 발표한 보고서들을 통해 관련 시장에서 벌어지는 일들과 향후 예상되는 상황들에 대한 통찰력을 얻는 것이 필요하다.

계산하기

시장점유율을 몇 퍼센트 올리는 목표를 갖고 있다면, 그 숫자가 실제로 어느 정도인지 계산해서 파악할 수 있어야 한다. 예를 들어, 당신이 상하이에 있는 한 매장에서 차를 판매하고 있는데, 시장점유율을 1.5%p 높이는 게 올해의 목표다. 시장점유율을 1%p 올리려면(시장 전체 매출의 1%) 1년에 약 4만 달러를 더 벌어야 하고 그에 따른 비용도 함께 고려해야 한다. 이를테면 시장점유율을 1.5%p 높이기 위해 마케팅 비용을 2만 5,000달러 더 써야 한다고 가정해보자. 만약 이 전략이 들어맞는다면 6만 달러의 추가 매출을 창출할 수 있다. 하지만 실제로 그만큼의 효과가 있을까? 마케터로서 위험 요인을 감안해 당신은 기존 매출 전망치인 6만 달러를 25% 정도 낮춘다. 이렇게 되면 추가 매출액은 4만 5,000달러로 줄어들지만, 만약 이보다 더 좋은 실적을 내면 그만한 보상을 즐길 수 있을지도 모른다. 하지만 목표를 달성하지 못한 경우에는 매출 오차만큼 사업 자금을 댈 수 있는 기회가 사라지고, 브랜드 수익성은 물론 당신의 신뢰도에도 영향이 미친다.

시장점유율 목표를 달성하는 기간도 현실적으로 정해야 한다. 첫 달에는 현재와 비슷한 수준의 매출로 시작해, 6개월(예를 들자면)에 걸쳐 목표 증가분을 달성한다고 계획하는 것이 타당할 것이다. 4만 5,000달러를 12로 나누면 위험 요인을 고려해서 잡은 시장점유율 1.5%p 증가에 대한 월간 매출목표가 나올 것이다. 이 경우 매달 3,750달러씩을 추가로 더 판매해야 한다. 이런 목표를 개시한 초반에는 매출 증가분이 좀 떨어질 수 있다. 하지만 시장점유율을 높이기 위해서는 선행 투자가 필요하므로 마케팅 지출은 초반 몇 달에 집중되는 경향이 있다.

시장점유율은 특정 기간 동안 경쟁 제품 대비 그 제품의 실적을 비교하는 아주 간단한 방법이다. 점유율이 감소한다는 것은 다른 누군가에게 실적을 뺏기고 있다는 뜻

이다. 반대로 점유율이 증가한다면 다른 누군가의 실적을 뺏고 있다는 말이다. 측정할 수 있으면서 현실적이고 실행 가능한 계획을 기초로 시장점유율 목표를 잡아라. 예를 들어, 제품 업그레이드와 제품 무료 체험이라는 혜택을 통해 시장점유율을 현재 5%에서 7%로 높이는 게 목표라면, 증가한 점유율이 두 가지 프로모션 중 어느 쪽의 영향을 받았는지 파악할 수 있어야 한다. 그래야 각 프로모션에 효과가 있었는지 알 수 있다.

포지셔닝 전략 기획하기

포지셔닝 전략에는 USP(독특한 판매 제안)보다 ESP(감성적 판매 제안)를 확립하는 데 필요한 감성적 충족과 심리적 관련성이 반영돼 있다. '독특함'이란 지속적인 전략이 될 수 없기 때문이다(제2장 참조). USP는 자원이 더 풍족한 경쟁자가 더 빠른 시장 도입 프로세스를 통해 쉽게 복제할 수 있고, 그렇게 되면 '독특함'이란 장점은 어느 때고 사라질 수 있다. 성공적인 포지셔닝 전략은 현재 고객 및 잠재 고객들이 제품이 제공하는 감성적이고 기능적인 가치를 확인하고, 제품의 품질과 서비스에 대한 마케팅 메시지를 신뢰하고, 그 결과 경쟁 제품 대신 그 제품을 시도하게 만드는 데 초점을 맞춘다.

포지셔닝 전략에는 ESP 전략이 포함돼야 한다. 사업 성장 계획을 준비할 때는 그 브랜드의 ESP와 포지셔닝이 돋보이고 고객들에게 어필할 수 있는 새로운 시장이 있는지 살펴보라. 만약 새롭게 진입하거나 주도하고 싶은 세그먼트가 있다면, 그 세그먼트가 가진 문화나 인구통계적 특징에 맞춰 브랜드 ESP와 포지셔닝, 브랜드 약속을 조정하라. 사업을 전개하는 각 시장에 대해 알고 있는 정보가 많을수록 더 효과적인 마케팅 활동을 펼칠 수 있다.

브랜드 포지셔닝 구상하기 : 관찰력과 창의력 개발 훈련

좋은 포지셔닝이란 그 제품이 고객의 마음속에 일정 공간을 뚜렷이 차지한다는 것이고, 이는 시장점유율을 높이는 데 도움이 된다. 포지셔닝 진술서는 신뢰할 수 있고 실행할 수 있는 내용을 담아야 한다. 또한 그 제품이 제공하는 핵심 가치를 반영하고, 경쟁사나 기능적 대체품과 어떻게 다른지가 표현돼야 한다.

제4장에서 논의하겠지만, 경쟁사 분석을 할 때는 브랜드의 포지셔닝 전략을 경쟁사와 비교함으로써 혹시 표현만 다를 뿐 두 회사가 비슷한 내용을 말하는 것은 아닌지, 또는 브랜드의 약속과 정서적 가치가 정말 독특한지 살펴봐야 한다. 상품과 판매, 그리고 서비스 프로세스가 포지셔닝 진술서나 브랜드 약속, 마케팅 콘텐츠에서 제시한 내용에 따라 그대로 이행되고 있는지도 중요하다.

포지셔닝 전략에 성장 전략 맞추기

제품 가치나 그 제품을 경쟁 제품들로부터 구별하는 차별화 요인과 더불어 그 제품이 부여하는 감성적 가치를 규정했다면, 이제 그에 맞춰 성장 계획을 세워야 한다. 예를 들어 어린이용 유기농 건강식품을 판매하는 회사가 날마다 어린이들을 다양한 마케팅으로 유혹하는 정크푸드 시장을 대체하려 한다고 가정해보자. 유기농 식품의 포지셔닝은 건강상의 혜택과 함께 부모들에게 정서적 안정성을 전달하는 데 중점을 둘 수 있을 것이다. 그동안 많은 부모들이 자녀의 건강과 성장에 해가 될 수 있는 정크푸드에 대해 심리적 불안감에 시달려왔기 때문이다. 따라서 건강에 좋으면서 맛도 좋은 어린이용 스낵으로 틈새시장을 공략해 큰 성장 기회를 엿볼 수 있다. 지리적 특성에 따라 성장 기회가 다를 수도 있다. 건강식품과 피트니스 사업은 콜로라도주, 볼더 같은 지역에서는 거대한 시장을 형성하고 있지만, 일반적으로 건강에 대한 관심이 떨어지는 미국 남부 도시에서는 시장 규모가 크지 않다.

건강식품의 경우에는 사회적 영향력 집단을 활용하면 효과적이다. 열량만 높고 영양은 떨어지는 정크푸드가 미치는 신체적 · 정신적 영향력을 걱정하는 학부모들과 직접적인 관계를 맺고 있는 소아과 전문의, 알레르기 전문가, 유소년 스포츠 관계자, 영양 관련 연구 협회나 교육 단체, 정부 기관 담당자들이 모두 해당된다.

어떤 업종이건 제품을 중간에서 판매하거나 타인에게 추천하고 제품의 목표 고객에 해당하는 사람들을 소개해주는 데 동맹관계를 구축할 수 있는 일련의 조직이 존재한다. 어떤 품목이든 소비자들이 선택 가능한 수많은 옵션과 대안이 있는 현 세상에서 이런 동맹관계는 또 하나의 중요한 마케팅 전략으로 이어진다. 바로 **그로스해킹**이다.

리드와 시장점유율 증대를 위한 그로스해킹

지금 직장에서 마케팅 업무를 하는 사람들에게는 **그로스해킹**(growth hacking)이라는 용어가 좀 낯설 수도 있지만 그 개념을 살펴보면 완전히 새로운 것만은 아니다. 그로스해킹이란 리드(lead : 잠재 고객과 비슷한 용어로 주로 온·오프라인에서 브랜드나 제품에 대한 양식을 기입함으로써 자발적으로 개인 정보를 제공한 고객이나 그들을 접촉할 수 있는 개인 정보를 지칭하는 경우가 많다-역주)를 창출하고 시장에서 그 브랜드의 가시성과 위상을 높이기 위해 조직이나 브랜드 관련 네트워크에 접근하는 고도로 집중화된 프로세스다. 이는 다른 사람들의 사회적 자산이나 디지털 자산에 연결해 협력적 기회들을 창출함으로써 효과를 발휘한다.

그로스해킹은 또한 사회적 도구나 디지털 도구의 이점을 활용함으로써 소비자의 마음점유율(mind share)을 높이는 활동이다. 마음점유율이 높아지면 사람들은 많은 브랜드 중에서 특정 브랜드를 먼저 찾게 된다. 지금부터 그로스해킹 전략으로 비용을 거의 들이지 않고도 큰 효과를 낼 수 있는 몇 가지 팁을 알아보자.

검색

목표 시장에서 누가, 무엇이 가장 사람들의 주목을 받고 있는지 파악하라. 구글의 서치 콘솔 같은 간단한 도구만으로도 어떤 사이트, 혹은 어떤 키워드가 가장 높은 임프레션(impressions : 웹사이트가 한번 열려 그 안의 콘텐츠나 배너 광고가 노출되는 횟수-역주)과 클릭률(click-through rate : 웹사이트가 노출된 횟수, 즉 임프레션 중 사용자의 실제 클릭을 통해 웹사이트로 이동한 경우의 비율-역주)을 이끄는지 알 수 있다. 다른 브랜드들은 어떤 식으로 높은 임프레션을 달성하고, 소비자들이 그 품목을 검색할 때 가장 많이 쓰는 키워드가 무엇인지 주목하라. 그리고 그 용어를 브랜드 포지셔닝과 마케팅 메시지에 반드시 사용하라. 목표 고객들에게 가장 많이 사용되는 키워드와 제품을 중심으로, 담당 제품에 적합한 검색엔진 최적화(search engine optimization, SEO)와 검색엔진 마케팅(search engine marketing, SEM) 전략을 개발하라. 소비자들이 자주 사용하는 키워드는 자주, 그리고 꾸준히 바뀌므로 현재 트렌드를 파악하는 것이 무엇보다 중요하다.

링크드인으로 인맥 구축하기

업종이나 회사 규모와 상관없이 마케터들에게 링크드인의 가치가 커지고 있는 데에는 그만한 이유가 있다. 2016년 9월 기준으로 링크드인에 가입한 사람의 수는 1억 600만 명에 이른다. 어떤 산업에서 종사하든 링크드인에 가입하면 이처럼 방대한 수의 사람들과 네트워킹할 수 있는 기회를 갖게 된다. 당신의 네트워크를 한번 살펴보라(아직 링크드인 사용자가 아니라면 지금 당장 가입하라). 당신의 네트워크 규모는 얼마나 큰가? 1,000명 이상의 사람들과 연결돼 있는가? 그중 이름을 바로 댈 수 있는 사람들은 몇 명이나 되는가? 그중 개인 연락처나 이메일 주소를 갖고 있는 사람은 또 얼마나 되나? 아마 많은 사람들이 이 두 질문에 "얼마 안 된다"는 대답을 할 것이다.

오늘날의 디지털 네트워크 세상에서는 스스로 인적 네트워크를 탐색하지 않으면 금광을 찾을 수 있는 기회를 놓칠 수 있다. 남들이 당신의 접촉에 응할 수 있도록 자신만의 커뮤니케이션 양식을 만들 필요가 있다. 링크드인에서 연결된 사람들에게 담당 제품에 대한 무료 백서를 받고 싶은지, 혹은 간단한 설문조사에 참여할 의향이 있는지를 물어보라. 두 질문 중 어느 것이든 수락한 사람들은 자신의 이메일 주소를 공유할 테고, 그렇게 수집한 이메일들은 콘텐츠 마케팅 활동을 위한 고객 데이터베이스로 축적될 수 있다. 스스로 혹은 회사의 영업 담당자들이 관리할 수 있는 중요한 이메일 주소가 생겼다는 것은 그들과 직접적인 관계를 형성할 수 있는 길이 열린 것이다.

이메일 피싱

보통 **피싱**(phishing)이란 단어는 개인 정보를 알아내 악용하는 비윤리적인 사기 행위를 의미하지만, 잠재 고객으로서 사람들을 낚는 **피싱**(fishing)은 좋은 마케팅 활동이며 성과도 있다. 작은 혜택을 부여하고 그 대가로 잠재 고객들의 이메일 주소를 얻는 간단한 피싱 방법도 가능하다. 소비자들이 실질적으로 가치를 느끼는 혜택을 제공하면 클릭베이트(자세한 내용은 제6장 참조) 같은 기법도 필요 없다.

일례로, 한 마케팅 컨설턴트가 "고객들의 생애가치를 알고 싶으세요?"라는 메시지로 이메일이나 배너 광고를 디자인한다고 상상해보자. 이 경우 메시지를 확인한 잠재 의뢰인들이 작성해야 할 웹 양식을 링크로 연결해서 그들의 이메일 주소를 직접 받을 수 있다. 짜잔! 이로써 마케팅 컨설턴트는 마케팅 캠페인을 벌이고 새롭게 관계를 형성해나갈 수 있는 리드 고객들의 이메일을 확보하게 됐다.

트립와이어

트립와이어(tripwire)는 마케팅 전술의 하나로, 이 또한 좀 생소한 용어지만 완전히 새로운 개념은 아니다. 트립와이어 마케팅이란 거절할 수 없는 혜택을 제공하는 것을 말한다. 단적인 예로 의류업체들이 자주 써먹는 "재고정리 폭탄세일" 같은 것들이 해당된다. 이런 메시지는 옥외 광고나 디지털 채널에서 자주 접할 수 있다. 잠재 고객들에게 한정 기간 동안 제품을 무료로 사용해볼 수 있는 편익("지금 가져가세요. 제품이 마음에 드시면 그때 계산하세요" 같은 접근법)을 선사하거나 사람들이 안 사고는 못 배길 정도로 가격을 내리는 것도 트립와이어 마케팅의 예다. 그로스해킹의 대가인 닐 파텔은 트립와이어 마케팅의 트릭으로 제품 가격을 대폭 낮춘 다음(50달러 이하로) 계산대에서 더 비싸면서 가치도 높은 제품을 제안하는 방법에 대해 설명한다. 파텔에 따르면, 적어도 고객의 30%는 더 값비싼 제품을 구입하게 되고, 그럼에도 불구하고 그 매장은 '최고의 가치'를 제공하는 브랜드라는 포지셔닝을 가질 수 있다고 한다.

그로스해커 고용하기

시간 투자가 필요한 이 모든 전술을 실제 성장 마케팅 전략에 어떤 식으로 결합할 수 있을까? 답은 간단하다. 그로스해킹 업무를 전담하는 그로스해커를 고용하면 된다. 그로스해커는 하루 종일 사람들에게 브랜드 회원 요청서나 무료 백서를 제공하는 마케팅 양식, 기타 메시지를 보내는 일을 한다. 만약 회사의 영업 담당자들이나 임원들이 탄탄한 인적 네트워크를 보유하고 있다면, 그들을 그로스해커로 활용해도 된다. 당신의 목적은 그들의 네트워크에 속한 사람들의 20%를 마케팅 리드로 확보하는 것이다. 예를 들어 당신의 소셜미디어 계정에 연결된 사람이 3,000명이라면, 그중 20%는 600명이 된다. 이제 그 숫자를 당신의 팀원 수로 곱하라. 만약 팀원이 5명이라면 이제 당신의 팀에는 3,000명이라는 마케팅 리드가 생긴 것이다. 이들을 고객으로 육성하고 관리하라.

그로스해킹과 관련된 내용을 더 알고 싶다면 닐 파텔의 블로그(www.neilpatel.com)를 방문하라.

혁신 제품 판매하기

모든 상품군에는 제한된 수명이 있다. 적어도 이론상으로는 (그리고 보통 실제로) 기존 제품을 대체하는 새로운 제품이 등장하기 마련이다. 그 결과 제품의 탄생과 성장, 쇠퇴로 구성된 '제품생애주기'란 말도 생겼다. 이 생애주기는 제품과 경쟁관계를 갖는 새로운 제품이나 사업이 끊임없는 등장하면서 전개된다. 어떤 품목이 생기고, 시장에서 확산되고, 또 다른 대체상품에 의해 궁극적으로 쇠퇴의 길에 접어들면, 대체상품의 생애주기가 또다시 시작된다. 만약 시장에서 이제 막 인기를 얻기 시작한 혁신 제품(제품생애주기 중 '성장' 단계)을 마케팅하고 있다면, 그 제품의 매출과 수익의 가파른 성장을 당분간은 기대할 수 있을 것이다.

어떤 제품의 성장 전략과 마케팅 활동들은 그 제품만큼만 좋을 수밖에 없다. 변화하는 기술과 소비자 니즈, 수요에 부응하지 못하면, 어떤 성장 전략도 효과를 낼 수 없다. 퍼스널 컴퓨터가 시장을 주도하고 그 가격마저 점점 떨어지고 있는데 타자기를 판매하고 있다면 어떨까? 현 시대에 가치가 없는 구닥다리 제품은 아무리 뛰어난 상상력을 발휘하고 고객과 소통하고 리드 마케팅을 벌인다고 해도 고전을 면하기 힘들다. 전략적 상상력도 결국은 성장의 한계에 봉착하기 때문이다.

PART

2

고객생애가치와 투자수익률을 높이는 전략

제2부 미리보기

- 고객, 경쟁업체, 업계에 대한 통찰력을 전달하는 조사 방법 파악하기
- 성공적 마케팅 계획의 핵심 요소 파악하기
- 효과적인 콘텐츠 마케팅 전략 확인하기

Chapter

04

고객과 경쟁사, 업계에 대해 조사하기

제4장 미리보기

- 타당하고 의미 있는 조사 수행하기
- 브랜드의 순추천지수를 확인하고 그 중요도 이해하기
- 설문조사를 통해 시장 트렌드와 고객 니즈, 정서적 욕구 파악하기
- 효과적인 시장조사 기법을 적정 가격에 수행하기
- 시장의 인구통계 트렌드에 주목하기

마케터가 저지르는 가장 큰 실수 중 하나는 무언가를 추측하는 것이다. 마케터로서 고객이 담당 브랜드나 제품, 전체 품목에 대해 어떻게 생각하는지, 그리고 고객의 구매 결정에 어떤 것들이 영향을 미치는지에 대해 자신이 알고 있다고 여기는 것 중 추정한 것들이 무엇인지 스스로 인식해야 한다. 고객도 자신과 같다고 지레 짐작하는 것만큼 위험한 생각은 없다. 그렇지 않은 가능성이 더 크기 때문이다. 시장과 트렌드, 그리고 경쟁사에 대해 추측하는 것은 좋은 생각이 아니다.

성공적인 마케팅 계획의 기초는 탄탄한 조사 프로그램에 있다. 게다가 오늘날에는 가용할 수 있는 기술과 정보원들 덕분에 과거 어느 때보다 손쉽고 경제적으로 조사를 진행할 수 있다. 고객이 선호하거나 선호하지 않는 브랜드를 어떻게 결정하고, 제품 및 고객 서비스에 어떤 기대를 품고 있으며, 그 브랜드에 대한 충성도, 그리고 반대로 이탈 가능성은 어느 정도인지를 가늠하는 데 조사가 지침을 줘야 한다. 또 조사 결과에는 그 제품이 속한 품목, 지역 시장, 경쟁 구도에 대한 통찰도 포함돼 있어야 한다.

현재 고객 및 잠재 고객들에 대한 설문조사를 정기적으로 수행하면 회사의 성공에 중대한 역할을 하는 요인들을 꾸준히, 그리고 면밀히 파악할 수 있다. 고객의 구매를 유도하고 그 브랜드에 충성심을 갖게 하는 요인들은 무엇인지, 또 다른 브랜드로 옮겨갈 가능성은 어느 정도인지 등이 모두 조사에서 파악할 핵심 내용에 포함된다.

또한 소비자 트렌드 보고서, 신규 기술에 대한 백서, 시장 분석 및 전망 자료 같은 2차 자료는 제품과 시장 전략을 개발할 때 활용하는 지식의 일부가 돼야 한다.

이 장에서는 고객의 행동을 이끄는 진짜 요인은 무엇이고, 고객은 어떤 식으로 정보를 처리하며, 그들에게 정말 중요한 가치는 무엇인지 등을 더 잘 이해하기 위해 수행하는 소비자 조사의 주요 팁과 기법을 설명할 것이다. 또 경쟁사 관련 조사를 하거나 현재 보유한 자원을 가장 효과적으로 활용할 수 있는 방법에 대해서도 제안할 것이다.

조사 시기 및 목적 확인하기

조사는 고객과 경쟁사, 업계에 대한 값진 통찰을 제공함으로써 브랜드 포지셔닝, 마케팅 메시지 및 오퍼, 고객 접촉 활동, 매체 구입 등에 대한 정보를 얻고 더 나은 결정을 내리는 데 도움을 준다. 또한 마케팅 캠페인 아이디어를 테스트하고, 실제로 비용을 들여 그 아이디어를 실행하기 전에 성공 가능성을 파악하는 데도 다양한 조사 기법들을 활용할 수 있다.

지금부터 시장과 소비자에 대한 정보와 통찰을 수집하는 몇 가지 지침을 설명하겠다. 마케터들은 수집한 정보를 바탕으로 각 소비자 세그먼트에 꼭 맞는 현명한 결정을 내리고 커뮤니케이션 활동을 전개해나갈 수 있을 것이다.

고객을 이해하기 위해 소셜 채팅 모니터하기

트렌드가 거의 매일 바뀌는 세상에서, 혹은 그렇게 보이는 세상에서는 수요 및 소비자의 기대 및 관심도 그만큼 빨리 변할 수 있다. 여기서 희소식은 각종 소셜미디어에 올라오는 포스트와 거기 붙는 '좋아요'와 공유, 그밖에 관심사를 표명하는 방법들 덕분에 요즘 떠오르는 이슈나 사람들의 태도, 생각, 영감, 욕구 등을 꽤 세세히 관찰할 수 있다는 점이다. 이런 소셜 정보들을 통해 새로운 사업 기회를 엿보고, 상상력을 펼치고, 새로운 전략을 개발하도록 자극받는다.

그렇다고 모든 소비자 조사를 온라인에서 수행하는 실수를 저질러서는 안 된다. 개인이든 그룹이든 사람들과 얼굴을 맞대고 대화할 수 있는 기회를 활용하라. 주머니나 지갑에 작은 노트를 지니고 다니면서, 주위 사람들로부터 매일 몇 가지 통찰을 수집하고 기록하라. 이런 습관은 회사의 영업 담당자들은 물론, 다른 직원, 고객, 심지어는 길에서 만난 낯선 사람들을 통해서도 아이디어와 제안 사항을 듣는 습관으로 연결된다. 그런 아이디어 중 하나가 아주 멋진 사업 기회나 또 다른 아이디어로 연결될 수도 있다.

유명 소셜미디어 사이트

고객들이 일반적으로 가장 많이 사용하고 팔로잉하는 소셜미디어 채널들을 파악하는 일부터 시작하라. 그리고 몸소 그 소셜미디어의 팔로워가 되라. 젊은이들과 성인들이 가장 일반적으로 사용하는 소셜미디어에는 다음과 같은 플랫폼이 있다.

- 페이스북
- 트위터
- 핀터레스트
- 링크드인
- 인스타그램
- 플리커

어떤 뉴스나 이야기, 사진, 동영상이 가장 인기 있고, 사람들이 어떤 주제에 '좋아요'를 가장 많이 누르거나 그 내용을 공유하는지 주목하라. 고객들이 온라인 공간 중 어떤 곳에서 가장 많은 시간을 보내는지 확인한 다음, 그 사이트에 직접 가입해서 사람들과의 대화에 참여하라. 현재 고객들과 잠재 고객들이 하는 말을 모니터하고 그들과의 대화에 참여하면 가장 많은 정보를 얻을 수 있다.

소셜미디어에서 담당 브랜드를 팔로잉하는 사람들을 활용할 수도 있다. 업계에서 부각되는 이슈에 대한 생각이나 주장, 제안, 아이디어를 링크드인이나 페이스북, 아니면 트위터에서 친구 관계에 있는 사람들에게 요청하라. 물론 그런 식으로 얻은 아이디어나 제안 사항에는 통계적 의미가 떨어지지만, 탐색하고자 하는 트렌드에 대해 고객들이 어떻게 느끼고 생각하는지 통찰력을 얻을 수 있다.

핀터레스트나 플리커, 인스타그램 같은 사진 중심 사이트들은 요즘 사람들의 생각이나 느낌, 생활 방식이 어떤지, 또 트렌드나 니즈, 우려 사항들이 어떻게 변하고 있는지를 보여주는 사진이나 그래픽들을 사용자 스스로 선택해서 게시하므로, 시각적 요소가 강한 것이 특징이다. 마치 자신의 문화를 연구하고 분류하는 인류학자처럼, 마케터도 시장 니즈 및 기회를 탐색하기 위해 그런 소셜 사이트들을 연구할 수 있다. 아니면 적어도 요즘 사람들이 많이 사용하는 말이나 약자, 인터넷 용어 등을 파악해서 마케팅 커뮤니케이션에 활용할 수 있다.

많은 소셜리스닝 도구들을 통해 우리는 대중이 그 브랜드에 대해 하는 말들을 엿볼 수 있다. 이런 사이트에 표현된 고객의 페르소나를 모니터하고 그들이 하는 집단 대화에 귀를 기울이거나 개인의 포스트를 관찰하면, 현재 어떤 고객들이 이탈 가능성을 갖고 있는지, 또 어떤 고객들이 부가서비스에 관심을 두는지, 특히 어떤 고객들이 담당 브랜드에 대해 악의적인 정보를 유포하고 있는지 등의 중대한 사실들을 확인할 수 있다. 소셜리스닝 능력은 실시간으로 고객에게 해법을 제시하거나 그들의 행위를 중재할 수 있는 기회를 선사한다. 과거에는 마케터들이 상상만 했던 능력을 실제로 갖게 되는 것이다. 소셜리스닝 플랫폼을 보유한 브랜드는 모든 연령 및 세그먼트를 막론하고 고객충성도가 줄고 있는 현 세상에서 고객의 이탈을 막을 수 있는 중요한 무기를 확보한 것이다.

블로그

모니터가 필요한 또 다른 채널로, 사회적 영향력자들이 운영하는 블로그가 있다. 어떤 업종이든 사람들의 주장과 의견이 넘쳐나기에, 마케터는 고객들이 그중 누구의 말에 가장 관심을 기울이는지 확인해야 한다. 예를 들어, 미니멀주의를 삶의 가치로 신봉하는 사람들을 대상으로 제품을 판매하고 있다면, 미니멀리즘을 주제로 한 블로그 중 가장 인기 있는 사이트를 구독해야 한다. 미국에서는 '더미니멀리스트(The Minimalists)'라는 사이트가 이 방면으로 유명한데, 미니멀리즘으로 두각을 나타낸 두 사람의 전문가가 운영하며, 이 사이트의 구독자는 400만 명이 넘는다. 사이트 구독자들이 구매하는 제품이나 보는 자료에 이들이 미칠 높은 영향력은 두말하면 잔소리다.

블로거들은 가장 강력한 영향력 집단에 속하므로 그들의 말과 주장에 주목해야 한다. 업계에서 중요한 영향력자들을 확인한 후 그들의 블로그를 구독하라. 여기서 한 걸음 더 나아가 담당 제품을 지원하는 블로그 소재를 개발해서 파워 블로거들에게 그에 대한 글을 쓰게끔 독려하라. 파워 블로거들도 기자와 마찬가지로 게시물의 소재가 될 만한 새로운 아이디어나 제품 및 통찰을 늘 애타게 찾고 있다. 그래야 더 많은 팔로워들이 생기고 그들의 관심을 얻을 수 있기 때문이다. 제품에 대한 보도 자료나 뉴스 기사, 화제거리가 있으면 파워 블로거들에게 주저하지 말고 그 내용을 보내라.

제품 웹사이트나 온라인 커뮤니티에 올릴 제품 관련 의견이나 정보를 요청할 때는 당신이 누구인지, 그리고 왜 조언을 요청하는지 솔직해야 한다. 자신이 그 제품을 마케팅하는 담당자며 최근 출시한 새로운 광고 캠페인에 대한 그들의 생각을 알고 싶다고 솔직하게 말하면, 대부분의 사람들은 자신의 의견을 거리낌없이 공유할 것이다. 하지만 마치 그 회사와는 아무 상관없는 사람인 것처럼 개인적인 대화를 하다 갑자기 사업과 관련된 이야기를 꺼낸다면 그들은 의심스러운 눈초리를 보일 것이다. 그렇게 되면 신뢰를 잃고, 좋은 기회도 사라진다. 솔직함과 투명함은 온라인 커뮤니티에서 성공적인 조사를 수행하는 핵심 요소다.

블로그나 소셜미디어, 기타 뉴스 사이트를 모니터하면 특정 제품이 속한 품목이나 경쟁사들에 대해 어떤 말들을 하는지 확인할 수 있다. 물론 그 속에는 당신의 브랜드에 대한 의견도 포함돼 있을 것이다. 무엇을 통해 그들이 행복해하는지 혹은 우울해하는지 기록하고, 실수를 피하는 적절한 행동에 대해서도 파악하라.

사상적 리더 팔로잉하기

그 상품군 및 브랜드에 대해 갖고 있는 고객들의 기대감을 파악하기 위해서는 그들에 대한 조사를 진행함과 동시에 일반 비즈니스 및 제품이 속한 분야에서 활동하는 사상적 선도자들을 팔로잉함으로써 사업 기회를 파악하고, 고객의 상품 선택 과정을 분석하며, 제품 개발 계획을 결정할 수 있다.

예를 들어, 다른 회사들은 광고 예산을 어떻게 편성하는지 살펴보고 싶다면, 이 주제에 대한 정보 및 통찰을 매년 발표하는 협회와 싱크탱크 조직을 찾으면 된다. 유사 브랜드나 보완 관계에 있는 브랜드가 광고비를 어떤 식으로 지출하고 있는지 알면 어떤 광고 방법과 채널이 가장 효과적이고 공략하려는 소비자들의 눈길을 받을 수 있는지 통찰력을 얻을 수 있다. 거대 브랜드(B2B든 B2C든)는 높은 ROI를 거둘 수 있는 최선의 경로를 판단하기 위해 조사 활동에 수천 달러씩 마케팅 예산을 쏟는다. 따라서 경쟁사들의 활동에 주의를 기울여야 한다.

B2B와 B2C 브랜드들이 어떤 식으로 광고비를 집행하고 마케팅 자원을 투자하고 있는지 알 수 있는 정보 출처에는 다음과 같은 사이트가 있다.

- 윈터베리
- 허브스폿
- 데이터앤마케팅협회(예전 다이렉트마케팅협회)
- 스테티스타
- e마케터

어떤 의사결정을 목적으로 조사를 수행하든 조사를 통해 관련 변수들을 조정할 수 있고, 각 변수에 따른 장점과 단점, 기회와 위험 요인들을 분명히 파악할 수 있다.

표 4-1은 의사결정 과정에 도움을 받을 수 있는 정보 분석 방법들이다. 수집한 정보와 통찰을 정리하면 브랜드가 직면한 상황을 더 명확히 시각화할 수 있고, 그에 따라 올바른 방향으로 의사결정을 내릴 수 있다. 현재 고려하고 있는 고객 캠페인이나 매체 구매, 제품 개발, 제휴 및 동맹 관계 등에 대한 질문들도 정리할 수 있다.

의사결정이 필요한 사안과 그에 따른 질문을 정리하라. 질문에 대한 최선의 답을 찾기 위해서는 창의적인 정보 수집이 핵심이다. 그림 4-1은 유용한 시장조사를 기획하는 과정이다.

표 4-1 의사결정에 필요한 정보 분석하기

결정 내용	필요 정보	활용 가능 소스	발견 내용
두 가지 유형의 온라인 광고 중 하나를 선택하기. (1) 파워 블로그나 웹사이트에 배너 광고 집행, (2)유료로 구매한 고객 데이터를 대상으로 이메일 광고 집행	각 방법으로 몇 명의 잠재 고객에게 도달할 수 있을까?	판매 담당자와 미디어 키트(한 기업이나 조직에 대한 정보를 제공하는 홍보 자료 패키지-역주)를 일차적으로 활용하라.	업계에서 가장 많은 구독자 수를 자랑하는 3개의 블로그가 있지만, 잠재 고객 중 절반만 이 블로그들을 구독하고 있다. 그래도 이들 블로그에 배너 광고를 집행할 가치가 있을까?
	잠재 고객 한 사람에 도달하는 데 드는 비용은 얼마인가?	두 가지 방법에 드는 광고비와 도달 가능한 고객 수를 분석하라. 예상 광고비를 총도달 가능 고객 수로 나눈 다음 두 숫자를 비교하라.	유료로 취득한 고객들에게 이메일 광고를 보내는 비용은 배너 광고비용의 3분의 1 정도다.
	평균 클릭률과 응답률은 어느 정도로 예상하는가?	다른 광고 방법을 알아보고 각각의 ROI와 예상할 수 있는 고객 리드의 품질을 따져보라. 이메일 명단을 판매하는 브로커를 통해 참조할 수 있는 정보를 요청하라. 허브스폿 같은 사이트에서 이메일 광고의 업계 평균 클릭률과 응답률을 파악하라.	현재 예산으로는 다른 유형의 광고로 기대하는 ROI를 얻을 수 없다. 향후 1, 2, 3개월 내 제품을 구입할 가능성을 기준으로 했을 때 배너 광고를 통해 얻는 리드는 유료로 구입하는 고객 명단보다 질이 떨어진다. 광고비를 더 들이면 장기적으로 더 높은 ROI를 얻을 수 있다.
	주요 경쟁사들은 어떤 방법을 많이 사용하고 평균적인 성과는 어떤가? 업계와 관련된 주요 사이트의 구독자들과 성향이 비슷한 고객 리스트는 어디서 얻을 수 있을까?	온라인 배너 광고와 이메일 광고에 대해 광고비에 따른 평균 성과를 파악할 수 있는 매체 분석 사이트를 검토하라.	최근 몇 년간 보면 배너 광고가 이메일 광고보다 효과가 떨어지며, 현재로서는 접촉할 필요가 없는 사람들이 광고에 반응할 가능성이 높다. 지금은 브랜드 인지도보다 고객 리드를 확보할 수 있는 사이트가 더 필요하다.
결론은?	더 구체적으로 목표 고객에 다가갈 수 있으면서 비용은 더 적게 되는 사이트에는 어떤 것들이 있는가?	구독자 수는 적지만 핵심 고객들을 적은 비용으로 관리하는 파워블로거를 찾아라. 다양한 소스를 통해 목표 고객들의 이메일 리스트를 찾아라.	현재 목표는 목표 고객들의 이메일 목록을 구입하고, 규모는 작지만 더 적은 이용으로 브랜드를 소개하고 잠재 고객들을 파악할 수 있는 사이트를 찾는 것이다.

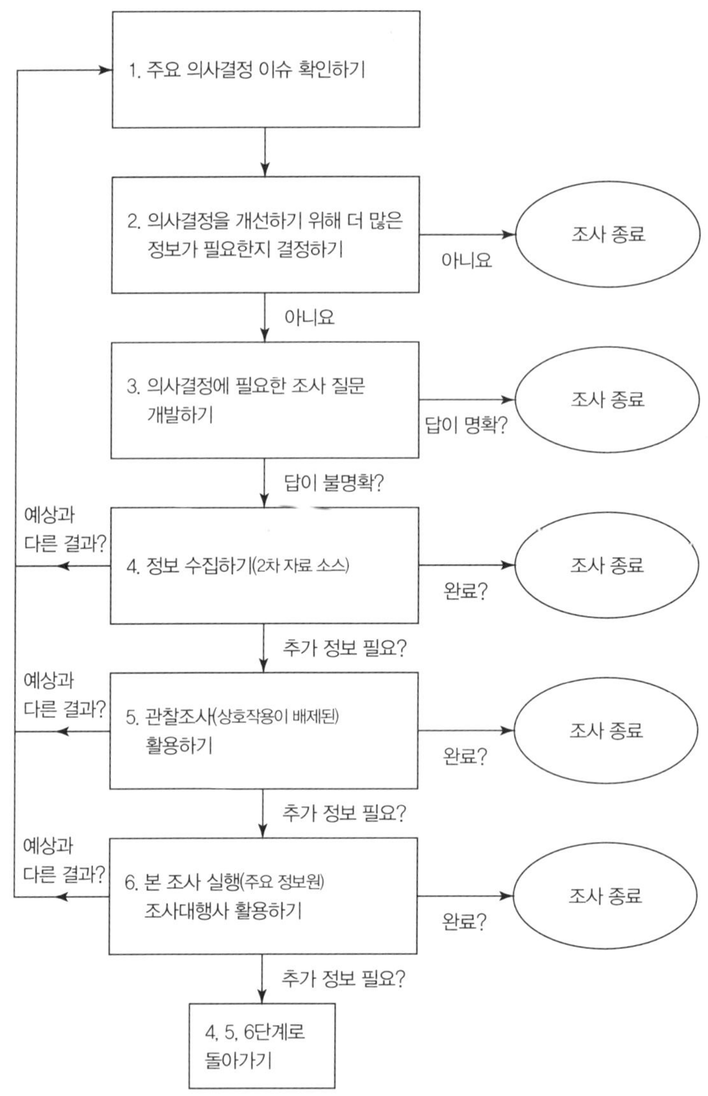

그림 4-1
흔히 일어나는 실수를 피할 수 있는 시장조사 프로세스

좋은 질문은 생각을 자극하고 향후 행동과 성공에 영향을 미친다. 정말 좋은 질문을 갖고 있다면 그 답을 얻기 위한 조사를 신중하게 진행하라. 조사를 수행하면서 처음 가졌던 질문들이 여러 개의 세부 질문들로 나눠질 수 있다는 것을 발견할 것이다. 그 질문들에 대한 답을 제대로 찾는다면, 올바른 의사결정에 한걸음 더 다가갈 수 있다.

시장조사로 고객의 진짜 동기 파악하기

제2장에서 언급됐듯이 어떤 업종에서든 성공적인 마케팅은 핵심 고객들의 마음을 가장 잘 움직일 수 있는 ESP, 즉 감성적 판매 제안을 확인하는 능력에 달려 있다.

고객이 어떤 제품이나 서비스, 고객 서비스 정책, 그리고 브랜드와 가진 전반적 경험에 대해 어떻게 느끼는지는 제품의 성공과 그 운명을 결정짓는다. 조사는 이런 고객의 반응과 느낌을 확인하고 이해하고 궁극적으로 관리하는 데 도움을 준다. 우리는 사람들의 감정적 반응과 느낌이 그들의 사고와 행동의 90%를 결정한다는 것을 이미 알고 있다. 고객들이 그 상품군과 브랜드에 대해 갖고 있는 (긍정적이든 부정적이든) 가장 극단적인 견해를 확인하고 싶다면 고객의 감성에 더 어필함으로써 그들과 연결돼야 한다. 그래야 구태의연한 메시지를 똑같이 반복하는 경쟁사들 속에서 두각을 나타낼 수 있다.

고객만족도나 대기 시간처럼 일상적인 질문을 묻지 말고 그들이 느끼는 감정을 파악할 수 있는 질문들을 넣어라.

제품을 선택한 후에 갖는 단순한 기분을 뛰어 넘어, 궁극적으로 선택을 이끈 감정을 파악하는 데 도움이 되는 질문에는 다음과 같은 예가 있다.

» 고객들은 제품을 구매할 때 어떤 정서적 · 기능적 충족감을 원하는가?
» 그 상품군을 구매하는 가장 중요한 목적은 무엇인가?
» 고객들은 그 제품을 구매한 후, 혹은 서비스를 받은 후 어떤 기분을 갖는가? 이 질문은 주관식으로 만들 수도 있고, 측정하고 싶은 감정을 보기로 들어 확인할 수도 있다. 이를 테면 '만족스러운', '흥분되는', '창조적인', '중립적인', '인정하는', '가치를 느끼는'과 같은 단어를 사용할 수 있다.
» 고객은 그 제품을 구매했을 경우 경쟁사 제품을 구매했을 때와 다른 느낌을 갖는가?
» 그 브랜드를 구매 후보로 탐색하게 만든 주요 요인은 무엇인가?
» 경쟁사 제품 대신 그 제품을 구매하는 데 가장 결정적인 영향을 미친 요인은 무엇이었나?
» 그 상품군에서 구매를 결정할 때 고객들이 주로 고려하는 기준은 무엇인가?

» 그 상품군에서 고려하는 브랜드들에 대해 고객들이 주로 품는 기대감은 무엇인가?
» 고객들이 그 브랜드에서 가장 좋아하는 점은 무엇인가?
» 고객들이 그 브랜드에서 가장 싫어하는 점은 무엇인가?
» 고객들은 그 상품군 중 다른 브랜드를 구매하거나 경험했을 때 얼마나 만족하는가? 고객에게 그런 만족감 혹은 불만족감을 주는 요인은 무엇인가?

물론 다른 질문도 가능하겠지만 이 질문들은 과연 어떤 감정들이 고객들로 하여금 제품을 탐색하고 궁극적으로 특정 브랜드를 선택하게 만드는지 확인하는 데 도움을 준다. 또 이런 질문들은 궁극적으로 그 브랜드에 대해 고객의 긍정적 답변을 받아내는 데도 중요한 역할을 한다. 고객의 만족도와 관련된 느낌을 묻는 질문을 추가하면 고객들 혹은 고객 세그먼트에 따라 어떻게 소통하고 어떤 감정적 관계를 맺는 게 최선인지 현실적이고 유용한 통찰을 얻을 수 있다.

고객의 감정과 만족도 평가에 대한 정보를 수집하면 부정적인 것부터 중립적인 것, 그리고 긍정적인 것까지 그 제품의 모든 특징에 대한 그래프를 그릴 수 있게 된다. 그 결과 도출되는 정규 분포 그래프를 보면 보통 대부분의 특징들이 중간에 몰려 있는데, 이는 그 제품이 경쟁 제품들과 크게 다르지 않다는 것을 의미한다. 만약 왼쪽 끝에 위치한 특징들이 있다면, 이는 그 제품에서 고객들이 특히 부정적으로 여기는 속성들을 말하므로 가능한 빨리 없애거나 개선해야 한다. 오른쪽에 치우쳐 있는 것들은 긍정적인 속성이므로 모든 마케팅 커뮤니케이션에서 확실히 부각시켜야 한다.

유효한 결과를 얻을 수 있도록 질문하기

질문하는 방법도 중요하다. 질문이 너무 모호하면 그만큼 모호한 답을 얻게 되고, 그러면 조사 결과로 올바른 방향을 제시하지 못할 수도 있다. 단순히 '예/아니요'로 답변할 수 있는 질문은 사람들이 그 문제에 대해 얼마나 긍정적인지 부정적인지 알 수 없고, 답변들을 비교하거나 우선순위를 매길 수도 없다.

특정 회사나 제품에 대해 고객들이 가진 경험을 평가하는 최선의 방법은 5점 척도 질문을 사용하는 것이다. 1점이 가장 낮은 점수, 5점이 가장 높은 점수가 된다. 이보다 더 복잡한 질문은 고객들이 대답하기 어렵고 응답률을 낮추며 조사 결과를 확인하거나 분석하기도 어려워지므로, 결과에 따라 어떤 마케팅 계획을 세워야 할지도 모호해진다. 예를 들어 아래 척도를 보라.

1	2	3	4	5
아주 형편없다	형편없다	보통이다	훌륭하다	아주 훌륭하다

척도에 사용되는 변수는 바꿀 수 있다. 예를 들면 1점부터 5점까지 '전혀 동의하지 않는다', '동의하지 않는다', '보통이다', '동의한다', '전적으로 동의한다'를 사용할 수도 있다.

은행의 경우에는 금융 상품 및 서비스와 관련된 세부 속성들을 척도로 평가할 수 있을 것이다. 예를 들어 당좌 예금 계좌(평균), 저축 계좌(평균), 서비스 속도(형편없다), 창구 직원의 친절도(아주 훌륭하다) 등을 평가할 수 있다.

조사에서 높은 점수를 받은 속성은 고객들에게 직접 홍보하고 소셜미디어나 온라인 사이트에 게시해 널리 알려야 한다. 점수가 낮은 속성들은 고객들의 기대만큼 제대로 충족시키지 못한 기능들이므로 고객경험을 향상시킬 수 있도록 긴급 개선 영역으로 선정해야 할 것이다. 조사 속성 중 어떤 항목에 고객들이 가장 주목하는지 더 명확히 파악하기 위해서는 각 속성의 중요도를 측정하면 된다. 중요도가 더 높게 나온 속성에 대해 개선의 노력을 특히 집중해야 한다.

설문조사는 그 제품을 사용하는 전체 고객이나 잠재 고객 혹은 특정 고객 세그먼트를 통해 그 브랜드의 강점과 약점을 총체적으로 이해할 수 있는 비용 효율적인 방법이다. 서베이몽키나 콘스턴트콘택트 같이 오늘날 존재하는 여러 설문조사 도구들로 일반적인 소비자나 그 제품을 사용하는 핵심 고객 세그먼트를 대상으로 설문조사를 수행하면 고객이 갖고 있는 감성적 니즈와 제품생애주기에서 현재 제품이 위치한 단계에 맞게 커뮤니케이션 활동을 추진할 수 있다.

예를 들어, 그 상품이 속한 산업에서 고객들의 서로 다른 구매 프로세스나 감성적 니즈, 적정 가격, 구매 사이클 등을 확인하기 위해 각 인구통계 집단을 대상으로 설문조사를 기획할 수 있다. 또한 고객이 그 제품과 형성한 관계에 따라 고객 집단을 분류할 수도 있다. 예를 들면 다음과 같이 고객 집단을 구성할 수 있다.

» 이탈 고객
» 현재 고객
» 이전에 접촉한 적 있는 잠재 고객
» 이전에 접촉한 적 없는 잠재 고객
» 남성 쇼핑객 vs. 여성 쇼핑객
» 베이비붐 세대 vs. 밀레니얼 세대

고객 대상의 설문조사를 기획할 때는 질문을 하는 것도 중요하지만, 그 브랜드에 대한 정보를 공유하는 것도 중요하다. 정보 제공 차원에서 그 제품의 주요 차별적 특징을 알리는 도구로 조사를 이용하는 것이다. 이를테면 "당신은 프린터 브랜드 중 xxx에 대한 고객만족도가 가장 높은 것을 알고 계십니까?" 같은 질문을 넣는 것이다.

이런 질문을 넣으면 제품의 장점을 소셜미디어에서 제품을 대놓고 자랑하는 것보다 좀 더 미묘한 방식으로 고객에게 전달하는 동시에 커뮤니케이션 메시지를 핵심 고객 집단에 고루 전달되는 것을 확인하는 이중 효과를 얻는다.

순추천지수 확인하기

오늘날 브랜드의 역량을 측정할 때 가장 많이 참고하는 지표는 NPS, 즉 순추천지수다. 이는 고객들이 그 브랜드를 얼마나 많이 추천하느냐를 나타내는 점수로, 사람들이 여러 브랜드 중에서 하나를 선택할 때 주로 찾아보는 지표기도 하다. 간단히 말해서 NPS는 고객들이 어떤 회사의 제품이나 서비스를 다른 사람들에게 추천할 가능성을 −100부터 100 사이의 숫자로 나타낸 지수라고 할 수 있다. 마케터들은 NPS를 통해 현재 고객들이 그 제품을 다른 사람들에게 추천할 가능성뿐 아니라 그 제품에 대해 느끼는 만족도 및 충성도까지 파악할 수 있다.

NPS 지수를 제대로 파악하는 데 도움을 줄 수 있는 도구들은 많다. 예를 들어 서베이몽키의 경우에는 이미 개발된 NPS 질문들이 있어서 이 중 하나를 조사 설문지에 포함시키면 유효한 응답을 받아낼 수 있다. 이 밖에도 새트매트릭스 같은 조사업체에서 제공하는 고객추천의향 도구 등을 통해 정기적으로 실시간 NPS를 측정할 수 있다. 시중에 어떤 도구나 기법들이 있는지 살펴본 후, 현재 운영 중인 디지털 플랫폼이나 고객관계관리(customer relationship management, CRM) 플랫폼에 가장 적합한 NPS 측정 도구를 찾으라.

자체적으로 개발한 설문조사 플랫폼이 있고, 다른 소프트웨어 회사가 개발한 조사 도구 대신 담당 제품의 NPS를 스스로 계산하고 싶다면, 온라인 NPS 계산기를 이용하는 방법도 있다. 예를 들어 www.npscalculator.com도 NPS 계산 서비스를 무료로 제공하는 사이트 중 하나다.

NPS를 산업별로 살펴보면 2016년 기준으로 생명보험 회사들의 평균 NPS는 31이었고, 백화점이나 전문점의 NPS는 58이었으며, 인터넷 서비스 업체들의 NPS는 2였다(엄밀히 말하면 2%이므로 0.02라고 할 수 있다). NPS를 측정하는 선도 업체인 새트매트릭스의 조사 결과에 따르면 특히 높은 NPS를 자랑하는 회사로는 노드스트롬 백화점(80)과 미군들을 대상으로 보험 상품을 제공하는 USAA(77), 리츠칼튼 호텔(72), 그리고 애플의 아이폰/아이패드(60) 등이 있다(www.netpromoter.com).

마케터로서 NPS를 활용하는 좋은 방법은, 업계 평균 NPS 및 주요 경쟁 제품의 점수를 벤치마크로 비교하는 것이다. 담당 브랜드의 NPS를 측정한 후 경쟁사보다 높은 점수를 획득하고 유지하는 데 도움을 줄 수 있는 마케팅 전략을 개발하라. 제품을 구입하기 전에 어떤 브랜드를 선택해야 할지 미리 조사를 하는 고객들은 NPS를 참조한다는 사실을 기억하라!

조사 설문지에는 그 제품을 구입하거나 남들에게 추천할 가능성을 파악하는 질문뿐 아니라 제품 라인을 개발하는 데 지침을 줄 수 있는 질문들도 포함돼야 한다. 예를 들어 담당하는 제품이 중소기업용 재무관리 소프트웨어로 출시한 지 2년 된 제품이라면, 설문지에 다음과 같은 질문을 넣을 수 있을 것이다.

- 기존 소프트웨어를 계속 판매해야 할까? 아니면 업그레이드된 버전을 출시해야 할까?
- 현재 회사의 마케팅 프로그램은 충분한 효과를 내고 있는가? 아니면 새로운 마케팅 프로그램을 기획해야 할까?
- 제품의 시장 포지셔닝은 적절한가? 아니면 이미지 변신을 위한 새로운 포지셔닝이 필요한가?

설문조사에서 탁월한 질문하기

설문조사는 사람들이 거기에 응답하고, 그 결과 통찰을 얻어낼 때에만 비로소 활용도가 생기는 것이다. 설문지 개발, 수행 방법, 설문 참여 요청 등 모든 요인이 조사 결과에 영향을 미친다. 그 제품을 경쟁 제품보다 돋보이게 하고 고객충성도를 높일 수 있는지에 대한 통찰을 제공하는 설문조사를 기획하기 전에, 조사 목표부터 규정해야 한다. 다음 질문을 자문해보라.

» 고객에게 더 좋은 서비스를 제공하기 위해서는 그들에 대한 어떤 정보를 알아야 할까?
» 고객에 대한 지식에 있어 우리가 놓치고 있는 것은 무엇일까? 그들은 어떤 사람이고, 제품을 통해 어떤 니즈를 충족시키려 하며, 우리 제품이 그들의 삶을 어떤 식으로 단순화하거나 개선시킬 수 있을까?
» 고객에게 좀 더 적절한 광고 캠페인과 프로모션을 개발하기 위해서는 그들의 성격적 특성, 감정적 동인, 심리 상태, 관련 상품 및 브랜드에 대해 갖는 느낌 등에서 어떤 특징들을 알아야 할까?
» 고객과 그들의 니즈에 대해 수집한 정보들을 어떻게 활용할 계획인가?
» 설문조사를 완성한 고객들에게 보상으로 어떤 혜택을 제공할 것인가?

그밖에도 조사 데이터의 통계적 유의성은 어느 정도가 돼야 수용할 것이며, 그에 따른 대응 계획도 미리 정해야 한다. 일반적으로는 신뢰 수준이 적어도 95%는 돼야 한다. 최소의 비용으로 수행하는 괜찮은 온라인 조사의 경우에도 목표 신뢰 수준을 기초로 조사 샘플 수를 정해야 한다. 조사 결과를 대규모 모집단에 적용하기 위해서는 수천 명에 달하는 전국 데이터베이스 중 385명 정도의 샘플이 필요하다는 게 대략적인 통계 수치다.

조사 목표가 정해졌다면 이제 설문지를 개발해야 한다. 각 문항들은 응답자들이 명확히 이해할 수 있고 쉽고 빠르게 대답할 수 있도록 작성돼야 한다. 통계적으로 유의한 결과를 얻기 위해서는 명확한 설문지 개발이 필수 요건이다. 그래야 설문을 직접 작성한 응답자뿐 아니라 그들의 모집단인 전체 소비자의 의견이 조사 결과에 제대로 반영될 수 있다.

제대로 된 답변을 받아내고, 유효한 결과를 도출할 수 있는 설문 문항 개발을 위한 지침이 여기 있다.

- **한번에 질문 하나만 하라.** "고객 서비스와 다양한 제품 구성이 중요합니까?" 같은 질문은 피해야 한다. 이런 질문을 '예/아니요'로 대답해야 한다면 고객들이 체크한 답이 고객 서비스와 다양한 제품 구성 중 어느 항목에 대한 의견인지 결정할 수 없다.
- **불필요한 질문은 하지 말라.** 고객 서비스를 개선하기 위한 조사에서 응답자들의 소득이나 교육 수준을 꼭 물어야 할까?
- **사적인 질문은 가능한 자제하라.** 사적인 행동이나 사실을 묻는 질문은 응답자에게 자신의 개인 정보가 노출될 수 있다는 불안감을 조성하므로 답변을 꺼릴 수 있다.
- **실행 가능한 결과를 도출할 수 있는 질문을 하라.** 이런 질문은 응답자도 자신의 응답이 제품을 개선하는 데 긍정적인 역할을 할 수 있다는 기대감을 품게 한다. 예를 들어, 설문지에서 "xxx 매장에서 서비스를 받기까지 대기 시간이 너무 길다는 데 동의하십니까?" 같은 질문을 본 사람은 xxx가 매장에서 고객경험을 개선하는 방법을 강구하고 있다는 사실을 깨닫게 된다.
- **다양한 질문 유형을 이용하라.** 복수 응답이나 '예/아니요'로 대답하는 질문들로 설문지 전체를 구성하는 것은 바람직하지 않다. 다양한 유형의 질문을 배치해야 응답자가 지루하지 않고 더 많은 통찰을 제공해줄 수 있다.
- **어떤 경우에도 주관식 문항을 적어도 하나는 넣어라. 그래야 고객의 목소리를 직접 들을 수 있다.**

유효하고 통계적으로 의미 있는 결과를 얻기 위해 어떤 질문을 해야 할지, 또 각 질문에 어떤 용어를 사용할지 판단이 안 서는 경우에도 그리 걱정할 필요는 없다. 서베이몽키 같은 조사 사이트는 마케터 대부분이 고민해야 할 이슈들에 대해 이미 개발해놓은 질문들을 갖고 있다. 이런 질문들은 조사 전문가가 편향되지 않은 결과를 내기 위해 기획한 문항들이므로 필요에 따라 쉽게 활용할 수 있다. 또한 이런 조사 도구들은 조사의 신뢰 수준을 확인할 수 있는 계산기도 제공한다. 서베이몽키 같은 플랫폼을 사용하는 가장 큰 이유는 고객의 답변을 쉽게 수집하고, 클릭만으로 그 결과를 손쉽게 분석하기 위해서다.

【 실제 활용할 수 있는 설문조사 팁 】

캐나다 밴쿠버에 있는 님블위트의 사장이자 중소기업 전문가인 래윈 슬리먼은 매장 환경 및 직원, 서비스 프로세스에 대한 마케터의 선호도가 고객의 선호도와 일치할 것으로 여기지 말라고 경고한다. 고객의 선호도를 섣불리 추정하는 것이야말로 실수를 자초하는 지름길이다.

자그마한 사은품을 제공하고, 익명으로 설문지를 작성하게 하면 설문조사를 성공적으로 마칠 가능성이 커진다고 그는 주장한다. 그리고 조사에는 다음과 같은 질문을 넣을 수 있을 것이다.

- 만약 당신이 이 회사의 사장이라면 무엇을 바꾸고 싶은가?
- 직원들에 대해서는 어떤 점을 바꾸고 싶은가?
- 서비스를 제공하는 과정에 있어서는 어떤 점을 바꾸고 싶은가?
- 매장 환경과 관련해서는 어떤 점을 바꾸고 싶은가?

고객들의 피드백을 얻은 후에는 그 결과를 동종 업계 사람이 아니면서 신뢰할 수 있는 지인과 공유하라. 고객들이 제시한 전반적인 변화에 대해 그 사람은 어떻게 생각하는지 의견을 물어라.

마지막으로 조사에서 고객의 의견을 수집한 이후에도 아무 변화가 없다면, 그 제품에 대한 사람들의 관심은 더욱 줄어들 것이다.

ESP 설문조사 기획하기

이제부터 내용이 좀 까다로워질 수 있다. 인간의 무의식 세계를 묻는 질문에서 견고한 데이터를 얻는 것은 당연히 어렵다. 그러나 설문조사를 하는 가장 큰 이유는 고객의 의사결정 프로세스와 최종 선택을 이끌고 충성도를 갖게 만드는 감정이 무엇인지를 밝혀내는 것이다. 일단 고객이 어떤 감정을 느끼는지 묻는 질문부터 개발해보자.

고객의 감정을 밝히기 위한 설문 문항을 개발할 때는 소비자 심리 및 행동 마케팅 분야의 전문가에게 도움을 받는 것도 좋은 방법이다. 이런 전문가들은 응답자들이 관련 문제에 대해 감정적으로 얼마나 충만함을 느끼거나 갈등하는지 혹은 혼란을 느끼는지를 좀 더 분명히 파악할 수 있도록 동일한 질문도 두세 가지 다른 방식으로 묻는 방법을 알려준다. 필자는 기후 변화에 대한 고객의 태도를 파악하는 조사를 기획할 때 전문가의 도움을 받았고, 결과적으로 아주 많은 통찰을 얻을 수 있었다. 그 중 하나로 사람들이 조사에서 자신의 가치라고 말하는 것이 그들의 실제 행동과는 (의도했든 아니든) 일치하지 않는다는 점이었다. 그리고 상당히 흥미로운 점은 환경 보호를 삶의 목표이자 큰 가치로 삼는 사람들도 환경 보호를 위해 한 달에 5달러씩 기부하는 활동에 참여하겠다는 의사가 매우 낮았다. 필자는 고객들의 이런 모순된 반응을 통해 엄청난 통찰을 얻을 수 있었다. 이런 이슈야말로 사람들의 실제 행동을 예측하기 위해서는 말보다 그들의 진짜 감정을 확인할 수 있는 질문이 유용하다는 점이었다.

다음의 질문은 과거의 행동이 아니라 감정을 통해 실행 가능한 통찰력을 얻을 수 있는 예다.

> 이 세 가지 질문 중 어느 것이 쓰레기 매립을 줄이기 위해 한 달에 5달러씩 기부하는 활동에 가장 많은 사람들을 참여하게 만들 수 있을까?
>
> - 다음 세대를 위해 지역 환경을 보존하는 활동에 참여할 것인가?
> - 지역 환경 보호를 위해 개인적으로 쓰레기를 줄일 것인가?
> - 가족의 즉각적이고 장기적인 건강을 위해 주위 환경을 더 깨끗하고 안전하게 만들 것인가?

이 질문들에 대한 응답자들의 답변을 보면 그들이 어떤 가치에 가장 관심이 많고, 그들의 행동에 가장 큰 영향을 줄 수 있는 가치가 무엇인지 확인할 수 있다.

오늘날의 소비자들은 그들이 이미 알고 있는 정보(예를 들면 그들이 방금 무엇을 구입했는지 등)를 재확인해주는 '맞춤화'된 정보를 받는 것에는 관심이 적다. 어떤 종류의 맞춤화된 정보가 소비자들에게 의미 있는지를 확인할 수 있는 질문을 하고, 그 결과를 고객 프로필에 추가하라.

소비자들은 회사나 제품에 대한 설문조사보다 그들 자신에 대해 묻는 설문조사에 더 잘 응한다.

설문지 서두에 그 조사가 소비자들에게 더 나은 서비스를 제공하기 위해 기획됐다는 점을 분명히 알려라. 만약 설문 결과가 모두 기밀 사항으로 처리된다면, 그 역시 설문지에 명시돼야 한다. 설문에서 나온 정보를 어떤 식으로 사용할지 그 내용을 투명하게 알리는 것은 소비자들의 설문 참여도는 물론 그 브랜드에 대한 신뢰를 높이는 데 아주 중요하다.

논란의 여지가 있는 이슈를 다룬 질문이라면, 소비자 피드백에 대해서도 대비해야 한다. 필자는 탄소 배출량을 줄이는 회사 프로그램을 홍보하는 고객사를 위해 설문조사를 진행한 적이 있었다. 설문 문항 중에는 응답자가 기후 변화 현상을 실제로 믿는지 묻는 간단한 질문이 포함돼 있었는데, 나중에 응답자들에게 그 문항과 관련된 분노 섞인 편지를 받게 됐다. 하지만 필자는 그런 의견도 진지하게 받아들였고, 조사 보고에 포함시켰다.

설문조사의 양과 빈도는 신중하게 결정하라. 설문지는 15분 이내에 완료할 수 있는 분량으로 개발하라. 그리고 설문 빈도는 분기별 한 번을 넘지 말라.

시장조사 비용의 현명한 관리

오늘날에는 고객의 목소리를 모니터할 수 있는 각종 마케팅 기술 덕분에 시장 정보를 수집할 수 있는 방법도 많다. 자체적으로 조사를 기획할 수도 있고, 기존 조사 시스템에 궁금한 질문들을 추가할 수도 있으며, 다양한 기법의 조사를 디자인하고 수행하도록 전문 조사 회사를 활용할 수도 있다.

보통 조사를 수행할 잠재 고객 명단을 얻는 일에 가장 많은 비용이 든다. 이 비용을 줄이기 위해서는 산업 보고 조사나 컨설팅 회사에서 수행하는 설문조사에 질문을 추가할 수 있는 기회를 찾아라. 어떤 웹사이트에 들어가면 간단한 설문조사에 답해야만 기사의 전문을 읽을 수 있는 경우가 있다. 그 사이트 방문자들이 회사에서 쉽게 접근하지 못했던 잠재 고객이라면 그 웹사이트에서 설문조사를 진행하는 비용을 확인해보라.

이런 설문 옵션이 있는 사이트에는 다윈스데이터, 페이드뷰포인트, 비즈에이전트, 뷰포인트포럼, 텔뷰트, 오피니언아웃포스트, 마이뷰, 키즈아이즈, 오피니언플레이스, 패널폴스 등이 있다. 이 밖에도 구글에서 진행하는 설문조사 패널을 검색해서 최신 목록을 확인하거나 www.surveypolice.com 같은 사이트를 살펴보는 것도 좋다. 이 사이트는 온라인 패널 이용자들의 피드백으로 각 조사 사이트들의 순위를 매긴다. 그리고 이 사이트에서 여러 업체들로부터 조사 견적 및 제안서를 받고 그중 가장 마음에 드는 곳을 선정할 수도 있다.

이런 사이트들은 대부분 월간 혹은 연간 회원 자격으로 설문조사 계정을 구입한 사용자들에게 서비스를 제공한다. 가끔 무료로 이용할 수 있는 온라인 조사 툴도 있지만 무료 서비스의 경우에는 조사 범위나 수집 데이터에 한계가 있다.

설문조사를 기획하고 수행할 수 있는 대표적 온라인 사이트에는 서베이몽키(www.surveymonkey.com), 폴대디(www.polldaddy.com), 콘스턴트콘택트의 리슨업 옵션(www.constantcontact.com), 거트체크(gutcheckit.com) 등이 있다. 이런 온라인 사이트에서는 보통 유료 연간 회원으로 등록하거나 건당 비용으로 조사를 수행할 수 있다. 또한 설문 문항을 스스로 개발할 수도 있고, 사이트에서 미리 개발한 샘플 설문지를 활용할 수도 있다. 설문 대상의 경우에도 회사에 있는 고객 데이터베이스를 활용할 수도 있고, 호스트 사이트에서 제공하는 샘플을 활용할 수도 있는데, 후자를 이용하는 비중이 최근 점점 늘고 있다. 이렇게 개발된 설문지를 응답자들에게 보내 설문을 진행하고, 데이터가 수집되면 데이터 테이블이 나온다. 이해가 되는가? 조사를 수행하면 더 현명한 마케팅을 할 수 있을까? 물론 항상 그런 것은 아닐 것이다. 설문 결과로 나온 데이터 테이블에서 유용한 정보를 추출하기 위해서는 꾸준한 실습이 필요하다. 하지만 이런 온라인 사이트를 활용하면, 조사 회사에 서비스 전체를 대행하는 것보다 비용을 절감할 수 있다.

만약 회사나 브랜드 웹사이트를 찾는 방문자가 많다면, 자체 홈페이지에서 설문을 진행하는 것도 가능하다. 사람들이 일반적으로 관심을 가질 만한 질문을 브랜드 공식 사이트에 올리면 마케팅 결정에 활용할 수 있는 유용한 데이터도 획득하는 동시에 방문자 수를 늘리는 계기가 될 수도 있다.

이밖에도 고객들과 접촉하는 커뮤니케이션 채널을 통해 설문을 진행할 수 있다.

» 웹사이트에서 제품을 주문하는 고객들이 많다면 주문 페이지에 설문 문항을 게시하라.

» 콜센터를 통해 문의하는 고객들이 많다면 콜센터 직원들의 상담 내용 중에 몇 가지 질문을 포함시켜라.
» 만약 영업 직원이나 회사 직원이 직접 고객과 대면한다면 그들을 통해 궁금한 내용을 파악하라. 이때 고객을 너무 압박해서 응답을 받지 않도록 직원들을 교육해야 한다. 또 직접 질문하는 대신 이메일로 간단하게 궁금한 내용을 질문하는 방법도 있다.

적은 비용 또는 무료로 주요 고객 정보 파악하기

아는 것이 힘이다. 진부한 말로 들리겠지만, 시식은 제품에 대한 현명한 판단을 내리고, 고객의 마음을 사로잡고, 그들과 좋은 관계를 구축하는 데 활용할 수 있는 가장 강력한 정보원이 될 수 있다.

마케터에게 배움의 과정은 절대 멈추지 않는다. 시장과 고객에 대해 알아야 할 것들을 다 알고 있다고 자만하면 마케터는 경쟁력과 예리함을 잃기 시작한다. 자신이 담당하는 시장과 브랜드, 제품, 고객, 또 당면한 기회와 위협에 대한 모든 측면을 학습하는 계획을 세우고 실행에 옮겨야 한다. 예를 들면, 이런 내용들이다.

» 누가 무엇을 원하는가?
» 어떤 시장이 성장하고 인기를 얻을까? 반대로 쇠퇴하는 시장은 어디인가?
» 고객의 선택을 결정적으로 좌우하는 요인은 무엇인가?
» 세대별 고객들은 각기 다른 메시지와 주제, 약속에 어떻게 반응할 것인가?
» 상품의 혜택을 기능적으로 대안할 수 있는 제품은 없는가? 만약 그런 제품이 존재한다면 사업 목표에 어떤 영향을 미칠까?

지속 가능한 성장을 이룰 만한 사업을 개발하기 위해서는 스마트하게 일해야 한다. 그저 열심히 일했지만 침체에 빠진 조직이 이 세상에 얼마나 많은가?

지금부터는 마케팅을 똑 소리 나게 할 수 있는 많은 방법을 알려줄 것이다. 이 방법들은 저렴하고, 운이 좋으면 공짜로 활용할 수 있다.

고객 관찰하기

소비자는 어디에나 존재한다. 온라인, 오프라인을 넘나들며 주변에 넘쳐나는 상품들의 메시지와 오퍼들을 매일같이 관찰하고 쇼핑한다. 오늘날 존재하는 각종 마케팅 기술 덕분에 마케터들은 상대적으로 쉬운 방법으로 소비자들을 관찰할 수 있다. 오프라인 세상이라면 상품이 유통되고 판매되는 공간에서 각종 제품과 판촉물, 가격 등을 훑어보는 고객들을 관찰할 수 있다. 온라인 세상에서는 소셜리스닝 기법을 통해 그들의 태도나 감정, 그리고 잠재적 행동까지 엿볼 수 있다.

온라인 공간 속에서 소비자들을 '관찰'하는 프로그램도 다양한 형태로 존재한다. 그들이 어떤 말을 하고, 어떤 것들에 관심을 표명하며, 어떤 내용을 온라인에 게시하는지 살펴보고 보고서로 생성한다. 이를 통해 각 소비자 집단 사이에 어떤 태도가 팽배한지, 특정 브랜드에 대해서는 어떤 생각과 말을 하는지 알 수 있다. 브랜드 계정으로 올린 트윗이 얼마나 많은 사람들에게 도달했는지, 그리고 브랜드 포스트에는 몇 개의 '좋아요'가 달리고 얼마나 많이 공유됐는지, 그날그날 각 디지털 채널에서 어떤 주제가 가장 많이 회자되는지 알려주는 각종 무료 툴도 찾을 수 있다.

이렇게 온라인에서 고객들을 관찰할 수 있는 기술 중 하나가 소셜리스닝 도구인데, 이런 서비스를 이용하는 가격대는 매우 다양하고 무료 서비스도 찾을 수 있다.

각종 제품에 대한 리뷰가 게시되는 사이트인 브랜드워치닷컴에 대한 무료 리스닝 툴로 소셜멘션(Social Mention)이란 서비스가 있다. 많은 사람들이 추천하는 이 툴은 100여 개의 소셜 사이트에 올라오는 포스트들을 가지고 분석 보고서를 낸다. 마케터들은 소셜멘션 같은 툴을 활용함으로써 담당 브랜드에 대한 포스트들의 내용과 정서, 도달 범위에 대한 보고서를 정기적으로 받을 수 있고, 특정 키워드나 해시태그에 대한 브랜드의 실적을 점수로 산정할 수 있다. 또한 브랜드에서 보낸 메시지를 소셜미디어 사용자들이 몇 분 동안 관찰했는지, 얼마나 많은 사람들이 브랜드 포스트를 트윗했거나 거기에 코멘트를 달았는지, 그 메시지에 대한 사람들의 반응이 긍정적이었는지 중립적이었는지 아니면 부정적이었는지도 파악할 수 있다.

소비자를 제대로 이해하고 싶다면, 또한 그들의 행동을 이끄는 주제나 이슈, 신념, 태도, 감정 등을 실시간으로 알고 싶다면, 이런 툴은 마케터에게 최선의 선택이 될 수 있다. 그 밖의 무료 소셜리스닝 툴로는 훗스위트, 트윗리치, 어딕토매틱 등이 있다. 물론 사스(SaaS) 기반으로 특정 니즈에 따라 고도로 맞춤화된 시스템을 구매하는 방법도 있다. 2016년에 「PC 매거진」이 추천한 사스 기반 서비스에는 스프라우트소셜, 신테지오, 크림슨핵사곤, 브랜드24 등이 있다. 유료로 장기 서비스 계약을 맺기 전에 무료 서비스를 체험해봄으로써 그 효과를 먼저 확인해볼 수 있다.

당신이 B2B와 B2C 어디에 속해 있든 온라인과 오프라인에서 고객들을 관찰하면 그들에 대한 아주 많은 정보를 얻을 수 있다. 관련 기술과 노력을 통합하면 투자한 만큼의 보성을 확실히 얻는다. 단기적으로는 실시간으로 고객들의 태도나 의도를 파악할 수 있고, 장기적으로는 유행을 타지 않는 고객들의 기본 가치에 따라 메시지를 개발하고 그들의 페르소나에 어필할 수 있기 때문이다.

관찰이라는 힘은 종종 과소평가되지만, 그 가치는 매우 높다. 예를 들어, 보스턴 아쿠아리움 관리자들은 수족관에서 어떤 코너가 관광객들에게 가장 인기 있는지 알고 싶었다. 그래서 전문가를 고용해 방문객들을 대상으로 설문조사를 하자고 요청했지만, 전문가는 조사가 필요 없다고 말했다. 그는 설문조사 대신 비가 온 다음에 수족관 바닥에 남겨진 사람들의 발자국이나 바닥의 마모 상태를 살펴보는 편이 더 낫다고 제안했다. 과연 그 방법으로 수족관에서 가장 인기 있는 코너를 한눈에 파악할 수 있었다. 얼마나 간편한 방법인가!

판매 시점에 고객들을 관찰한 후 그들이 어떤 일에 시간을 가장 많이 쓰는지, 어떤 질문이나 말을 하는지 기록하라. 그들이 불안해 보이는가? 아니면 편안해 보이는가? B2B 거래라면 당신이 제안하는 혜택에 고객이 흥분한 기색을 보이는가? 아니면 그냥 무덤덤한가? B2B 마케팅에서는 고객의 직업 안정성에 있어서 어떤 측면이 가장 중요한지 충분한 시간을 들여 관찰해야 한다. 구글과 모티스타가 수행한 조사 결과를 보면 판매 메시지나 상품 혜택을 고객의 개인적 가치와 결합한 경우, 고객이 그 상품에 프리미엄 가격을 지불할 가능성은 8배나 더 높아졌다. 고객에게 무엇이 가장 중요한지 발견한 후 그 가치를 제품 및 서비스에 연결하라.

고객에게 구입한 상품을 배송한 후 이메일을 보내거나, 판매 카운터에 고객이 의견을 남길 수 있는 카드를 배치하면 고객만족도를 매일 확인할 수 있다. 고객에게 리뷰를 직접 요청하면 옐프 같은 소셜 채널에 올라오는 고객의 불평을 사전에 막을 수도 있다. 고객의 부정적인 리뷰가 사실이든 아니든 다른 사람들의 태도와 선택에 영향을 준다는 사실을 잊지 말자.

설문조사를 수행할 때 응답자들에게 반드시 이메일 주소를 묻고, 조사 후에도 더 나은 고객 서비스나 프로모션, 업계 뉴스 등을 제공하기 위해 연락해도 좋은지를 확인하라. 이런 식으로 고객의 이메일 주소를 확보하면 소셜리스닝 툴을 통해 그들의 온라인 활동을 모니터할 수 있고, 그들의 개인 정보를 설문조사용 데이터베이스에 추가할 수도 있다.

고객의 의견을 꾸준히 파악하는 것은 절대 끝나지 않는 경주와 같다. 그들에게 계속해서 질문을 하고 그들의 답변을 분석하는 것만이 경주에서 낙오되지 않는 유일한 방법이다. 성공에 도달하는 최선의 길은 고객들에게 직접 질문을 던지는 것이다.

경쟁사 연구하기

경쟁 브랜드의 혜택과 가치를 아는 것은 고객의 니즈와 욕구를 파악하는 것만큼 중요하다. 그들은 어떤 감성적 · 물질적 가치를 고객에게 약속하고 전달할까? 경쟁 브랜드가 전달하는 가치는 당신이 담당하는 브랜드의 가치와 비교했을 때 어떤가? 가격 및 고객 서비스의 차이뿐 아니라, 경쟁 브랜드가 시장에서 가진 위치를 알아야 담당 브랜드를 더 제대로 포지셔닝할 수 있다. 표 4-2처럼 담당 브랜드와 경쟁 브랜드를 비교하는 표를 만든 후 마케팅 메시지를 개발하거나 프로모션 시기를 정할 때 참조하라.

경쟁 브랜드의 매출과 프로모션 활동, 스페셜 오퍼 등을 꾸준히 확인하고, 그에 따라 담당 브랜드의 마케팅 시기를 계획하라. 경쟁 브랜드를 이용하는 고객들이 선호하는 것과 선호하지 않는 것들을 파악한 후 당신의 브랜드를 고객이 선호하는 방향으로 포지셔닝하라.

경쟁 브랜드와 당신의 브랜드를 비교하는 표를 만들고 관리함으로써 브랜드의 목표 달성 현황과 브랜드가 활동하는 시장의 경쟁 환경을 꿰뚫고 있어야 한다.

경쟁 브랜드가 전개하는 마케팅 프로그램에 관한 정보를 수집하라. 특히 그들이 어떤 식으로 마케팅 메시지를 전파하는지 파악해야 한다. 경쟁사가 최근 급부상한 소

표 4-2 경쟁 브랜드 조사

	담당 브랜드	경쟁 브랜드 A	경쟁 브랜드 B
슬로건			
브랜드 약속			
브랜드 포지셔닝			
스페셜 오퍼			
업계 수상 내역			
소셜미디어 팔로워			
가격			
고객 평가 점수			
제품 비교(강점 및 단점)			
서비스 비교			
기타			

셜네트워크 사이트에 광고를 한다면 어떨까? 예산이 허락한다면 왓런스웨어(www.whatrunswhere.com)의 온라인 조사나 애드클래러티(www.adclarity.com)의 매체 조사, 혹은 컴패티트랙(www.competitrack.com), 애드비트(www.adbeat.com), 애드그루(www.adgooroo.com) 같은 온라인 서비스를 활용하는 것도 고려하라. 이런 사이트들에서는 자신이 기획한 광고를 주요 경쟁사나 마케팅 롤모델(새로운 기회나 트렌드를 가장 먼저 발견할 만큼 자원이 풍부한 대기업 등) 회사의 광고들과 비교할 수 있다.

단일 문항 조사의 강력한 힘

사람들이 설문에 잘 응하지 않는 가장 이유 중 하나는 조사가 너무 길기 때문이다. 조사에 1~2분 이상을 할애하려는 사람도 별로 없거니와, 1~2분 만에 끝나는 조사도 없다. 트위터나 링크드인, 유튜브 같은 공간에서 짧은 말로 소통하는 데 익숙한 오늘날의 소비자들에게는 간결성이 중요하다. 사람들에게 대답을 얻어내는 가장 효과적인 방법 중 하나는 한번에 질문을 하나만 하는 것이다. 마케팅 프로그램과 서비스를 개선하기 위해 꼭 알아야 할 것 한 가지를 질문으로 만들어서 물어라.

단일 문항으로 설문조사를 진행할 수 있는 채널에는 이메일과 웹사이트, 그리고 소셜미디어 플랫폼 등이 있다. 한번에 질문 하나씩을 묻는 설문조사로 더 많은 것을 얻을 수 있다. 브랜드 웹사이트나 개인 블로그에 질문이나 투표 문항을 하나 올림으로써 그 공간을 더 인터렉티브하게 만들고, 방문객들도 거기에 더 오래 머문 적은 없었나? 여기서 중요한 점은 마케터와 고객 모두에게 의미 있는 질문을 올려야 한다는 것이다. 질문에 답을 했을 때 자신도 혜택을 얻을 수 있다고 생각하면 사람들이 설문에 참여할 가능성은 더 높아진다.

사람들의 인식과 가치를 이해하는 데 도움이 되는 질문을 해야 한다. 예를 들어, 회사가 환경 문제에 집중해서 플라스틱 폐기물을 줄이려 한다면 다음과 같은 질문으로 설문조사를 진행해보자.

매장에서 판매하는 생수가 수돗물보다 더 건강하다고 생각하세요? (예/아니요)

뉴스 사이트를 방문한 사람에게 설문에 답하는 조건으로 기사 전문을 읽을 수 있게 하는 방법도 있다. 유료로 이런 설문조사를 진행할 수 있는 사이트를 찾아라.

시장과 소비자, 소득 등에 대한 정보는 해당 시장에 대한 센서스 자료(전수조사자료)를 통해 충분히 파악할 수 있다. 미국 가정과 기업에 대한 기초 센서스 자료를 얻고 싶다면 www.census.gov를 방문하라. 미국 중앙 정부 산하의 각 기관에서 몇 년 간격으로 수집하고 게시하는 유용한 데이터들을 확인할 수 있다. 이 사이트는 미국의 경제 센서스 데이터(5년마다 미국의 500만 개 기업을 대상으로 실시)부터 회사 오너들을 대상으로 하는 설문조사까지, 원하는 미국 센서스 데이터를 한 곳에서 모두 접하는 포털이라 할 수 있다. 미국 통계국에서 수집하는 정보들을 확인할 수 있는 또 다른 유용 사이트로는 factfinder2.census.gov가 있다.

트렌드 보고서 기획하기

트렌드 보고서란 소비자들의 구매 패턴이나 경쟁자들의 새로운 동향이나 위협 요소처럼 마케팅 차원에서 대응할 필요가 있는 주요 변화들을 재빨리 알려주는 자료를 말한다. 트렌드 보고서를 개발하는 방법 중 하나는 회사의 영업부 직원이나 대리점 파트너, 고객 서비스 담당자, 제품 유지관리 담당자 혹은 관계가 좋은 고객들에게 매달 한 번씩 이메일을 보내서 시장에서 목격한 중요한 트렌드 목록을 간단하게 알려 달라고 요청하는 것이다.

트렌드 분석에는 업계에 속한 대형 경쟁사자들이 전개하는 활동들이 포함돼 있어야 한다. 그런 선도 기업들은 시장에서 다른 기업들에 영향을 주는 마케팅과 제품 트렌드를 확립하기 때문이다. 구글 등의 검색엔진에서 주요 경쟁사들에 대한 언론 기사들을 살펴보는 것도 좋은 방법이다. 혹은 PR 뉴스와이어(www.prnewswire.com) 같은 사이트에 그들이 어떤 홍보 기사를 올렸는지 검색하라. 경쟁사 웹사이트에서 벌어지는 변화도 추적하라. 본인이 직접 조사할 수도 있지만 LXR 마켓플레이스(www.lxrmarketplace.com)나 워치마이컴페티터(www.watchmycompetitor.com), 컴페티터모니터(www.competitormonitor.com), 알렉사(www.alexa.com), 디지마인드(www.digimind.com) 같은 서비스를 이용해도 된다(이런 업체들은 소셜미디어에서 각 브랜드들이 언급되는 횟수 및 내용을 트래킹하고 비교하는 서비스도 제공한다). 허브스폿의 마케팅그레이더(wetsite.grader.com)에서 경쟁사 웹사이트와 담당 브랜드의 웹사이트 관련 통계 수치를 확인하고 비교하라.

주의 : 별도 비용을 들이지 않고 경쟁사들을 직접 모니터하고 싶다면 구글 알리미 서비스를 이용하라(www.google.com/alerts). 검색 조건을 걸어놓으면 온라인에서 벌어지는 경쟁사의 활동들을 추적하고 관찰할 수 있다.

고객 기록 탐구하기

데이터 파일과 모델을 훑어보는 것도 시장 트렌드와 고객 동향을 파악하는 좋은 방법이다. 데이터 모델과 고객 프로필을 훑어봄으로써 인구통계적 특징, 관심사, 정치적 성향, 라이프스타일 등에 대한 트렌드를 파악하라. 제품 프로모션이나 메시지를 개발할 때는 다음과 같은 트렌드를 참조하라.

- 고용률
- 개인 취미와 관심사
- 개인 신용도/채무비율
- 가족관계
- 정치 성향

마케팅 자료 테스트하기

어떤 마케팅 콘텐츠든 대중에 전파되기 전에 혹시 모를 문제를 저렴한 비용으로 사전에 확인할 수 있는 방법이 있다. 그 대상이 이메일 캠페인이든 아니면 소셜미디어 포스트든 고객 몇 명에게만 먼저 보내서 피드백을 받는 것이다. 그 광고를 더 자세히 보고 싶게 만드는 요인과 보고 싶지 않게 만드는 요인이 무엇인지 물어보라. 마케팅 오퍼의 어떤 점이 마음을 끌었는지, 그들에게 적절한 혜택인지도 물어라. 이렇게 확보한 모든 이슈를 수정함으로써 보다 효과적인 마케팅 콘텐츠를 전달하라.

이메일의 경우 똑같은 내용에 몇 가지 다른 제목을 붙인 다음 개봉률과 클릭률을 비교해보라. 테스트는 어떤 감정, 제안, 프로모션이 소비자와 목표 세그먼트의 마음을 가장 효과적으로 사로잡을 수 있는지 파악할 수 있는 뛰어난 방법이다. 제10장에서 다이렉트 마케팅 전략에 대한 내용을 읽으면 마케팅 테스트에 대한 더 심도 깊은 통찰력을 얻을 것이다.

브랜드 이탈자 인터뷰하기

고객을 잃는 것이 전적으로 나쁜 일만은 아니다. 잘못된 행동을 발견할 수 있는 기회가 되기 때문이다. 정말 제대로 된 마케팅을 하고 싶다면 잘못을 아는 것은 중요하다. 당신의 취약점이나 개선 사항을 알고 싶다면 다음과 같은 방법을 활용하다.

- 마케팅 이메일의 경우에는 보통 하단에 수신 거부 버튼을 배치한다. 이때 메일 수신을 거부하는 고객의 이유가 무엇인지 확인할 수 있도록 질문을 넣어라. 메일 수신을 원하지 않는 이유가 콘텐츠 때문인지, 브랜드와 관련된 안 좋은 경험 때문인지, 이메일을 보내는 빈도가 너무 잦아서인지, 아니면 자신과는 관련 없는 내용 때문인지 파악하라.
- 고객들이 브랜드 사이트를 더 이상 찾지 않거나 탈퇴했을 때에도 이메일을 보내 이유를 확인하라. 고객의 관심이 식었기 때문인가? 가격이 더 낮은 다른 사이트가 있기 때문인가? 아니면 단순히 사이트의 존재를 잊었기 때문인가?
- 이탈 고객을 접촉한 후 그 제품을 더 이상 구입하지 않는 이유가 다른 경쟁 제품을 대신 사용하기 때문인지, 그 제품과 관련해서 나쁜 경험을 해서인지, 그냥 관심을 잃은 건지 파악하라.

고객들이 왜 더 이상 그 회사와 거래를 하지 않는지, 또 그 제품 및 서비스를 왜 구매하지 않는지 알게 되면, 과거 오랫동안 맺었던 관계에 다시 불을 지필 수 있는 기회가 열리기도 한다. 고객들은 자신이 주목받고 인정받고 있다는 것을 알고 싶어 한다. 잘못된 것을 고쳤을 때, 고객충성도는 정말 높아진다.

맞춤화된 웹 분석 도구 개발하기

현재 사용 중인 웹 트래킹/분석 프로그램이 단순히 트래픽 수나 유입 경로만 알려주는 것으로 끝나면 안 된다. 웹사이트 분석 프로그램을 통해 판매 및 재판매 여부, 리드 수집, 리드 품질(전환율로 측정), 사이트 등록률 및 서비스 가입률, 오퍼 활용 내용, 온라인 프로모션으로 창출된 매출 및 수익 등도 파악해야 한다. 이런 숫자들로 온라인 마케팅 활동들이 성공적인지 알 수 있고, 다음번 마케팅 활동을 위한 개선 사항들도 배울 수 있다.

요즘에는 웹사이트, 특히 소셜미디어에서 경쟁 브랜드들의 마케팅 성과를 추적할 수 있는 정교한 조사 툴들이 꽤 많이 있다. 소셜 네트워킹 사이트 내에서 일어나는 사람들 간의 대화를 연구함으로써 소비자의 일반적 태도나 트렌드를 파악하는 업체로는 브랜드워치애널리틱스(www.brandwatch.com)나 소셜스튜디오그룹(www.socialstudiesgroup.com) 등이 있다. 이들이 제공하는 서비스 옵션들을 비용 대비 혜택 면에서 살펴본 후 이용하는 것도 좋은 방법이다.

인구통계 트렌드에 편승하기

시장을 구성하는 인종이나 평균 연령, 구매력, 가족구조처럼 목표 시장의 인구통계적 특성을 확인하면 마케팅 활동이 어떻게 진화돼야 하는지 실마리를 얻을 수 있다. 예를 들어, 여성들을 대상으로 사업을 하고 있다면, 다음과 같은 정보원과 통계 데이터를 주의 깊게 모니터하라.

- 남성과 여성 사이에 존재해왔던 소득 격차가 사라지고 있으며, 20대의 경우에는 여성의 평균 임금이 남성 임금의 93% 수준에 도달했다. 여전히 동

등하다고 볼 수는 없지만, 소득 격차는 이전 세대보다 훨씬 줄었으며 이런 트렌드를 통해 여성의 구매력이 더 상승할 것으로 보인다. 이에 금융서비스나 부동산, 여행, 평생 교육, 기타 다양한 산업에서 여성들을 대상으로 한 마케팅 기회가 증가할 것으로 예상된다(출처 : 2013년 12월 11월자 퓨리서치 기사).

» 대학에 진학하는 여학생 수가 남학생 수를 뛰어넘었으며, 이런 트렌드는 해가 갈수록 더 심화되고 있다. 여기에 속도는 느리지만 여성과 남성의 소득 격차도 좁혀지고 있는 트렌드를 감안하면, 머지않아 여성의 교육 수준이 남성의 교육 수준을 뛰어 넘을 것이라는 전망이 가능하다(출처 : 포브스닷컴 기사).

» 여성의 투표율이 남성보다 높으며, 여성 유권자들이 남성 유권자보다 더 사회적으로 진보적인 성향을 띠는 것으로 나타났다. 이는 민주당에게 커다란 이점으로 작용하는데, 대부분의 소수자들도 민주당을 지지한다는 점은 감안하면 이들의 정치 참여도 민주당의 강세에 영향을 미칠 것으로 보인다.

» 여성들이 (아이를 낳기로 결정한 경우) 첫 아이를 출산하는 평균 연령이 25.1세로 이전 세대보다 늦어지고 있다. 출산을 30대나 40대로 미루는 여성들도 그 어느 때보다 늘어나고 있어, 출산율은 해마다 감소하고 있다. 이런 트렌드는 대학에 진학하고 커리어를 추구하는 여성 숫자가 급격히 증가하면서 꾸준히 지속될 전망이다. 이런 사회적 변화를 감안했을 때, 젊은 엄마들보다 직장 여성을 위한 제품을 도입하는 것이 성장에 더 유리할 것으로 보인다(출처 : 국회 조사 서비스의 '미국의 변화하는 인구 통계 프로필').

당신이 어떤 업계에 종사하든 성장하는 집단과 장기적인 관계를 형성할 수 있도록 노력하라. 그리고 그들에게 맞는 상품 혜택과 메시지를 전달하라. 축소되고 있는 품목이나 지역에서는 탈출하고 성장 시장을 찾아 옮겨가라.

어떤 유형의 사업을 하든 지식은 성공을 위한 기초가 된다. 성공과 실패의 차이는 보통 고객과 시장, 경쟁자에 대한 지속적인 학습에서 온다.

chapter

05

이기는 마케팅 계획 수립하기

제5장 미리보기

- 성공적 마케팅 계획의 핵심 요소 파악하기
- 마케팅 계획으로 4P 전략 수립하기
- 자사와 경쟁사의 SWOT 분석하기
- 마케팅 계획 및 단계별 실천 사항을 문서로 남기기
- '해야 할 것'과 '하지 말아야 할 것' 분명히 확인하기
- 사업의 생존 및 성공 가능성 전망하기

로마는 하루아침에 이루어지지 않았다. 인간이 하룻밤 사이에 하늘을 날게 된 것은 아니다. 또한 애플, IBM, 크래프트푸드, GE도 단 몇 주 만에 정상에 오르지 않았다. 이들 기업에는 모두 목표와 실천 계획과 일정 등이 포함된 신중하게 조율된 계획이 있었다. 그 계획에 따라 제품을 출시하고 대량 판매를 위해 사업 규모를 확장하고 리더십을 개발하고 가능한 효율적이고 수익성 있게 성장할 수 있었다.

예전에는 누군가 위대한 신제품 아이디어가 떠오르면 집 차고에서 제품을 개발했고, 시기 및 공간만 잘 맞아 떨어지면 일확천금을 벌기도 했다. 하지만 이제 그런 성공 스토리는 흔한 일이 아니다. 대기업들이 눈독 들이는 스마트폰앱이나 소프트웨어를 개발하는 천재가 아니라면 말이다. 그럼에도 불구하고 다시 한번 말하지만, 그런 일은 옛날 이야기가 됐을 만큼 쉽게 일어나지 않는다.

어떤 회사에서 일하는 사람이든 성공을 위해서는 마케팅 계획과 브랜드를 규정하는 청사진, 브랜드의 시장 포지션, 목표와 비전, 그리고 고객이 필요하다. 그런 계획에는 시장의 어디에 경쟁자를 배치하고, 고객 리드는 어떻게 생성하고, 매출과 수익은 어떻게 확보하며, 기업 상장과 시장 철수는 어떤 식으로 이행할지에 대한 계획도 포함돼 있어야 한다.

이 장에서 우리는 오늘날 빠르게 변하는 시장 환경 속에서 사업을 올바른 방향으로 이끌기 위해 필요한 계획과 로드맵을 어떻게 수립하는지 집중적으로 배울 것이다. 이 책을 읽는 독자들은 이미 담당 제품과 목표 고객이 정해져 있는 경우가 많을 것으로 예상되므로, 제품이 기존 시장과 경쟁 환경에 얼마나 적합한지 이해하는 것으로 시작해서 마침내는 사업의 성공 가능성을 극대화하는 행동 강령까지 제시할 것이다.

마케팅 계획을 구성하는 핵심 요소

오늘날 성공하는 가장 확실한 방법은 사업을 구축하고 성장시키는 견고한 계획을 수립하는 것이다. 이런 계획에는 사업의 궁극적 목표(성장인지 아니면 투자자나 다른 기업에 매각하는 것인지)에 따라 제품 개발, 시장 파악, 자본 환원 목표, 성장 전략, 마케팅과 유통 프로그램, 예산 관리, 재무 전망 등이 포함돼야 한다.

요즘처럼 기술이 주도하는 세상에서 마케팅 계획을 수립할 때 고려해야 할 요소들은 꽤 많다. 이 요소들은 모두 중요하지만, 그렇다고 이것들만 고려해서는 안 된다. 이 책에서 설명하는 마케팅 계획의 요소들을 모든 사업을 전개하는 기본 출발선으로 삼아라.

기본 요소

건축업자와 마찬가지로 마케팅 계획도 브랜드 관리와 판매 활동, 고객 관계 프로그램 등을 제대로 구축하기 위해서는 먼저 탄탄한 토대가 필요하다. 이런 토대는 담당 제품을 규정하고, 고객의 기능적 · 감성적 니즈를 충족시켜주는 방법을 찾고, 그 제품이 현재 시장에 얼마나 적합한지 결정하는 기초 작업으로 시작된다. 또한 그 사업을 통해 어떤 목표를 이루려고 하는지도 분명히 알아야 한다. 다음의 내용은 사업을 시작할 때 답해야 할 몇 가지 기본 질문이다.

» **제품** : 어떤 제품을 판매할 것이며, 그 제품을 통해 어떤 물리적 · 감성적 · 기능적 니즈를 충족시키려 하는가?

» **목표** : 어떤 목표를 갖고 있는가? 매출과 수익, 사업 규모, 성장, 사업 확장 측면에서는 각각 어떤 목표를 추구하는가? 자본과 수익을 관리하는 장 · 단기 목표는 무엇인가?

» **고객** : 목표 고객은 누구인가? 핵심 고객 및 기타 세그먼트를 구성하는 고객들은 어떤 인구통계적 특징을 갖고 있는가? 만약 공략하려는 고객이 중년 여성들이라면 제품을 구매할 가능성이 가장 높은 고객층을 먼저 접근하기 위해 이 고객들을 어떻게 더 세분화할 수 있을까? 또한 목표 고객들에게 영향력을 행사하는 개인이나 단체는 어떤 것들이 있는가?

» **시장** : 자사 제품 대신 목표 고객들이 구입하는 다른 제품에는 어떤 것들이 있는가? 고객의 제품 선택에 영향을 미치는 요인(접근성, 가격, 품질, 명성, 유통, 기능, 서비스, 기타 속성)에서 자사 제품과 경쟁 제품들을 어떻게 비교할 수 있을까?

» **채널** : 담당 제품을 어디에서 판매할 것인가? 자체적인 전자상거래 사이트에서 고객들에게 직접 판매할 것인가? 아니면 대리점이나 슈퍼마켓 같은 오프라인 소매점에서 판매할 것인가? 자체 매장에 투자해야 할까? 아니면 영업 팀을 통해 기업들을 상대로 직접 판매할 것인가? 각 전략별 장단점 및 비용을 확인한 후 수익성이 가장 높으면서 현실적으로 가능한 유통 방식을 선정해야 한다.

조금 더 복잡한 요소

사업의 목표와 제품을 규정했다면, 그리고 제품을 통해 시장과 고객의 니즈를 어떻게 충족시킬 것인지 정했다면, 다음에는 수익과 사업 성장에 필요한 자금을 창출하기 위해 제품을 어떤 식으로 판매할 것인지를 생각해야 한다. 우선 제품을 구매할 고객을 확보하고, 현재 가진 마케팅 기회를 포착하기 위해 재빨리 사업 규모를 확장하고, 지속 가능하고 성공적인 마케팅 프로그램들을 통해 어떻게 브랜드를 구축할 것인지에 대한 계획이 필요하다. 이 과정에서 다음 질문에 답을 해보자.

» 프로모션 : 고객들이 그 제품을 한번 사보고 싶게 만들려면 제품을 어떤 식으로 출시해야 할까? 또 어떻게 하면 첫 시도를 반복 구매로 연결되게 할 수 있을까? 다른 사람들에게 그 제품을 추천하게 할 수 있는 방법은 무엇일까? 제품의 이윤을 줄이지 않으면서 고객에게 특별 혜택 및 할인을 제공할 수 있는 방법은 없을까? 그런 혜택을 얼마나 자주 제공해야 할까? 대중 유통에서 제품을 빨리 전파하기 위해 게릴라 마케팅이나 그로스해킹 같은 기법들을 어떻게 활용할 수 있을까?

» 재무 계획 : 손익분기를 이루고, 사업을 확장하고, 신제품 개발을 위한 조사에 착수하고, 부수적 혜택을 제공하고, 제품 라인을 확대하기 위해서는 어느 정도의 이익률이 필요할까? 또 수익의 어느 정도를 마케팅 활동에 할당해야 할까? 투자자가 필요할까? 킥스타터를 통해 필요한 자금을 확보하거나 사업을 계속 추진하기 위해 회사를 적극적으로 후원해줄 벤처 캐피털 회사들이 필요하지는 않을까? 당신은 사적 이익을 얼마나 포기할 의향이 있는가? 이 주제에 대한 좀 더 객관적 통찰을 쌓고 싶다면, 더미 시리즈 중 니콜 그라바그나와 피터 K. 아담스가 공동 집필한 『더미를 위한 벤처 캐피털(Venture Capital for Dummies)』을 참조하라.

» 마케팅 : 이 책이 『더미를 위한 마케팅』 제5판인만큼, 마케팅은 이 장은 물론 이 책 전체에서 계속해서 심도 있게 다룰 주제다. 이 책을 끝까지 읽은 독자라면 마케팅에 있어서는 동료들보다 확실히 목소리를 더 높일 수 있을 것이다. 마케터들이 저지르는 가장 큰 실수는 단지 몇 개의 소셜미디어나 유명 블로그에 포스트를 올리고 근사한 전자상거래 사이트를 운영하는 것으로 제품을 충분히 홍보하고 있다고 여기거나, 마케팅 관련 질문들에

> 대한 답은 이미 모두 알고 있다고 착각하는 것이다. 이런 태도를 가진 사람들은 다들 내리막길을 걷고 성공에서 멀어졌다. 이런 태도는 결단코 피하라.

그리고 조금 더 거대한 질문들

명확한 최종 목표가 없는 계획은 완전한 계획이 아니다. 사업을 시작하는 이유는 여러 가지다. 세대를 잇는 가업을 유지하려는 사람도 있고, 괜찮은 회사로 키워서 매각한 다음에 조기 은퇴를 꿈꾸는 사람도 있으며, 이 사업으로 세상을 바꿔보겠다는 장대한 꿈을 꾸는 사람도 있을 것이다. 어떤 포부, 꿈, 목표를 갖고 있든 그 목표를 달성하기 위해서는 계획이 필요하다. 최종 목표를 알면 계획을 좀 더 효율적으로 작성할 수 있으며, '궁극적'으로는 중요하지 않은 일로 자원과 비용을 낭비하는 것도 피할 수 있다. 이와 관련해 생각해볼 질문이 여기 있다.

- **성장** : 회사를 성장시키기 위해 어떤 자금, 자원, 계획을 갖고 있는가? 그리고 1년차, 3년차, 그리고 5년차 목표를 어떻게 달성할 계획인가? 그런 목표가 없는데도 지금 사업을 시작하는 게 맞는 선택일까?
- **전년 대비 목표** : 사업이 정말로 진척되고 있는지 측정할 수 있도록 전체 목표 및 세부 요소별 목표를 정하라. 예를 들어, "매년 고객 가치를 평균 5~6%씩 높인다"라든지 "웹사이트 주문 대비 카탈로그를 통한 구매 고객 수를 25% 이상 증가시킨다" 혹은 사업 확장 전략의 일부로 새롭게 진출하는 시장이 있다면 "신규 시장에서 3~4%대의 시장점유율을 달성한다" 같은 목표가 필요하다.
- **철수 전략** : 혹시 궁극적으로 대기업이나 경쟁사에게 매각하기 위한 목적으로 제품 라인이나 브랜드를 개발하고 있는가? 그래서 일찍 은퇴하거나 새로운 사업을 시작하고 싶은가? 상장을 목표로 사업을 전개하고 있는가? 아니면 장남에게 당당히 물려주고 싶은 사업을 성공적으로 운영하고 싶은가?

4P 관리하기

모든 마케터는 **제품**(product), **가격**(price), **판촉**(promotion), **유통**(place)이라는 4P를 관리해야 한다. 기본적으로 4P는 제품을 판매하고 마케팅하기 위한 사업 및 자산의 기초가 되기 때문이다. 마케터는 제품, 가격, 유통, 판촉 전략을 세부적으로 발전시켜 담당 제품의 강점을 경쟁 제품의 강점과 비교하고, 4P의 각 영역에서 제품의 발전 정도를 측정함으로써 회사에서 벌이는 활동들이 궁극적인 목표를 달성하는 데 도움이 되는지 확인해야 한다. 4P의 각 요소에 대해서는 이 책의 다른 장에서도 논의할 것이다.

마케팅 계획의 목직은 제품 및 브랜드를 촉진하는 데 활용할 수 있는 실행 가능한 활동들을 요약하는 것이다. 그 안에는 **제품**을 시장에 침투시키고, **유통** 채널들을 가능한 효율적으로 구축하며, 고객이 제품을 시도하고 충성도를 높일 수 있는 **가격**을 책정하고, 고객 및 영향력 집단에 최선의 방식으로 영향을 발휘할 수 있도록 채널 및 관련 기법을 활용하는 **판촉** 방법들이 모두 담겨 있어야 한다. 그밖에도 고객의 인지도와 판매를 높이고, 신규 고객을 확보하고 유지하는 인쇄 광고나 디지털 광고, 콘텐츠 마케팅, 이벤트, 온라인/오프라인 활동이 모두 포함된다.

SWOT 분석하기

SWOT 분석은 수년간 업계에서 사용돼왔지만, 이를 한물 간 기법으로 생각하는 사람은 없다. 이 모델의 구성 요소를 모르면 시장에서 제품의 입지를 정의하거나 개선할 수 없다.

- 강점
- 약점
- 기회
- 위협

이 네 가지 요소는 지속적으로 확인돼야 한다. 이 세상과 제품이 속한 시장, 그리고 고객들은 역동적이며 정체돼 있지 않다. 따라서 자사 제품의 강점과 약점, 기회, 위협 요인을 실시간으로(나중에가 아니라) 꾸준히 확인하지 않으면 시장에서 뒤처지게 된다. 시장과 고객의 변화에 맞춰 제품을 정기적으로 조율하는 경쟁사보다 뒤처지게 되면, 이들보다 앞서거나 따라잡을 수 있는 행운은 좀처럼 일어나지 않는다.

SWOT 분석을 가장 효과적으로 하는 방법 중 하나는 각 요소별로 자사는 물론 주요 경쟁사의 현황을 동시에 정리하는 것이다. 이렇게 하면 마케터가 '추정한' 제품의 강점이 경쟁사 대비 실제로 얼마나 강한지 명확하게 확인할 수 있다. 그러니 컴퓨터를 켠 후 엑셀 프로그램을 열거나 아니면 펜과 종이를 꺼내라. 그리고 SWOT 분석에 들어가라. 담당 제품이 시장에서 최선의 위치를 점하고 있는지, 기회를 올바르게 활용하고 있는지, 당면한 위협을 제대로 극복하고 있는지, 경쟁자들이 하는 활동들을 제대로 인식하고 있는지 확인하기 위해서는 가능한 자주 SWOT 분석을 시행하라. 그 제품이 시장과 사람들의 마음을 이끌기 위해서는 시장에서 경쟁사들보다 한 단계만 앞서 있으면 된다. 시장점유율과 고객의 마음점유율은 모든 마케팅 계획에서 중요한 두 가지 목표다.

다음의 내용은 SWOT 분석을 할 때 고려하는 기본 항목이다.

- **강점** : 제품과 브랜드 이미지, 마케팅 프로그램의 강점을 확인하고, 그 강점들을 기반으로 어떤 계획을 발전시킬 것인지 고민하라. 그런 강점을 통해 사업을 성공시킬 수 있다.
- **약점** : 제품과 브랜드 이미지, 그리고 마케팅 프로그램에서 상대적으로 취약한 면을 파악하라. 예를 들어, 제품이 상대적으로 출시된 지 오래 돼서 신규 진입 제품이나 기능적 대안 상품에게 입지를 뺏기고 있는지도 모른다. 이런 상황이라면 오래된 제품을 어떻게 시장 변화에 맞게 조정할지, 아니면 아예 폐지해버릴지 등을 고민해야 한다.
- **기회** : SWOT 분석을 할 때는 새로운 성장 시장이나, 새로운 커뮤니케이션 기법, 고객에게 접근 가능한 신규 유통 채널, 파트너와의 잠재적인 협력 기회나 제품 번들링 방법 등 기회 요인들도 살펴봐야 한다.
- **위협** : 위협은 제품의 매출 및 수익률을 낮추거나 성장 목표 달성에 방해

가 될 만한 외부 트렌드나 변화를 말한다. 일반적인 위협 요인으로는 신규 경쟁자를 낳을 수 있는 새로운 기술이나 막대한 예산을 휘두를 수 있는 대기업의 등장, 또는 목표 고객의 규모나 성장률을 낮추는 경제적 · 인구통계적 변화 등이 포함된다.

표 5-1은 경쟁 관점에서 SWOT 분석을 실행하는 이론적인 사례다. 시간을 충분히 들여 제품 및 브랜드, 시장 입지, 판매, 자금, 그리고 성장 관점에서 사업의 주요 영역들의 현재 상황을 정리해보라.

계속해서 경쟁의 우위를 지키고 싶다면, 아직은 후발주자지만 승자의 자리에 오르기 위한 필요 조건들을 지속적으로 알고 싶다면, 자사 브랜드와 경쟁자들을 비교하는 SWOT 분석은 반드시 필요한 일이다. 오늘날의 시장은 쉼없이 빠르게 움직이므로 다가온 기회를 놓치지 않고 붙잡거나 당면한 장애물을 빠르게 뛰어넘어야 생존할 수 있다.

SWOT 분석에 들어가기 전에 먼저 경쟁 제품의 브랜드 약속 및 제품의 장점, 업계 수상 경력이나 순위, 가격 전략, 광고 메시지, 브랜드 페르소나, 판촉 활동에 대한 정

표 5-1 SWOT 분석의 예

	자사 제품	경쟁 제품 1	경쟁 제품 2
강점	다양한 기능	강력한 브랜드 인지도	가장 저렴한 가격
약점	입증이 안 된 신생 기업	평범한 제품 품질	자본이 불충분하고 제품 개발을 위한 자금 부족
기회	독특한 기능을 커뮤니케이션에 활용한 시장점유율 상승 기회 유명 유통에서 보완재 관계의 브랜드와 번들로 판매	기업 상장을 통한 자금 확보로 새로운 기능을 개발해 경쟁력 강화 가능	가격 전략을 통해 시장점유율을 높일 수 있음
위협	높은 가격으로 제품을 시도해보려는 고객이 적음 마케팅 예산 부족 경제 성장 둔화, 낮은 소비자 신뢰도	열악한 품질 때문에 기능과 품질이 더 뛰어난 자사 제품으로 브랜드를 교체할 고객들 존재	지나친 가격 위주 마케팅으로 인해 경쟁사의 효과적인 ESP 마케팅에 의해 공격받을 가능성 있음

보를 수집하라. 경쟁자의 정보를 더 많이 확보할수록 SWOT 분석에 필요한 강점 및 약점, 그리고 경쟁 제품 대비 당신 제품의 상황을 더 잘 파악할 수 있다.

경쟁 제품에 대해서는 다음과 같은 정보들을 수집하는 게 좋다.

» **회사** : 시장에서 그 회사와 주력 제품이 어떻게 인식되는가?
» **핵심 인물** : 그 제품은 어떤 사람들이 관리하며, 회사의 전체 직원은 몇 명인가?
» **재무 상황** : 회사의 자금 상황은 어떤가?(충분한 자금을 보유하고 있는가? 아니면 자금 부족에 허덕이는가?) 지난 2년간 매출은 어땠나?
» **매출, 유통, 가격 정책** : 주요 판매 채널 및 제품의 가격/할인 구조, 시장점유율은 어느 정도인가?
» **제품/서비스 분석** : 그들의 제품 혹은 서비스가 갖는 강점 및 약점은 무엇인가?
» **약속 및 주장** : 그들은 제품 및 서비스가 가진 혜택, 가치, 성능, 품질 등에 대해 어떤 약속 및 주장을 하는가? 자사의 제품과 비교했을 때는 어떤가? 그들이 실제로 제공하는 가치 및 혜택에 따라 자사 제품을 효과적으로 포지셔닝할 수 있을까?
» **판촉 및 오퍼** : 그들은 당신 제품의 매출을 감소시키고 당신의 고객을 그들 쪽으로 유인하기 위해 어떤 판촉 활동을 벌이는가? 그런 판촉 활동을 언제 시행하며 할인 행사를 할 때는 가격을 어느 정도 인하하는가? 경쟁사의 판촉 효과를 상쇄하기 위해 당신은 언제, 어떤 활동으로 대응해야 할까?

자사의 SWOT 분석에 경쟁사 정보를 이런 식으로 추가하면 생각했던 것보다 더 효과적으로 시장에서 성공할 수 있을 것이다.

기능적 대안제에 집중하기

꼭 필요한 분석이 하나 더 있다. 자사 제품의 기능적 대안제 역할을 하는 제품들을 비교, 분석하는 것이다. 똑같은 제품은 아니지만 몇 가지 기능에 있어서 기본적으로 같은 결과를 내도록 설계된 제품을 말한다. 소프트웨어 플랫폼이나 앱들을 보면 기능적 대안 제품들을 쉽게 찾을 수 있다. 예를 들어, 이 책의 다른 장에서 우리는 디지털 자산 관리 플랫폼이나 콘텐츠 관리 시스템, 마케팅 자원 관리 시스템 같은 소프트웨어 플랫폼들에 대해 논의할 것이다. 이들은 실상 모두 같은 기능이며, 같은 성과를 내기 위해(하나의 콘텐츠를 마케팅 채널별로 버전화함으로써 채널 고객에게 더욱 적절한 형태로 전달하는) 설계돼 있다. 하지만 시스템마다 조금씩 차이가 있어서 보통 다른 소프트웨어나 기술 카테고리로 분류되지만 기능적으로 대안 관계에 있는 것이다.

기능적 대안 제품들과 어떤 식으로 경쟁할지 판단하고, 그에 따른 실천 사항을 마케팅 계획으로 발전시켜야 한다. 다음의 질문을 검토하라.

- 자사 제품은 현재 어떤 사업군에 속하는가?
- 장기적으로 수익성을 극대화하려면 제품이 어떤 사업군에 속할 때 가장 이상적인가?
- 제품이 현재 주력 사업군에서 어떤 위치를 점하고 있는가? 가트너의 매직 쿼드런트(Gartner's Magic Quadrant : 가트너가 매년 각 산업 분야에서 글로벌 기업들을 대상으로 '실행 능력'과 '비전 완성도'를 기준으로 분석해 그 결과를 보여주는 시각화 도구-역주) 기준으로 볼 때 리더, 도전자, 틈새 공략자, 비저너리 중 어디에 해당되는가?
- 기능적 대안 제품을 고려하는 쇼핑객들에게 자사 브랜드를 인식시키기 위해 그들과 같은 상품군으로 묶을 방법은 없을까? 만약 담당 제품이 콘텐츠 관리 시스템이라면 디지털 자산관리 시스템을 구매하려는 사람들에게 괜찮은 상품 후보로서 마케팅할 수는 없을까? IT 세상에서는 기술 변화가 굉장히 빠르게 진행되므로 소비자들은 실제로 두 상품군 간의 차이를 잘 모를 가능성이 높다.

왜 제휴가 중요한가?

우리는 지금도, 그리고 이후에도 계속 공유 사회에서 살게 될 것이다. 자원 공유를 위해 사람들을 한데 모으고, 일을 완수하기 위해 서로 협력하고, 일상생활에서 서로를 돕는 사업이 발전하는 모습은 요즘에도 흔히 볼 수 있다. 이런 기업 사례를 몇 가지만 들어보겠다.

- » 우버에서는 자동차를 보유한 운전자가 교통수단이 필요한 여행자들을 보조해준다.
- » 에어비앤비에서는 집주인들로 하여금 호텔에 돈을 쓰고 싶지 않은 여행자들에게 방을 공유하게 해준다.
- » 태스크래빗에서는 시간이 있는 사람들이 바빠서 도움이 필요한 사람들의 일손이 돼준다.

많은 회사들이 더 강력한 제품과 서비스 혹은 경험을 목표 고객들에게 전달하기 위해 다른 회사, 심지어는 경쟁사와 공동 협력을 펼친다. 코소사이어티(www.co-society.com)는 새로운 혁신 아이디어에 대해 전 세계 기업 및 임원들을 한데 모아 협력하도록 돕는 플랫폼이다. 이들은 참여자들 모두에게 혜택이 된 협력 사업들을 보고서로 발표한다. 그런 예로 마이크로소프트와 토요타가 공동으로 자동차용 첨단 정보시스템을 개발한 프로젝트나, 아메리칸 익스프레스사와 포스퀘어가 공동 투자한 프로젝트로 소비자와 아멕스 카드를 받는 상점들이 모바일 기술을 통해 어떤 혜택을 누릴 수 있는지를 증명한 마케팅 프로모션도 있었다.

시장을 둘러보라. 소비자들이 갖고 있는 공동 목표는 무엇인가? 그들이 공유하는 도전 과제나 목표, 포부는 무엇인가? 당신의 조직이 가진 가치 및 비전과 같은 방향을 추구하는 기업이나 단체에는 어떤 곳이 있는가? 그리고 다음과 같은 큰 질문을 스스로에게 해보라. 사람들이 공통적으로 겪는 문제를 해결하거나 그들이 공통적으로 추구하는 목표를 달성하기 위해 브랜드와 사람들을 어떻게 한데 모을 수 있을까?

브랜드의 ESP(제2장 참조)를 중심으로 협력적 활동을 구축하라. 이런 노력이 제대로 시행된다면 제품과 브랜드뿐 아니라 사회적 움직임을 낳을 수 있다. 소비자가 중심이 되는 새로운 세상에서도 더 나은 세상을 향해 움직인다고 인식되는 기업은 계속 성공할 수 있다.

CSR로 하나 되기

받은 만큼 사회에 환원하고 환경보호 활동을 벌이고 자선 활동 및 공익을 추구하는 기업의 사회적 책임(CSR) 전략은 더 나아가 다른 조직들과 협력적 노력을 구축하게 하는 좋은 기반이 된다. 기업의 마케팅 계획의 일환으로 혼자의 힘으로, 혹은 다른 집단들과 함께 어떤 일들을 벌여나갈 수 있을지 계획을 세워보라. 계획들에 대한 일정을 짜고, 그들을 어떻게 측정할지, 그리고 그 내용을 고객 및 이해관계자들에게 어떻게 알릴지 정하라. 기업이 어떤 활동을 벌이고 있는지 아는 것은 오늘날 소비자에게 중요한 문제이기 때문이다. 이런 분위기는 한동안 바뀌지 않을 것이다.

이익보다 더 큰 대의명분을 위해 협력했을 때 어떤 효과가 나타나는지를 보여주는 좋은 예가 여기 있다.

에콜로직 브랜드는 일회용 병이 환경에 미치는 피해를 줄이는 데 앞장서는 젊은 기업으로, 재활용(그리고 자연 분해되는) 골판지와 재활용(그리고 다시 재활용 가능한) 플라스틱 라이너로 음료수 병을 만든다. 이 혁신적인 병 디자인은 실제 상용화 가능성을 타진하기 위해 시장 테스트가 필요했다. 회사를 창업한 줄리 코베트와 창립 멤버들은 지속가능성의 가치를 적극적으로 추구하면서 상품 포장에서 혁신을 이루고자 노력하는 마케팅 파트너를 찾아나섰다. 그리고 친환경 생활용품을 만드는 세븐스제너레이션이라는 회사와 협력관계를 구축할 수 있었다. 세븐스제너레이션은 자사의 천연 세탁세재에 에콜로직의 독특한 재활용 병을 사용했다. 이들의 사업 제휴는 에콜로직의 매출에도 도움이 됐을 뿐 아니라 회사가 제품을 개발하고 도입하는 아주 중요한 시기에 에콜로직의 가치와 브랜드를 시장에 알리는 데 결정적 역할을 했다.

관계를 넘어 연대감 구축하기

참고 자료 'J. 워커 스미스의 전설적 통찰력'에서도 볼 수 있지만, 마케터에게는 브랜드와 사람을 연결시키는 것보다 사람과 사람을 연결시킨다는 자세가 필요하다. 이는 우리가 다른 사람들과 어떻게 동맹 관계를 구축하고, 선한 목적을 위해 어떻게 연합해야 하는지를 다뤘던 제2장의 내용과도 연결된다. 많은 브랜드가 대개 사람들의 구매 이력이나 제품 선호도 및 관심사 등을 기초로 고객들과 관계를 구축하는 데만 집중한다. 하지만 스미스가 지적했듯이 지금과 같은 새로운 소비문화에서는 사람과

【 J. 워커 스미스의 전설적 통찰력 】

J. 워커 스미스는 글로벌 브랜드들을 대상으로 혁신에 대한 컨설팅 서비스로 전략적 통찰을 제시하는 칸타르 퓨처스의 회장이다. 그는 노스캐롤라이나주에서 광고인들의 명예의 전당에도 오른 인물로, 고객들과 단순히 관계를 맺기보다는 장기간에 걸친 유대감 형성의 중요성을 강조해왔다. 그는 이런 유대감이란 무엇이며, 왜 중요한지를 이렇게 설명한다.

유대감이란 가족 간의 연대감과 타인들을 대하는 태도를 바탕으로 그 사람들과 함께 사회적 화폐를 창조해나가는 과정에서 형성된다. 진정한 유대감은 사업을 발전시키고 목적을 달성하는 것보다 관계 형성의 중요성을 우선시하고 완전한 투명성을 확립할 때 구축된다. 가족 관계처럼 타인들과 긴밀한 유대감을 유지하기 위해 노력하는가? 그리고 그런 유대관계를 더욱 발전시키기 위해 스스로를 기꺼이 희생할 수 있는가? 사업에서 소비자와 유대관계를 확립하기 위해서는 단순한 상거래 대신, 그들의 삶을 향상하고 지원하는 데 집중해야 한다.

유대관계 기반의 경제를 구성하는 기본 조건은 아래와 같다.

- 문화와 신념, 상거래
- 유대감이 조직의 절대적 표준이라는 생각으로 조직 내 관계에 대한 붐 일으키기
- 사회적 화폐가 교환의 매체
- 타인들을 대하는 태도가 핵심

유대관계 기반의 경제가 기초를 이루는 세상에서 브랜드 마케터들은 자신들이 행하는 사업에 대해 다시 학습해야 한다. 그런 사회에서는 브랜드가 전개하는 사업 대신 유대관계나 사회적 화폐, 한 단어로 줄이면 '연결'이 전부가 된다.

관계를 촉진하는 것은 브랜드 마케터들이 담당해야 할 일 중 하나다. 사람들은 어떤 브랜드가 자신의 친지나 가족들과 공유할 만큼 가치 있는 무언가를 제공할 때 관계를 맺을 것이다. 요즘 사람들이 사용하길 바라는 것은 바로 이런 사회적 화폐다. 브랜드 마케터들은 요즘 사람들이 무엇을 가장 원하는지에 초점을 맞춰야 하는데, 이들이 원하는 것은 브랜드와 깊은 관계를 맺는 것이 아니라 다른 사람들과 끈끈한 관계를 맺는 것이기 때문이다. 이렇게 서로 연결되기를 원하고 시장에서 가장 중요한 우선순위가 사람들 사이의 관계가 될 때, 브랜드 마케터들이 따라야 할 절대적 표준은 가장 친밀한 형태의 관계를 촉진하는 것이다. 그야말로 가족과 같은 관계를 말한다. 요약하자면 오늘날 브랜드에 생기를 넣는 원칙은 소비자와 매력적이고 효과적으로 관계를 맺는 것이다.

사람 사이의 연결과 유대감을 구축해야 한다.

마케팅 계획에 이런 유대감 전략을 포함시키기 위해 다음의 질문을 생각해본 다음 그 대답을 중심으로 활동 계획을 세워보자.

> » 회사의 문화와 주요 고객들의 핵심 문화 사이에 어떤 공통점이 있는가?
> » 소비자들이 일상생활 속에서 수렴하며 살아가는 가치 중 회사가 지지하는

공통 가치는 무엇인가? 환경적 · 사회적 · 자선적 측면의 가치인가?

» 회사가 활동하는 시장과 공동체 안에서 고객과 직원들을 하나의 공통 대의에 따라 결합시킬 수 있는 방법은 무엇인가?
» 회사의 목적과 취지에 고객들도 함께할 수 있도록 CSR 프로그램을 개발할 수 있는 방법은 없을까?
» 제품이나 서비스를 초월해서 가치와 혜택을 제공하는 방식으로 고객들은 물론 일반인들을 불러 모을 수 있는 감사 이벤트나 명사 강연회 등을 주관할 수는 없을까?

이 질문들에 대한 개인적 답변을 바탕으로 실천 사항을 수립하고, 그 내용을 마케팅 계획 및 일정에 추가하라.

소비자들의 70% 이상은 자신이 믿는 명분을 위해 브랜드 담당자가 추진하는 자원봉사 활동에 참여할 것이라고 답했다. 단순한 거래가 아니라 세상을 더 나은 방향으로 바꾸기 위해 고객과 직원들을 한데 엮는 이벤트를 어떻게 기획할 수 있을까? 대기업이 지역 공동체가 추구하는 가치 및 대의를 위해 그들과 함께 소통할 수 있도록 조직을 구성하면 더 이상 거대한 기업이 아닌 '아는 친구나 이웃'이 이끄는 '우리 지역'의 회사가 된다.

타깃 확장하기

모든 마케팅 계획에는 목표 고객이 누구인지, 그들의 인구통계적 특징은 무엇인지, 또 그 브랜드에서 차지하는 거래 규모와 생애가치는 어느 정도인지 같은 내용이 정리돼 있다. 마케팅의 주된 목적은 이런 잠재 고객 집단에 도달하고 영향을 줌으로써 그들의 거래를 이끌어내고 생애가치를 포착하는 것이다. 사실 마케팅 계획을 좀 더 구체적으로 작성할 경우에는 잠재 고객의 집단별 생애가치까지 산정돼 있어야 한다. 관련 내용은 제16장에서 다룰 예정이다.

그러나 핵심 고객들을 정말 제대로 공략하고 싶다면, 소통하고 '설득'해야 할 또 다른 주요 고객이 있다. 해당 품목에서 소비자들의 브랜드 선택과 구매 활동에 영향력을 미치는 영향력 집단이다. 일부 영향력자들은 직접 파악할 수 있지만, 그렇지 않은 경우도 있다. 표면적으로 확연히 드러나지 않지만 미묘하게 힘을 발휘하는 경우도 있기 때문이다.

이런 영향력 집단은 다양한 페르소나와 태도를 가지며, 사업 유형이 B2B와 B2C 중 어느 것인지에 따라서도 다른 모습을 갖는다. 일반 소비자들이 의사결정을 할 때 가장 신뢰하는 정보원이 바로 이런 영향력 집단이므로, 이들이 구매 과정에 아주 큰 영향력을 발휘하는 것만은 확실하다. 닐슨이 발표한 글로벌 광고 신뢰도 설문조사에 따르면, 일반 소비자들에게 가장 큰 영향력을 발휘하는 주체는 주변 지인들로, 소비자들의 92%가 지인들의 추천을 전적으로 신뢰하거나 어느 정도 신뢰한다고 밝혔다. 두 번째로 영향력이 큰 정보원은 사람들이 온라인에 올린 제품 리뷰나 의견으로, 70%의 소비자가 다른 소비자들이 온라인에 게시한 의견을 전적으로 혹은 어느 정도 신뢰한다고 밝혔다. 주목할 것은 온라인 사용자들은 아는 사람이 아닌데도, 일반 소비자들은 유료 광고보다 이런 또래 집단의 의견을 더 신뢰한다는 점이다. 이 결과는 온라인과 오프라인에 브랜드를 지지하는 강력한 커뮤니티를 만들 때 얻을 수 있는 효과를 증명한다.

표 5-2는 다양한 산업 분야에서 제품의 판매와 소비자 충성도에 영향을 미치는 영향력 집단의 예다.

트렌드 모니터하고 대응하기

통제하기 힘들 정도로 매출에 영향을 미칠 수 있는 시장 요인을 판단하기 위해 트렌드를 연구하고 회사의 매출 및 시장점유율이 전년 대비 그리고 경쟁사 대비 어느 정도인지를 파악하면 회사의 강점과 약점, 기회와 위협 요인을 더 제대로 판단하는 데 도움이 될 것이다. 트렌드 분석을 할 때에는 다음과 같은 정보가 포함돼야 한다.

- 시장 규모 : 잠재 고객의 인구가 증가하는가, 아니면 축소되는가?
- 판매별 거래 가치와 고객별 연간 가치가 증가하는가, 아니면 줄어드는가?
- 판매와 위상에 있어 두각을 나타내는 기능적 대안 제품은 무엇인가?
- 주택 수요나 실업률, 일자리 수, 평균 급여 등 산업의 성장 및 제품 판매에 영향을 줄 수 있는 경제 지표

표 5-2 영향력 집단의 예

B2B 영향력 집단	B2C 영향력 집단
산업 분석가들(포레스터, 가트너, 후버 등)	또래 집단(가족, 친구, 직장 동료 등)
업계에서 벌어지는 혁신, 업적, 비즈니스 뉴스 등을 다루는 매체	옐프와 아마존 사이트에 올라온 고객 리뷰
CMO, CTO, 영업 임원, 제품 개발자, 그래픽 디자이너, 건축가 등이 참여하는 협회나 학회 같은 전문가 네트워크	핀터레스트, 인스타그램, 페이스북 등의 소셜미디어 사이트
2015년의 톱10 전자제품 보고서 등을 게시하는 제품 리뷰 사이트나 파워 블로그	관련 분야에서 활동하는 블로거들(고객 리뷰와 의견 등이 올라오는 패션이나 요리 관련 블로그나 포럼)
인쇄물, 라디오, TV를 통한 일반적인 뉴스	관련 분야나 일반적인 뉴스가 올라오는 온라인 뉴스 사이트
구매에 영향을 주는 제품의 최종 사용자(생의학 제품의 경우에는 방사선사)	제품을 구매하거나 서비스를 요청함으로써 판매 채널에 영향을 주는 최종 제품 사용자
브랜드 사이트나 리뷰 사이트에 올라온 테스티모니얼을 포함한 또래 집단의 리뷰	쇼핑 사이트에 게시되는 소비자 리뷰나 포스트

이 모든 시장 지표들을 참고하면 손익을 고려한 마케팅 계획을 수립할 수 있다. 지난 시즌에 실시한 마케팅 프로그램 덕분에 시장점유율이 2배로 늘어났다면, 이번에도 비슷한 활동을 반복할 수 있을지 적극적으로 검토하라. 만약 모든 경제 여건이나 마케팅 환경이 이전과 동일하다면 또 한번 효과를 낼 수 있을 것이다. 만약 매출이 악영향을 줄 만큼 고객층의 인구가 줄어들 것으로 예상된다면, 아무리 뛰어난 제품 품질과 마케팅 계획으로 무장했을지라도 생산량 조정에 들어가야 한다. 그래야 과잉생산에 자본을 낭비하거나 팔지 못한 재고가 창고에 수북이 쌓이는 사태를 피할 수 있다. 이런 상황에는 재무 안정성을 위해 자금을 비축해놓아야 한다.

반면에 외부 시장 요인과 상관없이 시장점유율이 동일하거나 떨어졌다면 뭔가 새로운 것을 준비할 시기가 온 것이다.

고객경험 발전시키기

마케팅 계획에는 지금까지 설명했던 모든 요소들과 더불어 모든 사업의 궁극적 목적인 매출과 인지도 상승을 달성할 수 있는 방법들도 포함돼 있어야 한다. 마케팅 캠페인 계획을 미리 살펴보거나 매출 목표를 정하고 전망하는 것은 물론, 고객경험에 대해서도 미리 계획을 세워라.

고객경험(customer experience) 혹은 CX 캠페인이 마케팅 캠페인을 대체하고 있다. 고객들은 제품이 제공하는 가격이나 혜택보다 신뢰와 충족감을 더 중요하게 여긴다. 사실 요즘에는 최고경험책임자가 과거 최고마케팅책임자 자리를 차지하는 마케팅 부서를 심심치 않게 볼 수 있다. 자신이 지불하는 가격보다 그 제품을 통해 얻는 경험을 위해 그 제품을 다시 찾는 사람이 많기 때문이다.

고객경험은 보통 다음과 같은 경로로 진행되는데, 이 모든 단계를 의미 있는 여정으로 만들어야 한다.

- 최초 접촉, 판매 지원, 컨설팅(해당되는 경우)
- 판매 후 결정 재확인
- 고객 서비스 프로토콜 : 제품 이슈, 고장, 기술 지원 등에 대한 대응 방법
- 유대감 형성 기회 : 제품 및 공익과 관련된 이벤트에서 상호작용을 통해 제품을 초월한 친밀감 형성
- CSR : 회사의 문화, 가치, 이상을 중심으로 한 고객 접촉 및 관계 형성 방법
- 에반젤리즘(evangelism) : 고객들이 자발적으로 제품을 소개하고 홍보하게 유도할 수 있도록 브랜드 관계에 정서적 가치를 증진하는 방법
- 공동체 : 브랜드를 지원하고, 공통 이상과 미션에 따라 관계를 맺는 공동체를 구축할 수 있도록 기존 고객 및 잠재 고객들을 한데 모으는 방법
- 여정의 각 단계를 각 고객 세그먼트 및 글로벌 시장 혹은 문화에 맞게 조정하는 방법

마케팅 계획을 이행하는 데 다양한 소프트웨어 프로그램의 도움을 받을 수 있는 것처럼 고객경험 및 여정을 성공적으로 관리하고 실행할 때도 활용할 수 있는 소프트웨어 앱들이 시중에 많이 나와 있다. 인터넷에서 '고객경험 소프트웨어'라는 키워드로 검색해보면 다양한 가격대로 나온 여러 소프트웨어를 찾을 수 있을 것이다.

효과적인 마케팅 계획 수립

사업 목표를 규명하고 SWOT 분석을 통해 현재 위치가 어떤지, 기능적 대안 제품에는 어떤 것들이 있는지, 목표 고객과 영향력 집단은 누구인지, 단순한 관계 대신 유대감을 형성할 수 있는 기회에는 어떤 것들이 있는지를 파악했다면, 이제 그 계획을 종이에 정리하고, 그에 따른 실천 사항 및 일정, 책임 그리고 효과 측정 방법을 정해야 한다.

충분한 시간을 갖고 고민하고 마케팅 계획을 수립하는 일은 여러 측면에서 성공에 꼭 필요한 조건이다. 이 작업을 통해 조직과 담당자들은 사업 목표와 비전, 현재의 지식 수준, 활동 계획, 활동별로 할당할 수 있는 예산 수준을 완전히 이해할 수 있다. 특히 계획 수립 과정을 거치면 갖고 있는 지식을 체계화하고, 일의 우선순위를 정하고, 모두가 한 방향을 바라보고 합심할 수 있다.

성공적 마케팅 계획은 지금까지 논의된 모든 요인을 아울러 목표별 실천 사항들을 정리해놓는다. 다음 내용들은 시간을 투자해 효과적인 계획을 세우는 것이 왜 그만큼 가치 있는 일인지를 말해준다.

- 계획이 있으면 모범사례를 확인할 수 있고, 수익성이 없는 항목은 제거할 수 있으며, 담당자들 모두가 같은 일정과 예산에 따라 움직일 수 있다. 효과가 불확실한 기회를 좇아 계획 없이 무턱대고 행동에 나서는 회사들이 많다. 하지만 계획이 있으면 더 스마트하고 효율적으로 일할 수 있다.
- 계획 수립 프로세스를 통해 결과를 개선하기 위해 변화가 필요한 영역들을 발견할 수 있고, 필요한 일들을 정리해놓으면 어떤 일에 먼저 집중해야 하는지 일의 우선순위가 명료해진다.
- 계획을 세우면 브랜드 전략이나 가격, 콘텐츠, 판매 전략 등 마케팅 계획을 이루는 핵심 요인들을 더 명확히 정하고 통제할 수 있다.

계획을 세우는 데 시간과 에너지가 투입되는 것은 자연스러운 일이다. 하지만 그 결과 대규모의 보상이 빠르게 나타날 수도 있다. 계획 없이 추진한 마케팅 활동이 성과를 내는 경우는 흔치 않다. 계획 없이, 그저 남들보다 앞서기 위해 자동 반사적으로 취한 대응 조치에는 장기적으로 아주 값비싼 대가가 따를 수 있다.

계획을 세울 때 갖는 또 다른 커다란 혜택은 마케팅 프로그램에 대해 더 창의적인 사고를 할 수 있다는 점이다. 계획을 짤 때 대부분의 사람들은 기존에 갖고 있던 가정 및 관행에 의문을 품게 되고, 브랜드를 홍보하고 매출 및 수익을 극대화할 수 있는 더 새롭고 나은 방법에 대해 생각하게 된다.

지안의 마케팅 플랜 빌더 같은 소프트웨어 프로그램을 활용하면 마케팅 계획을 더 쉽고 효과적으로 세울 수 있다. 대부분의 계획 수립 툴에는 개인적으로 혹은 팀과 함께 사용할 수 있는 템플릿이 포함돼 있다. 이밖에도 계획 수립에 활용할 수 있는 툴에는 다음과 같은 것들이 있다.

- 팔로알토에서 개발한 라이브플랜(www.liveplan.com) 소프트웨어는 팀이 함께 마케팅 계획을 수립할 때 팀원들이 원격으로 동시에 작업에 참여할 수 있다.
- 팔로알토 소프트웨어의 시큐어플랜(www.secureplan.com)은 일반적인 사업 계획 툴 외에도 영업 계획이나 마케팅 계획 툴을 제공한다.
- 앤루프(www.enloop.com)의 온라인 계획 수립 툴은 재무 계획에 더 특화된 면이 있지만 마케팅에도 유용하다.
- 엠플랜즈(www.mplans.com)는 무료로 사용할 수 있는 샘플 소프트웨어 외에도 영업 및 마케팅 계획 수립을 위한 상당히 정교한 소프트웨어들을 유료로 판매하고 있어 다운받아 사용할 수 있다.
- 안트러프러너(www.entrepreneur.com/formnet/marketingforms.html)에서 제공하는 마케팅 템플릿은 정교함은 떨어지지만 대개 무료로 이용할 수 있다.
- 구글의 비즈니스용 앱인 G슈트(https://gsuite.google.com)에서는 일반 문서나 기타 정보를 모든 팀원들을 함께 작성하고 편집하고 공유하는 기능을 가진 인터랙티브 툴을 제공한다.
- 스마트시트(www.smartsheet.com)는 팀에서 프로젝트를 관리할 때 편리하게 사용할 수 있는 클라우드 기반의 계획 수립 플랫폼이다. 크라우드소싱 사이트에 연결될 수 있는 링크를 전송한다.
- 미국의 중소기업들을 보조하기 위해 만들어진 비영리 단체인 스코어

(www.score.org)는 마케팅 전략 및 계획을 세울 때 활용할 수 있는 일련의 무료 양식을 제공한다. 스코어는 물론 중소기업청 지역 사무소나 중소기업 개발 센터, 베테랑 비즈니스 보조 센터, 여성 기업 센터 사이트를 방문하라. 지역별로 기관들의 웹사이트는 미국 SBA 사이트(www.sba.gov/tools/local-assistance)에서 쉽게 찾을 수 있다.

단계별 활동 계획 정리하기

이제부터는 계획에 따라 실천 사항을 매핑해야 한다. 다음의 내용은 마케터의 생각을 체계적으로 정리하고 실천 사항들을 요약함으로써 현업에서 실제로 사용할 수 있는 마케팅 계획서를 개발하는 방법이다.

1단계 : 상황 분석하기

첫 단계는 브랜드가 현재 직면한 환경이나 상황을 요약하는 것이다. 이를테면, 현재 그 브랜드는 시장과 기회 측면에서 어디에 위치해 있는가? 전체 시장에서 그 브랜드의 현재 포지셔닝은 무엇이며, 앞으로 어떻게 발전할 것인가? 아래로 떨어질 리스크는 없는가? 사업 확장에 필요한 자원, 자금, 역량 등을 제한하는 요소들에는 어떤 것들이 있는가? 이렇게 현재 상황을 정확하게 설명함으로써 브랜드의 현재 위치와 목표로 정한 위치를 모든 팀원들이 제대로 파악할 수 있게 하라.

2단계 : 벤치마크 확립하기

목표를 설정할 때는 지금까지 달성한 업적과 어떤 활동들이 성과를 낳았는지 확인한 다음, 앞으로 개선하고 발전시킬 것들의 기초로 삼을 출발선 및 벤치마크를 정해야 한다. 이를 위해서는 다음과 같은 질문을 고민해봐야 한다. 판매와 시장점유율, 수익, 고객만족도, 온라인 지명도 혹은 고객의 태도 및 인식 관련 평가에서 이전 기간에 어떤 결과를 달성했는가? 고객보유율, 구매 단위 및 빈도, 고객의 행동을 보여주는 다른 지표들에는 어떤 결과를 냈는가? 현재 고객들이 갖고 있는 바람과 기대를 충족시켜줄 수 있는 현재의 역량은 어느 정도인가? 브랜드의 현재 상황을 먼저 확인하고, 어느 지점을 근간으로 목표를 향한 여정을 시작할 것인지 벤치마크를 정해야 한다.

3단계 : 목표 규정하기

일상적인 마케팅 활동도 목표에 따라 이행해야 하지만, 장기적 시각 또한 잃으면 안 된다. 장 · 단기 성장 목표 및 개선 계획을 세울 때는 현재를 통해 배워라. 다음 분기에 달성해야 할 주요 목표는 무엇인가? 모든 목표가 매출 및 수익, 그리고 고객의 증가로 이어져야 하지만 궁극적으로 정상에 오르고 그곳에 머무르기 위해서는 실행 가능하고 측정 가능한 목표가 필요하다. 시장점유율 목표는 무엇인가? 매출 및 비용, 시장점유율은 물론, 공헌도가 가장 높은 객이나 유통업체에 대한 매출, 그리고 계획 중인 고객 사은 대잔치의 효과나 지역별 매출 및 커미션 목표도 수치로 정해야 한다.

4단계 : 교훈 기록하기

이전 기간에 수행한 마케팅 활동들에 대한 사후 평가를 실시하면 이후 반복하지 말아야 할 실수나 다시 활용할 기술 혹은 위협이나 기회를 동반할 주요 변화들에 대한 통찰을 발견할 수 있다. 또 경쟁사나 다른 업계에서 행했던 마케팅 활동 중 시도해볼 만한 사례를 학습하고, 반대로 그들이 겪은 불운을 피하는 노하우를 얻는다. 사후 평가에는 ESP나 광고 캠페인에 대한 테스트 결과나 프로모션, 할인행사, 채널 마케팅, 이벤트 등의 실적도 모두 포함하라. 비헤이브(BEHAVE.org)처럼 경쟁 제품들을 비교 평가하는 단체의 테스트 결과도 검토하라. 그러면 같은 값을 치루지 않고도 다른 이들이 겪은 실수를 피할 수 있다.

5단계 : 전략 개요 작성하기

5단계는 마케팅 계획에서 특히 집중해야 할 부분으로, 제대로 수행하면 매출과 수익을 높일 수 있다. 전체 전략을 한두 문장으로 기술함으로써 그것을 읽는 사람은 누구나 그 브랜드의 마케팅 전략을 한번에 이해하고 기억할 수 있게 하라. 마치 스포츠 감독처럼 생각하라. "승리의 기회가 어디에 있으며, 승점을 내고, 경기를 독주하고, 마침내 승리하기 위해서는 경기에 어떤 리소스를 투입해야 할까?"

전략은 1단계부터 4단계까지 수집한 정보를 바탕으로 그에 대한 대응 계획을 정리함으로써 다른 이들과 협업하고, 영향력 집단에게 영향력을 미치고, 고객과 유대관계를 구축하는 데 작용하는 브랜드의 장점과 약점, 기회와 위협을 발견할 수 있다. 예를 들어, 중년 여성들 사이에서 인기가 높은 브랜드가 있다면, 그 브랜드 전략에는 젊은 여성들에게 그 브랜드와 제품을 알리고 시도하게 함으로써 차세대 고객군을 육성하는 내용이 포함돼 있어야 한다. 그리고 마케팅 실행 항목(다음 섹션 참조)은 이 목표를 달성하는 방법들로 구성될 것이다.

그림 5-1은 마케팅 전략에서 세부 마케팅 목표 및 전술이 어떻게 도출되는지 보여주는 예시다.

전략(예시)

최신 애견용품 브랜드를 만들어 젊고 활동적인 주인들에게 판매하라.

목표

최신 정보에 밝은 젊은 소비자에게 어필할 수 있는 브랜드를 개발하라.

웹사이트와 광고, 이벤트 홍보, 입소문 등을 통해 목표 고객의 인지도와 관심을 높여라.

제품 샘플을 최소 1만 개 가구에 배포하라.

온라인 애견용품점, 오프라인 소매점, 애견용품 전문매장을 중심으로 유통 채널을 확립하라.

전술

제품 : 애견에게 활력과 에너지를 주는 제품을 개발하라. 최신 정보에 밝은 젊은 견주들에게 어필할 수 있는 브랜드를 개발하라.

가격 : 제품의 프리미엄 가치를 알리고 공격적인 마케팅 캠페인을 전개할 수 있도록, 경쟁사 제품보다 조금 더 높은 가격을 책정하라.

유통 : 온라인과 오프라인 애견용품 매장에서 모두 제품을 판매하라. 판매량이 증가하면 일반 슈퍼마켓까지 유통망을 확대하라.

판촉 : 소비자의 이목을 끌면서 트렌디한 브랜드명과 로고를 만들어라. 브랜드 타깃인 젊은 층에 적절한 이벤트와 소셜네트워크, 인쇄 광고, 매장 전시물을 통해 제품의 고급 이미지와 메시지를 전달하라.

그림 5-1
마케팅 전략에서 세부 목표와 전술이 도출되는 방식

6단계 : 실행 항목 이행하기

마케팅 계획에 따라 더 세부적으로 정리해야 할 항목들이 있다. 이런 경우에는 엑셀 시트나 기타 양식을 활용해서 실행 일정 및 데드라인, 필요 자료, 담당자와 책임 범위, 각 항목별 진척 상황 등을 요약하라. 그 예는 다음과 같다.

과제 항목	설명	실천 사항	기한	담당	현재 상황
영향력 집단 지원 활동	핵심 고객의 구매 및 브랜드 선택에 영향력을 미치는 영향력 집단 파악하기	관련 분야의 파워 블로거, 전문 분석기관, 칼럼니스트, 강연자 등 파악하기	보고 : 5/17 승인 : 5/19 실행 : 5/24	직원 1 직원 2	완료 승인 보류

7단계 : 학습 계획 정리하기

새로운 사업이나 신제품 개발에 착수했거나 새롭고 위험 요인이 있는 마케팅 활동을 실험하거나 신규 유통 채널에 진출하려 하거나 실험적 사업에 착수할 경우에는 일단 소규모로 테스트부터 해보는 편이 좋다. 경영진의 승인 아래 대규모 투자를 하기 전에 실제로 긍정적 효과가 있는지 확인하는 것이다. 결국 모르는 것은 아는 것이 중요하고, 문제에 대해서는 미리 해결 방법을 준비해야 한다.

모르는 것을 배우고 궁극적으로 성공하려면, 모든 활동은 테스트와 측정이 가능해야 한다. 각 활동이 투입한 노력 대비 얼마나 효과가 있는지를 평가하고, 그것이 최선의 접근 방식인지 판단할 수 있는 테스트 계획을 수립하라(테스트 계획에 대한 세부 내용은 제10장 참조). 다음 해를 가능한 효율적이고 성공적인 해로 만들려면 어떤 테스트가 필요한지 계획을 수립하는 일은 중요하다.

연간 학습 계획에는 다음 활동을 포함하라.

- '고객의 목소리(VoC)'처럼 새로운 조사 프로젝트를 실행할 필요는 없는지 확인하라. 이런 조사 활동을 통해 고객들이 가장 중요하게 여기는 것과 고객의 태도, 고객의 새로운 요구 및 기대, 만족도 등을 파악할 수 있다.
- 다이렉트 마케팅 캠페인 후보들을 테스트함으로써 더 나은 아이디어는 없는지 혹은 기존 캠페인이 다음 해 시장 환경에서도 효과가 있을지 판단하라.
- 최고의 반응과 답변을 식별할 수 있도록 판촉 채널을 테스트하라.

» 새로운 유통 채널을 탐색함으로써 더 효율적이고 비용을 절감할 수 있는 판매 기회나 잠재적 파트너를 확인하라.
» 향후 수익을 증대할 수 있는 부차적인 고객 집단은 없는지, 새로운 시장 세그먼트를 탐색하고 육성하라,
» 어떤 고객 참여 프로그램이 그들과 관계를 맺고 유대감을 형성하는 데 가장 효과적인지 확인하라. 온라인과 오프라인 프로그램도 서로 비교하라.
» 현재까지 실행했던 마케팅 캠페인 메시지와 오퍼의 응답률을 연도별로 확인하고 비교하라.
» 온라인과 오프라인에서 행했던 고객 참여 프로그램들의 실적을 확인하고 어떤 것이 고객 관계 및 유대감 형성에 최고의 성과를 냈는지 판단하라.

계획을 그저 기록된 문서로만 여겨서는 안 된다. 계획은 모든 마케팅 활동이 시작되는 포인트며 진화하는 프로세스다. 1년 동안 계획을 실천해가면서 어떤 활동이 계획한 대로 효과를 내고, 또 어떤 활동은 그렇지 않은지를 발견하게 될 것이다. 좋은 마케터라면 활동을 이행하는 중에도 계획을 다시 살펴보면서 계속 조정해나갈 것이다. 여기서 핵심은 계획을 통해 더 지능적이고 민첩한 마케터가 돼야 한다는 점이다. 또 시장과 고객은 늘 그래왔듯 빠르게 변화하기 때문에, 계획은 조직과 마케터가 그런 변화 속에서 신속히 대처할 수 있는 지침이 돼야 한다.

일을 추진하는 매 순간마다 효율을 극대화하는 방법을 모색하라. 계획의 일부로 광고 매체 구입이 포함돼 있다면, 매번 필요할 때마다 매체를 구입하는 것보다는 연간 계약으로 대량 구입하는 편이 더 유리할 수 있다. 비용도 절감할 수 있고 효과가 높은 광고 채널을 조기에 확보할 수 있기 때문이다. 또한 한 매체에만 광고를 게재하면 같은 여러 매체에 동시에 집행하는 것만큼 노출 효과도 떨어지기 마련이다.

계획 수립 시 '해야 할 것'과 '하지 말아야 할 것'

가끔 담당자를 압도할 만큼 도전적인 마케팅 프로그램들이 있는데, 이는 실패의 전조가 된다. 따라서 역량에 맞는 활동을 계획하고 합당한 목표를 세워는 것이 중요하다. 과도한 욕심을 부리면 자원만 낭비하고 도리어 기회까지 놓칠 수 있다. 모두가

피해야 할 상황이다. 지금부터는 마케터들이 돈을 잃는 일반적인 방법과 반대로 자원을 현명하게 활용하는 효과적 전략에 대해 설명하겠다.

세부 사항 간과하지 말기

좋은 마케팅 계획은 고객별, 모델별 혹은 지역별 매출 전망처럼 꼼꼼한 세부 계획들을 바탕으로 수립된다. 전체 시장을 대상으로 일반적인 마케팅 계획을 세우는 것은 어려울 뿐 아니라 위험하다. 매출 및 비용을 가장 작은 단위(각 지역별 매출이나 고객별 주문 등)로 전망한 다음, 전체 시장에 대한 수치로 합산하는 편이 더 쉽고 정확하다.

과거에 갇히지 말기

머리 위에 놓인 월계관에 만족하거나 '이미 해온 실수를 계속하는' 과오를 저질러서는 안 된다. 그 일이 아직 효과가 있고 그럴 만한 가치가 있을 때만 반복하라. 과거에 행했던 활동 중 가장 성과가 좋았던 것을 기초로 더 발전시키고, 실속이 없었던 활동들은 아예 배제하라. 지난해 계획 중 성과가 저조했던 프로그램은 가차 없이 날려버리는 것이다. 또한 계획을 사업 사이클에 따라 모니터하고, 진행하는 과정에 내용을 조정함으로써 문제를 조기에 확인하라. 그래야 효과가 떨어지는 활동에 돈과 시간을 낭비하는 상황을 막을 수 있다.

표준을 섣불리 깨지 말기

고객의 현재 생활 습관이나 패턴에 대치되는 제품이나 서비스를 도입하면 실망스러운 결과를 낳을 가능성이 크다. 고객이 현실적으로 지지할 수 있는 제품이나 서비스, 마케팅 계획을 개발하라. 예를 들어, 요즘에는 대기업이든 중소기업이든 중간 관리자들의 출장비 예산이 줄고 있다. 만약 기업들을 상대하는 여행사에서 기업 간부 대상의 워크숍으로 고급 리조트에서 흥겨운 시간을 보내는 값비싼 여행 상품을 소개한다면, 회사에서 그런 여행을 출장으로 승인할 가능성은 매우 낮다. 이제 **정킷**(junket : 주로 공무원들이 산업 시찰을 빌미로 나가는 유람 여행)은 조직 문화와 상관없이 어떤 회사에서도 승인되는 경우가 흔치 않다. 따라서 개인적 열정과 희망으로 이런 현실을 바꿔보겠다는 시도보다는 고객의 현실에 맞게 상품 오퍼를 바꾸는 것이 유리하다.

불필요한 지출 최소화하기

예산을 지출할 때는 항상 가능한 옵션을 따져보라. 아무리 '완벽'해 보이는 솔루션이라 할지라도 먼저 숫자를 따져보라. 단지 새롭다는 이유로 혹은 비용이 저렴하다는 점만으로 꼭 돈을 쓸 필요는 없다. 무엇이 필요한지, 어느 쪽에 비용을 지출할 수 있는지, 또 지출 항목에 대한 ROI를 어떻게 측정할 것인지 계획을 세우고 고수해야 손해 보는 투자로 돈을 낭비하지 않는다.

보통 광고대행사들에 일을 맡기면 높은 간접비 때문에 비용이 많이 든다. 따라서 그 일을 외부에서 맡아서 하는 게 맞는지 먼저 분석하라. 오늘날에는 다양한 디지털 도구들이 존재하므로, 광고 및 부수적인 디자인 작업도 어느 정도는 내부에서 처리할 수 있다. 또한 디지털 자산을 자유자재로 활용하면서 디자인 프로젝트를 완수할 수 있는 프리랜서를 물색하는 방법도 좋다.

합당한 경계 설정하기

가용할 수 있는 자원 이상의 욕심을 품어서는 곤란하다. 회사가 업계에서 현재 매출 기준으로 10등인데, 올해 말까지 1등이 되겠다는 야심만만한 계획을 세운다면 과연 가능할까? 자본이나 인적 자원을 대규모로 확충하지 않는 이상 경쟁자의 속도가 아닌 자신의 속도에 맞춰 성장해야 한다. 수익을 확보하기 위해서는 일단 틈새시장에서 사업을 시작한 후 충분한 자본이 형성된 이후에 시장을 확대할 수도 있다. 부채를 어느 정도나 가용할지에 대에서도 신중해야 한다. 깊은 수렁에 빠지지 않고 계속 앞서 나가려면 매출 목표와 실적을 계속 검토하라.

세부 계획으로 나누기

마케팅 활동들이 일관적이면서 한 가지 유형으로 확실히 정해 있다면 한 가지 계획으로도 충분할 수 있다. 하지만 컨설팅이나 제품 보수처럼 주력 상품을 지원하는 서비스도 제공한다면 이 둘을 통합하는 계획도 수립해야 있다. 이런 계획들을 영업 제안서 형태로 정리해도 되고, 계약이 완료된 고객을 위해서는 발표 자료를 별도로 준비해도 된다.

만약 여러 지역에서 사업을 전개하고 있거나 전자상거래 사이트를 함께 운영하고 있다면 전체 마케팅 계획이 지역별 계획을 어떻게 지원하고 지역별 니즈는 어떻게 충족시키며 사업 목표를 달성하기 위해서는 전체 계획에 어떤 세부 계획들이 추가돼야 할까?

만약 계획이 너무 복잡해 보인다면 전체를 세분화한 다음 하나씩 정복하라! 그런 다음에 전망과 예산을 전체적으로 파악할 수 있는 큰 그림을 볼 수 있도록 세부 계획들을 하나로 합치면 된다. 예를 들어, 어떤 회사에서 5개 상품군 아래 총 50개 제품을 판매하고 있다고 가정해보자. 이 경우에 일단 각 제품의 매출을 전망하고, 프로모션도 상품군에 맞게 별도로 기획하고 계획을 세우는 편이 오히려 간단하다.

모든 마케팅 활동은 그 유형과 상관없이 어느 정도 세분화가 필요하다. 사업과 제품 규모에 따라 적절한 세분화 수준을 결정하라. 그러면 계획 수립이 좀 더 단순하고 쉬워질 것이다. 다음 내용은 마케팅 계획을 세분화하는 몇 가지 방법이다.

- 판매 지역에 따라(혹은 기업들을 상대하는 B2B 회사라면 주요 고객사별로) 계획과 예산, 영업 활동을 분석하라.
- (판매 제품이 여러 개라면) 제품이나 산업별로 수익과 프로모션 결과를 전망하라.
- 제품 라인이나 품목별로 광고 및 프로모션 계획을 수립하라. 같은 품목에 속한 상품들은 프로모션 효과가 비슷하기 때문이다. 언론 홍보, 동영상 제작, 매체 구입, 소셜미디어 사이트 개발, 리드 목록 구입, 프로모션, 인쇄/우편 광고 등에 대한 예산은 어느 정도인가?
- 만약 회사가 히트 상품 하나에 크게 의존한다면 그 제품에 대한 마케팅 계획이 별도로 필요하다. 또 인기 상품이라면 그 제품에 대해서만 입소문(buzz)을 일으킬 만한 블로그나 동영상을 제작해 별도의 온라인 활동을 전개하면 효과적이며, 이런 내용 역시 계획에 포함돼야 한다.

경제적 요인에 대비하기

마케팅 계획을 수립할 때에는 통제 불가능한 이슈나 경제 상황 같은 요인들을 고려해야 한다. 선행 경기 지표들을 유심히 살피고, 정기적으로 그 숫자들을 검토하라. 2개월 이상 연속해서 경기가 후퇴하고 있다면 해당 업계에 매출 둔화의 신호는 없는지 면밀히 살피고 필요한 조치를 준비하자.

경제적 요인과 경기 사이클을 관찰하면 무조건 안심하는 태도를 피할 수 있다. 1990년대에는 경제가 안정적으로 성장했다. 하지만 2007년 12월에 갑자기 경기가 둔화되고 시장도 얼어붙으면서 마케터들은 큰 도전에 직면했다. 도시별 경기 트렌드, 특히 사업에서 큰 비중을 차지하는 도시의 경기 트렌드를 꿰뚫고 있어야 한다. 밀큰 연구소에서 매년 발표하는 '최고의 경제 부흥 도시' 명단을 www.best-cities.org에서 확인하라.

뉴욕시에 위치한 비영리 단체인 콘퍼런스보드(www.conference-board.org)는 최근 여섯 번의 불황을 성공적으로 예측한 선행 경제 지표를 색인으로 정리해놨다. 하지만 그들이 예측한 불황 중 실제로 일어나지 않았던 경우도 다섯 번이나 있었다. 따라서 경제학자들이 부정적인 경제 예측을 낼 때마다 그대로 믿고 예산을 삭감한다면 지나치게 수동적이고 보수적인 마케팅 계획이 나올 것이다. 성장을 위해서는 늘 조금의 위험 감수는 필요하지만, 경제 기후를 민감하게 주시한다면 경기 성장이 확실히 둔화하기 시작할 때 다른 마케터보다 더 빨리 활동의 규모를 축소할 수 있을 것이다.

회사의 판매 실적도 저조한데 경제 예측까지 부정적이라면, 인쇄 광고나 프로모션, 신규 패키지 디자인 같은 변동비를 과감하게 줄여야 한다. 사무실 임대료나 전기, 가스비 등 고정비는 어떻게든 나가기 때문이다.

마케팅 게임을 위한 예산 책정하기

예산 책정은 분명 마케팅 계획의 핵심 요소다. 계획 중인 마케팅 활동의 각 항목별 비용을 파악하고, 그에 따라 전체 비용을 관리해야 한다. 예산 책정을 분명히 해두지 않으면 갑자기 등장한 '특별 기회'에 참여함으로써 계획에 없었던 비용을 쉽게 지출할 수 있다. 이런 식으로 발생하는 비용을 전부 더하면 순이익에 심각한 영향을 줄 수 있고 대개 긍정적인 영향은 아닐 것이다.

마케팅 계획에는 원하는 목표에 이를 때까지 거치게 될 단계별 가격 계획 및 예산 할당량이 포함돼 있어야 한다.

그림 5-2는 마케팅 계획을 구성하는 세부 항목들을 재무적 측면에서 정리한 것이다. 이런 식으로 예산 계획을 세우면 계획에 따라 자원을 더 잘 할당할 수 있고, 각 마케팅 결정이 회사가 정한 우선순위 및 경쟁 측면에서의 최대 니즈와 부합될 수 있는지 직접적으로 확인할 수 있다. 그림 5-2에서처럼 마케팅 항목별 비용을 예상 매출과 비교하면 마케팅 투자를 통해 얼마나 큰 수익 혹은 손실을 얻을 수 있는지 가늠할 수 있다.

각 마케팅 항목별로 활동에 들어갈 초기 비용을 파악하라. 항목별 비용을 합산한 다음 최종 결과가 현실적인지 확인하라. 예상 매출과 비교할 때 총마케팅 비용이 지나치게 높은 건 아닐까? 일반적으로 광고 · 마케팅 비용은 전체 예상 매출의 2~3%로

소매점 쇼핑객 대상 마케팅 프로그램 개요	
프로그램 내용	**직접 마케팅 비용(달러)**
핵심 마케팅 활동	
-판매 주문 전화	450,700
-텔레마케팅	276,000
-유통 잡지에 광고 게재	1,255,000
-신제품 개발	171,500
	소계 : 2,153,200
보조 마케팅 활동	
-대량 구매 할인	70,000
-POP 전시	125,000
-신규 온라인 사이트에 웹 카탈로그 게시	12,600
-인쇄 카탈로그	52,000
-언론 홍보	18,700
-박람회 참여(전시 부스)	22,250
-패키지 디자인 교체	9,275
	소계 : 309,825
해당 마케팅 프로그램을 통한 예상 매출	23,250,000
마케팅 비용 차감	-2,463,025
해당 마케팅 프로그램을 통한 순매출	**20,786,975**

그림 5-2
마케팅 프로그램 예산(엑셀 시트로 작성)

잡는다. 계획한 예산이 이제까지 그 브랜드에 할당됐던 마케팅 예산과 비슷한 수준인가?

마케팅에 투자한 만큼 성과가 뒤따른다는 충분한 근거가 없는 이상(과거 경험상), 매출의 10% 이상을 마케팅 예산으로 잡는 것은 위험하다. 그리고 1년 내내 마케팅에 큰 돈을 들여서도 안 된다. 1분기에는 좀 더 신중한 태도로 마케팅 활동을 계획하고, 되도록 1년 예산의 4분의 1만 지출하라. 한번에 한 걸음씩 옮기는 게 좋다.

다양한 고객 집단을 대상으로 마케팅 계획을 수립할 경우에는, 각 집단마다 별도의 마케팅 프로그램이 필요할 수 있으므로 (그림 5-2 같은) 표를 여러 개 작성하는 것이 좋다. 가령 그림 5-2는 어떤 회사가 도매상들을 대상으로 계획한 마케팅 프로그램을 정리한 내용인데, 이 프로그램의 목적이 선물가게에 상품을 더 많이 납품하는 것이었다고 가정해보자. 그러나 이 회사는 문구점과도 거래를 한다. 동일한 영업사원들이 양쪽 도매상을 모두 방문하지만, 선물가게와 문구점에는 서로 다른 제품을 납품하고 별도 프로모션을 진행한다. 상품 주문용 카탈로그도 형태로 다르고 디스플레이 광고도 그렇다. 또 선물가게와 문구점은 박람회 잡지마저 다른 것을 구독한다. 상황이 이렇다면 이 회사는 도매상을 위해 별도의 마케팅 프로그램을 개발하는 게 맞다. 다만 중복 비용은 적절히 배분해야 할 것이다(즉 전체 매출의 3분의 2가 선물가게에서 발생한다면, 공통 마케팅 비용의 3분의 2는 선물가게 매출에서 차감해야 한다).

마케팅 프로그램 관리하기

마케팅 계획에 관리 섹션을 넣는 주된 목적은 계획을 완수할 인적 자본과 자금이 충분한지 확인하기 위해서다. 관리 섹션은 마케팅 팀이 마케팅 목표를 달성하기 위해 이행해야 할 주요 활동들을 요약, 정리한다. 이 공간에 활동별 담당자를 기입하고, 개인의 역량과 업무 수용 여력, 그리고 회사가 담당자들을 감독하고 관리하는 방법 등을 고려해서 개인별 업무 과제를 정해야 한다.

이 공간을 통해 계획 관리와 관련된 이슈들을 처리함으로써 공간의 활용도를 더욱 높일 수 있다. 예를 들면 영업의 생산성을 높이는 방법이나 마케팅 기능의 분산화 같은 이슈도 여기서 논할 만하다. 만약 제품을 전담하는 영업 인력이나 유통 담당자가 있다면 이들 조직을 체계적으로 구성하고 동기를 부여하고 실적을 추적하고, 활동을 통제하는 계획도 세워라. 판매 리드를 생성하고 할당하고 결과를 파악하는 데 영업 사원들을 어떻게 활용할지도 계획에 포함하라. 그들이 계획에 따라 움직이고 생산성을 극대화할 수 있도록 세일즈포스(www.salesforce.com) 같은 시스템의 도움을 받는 것도 좋다.

관리 섹션은 현재의 마케팅 접근법을 기술하고, 그 강점과 약점을 분석하는 것으로 시작하라. 이때 영업부나 유통업체의 의견을 참고할 수도 있다. 개선 사항이나 점진적으로 변화가 필요한 이슈를 정리하는 것으로 관리 섹션에 대한 작성을 끝낸다.

마케팅 계획에 포함된 아이디어들은 반드시 담당자들과 먼저 확인하고 그들의 의견을 들어라. 협의하지도 않았던 새로운 시스템이나 방법론으로 영업부 직원들과 유통 담당자들을 놀라게 해서는 안 된다. 그런 일이 벌어지면 담당자들은 변화를 거부하게 되고, 그 결과 판매도 정체될 것이다. 담당자들이 계획을 이해하고 신뢰할 때에만 마케팅 계획은 제대로 이행될 수 있다. 아이디어를 개발하고 전략을 개발하는 초기에 관련자들을 참여시켜라. 또한 그들이 계획을 이행할 수 있도록 사전에 협조를 얻어내라.

비용과 매출 전망하기

마케팅 계획을 관리하고 실행하기 위해서는 프로세스, 일정, 예산을 확정해야 한다.

- 마케팅 계획에 있는 제품별 매출을 수량과 금액 단위로 예측하라.
- 예상 매출을 정당화할 수 있는 근거를 제시하고, 타당성이 떨어질 경우에는 최악의 경우에 대비한 매출도 산정하라.
- 각 프로그램별에 대해 비용이 실제로 발생하는 시점과 활동이 이행되는 시기를 알 수 있도록 일정표를 작성하라.
- 내년에 계획된 마케팅 프로그램들에 대해 월별로 예상되는 모든 비용을 정리한 월별 마케팅 예산을 기록하고, 예상되는 매출도 제품별, 지역별, 월별로 세분화하라.

만약 스타트업이나 중소기업에서 일하고 있다면 모든 수치를 **현금 기준**으로 전망하는 것도 좋다. 즉 연간 브로슈어 제작비를 월별로 분할하는 대신에 실제 대금이 나가는 달의 비용으로 처리하는 것이다.

또한 판매 수입을 받는 데 걸리는 시간도 감안하라. 만약 수입이 들어오는 데 30일이 걸린다면, 11월에 발생한 매출을 12월 수입으로 넣는 것이다. 이 경우 12월 매출은 올해 수입으로 적용되지 않는다.

현금주의는 발생주의 회계를 선호하는 회계 담당자에게 불편을 초래할 수 있다(『더미를 위한 회계(Accounting For Dummies)』 참조). 하지만 현금주의 회계는 중소기업에 활력을 준다. 이렇게 하면 계획에서 매달 당기순이익이 흑자인지 (적어도 적자는 아닌지) 확인할 수 있기 때문이다.

만약 현금주의를 기준으로 한 계획에서 어떤 달에 손실이 예상된다면 손실분이 없어지도록 (혹은 차입으로 손실액만큼 메꾸도록) 계획을 조정해야 한다. 때때로 현금 흐름을 신중하게 분석하면 전략상 변화가 생길 수도 있다. 그런 방법 중 하나로 고객들로 하여금 인보이스보다 신용카드로 비용을 납부하게끔 유도하는 것이다. 이렇게 하면 비용의 평균 회수 기간을 단축할 수 있고, 회사의 자금력과 수익성뿐 아니라 현금 흐름도 급격히 개선할 수 있다.

매출 전망에 도움을 줄 수 있는 기법에는 누적 전망, 지표별 전망, 다중 시나리오 전망, 기간별 전망 등 여러 가지가 있다. 다음에 있는 내용을 바탕으로 회사에 가장 적절한 기법을 선택하라.

다음의 여러 기법을 사용한 다음 그 결과의 평균을 내라. 이 중 일부 기법은 이 책에서 이미 언급한 적이 있다. 다음은 각 기법을 더 잘 실행할 수 있는 방법을 알려준다.

누적 예측

누적 예측은 세부 항목에서 일반 항목으로 혹은 상향식으로 예측해나가는 방법이다. 영업부 직원들에게 담당하고 있는 지역의 다음 기간 매출을 전망해달라고 요청한 다음, 그 전망치를 예상되는 변화에 따라 타당성을 확인하라. 그런 다음 영업 담당자들이 말한 지역별 매출을 합쳐서 총매출액 전망치로 만들어라.

만약 고객 수가 워낙 적어서 고객별 판매 규모도 충분히 전망할 수 있다면, 다음과 같은 방법도 가능하다. 그 제품을 취급하는 상점별로 예상 판매액을 합리적으로 예측하는 것이다. 매출을 구성하는 기본 단위가 무엇이든 세부 단위별로 매출을 전망해서 그 숫자들을 전부 합산하라.

지표별 예측

지표별 예측은 판매에 영향을 줘왔던 경제 지표를 고려해 매출을 전망하는 것이다. 예를 들어 건설업 관련 회사라면 과거 업계 매출을 확인한 다음 GDP(국내총생산) 성장률과 상관관계를 따져보라. 이런 식으로 경제 성장에 대한 전문가의 의견 및 전망에 예상 매출액을 조정하는 것이다.

다중 시나리오 예측

다중 시나리오 예측은 매출이 작년과 동일한 비율로 내년에도 성장할 것이라는 추정에 따라 선행 예측을 하는 것으로 시작된다. 그런 다음 각종 변수에 따라 왓이프(what-if) 시나리오를 적용해서 그에 따른 영향력을 반영해서 여러 가지 다른 전망을 내는 것이다.

회사 상황에 맞는다면 다음과 같은 시나리오를 적용할 수 있다.

- 경쟁사가 획기적인 기술의 제품을 출시한다면?
- 회사가 경쟁사를 인수한다면?
- 정부가 업계에 새로운 규제를 가한다면? 혹은 규제를 풀어준다면?
- 업계 리더 격인 경쟁사가 파산한다면?
- 회사가 경제적 문제에 봉착해서 영업과 마케팅 직원 일부를 정리해고 해야 한다면?
- 만약 광고비를 현재의 2배 수준으로 지출한다면?

각 시나리오에 따라 고객 수요에 어떤 변화가 일어날지 생각해보라. 또 새로운 상황에 최선의 방식으로 대응하기 위해서는 어떤 마케팅 프로그램이 필요할지도 고려하라. 그런 변화에 맞춰 예상 매출을 조정하라. 예컨대 경쟁사가 획기적인 기술 제품을 시장에 도입한다면 경쟁 브랜드인 자사 제품의 매출은 원래 예상 수치보다 25% 정도 감소할 수 있다.

어떤 시나리오가 실제로 벌어질지는 아무도 모른다. 그래서 측면에서 조금이라도 가능성이 있는 모든 옵션을 적용하는 방법이 있다. 다음 해에 각 시나리오가 일어날 확률을 정한 후 그 수치들을 곱해서 평균값을 산정하는 것이다.

기간별 예측

기간별 예측 방법을 활용하려면 주간이든 월간이든 기간별로 매출 규모를 예측한 다음 이 수치들을 한 해 전체 매출로 합산하라. 사업이나 마케팅 프로그램이 1년 동안 꾸준히 선개되지 않을 때에는 이런 방법이 효과적이다. 예를 들면 스키 리조트는 1년 중 겨울에 대부분의 매출이 발생하므로 기간별 예측 방법을 사용한다. 올해 신제품을 출시하거나 1년 중 한두 달만 광고비를 집중 투입하는 경우에도 활동 직후에 매출이 급등하므로 기간별 예측 방법을 활용할 것이다.

현금 유동성이 부족한 중소기업이나 개인 기업도 주나 월 단위로 현금 흐름을 쉽게 파악할 수 있는 기간별 예측 방법을 사용하는 것이 유리할 수 있다. 사업 규모가 작은 경우에 연간으로 매출이나 비용을 계획하면 언제 수입이 들어오거나 현금이 부족할 수 있는지 정확히 파악하기 힘들다.

통제 방법 마련하기

마케팅 계획에 통제 섹션을 넣으면 담당자들이 각 프로그램의 실적을 꾸준히 파악할 수 있으므로 꼭 필요한 항목 중 하나다. 실적 평가에 기준이 되는 몇 가지 벤치마크와 평가 가능한 값을 정하라. 보통 핵심성과지표(key performance indicator, KPI)라 불리는 평가의 기준 항목들을 마케팅 계획에 분명히 제시하라. 전체적인 마케팅 프로그램 및 활동뿐 아니라 각 상품군 및 사업부에 대한 KPI도 정하라. 이를테면 다음 항목들에 대한 KPI를 정할 수 있다.

- 영업 활동
- 마케팅 비용 및 활동 항목
- 검색을 통한 웹사이트 접속량(트래픽)
- 고객의 문제를 해결하는 고객 서비스나 고객 지원 활동
- 온라인 오프라인 상담을 통한 고객 관계 및 매출 향상
- 유통 채널별 실적

사업의 여러 항목들에 대한 KPI 및 실적을 파악하면 마케팅 활동 중 어떤 영역에 자원 투자를 확대하거나 축소해야 하는지 더 잘 알 수 있다. 또한 사업의 수익성 및 ROI 측면에서는 강점과 약점이 어디인지도 확인할 수 있다.

Chapter

06

콘텐츠 마케팅과 마케팅 콘텐츠

제6장 미리보기

- 좋은/나쁜/형편없는 콘텐츠로 소비자의 시선 사로잡기
- 효과적인 콘텐츠 마케팅 전략 확인하기
- 재미를 뛰어넘어 매출로 이어지는 사용자 제작 콘텐츠 전략 파악하기
- 신뢰, 투명성, 성과를 위한 글쓰기 팁

2016년 미국 대선은 콘텐츠 마케팅과 홍보의 힘이 단순한 광고보다 얼마나 대단한지 가장 극적으로 보여준 바 있다. 대선 광고와 매체비에 힐러리 클린턴은 4억 5,100만 달러를, 그리고 도널드 트럼프는 2억 3,900만 달러를 썼다. 보통의 경우 이 정도의 광고비 차이라면 선거 결과에 분명 영향을 줬을 것이다. 선거는 대체로 인기를 경합하는 자리고, 지명도가 높은 사람일수록 승리할 가능성이 높기 때문이다. 대개는 그렇다. 하지만 가장 신뢰할 수 있는 지명도는 그 내용이 회의적이든 악의적이든 '뉴스' 매체, 기자, 정치 평론가, 공동체 지도자, 그밖에도 사람들이 신뢰하는 권위자들이 그 사람의 이름을 얼마나 많이 언급하느냐에 따라 결정된다. 트럼프가 승리한 것도 그 때문이었다.

선거 기간 동안 트럼프는 뉴스 매체에서 힐러리보다 거의 2배나 많이 언급됐다. 그 내용이 좋든 나쁘든 심지어 추잡하든 트럼프의 이름이 언급될 때마다 결과적으로는 그에게 도움이 됐다. 어딘가에서 그의 이름이 불릴 때마다 트럼프는 더 유명해졌다. 일례로 그가 「액세스 할리우드」와의 인터뷰에서 자신은 유명인이기 때문에 여성을 얼마든지 성희롱할 수 있다고 말한 장면이 유출된 직후이자 트럼프가 한 미인대회 우승자에게 한 폭언으로 각종 매체가 들끓던 2016년 10월 9일은 그날 하루에만 트럼프의 이름이 뉴스 매체에서 총 4,079번 언급됐다. 이에 반해 힐러리의 이름이 언급된 회수는 1,874번으로 트럼프의 3분의 1 정도에 그쳤다. 힐러리는 추악한 스캔들 덕분에 트럼프의 정치 인생도 끝났다고 여겼지만, 실제로는 그 반대 상황이 되는 계기가 됐을 것이다. GDELT 프로젝트에서 인터넷 아카이브와 TV 뉴스 아카이브 데이터를 가지고 분석한 보고서에서도 볼 수 있듯, 연이은 스캔들 덕분에 트럼프의 이름은 나머지 선거 기간 동안 각종 매체를 독점하며 그에게 강한 생명을 불어넣었다.

이처럼 홍보는 중요하다. 그리고 트럼프가 대통령 선거에 출마하기 한참 전인 어린 시절부터 터득한 대로, 콘텐츠의 질보다 언급된 숫자가 더 중요하다. 중학교 시절을 떠올려보자. 보통 학생회장은 친구들 사이에서 가장 인기 있는 아이가 뽑히곤 했는데, 그건 그 아이가 친절하거나 훌륭해서가 아니라 가장 많은 학생들이 그 아이를 알고 있었기 때문이다.

영향력자들의 블로그, 온라인 매체 사이트, 인쇄 매체, TV, 라디오, 트위터, 페이스북 등 각종 매체에서 어떤 이름이 언급되느냐가 중요하다. 그것도 상당히 중요하다. 특히 오늘날의 소비자들은 상품을 선택할 때 광고보다는 뉴스 매체나 또래 집단에게 들은 정보를 더 신뢰하는 경향이 점점 더 강해지고 있다.

콘텐츠 마케팅과 마케팅 콘텐츠는 비슷해 보이지만 차이가 있다. 마케팅 콘텐츠란 매체에 실린 메시지나 오퍼, 개인화된 커뮤니케이션을 말한다. 그리고 콘텐츠 마케팅은 제품과 브랜드, 업계 정보, 리더십, 시장 트렌드, 향후 전망 등 그 브랜드를 권위 있고 혁신을 선도하며 시장에서 최고로 인기 있는 제품으로 포지셔닝하도록 이 세상에 관련 정보를 공유하는 마케팅 활동을 말한다. 콘텐츠 마케팅은 객관성이 있으면서 주로 그 내용을 공유하는 타인에 의해 가치가 인정되기 때문에 고객들을 그 브랜드에 주목하게 하고 구매 과정에서 쇼핑객들의 발걸음을 멈추게 하며 소셜미디어에서 '좋아요'나 '공유하기'는 물론 고객의 충성도와 추천을 높이는 데 훨씬 더 강력한 힘을 발휘한다.

이 장에서는 콘텐츠 마케팅과 마케팅 콘텐츠의 전략과 전술, 그리고 회사 규모와 상관없이 관련 계획을 효과적으로 수립하는 방법에 대한 몇 가지 통찰을 제시할 것이다. 의미론적 측면에서 보면 콘텐츠 마케팅이나 마케팅 커뮤니케이션, PR 등은 모두 같은 개념이다. 적어도 이번 장의 목적으로 본다면 말이다.

콘텐츠 마케팅의 개요

콘텐츠 마케팅이란 무엇인가? 미국 콘텐츠마케팅협회에서는 다음과 같이 정의한다.

> 콘텐츠 마케팅은 명확하게 규정된 청중을 유인하고 보유하기 위해 (그리고 궁극적으로는 수익성 있는 고객의 행동을 이끌기 위해) 가치 있고, 적절하고, 일관적인 콘텐츠를 창조하고 배포하는 데 초점을 맞춘 마케팅 접근 방식이다.

어떤 의미에서 보면 콘텐츠 마케팅은 정보와 아이디어, 통찰력을 끌어 모아 소비자와 객관적으로 공유한다는 점에서 마케팅 담당자들을 기자로 만든다. 담당 브랜드를 시장 리더로 포지셔닝하고, 마케팅의 핵심을 찌르는 깊은 대화의 문을 열고, 리드를 생성해서 회사의 영업 담당들이 그 리드를 매출로 전환하려는 목적에 따라 콘텐츠 마케팅 활동이 전개된다.

콘텐츠 마케팅의 목표는 다음과 같다.

- 브랜드와 브랜드 혜택에 대한 인지도 구축하기
- 사람들과 매체들이 브랜드에 대해 말하고/포스팅하고/텍스트를 교환하게 하기
- 관련 분야와 시장에서 권위 있는 브랜드로 포지션하기
- 핵심 소비자들이 온라인과 오프라인에서 브랜드와 관계를 형성하게 만들기
- 권위자나 기타 영향력 집단이 그 브랜드에 대해 말하 글을 쓰고 트윗을 하게 유도하기

» 소셜미디어에서 가장 많이 언급되고 공유되고 트윗되는 브랜드로 만들기

이런 목표들을 달성하면 매출과 수익을 증대하는 궁극적인 목표도 달성할 수 있다. 마케팅의 작동 원리가 그렇기 때문이다. 소비자는 무엇인가에 대해 들으면 그 제품을 갑자기 구입하게 된다. 그게 아니라도 그 제품에 대해 계속 말하게 된다. 2013년 슈퍼볼 경기 도중 무려 34분간 정전이 일어났던 일을 기억하는가? 그때 오레오는 재빨리 이런 광고를 트윗으로 올렸다. "어둠 속에서도 오레오는 우유에 적셔 먹을 수 있답니다." 이 재치 있는 트윗으로 오레오 판매가 얼마나 상승했는지 모르지만, 몇 년이 지난 지금까지도 많은 사람들 사이에서 이 트윗이 회자되는 것만은 사실이다.

개인 미디어 메커니즘과 (스마트폰과 소셜 채널을 통해) 1인 방송이 급부상하는 요즘에는 고객과 소비자에세 뭔가 말할 가치가 있는 정보를 전달하고 각 매체가 매일매일 채워야 하는 뉴스 바구니에 또 다른 소재를 추가함으로써 원하는 목표를 달성할 수 있다. 그 첫 단계는 마케팅 커뮤니케이션을 양적 · 질적으로 늘리는 것이다.

이 장은 뉴스로서 가치가 있고 유익한 커뮤니케이션 활동들에 대한 계획을 수립하고, 관련 활동들의 우선순위를 정하고, 글쓰기 능력을 향상하고, 독백 대신 대화를 유도할 수 있는 노하우를 전수함으로써 앞서 열거한 목표들을 달성할 수 있도록 도와줄 것이다. 디지털 마케팅과 다이렉트 마케팅 기법을 다루는 제8장과 제10장에서는 마케팅 콘텐츠를 더 효율적이고 경제적으로 배포할 수 있도록 더 깊이 있는 기술들에 대해 설명할 것이다.

유용한 콘텐츠 만들기

콘텐츠 마케팅으로 브랜드의 가시성만 높일 수 있는 것은 아니다. 마케팅 활동의 다른 많은 측면들도 효과를 증대할 수 있다.

» 소셜미디어 : 브랜드를 시장 리더나 고객의 파트너로 자리매김하는 데 필요한 콘텐츠의 주제나 메시지 전략이 없다면, 소셜미디어 활동도 룰렛 게임과 다를 바 없다. 이런 경우에는 아무리 많은 주목을 받을지라도 실질적인 효과가 없기 때문이다.

» 검색엔진 최적화(SEO) 엔진들은 단발성으로 뜸하게 한번씩 콘텐츠를 게시

하는 회사보다 꾸준히 콘텐츠를 개발하고 올리는 회사들을 검색 화면의 상위에 배치하는 경향이 있다.

- 매체들은 자체 온라인 사이트나 인쇄물에 게재할 만한 콘텐츠를 항상 찾고 있다. 직원이 얼마 안 되는 매체들은 이런 경향이 특히 높으므로, 외부에서 제공하는 콘텐츠에 대한 니즈는 계속 증가할 것이다.
- 클릭당 비용(pay-per-click, PPC)을 지불하는 광고 모델을 활용하고 있다면 좋은 콘텐츠는 더 많은 클릭을 유도하므로 ROI도 올라갈 것이다.
- 인바운드 마케팅(inbound marketing : 풀 마케팅과 비슷한 개념으로, 소비자가 스스로 제품 및 서비스를 인지하고 찾게 만드는 마케팅 기법-역주)은 콘텐츠를 통해 더 강화된다. 소비자가 직접 그 브랜드를 찾게 만들고 싶다면 다른 회사들도 쉽게 택할 수 있는 광고 이상의 아이디어로 그럴 만한 근거를 제시하라.

사람들을 브랜드로 끌어당기고 관련 분야에서 브랜드에 권위를 심어주며 믿을 만한 대상으로 만드는 콘텐츠가 가진 비밀은 정보의 객관성에 있다. 우리의 목표는 브랜드에 진실성을 부여하는 '객관적' 정보를 전달하는 것이다. 모든 마케터들이 가진 콘텐츠 자료실에는 다음과 같은 '저널리스트적이고 객관적인' 채널과 도구가 포함돼 있어야 한다.

- 백서
- 웨비나
- 뉴스 소재
- 산업 트렌드 자료
- 매체 보도 자료
- 블로그
- 링크드인 포스트 및 기사
- 인쇄 잡지 및 온라인 잡지의 칼럼

콘텐츠 전달 채널

모든 형태의 마케팅이 그렇듯 콘텐츠에 포함된 메시지와 톤, 페르소나는 그 콘텐츠를 받아보는 사람들과 개인적으로 관련이 있어야 한다. 하지만 콘텐츠를 보내는 채널도 마찬가지다. 페리 카멜은 개인화된 콘텐츠를 일시에 효율적으로 전달하는 콘텐츠 마케팅 기술의 권위자다. 그는 대부분의 마케터가 광고나 신문 사설 등 각 마케팅 채널에 적절한 콘텐츠를 전달하는 데는 상당히 애쓰면서 그 콘텐츠를 적절하지 않은 봉투에 넣어 전달하는 경우가 많다고 지적한다.

채널의 문제든 봉투의 문제든 마케팅 콘텐츠에는 다음의 도구들이 포함돼 있어야 한다. 그리고 각 도구는 고객이 필요로 하는 정보 형태에 맞고, 그들의 페르소나와도 부합되는 세부 채널로 더 좁혀질 수 있다.

- 뉴스 사이트(「허핑턴포스트」나 지역 신문사의 온라인 사이트)
- 방송 형태(TV나 라디오)
- 뉴스 배포 서비스(PR 뉴스와이어 등)
- 브랜드 블로그
- 브랜드의 목표 고객들이 팔로잉하는 영향력 집단의 블로그
- 트위터
- 페이스북
- 정보 전달 및 아이디어 개발 사이트 혹은 사람들이 아이디어를 발견하기 위해 찾는 사이트(핀터레스트, 하우즈닷컴 등)

관련 업계에서 활동하는 영향력 집단에 콘텐츠를 보내는 것이 단지 새로운 유형의 마케팅 대행사들을 탄생시킨 일시적 유행만은 아니다. 사실 이 개념은 이름만 다를 뿐 오랫동안 우리 주위에 존재해왔다. 소셜미디어가 계속 진화해나간다면 스스로 권위를 표현하는 영역에서 부상하는 '전문가'의 수도 그만큼 진화해나갈 것이다. 이 중 많은 사람들은 블로그나 트위터 같은 소셜미디어 사이트에서 공유와 리트윗 등으로 팔로워 수가 빠르게 증가하면서, 그 결과만으로도 전문가가 될 것이다. 이런 사람들을 찾아서 그들이 쓰고 싶은 가치를 느낄 만한 소재를 보내라. 새롭게 떠오르는 전문가를 꾸준히 물색해야 한다. 소셜미디어 저널리즘은 진입 장벽과 비용이 낮기 때문에 새로운 아이디어를 가진 신규 블로거들이 빠르게 부상하고 '전문가'의 세대교체 역시 빠르게 일어난다.

예를 들어, 현대적 감성의 프리미엄 남성복 및 여행용품을 판매하는 브랜드라면 다음 주제들을 다루는 블로거들과 관계를 맺어야 할 것이다.

» **일반 남성 패션** : 스타일, 액세서리, 일반 패션 관련 블로거
» **여행 정보** : 여유 있고 패셔너블한 여행을 꿈꾸는 이들에게 정보를 제공하는 블로거
» **미니멀리즘** : 많은 블로거들이 패션과 미니멀리즘을 함께 다루며, 이는 X세대와 Y세대 사이에서 무척 인기 있는 주제다.

구글에서 찾은 모든 블로거에게 브랜드 관련 스토리나 뉴스를 보내기보다 사이트에 유명 브랜드의 광고가 많고 무엇보다 팔로워 수가 많은 블로그 몇 개를 선별해야 한다. 이를테면, 더패션스폿(www.thefashionspot.com)이라는 블로그에 가보면 볼보나 노드스트롬 같은 거대 브랜드의 광고가 당당히 자리를 잡고 있다. 남녀 패션을 다루는 일개 블로그지만, 더패션스폿에서 선정하는 남성 패션 블로그 명단은 상당히 신뢰할 만하고 콘텐츠 마케팅에 활용 가치도 높다.

신뢰할 만한 콘텐츠 마케팅 계획 수립하기

최고의 콘텐츠는 뉴스로 다룰 가치가 있고 실행력이 있으며 자주 배포되고 명확하고 일관적이며 시선을 사로잡고 설득력이 있으며 정확해야 한다. 쓰고 보니 만만치 않은 일이다. 사실 콘텐츠의 부족은 오늘날의 CMO들이 겪는 커다란 골칫거리 중 하나며, 마케팅 기술을 효율적으로 활용하는 데 있어서도 콘텐츠 부족이 문제가 되는 경우가 많다.

콘텐츠 마케팅에 착수하기 전에 먼저 전체 계획을 수립하고 매주 진척 상황을 확인하라. 그다음에 사람들의 주목을 받을 만한 기사와 블로그, 뉴스거리, 백서 등을 작성하고, 그 내용을 소셜미디어 같은 채널에 전송해야 한다. 효과적인 콘텐츠 마케팅 계획의 첫걸음은 **마케팅 커뮤니케이션 평가서**를 만드는 것이다.

일단 브랜드가 고객이나 시장에서 일반적으로 커뮤니케이션하는 방법들을 보여주는 사례들을 수집한 후 자사의 마케팅 커뮤니케이션 활동이 어떤 수준인지 평가에 착수하라. 전통적인 광고나 메일, 온라인 커뮤니케이션, 제품 패키지, 간판 등 고객이 보고, 듣고, 냄새 맡고, 만지는 것 전부를 포함하라. 건물이나 차량을 통해 전개하는

옥외 광고물 사진도 잊지 말고 샘플 파일에 넣어야 한다.

마케팅 커뮤니케이션 활동의 샘플들을 유형별로 모두 확보했다면 엑셀 같은 프로그램에서 표로 만들어라. 왼쪽 열에는 커뮤니케이션 유형을 쭉 적어라(이를테면 블로그, 유통잡지 기사, 뉴스 보도 기사, 링크드인 포스트 등). 그리고 다음의 항목을 가로 열에 한 칸씩 적어라.

- 각 커뮤니케이션 활동에 예상되는 연간 비용(예를 들면, 카피라이터, PR 뉴스와이어 피드, 블로거에 쓰일 비용)
- 각 유형별 **커뮤니케이션 빈도** : 매우 낮음, 낮음, 중간, 높음, 매우 높음의 5점 척도로 평가
- 각 유형별 커뮤니케이션의 명료성(핵심 메시지를 날카롭고 빠르고 명확하게 전달하고 있는가?) : 5점 척도로 평가
- 커뮤니케이션 메시지의 일관성(다른 커뮤니케이션에서 전달했던 주제를 일관적으로 강화하고 있는가?) : 같은 5점 척도로 평가
- 커뮤니케이션의 **주목 환기력**(stopping power : 주위 시선을 얼마나 사로잡는지) : 5점 척도로 평가
- 커뮤니케이션의 설득력 : 5점 척도로 평가
- 브랜드의 ESP 반영 정도 : 5점 척도로 평가
- 기존 고객 도달률
- 가치가 높은 핵심 고객 도달률
- 공유 수(소셜미디어의 '좋아요', 리트윗, 핀 등)
- 뉴스 매체에서 언급되거나 뉴스피드에 포함된 수(관련 콘텐츠를 뉴스 매체에 보낸 경우)

어떤 제목과 주제, 스토리, 아이디어가 가장 높은 성과를 내는지 정기적으로 검토하고 모범사례를 반복하라.

콘텐츠 마케팅 전략에서는 **양**과 **질**이 똑같이 중요하다. 양 혹은 빈도는 그 마케팅 메시지를 잠재 시장에 속한 사람들 대다수에게 반복적으로 노출하는 것을 목표로 한다. 한편 질은 독자에게 미치는 커뮤니케이션의 효과와 가치를 말한다. 즉 그들의 행동을 이끌고 잠재적으로 그 메시지가 사람들의 화제에 더 많이 올라서 직접 브랜드

를 접촉하게 만들 만큼 영감을 불러일으키는 것이다. 결국 성공하는 콘텐츠 마케팅의 비밀은 다른 채널들도 앞다퉈 다루고 싶어 할 만한 고품질의 커뮤니케이션 소재를 개발하는 것이다.

콘텐츠의 배포 빈도를 늘리거나 관리하는 몇 가지 팁이 있다.

- **월 단위로 콘텐츠의 주제를 선정한 계획표를 만들어라.** 여기에는 객관적인 주제도 포함돼야 한다. 예를 들면 CRM 시스템 선정 방법, 가장 생산적인 데이터 분석 방법, 야채를 싫어하는 자녀를 위한 영양학적 팁처럼 말이다.
- **소셜미디어 채널에서 제품 백서를 홍보하라.** 브랜드의 전문성을 과시함으로써 자사에서 보내는 이메일이나 연구 자료를 잠재 고객들이 구독하도록 만들어라.
- **월별 주제를 네 가지 유형으로 분류하고 그 원칙에 따라 모든 채널에 주간 포스트를 게시하라.** 모든 포스트에 웹사이트 랜딩 페이지로 연결되는 링크를 달아라. 그리고 더 많은 정보를 원하는 독자에게는 개인 이메일 주소와 회사 입장에서 필요한 고객 정보(회사 직급이나 제품 구매 주기 등)를 하나 더 요청함으로써 중요한 자료를 다운받을 수 있는 권한을 제공하라.
- **적은 비용으로 아주 좋은 공간에 콘텐츠가 노출될 수 있는 신규 매체를 찾아라.** 이런 신규 매체에 광고를 올린 다음, 그 콘텐츠를 통해 고객들이 브랜드의 자체 블로그나 사이트로 넘어올 수 있게 유도하라. 매주 브랜드 관련 콘텐츠를 홍보하는 광고를 게재하면 구독자 수를 늘리고, 더 나아가 리드도 확보할 수 있을 것이다.

  신규 매체(새로운 소셜네트워크 사이트나 블로그 혹은 이제 막 새로 생긴 전통 매체)는 인지도가 쌓이기 전까지는 저렴한 매체비로 운영되므로, 이런 곳에 광고를 실으면 비용 경제성을 높일 수 있다. 다만 페이스북 광고는 아직도 인스타그램과 스냅챗 같은 비교적 새로운 소셜미디어 채널만큼 합리적인 선택이 될 수 있다.
- **당신의 블로그와 웹사이트를 꾸준히 홍보하라.** 모든 직원의 이메일 서명란은 물론, 집행하는 모든 디지털 광고, 그리고 매체를 통해 배포하는 모든 콘텐츠에 브랜드 공식 사이트나 블로그의 URL을 표기하라. 인터넷 사용자들을 브랜드 사이트로 유인할 수 있도록 검색 용어에도 투자하라.

» **QR 코드를 사용해 모바일 고객들을 웹사이트로 이끌거나 특별 혜택으로 리드를 유인하고 프리미엄 상품으로 상향 판매를 시도하라.** QR 코드로 제품 데모 영상이나 유용한 웹 콘텐츠, 간단한 설문조사, 그밖에도 브랜드의 전문성을 입증할 수 있는 회사 관련 뉴스와 리소스를 연결하라.

» **뉴스 매체를 적절히 활용하라.** 뉴스 편집장에게 매주 브랜드 홍보 자료를 보낸다면 그들의 관심과 존경심은 점차 시큰둥해질 것이다. 뉴스 매체들은 진정한 뉴스를 원하며, 뉴스로 둔갑한 홍보 메시지를 원하지 않는다. 그들은 이 둘을 누구보다 잘 구별할줄 안다. 따라서 매체들이 특정 업계와 관련된 문제에 대한 전문가를 필요로 할 때 담당 브랜드가 제대로 활약을 하고 싶다면, 매체 노출 빈도는 한 달에 한 번 정도가 가장 적당하다. 이 또한 관련 자료가 뉴스 주제와 잘 맞을 때만 가능한 빈도다.

콘텐츠 마케팅으로 활용할 수 있는 보도 자료 주제에는 다음과 같은 예들이 있다.

- 제품 확장, 신규 시장 진출, 판매 성장 같은 비즈니스 뉴스
- 주요 인재 영입 및 승진 같은 인사 관련 뉴스
- 제휴, 인수, 합병 등의 뉴스
- 공동체에 영향을 미치는 자선 행사나 봉사 활동
- 새로운 연구 및 조사 결과, 소비자 트렌드 같은 시장 정보

사용자 생성 콘텐츠 활용하기

소셜미디어 사이트에 매주 새로운 콘텐츠를 게시하고 회사와 브랜드의 업적을 치하하는 데만 집중하기보다 고객들에게 그 브랜드를 이야기하고 게시할 수 있는 기회를 만들어줘야 한다. 그 제품을 더 잘 활용할 수 있는 아이디어나 그 제품을 사용하는 고객의 사진, 기타 이벤트 아이디어를 요청하는 소비자 캠페인이 그 어떤 판촉 행사보다 강력한 성과를 내기도 한다. 연구 결과에 따르면 대다수의 밀레니얼 세대는 물론 베이비붐 세대도 자신이 아끼는 브랜드의 콘텐츠를 스스로 만들 수 있는 옵션을 원한다. 또한 광고대행사 대신 사용자가 직접 만든 콘텐츠가 소비자들에게 가장 큰 신뢰를 받는다는 연구 결과도 있다.

사용자 생성 콘텐츠 캠페인은 즐겁고 유용하지만, 그렇다고 이런 효과가 무조건 나오는 것은 아니다. 행복한 고객들의 모습을 통해 의미를 전달하면서 다른 이들로 하여금 그 내용을 보도록 자극하는 콘텐츠가 가장 큰 성과를 낸다.

허브스폿은 최근 온라인 사용자들에게 즐거움을 선사하면서 회사의 매출 성장에도 도움이 된 사용자 콘텐츠 캠페인 리스트를 발표했다. 그중 몇 가지를 여기서 소개하겠다.

» **버버리** : 버버리는 젊은 고객들을 끌어당기고 다소 진부한 브랜드 이미지에 신선함과 활력을 주고 싶었다. 그래서 "트렌치의 예술(Art of the Trench)"이라는 제목 아래, 고객들로 하여금 버버리 트렌치코트를 입은 자신의 사진을 브랜드 웹사이트에 올리는 캠페인을 전개했다. 사진을 올린 사람들은 지인들에게 이 사실을 알리고, 사이트를 방문해 본인 사진에 '좋아요'를 누르도록 홍보했다. 이윽고 버버리의 페이스북 팔로워 수는 100만 명까지 늘어났고, 당시 럭셔리 브랜드 중에서 가장 많은 소셜 팬을 확보하게 됐으며, 전자상거래 매출도 전년 대비 성장했다.

» **코카콜라** : 코카콜라 캔이나 병에 붙은 라벨에 "최고의 엄마(Best Mom)", "아름다운 당신(Beautiful)" 같은 문구가 적혀 있었던 때를 기억하는가? 코카콜라는 고객들에게 캠페인 문구가 붙은 캔이나 병을 들고 찍은 사진을 트위터나 다른 소셜 플랫폼에 올리도록 했다. 그 결과 제품 판매량이 늘어났고, 코카콜라의 페이스북 페이지는 1억 50만 명 이상의 팔로워를 보유하게 됐다.

» **레고와 벨킨** : 다소 어울리지 않는 조합으로 보일 수도 있겠지만, 두 회사는 자신들의 제품을 결합하는 성공적인 사용자 생성 콘텐츠 전략을 개발했다. 벨킨은 레고 블록을 끼울 수 있는 휴대폰 케이스를 디자인했고, 레고는 제품 애호가들이 휴대폰 케이스를 자신만의 디자인으로 꾸밀 수 있도록 다양한 레고 아트를 미니 블록 형태로 제공했다. 또한 이들은 웹사이트를 만들어 고객들이 재밌는 콘텐츠로 자신의 작품을 선보일 수 있는 무대를 마련했다.

사례 보기

【 레고의 탁월한 사용자 생성 콘텐츠 캠페인 】

레고가 신상품 기획에 활용했던 사용자 콘텐츠 아이디어는 이제껏 가장 성공적이었던 캠페인 중 하나로 남는다. 수많은 소셜미디어 콘텐츠로 엄청난 마케팅 효과를 낳았기 때문이다. "레고 아이디어"라는 이름의 이 캠페인은 레고를 열광적으로 좋아하는 사람들에게 새로운 놀이 세트를 기획하게 해서 우수 아이디어를 실제 상품으로 만들어 유통하고 판매하는 기회를 선사했다. 출품자가 기획한 놀이 세트를 캠페인 사이트에 게시한 후 1만 명 이상이 투표를 하면 그 아이디어는 레고 담당자에게 정식으로 검토될 수 있는 자격이 주어졌다. 이런 과정을 통해 레고 직원들이 최종 선택한 제품은 정식으로 시장에 출시됐다. 정말 탁월한 캠페인이지 않은가? 대회에 참여한 사람들은 1만 명에게 투표를 받기 위해 다양한 소셜 채널에 기발한 방식으로 자신의 레고 디자인을 선보이고 홍보했다. 100명의 고객이 각자 1만 명의 타인에게 공짜로 당신의 브랜드를 홍보해준다면 어떨까? 그것도 1년에 몇 번씩 말이다. 참고로 2015년에 우승한 놀이 세트는 비틀스의 노란 잠수함과 아폴로 로켓 5호였다.

게다가 레고의 사용자 콘텐츠 캠페인에는 강력한 동영상 전략도 포함돼 있어 레고의 유튜브 채널에 등록된 동영상마다 수백만 번 이상의 조회 수를 기록했다. 레고의 캠페인은 이후에도 다수의 채널에서 다양한 아이디어로 끊임없이 화제에 올랐다.

마케팅 콘텐츠에 집중하기

마케팅 콘텐츠란 유료 광고, 브로슈어, 웹페이지, 페이스북 프로필 등 마케팅 자료에 있는 콘텐츠를 말한다. 보통 광고나 영업 판촉용 자료의 길이는 산업 보고서나 백서, 보도 자료 등 편집물 형태의 콘텐츠보다 훨씬 짧은 편이지만, 그 메시지나 글쓰기 방식은 다음과 같은 원칙을 따라야 한다.

콘텐츠 측면에서 보면 모든 마케팅 자료는 (그 목적이 정보 전달이든 판매 창출이든) 다음 요건을 갖춰야 한다.

» **고객의 마음을 사로잡는 포지셔닝 전략** : 명확한 시장 포지셔닝을 가져야 한다. 포지셔닝 전략은 감성적 판매 제안(ESP)을 반영하면서 고객이 그 브랜드나 제품, 서비스를 어떤 식으로 생각하고 느꼈으면 하는지 그 방향이 전달해야 한다. 포지셔닝은 고객의 머리와 마음속에 어떤 식으로 자리매김

하고, 그 제품을 통해 어떤 충족감을 주고 싶은지를 설명한다. 판매하는 제품이 현관에 깔릴 대리석이나 병원 치료에 쓰이는 초음파 기기처럼 감성과는 좀 거리가 있더라도 제품에 감성적 가치가 부여되면, 포지셔닝 전략은 고객을 움직이는 동시에 ROI를 높이는 데 직접적인 영향을 미칠 것이다. 브랜드의 ESP와 포지셔닝을 규명하고 개발하는 방법은 제2장을 참조하라.

» **콜투액션** : 브랜드 스토리를 담은 광고가 바로 그런 역할을 한다. 브랜드 스토리는 판매를 높이기보다는 소비자의 입가에 미소를 만들기 때문이다. 강력한 콘텐츠는 소비자들로 하여금 더 많은 정보를 찾게 함으로써 궁극적으로 구매로 연결된다. 콜투액션(call to action, CTA)은 다음과 같은 행동을 독려한다.

- 더 많은 정보를 탐색
- 쿠폰을 다운받거나 할인 코드를 얻기 위해 브랜드 웹사이트 방문
- 매장 할인을 받기 위해 스페셜 코드 사용
- 경품 당첨을 위해 페이스북이나 링크드인 포스트에 '좋아요' 누르기
- 할인이나 캐시백 정보를 다른 고객에게 전달

정보성과 보도성을 가진 콘텐츠로 소비자들을 판매 프로세스에 참여하게 만들 뿐 아니라 그들의 행동을 직접적으로 유도해야 한다. 백서나 소셜미디어에 게시한 산업 동향 등에는 세부 보고서나 무료 자문 서비스를 요청하거나 간단한 설문조사에 참여하거나 추가 정보를 얻기 위해 그 회사에 연락하는 것처럼 간단한 콜투액션 메시지를 포함시킬 수 있다.

» **참여 이유** : 구매 제품 및 그 가격 외에도 고객들이 어떤 브랜드에 개입하고 참여하는 데는 여러 이유가 있다. 콘커뮤니케이션즈에서 수행한 연구는 다음과 같은 이유를 제시한다.

- 89%의 소비자들은 사회적/환경적 문제에 앞장서는 브랜드를 구매할 것이다.
- 76%의 소비자들은 신뢰하는 브랜드가 후원하는 자선 행사에 기부할 것이다.
- 72%의 소비자들은 신뢰하는 브랜드가 지지하는 가치를 위해 자진해서 그 활동에 동참할 것이다.

오늘날의 소비자들이 실제로 이런 행동력을 갖고 있다면 회사가 추구하는 가치에 마땅히 고객들을 동참하게 만들어야 한다. 만약 동물 학대를 방지하고

동물을 구호하는 활동에 적극적인 기업이라면, 애완동물 지원 사업에 소비자들의 참여를 독려해야 한다. 만약 회사와 밀접한 관계에 있는 사람이 암에 걸려서 그 일을 계기로 암 퇴치 활동에 시간과 자금을 투자하고 있다면, 고객들도 그 활동에 동참하게 만들어라. 그리고 고객의 관심과 협조에 감사하는 마음을 어떤 식으로든 알려라. 이메일로 보내는 간단한 감사 인사도 괜찮다. 회사에서 지역 내 걷기대회 같은 행사를 통해 활동 기금을 마련하거나 공동체의 인식을 높이고 있다면, 제품 광고 하단에 사람들의 참여를 권하는 문구나 초대장을 넣어라.

콘커뮤니케이션즈의 조사 결과에서도 알 수 있듯이 89%의 고객들은 기꺼이 후원할 만한 착한 브랜드를 찾고 있다. 그들에게 회사가 추구하는 가치와 사회후원 활동을 적극적으로 알림으로써 그 브랜드를 선택하고 관련 활동에 함께 참여할 만한 동기부여를 하라.

효과적인 마케팅 콘텐츠를 작성하는 팁

콘텐츠 마케팅용 글쓰기는 보도 마케팅과 같은 원칙을 따라야 한다. 다음의 내용은 독자의 마음을 끌면서 영감을 일으키고 리드를 생성할 수 있는 흥미로운 글쓰기를 위한 팁이다. 이 원칙들을 정보성 자료와 광고 카피, 웹 페이지, 이메일, 다이렉트 메일 등을 작성할 때 적용해보자.

역피라미드 형태 취하기

이는 경험상 뉴스뿐 아니라 모든 형태의 마케팅 글쓰기에도 적용되는 기본 원칙이다. 뉴스 기사나 보도 자료, 백서, 광고 혹은 소셜미디어 포스트를 읽는 독자가 그 내용을 전부 읽을 것으로 예상해서는 안 된다. 따라서 가장 중요한 메시지를 제일 먼저 써야 한다. 이 원칙은 특히 다른 매체에 게시할 보도 기사를 작성할 때 중요하다. 시간에 쫓기는 사람들이 기사를 몇 줄만 읽고도 메시지의 요점을 이해해야 마케팅 목적을 완수할 수 있다.

구체적으로 역피라미드 형태의 글은 다음과 같이 구성된다.

- 콘텐츠에 대한 흥미를 돋우면서 기사 내용을 압축하는 헤드라인
- 독자에게 뉴스를 분명하게 알리면서 이후 내용을 계속 읽게 만드는 강력한 첫 문단
- 글의 주장이나 스토리를 뒷받침하는 사실이나 통계 정보
- 글의 주장이나 일화, 사례에 대한 제3자 혹은 단체의 인증
- 글의 내용과 관련된 전문가나 전문 단체의 의견 인용
- 관련 기사 언급
- 뉴스의 출처(뉴스를 배포한 회사, 연락처 혹은 URL을 한 줄로 표시)

그 글에서 독자에게 전달하고 싶은, 혹은 행동을 이끌고 싶은 가장 중요한 주장이 글의 후반부나 중요도가 떨어지는 정보 다음에 나온다면 리드 창출은 포기하는 편이 낫다. 오늘날 소비자들은 페이스북 헤드라인이나 사진에 붙은 캡션, 트윗, 핀터레스트 등으로 뉴스를 접하며 살고 있고, 그 어느 때보다 핵심부터 먼저 원한다.

클릭베이트를 활용하기

창의적인 클릭베이트(click bait : 클릭베이트는 클릭과 미끼의 합성어로 주로 인터넷에서 사람들이 많이 읽도록 유도하는 미끼용 링크를 의미-역주)는 다소 조잡하고 엉성해 보이지만, 사용자의 클릭을 교묘하게 유도한다. 그래서 소셜 콘텐츠뿐 아니라 편집 콘텐츠에도 효과적이다.

불행히도 많은 마케터들이 클릭베이트를 기만적인 방식으로 사용한다. 독자 중에서도 헤드라인만 보고 클릭해보니 내용은 기대했던 것과 전혀 다르고 광고로 바로 연결되는 경우를 많이 봤을 것이다. "굿바이, 바바라 스트라이샌드" 같은 제목도 마찬가지다. 혹시나 바바라 스트라이샌드가 영원히 우리 곁을 떠나지나 않았나 하는 마음으로 급히 제목을 클릭한 독자들은, 그녀의 이야기와는 전혀 상관없는 어떤 광고로 바로 연결된다. 이런 경우는 셀 수 없이 많다. "아역 스타 20명의 20년 후 모습-17번째 스타의 충격적인 모습은?" 같은 제목도 전형적인 예다. 17번째 아역 스타의 모습을 확인하고자 내용을 클릭하면 전혀 충격적이지도 흥미롭지도 않은 황당한 내용이 나온다. 하지만 아직도 많은 광고들이 이 기법을 따르고 있다.

근사하진 않지만 이런 접근 방식은 꽤 흥미롭다. 인간에게는 삶의 단계나 세대, 소득, 교육 수준과 상관없이 호기심이란 게 존재한다. 브랜드 관련 기사의 구독자 수나 오픈율, 클릭률을 높이고 싶다면 마케팅 카피에 호기심이란 요소를 활용하라.

다음은 정직한 방법으로 호기심을 불러일으키는 헤드라인의 예다.

- "당신이 모르는 것이 당신의 비즈니스를 파괴할 수 있다."
- "웹사이트로 돈을 낭비하는 10가지 방법"
- "워렌 버핏만 알고 있는 투자 시크릿"

클릭베이트에 대해 꼭 간직해야 할 비밀 몇 가지가 여기 있다.

- 이어지는 섹션에서 다루는 모든 기법은 기사, 블로그, 백서 같은 콘텐츠 마케팅과 광고, 이메일, 기타 판매 중심 커뮤니케이션을 위한 모든 마케팅 콘텐츠에 효과적이다.
- 명료성은 정보성 콘텐츠는 물론 광고성 콘텐츠에 있어서도 창의성보다 더 중요하다. 콘텐츠가 전달하려는 메시지를 독자가 정확히 이해하지 못하면 브랜드가 제안하는 가치도 제대로 알 수 없다. 그러면 독자는 그 브랜드의 다른 커뮤니케이션 활동에 대한 관심도 잃게 되면서 회사는 돈과 시간, 노력을 모두 낭비하게 된다.
- 기본 메시지를 명확한 용어로 단순하게 전달하라.
- 콜투액션에 해당하는 내용을 초반에 언급하면 콘텐츠가 제시하는 가치는 물론 독자들이 취해야 할 행동도 훨씬 더 명확해진다.

고객들은 하루에도 수천 개의 마케팅 메시지로 융단폭격을 맞는다. 일상 환경에 소음 수준이 높다는 것은, 기업들이 아무리 노력해도 그들의 메시지가 목표 고객들에게 제대로 전달되지 않고 무시당할 수 있음을 의미한다. 따라서 마케팅 커뮤니케이션에 솔직하면서 호기심을 일깨우는 클릭베이트를 활용함으로써 사람들의 시선을 사로잡는 것은 분명 유용한 기술이다.

질문으로 유도하기

윤리적이면서 책임감 있는 '클릭베이트'의 모범사례로, 의미 있는 질문을 시기적절하게 던지는 유형이 있다. 이런 클릭베이트는 사람들의 주목을 받으면서 제2장에서 이야기했던 감정적 반응을 불러일으킬 수 있다. 다음의 예처럼 적절한 질문을 함으로써 고객에게 동기를 부여하라.

» 당신도 사업에서 매일 몇백만 원씩 손해를 보고 있나요?
» 혹시 CRM 프로그램이 기대했던 것과 반대의 효과를 내고 있나요?
» 이메일 마케팅의 잠재력을 실제로 경험하고 있나요?

제2장에서 논의했던 브랜드의 ESP 프로필을 종합적으로 개발해놓았다면, 어떤 류의 질문이나 말이 고객의 시선을 붙잡고 행동을 유발할 수 있는지 잘 알 수 있을 것이다. 필자는 중소기업들을 상대로 마케팅 서비스를 대행하는 회사와 일한 적이 있었는데, 그때 우리는 중소기업 사장님들의 최대 관심사가 무엇일지에 맞춰 ESP 가이드를 개발했다. 그에 맞춰 뽑아낸 제목으로 잠재 고객들에게 이메일을 보냈더니 49%라는 평균 이상의 오픈율을 달성할 수 있었다.

통계와 사실

사람들의 시선을 끌고 행동의 동기를 부여하는 데 권위가 미치는 영향력과 마찬가지로, 대중들이 관심을 가진 이슈에 있어서도 통계 데이터와 사실은 강력한 힘을 발휘한다. 담당 상품군이 고객들의 높은 만족도와 함께 성장하고 있다는 것을 그냥 주장하기보다는 객관적인 데이터로 사실을 입증해야 한다. 당신의 마케팅 메시지를 뒷받침하는 연구 결과를 제시하는 조사 회사나 업계 관련 보고서를 정기적으로 발표하는 기관 및 협회의 이메일과 뉴스레터를 구독하라. 마케팅 인사이트를 얻을 수 있는 업체에는 닐슨, 에델만, 콘커뮤니케이션즈, 딜로이트 등이 있다.

테스티모니얼

브로슈어와 이메일 혹은 마케팅 캠페인과 결부된 메시지에 테스티모니얼을 활용하는 경우가 많다. 테스티모니얼로 사실성과 투명성, 품질의 우수성을 입증하라. 일단 소비자 사이에 이런 믿음이 생기면 브랜드가 전하는 다른 콘텐츠와 마케팅 메시지도 더 많이 읽히게 된다.

사람들의 시선을 사로잡고 고정시키는 광고 만들기

주목 환기력을 광고에 결합하는 것은 그리 어려운 일이 아니다. 잡지, 온라인, TV, 라디오 광고(그밖에도 카탈로그, 웹사이트까지)에 다음과 같은 방법으로 주목 환기력을 부여하자.

» **극적 요소를 가미하라.** 흥미로운 스토리를 전하고 긴박감을 조성하며 매우 흥미로운 캐릭터의 삶 속으로 관객들을 이끌어라. 좋은 스토리텔링의 원칙은 실제로 효과가 있다. 그리고 마케팅에서 소비자의 반응을 이끌어내는 좋은 스토리에는 사람들의 눈길을 멈추고 그 내용을 읽게 하며 다른 사람들과 공유하게 만드는 신선함과 파워가 있다.

» **정서적 반응을 일으켜라.** 사람들의 시선을 붙들고 행동을 유발하는 데 가장 강력한 힘을 발휘하는 감정에는 어떤 것들이 있을까? 여기서 다시 한번 ESP 프로필이 굉장히 중요하다는 것을 알 수 있다. 사람들은 무언가를 잃을지도 모른다는 두려움에 혹은 어떤 보상을 기대하는 마음으로 그 물건을 구입하는가? 그 제품이 사람들로 하여금 성취감을 느끼게 하는가? 어떤 감정이 행동을 이끄는 데 가장 강력한 힘을 발휘하는지 규명한 후 그 감정을 설득력 있게 표현하라.

» **청중에게 놀라움을 선사하라.** 깜짝 놀랄 만한 헤드라인, 예기치 않은 시각적 이미지, 영업 프레젠테이션에서는 접하기 힘든 독특한 오프닝 혹은 매장의 특이한 윈도우 디스플레이는 모두 사람들에게 놀라움을 주면서 시선을 멈추게 하는 힘이 있다. 예를 들어, "우리는 매일 폐업합니다"라는 헤드라인과 "우리는 매일 염가로 판매합니다"라는 헤드라인은 둘 다 같은 마케팅 메시지를 전하지만 전자가 후자보다 훨씬 더 강력한 주목 환기력을 갖는다.

» **예상되는 정보를 한못 치상예 방법으로 전달하라.** (힌트 : 미스터리한 단어를 거꾸로 된 읽어라) 창의적인 비틀기를 활용하거나 어떤 것을 신선한 방식으로 말하거나 바라보면, 예상 가능한 대상에서 예상치 못한 것을 발견할 수 있다. 물론 정보는 명확해야 한다. 즉 그 브랜드가 어떤 것인지, 어떤 사람들에게 혜택을 주는지, 어떤 방식으로 주는지 등에 대해서는 명확한 정보가 담겨야 한다. 하지만 그런 정보를 너무 뻔한 방식으로 표현할 필요는 없다. 너무 익숙하고 진부한 방식은 원하는 사람들에게 제대로 도달되지도 못하고, 그들의 시선을 붙잡지도 못한 채 간과되고 말 것이다.

사람들이 어떤 광고를 오래 기억하고 거기서 제시한 대로 행동을 취하려면 주목 환기력뿐만 아니라 고정력(sticking power)도 필요하다. 팩트는 사라지지만 스토리는 남는다. 회사의 브랜드와 제품, 미션, 역사, 공동체를 바꾸는 활동 등을 강렬한 스토리로 전달하면, 특히 그 스토리가 사람들의 마음에 울림을 주면 그 내용은 더 뚜렷이 기억되기 마련이다. 당신의 회사가 실제로 존재하고 친숙한 사람들이 운영하고 고객들이 함께 어울리고 싶은 존재로 표현될 수 있도록 광고 스토리를 개발하라.

그림 6-1은 한 B2B 브랜드의 광고로, 회사의 리더 중 한 사람의 비전과 가치를 보여준다. 이 광고는 그녀로 하여금 고객을 위해 솔루션을 찾고 관련 산업을 발전시키도록 애쓰게 하는 원동력이 무엇인지 전달함으로써, 너무 상업적이거나 강압적이지 않고 마음을 자극하는 방식으로 회사의 가치와 경쟁 우위를 말한다.

일관성 유지하기

마케팅 메시지에 대해 충분히 고민하고 그 내용을 명확히 전달할 수 있는 방법을 결정했다면, 이후에는 일관성을 유지하라! 명확하고 핵심을 찌르는 메시지를 반복해서 전하면 결국 사람들의 이해도를 높일 수 있다. 일단 마케팅 메시지가 일관되게 전달되고 있는지부터 확인하라.

아무리 좋은 메시지와 디자인으로 (방송 광고, 온라인 광고, 우편물, 간판 등을 통해) 광고 커뮤니케이션 활동을 벌인다 할지라도 매체마다 서로 다른 말을 하고 있다면 효과가 있을 리 없다. 메시지를 자주, 분명하게, 일관성 있게 반복하지 않으면 아무도 마케팅 메시지를 제대로 기억할 수 없기 때문이다.

구태의연한 옛말은 귀담아듣지 말라. 예컨대 성적(sexual) 코드가 있는 광고의 주목 환기력이 높다고 주장하는 연구 결과를 보면, 이런 광고가 또 다른 측면에서는 효과가 떨어진다는 사실도 알 수 있다. 예를 들어 브랜드 **회상률**(시청자들이 광고에서 나온 제품의 브랜드를 얼마나 잘 기억하는지를 측정하는 지표) 측면에서 보면, 성적인 광고는 다른 광고보다 그 점수가 보통 더 낮다. 따라서 이런 광고들은 높은 주목 환기력에도 불구하고 다른 장점을 찾기 힘들다. 또 성적인 광고는 높은 주목도를 브랜드 인지도 및 관심으로 발전시키거나 제품에 대한 태도를 바꾸는 데도 효과가 없다. 즉 성적인 광고는 원초적인 주목 환기력을 위해 명확한 메시지 전달력이 희생된다.

그림 6-1
컨퀘스트이미징 사의 B2B 광고

Image courtesy of Conquest Imaging.

유명인을 등장시키는 대출 광고도 역효과를 내는 경우가 많다. 유명 연예인이 소비자의 가치와 부합되지 않는 말을 하거나 행동을 보여주면 브랜드 명성을 갉아먹기도 하기 때문이다. 예를 들어, '한나 몬타나' 속 캐릭터가 보여준 귀엽고 발랄한 이미지 때문에 마일리 사이러스를 브랜드 모델로 기용했는데, 그녀가 갑자기 배드걸 이미지로 돌변해버린다면 어떨까? 그녀에게 중간 따위는 없다는 듯 완전히 다른 캐릭터가 돼버린 것이다. 브랜드 대변인을 잘못 기용하면 엄청난 대가가 따를 수 있고, 단기적으로도 ROI를 얻기 힘들다.

설득력을 최대한 높이기

설득의 기술은 콘텐츠 마케팅을 수행하고 마케팅 콘텐츠의 글과 카피를 개발하는 데 핵심이 된다. 제2장에서도 설명했듯이 설득의 힘을 분명히 이해해야 한다.

다음의 내용은 어떤 유형의 글쓰기든 꼭 기억해야 할 지침이다.

» **상투적인 문구는 피하라.** 당연한 말을 왜 하냐고? 이는 다들 잘 알면서도 자연스럽게 걸려드는 함정이다. 광고 카피를 완성하기 전에 경쟁사의 광고를 방송이나 웹사이트, 소셜미디어 등을 찾아보라. 메시지가 비슷하다면 빨리 카피를 교체하라.

» **'영업 왕으로 군림하기' 같은 세미나나 책에 나오는 '파워 워드'는 피하라.** **파워 워드**는 소위 전문가들이 마케터들에게 활용을 권해왔던(물론 1950년대의 일이지만) 용어들이다. 파워 워드에 속하는 말로는 '굉장한', '보장', '무제한', '즉시', '입증된', '한정 시간/수량', '독점' 등이 있다. 이런 파워 워드는 아직도 놀랍도록 많이 남용되고 있어서 그 무리에 합류한다면 단언컨대 실망스러운 결과를 보게 될 것이다.

» **명확하고 쉬운 용어와 삽화/사진으로 증거를 보여라.** 설득력을 발휘하려면 그 제품이 탁월하다는 사실을 말로 전달하는 대신 직접 보여줘야 한다. 그 주장을 뒷받침하는 통계 수치를 제시하라. 아니면 제품이 전하는 혜택을 예로 보여줘라. 그 제품을 통해 행복한 경험을 한 고객의 목소리를 들려줘라. '보여주기'에 집중해서 메시지를 전달하면 마케팅 커뮤니케이션은 자연스럽게 설득력을 발휘한다. 주장이 아닌 사실에 초점을 맞춰야 한다. 실제로 제품을 사용하는 장면을 보여주는 유튜브 동영상은 보여주기와 말하기를 실천하는 탁월한 방법이다. 동일한 주제로 동영상을 만들어 페이스북의 브랜드 계정이나 웹사이트, 블로그에 올리고 가능한 많은 사람들

에게 노출시켜라. 만약 그 콘텐츠가 소셜미디어에서 인기를 얻는다면 더 많은 팔로워들이 동영상을 볼 수 있도록 그 내용을 트윗하라.

» **브랜드 페르소나를 반영하라.** 브랜드에도 성격과 관심과 라이프스타일이 있다는 것을 광고 카피와 헤드라인, 스토리를 통해 소비자에게 전달하라. 대중에게 영업을 하는 듯한 태도는 금지다. 지인이나 동료와 대화를 할 때 쓸 만한 단어나 문구를 사용하라. 브랜드 페르소나를 전하는 카피와 메시지는 단순해야 하며, 모든 사람에게 모든 걸 보여준다는 욕심은 금물이다. 이런 식의 접근은 혼란만 야기하며, 결국은 아무도 설득하지 못한다.

이 모든 것을 제대로 해낸다면 커뮤니케이션에 자연스레 설득력이 실릴 것이다. 명확하고 간결하며 제대로 작성된 광고 카피는 그 자체로 강력한 힘을 발휘한다. 정확하고 정보력이 있는 메시지도 설득력을 갖는다. 전문적이고 깔끔한 그래픽과 디자인 역시 상대에게 확신을 준다. 업계의 톱 브랜드나 최고 전문가처럼 보이고 말하고 쓴다면 사람들은 그 브랜드가 실제로 그렇다고 믿을 것이다.

누군가가 자신을 믿어달라고 외치면 사람들은 오히려 의심의 눈초리를 보낸다. 목청 높여 외치는 주장보다 사례와 오퍼, 추천으로 믿음과 투명함을 보여줘라. 전문성이 엿보이는 자료는 그 자체로 해당 제품이 얼마나 훌륭한지 입증해준다. 고객 서비스, 정책, 전반적 경험, 정직함, 핵심 가치, 공동체 후원과 사회공헌 활동, 직원들의 모습은 회사와 그 브랜드가 말로 떠드는 것보다 훨씬 더 많은 것을 보여준다. 또한 글을 통해 형성된 소비자 기대감은 반드시 브랜드의 실체를 뒷받침해줘야 한다.

프로의 완벽함 추구하기

일단 커뮤니케이션 자료를 완성하면 반드시 다른 사람의 교정을 받아라. 자신이 작성한 카피는 아무리 여러 번 다듬고 확인해도 실수가 잘 눈에 띄지 않는다. 하지만 그 카피를 처음 보는 다른 사람은 쉽게 오류를 잡아낼 수 있다. 시간당 35달러 정도면 전문 교열가의 도움을 받을 수 있고, 이는 충분히 가치 있는 일이다. 교열 전문가들은 문법적 오류나 오타, 띄어쓰기, 글의 배치뿐 아니라 고객에게 엉성한 이미지를 줄 수 있는 모든 실수를 잡아낼 것이다. 이는 브랜드의 신뢰를 높이는 데 큰 역할을 한다.

또 하나 강조할 점으로 항상 내용의 출처를 표시해야 한다는 점이다. 출처가 없는 연구 결과는 언급하지 마라. 다른 이의 데이터나 글을 무단으로 사용하면 큰 문제에 휘말릴 수 있다. 또 제3자의 객관적 보증 없이 제품 관련 주장을 하면 오히려 고객을 잃을 수도 있다. 이는 광고 카피나 백서, 소셜미디어 포스트를 작성할 때 정말 중요한 점이다. 가능하다면 마케팅 자료에 인용한 연구 내용에 대해서는 실제 출처를 확인할 수 있도록 URL을 표시하는 게 좋다.

어떤 형태의 마케팅 콘텐츠든 소비자를 끌어당기는 힘이 필요하다. 그런 힘은 한정된 시간 동안 진행되는 오퍼나 뭔가 호기심을 일으키는 이벤트의 QR 코드, 인생에서 접하기 힘든 경험을 누릴 수 있는 절호의 기회 등에서 나올 수 있다. 소비자를 끌어당기기 위해서는 고객들이 이상적으로 여기는 페르소나를 반영해서 감성적으로 강하게 어필해야 한다. 또 자아실현의 만족감을 전달하거나 그들이 직면한 문제나 니즈를 해결해줘야 한다.

커뮤니케이션의 핵심 강령을 확실히 이해하려면 계속 써보는 수밖에 없다. 반복해서 쓰고 고민하고 단어나 구문을 이것저것 사용해보라. 가능한 적은 수의 단어로 핵심 메시지를 놀랍도록 명쾌하게 전하는 카피를 개발해야 한다. 이런 글이 나올 때까지 연습을 멈추지 마라!

어떤 채널을 위한 콘텐츠든 카피는 가능한 대화체로 작성하고, 영감을 주는 메시지를 개발하며, 현실적인 약속을 하고, 실현 가능한 오퍼를 제시한 다음, 인내심을 갖고 기다려라. 대부분의 콘텐츠 마케팅은 인간관계와 같다. 서로 신뢰를 구축하기까지는 시간이 걸리고 그만큼 투자가 필요하다.

또 한 가지 기억할 것은 소비자가 커뮤니케이션 메시지를 바탕으로 어떤 브랜드를 구입하려면 그 전에 적어도 다섯 번은 관련 콘텐츠를 접해야 한다. 따라서 소비자에게 적절하고 의미 있는 콘텐츠와 커뮤니케이션을 지속적으로 노출하라. 네 번째에서 커뮤니케이션을 멈추는 실수는 저지르지 말자!

PART

3

옴니채널 전략

제3부 미리보기

- 강력한 광고 캠페인과 실행 가능한 광고 브리프를 개발하는 방법 배우기
- 소셜미디어 마케팅 전략을 종합적으로 개발하고, 온라인 광고 효과 최대한 활용하기
- 고객 참여 및 상품 판매를 온라인, 오프라인 모두에서 증대할 수 있는 인쇄 매체의 힘 발견하기

Chapter

07

소비자의 마음을 사로잡는 크리에이티브

제7장 미리보기

- 강력한 광고 캠페인 개발하기
- 마음을 사로잡고 욕구를 일으키며 판매로 연결되는 광고를 위한 색상과 단어 사용하기
- 실행 가능한 광고 브리프 작성하기
- 상품을 개발하고 브랜드 파워를 높이는 아이디어 발상법 배우기

마케팅 업무 중 사람들이 쉽게 여기는 것 중 하나가 광고 크리에이티브를 개발하는 일이다. 결국 사람들은 이미지가 아니라 말에 의해 움직이지 않는가? 하지만 틀렸다. 제2장에서 언급했던 것처럼 사람의 무의식은 시각적 요소에 따라 무언가, 누군가, 혹은 어딘가를 판단하고, 인간의 호르몬도 그런 판단에 의해 행동을 유도한다. 제록스와 크리에이티브 기술을 연구하는 다른 단체들이 발표한 조사에 의하면, 사람들은 어떤 브랜드의 시각적 요소들을 통해 약 60초 만에 그 브랜드를 판단하며, 그 판단의 최대 90%까지를 색상이 결정한다.

색상 외에 이미지와 폰트, 심지어는 레이아웃도 사람들의 반응에 영향을 준다. 만약에 그런 요소들이 불안감을 조성한다면 사람들의 몸속에서는 코르티솔(급성 스트레스

에 반응해 부신피질에서 생성되는 스테로이드 호르몬의 일종-역주)이 분출되면서 대부분이 잠수 모드에 들어갈 것이다. 레이아웃이 너무 답답하면 보는 이에게 귀중한 시간을 낭비한다는 스트레스와 불안감을 일으켜 그 내용을 읽지 않고 지나치게 만들 것이다. 만약 너무 다양한 색이 사용됐거나 디자인 요소가 많거나 서로 다른 버튼과 시각적 요소들이 경쟁하듯 비좁게 배치돼 있으면 사람들은 바로 그곳을 빠져나갈 것이다. 단절감과 혼동 속에서 차분함을 되찾고 싶기 때문이다. 이런 증상들은 모두 인간의 본성으로, 이럴 때 나오는 행동은 대부분 무의식적인 표현이다.

크리에이티브가 광고 및 브로슈어의 레이아웃과 사진에만 적용되는 것은 아니다. 광고를 뛰어 넘는 브랜드와 아이콘, 디지털 자산, 패키지, 매장 전시물, 판매 자료 등 모든 마케팅 자산에 적용된다. 모든 브랜드는 그 가치와 페르소나를 나타내는 색상 팔레트, 폰트, 시각 요소 등 고유의 아이콘을 정해야 한다. 그리고 모든 고객 세그먼트와 채널을 아울러 일관적인 크리에이티브를 집행해야 한다.

크리에이티브는 그래픽 디자인 요소들과 함께 브랜드 포지셔닝과 고객 관계에도 영향을 준다. 경쟁자들과 다른 브랜드가 되기 위해 다르게 생각할 수 있다면 브랜드의 위상, 이벤트, 경험, 고객경험을 더 성공적으로 창출하고 증대할 수 있을 것이다.

이 장에서는 소비자의 시선을 집중시키고 마음을 사로잡으며 욕구를 불러일으키는 크리에이티브 전략의 각 요소들을 설명할 것이다. 즉 크리에이티브를 실행하는 팁과 선택의 심리를 이용해 심리적으로 적절한 크리에이티브를 개발하고, 이를 위해 상상력과 창조적 사고를 일깨우는 아이디어 발상법에 대해서도 다룰 것이다.

설득력 있는 크리에이티브 개발하기

창의력의 천재들만 매력적인 크리에이티브를 개발할 수 있는 것은 아니다. 무엇이 고객의 페르소나와 열정, 이상에 어필하는지 알면 된다. 일반 고객과 각 고객 세그먼트에 맞는 감성적 판매 제안(ESP)을 알고 있으면 그들의 마음을 사로잡고 욕구를 불러일으키며 판매로 이어지는 설득력 강한 크리에이티브를 개발할 수 있다. 다음의 내용들은 이런 작업을 시작하는 데 도움이 될 것이다.

창의성 평가하기

창의성 평가는 고객을 위해 그리고 회사가 원하는 브랜드 이미지를 구축하기 위해 크리에이티브 개발에 현재 올바른 접근 방식을 취하고 있는지를 확인하는 작업이다. 표 7-1에 있는 각 문장에 가능한 솔직하게 '예/아니요'로 답하라. 평가를 전부 마치면, '아니요'로 답한 개수를 세어보라. 그 수가 많을수록 현재 크리에이티브 접근법에 문제가 있음을 의미하므로 재고하고 수정해야 한다.

크리에이티브 평가 점수에 따라 마케팅의 어떤 요소도 가볍게 생각하면 안 된다. 제품과 브랜드, 마케팅 프로그램의 모든 요소가 광고 크리에이티브와 생각하는 방식에 달려 있기 때문이다. 제품과 브랜드에 대한 창의성을 제대로 관리하지 않고 그저 현실에 안주하는 정도로만 변화를 꾀하면 머지않아 그 제품과 브랜드는 효용성이 없어질 것이다. 스미스 코로나, 로열, 브라더 같은 브랜드를 생각해보라. 그들이 만든

표 7-1 마케팅 창의성 평가

마케팅 창의성 행동	예/아니요
조사에서 나온 고객의 성향 및 가치를 기초로 상품 선정, 디자인, 패키지, 외관을 개선해나간다.	예/아니요
소비자들에게 브랜드와 그 분위기를 제대로 반영하기 위해 색채 심리의 기본 요소들을 종합적으로 활용한다.	예/아니요
현재 고객과 미래 고객에게 어필하기 위해 그들의 현재 페르소나와 워너비 페르소나를 중심으로 아이콘과 고객경험을 발전시킨다.	예/아니요
제품을 고객들 곁으로 가져가고 고객들이 더 편리하고 쉽게 제품을 구매하고 사용할 수 있도록 새로운 방법과 채널들을 탐색한다.	예/아니요
핵심 고객들의 관심을 끌 수 있도록 브랜드 이미지와 페르소나에 변화를 주고 개선해나간다.	예/아니요
현재 고객 및 잠재 고객들과 소통할 수 있는 새로운 방법들을 실험한다.	예/아니요
새로운 트렌드와 소비자들의 태도 및 욕구에 맞추기 위해 판매/마케팅 자료의 룩앤필(Look & Feel)을 개선한다.	예/아니요
브랜드 이미지와 마케팅 자료뿐 아니라 고객경험에 있어서도 창의성을 높일 수 있는 방안을 모색한다.	예/아니요
고객이 지루함을 느끼기 전에 마케팅 메시지에 변화를 준다.	예/아니요
고객 기반을 넓히고 향상시키기 위해 새로운 유형의 고객층에 다가가려고 노력한다.	예/아니요
제품 마케팅과 관계된 모든 사람들과 창의적인 아이디어를 공유하고 브레인스토밍 및 영감을 일으키는 토론 기회를 마련한다.	예/아니요

타자기가 순식간에 고객의 장바구니에서 박물관으로 자리를 옮겼다는 게 놀랍지 않은가?

차별화를 위한 변화 모색하기

마케팅 접근법 및 제품 개발에 변화를 주지 않는 마케터들은 흔히 노력, 시간, 비용이라는 핑계를 댄다. 다시 한번 강조하지만 회사 설립 후 10년 안에 사라지는 96%의 무리에 끼지 않으려면 창의적인 생각과 제품 개발은 다른 그 어떤 것보다 더 중요하다.

모든 것에 의문을 품어라. 일단 다음 사항부터 자문해보라.

» 현재 사용하는 로고와 브랜드 컬러는 왜 선택했는가? 로고와 브랜드 컬러가 오늘날 소비자들이 원하는 이미지 및 분위기를 잘 전달하는가?

» 고객 이벤트와 경험에 창의적인 요소가 있고 사람들의 적극적인 참여를 유도하는가?

» 브랜드의 크리에이티브 자산이 어떤 특징과 가치를 대변하는가? 회사가 가장 원하는 고객들의 특징과 잘 부합되는가?

» 변화를 거치지 않고 수년간 지속되고 있는 마케팅 요소에는 어떤 것이 있는가?

경쟁사들의 활동도 조사해보라. 변화나 개선 측면에서 다른 마케터들이 간과하는 것들은 없을까? 혹시 그들이 1년 내내 같은 일정으로 같은 사람들에게 같은 카탈로그를 보내지는 않는가? 만약 그렇다면 경쟁사보다 2주 먼저 카탈로그를 보내라. 그들이 새롭게 진입한 시장에서 성장하기 위해 인터넷 마케팅에만 의존하고 리드 마케팅은 눈여겨보지 않는가? 그렇다면 우리는 반대 공식을 적용해보자.

업계에 통용되는 패턴이 있다면 정리해보라. 그중 가능한 많은 영역에서 브랜드를 차별화할 수 있는 방법은 없을지 의문을 품어보라. 그렇게 하면 당신의 제품과 브랜드는 두각을 나타내고 업계를 선도할 수 있다.

크리에이티브 적용하기

광고와 콘텐츠 마케팅은 우리 주위에 있는 거의 모든 채널에서 볼 수 있다. 웹사이트, 인쇄물, 모바일 기기, TV, 라디오, 옥외매체, 판매시점, 공공화장실, 창고 바닥 등 열거하자면 끝도 없다. 대부분의 광고들은 그 주변에 있는 다른 광고들과 함께 존재하며 사람들의 시선을 차지하기 위해 서로 경쟁한다. 이런 어수선한 상황 속에서 사람들의 이목을 집중시키고 제품 구매와 충성도, 추천의 대상이 되는 주인공은 보통 창의성이 가장 돋보이는 광고다.

크리에이티브를 브랜드와 잠재 고객 간의 관계를 구축하는 도구라고 생각해보자. 이 도구는 서로가 공유하는 가치, 관심, 페르소나 같은 공통점을 만들고, 궁극적으로는 판매로 이어지는 유대감을 형성한다. 따라서 마케터들은 창의성을 브랜드에 독특한 포지셔닝을 만들어주는 도구뿐 아니라 다른 브랜드와의 차이를 강조하고 고객과 공유하는 중요한 공통점을 표현하는 전략으로 간주해야 한다.

창의적인 사업 전개를 위해서는 창조적인 아이디어를 얻을 수 있는 좋은 소스부터 확인해야 한다. 많은 시간을 들여 아이디어를 발전시키기 전에 각 아이디어를 평가하라. 현재 가용할 수 있는 예산과 자원으로 그 아이디어를 실행할 수 있을까? 그 아이디어는 브랜드 포지셔닝 및 메시지 전략에 적당한가? 아이디어가 독특한가? 창의력 개발 소스와 제약 조건을 확인하기 위해서는 그림 7-1과 같이 표로 만들어라.

정보원	제약 조건
- 은유와 비유 - 말장난 - 유머 - 새로운 트렌드 - 신기술 - 미충족 니즈	- 브랜드 개성 - 좋은 취향 - 예산 - 경쟁자가 이미 활용한 방법 - 타인의 특허권, 상표권, 저작권 문제

그림 7-1 창의성 개발 소스와 제약 조건 확인하기

크리에이티브 전략 개발하기

제4장에서 우리는 고객 프로필에 대해 논의했는데, 광고 크리에이티브를 통해 고객 프로필은 비로소 활력을 얻는다. 크리에이티브에는 핵심 청중의 가치, 성격, 태도, 관심사가 반영돼 있어야 한다. 크리에이티브의 각 요소는 고객의 감정에 호소함으로써 그들의 시선을 붙잡고 마음을 사로잡아야 한다. 마케팅에서 성공하려면 이 두 가지 요인이 중요하지만 달성하기는 쉽지 않다.

고객 프로필을 들여다보라. 그들의 태도 및 행동에 영향을 주는 강력한 특징에는 어떤 것들이 있는가? 예를 들어 제품의 핵심 고객 세그먼트가 밀레니얼 세대 남성이라면, 다음에 열거된 특징을 부각해야 한다.

- » 신뢰 자산 : 권위 있는 존재나 정부, 광고에 대한 신뢰도 낮음
- » 행복의 원천 : 자유, 자기표현, 모험, 혁신, 정의
- » 가치 : 미니멀리즘, 우정, 기술, 경험, 열정
- » 오락적 요소 : 빠른 속도의 액션, 활력, 대담한 색상, 동영상 블로그(브이로그)
- » 쇼핑 시 영향력을 발휘하는 집단 : 또래 집단, 온라인 고객 리뷰, 기업 및 사회적 영향력

브랜드 프로필에 밀레니얼 세대 남성이 추구하는 가치 및 속성이 담겨 있다면, 이들의 심리에 호소하고 설득력을 발휘하는 광고 크리에이티브를 개발할 수 있는 기초는 마련된 것이다. 만약 그렇지 않으면 흥미롭고 똑똑한 광고지만 고객의 구매를 이끄는 데는 실패할 수 있다.

이와 더불어 목표 고객의 특징적 가치 및 성격을 가장 잘 반영할 수 있는 색채, 시각적 이미지, 아이콘 등도 파악해야 한다.

크리에이티브에 심리적 컬러 입히기

컬러가 사람들의 기분과 생산력, 심지어는 입맛까지 바꾼다는 것은 새로운 주장이 아니다. 수년간 연구를 통해 반복적으로 입증돼온 사실이다. 오히려 마케터들이 이 점을 그다지 신경 쓰지 않는다는 사실이 더 놀랍다. 여기 고객들의 참여와 반응, ROI를 바꿀 수 있는 색상과 관련된 사실이 몇 가지 더 있다.

» CCI컬러연구소와 위니펙대학교가 공동 연구한 결과를 보면, 대부분의 사람들은 90초 내에 어떤 것의 가치와 신뢰성을 무의식적으로 판단하고, 그런 판단의 60~90%는 컬러를 기초로 내려진다.

» psych2go.net에서 발표한 미국 컬러협회의 연구 결과들을 보면, 파란색은 사람들에게 안정감을 준다. 따라서 외식을 할 때도 식당에 더 오래 머무르면서 (이상적으로는) 더 많은 음식을 주문하게 만든다.

» 빨간색은 심장박동과 호흡수를 증가시키고, 식욕도 높이는 것으로 알려져 있다. 일부 컬러 전문가들은 빨간색의 이런 특징은 고객이 더 오래 머무르면서 더 많은 음식을 주문하길 바라는 식당에는 바람직하지 않다고 말한다. 반면에 주문을 기다리는 고객들의 입맛과 활력을 자극해야 하는 패스트푸드 사업에는 오히려 도움이 될 것이다.

브랜드 아이덴티티와 마케팅 자료에 있어서 색상의 중요성은 식욕과 음식 소비에 미치는 심리적 효과를 훨씬 뛰어넘는다. 여기서 가장 중요한 질문은 색상이 브랜드 및 쇼핑에 대한 태도에 어떤 영향을 미치는가 하는 것이다. 또한 로고, 매장, 온라인 쇼핑 공간에서 가장 많이 사용되는 브랜드 컬러인 빨간색과 파란색에는 정말 특별한 가치가 있을까? 버지니아대학교와 버지니아공대 교수들이 수행한 심층 조사에 따르면 과연 그렇다는 결론이 도출된다. 실제로 색상이 미치는 영향력은 상당히 높았다.

버지니아공대 팸플린 경영대학의 마케팅 부교수인 라제쉬 바그치와 위니펙대학교의 아마르 치마 교수는 파란색과 빨간색이 판매에 미치는 영향력을 비교하는 연구를 수행했다. 그들은 온라인과 오프라인 매장의 주요 브랜드 컬러로 빨간색과 파란색을 사용하는 업체의 매출 결과를 비교했다. 그 결과 파란색 매장보다 빨간색 매장에서 구매 가능성이 상대적으로 낮아진다는 것을 알 수 있었다.

시야에 빨간색이 너무 많이 보이면 뇌의 에너지 수준이 급격히 증가하면서 사람들은 금방 산만해지고 불안함으로 쉽게 자리를 떠나지만, 파란색은 앞서 식당 관련 연구에서 언급했던 것처럼 사람들에게 심리적 안정감을 주므로 그 자리에 더 오래 머물게 하는 효과가 있다는 것이다. 과연 그럴까? 빨간색을 주로 사용하는 타깃 매장과 파란색을 주로 사용하는 월마트 매장에서 쇼핑할 때 당신 자신은 어떤지 생각해보라. 둘 중 어느 곳에서 더 많은 시간을 보내면서 더 많은 돈을 쓰는가?

색상과 가치

색상은 브랜드 속성과 가치를 인식하는 방식에도 영향을 주며, 그 결과 브랜드 가치가 개인의 목표 및 가치와 얼마나 잘 부합하는지 판단하는 기준이 된다. 모든 컬러는 각각 다른 분위기와 가치 판단을 유도하고, 이 과정도 대개 무의식적으로 발생한다. 인터넷에서 '색상환 의미(color wheel meanings)'라는 용어를 검색하면 각 색상이 전달하는 다양한 기분 및 분위기를 확인할 수 있다. 그중 몇 가지만 살펴보면 다음과 같다.

- 파란색은 신뢰와 지성, 존경, 정화, 명예, 믿음을 상징
- 보라색은 지혜와 성숙, 품위, 미덕, 장수를 상징
- 빨간색은 에너지, 용기, 영광, 내면의 힘, 열정을 상징
- 주황색은 에너지, 영광, 내면의 힘, 흥분, 열광을 상징
- 노란색은 문명, 인지, 의식, 낙관주의, 따뜻함을 상징
- 초록색은 치유, 자각, 학습, 독립, 변화를 상징

이렇게 보면 은행 로고는 파란색이 최선의 선택이 될 수 있다. 파란색은 무의식중에 신뢰와 지성, 명예를 떠오르게 하므로, 고객들이 금융 서비스에서 원하는 가치와 그 브랜드를 연결할 수 있다.

컬러가 갖는 의미는 나라와 문화에 따라 다르다. 일례로 노란색은 미국에서 주로 주의와 경고를 뜻하지만, 말레이시아에서는 왕족과 힘, 부유함을 상징한다.

트렌디하거나 개인적으로 가장 선호하는 색상을 선택하기보다는 각 색상이 소비자의 의식과 무의식에 어떤 의미를 갖는지 시간을 들여 공부한 후 오늘날 소비자들에게 투사하고 싶은 성격을 선택하라. 컬러 연구의 선구자이자 『색채심리(Color Psychology and Color Therapy)』의 저자인 파버 비렌이 수행한 몇몇 연구는 심리학자들이 도출한 색상환 의미를 뒷받침한다. 그는 조사에 참여한 사람들에게 일련의 단어를 보여준 다음, 각 단어에 맞는 컬러를 정해달라고 했다. 그 조사 결과를 요약하자면 다음과 같다.

- 신뢰 : 파란색
- 안전 : 파란색
- 속도 : 빨간색

- » **저렴함** : 주황색(노란색이 근소한 차이로 2위)
- » **고품질** : 검은색
- » **하이테크** : 검은색(그다음으로 파란색과 회색)
- » **확실성** : 파란색
- » **용기** : 보라색과 빨간색
- » **두려움/공포** : 빨간색
- » **재미** : 주황색(노란색이 근소한 차이로 2위)

색상이 사람들의 식생활과 수면(파란색 방이 수면에 도움이 된다는 추정 아래), 생산성에 미치는 연구는 재밌기도 하지만, 여기서 마케터에게 정말 중요한 것은 담당 브랜드가 가진 속성 측면에서 컬러를 연결하고 관리하는 것이다. 브랜드 컬러가 목표 고객에게 매력적인 가치를 표현하는가? 또한 그 가치가 브랜드 미션과 비즈니스 프로세스를 추진하는 데 적당한가?

그 브랜드를 통해 소비자들이 연상했으면 하는 가치나 속성, 성격적 특징을 파악하는 작업을 마케팅 팀원들과 함께 진행하라. 선택한 색상이 브랜드의 감성적 판매 제안에 담긴 감성적/비감성적, 물리적/비물리적 가치를 반영하는지 확인하라. 핵심 소비자의 라이프스타일과 가치, 관심사를 반영하는 특징들을 선별하라.

브랜드 아이코놀로지

딕셔너리닷컴에서는 **아이코놀로지**(iconology)의 의미를 "상징과 이미지를 역사적으로 분석하고 해석적으로 연구하는 방법"으로 정의한다. 마케터가 아이코놀로지를 말할 때는 자신의 브랜드를 규정하는 컬러, 색조, 상징, 페르소나를 말한다. 아이코놀로지는 핵심 고객들의 페르소나와 태도에 가장 잘 맞는 이미지와 색상을 반영하는 요소들로 선택해야 한다. 제품 판매와 인지도를 높이는 캠페인을 개발하기 전에 먼저 브랜드와 관련된 그래픽 규칙부터 정하자.

브랜드를 통해 전달됐으면 하는 에너지, 기분, 생각을 나타내는 색상을 선택하라. 글로벌 유명 브랜드들은 자신을 반영할 수 있는 아주 구체적인 색조를 찾는 데 엄청난 공을 들인다. 하나의 컬러에도 많은 색조가 딸려 있으므로, 시간을 들여 제품 고객들에게 가장 잘 맞는 것을 찾아야 한다. 글로벌 톱 브랜드들의 컬러를 확인하고 싶다면

www.brandcolors.net을 방문해보라. 마이크로소프트, 델타, 코카콜라 등 유명 브랜드들이 로고에 사용되는 구체적인 컬러 코드를 확인할 수 있다.

대부분의 브랜드는 주요 브랜드 컬러와 함께 그것을 보조하는 이차 컬러를 갖고 있다. 브랜드를 표현하는 검은색과 회색의 색조를 별로도 선정하는 회사들도 많다.

색상 외에도 브랜드를 전달할 때 사용하는 표준 폰트도 필요하다. 브랜드 폰트도 컬러와 마찬가지로 모든 간판, 광고, 프로모션, 각종 채널에서 일관적인 형태로 표현돼야 한다. 폰트 또한 색상의 역할처럼 브랜드의 톤과 페르소나를 표현한다. 제9장에서 인쇄 광고를 다룰 때 설명하겠지만, 본문에 사용됐을 때 가독성과 메시지 회상률에 특히 도움이 되는 폰트가 몇 개 있다. 로고에 사용하는 폰트는 창의성을 좀 더 강조하는 것도 좋다. 단순함, 가독성, 전략 부합성을 유지해야 한다는 사실을 명심하자.

트렌디하면서도 재밌는 폰트를 구경하고 싶다면 창의력 가득한 블로거나 전문가들의 온라인 사이트를 참조하라. www.creativebloq.com에서는 주제별로 분류한 최고의 폰트 리스트를 살펴볼 수 있다. 기억할 것은 로고와 같이 폰트도 동일한 형태를 수년간 일관적으로 사용함으로써 브랜드에 아이덴티티를 심어줘야 한다는 점이다. 따라서 장기적인 관점을 두고 선택하라.

무료로 사용할 수 있는 폰트도 많다. 오피스 프로그램이나 디자인 소프트웨어에 있는 기본 폰트보다 좀 더 독특하고 예술적인 폰트를 원한다면 유료로 사용할 수 있다. 필요하다면 회사의 디자인 팀과 상의한 후 유료 폰트를 사용하도록 하자(더 자세한 내용은 제9장 참조).

그림 7-2는 마이크로소프트 워드에서 찾을 수 있는 무료 폰트들로, 로고, 광고의 아이코놀로지, 기타 디지털 자산에 사용하였다.

단어, 카피, 클릭베이트

예전에는 광고 카피에 몇 가지 입증된 단어를 사용해서 소비자들의 적극적인 반응을 얻고 판매 리드를 꽤 많이 확보할 수 있었다. 하지만 이런 손쉬운 방법은 더 이상 통하지 않는다. 독자들의 호기심을 건드려 제품 웹사이트로 유도하거나 온라인 배너 광고를 '클릭'하게 하려면 이제는 다른 무언가가 필요하다. 소셜미디어를 보면 독자

Apple Chancery: If you want to be fancy but contemporary

American Typewriter: For a retro yet cool look

Avenir Heavy: If you want to be bold and simple

Comic Sans: For a lighter, more playful tone

Chalkboard: A fun choice for an informal mood

HERCULANUM: IF YOU WANT TO STAND OUT

그림 7-2
재밌는 폰트의 몇 가지 예

들을 또 다른 '이야기'로 연결해주는 수많은 링크 광고들이 존재한다.

예전에는 사람들의 시선을 충분히 집중시켰던 '공짜', '할인', '절약', '한정', '보장', '입증' 같은 단어들이 이제는 "다음에 어떤 일이 벌어질지 감히 상상하지 마세요"나 "21세가 되기 전에 사망한 아역 배우들", "예전 모습이 깡그리 사라진 그녀" 같은 더 극적인 클리베이트형 헤드라인 때문에 제 역할을 다하지 못한다. 클릭베이트 기법이 올바른 맥락에서는 효과를 발휘할 수 있지만, 헤드라인이 진술하지 않거나 연결되는 이야기가 헤드라인과 전혀 상관없을 때는 오히려 역효과를 낸다.

최고의 카피는 사람들의 마음을 움직여 행동을 이끄는 단어들을 사용한다. 누군가의 마음을 편안하게 하고 싶다면, "마음 놓으세요. 저희와 함께라면 해내실 수 있습니다" 같은 카피를 사용할 수 있을 것이다. 물론 여기에 사용된 단어들이 최고의 카피라고 부를 수는 없겠지만, 사람들의 마음을 움직이고 편안하게 할 수 있다.

"그렇지만 당신 마음대로 하세요"라는 표현이 청중의 반응을 2배나 높일 수 있는 강력한 말이라는 사실을 알고 있는가? 왜 그럴까? 이유는 간단하다. 이 말은 소비자가 그 정보를 바탕으로 스스로 선택할 수 있고 구매에 대한 압박도 없는 데다 만약 판매가 성사된다면 신뢰가 형성되면서 무의식의 세계로 향하는 길을 열어 성공의 기반을 구축하기 때문이다.

사람들은 자신이 현명한 선택을 내렸다고 여길 때 그런 좋은 감정을 해당 브랜드에 전가하게 된다. 이렇게 되면 그 브랜드 로고와 색상 팔레트 등은 신뢰와 좋은 에너지를 상징하게 된다. 모든 마케팅 캠페인은 이런 전개 과정을 목표로 삼아야 한다. 선택의 심리를 이용해서 로고와 그래픽 이미지를 신뢰와 믿음, 자기검증의 신호로 만들어라.

오랜 시간 동안 과대광고에 노출돼온 사람들에게 스스로 선택할 수 있도록 정보를 전달하고 자신감을 불어넣으면 긍정적 효과가 발생한다. 대부분의 사람들은 "딱 하나 남았습니다"나 "이 가격은 딱 한 자리 남았습니다" 같은 말이 빨간색으로 표기된 인쇄 광고를 더 이상 믿지 않는다. 이제는 다들 똑같은 혜택이 다음 날, 그다음 날도 계속 이어진다는 것을 알기 때문이다. 마찬가지로 블랙프라이데이도 예전만큼 강력한 힘을 발휘하지 않는다. 며칠 혹은 몇 주만 지나도 또 다른 할인 행사가 있다는 것을 사람들은 경험으로 안다.

제품의 광고 크리에이티브에는 목표 고객이 추구하는 포부와 원하는 페르소나, 그리고 현재 자아와 니즈에 어필해야 한다. 물론 쉽게 이룰 수 있는 미션은 아니지만, 이 책과 이 장에서 설명한 지침을 따른다면 고객의 마음을 움직이는 올바른 메시지를 개발하고 사업을 성장시키는 능력을 습득할 수 있다.

【 '자유'의 힘 】

2000년에 사회심리학 연구가인 니콜라 게겐과 알렉산드르 파스칼은 간단한 임무를 부탁했을 때 어떤 단어들을 사용하면 상대가 그 요청을 가장 잘 따르는지 확인하는 연구를 수행했다. 연구원들이 도심의 한 거리에서 지나가는 행인들에게 기부 활동에 참여해 달라고 요청했을 때, 실험 대상의 10%만이 이를 수락했다. 하지만 기부를 요청하면서 마지막에 "하지만 결정은 선생님 자유입니다"란 말을 추가했을 때는 실험자의 48%가량이 요청을 승낙했다. 게다가 이들이 기부한 평균 금액은 이전 실험에서 기부한 평균 금액보다 훨씬 더 높았다. 기부 대신 설문조사를 요청한 또 다른 실험에서도 같은 말을 추가했을 때 조사 수락률이 훨씬 더 높았다.

"선택은 자유입니다"식의 접근법이 판매에 더 유용할 수는 있겠지만 크리에이티브에 있어서도 중요한 통찰을 얻을 수 있다. 소비자들이 어떤 상품을 구입하기 전에 개인적으로 얼마나 많은 조사를 하는지 생각해보라. GE 캐피털 소매금융 부문이 2013년에 수행한 고가 제품에 대한 쇼핑객 연구 결과를 보면, 81%의 소비자는 매장에 가기 전에 온라인 조사를 하는데, 이는 전년 대비 20%나 높아진 수치였다. 소비자들은 구매 결정을 내리기 전에 평균 79일 동안 정보를 수집했다. 이 조사는 가전, 전자제품, 인테리어, 가구, 침구, 보석 등 다양한 품목에 대해 500달러 이상 제품을 구매한 고객들에게 초점을 맞춰 진행했다. 광고 하나로 79일간의 조사를 대체하고 즉각적인 구매를 이끄는 것은 힘들다. 하지만 정보를 제공하고 소비자들의 판단을 지원하며 그들이 좋은 결정을 내릴 수 있도록 돕는 광고라면 그런 역할을 할 수 있다.

크리에이티브 브리프 작성하기

어떤 마케팅 자료든 사실 모든 마케팅 자료(광고, 브로슈어, 웹사이트, 전시 부스, 패키지 등)는 **크리에이티브 브리프**를 작성함으로써 덕을 볼 수 있다. 크리에이티브 브리프란 목표, 전략적 요인, 목표 고객 및 특징, 주요 활동별 목표, 실행 지침 등을 요약한 자료다. 광고를 실제 기획하고 디자인하는 사람이 누구든(마케팅 팀 직원이든 프리랜서 디자이너든 광고대행사든) 그 결과가 원래 전략과 브랜드 ESP에 부합되려면 사전에 브리프를 작성하고 따라야 한다.

성공적인 크리에이티브 브리프는 다음 요소를 포함한다.

목표

무엇을 달성하고 싶은지 규정하라. 목적지가 없으면 여행 경로를 제대로 정할 수 없다. 달성하고 싶은 목표들을 측정 가능하면서 현실적인 형태로 정하라. 정확하고 강력한 목표 하나가 여러 목표보다 더 낫고 달성하기도 용이하다.

물론 목표는 다양할 수 있다. 모든 광고를 즉각적인 판매 증대를 위해 진행하는 것은 아니다. 브랜드 인지도를 높이거나 아이덴티티나 포지셔닝을 알림으로써 새로운 고객들을 좀 더 성공적으로 확보하려는 목표를 가질 수도 있다.

약속과 오퍼

제품 및 브랜드에 대해 고객에게 어떤 약속을 하고 있는가? 각 캠페인에서는 어떤 오퍼를 제시하는가? "하나를 구입하시면 공짜로 하나를 더 드립니다" 같은 오퍼를 제공하면서 개인별 맞춤 케어나 캐시백 혹은 특별 서비스 등을 약속할 수도 있다. 약속과 오퍼는 그때그때 다를 것이다. 브랜드 약속은 크게 변하지 않지만 마케팅 오퍼는 계속 바뀐다. 그리고 이 둘을 서로를 지원해야 한다.

보조 문구

제품의 약속과 그 약속을 뒷받침하는 증거를 보조 문구에 포함하라. 이런 보조 문구는 마케팅 활동에서 고객을 설득하기 위한 주장을 펼치는 데 활용된다. 보조 문구는 논리나 사실 혹은 직관적이고 감성적인 호소를 기초로 개발된다. 이 중 어떤 쪽이든 기초적이고 탄탄한 근거를 제시해야 한다.

브랜드 톤과 페르소나

브랜드는 다른 이들이 식별할 수 있는 성격이나 톤을 반영하는 것이 좋다. 이것이 바로 그 브랜드의 페르소나다. 또한 브랜드에는 핵심 고객의 가치나 관심사, 태도 등도 반영돼야 한다. 이를테면, 애플은 혁신과 자기표현, 자유, 투지, 창조성, 개성 등을 중시하는 사람들에게 어필한다. 이런 가치들은 15~50세 사이 소비자들의 마음을 사로잡는다. 브랜드 톤이란 마케팅 활동을 통해 만들어내는 브랜드의 분위기를 말한다.

브랜드는 일관성을 위해 모든 광고와 마케팅 활동에 있어서 동일한 페르소나를 반영해야 한다. 그러나 톤은 변할 수 있다. 크리스마스 선물부터 봄철 판매 제고 프로모션까지 계절별 오퍼에 따라 톤을 바꿀 수 있다.

감성적 동인

아직 고객 ESP 프로필(제2장 참조)이 없는 브랜드라면 다음 페이지에 표시를 하고 지금 ESP를 개발해보자. 아니면 ESP를 개발한 다음 다시 다음 페이지를 읽어라. 그래야 이번 섹션에서 가장 많은 것을 배울 수 있다.

이 품목에서 핵심 고객들의 상품 선택에 가장 큰 영향을 미치는 감정이 무엇인지 파악한 후 크리에이티브 브리프에 주요 통찰을 정리하라. 다음 질문을 통해 도움을 받을 수 있다.

» 어떤 광고나 마케팅 콘텐츠에서 목표 고객들이 갖고 있는 감정들과 일치하는 정서가 있다면 무엇인가?
» 광고를 통해 공포나 불안감을 해소해야 하는가? 아니면 기쁨과 안도감을 전달해야 하는가?
» 고객의 감성적 충족에 있어 무엇을 약속할 수 있는가?
» 소비자들은 일반적으로 그 품목을 신뢰하는가? 업계에 대한 신뢰가 부족하다면 이를 어떻게 해결할 수 있는가?

» 고객들의 선택에 힘을 미치는 영향력 집단은 누구인가? 사회적 검증 기관인가? 관련 분야의 권위자인가? 관련 단체 및 인물을 가능한 구체적으로 명시하고, 광고 카피와 비주얼 요소를 통해 이를 어떻게 해결할지 지침들을 브리프에 포함시켜라.

» 해당 품목 및 브랜드에서 어떤 단절감이 존재하는가? 생명보험 상품을 판매하는 담당자가 사람들에게 그들은 모두 언젠가 죽을 테고, 이후 가족을 어려움 속에 남겨둘 수 있다는 현실을 직시하게 만들어야 하는가? 다이어트 제품을 판매하는 전문가로서 과체중인 사람들에게 전문가의 도움이 필요하다는 사실을 일깨우고 싶은가? 제2장에서 설명했던 인간이 갖는 거부 단계 관련 내용을 참조하라. 이는 프로이트의 방어 기제 이론을 근거로 한 개념이다. 잠재 고객들이 현실을 받아들이고 행동에 나서게 할 수 있는 메시지 방향을 크리에이티브 브리프에 포함하라.

워너비 프로필

고객의 현재 아이덴티티에 어필하는 것만으로는 충분하지 않다. 그들의 '워너비(wannabe)' 프로필에도 어필해야 한다. 젊은이들은 모두 가까운 미래나 궁극적으로 되고 싶은 자아상을 갖고 있다. 이런 비전은 보통 평균을 뛰어넘거나 성공한 지위에 있거나 자신의 사업을 경영하거나 꿈꿨던 삶을 살고 있는 것처럼, 개인의 버킷리스트에 있는 무언가를 이룬 자신의 미래 모습을 담고 있다. 마케팅 캠페인에 잠재 고객들이 꿈꾸는 이런 비전을 포함시켜라. P&G는 고객들의 워너비 프로필을 마케팅 활동에 활용하는 데 뛰어난 역량을 발휘한다. 제품 고객층에 현재의 주요 사용자뿐 아니라 미래의 사용자까지 포함시키며, 이런 활동을 통해 고객들이 어렸을 때부터 P&G 제품을 사용하게끔 유도한다.

색상 팔레트

그래픽 디자이너와 함께 일한다면 브랜드 컬러로 선정한 컬러 코드와 톤의 리스트를 작성하라. 마케팅 자료에 새로운 컬러를 사용하고 싶다면 원래 사용해왔던 브랜드 톤과 색조를 어떤 식으로 보완하는지 먼저 확인하라.

골든트라이앵글 패턴

어떤 인쇄물을 볼 때 사람의 시각이 이동하는 패턴은 디지털 스크린을 볼 때 시각이 이동하는 패턴과 크게 다르지 않다. 사람의 눈은 보통 왼쪽 상단 구석에서 시작해 상단 오른쪽 구석으로 이동한 후, 대각선 끝에 있는 왼쪽 가장자리로 가서 그 아래쪽을 쭉 훑어본다고 한다. 이런 패턴을 골든트라이앵글이라 부른다. 디지털 광고든 인쇄 광고든 마케팅 캠페인을 개발할 때는 핵심 메시지 및 오퍼, 콜투액션 등 중요한 요소들을 배치할 때 이 골든트라이앵글을 고려해야 가독성 및 회상률, 반응률을 높일 수 있다.

제약 요소

광고를 기획할 때 예산 부족이나 경쟁사가 이미 사용한 용어나 개념, 이미지를 피해야 하는 제약 요소에 직면할 수 있다. 브랜드 이미지나 상품의 개성 또한 마케팅 활동에서 제한 요소로 작용할 수 있다. 이런 제약들에 대해 신중하게 생각하고 그 내용을 가능한 명확하게 정리하라.

잠재적으로 등장할 수 있는 제약 요소들을 미리 파악할 수 있도록 다음과 같은 주요 질문을 자문해볼 필요도 있다.

- 색상의 변경처럼 현재 브랜드 로고에서 디자이너가 함부로 변경할 수 없는 요소가 있는가?
- 특정 경쟁사와 비슷한 크리에이티브는 피해야 하는가?
- 광고 디자인을 대형 포스터에 맞게 확대하거나 블로그나 웹사이트용으로 자유롭게 축소할 수 있도록 벡터 아트(vector art) 파일을 갖고 있는가?
- 광고 디자인을 풀 컬러와 흑백 버전으로 모두 제작할 필요가 있는가? 혹은 디자인을 정지 영상에서 동영상을 쉽게 변형할 수 있는가?
- 마케팅에 활용할 이미지와 폰트, 상표들을 사용할 수 있는 권리를 모두 확보해놓았는가?

실행

크리에이티브 브리프에는 실행과 관련된 내용들도 포함돼 있어야 한다. 온라인과 오프라인을 아울러 오늘날 활용되는 모든 마케팅 채널들에 맞게, 그리고 공략하려는 고객 세그먼트에 맞게 광고물을 조정해야 하므로, 콘텐츠를 빠르고 경제적으로 수정하는 역량은 굉장히 중요하다. 브랜드 메시지와 이미지, 오퍼가 항상 모든 채널에서 동일한 형태로 전달되려면 콘텐츠 조정 작업은 반드시 필요하다.

마케팅이나 프로모션 자료를 니즈에 따라 자동으로 조정하는 툴은 이미 많다. 이런 툴을 사용하면 캠페인 유형에 맞춰 템플릿을 만들 수 있고, 이후 다양한 고객 세그먼트나 그들이 속한 지역에 따라, 그리고 마케팅 채널별로 콘텐츠 메시지와 시각 이미지, 카피 등을 쉽고 빠르게 수정할 수 있다. 디지털, 소셜미디어, 판매시점, 인쇄매체(광고, 포스터, 버스광고 등) 등 각 채널에 적합하게 재빨리 자료를 변경할 수 있는 툴들을 찾아보라.

특정 국가 혹은 글로벌 시장을 무대로 마케팅 활동을 벌인다면 크리에이티브 계획에 마케팅 자산 관리와 콘텐츠 조정 작업을 포함시켜라. 그래야 각 캠페인을 시장에 맞게 빠르게 완성하면서 비용도 절감할 수 있다. 사람이 직접 캠페인을 포맷별로 조정하려면 엄청난 시간이 필요하다. 그렇게 되면 캠페인 출시 준비로만 며칠이 더 걸릴 것이다. 또한 외부 대행사나 프리랜서 디자이너를 고용해 프로모션 자료를 인쇄매체나 페이스북 광고, 배너 광고, 버스 광고 등 각 매체에 따라 조정한다고 해도 별도의 비용이 발생한다. 클라우드 기반의 콘텐츠 수정 허브인 일레터럴의 대표 페리 카멜에 따르면 자동 콘텐츠 수정 시스템을 활용하면 캠페인 출시 기간을 90% 앞당길 수 있으며, 광고 하나당 집행 비용도 최대 80%까지 절약할 수 있다고 한다.

콘텐츠를 빠르게 수정해서 시장에 배포할 수 있으면 비용절감뿐 아니라 경쟁력 측면에서도 큰 효과를 발휘한다. 경쟁사는 이런 자동화 시스템을 활용해 불과 며칠 만에 콘텐츠를 조정하고 원하는 시기에 캠페인을 집행하는데, 자사 브랜드는 그렇지 않다면 경쟁에서 뒤쳐질 수밖에 없다. 이런 자동화 툴에 대해서는 제8장에서 더 세부적으로 논의하겠다.

자동화 크리에이티브 기술을 활용할 만한 여유가 없다는 핑계는 대지 말아라. 이런 시스템은 다양한 가격대로 나와 있을 뿐 아니라 계정별로 월간 사용료를 지불하는 구독 서비스로 형태로 운영되므로 대기업뿐 아니라 누구나 충분히 활용할 수 있다.

마케팅 활동을 전개할 채널 계획을 이미 수립했다면, 아이디어의 구조와 캠페인을 진행하는 전체적인 뼈대를 알고 있으므로 현실적으로 가능한 것들과 그렇지 않은 것들을 어느 정도는 파악할 수 있다.

예를 들어, 새로운 서비스를 홍보하는 프로모션이나 한정된 시간 동안 진행되는 프로모션을 기획하고 있다면, 크리에이티브 브리프에는 할인율이나 프로모션 종료 기간 같은 세부 항목들이 포함돼 있어야 한다. 만약 기존 고객들이 온라인과 오프라인 모두에서 브랜드 활동에 참여해왔다면 프로모션을 모든 채널에서 동시에 진행해야 한다. 즉 인쇄 매체에서 진행되는 프로모션을 핀터레스트나 온라인 배너 광고, 페이스북 피드 등에서도 동시에 확인할 수 있어야 한다.

브랜드 관리 및 모든 마케팅 활동에 창의성 발휘하기

크리에이티브 브리프를 작성하는 마케터는 그 브랜드의 가치와 경쟁 우위를 마케팅 캠페인에 투영하는 데 초점을 맞추게 한다. 그러나 창의적인 사고가 여기서 멈춰서는 안 된다. 제품 개발과 브랜드 관리도 창의적인 프로세스를 통해 진행돼야 한다. 이 장 초기에 열거됐던 질문들을 제품 개발 측면에서 답한다면 신제품이나 신규 서비스 기획 및 기존 제품 개선에 있어서도 도움을 받을 수 있을 것이다.

창의적 제품 개발

신제품은 혁신적이고 돋보여야 한다. 상품 개발 팀을 통해 창의적이고 효과적인 상품을 만들어내려면 일단 올바른 팀부터 구성해야 한다. 여기 올바른 팀이란 보통 분야별로 적절한 지식을 보유한 사람들로 구성된 다양성을 갖춘 팀을 의미한다. 영업과 마케팅부터 생산과 공학까지 서로 다른 기능이 창의적인 프로세스 안에 맞물려 있어야 한다. 한 조직 안에서 다양한 직무를 수행하는 직원들은 물론 외부 협력사나 공급업체, 심지어 고객들을 처음부터 참여시키면 신제품 개발에 대한 책임감을 조직 전체에 부여할 수 있고 단계별 승인 과정도 더 쉽고 빠르게 진행할 수 있다.

신제품 개발을 위한 새로운 아이디어를 논의할 때는 목표 고객들의 니즈부터 고려해야 한다. 고객들이 겪고 있는 문제 중 무엇을 해결하고 싶은가? 기존 제품의 어떤 측면을 개선하고 싶은가? 소비자들의 삶을 더 편리하게 만들려면 제품의 어떤 측면을 개선하거나 혁신해야 할까?

창의성이 실용성을 압도하면 아이디어는 재밌지만 소비자들의 지갑은 열리지 않을 것이다. 실용성이 입증되지 않은 채 독특한 아이디어로 출시된 제품의 가장 좋은 예로 배터리로 작동되는 마시멜로 구이 스틱이 있다. 이 제품은 여러 측면에서 기존 논리에 반한다. 캠핑이나 피크닉에서 요리를 즐기는 사람이라면 자동으로 돌아가는 스틱에 마시멜로를 끼워놓는 것보다는 좀 불편하더라도 손수 스틱을 돌려가면서 마시멜로를 굽는 것에 크게 불평하지 않을 것이다. 결국 이 제품은 재고만 수북이 남긴 채 캠핑용품보다는 장난감으로 가끔씩 판매되고 있다.

실제로 불편을 초래하는 문제를 해결하는 여러 가지 창의적인 방법을 생각해보라. 제품을 사용하는 전체 경험에서 뭔가 상충되는 요인이 있는 제품은 얼음으로 만든 토스터기를 출시하는 것과 같다(방금 설명했던 마시멜로 구이 스틱은 현대적 편리함이 야외에서 캠핑을 즐기는 사람들의 특성과 대치된다). 사업상 현명한 투자라 할 수 없다.

창의적 브랜드 관리

강력하고 마음을 사로잡으며 독특하고 쉽게 식별할 수 있는 브랜드 이미지는 그 회사나 산업의 규모와 상관없이 중요한 역할을 한다. 누구나 구글, 마이크로소프트, 이베이, IBM 같은 최고 브랜드의 로고를 알아본다. 애플의 사과 모양 로고나 나이키의 스우시 모양을 보면 사람들은 어김없이 일관적인 품질과 혁신, 서비스를 기대하게 된다. 이 두 이미지는 모두 창의성을 적절하고 지속적으로 활용한 덕분에 브랜드의 중요한 신호가 됐다.

디자이너와 함께 브랜드 로고와 아이콘에 대한 아이디어를 스케치하거나 개념을 검토할 때는, 외부 디자인상 수상이라는 목표보다 브랜드의 페르소나와 가치를 반영하는 아이덴티티를 창조한다는 태도를 가져라.

브랜드의 비주얼 아이덴티티는 고객의 페르소나에 어필하고 브랜드 경험 및 가치를 반영해야 한다. 브랜드 로고는 대부분의 사람들에게 그 브랜드의 첫인상을 만드는

경우가 많다. 따라서 브랜드에 적합한 동시에 지속 가능해야 한다. 로고를 자주 바꾸면 사람들이 그 제품을 식별하기 어렵고, 그렇게 되면 시장에서 혼동을 일으켜 판매에 악영향을 미친다. 브랜드 아이덴티티가 변하면 제품 패키지와 간판, 전시물, 인쇄 광고, 디지털 자산 등 모든 채널에서 똑같은 변화가 반영돼야 하므로 큰 비용을 수반할 수 있다 .

로고에 변화가 필요할 때 디자인을 완전히 바꾸는 것보다 환경에 맞게 개선하는 것이 더 안전한 전략이 될 수 있다. 2015년 「비즈니스 인사이더」는 최근에 로고를 변화시킨 다음 브랜드들을 소개했다.

- 구글은 로고의 폰트를 세리프체에서 산세리프체로 바꿈으로써 단순한 변화를 줬다(폰트에 대한 내용은 제9장 참조).
- 아이홉은 폰트는 그대로 둔 상태로, 기존의 빨간 아치의 방향을 웃는 입처럼 반전시켰고 배경도 더 부드럽게 처리했다.
- 버라이존은 브랜드 위에 큼지막하게 놓여 있던 빨간색 체크 마크의 크기를 확 줄여 오른쪽 끝에 붙였다.

이런 단순한 변화들은 브랜드를 식별하는 데는 별다른 영향을 주지 않을 수도 있지만 현 시대의 고객들에게 시각적으로 어필하는 데 도움이 될 수 있다.

창의성은 주목받는 데 중요하지만 명확성과 일관성, 포지셔닝은 브랜드의 지속가능성과 매출에 더 중요한 역할을 한다. 다음의 지침을 명심하라.

- **명확하고 단순하고 강력한 로고로 시작하라.** 로고는 제품과 브랜드 페르소나를 상징하므로, 명확하고 단순한 디자인으로 대부분의 사람들이 그 로고를 알아볼 때까지 일관적으로 사용하라.
- **로고는 브랜드의 품질을 상징한다.** 브랜드 자산은 좋은 일을 함으로써 구축된다. 그 제품 및 서비스가 고객에게 가치를 인정받고 있다면 그 로고 또한 사람들이 기대하는 가치를 상징해야 한다.
- **누구나 알고 존경하는 브랜드를 창조하기 위해서는 좋은 마케팅 커뮤니케이션을 꾸준히 실행하라.** 마케팅 프로그램은 침묵 속에 빠지면 안 된다. 마케팅 커뮤니케이션에는 패키지나 광고부터 웹사이트 콘텐츠까지 모든 것

> 이 포함된다. 제품이 전달하는 가치와 전문성, 브랜드를 통한 경험을 지속적으로 전달하라. 그런 커뮤니케이션과 마케팅 활동들을 통해 시간이 지나면서 로고가 상징하는 것들이 결정된다.

일반적으로 유명 브랜드들은 단순하고 명쾌한 폰트 및 보수적인 컬러를 오랫동안 유지하는 경우가 많지만, 소비자들이 열광할 만한 창의적인 광고나 제품 디자인, 유통 전략으로 독특한 브랜드 아이덴티티를 개발하기도 한다. 사람들이 쉽게 이해하고 식별할 수 있도록 단순한 크리에이티브를 유지하되, 그런 아이덴티티를 통해 즐거운 경험을 제공하는 것도 좋다.

아무리 저명한 아티스트라도 생애 처음으로 붓을 든 순간에 명작을 그릴 수는 없다. 마찬가지로 그래픽 소프트웨어를 처음 사용해보는 사람이 한번에 좋은 디자인을 개발할 가능성은 낮다. 아이디어를 탐색하고 시각화할 수 있는 충분한 시간을 할애해야 한다.

기발한 아이디어를 내기 위해서는 영감을 줄 만한 소재들을 찾아라. 창의적인 마케팅 사례를 수집하고, 전 세계 여러 회사의 브랜드 로고를 훑어보고, 핀터레스트에서 마음에 드는 디자인을 모아 나만의 게시판을 만들고, 그 디자인 요소들을 회사 관계자뿐 아니라 지인들과 공유하고 의견을 나눠라. 그런 이미지들을 봤을 때 제일 먼저 떠오르는 단어는 무엇인가?

브랜드 아이덴티티에 대한 몇 개의 콘셉트를 개발했다면 그것을 친구와 동료, 고객들과 개인적으로 공유하거나 온라인 설문조사 방식으로 테스트해보라. 그들에게 콘셉트를 하나씩 보여준 다음 처음 떠오르는 생각을 말해달라고 요청하라. 사람들의 답변이 그 브랜드와 함께 연관됐으면 하는 속성들과 일치하는가? 그 속성들은 핵심 고객들의 마음을 사로잡을 만한 특징 및 가치에 해당되는가?

새로운 아이디어를 발굴하는 단순한 방법

창의성은 과학이 아니다. 창의성은 상상력과 개인적 특성, 그리고 일상적인 사건이나 제품을 남들과 다른 관점으로 살펴본 다음, 새로운 아이디어를 의미 있는 방식으로 전달하거나 묘사하는 능력의 산물이라 할 수 있다. 새로운 아이디어는 정보를 흡수하고 다른 사람들의 활동을 조사하며 문제에 의문을 품고 기능적 측면보다는 감성적 측면으로 문제를 바라보며 아이디어를 관련 이슈들을 통해 이리저리 돌려본 다음, 뭔가 적절한 해법이 튀어나올 때까지 실험을 함으로써 도출된다.

상상력을 새롭고 색다른 방식으로 활용하는 데 도움이 되는 몇 가지 아이디어를 소개하겠다.

» **단순화할 수 있는 방법을 찾아라.** 자사의 제품이나 사업, 그 미션을 아주 단순하게 설명할 수 있을까? 브랜드 웹사이트에 담긴 메시지를 열 단어로 요약할 수 있을까? 인쇄 광고의 헤드라인을 원래 의미는 놓치지 않으면서 더 줄일 수 있을까? 많은 마케팅 콘텐츠들이 너무 복잡하고 이해하기도 쉽지 않다. 단순함은 미덕이다. 단순한 콘텐츠는 오래 읽지 않아도 한눈에 파악할 수 있으므로 브랜드의 핵심 가치를 즉시 전달할 수 있다.

» **브랜드 페르소나를 보여주는 유명인이나 롤모델을 생각해보고 그 사람이 브랜드 대변인이라고 상상해보라.** 예를 들어, 말랄라 유사프자이나 테일러 스위프트 혹은 맥클모어라면 그 제품의 패키지와 광고, 웹사이트 디자인을 어떤 식으로 변경할 것 같은가? 브랜드 가치를 설명할 때는 어떤 단어들을 사용할까? 쓸데없는 생각일 수도 있지만, 이런 쓸데없는 생각 끝에 정말 기발한 아이디어가 도출되기도 한다.

» **재미를 추구하라.** 스티븐 콜베어, 지미 키멜, 지미 펄론은 자신의 토크쇼에서 그 제품이나 브랜드를 어떤 오프닝 멘트로 설명할까? 브랜드에 대해 어떤 이야기를 하고, 어떤 농담을 섞어 소비자에게 그 제품의 가치를 전달할까? 당신에게 3분이라는 시간이 주어진다면 어떤 식으로 그 제품을 설명할지 생각해보라. 혹은 뉴욕의 NBC 스튜디오 앞에 있는 거리에서 행인들에게 그 제품을 사용했을 때 가장 좋은 점 세 가지를 꼽아달라고 인터뷰를 한다면 어떤 대답이 나올지 상상해보라. 이런 상상을 통해 어떤 재밌는 아이디어나 시선을 사로잡는 광고 캠페인 혹은 기발한 헤드라인이 떠오를지는 아무도 모르는 일이다.

» **고객의 얼굴을 살펴보라.** 다양한 장소나 공간에 있는 핵심 고객들의 이미지를 검색해보라. 이를테면 친목의 시간을 갖거나 쇼핑을 하거나 일하고 있는 밀레니얼 세대 남성이나 직장에 있거나 운동을 하거나 아이들과 함

께 어울리거나 교실에 앉아 있는 베이비부머 세대의 여성의 모습처럼 말이다. 그들의 얼굴에 비친 표정에 주목하라. 자신감이 넘치는가? 뭔가에 열정적으로 빠져 있는가? 아니면 만족스러운 미소를 머금고 있는가? 이런 작업은 고객이 가진 갖가지 얼굴들을 더 잘 '보고' 그들의 마음을 움직일 수 있는 크리에이티브를 개발하는 데 도움이 된다. 페이스북 페이지에서 실제 사람들의 모습과 광고들을 훑어보면서 다양한 페르소나가 어떻게 표현돼 있는지 확인하라.

» **줄이는 연습을 하라.** 굉장히 작고 간단한 서식으로 브랜드 메시지를 전달하려 해보라. 이런 제약은 아주 흥미로운 방식으로 메시지의 논리성과 명확성을 높인다. 브랜드의 가치를 세 가지로 정리하거나 포스트잇에 적어보자. 이런 연습이 얼마나 강력한 효과를 내는지, 그 결과를 보면 깜짝 놀랄 것이다.

» **키우는 연습을 하라.** 고객들에게 전하고 싶은 브랜드 메시지를 굉장히 큰 서식에 써넣는다고 생각해보라. 생각의 규모를 바꾸면 창의적인 아이디어를 더 쉽게 얻을 수 있다. 브랜드 ESP를 전광판이나 달리는 트럭 광고, 스포츠 경기장의 득점판이나 배너 광고로는 어떻게 표현할 수 있을까?

» **새로운 광고 공간을 찾아라.** 업계에서 한번도 시도해보지 않은, 고객에 접근할 수 있는 새로운 공간은 없을까? 피트니스 센터에서 열심히 운동하는 사람들이 일종의 보상을 느낄 수 있도록 아이스크림 전단지를 보내는 건 어떨까? 노인들이 자주 가는 장소에서 놀이동산이나 어린이용 제품을 홍보해보라. 그러면 아이들의 조부모가 생각하는 가족 나들이에 대한 아이디어를 얻을 수 있을 것이다.

» **스스로 고객이 되어보라.** 젊은 남성들을 대상으로 마케팅을 하고 있는가? 그렇다면 해당 고객들이 자주 찾는 나이트클럽이나 야외 콘서트장, 레크리에이션 센터 혹은 식당에서 시간을 보내라. 그리고 관찰하라. 그들의 행동과 말, 스타일, 태도를 관찰하라. 대화도 함께해보라. 그리고 관찰한 내용을 기록하라. 집에 가서 담당하는 브랜드를 새로운 관점으로 살펴보라. 마케팅 자료에 녹아 있는 브랜드 컬러와 단어, 디자인 레이아웃, 정보는 고객의 핵심 가치를 반영하고, 고객의 에너지와 관심사에 부합되는가?

집단 활동으로 창의성 개발하기

회의실처럼 한정된 장소에 있으면 대부분의 사람들이 예전 아이디어를 재탕하거나 동료들 앞에서 창피나 당하지 않을까 하는 두려움에 조용히 앉아 있는 경우가 많다. 그러다 누군가 용기를 내서 의견을 말하면 다른 사람들이 재빨리 그 의견에 동의해 버림으로써 회의를 이내 끝내고 각자 할 일만 받아올 때가 많다. 이런 식의 집단적 사고를 막고 시간 낭비를 피하기 위해서는 새로운 방식의 브레인스토밍이 필요하다.

지금부터 집단 안에서 창의성을 개발하는 최고의 기술 몇 가지를 소개하겠다. 보통 이런 기법들을 통해 나오는 일련의 아이디어 중에는 유용한 것도 있지만 그렇지 않은 것도 많다는 점을 알아야 한다. 하지만 처음에는 아주 이상한 아이디어도 실제로 효과가 있는 좋은 개념으로 발전되는 경우가 이따금 생기므로 어떤 생각도 제지하거나 무시하지 말라.

브레인스토밍

브레인스토밍의 목적은 새로운 아이디어를 내고 팀이 색다른 방식으로 생각할 수 있도록 자극하는 것이다. 효과적인 브레인스토밍을 위해서는 팀원들이 생각의 날개를 마음껏 펼칠 수 있는 편안한 분위기를 조성해야 한다. 전통적인 관습부터 요즘 아이디어, 극단적인 상황까지 이것저것 자유롭게 생각하라. 어떤 말이 나와도 비웃지 말고, 그들의 경력에도 아무 영향이 없다는 것을 확실히 명시해야 누구나 솔직하게 목소리를 높일 수 있다. 회의에 '제한 없음'이란 규칙을 적용하고, 진행자가 아이디어를 먼저 소개함으로써 회의를 시작해보자. 진행자는 좋은 아이디어도 내고 그저 그런 아이디어도 냄으로써 다른 사람들도 자신감을 갖고 어떤 의견이나 자유롭게 말할 수 있도록 유도하라.

전시장 부스를 재밌는 서커스장이나 거대한 동굴로 꾸민다거나 커다란 제품 모형을 만들어 방문객들이 그 안에 들어가 볼 수 있게 하는 등의 대담한 아이디어를 제시하면 팀원들 사이에 더 재밌는 발상들을 촉발할 수 있다.

브레인스토밍 회의를 성공적으로 만드는 규칙에는 다음과 같은 것이 있다.

» **질보다는 양** : 가능한 많은 수의 아이디어를 내기
» **아이디어 비판 금지** : 아무리 터무니없는 아이디어도 회의록에 넣기
» **아이디어 소유권 금지** : 다른 사람이 낸 아이디어를 누구나 추가로 개선하고 발전시킬 수 있도록 하기

많은 아이디어 중에서 몇 개를 추려야 한다면 참석자마다 최고의 아이디어 3개씩을 뽑게 한 다음 투표 결과를 집계하라. 이렇게 선정된 아이디어들을 한번 더 개선한 다음, 구현 가능성과 잠재 수익성이 가장 높은 아이디어를 파악하라. 그런 아이디어가 하나도 없다면 다시 브레인스토밍을 시작해서 새로운 아이디어를 도출해보자.

질문형 브레인스토밍

질문형 브레인스토밍도 기본 규칙은 브렌인스토밍과 같지만 참석자들이 아이디어보다 질문에 집중하는 것이 중요한 차이다.

만약 전시회에서 더 많은 사람들을 유인할 수 있는 새로운 부스 디자인에 대한 아이디어를 내는 것이 미션이라면 팀원들에게 다음 질문들에 대해 생각해달라고 요청하자.

» 규모가 큰 부스가 작은 부스보다 더 많은 방문객들을 유인할 수 있을까?
» 지난번 전시회에서는 어떤 부스가 사람들에게 가장 큰 주목을 받았었나?
» 부스에 모든 사람들이 방문하기를 원하는가? 아니면 관심을 얻고 싶은 특정 유형의 고객들이 따로 있나?
» 부스 안에 휴식 공간을 두거나 무료로 커피를 제공하면 도움이 될까?

이런 질문들은 참석자들로 하여금 관련 주제에 대해 생각의 나래를 펼치고 관련 정보를 탐색하도록 자극한다. 그 결과 신선하고 효과적인 전시 부스를 기획할 수 있을 것이다.

희망적 사고

희망적 사고(wishful thinking)는 광고대행사인 영앤루비컴의 카피라이터였던 헨리 노린스가 제안한 기법으로, 그가 여행에 대한 크리에이티브 워크숍에서 직원들을 교육할 때 직접 활용했다. 이 기법은 브렌인스토밍의 기본 원칙을 따르면서 참석자들이

모든 발언을 할 때마다 '~했으면 좋겠어요'로 끝내야 하는 게 다른 점이다.

희망적 사고 기법은 광고 같은 마케팅 커뮤니케이션 아이디어를 개발하는 데 특히 유용하다고 알려져 있다. 마케팅 목표에 가장 잘 부합되는 커뮤니케이션 활동을 생각해내야 한다면 사람들에게 주제를 제시한 다음 그에 관해 바라는 것들을 이야기해달라고 하라.

비유와 은유

비유와 **은유**는 창의성을 자극하는 훌륭한 도구다. 뉴로마케팅 분야의 선구자인 제럴드 잘트만 교수는 은유가 갖는 힘을 심층적으로 분석한 『마케팅 메타포리아 : 소비자의 마음과 행동을 지배하는 7가지 은유(Marketing Metaphoria: What Deep Metaphors Reveal about the Minds of Consumers)』를 썼다. 그는 이 책에서 소비자가 삶에서 직면하는 대부분의 이슈들에 대해 어떤 식으로 은유적 사고를 하는지, 그리고 마케터들은 인간의 이런 특징을 광고 카피에 어떻게 활용할 수 있는지를 설명한다. 당신이 담당하는 상품군에는 주로 어떤 은유들이 쓰이는가?

예를 들어 필자가 관여했던 브랜드 중 건강보조제 산업의 경우에는 '운동 건너뛰기 카드', 그리고 스마트폰 산업에서는 '10대 추억 팔이 장비' 같은 말이 통용된다.

비유와 은유 중심의 크리에이티브는 종종 소비자들 마음의 정곡을 찌른다. 소비자들이 자신의 모습을 발견할 만한 사진을 찾아라. 그들을 세상을 구하는 영웅으로 표현하면 어떨까? 문제아를 변모시키는 선생님은? 암 퇴치의 열쇠를 쥐고 있는 과학자는?

영업부터 고객 서비스까지 부서별 담당자들에게 회사 브랜드를 효과적으로 설명할 수 있는 은유를 하나씩 생각해달라고 요청하라.

은유란 서로 다른 대상 사이의 유사성을 보여주는 단순한 표현이다. 비유는 이보다 좀 더 복잡하다. 서로 다른 두 대상의 유사성을 언어적 요소보다 그 주장의 근거로 이끌어내는 경향이 높다. 비유의 예로는 "우리는 모두 애벌레다" 같은 표현을 들 수 있다. 인내심을 갖고 똑바로 앉아서 배움에 정진하면 언젠가는 매력적인 사람으로 변모할 수 있다는 것을 이런 비유로 표현한 것이다.

은유는 사람들의 시선을 집중시키는 마케팅 콘텐츠나 광고 카피를 만드는 재밌고 빠른 방법이다. 비유는 고객들이 장기적으로 꿈꾸는 목표를 달성하는 데 제품이 어떤 가치를 줄 수 있는지 발견하도록 돕는다.

예를 들어 마케터들의 업무 속도와 성과를 제고하는 소프트웨어 상품을 판매한다면 여러 장애물이 놓인 코스를 완주해야 하는 마케터의 모습을 제품 커뮤니케이션에 비유적으로 활용할 수 있다. 높은 허들을 넘고 질퍽거리는 늪을 건너야 하는 선수에게 아주 효과적인 도구가 있다면 누구나 경쟁에서 승리하고 우승을 쟁취할 수 있다는 사실을 보여주는 것이다.

비유는 오히려 역효과를 낼 수도 있으므로 신중하게 접근해야 한다. 예를 들어, 1950년대에 나왔던 한 광고는, 당시 듀폰이 발명한 기적의 플라스틱인 셀로판을 소개하기 위해 황새 한 마리가 갓난아이를 싼 투명한 비닐봉지를 부리에 문 모습을 보여줬다. 물론 그 광고를 만든 사람들은 광고 속 아기가 곧 질식당할 것처럼 보인다는 사실을 조금도 눈치채지 못했던 것 같다. 센스 없고 편향되며 불쾌감을 일으킬 수 있는 비유는 특히 조심해야 한다. 일례로 최근 메르스데스 벤츠는 S 클래스 세단의 인쇄 광고에서 제품의 높은 안전성을 과시하기 위해 자동차의 에어백을 (에어백 수가 많을수록 더 안전한 것은 사실이지만) 가슴이 8개 달린 여성에 비유했다. 대부분의 독자들도 상상할 수 있겠지만, 이 광고는 벤츠의 마케팅 담당자들이 기대했던 만큼 소비자에게 어필하지 못했다.

이뿐만이 아니다. 재규어는 2014년에 비싸기로 유명한 슈퍼볼 광고로 "나쁜 것이 더 매력적이다(Good to Be Bad)"란 캠페인을 출시했는데, 광고는 재규어의 F타입 쿠페 모델을 악당들의 차로 포지셔닝했다. 물론 광고 모델들을 냉혈한 악당으로 인식하지 않은 시청자도 많았겠지만, 광고가 출시된 이후 이 제품의 구매의향 점수는 상당히 떨어졌다. 또 영국의 광고심의기구는 이 광고가 무책임한 운전을 조장한다는 이유로 방송을 금지했다. 물론 재규어 마케터 중 이런 캠페인 결과를 예상한 사람은 아무도 없었을 것이다.

돌려 보기

돌려 보기(pass-along)는 집단이 정신적 장벽을 깨부수고 자유로운 연상과 협력적 사고를 하도록 돕는 간단한 게임이다. 이 게임을 처음 접한 사람은 다음에 있는 설명을 참조하라.

> » 종이 맨 위에 한 사람이 그 주제에 대한 뭔가를 쓴 다음 옆에 앉은 사람에게 돌린다. 종이를 받은 사람은 첫 번째 사람이 쓴 글 바로 아래에 자신의 의견을 적는다.
>
> » 참여자들은 종이를 계속 돌려가며 각자의 생각을 적는다. 종이가 테이블을 한 바퀴 돈 다음에도 필요하다면 계속 써나갈 수 있다.

일단 참석자들이 이 게임의 분위기에 동화되면 사람들의 생각이 종이 위에 한 줄씩 추가되면서 이윽고 춤을 추기 시작한다. 문구마다 뭔가 새로운 것을 제시하면서, 당면한 문제에 대한 여러 해결 방안과 훌륭한 아이디어들이 줄줄이 나오기 때문이다. 게임 참여자들이 앞서 나온 주장에 새로운 의견을 추가하면서 그 내용을 더 발전시키고, 어떤 사안에 대한 새로운 측면들이 계속 드러난다.

만약 은행에서 '돌려 보기' 게임을 한다면 다음과 같이 진행될 수 있다.

주제 : 고객이 개인 자산을 더 잘 관리하는 데 우리 은행은 어떻게 보조할 수 있을까?

- 고객이 복권에 당첨되도록 돕는다.
- 매달 수입의 1%씩을 저축할 수 있게끔 한다.
- 자녀의 대학 등록금을 미리 저축할 수 있도록 돕는다.
- 개인의 자산 상태를 지속적으로 파악하고 관리할 수 있게 한다.
- 고객들에게 가계부를 나눠줌으로써 수입과 지출을 관리하게 한다.
- 부도 수표처럼 금융 관련 문제가 생기면 이를 미리 고지하여 고객이 문제를 예방할 수 있도록 돕는다.

여기 재밌는 돌려 보기 아이디어가 하나 더 있다. 사람들에게 회사 이름이나 브랜드명과 라임을 이루는 단어 20개를 찾으라고 요청하라. 이 게임에서 나온 단어들을 통해 신규 라디오 광고의 징글이나 유튜브 동영상, 배너 광고 등에 대한 재치 있는 아이디어를 얻을 수 있다. 어리석은 소리라고? 조사에 따르면 라임을 가진 단어나 구문은 회상률이 더 높다고 한다. 그러니 빈틈과 어리석은 아이디어도 과감히 제시하라. 어떤 수확이 있을지는 아무도 모른다.

크리에이티브 개발 프로세스 관리하기

창의성을 터무니없고 비정상적인 아이디어를 발상하는 것으로 여긴다면 그건 일부만 맞는 말이다. 물론 창의적인 콘셉트를 얻으려면 개방적인 사고가 필요하지만, 동시에 광고나 제품, 매장, 고객 여정, 경험, 기타 마케팅 활동에 현실적으로 적용할 수 있는 콘셉트를 개발해야 한다.

다음의 4단계 프로세스는 아이디어를 실질적인 수익으로 돌릴 수 있는 방법이다.

1. 착수하기

착수 단계에서는 소비자의 니즈나 문제 해결 기회를 인식하고, 집중적인 크리에이티브 개발 과정에 착수하는 질문들을 묻는다. 제품에 대한 기능적 · 가격적 니즈뿐 아니라 감성적 니즈를 충족시킬 수 있는 기회를 찾으면 장기적으로 큰 성공을 거둘 수 있다. 예컨대 콘텐츠 마케팅 캠페인으로 소비자에게 강한 흥미를 유발하면서 이 장 초반에 언급했던 "하지만 선택은 당신의 자유입니다" 개념을 활용한다고 생각해보자. 우선 온라인 홈페이지에서 브랜드가 약속한 가치들을 살펴본 다음, 그 가치들이 소비자의 두려움, 불안감, 신뢰 부족과 관련돼 있는지 확인하라.

2. 상상하기

크리에이티브 개발 과정 중 상상하기 단계에서는 개인의 예술적 감각을 살린 상상력과 대담하고 기발한 생각들을 펼쳐나간다. 제품의 기능적 가치, 경쟁적 위치, 특히 감성적 충족 가치에 대한 브레인스토밍을 하라. 예를 들어 명품 의류의 경우에는 신체 보호나 기능성에 중심을 두고 판매하는 제품이 아니라 목표 고객에게 자존감과 우월감, 성공의식을 얼마나 부여하느냐가 훨씬 더 중요하다. 이런 측면에서 브레인스토밍을 한 후 도출된 아이디어가 얼마나 차별적인지 검토하라.

3. 발명하기

상상을 통해 나온 모든 자유로운 아이디어들을 비판적으로 살펴본 후, 그중에서 브랜드 ESP를 가장 잘 표현하면서 제품의 기능과 잘 연결되는 것을 선정하라. 아이디어의 실용성을 높이고 실제로 구현할 수 있는 방법들을 찾아라. 그 아이디어를 중심으로 브랜드의 페르소나와 가치, 약속을 뒷받침하면서 다른 브랜드 활동들과 상충되지 않는 크리에이티브 콘셉트를 개발하라. 모든 커뮤니케이션 캠페인에서 브랜드 이미지를 일관적으로 유지하는 것은 기본이다.

4. 실행하기

새로운 캠페인 아이디어를 콘텐츠 마케팅 전략들을 통해 모든 채널에서 집행하는 방법을 찾아라. 신규 아이디어나 오퍼, 가치를 처음으로 소개할 때는 다음 설명된 내용을 포함해 모든 채널에 아울러 사용할 수 있는 단어나 짧은 구문을 찾아라.

- 판매시점(POS) 전시물
- 이메일
- 모바일 메시지
- 소셜미디어와 웹사이트 콘텐츠
- 게임
- 박람회나 전시회
- 인쇄 광고

마케팅 주제는 캠페인마다 혹은 제품마다 다를 수 있다. 하지만 브랜드 가치와 포지셔닝 문구는 늘 같아야 한다. 캠페인마다 슬로건을 바꾸면 안 되지만, 새로운 크리에이티브 주제를 소개할 때에는 브랜드 슬로건이나 전체적인 가치 문구를 뒷받침하고 보완하는지 반드시 확인하라.

대담한 아이디어를 상상하고 그 아이디어를 현실화하기 위해서는 다양한 재능이 필요하다. 앞서 설명한 4단계(착수하기, 상상하기, 발명하기, 실행하기)마다 각각 다른 유형의 활동들을 이행해야 하므로, 크리에이티브 개발 과정에 마케팅 팀원들만 참여해서는 안 된다. 제품의 유통, 콜센터, R&D, 회계, 고객 서비스 담당자들도 초대해서 그들의 통찰력을 활용하라.

창조적 사고력 높이기

마케터의 창조적 에너지가 원활하게 흐르기 위해서는 도움이 필요하다. 몇 가지 팁과 현실 세계의 사례들을 확인해보자.

- **분류가 다른 회사와 교차 프로모션 추진하기** : 한 종묘상은 같은 지역에 있는 서점과 봄맞이 교차 프로모션을 진행했다. 종묘상은 정원 식물들의 사진과 이름이 들어간 북마크를 할인 쿠폰과 함께 서점에 제공했다. 해당 종묘상에서 어떤 식물을 구입하든 10% 가격을 할인해주는 쿠폰이었다. 서점은 그 대신 손님들이 참고할 수 있도록 원예 도서들을 종묘상에 제공했다. 또 종묘상은 책들이 꽂힌 선반에 서점에 감사한다는 메시지를 단 후 서점에서 책을 구입할 때 가격을 10% 할인받을 수 있는 쿠폰도 함께 두었다.
- **대중의 시선 모으기** : 한 척추지압사는 자신이 타고 다니는 자동차의 한 면을 편안한 모습으로 잠자고 있는 사람의 커다란 사진으로 장식했다. 그리고 차의 반대쪽 면에도 똑같은 인물의 골격 사진을 붙였다. 그녀의 척추가 얼마나 잘 배열돼 있는지를 보여주는 사진이었다. 지압사의 자동차는 지나가는 사람들에게 엄청난 관심을 받았고, 차량 광고를 시작한 다음 달에는 환자들의 문의가 200%나 증가했다.
- **게임 만들기** : 모바일 기기에서 플레이할 수 있고 무료 제품을 부상으로 제공하는 게임은 신규 매출과 충성도를 높이는 데 매우 큰 효과를 낸다.
- **함께 브레인스토밍을 할 수 있는 크리에이티브 전문가 기용하기** : 예술가, 발명가 혹은 브랜드 공간을 이해하는 컨설턴트를 그 대상으로 고려하라.

수많은 광고와 메시지, 콘텐츠가 범람하는 복잡한 시장에서 돋보일 수 있는 열쇠는 바로 창의성이다. 하지만 창의성은 소비자가 그 브랜드를 경험할 수 있는 모든 접점(제품은 물론 프로모션, 콘텐츠, 광고, 구매와 서비스)에서 자신과의 관련성을 유지할 수 있도록 관리돼야 한다. 창의성으로 소비자의 시선을 포착하고 관심을 얻고, '다른' 브랜드로 그들의 머릿속에 남아야 한다.

Chapter

08

효과적인 디지털 도구 및 기법

제8장 미리보기

- 디지털 도구와 친숙해지기
- 페이스북 마케팅 전략 개발하기
- 트위터, 인스타그램, 링크드인, 핀터레스트 활용하기
- 팟캐스트, 웨비나, 동영상 사이트에 브랜드 노출하기
- 온라인에서 광고 캠페인 효과 극대화하기
- 디지털 도구 스마트하게 활용하기

오늘날의 디지털 마케팅은 관련 도구와 기법, 트렌드가 사람들이 상상하는 것보다 급속히 변하므로 마치 움직이는 과녁을 향해 쏘는 기분이 든다. 또한 거의 모든 마케팅이 디지털 채널과 기기, 플랫폼, 분석 도구 등과 관련돼 있으므로, 디지털 마케팅이라는 용어도 이제는 모순돼 있다는 생각이 든다.

어떤 사업을 하든 담당 직무가 무엇이든 혹은 해당 시장의 규모와 범위가 어느 정도든 성공을 위해서는 디지털 마케팅 도구들을 속속들이 꿰차고 있어야 한다.

디지털 기술이 신규 시장을 개척하고 그전까지는 접하지 못했던 고객들과 관계를 맺을 수 있는 신나는 기회를 전해주는 것은 사실이지만, 디지털 기술을 적절히 사용하는 과정에서 다음과 같은 어려움도 만나게 된다.

- 디지털 도구들은 끊임없이 바뀐다. 한 디지털 도구에 대해 완전히 익숙해지면 또 다른 도구가 등장한다.
- 디지털 기술이 가진 고도로 개인화된 커뮤니케이션 능력 덕분에 고객들은 이제 자연스레 그런 기대감을 품는다. 전통적인 마케팅 기법들은 효과가 떨어지는 것으로 간주되고, 마케터들은 고객경험을 전체적으로 개선하는 데 급속히 발전하는 기술을 활용해야 한다는 압박을 받는다.
- 마케터들이 언제 어디서나 고객과 커뮤니케이션할 수 있게끔 그 역량을 부여하는 디지털 채널들에 대해 폭넓고 깊이 있게 이해하고 관리하는 데에는 또 다른 어려움이 따른다. 예전에 마케팅을 담당했던 브랜드 매니저들은 훌륭한 오퍼로 똑똑한 마케팅 캠페인을 개발하고 TV, 라디오, 신문, 잡지, 옥외 광고 등을 대상으로 좋은 매체를 발굴하며 그 비용을 협상하는 정도만 걱정하면 됐다. 하지만 요즘 마케터들은 다양한 고객 세그먼트별로 수많은 채널 안에서 최선의 기회를 파악해야 한다. 그런 다음에는 각 캠페인의 모든 요소를 고객 세그먼트나 페르소나에 따라 조정하고, 각 채널에 따라 형태를 맞추고, 캠페인을 재빨리 그리고 자주 집행해야 한다. 아, 그걸로 끝이 아니다. 그런 다음에는 소셜미디어에서 오가는 대화 내용과 온라인 제품 리뷰를 검토하고 고객의 관심이나 브랜드 명성, 판매량을 잃지 않도록 그들의 니즈에 재빨리 대응해야 한다.

머리가 지끈거리지 않는가? 하지만 고맙게도 이런 활동들은 관리가 가능하다. 비밀은 고객들이 디지털 채널을 사용하고 그에 반응하는 방식에 따라 세부적인 계획을 차트로 그린 다음, 그 지침에 따라 고객과 커뮤니케이션하고 광고를 배치하며 의미 있는 온라인 경험을 창출하도록 마케팅 자원과 시간을 할당하면 된다. 그렇지 않으면 몸만 바쁘고 돌아오는 것은 없을 것이다.

일단 어떤 채널을 어떻게 활용할지 계획이 수립되면 원하는 소비자에게 접근하고 원하는 예산으로 기대하는 성과를 내기 위해서는 어떤 기술적 투자가 필요한지에 대한 계획도 필요하다.

이 장에서는 고객의 참여와 매출을 견인하는 여러 디지털 채널에 대한 통찰과 그 통찰을 마케팅 계획에 적용하는 팁을 전수해줄 것이다. 또한 제7장과 제10장에서 다루는 내용에 덧붙여 여러 채널에 걸쳐 콘텐츠를 효과적으로 배치하고 관리하는 방법에 대한 지침도 전해줄 것이다.

이 장에서 논의하는 마케팅 채널들에 대해 좀 더 깊이 있는 정보를 원한다면 얀 지머맨과 데보라 잉이 집필한 『더미를 위한 올인원 소셜미디어 마케팅(Social Media Marketing All-in-One For Dummies)』 제4판을 확인하라.

놓치면 안 되는 디지털 채널 탐구하기

표 8-1에 열거된 디지털 채널들은 마케팅 계획을 수립하고 시간 및 예산을 할당할 때 고려할 필수 플랫폼들로, 이들을 자유자재로 다루고 관리할 줄 알아야 한다. 리소스가 부족하다면 이 중 몇 개만 활용한 다음 상황에 따라 범위를 확대하자. 하지만 가용 자원과 상관없이 마케터라면 경쟁사들이 (그리고 고객이) 지속 가능한 마케팅 프로그램과 경쟁력 있는 사업을 운영하기 위해 활용하는 채널과 도구들에 대해서는 기본 지식을 갖춰야 한다.

페이스북의 월 활성 사용자(monthly active users, MAU) 수는 트위터나 인스타그램보다 많고, 사실상 다른 채널들의 MAU를 모두 합친 것보다 많으므로, 페이스북부터 시작해보자.

표 8-1 디지털 채널

소셜미디어 채널	디지털 도구
페이스북	팟캐스트
트위터	동영상
링크드인	웨비나
핀터레스트	게임
인스타그램	콘텐츠 관리 시스템

페이스북으로 판매로 연결되는 관계 구축하기

페이스북은 절대 간과할 수 없는 중요한 마케팅 도구다. 만약 어떤 이유로든 이 말을 믿을 수 없다면 다음에 있는 '페이스북 팩트 체크'를 확인하라. 고객과의 대화나 프로모션, 관계 구축을 목적으로 페이스북을 효과적으로 사용하고 싶다면 구체적으로 페이스북에 맞는 콘텐츠 마케팅 계획과 광고 계획을 수립해야 한다. 그저 다른 용도로 개발한 콘텐츠가 있다고 그대로 페이스북에 게시해서는 안 된다. 메시지에 대한 계획 없이 게시한 콘텐츠는 백해무익하다. 의미 없는 콘텐츠로는 오히려 '좋아요'와

【 페이스북 팩트 체크 】

다음은 제포리아디지털마케팅에서 최근 발표한 보고서에 수록된 내용이다. 이 숫자들을 보면 "페이스북의 규모가 도대체 어느 정도예요?" 같은 질문에 대한 답을 얻을 수 있다. 물론 이런 통계 수치가 그다지 놀랍지 않은 사람들도 있겠지만, 사업을 하는 사람에게 페이스북은 절대 무시할 수 없는 존재라는 사실만은 분명하다. 페이스북을 단지 학부모나 애완동물 주인들을 위한 '자랑의 무대'로만 치부할 수 없다.

- 월평균 18억 7,000명의 활성 사용자 : 16%의 연간 성장률
- 일평균 11억 8,000명의 활성 사용자
- 일평균 10억 3,000명이 휴대전화로 접속 : 22%의 연간 성장률

이 숫자들을 봐도 오늘날 우리 삶에서 소셜미디어가 차지하는 역할에 놀라지 않는다면, 여기 몇 개의 숫자가 더 있다.

- 47억 5,000개의 콘텐츠 공유 : 94%의 연간 성장률
- 45억 개의 '좋아요'
- 3억 개의 사진 업로드

페이스북에서는 60초마다 발생하는 것들

- 51만 개의 댓글
- 29만 3,000개의 상태 업데이트
- 13만 6,000개의 사진 포스팅

마케터들이 주목해야 할 것이 여기 하나 더 있다. 페이스북 사용자들은 사이트를 방문할 때마다 평균 20분을 머무른다. 그곳에 있는 모든 콘텐츠를 생각하면 20분이란 시간은 고객들의 시선을 확보하고, 의미 있는 대화에 참여하고, 회사가 원하는 방식으로 그들의 행동을 이끄는 데 충분한 시간이 아니다.

'팔로워', '구독자'를 잃게 되고, 그렇게 멀어진 관심은 되돌릴 수 없기 때문이다.

다음 내용은 페이스북용 콘텐츠와 광고 계획을 수립할 때 숙지해야 할 지침이다. 하지만 이 원칙들은 이 장에서 설명하는 다른 소셜미디어 채널에도 적용된다. 따라서 트위터나 인스타그램, 링크드인, 기타 소셜 사이트에서 브랜드의 위상을 높이고 고객들과 대화를 시도할 때 다음 내용들을 고려하고 따르라.

페이스북 마케팅 계획 성공적으로 수립하기

페이스북은 많은 사람들이 자신의 일상을 기록하고, 삶에서 최고의 순간들을 타인들과 공유하는 장이다. 또한 페이스북은 기업이 핵심 고객들의 가치를 지지하는 방식으로 자신들의 브랜드 스토리를 들려주기에도 최적의 공간이다. 브랜드 스토리를 전하고 주요 고객들과 대화로 관계를 형성해나가기 위한 계획을 수립할 때 꼭 기억할 점은, 페이스북은 스토리를 위한 공간이지 영업과 선전의 공간이 아니라는 사실이다. 소비자들이 이 채널을 사용하는 방식을 기업도 그대로 따라야 원하는 목적을 달성할 수 있고, 포스트와 '좋아요', '공유' 등에 투입한 시간과 노력에 대한 보상을 얻을 수 있을 것이다.

페이스북 마케팅 계획을 수립할 때 확정해야 할 몇 가지 주요 요소를 여기에 소개하겠다.

- **목적을 규정하라.** 페이스북 페이지를 고객들과 의미 있는 대화를 나눌 수 있는 공간으로 만들고 싶은가? 또는 제품을 홍보하고, 프로모션 코드나 할인 쿠폰을 전송하거나 매출 실적을 발표하는 장으로 삼고 싶은가? 아니면 그 브랜드에 더 친근한 이미지를 심어주도록 회사와 직원들의 진솔한 이야기를 전하는 페이지를 원하는가? 이 질문에 대한 답과 우선순위를 정하고 다른 이해당사자들의 동의도 얻어냈다면 이제 페이스북 마케팅을 통해 더 높은 성과를 얻어낼 수 있는 위치에 들어섰다고 볼 수 있다.
- **목표를 수립하라.** 페이스북은 어떤 업종에 속해 있든 사업체들에게 아주 다양한 기회와 결과를 돌려줄 수 있다. 그 비밀은 구체적인 목표를 세우고 시간을 지혜롭게 활용하면서 목표를 향한 진척 수준을 평가할 수 있도록 계획을 수립하는 것이다.

페이스북을 통해 달성할 수 있는 목표에는 다음과 같은 것이 있다.

- 당신의 고객들에게 중요한 트렌드나 태도, 니즈를 학습할 수 있다.
- 고객들과의 상호작용을 통해 그들이 제품과 브랜드의 어떤 점을 좋아하는지, 그런 측면에서 제품 및 브랜드를 어떻게 더 보강할 수 있는지 파악할 수 있다.
- 관련 주제에 대한 포스팅 활동으로 잠재 고객을 더 많이 유인할 수 있다.
- 현재 고객 및 잠재 고객들을 브랜드 웹사이트로 유입하게 함으로써 거래 가능성을 높일 수 있다.
- 페이스북 프로모션으로 브랜드에서 보내는 이메일을 허락한 고객들로 구성된 데이터베이스를 보강할 수 있다.
- 이메일 주소가 없었던 기존 고객 및 잠재 고객들과 커뮤니케이션할 수 있다.
- 브랜드를 현재 팔로잉하는 사람들의 '좋아요'나 댓글, 포스트 공유를 통해 브랜드의 현재 위상뿐 아니라 잠재 위상을 높일 수 있다.
- 강력한 브랜드 이미지를 창출할 수 있다.
- 브랜드 관련 커뮤니티나 추종자 집단을 형성할 수 있다.

이런 프로세스와 효과는 다른 소셜미디어 페이지 및 플랫폼에도 똑같이 적용될 수 있다. 따라서 브랜드의 디지털 위상을 높이고 싶다면 이 절차를 적절한 방식으로 따르도록 하자.

다음의 소제목별로 정리된 내용은 앞에서 언급된 목표들을 가능한 한 많이 달성할 수 있는 팁과 예시이다. 하지만 브랜드 소셜 페이지에 등록한 팔로워나 친구가 없으면 이 중 어떤 것도 달성할 수 없다는 점을 명심해야 한다. 모든 소셜 채널을 활용해 사람들을 페이스북(링크드인 같은 다른 플랫폼들도) 페이지로 초대하고 그들이 친구들과 공유할 만한 콘텐츠를 게시해 고객 기반을 구축해나가야 한다. 웹사이트든 이메일이든 그 외 콘텐츠 마케팅 채널이든 거기에 게시되는 모든 마케팅 자료에 브랜드의 소셜미디어 페이지로 연결되는 링크를 표시하라.

페이스북 등 소셜 채널에서 브랜드의 팔로워들을 확보한다는 한 가지 목적으로 이메일 캠페인을 수행하는 방법도 있다. 소비자가 그 브랜드를 팔로잉하거나 연결했을 때 어떤 혜택을 얻을 수 있는지 구체적으로 알려라.

평가지표 결정하기

다른 마케팅 프로그램과 마찬가지로 원하는 목표를 향한 노력들이 어떤 성과를 낳고 있는지 측정할 수 있는 메커니즘은 여기서도 반드시 필요하다. 그래야 확보한 기회를 지키기 위해 더 많은 자원을 투입해야 하는지 혹은 더 나은 성과를 위해 변화가 필요한지 판단할 수 있다.

비즈니스 계정의 경우에는 페이스북(인사이트 브랜드 페이지에 대한 통계, 분석 데이터를 보여주는 대시 보드)을 활용할 수 있는데, 이를 통해 브랜드 팔로워들이 무엇을 좋아하고 또 무엇을 좋아하지 않는지, 포스트별 참여 수준은 어떤지, 어떤 포스트가 '좋아요'를 제일 많이 받았는지, 또 '좋아요'를 준 사용자들이 어떤 경로(검색과 타인들의 공유, 페이스북 광고 등)로 브랜드 페이지에 들어왔는지 귀중한 통찰을 얻을 수 있다. 브랜드 페이지에서 나타나는 트렌드와 댓글들에 주의를 기울여야 한다. 그래야 중요한 기회를 재빨리 발견할 수 있고 문제가 더 커지기 전에 대응할 수도 있다.

학습하기

페이스북에서 유용하고 현실적인 통찰을 얻을 수 있는 기회는 많다. 예컨대 브랜드 팔로워들이 정말 중요하게 여기는 게 무엇인지, 대화 중 그들의 행동을 촉발하는 것이 무엇인지, 그곳에 게시한 질문에 대해 어떤 의견을 냈는지, 그들이 좋아하거나 싫어하는 포스트는 무엇인지, 그들이 어떤 게임을 즐겨 하는지 등에 대한 정보를 얻을 수 있을 뿐 아니라 경쟁사들은 그곳에서 어떤 활동을 하는지도 관찰할 수 있다.

질문을 하라. 대부분의 사람들은 페이스북 포스트에 댓글을 달고 자신의 의견이 반영되는 것을 즐긴다. 선거철에, 또 일반적인 이슈에 대해 혹은 스포츠 경기에 대해 어떤 말들이 나오는지 지켜보라. 브랜드 팔로워들에게 던지는 질문에 그들이 남긴 답변과 댓글만 봐도 엄청난 통찰을 얻을 수 있다.

> 예를 들어, 카펫 청소업체를 운영하고 있다면 이런 질문을 해볼 만하다. "주로 어떤 계기로 카펫 청소를 하게 되는가?"
>
> - 시각적으로 깨끗하고 쾌적한 공간을 위해?
> - 세균을 박멸해 더 건강한 실내 환경을 유지하려고?
> - 새로 산 카펫처럼 깨끗하게 만들려고?

그 회사나 브랜드에 호감을 갖고 있는 사람이라면 자신의 의견을 기꺼이 들려줄 것이다. 만약 작은 보상이라도 따르면 반응은 더 뜨거워진다. 페이스북에는 투표 기능이 있다(www.facebook.com/simple.polls). 이 기능으로 투표 항목을 만들어 게시한 후 그 결과를 확인하면 궁금한 점을 쉽게 분석할 수 있다. 아니면 그냥 간단한 질문을 게시한 다음 어떤 대화들이 오가는지 지켜보라. 페이스북 투표 결과는 이메일로 공유할 수도 있어서 브랜드 페이지로 트래픽을 높이는 역할도 할 수 있다.

팔로워 수가 적다면 투표 기능을 사용하는 데 신중해야 한다. 투표를 게시했는데 참여자가 너무 적으면 그 브랜드가 인기도 없고 팔로워 수도 낮다는 신호로 인식될 수 있으므로 그냥 포스트로 대화를 유도하는 게 낫다.

투표를 진행할 때는 단순한 '예/아니요'식 질문보다 주관식 질문을 올려서 사람들로 하여금 좀 더 생각을 하게 만드는 것이 좋다. "축구 경기를 즐겨 보십니까?"라는 질문보다 "축구 경기를 시청할 때 어떤 점이 가장 좋습니까?" 같은 형태가 더 바람직하다. 이런 질문은 고객들이 어떤 가치와 욕구를 갖고 있는지 발견하는 데 도움이 된다.

브랜드 페이지 관리는 외부에 맡기지 말고 직접 콘텐츠를 모니터하라. 사람들이 페이스북에서 어떤 브랜드의 계정에 들어갔는데, 다른 고객들이 올린 불만의 글들이 아무 응답도 없이 덩그러니 남겨져 있는 상황을 원치 않는다면 말이다. 이런 일이 벌어지면 사이트에 처음 방문한 사람들은 그 제품을 구입하지 말아야 할 합당한 이유를 얻게 된다. 불만에 대한 설명이나 해결책을 제시해야 적어도 다른 고객들은 그 제품에 한번 더 기회를 주지 않겠는가?

소통하기

분명한 사실은, 페이스북에서는 다양한 방식으로 고객들과 소통할 수 있다는 점이다. 그런 좋은 기회를 박차는 것은 담당자의 시간과 상상력 부족 때문일 것이다. 코카콜라의 페이스북 페이지는 가장 많은 수의 팔로워와 '좋아요'를 자랑하는데, 약 1억 200만 명 이상의 팔로워를 보유하고 있어서 페이스북 마케팅에 대한 좋은 아이디어와 영감을 얻을 수 있다.

코카콜라는 중요한 일에 대한 포스트를 자주 게시함으로써 팔로워들과 소통할 수 있는 기회를 자주 갖는다. 예를 들어 2017년 1월 9일에는 대학 미식축구 리그에서 우승한 클렘슨대학교를 축하하는 포스트를 남겼다. 이 포스트는 3만 6,000명이 조회했고, 966명이 '좋아요'를 눌렀으며, 104명이 다른 채널에 공유했다. 코카콜라는 기회를 놓치는 법이 없어서, 2017년 1월 19일에는 팝콘의 날을 기념해 팔로워들에게 친구와 함께 극장 영화를 즐기도록 권했다. 이 포스트는 2만 2,000번의 조회 수와 630개의 '좋아요', 그리고 60번의 공유 기록을 남겼다.

누군가 코카콜라에 대한 포스트를 올리면 이들은 그 글에 응답한다. 일례로 한 코카콜라 애호가가 코카콜라 미니 캔 제품을 정말 좋아하는데 찾을 수 없다는 포스트를 페이스북에 올린 적이 있었다. 코카콜라는 그 사람에게 우편번호를 물었고(물론 개인 메시지로), 가장 가까운 매장 중에서 미니 캔 제품을 구입할 수 있는 곳을 알려줬다. 또 다른 팬은 산타클로스가 과연 자신에게 구직이란 선물을 줄지 묻는 글을 남겼다. 그러자 코카콜라는 그 사람에게 회사의 채용 페이지로 연결되는 링크를 보내줬다. 그저 재미로 한 행동이었는지 아니면 진지하게 채용 기회를 주려는 것이었는지는 알 수 없다.

페이스북에서 고객과 관계를 구축하는 비밀은 두 가지다.

- 읽을 만하고 댓글을 달 만한 가치가 있는 콘텐츠를 게시하라.
- 좋은 내용이든 나쁜 내용이든, 재밌는 글이든 심각한 글이든, 팬들의 글에 답하라.

브랜드 페이지에서 소비자들이 무시당했다고 느낀다면 그들의 마음은 굳게 닫힐 것이다.

브랜드 콘텐츠가 더 많은 사람들에게 공유되는 가장 효과적인 방법은 재밌거나 흥미롭거나 유머러스한 내용 혹은 쿨한 내용의 포스트를 올리면 된다. 보통 멋진 사진이나 재밌는 동영상, 감동적인 이야기가 제일 많이 공유된다.

구축하기

최고의 콘텐츠는 판매량을 높이는 게 아니라 브랜드 팔로워들과 소통하고 관계를 형성하며 신뢰감을 얻고 대화를 유도하는 것이라는 사실을 명심하라. 이런 목적을 달성하면 매출로 자연스럽게 이어질 것이다. 최선의 콘텐츠 전략은 고객들이 자신을 투영할 수 있는 이야기가 담긴 재밌고 긍정적이며 영감을 주고 고객에 적절한 콘텐츠를 올리는 것이다.

반응과 대화와 리드를 이끄는 콘텐츠 개발하기

포스트를 본 사람들이 그 안에서 자신의 모습을 쉽게 발견할 수 있다면 소통과 대화, 새로운 리드를 일으킬 수 있는 최선의 이야기라고 할 만하다. 하지만 요령 있게 작성된 상태 업데이트로는 잠재적으로 거래의 대상이 될 수 있는 새로운 방문객들로 브랜드 페이지를 채울 수 없다. 하지만 다른 사람에게 그들의 생각이나 의견, 전문성이 녹아든 대답과 상호작용을 이끌어내는 콘텐츠를 게시하면 그들과 대화의 물꼬를 트고 시업에 적당한 고객 리드를 확보할 수 있다.

페이스북에서 리드를 발생시키는 콘텐츠를 작성하려면 다음과 같은 팁을 활용하라.

- **간단하게 작성하라.** 사람들의 집중력은 오래가지 않는다는 점을 기억하라. 게다가 그들의 짧은 주의력을 더욱 방해하는 대상들이 그들 주위에 늘 차고 넘친다. 사람들의 참여를 높이려면 항상 콘텐츠를 짧고 간략하게 작성하라. 관련 주제에 대해 좀 더 많은 정보를 제공하고 싶다면 포스트에 세부 자료로 연결되는 링크를 걸어라.
- **웹사이트로 이끌어라.** 포스트에 올린 내용에 대한 세부 정보를 얻으려는 사람들을 브랜드 웹사이트로 유도하는 것은 늘 도움이 된다. 이런 사람들에게 상세한 내용을 제공할 수 있도록 꼭 이메일 주소를 물어라. 그리고 제품 관련 백서나 브랜드 관련 칼럼 및 뉴스로 이어지는 링크를 제공하라. 브랜드 웹사이트에 있는 특별 세일이나 이벤트와 관련된 포스트를 올려도 좋다.
- **반응을 유도하라.** 관점이나 주장, 사실만 올리지 말라. 팬들의 생각을 묻는 질문으로 대화를 유도해야 한다. 그들도 당신의 의견에 동의하는가? 브랜드 관련 이야기를 전하고 팔로워들이 그 이야기를 다른 사람들에게 전하게 하라. 보통 포스트에 댓글이 하나 달리면 또 다른 댓글들로 이어지면서 그 공간은 더욱 흥미로운 곳이 된다. 그렇게 되면 팬들이 사이트에 더 큰 관심을 보이면서 자신의 목소리를 높인다.

» **팁을 전수하라.** 사람들은 유용한 팁을 좋아하고, 더 많은 팁을 얻기 위해 어떤 사이트를 팔로잉하는 경우도 많다. 남들에게 도움이 되고 실용성이 높은 지식이 있다면 그 내용을 포스팅하라. 그리고 가능하면 유용한 팁들을 시리즈로 구성해서 사람들이 그 사이트에 다시 방문할 수 있는 계기로 만들어라.

» **해시태그를 사용하라.** 해시태그는 페이스북뿐 아니라 다른 소셜 채널에서도 그 포스트가 더 많이 조회될 수 있는 기회를 선사한다. 적어도 하나의 해시태그를 달되 지나치게 많은 수는 자제하라. 조사에 따르면 해시태그는 2개가 가장 적당하다고 한다.

콘텐츠 계획을 세우고 이를 따르라. 하루 종일 브랜드 페이지에 포스트를 올리고 그에 대한 사람들의 댓글을 읽고 경쟁사의 소셜 페이지를 탐독하고도 별로 얻는 것이 없는 경우가 많다. 마케팅 담당자와 팔로워 그리고 팔로워 친구들의 시간을 낭비하지 않으려면 의미 있고 실행 가능한 콘텐츠를 개발해야 한다.

페이스북은 팬들과 소통하고 관계를 구축하는 최선의 도구가 될 수 있다. 하지만 지나치게 매출과 프로모션 용도로 사용하면 팬과 그들의 신뢰까지 모두 잃을 수 있다.

페이스북에 광고하기

앞 장에서 다룬 마케팅 기법들을 통해서도 고객 기반을 구축할 수 없거나 대중에게 더 빨리 다가가고 싶다면 페이스북 광고를 고려하라. 페이스북 광고는 아주 적은 수수료를 내고 포스트를 홍보하는 방법도 있고, 페이지 좋아요(Page Like) 광고나 오퍼(Offer) 광고를 집행하는 방법도 있다. 그 차이는 다음과 같다.

» **포스트 홍보** : 5달러 정도를 들이면 회사가 원하는 인구통계 집단에 브랜드 관련 포스트를 보낼 수 있다. 지불하는 금액이 많아질수록 더 많은 사람들에게 포스트가 노출된다.

» **페이지 좋아요 광고** : 브랜드 페이지를 '좋아요' 버튼이 있는 광고 형태로 원하는 사용자들에게 보내는 방법이다. 그들이 '좋아요'를 누르면 브랜드 페이지의 팔로워가 된다.

» **오퍼 광고** : 페이스북이 제공하는 오퍼 기능을 통해 브랜드 페이지에 프로

모션 오퍼를 게시할 수 있다. 유료 서비스인 오퍼 광고 기능을 활용하면 브랜드 팔로워가 아닌 사람들에게도 쿠폰이나 할인 같은 혜택을 알릴 수 있다. 페이스북에 가입해 있다면 자신의 뉴스피드에서 분명 이런 광고를 본 적이 있을 것이다.

트위터로 브랜드 위상 구축하기

장황하게 설명하는 걸 좋아하는 사람들은 모든 포스트를 140자 내외로 올려야 하는 트위터에 좌절감을 느낄 수도 있겠지만, 이 채널 또한 브랜드의 존재감을 높이는 데는 가치가 있다. 우선 트위터에서 팔로워들과 처음으로 대화를 시작하는 데 효과적이고 쉽게 링크를 걸 수 있어서 상세한 콘텐츠는 링크드인이나 페이스북 혹은 브랜드 웹사이트에 올리면 된다.

트위터에서는 개인마다 팔로잉하는 사람들을 볼 수 있어서 비슷한 관심사를 가진 사람들을 쉽게 발견할 수 있다는 장점이 있다. 또 어떤 주제에 대해 충분히 흥미로운 콘텐츠만 올린다면 다른 트위터리안들을 쉽게 팔로워로 만들 수 있다.

트위터에서 브랜드 기반을 다지기 위해서는 다음과 같은 방법을 활용할 수 있다.

- » 브랜드 관련 키워드를 검색한 다음 그 키워드와 관련된 사람들을 클릭해 보라. 예를 들어, '소비자 행동'이란 용어를 트위터에서 검색하면 팔로잉할 만한 사람들이 수십 명씩 연이어 나온다.
- » 트윗에 해시태그를 포함하면 사람들이 그 포스트를 더 잘 찾을 수 있다.
- » 이메일 서명이나 브랜드 웹사이트, 전시회나 이벤트에서 나눠주는 자료에 트위터 주소를 표시하라. 다른 소셜 채널에서 브랜드를 팔로잉하는 사람들에게 트위터 계정도 팔로잉할 수 있게 만들어라.
- » 흥미로운 프로필 페이지를 만들고, 그 제품 및 브랜드에 관심 있는 소비자들이 좋아할 만한 내용에 대한 트윗을 정기적으로 게시하라.
- » 현재 진행 중인 프로모션이나 제품 백서 이외의 것들을 트윗하라. 뜻이 통하는 사람들의 흥미를 끌 만한 일상적인 주제를 중심으로 대화를 시작하라.

» 트위터 계정을 페이스북 계정에 연결함으로써 브랜드 관련 트윗들이 페이스북에도 뜨게 하라.

트위터 사용자는 3억 명이 넘고 그 수는 지금도 증가하고 있다. 트위터를 통해 고객들과 실시간으로 연결될 수 있으며, 어떤 품목이든 소비자들이 일상적으로 사용하는 채널에서 브랜드의 존재감을 유지할 수 있다.

인스타그램에서 사회적 존재감 일으키기

인스타그램은 사진 중심의 소셜 네트워크로, 사용자들은 사진과 동영상 같은 이미지로 자신의 이야기를 들려준다. 인스타그램은 특히 젊은 층 사이에서 인기가 많은데, 채팅 기능이 거의 배제돼 있다는 것이 좋든 싫든 다른 소셜 사이트와 차이점이다. 2017년 1월 기준으로 인스타그램 사용자는 약 6억 명으로, 오늘날의 소비자들에게 접근하려면 꼭 활용해야 할 소셜 채널 중 하나다.

사진 한 장이 천 마디 말보다 나은 효과를 낼 수도 있다. 이 말처럼 인스타그램은 이미지가 가진 힘으로 브랜드 관련 소식 및 이벤트 메시지를 빠르게 전하는 데 탁월한 효과를 낸다. 대부분의 사람들이 스마트폰으로 인스타그램에 들어가므로 도달할 수 있는 사람들이 제한될 수 있지만, 모바일 전략을 실행하고 브랜드 스토리를 전하는 데 도움이 된다.

인스타그램 마케팅에서 성공하는 최선의 방법은 흥미롭고 영감을 주며 매력적인 고화질 사진을 이용하는 것이다. 인스타그램 사진들을 페이스북이나 트위터, 플리커, 포스퀘어 같은 다른 소셜 사이트에도 올릴 수 있다.

링크드인으로 브랜드 네트워크 확장하기

많은 사람들이 커리어를 개발하고 직업 관련 네트워크를 확대하기 위해 링크드인을 이용하지만, 이 소셜 채널은 비즈니스에도 중요한 역할을 할 수 있다. 링크드인은 성격적으로 다른 소셜미디어들과 다르기 때문에 그만큼 다른 방식으로 관리해야 하며, 그렇지 않으면 오히려 역효과를 낼 수 있다. 일단 링크드인은 제품을 홍보하고 리드를 창출하기 위한 채널이 아니다. 그보다는 업계 전문성과 지식, 통찰, 뉴스 등을 알리고 채용 정보를 게시하는 용도가 강하다. 링크드인은 B2B 브랜드들 사이에서 서로 관계를 맺거나 의미 있는 대화를 시작하려는 회사의 의사결정자를 식별하는 데 많이 쓰인다. 링크드인은 채용 사이트로 특히 유명하기 때문에 구직자들은 물론 고용주들도 많이 찾는다. 따라서 B2C 기업들은 보통 회사의 조직 문화를 홍보하고 구직자들의 관심을 끌기 위해 많이 활용한다.

이 책을 쓰고 있는 현 시점을 기준으로 링크드인은 4억 6,700만 명의 회원을 보유하고 있으며, 사업상(특히 B2B에서) 꼭 필요한 채널이 됐다. IBM의 링크드인 페이지는 다른 회사들이 이 채널을 어떤 식으로 활용해야 할지 보여주는 탁월한 예다. IBM은 링크드인에서 320만 명 이상의 팔로워를 거느리며 목표 고객에게 적절하고 읽을 만한 콘텐츠 내용을 지속적으로 게재한다.

기업이 링크드인 페이지를 활용할 때 고려할 기본 요인에는 다음과 같은 것이 있다.

- **자신을 밝히기** : 링크드인의 개인 프로필처럼 회사의 프로필도 그 사업을 요약하는 내용으로 시작돼야 한다. 회사에 대해 강조하고 싶은 내용을 싣고, 필요할 때마다 내용을 업데이트하라.
- **연결** : 링크드인은 회사 페이지를 방문한 사람들에게 공통적으로 연결돼 있는 사람들을 알려줌으로써 자신 외에도 누가 그 회사에 관심을 갖고 있는지, 또 그 회사에 대해 이야기하고 관련 정보를 받으려면 어떤 사람을 접촉해야 하는지를 알 수 있다. 네트워크의 규모가 크면 그만큼 회사가 가진 통찰력을 따르려는 사람들이 많다는 것을 의미하므로, 회사와 브랜드의 가치는 더 높아지고 관련 분야에서 성공하고 있다는 신호이다.
- **쇼케이스 페이지** : 메인 페이지에 쇼케이스 페이지를 추가해서 제품 라인에 대한 세부 정보를 전할 수 있다. IBM의 링크드인 계정에는 11개의 쇼케이스 페이지가 있는데, 그중에는 IBM 왓슨 헬스, IBM IoT 기술, IBM 모바일에 대한 페이지도 있다.
- **업데이트** : 링크드인의 브랜드 페이지에 올린 포스트와 기사, 다른 기사에

> 대한 링크, 남들과 공유하려는 통찰, 그밖에도 브랜드를 알리는 모든 정보들을 업데이트해야 한다. 회사 측면에서는 최고경영자의 말이나 재무 실적, 다른 소셜 채널에서 진행되는 이벤트, 제품 및 기술 관련 정보, 회사의 사회적 책임 활동에 정보도 지속적으로 업데이트하라.

이어지는 내용에서는 링크드인에서 회사를 홍보하고 제품을 마케팅할 때 활용할 수 있는 몇 가지 좋은 기능에 대해 소개하겠다.

그룹 만들기

링크드인을 사용하는 좋은 방법은 개별 그룹을 만드는 것이다. 당신이 사상적 리더로 활동할 수 있는 관심 분야를 정해서 그룹을 만든 다음, 그와 관련된 통찰과 아이디어를 다른 사람들과 교환하라. 그룹을 만든 사람은 이용 규칙을 정하고, 올라오는 포스트들을 검토하고 관리하며, 대화를 주도하고, 그룹을 더 활성화하는 역할을 맡는다. 새로운 포스트가 게시될 때마다 그룹에 가입한 모든 회원들이 이메일 알림을 받기 때문에 그룹과 관련 주제를 떠올리게 된다. 링크드인 그룹은 너무 오랫동안 방치해두면 유지가 어려워진다. 그래서 그룹은 계속 활성화하고 생기를 불어넣어야 한다. 이를 위한 몇 가지 팁이 있다.

- **목적을 규정하라.** 이 그룹은 어떤 주제에 대해 혁신 솔루션이나 아이디어, 트렌드, 돌파구, 모범사례를 교환하기 위해 만들었는가?
- **이용 규칙을 정하라.** 사이트에 들어오는 모든 사람이 볼 수 있도록 그룹의 목적과 이용 규칙을 게시하라. 만약 '채용 관련 게시물이나 상업적 홍보 금지'라는 원칙을 정했다면, 이를 계속 지켜야 한다. 그룹 관리자는 규칙을 위반하는 포스트가 올라올 경우 이를 삭제하는 일도 담당한다.
- **링크드인 그룹을 개인 홈페이지나 다른 소셜미디어 채널에서 홍보함으로써 개인 네트워크에 속한 사람들에게 그룹 가입을 권하라.** 정기적으로 회원 가입을 유도하는 활동을 전개하라. 그룹의 규모가 클수록 개인 네트워크와 도달 능력도 더 커진다.
- **모든 활동을 모니터링하라.** 누구나 가입할 수 있는 그룹은 가짜 계정과 스팸의 공격 대상이 된다. 이런 포스트를 지우지 않으면 가치 있는 회원들을 잃을 수 있다.

» **자주 포스팅하라.** 관련 분야에 대한 기사와 통찰, 제품 백서에 대한 링크, 동영상, 조사 결과, 이벤트 내용, 개인적 뉴스 등 다양한 포스트를 올려라. 링크드인 그룹에 올리는 콘텐츠는 비즈니스와 관련된 전문적인 내용으로 구성하고, 홍보성 내용이나 재미를 위한 포스트는 페이스북이나 트위터 같은 다른 채널을 활용하라.

관심 끌기

링크드인에서 사람들에게 주목받는 최선의 방법은 의미 있는 기사를 올리고, 가능하다면 한 주에 몇 번씩 업데이트하는 것이다. 사람들의 관심 및 참여를 높이는 소재로는 그 조직의 인사나 담당자가 직접 쓴 기사나 브랜드 관련 뉴스, 이벤트나 전시회 소식, 제품 사용 팁과 체크리스트, 브렌드 웹사이트와 블로그에 게시된 새로운 정보에 대한 링크 등이 있다.

사람들의 관심을 끌 수 있는 몇 가지 팁은 다음과 같다.

» 포스트에 브랜드 사이트의 랜딩 페이지로 연결되는 링크를 넣어라. 이렇게 하면 사람들의 관심을 2배 더 올릴 수 있다.

» 사려 깊은 질문을 올려서 다른 사람들이 개인적인 생각을 공유할 수 있게 하라.

» 이미지를 올려라. 이미지를 올리면 댓글 수가 98% 증가한다는 게 링크드인의 증언이다.

» 유튜브에 있는 동영상을 링크하면 링크드인 피드에서 그 영상을 바로 볼 수 있다. 이런 포스트는 공유율이 75% 증가한다.

» 댓글을 달 때는 이후 많은 사람들이 댓글을 이어달 수 있도록 내용을 고민하라.

링크드인에 어떤 포스트를 올리든 조회 수, 클릭 수, 참여율 등을 분석할 수 있다. 이런 방법을 통해 어떤 주제에 가장 큰 관심이 몰렸는지 확인할 수 있다. 다른 사이트와 마찬가지로 링크트인에서도 유로 스폰서 포스트를 게시할 수 있고, 더 많은 비용을 낼수록 더 많은 사람들에게 포스트를 노출시킬 수 있다.

핀터레스트로 브랜드 알리기

핀터레스트는 월 활성 사용자 수가 약 1억 5,000만 명 정도에 이르며, 특히 담당 제품과 창의적인 제품 사용 방법에 대한 입소문을 내고 싶은 B2C 회사들에게 바람직한 플랫폼이다. 핀터레스트는 요리법이나 집안 인테리어, 소품 디자인, 크리스마스 장식 비법은 물론 선물, 패션, DIY 창작물 등에 대한 아이디어를 수집하는 데 폭넓게 이용된다.

여러 소셜미디어 채널에 대한 통계 자료를 게시하는 사이트인 www.expandedramblings.com이 2016년 10월에 발표한 보고서를 보면, 핀터레스트 사용자의 85%는 여성이며, 13%는 남성이라는 것을 알 수 있다. 또한 이용자의 70%는 밀레니얼 세대다. 미국 온라인 쇼핑객 중 약 55%는 핀터레스트를 가장 좋아하는 소셜미디어 플랫폼으로 꼽는다.

따라서 당신의 잠재 고객이 만들기와 요리하기, 패션 트렌드 파악하기를 즐기는 여성이라면 핀터레스트는 좋은 도구가 될 수 있다. 핀터레스트의 이용자들은 어떤 포스트가 마음에 들면 그것을 지인들에게 이메일로 보내거나 페이스북 및 다른 소셜 채널들과 적극적으로 공유하기 때문에 콘텐츠의 노출을 극대화할 수 있다.

핀터레스트는 아이디어 게시판이다. 이용자는 자신이 좋아하는 게시물에 '핀'을 꼽고 그 게시물을 다른 소셜 채널에도 보낼 수 있어서 해당 콘텐츠를 창작자한 사람은 더 많은 이들에게 알려질 수 있다.

핀터레스트에서는 개인적으로 관심 있는 이미지와 아이디어들에 대한 보드(board)를 만들 수 있고, 타인이 창작한 이미지도 거기에 넣을 수 있다. 사람들이 그런 이미지를 클릭하면 바로 원작자의 사이트로 이동할 수 있으므로 조심해야 한다.

핀터레스트는 제품을 판매하기에도 좋은 공간이다. 개인이 '핀'하거나 '좋아요'를 한 이미지들을 다른 사이트에서 홍보할 수 있고 쇼핑카트를 만들 수도 있기 때문에 핀터레스트에서는 제품 판매가 가능하다. 핀터레스트 쇼핑카트도 아마존닷컴이나 이베이와 똑같은 방식으로 작동한다. 그저 특정 판매자의 상품을 핀터레스트 플랫폼에서 구입하는 것뿐이다. 사업상 목적으로 핀터레스트를 활용할 경우에는 반드시 비즈니스 계정으로 등록해야 한다. 그래야 가장 많은 핀과 공유, 리핀, '좋아요'를 받은 이미지에 대한 분석 결과와 브랜드의 핀터레스트 계정에 방문한 사람들의 인구통계적 정보를 얻을 수 있다.

핀터레스트 계정을 만들고 관리하는 방법에 대한 세부 정보는 켈비 카가 집필한 『더미를 위한 핀터레스트(Pinterest For Dummies)』와 『더미를 위한 핀터레스트 마케팅(Pinterest Marketing For Dummies)』을 참조하라.

브랜드 파워를 제고하는 디지털 도구 발견하기

브랜드의 위상, 네트워크, 고객 기반, 그리고 매출을 높이기 위해서는 인기 있는 소셜미디어 채널의 기본 특징을 이해하는 것은 물론 주요 디지털 도구들도 제대로 활용할 줄 알아야 한다. 디지털 도구 및 활동을 선택할 때는 브랜드의 가시성을 높이고 사회적 네트워크를 확대하며, 특히 고객의 이메일 리스트를 보강하기에 가장 좋은 것을 집중적으로 공략해야 한다. 이메일 리스트를 확보하는 것은 실제로 모든 디지털 활동의 가장 중요한 성과 중 하나다. 오늘날 마케팅 활동에서 ROI를 높이는 가장 안정적인 방법 중 하나가 이메일이기 때문이다. 각 채널별 마케팅 활동에 따른 ROI는 제10장에서 확인하라.

어떤 유형의 회사에나 적절하면서 가시성을 높이고 경제적인 디지털 도구에는 팟캐스트, 웨비나, 동영상, 게임 등이 있다. 지금부터 각각의 특징에 대해 논의해보자.

팟캐스트

2003년에 시작된 팟캐스트가 다시 인기를 얻는 데는 그럴 만한 이유가 있다. 모바일과 디지털이 중요한 역할을 하는 현시대 소비자들의 생활 패턴에 팟캐스트가 잘 맞아 떨어지기 때문이다. 운전 중에, 운동을 하면서, 목욕 중에, 장을 보면서, 산책을 하면서, 지하철로 이동 중에, 그밖에 어디에 있든 팟캐스트는 스마트폰이나 태블릿으로 간편하게 즐길 수 있다.

팟캐스트는 마케터들이 이 책에서 다뤘던 마케팅 목표들을 달성하는 데 큰 도움을 줄 수 있고, 그중에는 다음과 같은 혜택들이 포함된다.

» 타깃 소비자 집단을 교육시킴으로써 그들의 의사결정에 객관적인 도움을 주는 동시에 회사나 브랜드를 유용한 정보를 제공하는 신뢰할 수 있는 자문가로 포지셔닝할 수 있다.
» 마케터나 회사 경영진을 관련 분야의 권위자로 자리매김할 수 있다.
» 이메일 리스트를 확보하고 사회적 네트워크를 개발할 수 있다.
» 검색엔진 최적화 결과를 증가시킬 수 있다.
» 가치 있는 콘텐츠를 통해 브랜드 웹사이트에 가치를 높인다.

팟캐스트를 통해 일상적으로 접근하기 힘든 사업가들과 연결될 수 있다는 것도 장점이다. 판매를 목적으로 하지 말고 그 사람을 방송에 게스트로 초대한다는 태도로 접근하라. 이렇게 하면 당신의 공간에서 영향력을 가진 인사와 관계를 구축하고, 그들의 입을 빌려 브랜드와 제품에 대한 이야기를 전할 수 있다. 게스트와 인터뷰를 할 때마다 그 사람으로 하여금 개인 네트워크에 있는 사람들에게 이메일을 보내 팟캐스트와 콘텐츠, 제품, 브랜드 등을 홍보하게 하라. 이런 작업을 통해 그동안 접근하지 못했던 사람들에게 다가갈 수 있다.

팟캐스트를 시작하기로 마음먹었다면 모든 것을 바칠 각오가 필요하다. 시간과 자원을 쏟아부어 프로그램을 시작해도 제대로 관리하지 않으면 브랜드에 아무 도움이 안 될 수 있다. 팟캐스트를 진행하는 데는 계획과 시간, 노력이 필요하며 제대로만 운영된다면 강력한 효과를 가져올 수 있다.

이미 팟캐스트 진행하는 사람들을 통해 전수받은 팁 몇 가지를 여기서 공유하겠다.

» **틈새 집단을 공략하라.** 광범위한 청중들에게 다가갈 목적으로 폭넓은 주제를 다루는 팟캐스트를 시작할 경우에는 곧 실망하게 될 것이다. 방송의 모멘텀을 만들고 주목받기 위해서는 좁은 분야에 특화된 주제로 이야기해야 한다.
» **포맷을 결정하라.** 대부분의 팟캐스트는 20~30분 정도의 분량으로 진행된다. 팟캐스트 포맷은 인터뷰 형식부터 주제에 대한 팁 전수, 교육 등 다양

하다. 장기적으로 진행할 수 있고 청취자들의 지속적인 흥미를 끌 만한 방송 포맷을 선택하라.

» **단순하게 만들어라.** 오늘날 사회 구성원들은 모두 정보 과부하로 고통받고 집중력 부족에 시달린다. 따라서 팟캐스트도 이런 환경을 고려해야 한다. 중요한 메시지는 방송 초반에 전달함으로써 청중들의 흥미를 높이고, 단지 시간을 채우는 것처럼 장황하게 떠들지 마라. 타깃 청중에 맞는 의미 있는 콘텐츠를 집중력 있게 전달하라.

» **충분히 자주 방송하라.** 성공한 팟캐스트 진행자 중에는 일주일에 세 번씩 방송을 한 사람도 있었다. 하지만 지속적인 방송을 위해 가장 적당한 빈도는 일주일에 한 번 정도다.

» **라이브러리를 구축하라.** 팟캐스트를 홍보하고 개시하기 전에 에피소드 몇 개는 미리 녹음해놔야 한다. 그래야 일관적인 콘텐츠로 방송을 진행함으로써 청취자 기반을 구축할 수 있다.

» **품질에 투자하라.** 품질 좋은 마이크를 사용해서 잡음 없이 깨끗한 방송을 내보내야 한다. 귀에 거슬리는 잡음이나 소음은 팟캐스트를 떠나는 이유가 될 수 있다.

» **회사의 디지털 자산과 연결하라.** 회사 웹사이트에도 팟캐스트를 올리고, 회사 트위터 계정이나 블로그에도 링크로 연결하라. 팟캐스트 콘텐츠를 사람들 눈에 쉽게 띌 수 있게 하고, 타인과 공유하기도 쉬게 만들어라.

» **어디에서든 홍보하라.** 이메일 캠페인, 링크드인 공지, 페이스북 포스트 등을 통해 사람들에게 팟캐스트를 알리고 청취하게 만들어라. 레딧, 퀴브, 유튜브 같은 북마크 사이트에 브랜드 팟캐스트로 연결되는 링크를 게시하라.

팟캐스트를 통해 고객들의 이메일 데이터를 확대할 수 있고, 청취자들에게 무료 자료를 배포할 수도 있다. 청취자들에게 회사의 소셜 사이트 중 한 곳에 가서 이메일을 등록하고 백서나 할인 쿠폰 등을 다운로드받도록 유도하라.

팟캐스트 청취자 수나 마케팅 자료나 오퍼를 다운받는 사람들이 많으면, 팟캐스트 블로그에 후원을 받아 수익을 창출할 수도 있다. '불타는 기업가(Entrepreneur on Fire)' 같이 최고의 인기를 누리는 팟캐스트는 후원으로만 한 달에 수천 달러씩 벌기도 한다.

제일 인기 있는 팟캐스트 플랫폼은 애플 아이튠즈다. 그 외 다른 플랫폼으로는 스티처, 튠인, 블로그토크라디오가 있다. 매 순간 55개의 팟캐스트가 녹음되고, 한 달 평균 2,400분 분량의 팟캐스트가 녹음된다는 사실을 감안하면, 이제 당신도 이 경쟁에 다른 사람보다 더 흥미로운 주제로 뛰어드는 것을 고려할 때가 됐다.

재미 삼아 말하자면 5,900만 번 이상 다운로드됐으면서 모든 기록을 깨고 정상에 우뚝 선 팟캐스트로 코미디언 애덤 캐롤라가 진행하는 방송이 있다. 그는 여러 가지 사회 문제에 대해 핏대를 세워 말하면서 사람들 배꼽을 빠지게 한다. 그러니 기억하라. 재밌고 조금은 파격적인 면도 있으면서 경계를 무시하고 담대함을 마음껏 펼칠 수 있는 팟캐스트를 제작하라. 사람들은 뻔한 내용보다 조금 놀랄 만한 요소가 있는 내용을 듣고 싶어 하기 때문이다.

웨비나

팟캐스트도 B2C나 B2B 모두에 꽤 효과적이지만 웨비나는 리드 창출과 관계 형성 그리고 관련 산업에서 권위자의 입지를 굳히는 데 도움이 되며, 특히 B2B 브랜드에 강력한 힘을 발휘한다. 주간 일정을 무조건 지켜야 하고 방송 전에 몇 편의 콘텐츠를 미리 준비해놔야 하는 팟캐스트와 비교했을 때 웨비나는 여러 모로 실행하기에 용이하다.

웨비나는 여러 가지 장점을 갖고 있는데, 여기서 몇 가지를 소개하겠다.

» **경제성** : 웨비나를 위해서는 구글 행아웃 같은 무료 어플을 사용하거나 고투웨비나, 웨벡스, 레디토크 같은 서비스에 가입하면 된다. 구글 행아웃은 참석자에게 요금을 부과하거나 음성/영상 전화 하나당 10명까지만 초대할 수 있는 제한 요소가 있어서 웨비나의 효과를 많이 떨어뜨릴 수 있다. 스카이프도 음성/영상 전화나 스크린 공유 등의 그룹 서비스를 무료로 제공하지만, 이 또한 참여 인원이 25명으로 제한된다. 대신 매월 50달러에서 100달러 정도만 지불하면 참석자를 100명까지 늘릴 수 있는 서비스를 받을 수 있다. 서비스 요금은 원하는 기능과 참석 인원에 따라 달라진다. 예산 수준에 따라 어떤 웨비나 플랫폼이 가장 적당할지 찾아보라. 일반적인

음성/영상 전화와 화면 공유 외에도 웨비나를 통해 다음과 같은 서비스와 기능을 활용할 수 있다.

- 기록 보관
- 모바일 최적화 기능
- 여러 룸 사용
- 녹음 파일 편집 기능
- 소셜미디어 및 아웃룩과 연동
- 발표자 교체 가능
- 참석자의 집중도 확인 가능(프레젠테이션이 진행되는 동안 참석자가 자신의 컴퓨터 스크린에 다른 화면을 띄우면 신호를 보낸다)

» **권위 부여** : 고객의 삶을 향상시킬 만한 지식을 공유한 사람은 종종 웨비나에서 자문위원이나 권위자가 되고, 그런 위치에 오르면 서비스를 무료로 이용할 수 있다. 또한 누군가로부터 유용한 지식을 얻은 사람은 그 사람을 신뢰하게 되면서 사업 거래를 고려하게 된다.

» **인지도** : 어떤 웨비나에 20명이 참석했다 할지라도, 실제로는 그보다 훨씬 더 많은 사람들에게 노출될 수 있다. 웨비나 관련 정보나 콘텐츠를 소셜 네트워크에 올리고 이메일 명단에 있는 사람들에게 보내고 업계 뉴스 채널에 게시하면, 그 주제에 있어 발표자의 전문성과 권위자로서의 위치가 말 그대로 수천 명에게 전달될 수 있다. 게다가 이런 활동이 무료로도 가능하다는 점에서 그 자체로 가치가 있다.

어떤 웨비나 시스템에 가입할지 고민이라면 니즈에 따라 자유롭게 규모를 확장할 수 있는 플랫폼을 찾아라. 소규모 이벤트나 고객사와 진행하는 주간 웨비나 회의를 위한 용도라면 참석자 수가 적으므로 무료 시스템도 이용할 수 있다.

다음은 성공적인 웨비나를 준비하고 실행하는 몇 가지 팁이다.

» **무료로 진행하라.** 요즘 소비자들은 좋은 콘텐츠를 무료로 접하는 데 익숙하고, 그런 만큼 점점 더 비용을 지불하는 데 인색해졌다. 사업 전략에 대한 자문이나 전문적인 교육 프로그램이라면 비용을 부가할 수 있겠지만, 어떤 경우든 실질적으로 도움이 되는 웨비나를 만들어야 한다. 무료 세미

나를 너무 많이 제공해도 유료로 제공하는 프로그램에 문제가 될 수 있다. 이런 상황은 컨설팅 회사나 마케팅 대행사처럼 전략적인 자문이나 영업 및 마케팅 교육으로 수입을 창출하는 조직들에 주로 해당된다.

» **스마트해져라.** 웨비나는 청중들로 하여금 더 좋은 서비스나 콘텐츠를 원하게 만들어야 한다. 컨설팅 서비스든 교육이든 소프트웨어 서비스든 다 마찬가지다. 무료 웨비나도 그 자체에 가치가 있어야 하지만, 참석자들로 하여금 유료 프로그램에 대한 호기심과 관심을 미묘하게 부추겨야 한다. 즉 입맛을 돋우기 위해 전문성이라는 케이크의 작은 조각 하나만 공짜로 맛보이는 것과 같다. 무료 웨비나에 참석한 사람들이 제공된 지식으로 어느 정도의 업무를 혼자로 처리할 수 있을지 면밀히 고려해서 잠재적으로 수입을 창출할 수 있는 기회를 모색하라.

» **관련성을 높여라.** 참석자에게 의미 있고 시기적절하며 현실적으로 실행 가능한 주제를 선정하라. 웨비나에 참석함으로써 사업 목적을 이루는 데 도움이 될 만한 무언가를 얻을 수 있다는 확신이 생기면 사람들은 기꺼이 시간을 투자할 것이다.

» **전문성을 높여라.** 웨비나용 앱을 통해 개인의 웹캠으로 촬영한 화면을 보여줄 지라도 최대한 전문가다운 포스를 풍겨야 한다. 화면 뒤로 어지러운 침대가 보이거나 컴퓨터 스피커에 대고 잡음과 함께 웨비나를 진행하는 것만큼 거슬리는 것도 없다. 실제 있었던 이야기다.

» **나눠줘라.** 실제로 유용한 지식을 전달하라. 많은 웨비나 진행자들은 자신이 발표한 슬라이드 자료를 웨비나 참석자들에게 무료로 배포하라. 혹은 유료 교육 프로그램이나 회사 제품 및 서비스에 대한 할인 쿠폰을 제공하는 경우도 있다. 또 백서를 보내주거나 참석자의 마케팅 자료를 무료로 검토해주기도 한다. 이런 무료 서비스 덕분에 장기적으로 관계를 맺을 만한 훌륭한 고객들을 확보하는 경우가 많다. 발표자 또한 참석자들과의 관계를 통해 자신감을 얻고 웨비나에 더 많은 투자하는 계기가 된다.

» **가시성을 높여라.** 회사의 웨비나 활동을 어디서나 홍보하라. 웨비나 초대장을 모든 소셜미디어 채널에 올려라. 무역협회, 상공회의소, 비즈니스 단체 등에 관련 내용을 공지하라. 기존 고객은 물론 잠재 고객, 채널 파트너들에게 이메일로 웨비나 초대장을 발송하라. 회사 홈페이지는 물론 링크

드인 그룹에도 게시하라. 당신이 그 주제에 대한 전문가며, 성공의 비밀을 곧 전수할 계획이라는 사실을 가능한 널리 퍼뜨려야 한다. 웨비나가 끝나면 그 내용을 녹화하고 PDF 파일로도 만든 다음, 참석하지 못한 사람들에게 링크를 보내라. 회사 웹사이트에도 웨비나 파일을 올려라.

웨비나를 하는 가장 큰 이유는 고객 기반을 구축하기 위해서다. 이는 사람들에게 지식을 무료로 전수하는 일인 만큼 참석자들의 이메일 주소는 반드시 확보해야 한다. 향후 진행하는 행사나 관련 파일에 접근할 수 있는 권한 등록을 위해 그들의 연락처를 요청하면 된다.

웨비나에 등록한 다음 실제로는 참석하지 않는 사람들도 많다. 필자가 진행한 웨비나에도 약 1,000명이 신청했지만 실제 참석한 사람은 고작 600명 정도였다. 그럴 수 있는 일이며 큰 문제는 아니다. 특히 무료 웨비나는 결석률이 꽤 높다. 사람에게는 늘 예기치 못한 일은 일어나기 마련이고, 무료라는 점에서 잃을 것도 없기 때문이다. 따라서 웨비나 신청자들이 등록할 때 이메일 주소를 확보하면 참석자들에게나 불참자들에게나 웨비나 파일에 대한 링크를 보내줄 수 있다.

동영상

요즘에는 페이스북이나 링크드인 피드에서도 동영상이 사진을 대체하고, 이메일을 열어도 동영상이 더 자주 눈에 띄며, 웹사이트에 올라온 슬라이드쇼도 동영상이 주를 이룬다. 허브스폿은 이런 현상이 왜 일어나고 있으며, 우리도 이 시류에 왜 편승해야 하는지를 보여주는 강력한 통계 데이터를 제시한다. 그중 몇 가지는 다음과 같다.

- 이메일에 포함된 동영상은 클릭률을 200~300% 상승시킨다.
- 랜딩 페이지에 동영상이 있으면 전환율을 80% 정도 올리는 데 도움이 된다.
- 전체 화면 광고에 동영상을 결합하면 고객 관여도를 22%나 높일 수 있다.
- 동영상은 온라인 쇼핑객들 사이에서 구매 가능성을 64%까지 높인다.
- 부동산 목록에 포함된 동영상은 문의율을 403%나 높일 수 있다.
- 동영상을 넣으면 경영진의 50%가 제품에 대한 세부 정보를 찾는다.
- 동영상은 경영진 65%로 하여금 제품 웹사이트를 방문하게 하고, 39%로 하여금 판매업체에 전화를 하게 만든다.

- 가장 중요한 사실로, 동영상을 시청한 사람들의 90%는 동영상 덕분에 구매 결정에 도움을 받았다고 말한다. 그리고 개인 휴대폰으로 동영상을 본 사람들 중 92%는 해당 동영상을 남들과 공유한다.

이런 통계 수치는 이밖에도 많지만 핵심은 명확하다. 고객들의 관심을 받고 제품을 더 많은 판매하려면 동영상이 필요하다는 점이다. 유튜브가 구글 다음으로 많이 이용되는 검색엔진이라는 사실만 봐도 근거는 충분하다. 동영상을 마케팅에 활용해야 하는 또 다른 이유로 경쟁사들 대부분은 이미 그렇게 하고 있기 때문이고, 그 대열에서 빠질 경우 낙오되기 때문이다.

이어지는 내용은 업종과 무관하게 일반적으로 적용 가능한 효과적인 동영상 개발 노하우다. B2C와 B2B에 특히 도움이 될 만한 팁들도 포함돼 있다.

효과적인 동영상 만들기

동영상을 활용할 때 겪는 어려움 중 하나는 경쟁해야 할 동영상이 주위에 너무 많다는 사실이다. 실제로 인터넷 사용자들은 월 평균 32.3개의 동영상에, 일평균 약 1개의 동영상에 노출된다. 이런 상황에서 어떻게 하면 사업에 도움이 되고 마케팅 활동에 시너지를 창출할 수 있는 효과적인 동영상을 제작할 수 있을까?

- **소비자의 감성을 먼저 자극한 후 세부 정보를 위해 브랜드를 접촉하게 만들어라.** 여기가 재밌는 지점이다. 어떤 매체(인쇄, 디지털, 모바일 등)를 활용하든 모든 콘텐츠에는 실용성이란 가치가 있어야 하고, 그 가치는 사람들의 생활을 개선하고 그들이 더 좋은 삶을 살도록 영감을 주며 자신의 일을 더 잘 수행하도록 지침이 되며 그 결과 개인이 세운 목표를 달성하고 커리어를 발전시켜야 한다는 게 중요하다.
- **사업 유형과 상관없이 짧고 핵심을 찌르는 동영상을 만들어라.** 지금 우리는 할리우드 블록버스터 대작을 만들려는 게 아니다. 그저 사람들의 감각에 호소하는 매체로 브랜드와 관련된 이야기를 전달하고 브랜드에 생기를 불어넣는 단순한 수단으로서 동영상을 제작하는 것이다. 따라서 2~3분 분량이면 충분하다.
- **정식으로 공개하기 전에 테스트부터 하라.** 회사 직원도 아니고, 심지어는

회사 고객도 아닌 사람을 자리에 앉히고 제작한 동영상을 보여준 후 의견을 요청하라. 다음과 같은 질문이 효과적이다.

- 동영상이 흥미로운가?
- 동영상이 전하는 핵심 메시지가 무엇이라고 생각하는가?
- 관련 제품이나 서비스에 대해 궁금증을 유발하는가? 만약 그렇다면 어떤 점 때문인가? 그렇지 않다면 그 이유는 무엇인가?
- 동영상의 길이는 적당한가?
- 동영상의 품질은 지금까지 봤던 다른 동영상 품질에 상응하는가?

» **다른 마케팅 커뮤니케이션과 마찬가지로 동영상에도 콜투액션과 응답 메커니즘을 포함시켜라.** 프로모션 용도로 동영상을 사용하는 것은 바람직하지 않다. 동영상을 중단하기 전에 프로모션 기간이 끝나버릴 수도 있기 때문이다. 이메일, 웹사이트, 전화, 소셜 채널 등 세부 정보를 위해 어디를 어떻게 접촉해야 하는지 명확하게 밝혀라.

» **전문가다운 이미지와 영상을 활용하라.** 텍스트 중심의 슬라이드쇼도 괜찮고 모든 요소가 움직이는 진정한 동영상도 가능하다. 어떤 포맷을 선택하든 가능한 한 최고의 해상도와 품질을 이용하라. 브랜드의 명성은 관련 콘텐츠의 질과 상응한다. 만약 하이테크 회사가 기술적으로 수준이 떨어지는 동영상을 게시했다면, 그들이 개발하고 판매하는 제품의 품질도 똑같이 인식될 것이다.

» **브랜드 관련 동영상을 모두 모아둘 수 있는 유튜브 채널을 만들어라.** 제작한 동영상 전부를 유튜브나 회사 웹사이트의 한 곳에 모아둬라. 어떤 채널을 선택하든 검색엔진 최적화 결과를 높이기 위해서는 동영상에 자막이 들어가야 한다.

B2C와 B2B의 동영상 활용법

B2C 기업들은 브랜드 메시지보다 재미 요소가 있는 삶의 메시지에 초점을 두는 것이 더 바람직하다. 코카콜라는 동영상 마케팅에 있어서도 탁월한 기량을 보인다. 코카콜라의 브랜드 유튜브 채널은 전 세계 120만 소비자가 구독할 만큼 인기가 있다. 코카콜라가 제작한 동영상 중에는 사람들이 오프라인에서 더 많은 시간을 보내면서

세상을 즐기는 모습을 보여줌으로써 2,200만 회 이상의 조회 수를 기록한 것도 있다. 일례로 코카콜라 트럭 한 대가 브라질 리오 거리를 돌며 마치 거대한 자판기처럼 사람들에게 무료로 음료를 선사하는 '행복 트럭' 동영상은 150만 이상의 조회수를 내며 소비자들에게 또 다른 감동을 선사했다. 코카콜라의 이런 활동은 브랜드의 감성적 자산을 강화하는 데 도움이 된다.

B2B 세상에서 동영상을 효과적으로 활용할 수 있는 방법은 다음과 같다.

» 제품 데모 영상을 만들어서 제품의 차별성과 특징을 부각하라.
» 자사 제품의 경쟁력을 경쟁사 제품들과 비교해 강조하고, 소비자들의 니즈를 어떻게 충족시킬 수 있을지 입증하라.
» 주요 경영진의 인터뷰 내용을 동영상에 담아서 조직의 비전과 브랜드 스토리를 전달하라.
» 직접 제품을 사용해봤거나 회사 담당자와 접촉한 고객이 자신의 경험을 증언하는 모습을 담아라. 테스티모니얼 동영상은 실사용자들의 몸짓과 미소, 표정을 보여줌으로써 서면 테스티모니얼이 전달할 수 없는 고객의 생생한 증언을 확인할 수 있다는 점에서 강력한 효과를 발휘한다.

다시 말하지만 소비자들은 자신의 모습이 투영된 브랜드 스토리를 보고 싶어 한다. P&G의 "고마워요. 엄마" 캠페인은 광고를 보는 엄마들의 두 눈에 매번 눈물을 고이게 한다. 자녀를 둔 소비자들은 모두 자신이 자랑스러운 부모이길 바라기 때문이다. 그밖에도 사람들은 해변에서 평화로운 시간을 보내는 직장인, 이제 막 약혼한 커플, 행복한 가족, 잘 나가는 사업가가 되길 원한다.

브랜드에 소비자들이 가장 소중하게 여기는 가치들을 결합할 수 있는 방법을 강구하라. 그런 다음 소비자들이 추구하는 삶의 목표와 연결되는 창의적인 광고 콘셉트를 개발하고, 동영상 스크립트를 작성하고, 브랜드 스토리를 전달하라.

온라인 리뷰 사이트

간과할 수 없는 또 다른 디지털 도구로는 옐프와 구글 같은 온라인 리뷰 사이트가 있다. 회사 담당자로서 직접 리뷰를 쓸 수는 없지만 영향을 줄 수는 있다.

제품에 만족한 고객이 있다면 옐프나 구글, 그밖에도 고객들이 자주 이용하는 사이트에 리뷰를 작성해달라고 요청하라. 닐슨이 수행한 조사 결과에 따르면 소비자의 70% 이상은 모르는 사람이 작성한 온라인 리뷰도 신뢰한다. 그리고 어떤 회사나 제품에 대해 부정적인 리뷰를 보면 바로 관심이 식는다.

담당 브랜드에 대한 소비자 의견은 모든 사이트에서 지속적으로 모니터하라. 부정적인 말에는 바로 대응하고 해결책을 제시하라. 소비자의 불만에 재빨리 그리고 적절히 해결한다면 분노에 휩싸인 고객도 행복하게 만들 수 있다. 이런 태도는 브랜드 담당자들이 고객을 만족시키기 위해 최선을 다하는 모습을 보여줌으로써 잠재 고객들에게도 긍정적인 이미지를 심어준다.

리뷰 사이트에 올라오는 소비자 불만은 보통 시소한 것들이다. 하지만 어떤 고객이 당신의 서비스에 대해 별 1개를 주고 서비스를 받는 데 5분을 더 기다렸다는 불만스런 평을 올리면 큰 실수가 아님에도 불구하고 브랜드에 대한 평균 인식이 떨어지고 경쟁사보다 이미지가 나빠질 수 있다.

이런 사이트에 올라온 리뷰를 지속적으로 확인하면 자사 제품의 명성에 금을 내기 위해 경쟁사가 올리는 가짜 리뷰도 찾을 수 있다. 만약 이런 경우가 발생한다면 그 사실을 해당 사이트에 알리고 소비자들에게 오해를 사지 않도록 대응해야 한다.

브랜드 명성이 손상됐다는 사실을 모르면 명성을 회복할 수도 없다. 리뷰 사이트들을 정기적으로 검토하고 즉시 대응하라. 좋은 리뷰를 남긴 고객들에게는 감사를 표하고, 불평을 남긴 고객들에게는 이를 해결할 수 있는 방안을 제시하고 실제로 해결하라. 조사 내용을 보면 불만 사항이 해결된 고객은 그 브랜드에 대한 충성심을 다시 높이게 된다.

회사 담당자가 브랜드 웹사이트에 올린 테스티모니얼 콘텐츠는 외부 사이트에 올라온 리뷰보다 신뢰도가 떨어지기 마련이다. 소비자 리뷰는 회사의 승인 없이 자유롭게 표출된 의견이기 때문이다. 따라서 제품과 서비스에 만족한 고객들이 그 내용을 리뷰로 남기도록 적극적으로 투자해야 한다. 합당한 대우를 받은 소비자들은 대부분 그 브랜드를 위해 시간을 할애할 것이다.

재미와 게임

사실 마케팅은 재미와 게임이 전부인 분야다. 고객의 참여를 이끌고 관계를 구축하면서 수익성에도 도움이 되는 방법으로 게이미피케이션, 즉 게임화를 도입하는 기업이 증가하면서 말 그대로 마케팅은 재미와 게임이 전부가 됐다. 어떤 일을 다른 방식으로 도전하고 성공률을 가늠하기 위해 게임을 하고 예기치 않은 놀라움을 맛보는 스릴을 싫어하는 사람은 없기 때문이다.

게임은 사람들의 선택에서 가장 강력한 영향력을 발휘하는 신경전달물질을 자극한다. 신경전달물질은 사람들에게 행복, 흥분, 에너지, 두려움, 위협 같은 감정을 불러일으키는 호르몬 분출을 유도한다. 사람의 행동은 이런 감정에 의해 움직이는데, 자신감과 강력함을 느낀 사람들은 이런 좋은 감정을 더 많이 느끼기 위해 관련 행동에 의지하게 된다. 게임이 바로 그렇다! 그리고 게임이 브랜드와 결합되면 사람들은 좋은 감정을 브랜드에 그대로 투영하게 되므로 그 브랜드를 더 많이 찾게 된다.

욕구의 즉각적 충족을 추구하는 세상에서 게임은 굉장한 만족감을 줄 수 있다. 게임에는 어떤 행동이 보상으로 따른다. 이는 무언가를 구매하거나 소셜미디어에 관련 포스트를 올리거나 친구에게 그 소식을 알리는 것처럼 단순한 형태가 많다. 어떤 브랜드가 보상이 따르는 게임을 제공하면 그 효과가 즉시 나타난다는 점에서 게임은 브랜드에도 이득이 된다. 예를 들어, 소비자가 어떤 브랜드의 뉴스레터를 구독하기 위해 사이트에 개인 정보를 등록하는 것처럼 어떤 행동을 완수한 사람에게 감사의 표시로 보상이 따르는 게임을 보내는 것이다. 그러면 소비자는 게임을 함으로써 보상을 받을 수 있고, 그러면 행복감을 맛보면서 그 브랜드를 다시 찾을 것이다.

자동화 게임을 제공하는 카타붐의 최고경영자인 토드 맥기는 고객에게 그냥 리워드를 제공하는 것보다 게임을 통해 리워드나 포인트를 받게 하면 더 강력한 효과를 낸다고 주장한다. '이겼다'라는 감정이 도파민을 분출하기 때문이다(제2장 참조). 그러면 게임에 대한 경험뿐 아니라 브랜드에 대한 호감도 덩달아 높아진다.

게임의 종류도 다양하다. 디지털 스크래치 카드나 슬롯머신, 퀴즈, 퍼즐, 투표 등 원하는 형태를 만들 수 있다. 난이도를 좀 높여서 이기기 위해서는 기술이 필요한 게임을 만들 수도 있겠지만, 중요한 건 고객의 승부욕을 자극해서 참여율을 높이는 일이다.

게임의 유형이나 창의성은 계속 변하겠지만 인간의 본성은 변하지 않는다. 사람들은 모두 추격의 스릴과 승리의 가능성에 흥분한다. 어떤 브랜드를 통해 '승리'의 경험을 더 많이 접할수록 그 브랜드에 대한 고객의 충성심은 더 높아질 것이다.

요즘은 게임 플랫폼도 다양해서 그중 하나를 선택하면 되는데, 그중에는 카타붐처럼 사스(SaaS) 모델을 활용한 플랫폼도 있다. 게임을 만들어서 고객의 참여를 높이는 방법은 www.cataboom.com/games에서 다양한 사례로 만나볼 수 있다.

소셜미디어 및 기타 매체에서 소비자들이 즐길 수 있는 게임을 관련 규제에 따라 올바르게 개발하기 위해서는 게임 전문가의 도움이 필요하다.

고객의 재방문 이끌기

게이미피케이션을 이용하는 브랜드는 고객들이 게임을 즐기기 위해 사이트를 더 많이 찾는다는 것을 실제로 발견하게 된다. 게임에서 승리한 고객에게 그 브랜드 제품을 무료로 증정하는 것처럼 어떤 보상이 따르는 게임은 브랜드와 고객의 관계를 형성하는 정기적인 접점이 된다. 잠깐 시간을 할애하는 것만으로 뭔가 가치 있는 것을 얻을 수 있으므로 사람들을 계속해서 그 브랜드를 되찾게 되는 것이다.

토드 맥기의 주장에 따르면 어떤 브랜드로부터 게임을 선사받은 고객의 80%는 상품을 받기 위해 계속해서 사이트를 방문해 게임을 즐긴다고 한다. 고객들의 이런 반응 덕분에 이제 게임은 로열티 프로그램의 새로운 형태가 됐다. 특히 게임 결과에 따라 상품을 부상으로 증정하거나 원하는 상품으로 교환할 수 있는 포인트를 주는 경우에는 게임의 효과가 더 커진다.

보상에 늘 실체가 있는 것은 아니다. 게임 기록을 깨거나 기대하지 못했던 레벨까지 올라가는 것도 충분한 보상이 될 수 있다. 중요한 건 최종적으로 얻는 물질적 보상보다 게임을 하면서 얻는 경험이다. 도파민을 분출시키는 브랜드는 고객의 만족도와 충성도를 더 높일 수 있을 것이다.

소비자들은 단순한 '물질'보다 승리의 경험을 더 좋아할 수 있다. 독특한 콘텐츠를 제공하거나 VIP 서비스나 스페셜 오퍼에 접근할 수 있는 권한을 부여하거나 아무나 경험할 수 없는 특별한 무엇인가를 시도할 수 있는 기회를 선사하는 것도 좋은 방법이다.

고객과 관계 맺기

브랜드에서 제공하는 게임을 즐기는 고객들은 적극적으로 쇼핑을 하지 않을 때에도 그 브랜드와 상호작용을 하게 된다. 이런 식으로 늘어난 상호작용은 대개 매출과 고객충성도를 높이는 계기가 된다. 카타붐에 따르면 어떤 브랜드가 보상이 따르는 게임을 제공했을 때 목표 고객의 50%가 그 브랜드와 상호작용을 시작한다.

고객과의 상호작용이 증가하면 다음과 같은 효과가 나타난다.

- 긍정적인 감정을 일으키는 긍정적인 경험을 한 고객들은 온라인, 오프라인 할 것 없이 여러 환경에서 그 브랜드와 관계를 맺고 싶어 한다.
- 고객들은 온라인에 게시물을 올리거나 직접 그 브랜드를 언급함으로써 자신의 긍정적인 경험을 남들에게 알리려고 한다.
- 어떤 브랜드와 다양한 수준에서 상호작용을 한 사람들은 그 브랜드를 더욱 더 신뢰하게 된다. 브랜드에 대한 신뢰도가 상승하면 그 브랜드를 더 많이 구매하게 된다.

게임을 통해 쌓은 포인트로 선물을 교환하거나 제품을 구매할 때 즉석에서 가격을 할인받기 위해 사람들은 점점 더 게임을 즐기게 된다. 여느 회사처럼 단순히 쿠폰을 지급하기보다 게임을 통해 고객과 더 많은 상호작용을 유도하는 것이 훨씬 더 유리하다.

온라인 광고

소비자들이 인터넷에서 보내는 엄청난 시간을 생각한다면 소셜미디어 활동과 더불어 온라인 광고의 중요성도 놓칠 수 없다. 이와 관련된 몇 가지 사실이 있다. 닐슨이 2016년 6월에 발표한 보고서에 따르면 미국 성인들은 매일 태블릿, 스마트폰, 컴퓨터, 멀티미디어 기기, 동영상 게임, 라디오, DVD, DVR, TV 등의 각종 스크린을 바라보면서 약 10시간 39분을 보낸다고 한다. 한번 생각해보자. 하루 평균 8시간 잠을 자는 사람이라면 나머지 18시간 중 6시간이 조금 넘는 시간만 식사, 옷 입기, 열쇠 찾기, 회사 출근하기, 스크린을 보지 않으면서 일하기 등 미디어와 상관없는 활동에 투입하는 것이다.

숫자 자체도 놀랍지만 이 통계 수치를 보면 당신의 브랜드를 각종 스크린에 등장시켜야만 하는 이유가 정말 마음에 와 닿는다.

검색 키워드 마케팅

사람들은 구글이나 야후, 빙 등의 검색엔진으로 하루에도 수백만 번씩 온라인 검색을 한다. 이들 검색 사이트에 어떤 형태로든 광고를 하면, 잠재적 고객들에게 브랜드를 알리는 데에는 분명한 효과가 있을 것이다.

여기서 난제는 무언가를 검색했을 때 끝도 없이 이어지는 검색 결과들 속에서 어떻게 하면 브랜드를 첫 번째 페이지에 등장하게 하느냐는 것이다. 이를 위해서는 사람들이 검색에 가장 많이 이용하는 단어들을 구입하는 입찰에 참여해야 하지만 가격이 비싸다는 것이 문제다. 애견용품처럼 일반적인 품목은 입찰에 참여해서 최선의 검색 용어를 구입하는 일이 거의 불가능할 정도로 가격이 높고, 이미 규모가 큰 경쟁사들이 그런 단어들을 모조리 구입해놨는지도 모른다.

예를 들어, 소비자가 '애견용품'이라는 검색어를 온라인에 치면 정말로 수백 개의 결과를 얻게 될 것이다. 그리고 그런 용어를 이미 구입한 업체들은 검색 결과의 첫 번째 페이지에 당당히 등장할 것이다.

또 다른 방법으로는 **롱테일 키워드**(long-tail keyword)를 구입하는 것이다. 이는 일상적으로 사용되는 주요 단어가 아닌, 길고 설명적인 용어를 말한다. 애견용품의 경우에는 '덴버 애견용품 회사' 같은 말로, 이런 문구로 온라인 검색을 하면 훨씬 상대적으로 적은 수의 결과가 나온다. 이보다 더 구체적으로 '셀프 그루밍 덴버 애견용품 회사'란 용어를 치면 한층 더 적은 수의 결과를 얻을 것이다.

검색 트렌드를 연구한 여러 집단들이 발견한 바에 따르면 페이지뷰(사용자가 웹사이트의 특정 웹페이지에 접속해 페이지 내용이 브라우저에 나타난 횟수-역자)의 60~70%는 이런 롱테일 키워드로부터 나온다고 한다. 단순히 이런 긴 용어가 사이트 URL 조회수를 더 높인다는 측면뿐 아니라 구입비용도 더 저렴하다는 것도 이유가 되지만 소비자들이 롱테일 키워드를 사용하기 때문에 회사들도 이런 용어를 구입해야 한다.

롱테일 키워드는 마케터에게 큰 기회를 제공할 수 있다. 소비자들이 해당 제품의 어떤 측면을 가장 좋아하는지, 그리고 어떤 용어로 소비자에게 그 제품이 알려졌으면 하는지를 결정하라. 특별 서비스, 재고 상품, 경험, 위치 등과 관련된 다양한 용어를 고민해보라. 구글이나 애드워즈에서 이런 롱테일 키워드를 구입한 다음, 각 단어로 얼마나 많이 노출될 수 있는지 살펴보라.

검색 키워드, 배너 등 다양한 온라인 광고에 구글 애드워즈 활용하기

구글 애드워즈로 온라인 캠페인을 진행할 수 있다. 마케팅 오퍼가 정해지면, 이를 검색 광고, 화면 상단 배너 광고, 유튜브 동영상 광고, 앱 광고 중 어떤 형태로 진행할 것인지 결정하라. 그러면 해당 온라인 캠페인이 구글 네트워크 전체에서 작동된다. 그런 다음 아래 항목을 선택하라.

- 원하는 지역 혹은 그 지역에서 검색을 기대하는 목표 집단
- 사업 지역의 특정 반경 안에서 검색을 기대하는 목표 집단
- 검색 결과 브랜드의 광고가 화면 상단에 보일 수 있도록 어떤 용어를 입찰하고 싶은지
- 광고 예산. 하루에 30달러씩 지불하면 입찰로 확보한 용어를 인터넷에서 검색하는 사람들을 통해 광고 효과를 최대한 얻을 수 있을 것이다. 아니면 그 광고를 클릭한 사람 수에 따라 광고비를 지불할 수도 있다.

애드워즈로 온라인 광고를 집행하면 그 결과를 지속적으로 확인할 수 있다. 광고를 본 사람들의 숫자, 광고를 통해 브랜드 웹사이트로 유입된 사람의 수, 더 많은 정보를 위해 전화로 연락한 사람의 수 등 광고 효과를 추적할 수 있다. 구글이 인수한 유튜브에서도 광고를 애드워즈로 관리할 수 있다.

온라인 광고대행사인 워드스트림은 애드워즈 실적을 무료로 배포하는데, 그 결과를 보면 현재 집행 중인 검색 용어 광고가 효과적인지 비용만 낭비하고 있는지 판단할 수 있다. 물론 워드스트림이 궁극적으로 원하는 것은 이 결과를 확인한 회사들이 자신들이 제공하는 서비스를 이용해서 성과를 더 개선하라는 것이겠지만, www.

wordstream.com에서 광고 효과를 확인하는 것만으로도 충분한 가치가 있다.

애드워즈 캠페인을 처음 시작하는 사람들을 위해 이용 방법을 여기서 간단히 소개하겠다.

1. **애드워즈에서 무료 계정을 만들어라.**
   일단 www.adwords.google.com으로 가라.

2. **광고 형태 결정하기. 검색 키워드 광고를 할 것인지, 배너/디스플레이 광고로 할 것인지 아니면 동영상 광고를 집행할 것인지 등을 결정하라.**
   애드워즈에는 어떤 광고 형태에나 광고주들이 사용할 수 있는 템플릿이 있다.

3. **사람들이 검색에 많이 사용하는 핵심 용어에 광고를 연결하라.**
   이는 검색엔진별로 정해진 지침에 따라 원하는 용어에 대한 입찰에 참여함으로써 진행할 수 있다. 다시 한번 강조하지만 롱테일 키워드는 상대적으로 비용이 저렴하면서 입찰 성공률도 높고, 효과적인 결과도 얻을 수 있다.

4. **인터넷 검색엔진 운영자와 광고를 클릭할 때마다 지불할 가격에 대해 협상하라.**
   광고비는 입찰 방식을 따른다. 예를 들어 당신은 '마케팅 조언'이라는 검색 용어에 대해 클릭당 50센트의 비용으로 입찰할 수 있다. 이 경우에 누군가가 이 용어를 검색해서 나온 링크를 통해 브랜드 사이트로 유입됐을 경우 구글에 50센트를 지불해야 한다. 이 50센트가 나머지 사람들이 입찰한 가격보다 높으면 검색 결과 나온 화면에 당신의 링크가 가장 상단에 오르게 되고, 사람들이 그 링크를 누를 가능성도 더 높아진다.

5. **결과를 확인하라.**
   검색 광고를 진행하면서 학습한 내용에 따라 광고 형태나 용어, 타깃 도달 범위 등을 계속 조정해서 원하는 결과가 나올 수 있는 최적 조건을 파악하라.

구글 트렌드(www.google.com/trends)를 이용하면 구글에서 발생하는 검색 현황을 월별로 혹은 연간으로 확인할 수 있다. 구글 트렌드를 통해 광고 시기에 대한 팁도 얻을 수 있으므로(예를 들면 12월에는 비즈니스 관련 용어에 대한 검색률이 급격히 떨어진다) 클릭

당 광고비를 지불했을 때 광고 효과를 가장 높일 수 있는 시기를 결정하는 데 도움이 된다.

광고 형태별로 효과 극대화하기

검색 광고는 광고비를 지불한 업체의 URL과 간단한 소개 문구가 검색 화면 상단에 나타나는 방식을 취한다. 보통은 헤드라인과 URL, 전화번호, 한 줄 소개 문구, 주소, 웹사이트의 대표 페이지로 이동하는 링크로 구성된다. 대부분의 업체들은 이 링크를 회사소개 페이지나 주요 판매자 페이지로 연결되게 한다. 검색 광고의 효과를 높이려면 목표 고객들의 감성을 자극하면서 그들의 행동과 호기심, 관심을 불러일으킬 만한 용어들을 현명하게 사용해야 한다.

배너 광고(인기 있는 웹사이트마다 그 상단이나 측면에 네모난 박스 형태로 화려하게 디자인된 광고)란 인쇄 매체의 지면 광고나 옥외 전광판 광고의 웹 버전이라고 할 수 있다. 배너 광고는 브랜드 인지도를 높이는 데 효과가 있지만, 그걸로 끝나는 경우도 많다. 온라인 광고대행사나 애드워즈를 통해 배너 광고를 집행할 때에는 보는 사람들이 클릭하고 싶어질 만큼 강력하고 매력적인 헤드라인을 사용해야 한다. 즉 호기심과 관심을 불러일으키는 콜투액션이나 문구, 비주얼 이미지를 사용해야 한다. 이런 문구로 온라인 사용자들을 프로모션 오퍼가 게시된 사이트의 랜딩 페이지로 데리고 왔다면 그 다음으로는 판매 전환율을 높이는 모멘텀을 마련해야 한다. 배너 광고에 들어갈 디자인이나 오퍼, 헤드라인 등에 대한 아이디어가 필요하다면 그냥 '좋은 배너 광고'란 용어를 인터넷에 검색해보라. 그러면 재밌는 사례들이 가득한 사이트가 여러 개 나올 것이다.

옥외 전광판 광고들과 마찬가지로 인터넷 광고용 카피들도 대부분 사람들의 시선을 사로잡지 못하고 스쳐 지나갈 때가 많다. 단순하면서도 핵심을 찌르는 흡입력 있는 카피가 필요하다. 그래야 사람들이 당장은 그 문구나 광고를 클릭하지 않더라도 브랜드명이나 웹 페이지를 무의식 속에 남겨놓을 수 있다.

애드워즈 플랫폼을 이용하지 않고도 온라인 광고를 진행할 수 있는 방법은 많다. 다양한 온라인 광고대행사나 중개인들을 살펴본 후 그중 몇 곳을 접촉해 광고비와 광고 사이트를 확인하라. 원하는 사이트에 광고를 집행한 후 그 효과를 측정하라.

광고대행사를 활용하면 추가 혜택을 누릴 수 있다. 이들은 단순한 배너 광고 외에 다양한 크리에이티브 옵션을 제안해준다. 예를 들어 **위젯**(widget) 같은 인터랙티브 광고는 일반 배너 광고와 비슷하지만, 팝업이 뜨면서 이메일 주소를 넣으면 경품 당첨의 기회를 제공한다. 단순한 팝업 이미지 대신 동영상을 결합할 수도 있다. 혹은 화면 측면에 긴 세로로 들어가는 스카이스크래퍼 배너 광고에 예전 인쇄 광고에서 흔히 볼 수 있었던 쿠폰 디자인을 넣을 수도 있다. 사람들이 자신의 이메일 주소를 넣으면 프로모션에 대한 세부 내용이 담긴 제품 웹사이트로 이동하게 만드는 것이다.

또 유용성과 재미를 통해 인터넷 사용자들의 반응을 이끄는 **인터랙티브 광고**도 있다. 예를 들어, 주방 디자인 전문 회사가 "클릭 한 번이면 주방 디자인 소프트웨어가 무료!" 같은 카피의 인터랙티브 광고로 집주인과 리모델링 전문가들의 반응을 유인하는 경우를 말한다. 온라인 인터랙티브 광고들은 보통 광고를 클릭해서 프로모션 랜딩 페이지로 유입된 사람들에게 간단한 개인 정보를 등록하게 한 후 무료 소프트웨어나 상품을 제공한다.

다른 마케팅 활동들과 마찬가지로 이런 온라인 광고들도 해당 매체에 비용이 얼마나 투입됐는지 자각하지 못한 상태로 계속 진행되는 경우가 많다. 웹사이트의 특정 공간을 구입하거나 애드워즈로 입찰에 들어가기에 앞서 예산부터 책정하라. 온라인 마케팅으로 효과를 보고 있다면, 전체 광고 예산의 10~25% 혹은 전체 매출의 1~2%를 할당해도 좋을 것이다.

온라인 마케팅을 진행하고 있지만 기대만큼 고객 리드를 창출하지 못하고 있다면 다른 방법을 모색해야 한다. 결과가 나쁜 채널에 돈을 계속 써서는 안 된다. 또 하나 기억할 점이 있다. 소규모 테스트에서 효과가 없다면 대규모에서도 효과가 없을 가능성이 높다. 다양한 광고 형태나 메시지, 오퍼로 실험을 진행해서 원하는 효과를 내는 최적의 조합을 찾는 것이 중요하다.

스마트하고 빠른 작업을 위해 자동 맞춤화 도구 활용하기

우리 주위에 각종 디지털 채널이 등장하고 데이터를 통해 통찰력을 개발할 수 있게 되면서 이와 관련된 일련의 문제에도 직면하게 된다. 그중 가장 커다란 이슈 중 하나로 점점 늘어나는 디지털 채널과 전통적 채널을 아울러 공략하려는 각 소비자 집단을 적절할 메시지로 접근하기 위해서는 각종 콘텐츠를 어떻게 관리하고 생산하고 배치해야 하느냐는 것이다.

이 책 전체에서 언급하겠지만 다양한 청중들의 페르소나에 어필하면서 그들의 시선을 사로잡고 행동에 영향을 주면서 판매 기회를 잡기 위해서는 맞춤화된 콘텐츠가 필요하다. 따라서 각기 다른 니즈와 문화, 지역, 세대적 특성에 따라 분류된 다양한 고객 세그먼트로 구성된 수천 명의 고객들을 대상으로 마케팅 활동을 진행한다면 하나의 캠페인을 집행할 때마다 각 세그먼트별로 마케팅 콘텐츠를 꽤 많이 조정해야 한다. 이런 콘텐츠 조정 작업을 얼마나 빨리 그리고 효과적으로 처리하느냐가 브랜드의 성공과 실패를 좌우하는 기준이 된다. 이 영역을 절대 간과하거나 사소하게 여겨서는 안 된다.

이런 시나리오를 생각해보자. 어떤 마케터가 기존에 판매했던 제품을 보완한 신제품을 홍보하고자 한다. 신제품을 홍보하려면 사업을 전개하는 전체 시장에서 기존 고객은 물론 잠재 고객들을 세분화한 세그먼트에서 목표 집단들을 대상으로 커뮤니케이션 활동을 펼쳐야 한다. 마케터는 이를 위해 이메일, 페이스북, 모바일 캠페인과 인터넷 배너 광고는 물론, 제품이 판매되는 모든 소매점에 POS 전시물도 설치할 예정이다. 각 마케팅 활동은 공략하려는 고객들의 페르소나에 따라 혹은 그들의 인구통계적 특성 및 지역을 고려해 맞춤화 작업이 필요하다. 하지만 무엇보다 신경 써야 할 것은 신제품 출시 기념 프로모션이다. 제품을 제한된 기간 동안 할인된 가격으로 판매할 예정이기 때문에 관련 오퍼 내용을 모든 마케팅 캠페인 활동에 정해진 기간 동안 제품이 판매되는 전 지역에서 일률적으로 적용돼야 한다. 이 모든 활동이 최대의 효과를 거두기 위해서는 계절성이 있는 제품의 구매 주기에 맞춰 계획된 몇 주 동안 노력을 집중해야 한다.

잠시 생각해보자. 이 제품을 단지 5~6개 지역에서 제품 타깃 고객에 해당되는 4개 세그먼트에 판매한다고 가정해도 각 캠페인을 수많은 버전으로 조정해야 한다. 콘텐츠 관리 기술 분야의 선도자면서 클라우드 기반의 콘텐츠 허브인 일레터럴의 CEO인 페리 카멜은 앞으로 콘텐츠 맞춤화 비용이 300% 이상 증가할 수 있다고 예측한다. 만약 한 광고 매체당 대행사에 지불하는 비용이 50~250달러 정도라면(실제 광고비는 콘텐츠 종류에 따라 다르다) 여기에 광고 맞춤화 비용이 더해져 광고비는 물론 거기에 투입되는 시간까지 엄청나게 뛸 테고, 결국 처음 세웠던 ROI는 서서히 의미가 없어지고 말 것이다. 게다가 생각해보라. CEO나 경영진이 정한 ROI 목표를 달성하지 못한다면 담당 마케터의 자리는 과연 안전할까? 갑자기 등 뒤에 식은땀이 느껴지진 않는가?

다행히 오늘날의 진보된 마케팅 기술 덕분에 수많은 마케팅 채널도 한번에 맞춤화할 수 있는 견고한 시스템을 사용하면 된다. 앞서 언급한 마케팅 시나리오 정도라면 괜찮은 비용으로 한 콘텐츠를 다양한 버전으로 재빨리 맞춤화할 수 있다. 카멜의 주장에 따르면 올바른 기술과 적절한 메시지만 있다면 원하는 성과를 30~40% 이상 높일 수 있다. 그는 다양한 업종에 속한 자신의 고객사들은 이 정도의 광고 효과를 지속적으로 내왔다고 전한다. 그의 말이 사실이라면 이 수치를 목표 ROI에 포함시켜라. 그러면 경영진의 승인을 쉽게 받아낼 수 있을 것이다.

표 8-2는 맞춤화 기술을 통해 비용과 시간이 얼마나 절약할 수 있는지 자세히 비교한다.

표 8-2 콘텐츠 자동 맞춤화 기술을 통한 시간 및 비용 절감

작업	기존 방식	자동 방식
세그먼트별 템플릿 디자인과 구성	총 12.25시간 (시간당 비용 : 110달러)	0.25 시간
에이전시에 관련 내용 전달. 에이전시의 콘셉트를 개발 및 검토, 디자인 확정, 콘셉트 수정 및 수정안 검토 기간	7일	1일(대행사 도움 없이)
광고 시안 최종 승인 후 디자인 개발 및 인쇄 작업	1,348달러	28달러

여기서 핵심은 간단하다. 성공적인 마케팅 계획은 사업 규모가 얼마나 크든 작든 필요한 비용과 시간에 대한 걱정 없이 전체 채널을 수용해야 한다. 다행히 우리에게는 자동 맞춤화 기술이 존재하므로, 하나의 마케팅 캠페인을 전체 채널에 대해 그리고 세분화된 수백, 수천만 명 고객의 니즈에 맞춰 효율적이고 효과적인 커뮤니케이션 활동을 전개할 수 있다.

예산과 마케팅 계획에 맞춰 올바른 플랫폼을 선택하는 팁은 다음과 같다.

- **클라우드를 탐색하라.** 클라우드 기반 시스템은 가장 효율적으로 디지털 자산을 저장하고 접근하고 공유하고 활용한다. 원격으로 근무하는 회사 직원들은 물론, 광고대행사, 판매 담당자, 유통사, 채널 관리자가 필요할 때마다 클라우드에 저장된 디지털 자산에 접근해서 재빨리 마케팅에 활용할 수 있다는 장점이 있다. 다만 염두에 둘 것은 보안성이 검증된 시스템을 선택해야 한다는 점이다. 클라우드 시스템은 대부분 사스 모델로 가격을 책정하는데, 고객사의 니즈와 예산에 따라 월 단위로 플랫폼 사용료를 부가한다.
- **템플릿을 사용하라.** 필요한 콘텐츠 요소별로 새로운 디자인이나 형태를 개발하는 것은 시간도 많이 들고 힘들다. 온라인이든 오프라인이든 모든 콘텐츠를 종류별로 원하는 채널과 광고물 형태 그리고 광고를 집행할 스크린 종류에 따라 자동으로 크기와 형태가 조정되는 맞춤화 템플릿을 갖고 있는 시스템을 선택하라.
- **포맷 옵션이 다양한 시스템을 고려하라.** 요즘에는 POS 광고물 하나도 지면 방식과 전자 방식이 있고, 모바일과 소셜미디어, 디지털 등 다양한 채널에서 종합적으로 진행한다. 만약 모바일과 소셜 채널에서 광고를 본 고객이 오프라인 소매점에서 그 제품을 구입하도록 각 유통 매장에 광고물을 설치할 계획이라면, 각 광고물을 온라인, 오프라인에서 모두 일관된 내용과 형태로 진행해야 한다.
- **콘텐츠 분석 기법을 확인하라.** 각 자산별로 콘텐츠 이용 현황을 추적할 수 있으면서 디지털 요소별로 성과를 판단할 수 있는 시스템을 찾아라. 이런 분석이 가능하면 비용만 낭비하는 활동은 중지하고 매출과 수익 증대에 기여하는 마케팅 활동에 집중할 수 있다.

Chapter
09

디지털 세상에서 지면 광고 활용하기

제9장 미리보기

- 광고, 우편물 등 인쇄물이 가진 힘 발견하기
- 소비자 이해를 높이고 행동을 유도하도록 인쇄물 디자인하기
- 인쇄물을 통해 온라인과 오프라인에서 고객의 참여와 판매 이끌기

인쇄물은 죽지 않았다. 소비자들은 촉감이 결부된 커뮤니케이션에 정서적으로 더 잘 반응하기 때문에 앞으로도 절대 죽지 않을 것이다. 이것은 인간의 본성이다. 세상이 점점 더 디지털화되면서 이제는 다이렉트 메일이나 신문 광고, 리플릿 같은 인쇄물은 가치가 없다고 생각하는 사람도 있을 것이다. 하지만 그렇지 않다.

데이터앤마케팅협회가 발표한 2015년 매체별 응답률 데이터를 보면 다음과 같은 사실을 알 수 있다.

> » 인쇄물 형태의 다이렉트 메일 응답률은 평균 3.7%로, 디지털 형태의 다이렉트 메일 응답률보다 거의 3배나 더 높다.
>
> » 우편으로 발송되는 마케팅 인쇄물의 ROI는 15~17% 정도로 이는 소셜미디어 마케팅의 ROI와 비슷한 수준이다.

인쇄물의 마케팅 효과가 아직 건재하다는 사실을 증명하는 연구들은 또 있다.

- 인쇄 광고의 브랜드 회상률은 75%로 디지털 광고의 브랜드 회상률(44%)보다 월등히 높다(캐나다 포스트).
- 전체 소비에서 큰 비중을 차지하는 베이비붐 세대 중에는 아직도 종이 신문을 읽는 사람들이 많다. 38%는 일간 신문을, 44%는 일요 신문을 읽는다(2016년 닐슨 스카보로 데이터 중 뉴스미디어 현황).
- 인쇄된 콘텐츠는 디지털 콘텐츠보다 훨씬 더 이해가 쉽다. 많은 연구 결과를 보면 사람들은 디지털 기사보다 인쇄된 기사를 더 몰두해서 오래 읽는다는 것을 알 수 있다. 인쇄물은 만질 수 있어서 더 풍부한 감각 경험을 전달하기 때문이다. 또 인쇄물은 온라인 화면에서처럼 깜빡거리거나 움직이는 대상이 없으므로 방해도 덜 받는다.

  캐나다 포스트와 트루 임팩트가 공동으로 수행한 연구 결과 하나만 봐도 인쇄 자료는 디지털 자료보다 인지적 노력이 21% 덜 들어가고, 회상률은 70% 더 높다는 것을 알 수 있다.

웹 기반 광고와 프로모션이 주는 다른 장점들로 인해 인쇄 매체를 사용하는 비중이 감소하고 있다. 하지만 앞에서 언급한 연구 결과들을 보면 인쇄 매체는 마케팅 프로그램의 주요 요소로 남을 만한 충분한 근거가 있다. 인쇄물을 디지털 프로그램과 잘 연계하면 비용 효율성도 더 높일 수 있다. 인쇄물은 어떤 브랜드를 대중에게 처음 소개하는 데 뛰어난 도구가 될 뿐 아니라 세부 정보를 더 많이 얻으려는 사람들을 디지털 자산으로 유도하는 효과적인 기제가 될 수 있다.

인쇄 캠페인의 기본 요소는 DIY 제품을 판매하는 1인 기업이든 대기업의 마케팅 간부든 반드시 이해해야 할 필수 지식이다. 이 장에서는 마케팅 인쇄물로 브랜드 인지도를 구축하고 리드를 창출하며 디지털 캠페인으로 고객을 유인하는 노하우와 그런 인쇄 광고를 개발하고 디자인하는 방법을 배우게 될 것이다.

어떤 인쇄물을 기획하든 그 목표는 사람들의 관심을 일깨우고 실제 상점이든 온라인 매장이든 고객을 판매 접점으로 이끌어 궁극적으로 매출을 일으키는 것이다. 이런 목표에 앞서 먼저 생각할 것들이 있다.

» 제품을 실제 매장에서 판매하고 있다면 제품 패키지와 전시물, 쿠폰 디자인은 제품 브로슈어와 광고를 반영해야 한다. 그래야 고객들이 구매 시점에서 이미 접했던 제품 관련 내용을 떠올릴 수 있다.

» 제품을 웹사이트에서 판매한다면 고객들에게 프로모션 오퍼가 눈에 띄는 온라인 광고를 보내서 판매 사이트의 랜딩 페이지로 연결되게 하라. 그래야 고객들의 행동을 직접 이끌 수 있다.

» 직접 판매 제품이라면 인쇄 매체나 페이스북, 트위터, 링크드인 같은 온라인 플랫폼을 통해 브랜드 약속 및 포시셔닝과 일관된 내용이 포함된 제품 카탈로그, 백서, 리플릿, 주문 양식을 직접 배포하라.

인쇄 광고든 온라인 캠페인이든 판매 시점 광고물이든 동일한 브랜드 페르소나와 가치 제안을 일관적으로 전달해야 한다. 제품 매뉴얼처럼 정보 전달과 소비자 교육을 목적으로 작성하는 마케팅 자료도 콘텐츠가 전문적이고 실용적이면 그 브랜드는 소비자 머릿속에 뚜렷하게 새겨질 것이다. 건강관리 제품의 마케팅 자료 속 내용이 엉성하고 잘못된 내용으로 가득하며 여기저기 오자가 발견된다면 소비자는 그 브랜드를 절대 신뢰하지 않을 것이다. 아무리 사소한 요소도 허투루 다뤄서는 안 된다.

마케팅 인쇄물 개발하기

인쇄물도 사람들의 주목과 관심을 받으려면 디지털 프로그램과 같은 법칙을 적용하면 된다. 브로슈어, **테어 시트**(tear sheet : 보통 제품에 대한 한 장짜리 안내서를 의미-역주), 옥외 광고 포스터, 다이렉트 메일 용도의 편지, 카탈로그, 심지어는 블로그나 웹페이지도 좋은 광고 캠페인을 위한 조건은 좋은 인쇄 광고를 위한 조건과 공통점이 많다. 훌륭한 카피와 시각적 요소, 시선을 사로잡는 헤드라인이 결합돼 있어야 한다는 점이다. 훌륭한 마케팅 자료는 개별 요인들은 물론 브랜드 포지셔닝과 페르소나까지 하나로 통합시키는 동일한 룩앤필이 필요하다. 인쇄 매체의 특징과 함께 인쇄물을 디자인하고 활용하고 채널별 마케팅 계획에 통합하는 방법을 이해하면 브랜드의 가시성과 가치, 고객 관계를 효과적으로 구축할 수 있다. 이어지는 내용은 인쇄 자료의 필수 요소를 설명한다.

성공적인 인쇄 자료의 조건 탐구하기

신문이 새로운 이야기를 전달해주듯 인쇄물(브로슈어나 리플릿, 전단지, 지면 광고 등)은 브랜드에 대한 이야기를 전해준다. 마케팅 믹스에 통합해야 할 인쇄 자료에는 디스플레이 광고와 전시회나 기타 행사장에서 주로 배포하는 브로슈어나 리플릿 등이 있다.

다음은 독자의 시선을 사로잡은 후 브랜드 관련 내용을 세부적인 사항까지 한눈에 전달하는 데 필요한 요소이다.

» **헤드라인** : 인쇄물의 상단이나 가장 잘 보이는 곳에 큰 글씨로 들어가는 헤드라인은 브랜드의 감성적 판매 제안(ESP)을 전달해야 한다. 헤드라인은 브랜드 스토리에 고객을 끌어들이는 중요한 기회가 된다.

» **카피/바디 카피** : 브랜드 스토리를 전달하는 본문에 해당하는 요소로, 책이나 잡지의 본문과 비슷하게 가독성을 높일 수 있는 형태로 배치된다.

» **오퍼** : 만약 세일을 고지하는 인쇄 광고나 전단지를 제작한다면 그 인쇄물에서 가장 먼저 눈에 띄어야 할 요소는 '세일'이라는 오퍼며, 그다음으로는 콜투액션(CTA)이 뒤따라야 한다. 오퍼란 광고의 대상인 제품이나 프로모션을 말하며, 콜투액션이란 고객들에게 바라는 반응 메커니즘을 뜻한다. 예를 들어 특정 기간 동안 제품의 가격을 15% 할인해주는 것이 오퍼라면 고객이 행해야 할 콜투액션은 브랜드 웹사이트 혹은 이메일이나 전화로 제품을 주문하는 행동이 될 것이다. 어떤 오퍼든 인쇄물을 봤을 때 한눈에 들어와야 한다.

» **비주얼** : 마케팅 자료에 대한 사람들 반응의 90%는 그들의 무의식 속에서 일어나므로, 인쇄물에 사용되는 색과 이미지는 원하는 행동을 달성하는 데 매우 중요하다. 이런 비주얼 요소들은 소비자들이 인쇄물에 적힌 단어를 읽기도 전에 메시지나 브랜드 스토리를 전달하는 광고의 톤을 결정한다.

» **캡션** : 이미지를 설명하기 위해 그 옆에 붙은 짧은 카피를 말한다. 보통은 이미지 아래에 놓이지만, 측면이나 이미지 안에 넣을 수도 있다.

» **상표** : 브랜드나 회사를 나타내는 고유 디자인을 말한다(나이키의 스우시 모양이 그 예다). 브랜드를 나타내는 고유한 방식인 상표나 저작권은 반드시 등록해야 타인의 침해를 방지할 수 있다.

» **로고** : 로고는 보통 그 회사나 브랜드의 상표로 사용되는 시각 디자인을 말한다. 로고 디자인은 브랜드명과 회사의 슬로건으로 구성되는 경우가 많다.

» **슬로건** : 슬로건은 브랜드의 정신이나 개성, ESP를 전달하는 짧은 문구를 말한다. 슬로건의 좋은 예로 미쉐린타이어의 "당신의 타이어 위에는 아주 많은 것들이 타고 있으니까요"가 있다. 이 슬로건과 함께 어린 아기가 타이어를 올라탄 사진을 보면, 타이어에서 가격보다 더 중요한 게 뭔지 금방 깨닫게 된다. 정말 효과적인 슬로건이 아닌가? 미쉐린타이어는 고가 정책을 고수하지만 전 세계 타이어 시장에서 일등의 자리를 놓치지 않는다.

» **디지털 링크** : 인쇄 광고의 가장 중요한 역할은 사람들을 그 브랜드의 웹사이트로 이끔으로써 그 제품이 그들의 삶을 어떻게 향상시킬 수 있는지 더 많은 내용을 전달하고 제품 담당자들과 직접적인 관계를 형성하게 만드는 것이다. 소비자들을 트위터나 핀터레스트, 페이스북 같은 소셜미디어 사이트로 유인하는 것도 중요하다. 소비자들이 제품 구매 전에 정보를 탐색할 때 소셜사이트는 가장 많은 도움을 주는 소스 중 하나이기 때문이다. 인쇄 광고에 전화번호만 하나 달랑 넣으면, 그들은 강압적인 판매 권유를 받지나 않을까 하는 두려움에 절대 연락하지 않을 것이다. 그것으로 잠재 고객도 잃게 될 것이다.

시선을 사로잡고 판매를 이끄는 인쇄물 디자인하기

디자인은 브로슈어나 광고, 기타 마케팅 자료의 전체적인 느낌과 레이아웃을 구현하므로 매우 중요하다. 사람들은 디자인을 통해 브랜드의 이야기와 가치에 대한 첫인상을 얻고, 의식적이든 무의식적이든 디자인은 브랜드의 페르소나가 자신의 개성을 반영하는지, 그 브랜드와 관계를 형성할 것인지 결정하는 데 일조한다. 사람들이 색상과, 폰트, 레이아웃, 이미지, 기타 시각 디자인 요인들을 통해 그 브랜드와 개인적 연관성을 찾고 흥미를 느끼는 데에는 3초가 채 걸리지 않는다. 독자들이 광고에 활용된 사진 속에서 자신을 찾거나 찾으려고 한다면 그 광고는 고객과 관계를 형성하는 데 성공적 발판을 마련했다고 볼 수 있다. 이는 컬러 팔레트도 마찬가지다.

다음에 설명하는 팁과 통찰은 지면 광고나 리플릿, 브로슈어 등 모든 형태의 인쇄물에 적용할 수 있다. 게다가 디지털 자산에도 활용할 수 있다.

» 뛰어난 광고는 페이지에서 떠올라 독자들의 시선을 붙잡고 마음에 와닿아 그들의 가치와 욕망을 자극한다. 갖가지 정보들로 혼잡한 요즘 세상에서 인쇄 광고가 원하는 목표도 바로 그렇다! 만약 특정 지역에서 발간되는 잡지나 신문에 게재할 광고를 디자인한다면, 이미 그 매체에 등장했던 업종별 광고들과 경쟁사 광고들을 살펴보고, 그중 돋보이는 광고는 없는지 살펴보라. 효과가 없는 광고 디자인은 피하고 사람들에게 어필하는 광고의 특징을 파악하라.

» 요즘에는 소프트웨어 프로그램 중 브로슈어나 리플릿, 기타 인쇄물에 대한 디자인 템플릿을 제공하는 상품들이 많아서 그런 참고 자료를 통해 디자인 팁을 얻을 수 있다. 마이크로소프트 퍼블리셔 등 저렴하고 사용이 간편한 프로그램들도 있으니 적극 활용하라.

» 마케팅 매니저든 프리랜서 디자이너든 중소기업 사장이든 그 역할과 상관없이 광고를 디자인할 때는 그 디자인을 다른 채널에서도 활용할 것이라는 사실을 고려해야 한다. 디자인의 크기를 줄여서 전시회나 학회에서 나눠줄 리플릿이나 브로슈어에 넣을 수도 있고, 회사가 후원하는 지역 공동체 행사에 설치할 대형 포스터로 사용할 수도 있다. 또한 링크드인이나 트위터 등 소셜미디어 포스트나 온라인 배너, 핀터레스트의 핀 등 디지털 채널에 맞게 쉽게 전환할 수도 있어야 한다. 따라서 인쇄물을 개발할 때는 언제나 고해상도 디자인을 적용해서 크게 확대했을 때에도 전혀 문제가 없어야 한다.

전문 디자이너 활용하기

인쇄 광고나 기타 인쇄물을 디자인할 시간과 재능, 욕구가 없다 할지라도 선택할 수 있는 옵션은 많다. 예를 들면 프리랜서를 고용하는 것이다. 인터넷에 '프리랜서 그래픽 디자이너'란 말만 쳐도 수많은 옵션이 바로 나올 것이다. 같은 지역에 있는 대학들도 또 다른 자원이 될 수 있다. 디자인 전공 학생들을 프로 디자이너보다 훨씬 더 저렴한 비용으로 활용할 수 있기 때문이다. 그들은 창의성을 높이려 자진해서 친구들을 프로젝트에 합류시키기도 한다.

이 섹션에서는 디자이너와 함께 일하는 과정에 대해 설명할 것이다. 디자이너를 선택할 때에는 각 후보의 포트폴리오를 꼼꼼히 확인해야 한다. 포트폴리오에 있는 작품들이 원하는 스타일과 퀄리티에 상응해야 하고, 그 사람이 일정과 예산, 목표에 따라 원하는 작업을 완수할 수 있을지 후보의 평판도 반드시 다른 사람을 통해 확인하자.

디자이너를 고용하기 전에 광고 브리프부터 작성하라. 이는 고용한 디자이너가 브랜드의 이미지를 구축하고 오퍼와 메시지를 디자인으로 옮기는 청사진이 될 것이다. 광고 브리프에는 컬러와 폰트 같이 마케팅 전략에서 도출된 요소들도 포함돼 있어야 한다. 그리고 디자이너에게 다음 항목에 대한 지침도 전달하라.

- **컬러** : 어떤 컬러와 컬러 콤비네이션이 그 브랜드를 연상시키는 감성, 특징, 메시지를 반영할 수 있을까?
- **폰트** : 목표 고객 및 세대에 가장 어필하는 폰트는 무엇인가? 산세리프체가 더 좋을까? 아니면 크기나 디자인 등을 자체적으로 제작하는 게 더 나을까?
- **이미지** : 어떤 아이콘이나 로고를 활용해야 할까?
- **비주얼** : 사진이나 박스 디자인, 차트 등을 포함시켜야 할까? 이미지 사이트에서 구입한 사진이나 직접 찍은 사진 중 광고 디자인에 활용하고 싶은 것들을 찾아보자.
- **레이아웃** : 마치 신문 칼럼 같은 느낌의 광고는 어떨까? 아니면 편지처럼 배치된 카피는? 어떤 레이아웃이 원하는 분위기나 신뢰성을 가장 잘 반영할 수 있을지 고민하라.

디자이너는 마케터가 제공한 광고 브리프를 토대로 적어도 세 가지 디자인 시안을 준비해야 한다. 그중에서 하나가 선택되면 그 디자인이 인쇄 사양에 맞는지도 확인해야 한다.

다음 사항을 확인하라.

- 광고에 사용된 사진 모두 충분히 높은 해상도를 갖고 있어야 인쇄된 광고의 품질도 좋다. 일반적으로 사진은 300dpi(1인치에 들어가는 점의 수) 이상이어야 괜찮은 화질을 구현할 수 있다.

» 광고 디자인은 명료함과 품질을 낮추지 않고도 리플릿부터 대형 포스터까지 크기를 쉽게 변경할 수 있어야 한다. 오늘날에는 대부분의 출판물을 인쇄물과 디지털 버전으로 모두 제작하므로 이런 확장성은 매우 중요하다. 보통 지면 광고를 계획할 때 같은 크리에이티브를 적용할 온라인 광고 공간을 함께 준비하는 경우가 많다.

» 디자인에 포함된 사진이나 이미지에 대한 사용 권한을 미리 구입해둬야 한다.

» 소프트웨어 프로그램에서 제공하는 템플릿에는 사용 권한이 없는 이미지나 디자인 요소가 포함돼 있을 수 있다. 따라서 실제 집행할 인쇄 광고나 브로슈어를 이런 템플릿으로 개발하면 문제가 될 수 있다.

시간당 비용보다는 프로젝트당 비용으로 디자이너를 고용하는 편이 항상 더 낫다. 시간당 비용이 저렴해서 어떤 디자이너를 고용했는데 그 사람의 능력이 생각만큼 훌륭하지 못하거나 효율성이 떨어지면 결국 예상보다 훨씬 더 많은 비용이 나갈 수 있기 때문이다. 결국 중요한 건 최종 광고물이 나올 때까지(콘셉트 개발, 디자인 시안 2~3개 개발, 시안 수정, 최종 광고물 개발 포함)의 기간이다.

디자인 서비스를 이용할 수 있는 온라인 사이트

만약 이제 막 개발된 신제품의 브랜드 아이덴티티를 표현할 수 있는 좋은 그래픽 디자인이 필요하다면 적은 비용으로도 최고의 디자인 인력들을 활용할 수 있는 재미있는 방법이 있다. 디자인 프로젝트를 담당한 디자이너를 입찰 방식으로 선정할 수 있는 사이트에는 프리랜서(www.freelancer.com), 크라우드사이트(www.crowdsite.com), 로고아레나(www.logoarena.com), 디자인콘테스트(www.designcontest.com), 해치와이즈(www.hatchwise.com), 로고디자인그루(www.logodesignguru.com), 디자인크라우드(www.designcrowd.com), 99디자인스(99designs.com) 등이 있다.

이런 사이트를 이용하면 입찰 과정을 통해 이미 실력과 업적이 꼼꼼하게 검토되고 입증된 프리랜서들 중 원하는 디자이너를 아주 좋은 가격으로 활용할 수 있다. 디자인 콘테스트를 열어 그중 가장 우수한 작품을 구입하는 방법도 가능하다. 예를 들어, 99디자인스는 버몬트주 워터베리에 있는 맥주 양조 회사인 알케미스트 디스틸러리즈를 위한 로고 디자인 콘테스트를 열었다. 알케미스트는 보통 로고 하나를 디자인할 때 드는 비용보다 훨씬 적은 300달러가 채 안 되는 돈으로 콘테스트를 개최할 수 있었다.

스스로 디자인하기

기초적인 컴퓨터 기술과 프린터만 있으면 가게를 차리고 간단한 전단지나 브로슈어, 명함쯤은 충분히 만들 수 있다. 마이크로소프트 워드와 페이지 프로그램에는 쉽게 레이아웃을 정하고 브로슈어 및 마케팅 인쇄물을 빠르게 처리할 수 있는 좋은 템플릿이 다양하게 구비돼 있다. 물론 프리랜서 그래픽 디자이너들은 워드나 페이지 대신 어도비의 전문적인 디자인 프로그램(현재는 어도비 클라우드 사이트인 www.adobe.com/products/creativecloud.html에서 월 50달러 정도로 사용할 수 있다)을 이용할 것이다.

이런 프로그램을 사용해본 경험이 있다면 필요한 마케팅 자료(물론 웹사이트 디자인도 가능하다)를 스스로 디자인할 수 있다. 하지만 이런 프로그램을 다룰줄 모른다면 스스로 디자인하는 방법을 권하진 않겠다. 프로그램의 기본 사용법을 익히고 효율적인 편집 기술을 터득하고 브랜드의 가치를 부각할 만한 디자인을 개발하는 데에는 꽤 시간이 걸리기 때문이다. 궁극적으로는 그런 귀중한 시간을 소프트웨어 응용 프로그램과 디자인 프로세스를 배우는 데 쓰는 것보다 마케팅과 영업 관리에 쓰는 편이 더 낫다. 하지만 요즘에는 마케팅 프로그램을 관리하는 데 어도비 마케팅 클라우드를 활용하는 부서가 늘고 있다는 점에서 이런 프로그램을 어느 정도 살펴볼 필요는 있다.

컨설턴트나 작은 사업체를 운영하는 오너라면 회사 로고나 명함, 간판, 웹사이트 등을 개인적으로 개발하는 데 디자인 소프트웨어를 이용할 수 있다. www.flamingtext.com이나 www.logogarden.com, www.logomaker.com 같은 사이트에서 DIY 로고 개발 옵션을 살펴보라.

디자이너들은 지면 광고나 다른 인쇄 자료를 정식으로 개발하기 전에 여러 가지 레이아웃을 실험해보는 경우가 많다. 어떤 방식으로 디자인을 개발하든 프로 디자이너들이 하는 것처럼 당신도 여러 디자인 레이아웃을 실험해볼 것을 강력히 권한다. 다양한 레이아웃을 검토할수록 더 기발한 아이디어를 얻고 시선을 사로잡는 디자인을 개발할 가능성이 커진다.

폰트의 중요성 발견하기

지면 광고와 인쇄물, 이메일, 웹사이트, 기타 마케팅 자료의 모든 디자인 요소에 대해 테스트를 하듯이 가장 적절한 폰트를 찾기 위해서도 테스트는 필요하다. 연구에 따르면 좋은 폰트는 광고 내용에 대한 독자의 이해를 돕고 콜투액션에 대한 소비자의 반응에도 영향을 준다. 이런 점에서 마케팅 인쇄 자료에서 폰트 선정은 가장 중요한 요소 중 하나라고 할 수 있다.

대상이 무엇이든 올바른 폰트를 사용하면 텍스트 내용을 더 쉽게 이해할 수 있고, 전체적인 디자인과 더 조화를 이룰 수 있다. 헤드라인의 폰트는 독자의 시선을 사로잡는 데 중점을 둬야 한다. 그러나 바디 카피의 경우에는 너무 시선을 사로잡는 데만 초점을 맞추면 오히려 가독성에 저해가 될 수 있다. 이어지는 내용은 마케팅 인쇄물에서 메시지 가독성과 이해도, 행동 유발성을 높이는 폰트들에 대해 더 자세히 설명한다.

폰트 스타일 선정하기

인쇄기가 존재하는 한 디자이너들은 계속해서 활자체를 개발해왔으므로, 놀라울 만큼 많은 폰트가 존재하는 것도 당연하다. 일단 마이크로소프트 워드처럼 워드 프로세싱 소프트웨어만 해도 Helvetica나 Times New Roman 그리고 Arial 같은 다수의 기본 폰트들이 있을 것이다. 이 밖에도 멋진 폰트들에 대한 더 많은 옵션을 보기 위해서는 어도비의 타이프키트 사이트(www.typekit.com)를 방문해보라. 인기 있는 폰트들뿐만 아니라 스타일과 종류에 따른 리스트도 살펴볼 수 있다.

깔끔하면서도 여백이 많고, 광고에 들어간 삽화 및 사진과 극적인 대비를 이루려면 **산세리프** 활자체의 깔끔한 라인이 적당하다. 즉 활자에 장식적인 **세리프**(글자 끝이 장식을 위한 작은 선으로 삐쭉하게 뻗어나간 스타일)가 없는 서체를 말한다. 세리프가 없는 서체 중 바디 카피로 가장 인기 있는 폰트에는 Helvetica, Univers, Optima, Arial, Avant Garde 등이 있다. 그림 9-1은 세리프가 있는 서체와 없는 서체를 보여준다.

책이나 신문, 기타 인쇄 자료에는 Century나 Times New Roman 같이 세리프가 있는 폰트가 전통적으로 많이 이용돼 왔다. 세리프가 있는 폰트로 바디 카피로 가장 많이 쓰이는 서체로는 Garamond, Melior, Century, Times New Roman,

그림 9-1 세리프가 있는 폰트와 세리프가 없는 폰트 비교

Calendonia 등이 있다. 그림 9-2에서는 좀 더 깔끔한 산세리프 서체들과 좀 더 장식적인 경향이 강한 세리프 서체 디자인을 비교해볼 수 있다.

세리프가 없는 서체 중 많이 쓰이는 폰트에는 Arial, Avenir, Calibri, Gil Sans 등이 있다. 이런 폰트들은 좀 더 현대적이면서 깔끔해서 가독성과 이해력을 높이는 데 좋다. 하지만 연구 결과를 보면 세리프가 있는 폰트가 독자의 이해도와 회상률 측면에서 모두 더 높은 점수를 받았다.

산세리프	세리프
Helvetica	Century
Univers	Garamond
Optima	Melior
Avant Garde	Times New Roman

그림 9-2 광고에 많이 쓰이는 서체

실험에서 Helvetica와 Times New Roman, Century 폰트는 가독성 측면에서 대체로 상위에 올랐다. 따라서 바디 카피로 일단 이 폰트 중 하나를 사용해보자. 조사 결과에 따르면 사람들은 일반적으로 대문자보다 소문자를 13% 더 빨리 읽는다고 한다. 따라서 긴 문장을 모두 대문자로 표기하는 것은 피하는 게 좋다. 또 사람들은 바탕색과 강하게 대비를 이루는 어두운 색 글씨를 더 쉽게 읽는다. 반전된 폰트, 즉 까만 바탕에 흰 글씨처럼 배경보다 흐린 색깔의 글자는 이해력을 80% 정도 낮추는 것으로 나타났다. 따라서 핵심 포인트만 부각시키려는 목적이라면 색상의 대비를 더욱 높이고, 되도록 바디 카피에는 이렇게 반전된 폰트는 사용하지 않는 편이 낫다. 인쇄 광고에서는 하얀색 바탕에 12포인트의 검정색 Helvetica나 Times New Roman이 가장 가독성을 높이는 조합 중 하나로 알려져 있다. 비록 고상한 디자이너들에게는 다소 지루해 보일지라도 말이다.

일반적으로는 헤드라인과 바디 카피에 상호 보완적인 폰트를 사용하는 것이 좋다. 예를 들어 헤드라인으로 Helvetica를 썼다면 바디 카피로는 Century를 쓰고, 아니면 그 반대의 경우도 가능하다. 혹은 바디 카피로 사용한 폰트의 좀 더 굵고 큰 버전을 헤드라인으로 사용하는 것도 가능하다. 어떻게 하면 헤드라인으로 독자들의 시선을 사로잡고 궁금증을 유발함으로써 바디 카피로 시선을 이끌 수 있을지 고민하라.

크기와 스타일 선정하기

모든 폰트는 8포인트부터 72포인트까지(물론 그 이상도 가능하다) 다양한 사이즈로 활용할 수 있다. 중요한 것은 그 크기가 전체 지면에서 어떻게 보일지 하는 것이다. 폰트 크기가 너무 커서 광고가 전체적으로 답답해 보이거나 반대로 폰트 크기가 너무 작아서 가독성이 떨어져서는 안 된다. 지면 광고나 브로슈어를 보자마자 시간과 에너지만 뺏길 것 같다면 사람들은 그 인쇄물을 그냥 지나칠 것이다. 조사 결과를 보면 14포인트의 활자가 가장 가독성이 높다고 한다. 그러나 11포인트나 12포인트도 많이 사용된다.

구태여 에너지를 소모하면서 메시지를 읽으려는 소비자는 드물다. 게다가 활자에 대한 사람들의 태도에는 다소 보수적인 경향이 있어서 전통적인 디자인에 본능적으로 더 매력을 느낀다. 글자와 선의 간격, 글자의 흐름과 균형(주위에 어느 정도 여백이 있고 텍스트를 구분하도록 적절한 곳에 그림이 들어가 있는지) 등에서 익숙한 디자인은 눈을 즐겁게 하면서 가독성을 높인다. 따라서 어떤 요소를 강조할 경우에도 보수적인 방식을 취하라. 이를테면, 바디 카피 중 강조할 부분이 있다면 다른 스타일의 폰트를 사용하는 것보다 동일한 폰트를 굵게 표시하는 편이 더 안정적이다. 너무 다양한 폰트를 사용하면 전체 디자인의 가독성이 떨어질 수 있다.

좋은 디자인은 두 가지 유형의 폰트를 사용하면서 폰트 사이즈에 변화를 주고, 필요에 따라 볼드체와 이탤릭체, 반전 폰트를 섞어서 사용한다. 그림 9-3은 전통적으로 가독성이 높다고 인식되는 Garamond와 Helvetica를 사용한 흑백의 인쇄 광고 한 편을 보여준다. 일부 그래픽 디자이너들은 전통적인 요소를 줄이고 창의성을 높이기 위해 이런 유형의 광고를 피하는 경향이 있다. 하지만 이 두 폰트는 매력적이고 독자들에게 호감을 주면서 가독성도 높인다는 연구 결과도 있다.

단지 개인적 취향에 따라 새롭고 특별한 폰트를 사용해서는 안 된다. 특별히 강조할

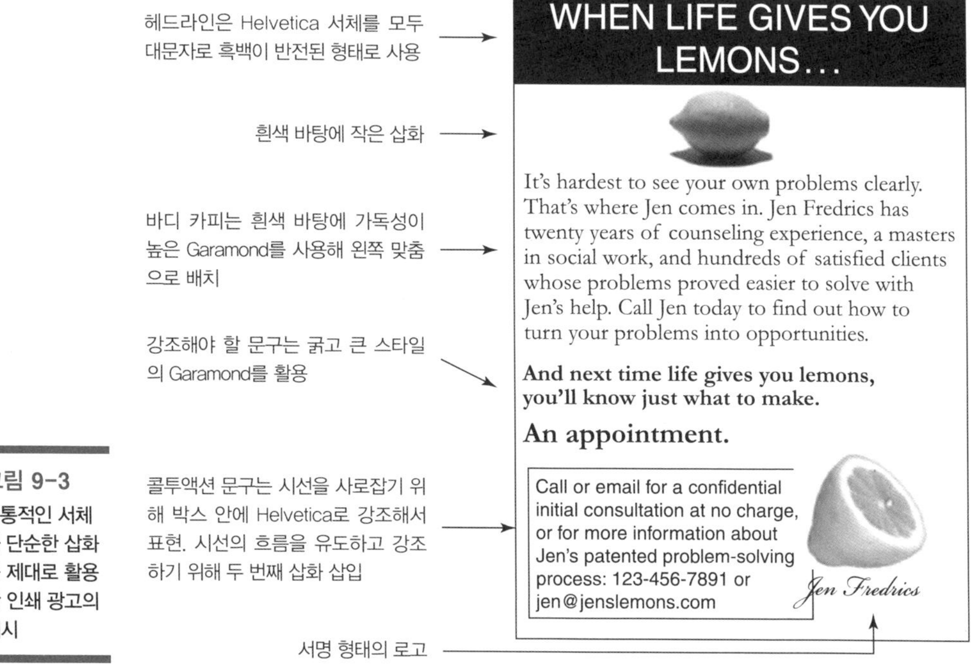

©John Wiley & Sons, Inc.

그림 9-3 전통적인 서체와 단순한 삽화를 제대로 활용한 인쇄 광고의 예시

【 폰트, 서체, 저작권, 기타 사항 】

스스로 인쇄물을 디자인하기로 결정했다면 다음 몇 가지 사항에 대해 친숙해져야 한다.

- **폰트 vs. 서체** : 서체란 전체적인 스타일을 뜻하고, 폰트는 그런 스타일을 독특한 방식으로 조금씩 변형한 것들을 말한다. 예를 들어, Arial, Arial Narrow, Arial Black, Arial Rounded 같은 폰트에 볼드체(bold)나 이탤릭체(italic) 등을 가미할 수 있다.
- **저작권** : 대부분의 경우 Arial 같은 서체는 별도의 저작권이 설정돼 있지 않으므로 광고나 마케팅 자료에 자유롭게 사용해도 된다. 하지만 코카콜라 로고로 사용되는 서체처럼 맞춤화된 폰트는 대부분 저작권이 설정돼 있어서 사용 권한을 구입해야 한다.

독특한 폰트들의 다양한 스타일을 인쇄 광고에 사용하고 싶다면 구글 폰트나 레드햇 같은 곳을 참조하는 것도 좋다. 이런 사이트에서는 리버레이션(liberation)이라 불리는 폰트별 다양한 스타일을 살펴볼 수 있다.

부분이 있다거나 문제 해결을 위해서가 아니라면 일반적으로 많이 활용하는 폰트를 많이 활용하는 크기로 활용하는 것이 바람직하다.

인간의 눈은 한두 포인트 밖에 차이 나지 않는 폰트의 크기를 쉽게 구분하지 못하므로 바디 카피와 서브 헤드라인 혹은 헤드라인과 서브 헤드라인 사이에 차이를 줄 때에는 폰트 크기에 훨씬 더 큰 격차를 만들어야 한다. 예컨대 바디 카피가 10포인트의 Times New Roman이라면, 서브헤드는 적어도 2포인트는 더 커야 한다(소프트웨어에 있는 표준 폰트 크기는 9, 12, 14, 16, 18, 24, 36, 48 순서로 정렬돼 있지만 그밖의 폰트 크기도 설정할 수 있다).

독자의 관심을 끌고 명료성을 높이는 광고 플로우

독자의 눈에 광고의 각 요소가 어떤 흐름으로 보이는지 알면 소비자의 관심을 높이는 데 매우 효과적으로 활용할 수 있을 것이다. **플로우**(flow)란 사람들의 시선이 어느 지점에서 시작돼 공간을 따라 어떻게 흐른 후 어느 지점에서 끝나는지에 대한 시선의 자연스러운 이동 경로를 뜻한다. 마케팅의 경우에는 시선의 진입 지점에 거의 항상 헤드라인이 배치되고, 종료 지점에는 브랜드명이나 로고 혹은 콜투액션이 들어간다.

브로슈어든 지면 광고든 광고에서는 여백이 중요하다. 심리학자인 켄 라르손은 MIT

에서 광고에 사용된 폰트와 레이아웃이 사람들의 감정에 어떤 영향을 미치고, 그런 감정이 광고에 대한 그들의 흥미와 참여도에 어떤 효과를 내는지 연구했다. 그가 발견한 바에 따르면 종이 위에 광고 카피가 어떤 식으로 배치돼 있고 여백이 어느 정도인지에 따라 독자들의 관심 수준 및 내용의 명료성, 인지적 집중력이 달라진다. 라르손은 실험실에서 독자들에게 두 종류의 「뉴욕타임스」 신문 광고를 보여줬다. 하나는 좀 엉성한 디자인에 내용이 빽빽한 광고였고, 다른 하나는 디자인도 뛰어나면서 적당한 여백 및 삽화와 함께 카피가 자연스럽게 배치된 광고였다. 실험 결과 두 광고의 카피는 동일했지만 두 번째 광고를 본 독자들은 첫 번째 광고를 봤을 때보다 더 긍정적인 감정을 느꼈고 더 높은 집중력으로 빠르게 메시지를 처리했으며 내용에 대한 이해력도 더 높았다. 중요한 사실 중 또 하나는 두 번째 광고의 경우에는 카피를 읽는 속도도 더 빨랐다는 점이다. 오늘날과 같은 세상에서는 소비자들이 늘 시간에 쫓기고 어떤 광고에 많은 시간을 할애할 의지도 없으므로 이런 요소는 매우 중요하다.

광고를 제작할 때 카피를 올바른 흐름으로 배치하고 비주얼 요소와 적절히 균형을 이룸으로써 독자들의 흥미를 이끌 필요가 있다.

정말 제대로 디자인된 인쇄 광고나 브로슈어, 웹사이트, 블로그 페이지에서 카피와 폰트는 그보다 더 큰 그림으로서 전체 디자인의 일부일 뿐이다. 좋은 디자인은 독자들의 시선의 흐름과 시각적 경험을 미리 정교하게 계획함으로써 소비자의 시선을 사로잡아야 한다. 광고의 흐름이 긍정적이면서 단순하고 깔끔한 디자인에 카피 또한 읽기 쉽게 배치돼 있다면, 그 광고가 사람들의 시선을 사로잡고 높은 가독성을 가질 확률은 충분하다.

효과적이고 효율적으로 인쇄물 제작하기

워드 프로그램이나 그래픽 소프트웨어, 잉크젯이나 레이저 프린터, 그리고 근처에 복사나 인쇄 서비스를 제공해주는 가게만 있다면 브로슈어나 전단지 같은 인쇄물은 저렴한 비용으로 손쉽게 디자인하고 제작할 수 있다. 브랜드와 그 메시지를 촉각적으로 연결해주는 마케팅 인쇄물에는 전단지, 브로슈어, 제품 정보들이 순서대로 폴 더 안에 정리된 영업 키트 등이 있다. 이제부터는 요즘처럼 고도로 디지털화된 세상에서 각 유형별 마케팅 인쇄물을 제작하는 몇 가지 팁을 전해주겠다.

실질적인 효과를 내는 전단지 디자인

전단지는 브랜드가 거대한 목적을 이루는 데 보조적인 역할을 한다. 잠재 고객들이 오랫동안 두꺼운 브로슈어를 펴놓고 제품 및 브랜드에 대한 호감을 결정하던 시절은 이제 추억 속으로 사라졌다. 사람들은 이제 소셜미디어가 정해놓은 단어 수에 맞춰 작성된 짧고 효과적인 글들을 읽고 그렇게 생각하도록 훈련돼 있다. 따라서 광고 인쇄물 또한 정보를 처리하는 새로운 방식에 부응해야 한다. 이것이 소위 '한눈에 들어오는 제품 설명서'가 갖는 가치다. 이는 전단지처럼 한 장으로 요약된 제품 설명서로, 사람들이 잠깐이라도 짬이 났을 때 제품 관련 정보를 훑어볼 수 있게 브랜드의 가치를 정리한 것이다.

한눈에 들어오는 효과적인 전단지는 다음 요소로 구성된다.

- **이미지** : 판매하는 상품이 제공하는 최종 결과물을 보여주는 강력한 비주얼을 말한다. 예를 들면 재무 투자 상품을 통해 얻는 마음의 안정, 행복하고 건강한 애완동물, 업무의 효율을 높이는 소프트웨어 플랫폼, 실적 개선으로 행복한 직원의 모습이 해당된다. 이런 비주얼은 텍스트로 주위를 둘러싼 사진으로 처리할 수도 있고, 정서적 공감대를 전해주는 부드러운 색채로 표현할 수도 있다. 그 비주얼 위에 핵심 메시지를 카피로 넣어라.
- **글머리표** : 논문에 버금가는 방대한 제품 정보를 10포인트 폰트로 한 장에 전부 쑤셔넣는 대신 브랜드가 제공하는 가장 중요한 가치를 딱 3개만 전달하라. 고객의 문제를 어떤 식으로 탁월하게 해결하는지, 또 경쟁 제품과 다른 차별점 특징이 무엇인지 등을 글머리표를 사용해 간략하지만 힘 있게 표현하라.
- **브랜드 앵커** : 제품이 전달하는 가치와 소비자의 감성적 니즈를 어떻게 충족시켜주는지를 글머리표로 정리했다면, 그다음에는 경쟁사 제품이나 대체 제품 대비 그 제품이 제공하는 전체적인 가치와 장점을 확실히 굳히는 문구를 넣어라. 여기에는 그 제품의 순추천지수(NPS)나 업계 수상 내역, 회

사의 성장을 보여주는 지표, 그밖에도 제품의 약속을 뒷받침하는 세부 사항들이 포함될 수 있다.

- **연락 정보** : 글머리표로 정리된 브랜드 가치와 브랜드 앵커는 광고를 보는 사람들로 하여금 온라인 웹사이트나 소셜미디어의 브랜드 페이지로 가서 제품에 대해 더 많은 정보를 찾고, 궁극적으로 제품 및 서비스에 대해 문의하게 만드는 티저 역할을 한다. 광고에 기재되는 연락 정보는 모두 명확하고 쉽게 찾을 수 있어야 한다. 단순히 이메일이나 전화번호뿐 아니라 링크드인이나 페이스북, 트위터 등 소셜미디어 정보도 포함하라.

마케팅 목적에 따라 브로슈어와 소책자 개발하기

브로슈어나 이보다 분량이 2배 이상 많은 소책자는 전시회나 네트워크 개발을 위한 협회, 고객 대상 이벤트 등에 특히 효과적이며, 여전히 투자할 가치가 있다.

구체적이고 명확한 마케팅 목표를 달성하지 못한 채 어리석게 돈만 날리는 브로슈어 디자인이 많다. 인쇄 광고든 디지털 마케팅이든 아니면 실시간 이벤트든 다른 마케팅 활동과 마찬가지로 브로슈어를 제작할 때도 돈과 에너지, 시간을 투입하기 전에 그 자료를 어떤 용도로 사용할 것인지 몇 가지 중요한 질문을 해봐야 한다. 예를 들면 다음과 같은 질문이다.

- 그 브로슈어는 누가 읽게 될까?
- 그 사람들은 이 브로슈어를 어디서, 어떻게 접하게 될까?
- 이 브로슈어를 읽은 사람들이 어떤 행동을 하길 원하는가?

구체적인 초점이나 목적이 없으면 그 브로슈어는 과녁을 빗나가고, 경쟁사들 누구나 만들 수 있는 또 하나의 지루한 선전물이 돼버린다. 또 브랜드 메시지로 잠재 고객들의 눈을 돌릴 수도 없으며 그들로 하여금 더 많은 정보를 얻게끔 자극할 수도 없다. 브로슈어가 갖는 가장 일반적이고 올바른 목적은 다음과 같다.

- 잠재 고객들에게 제품이나 세부 기술 정보를 전달해주는 참고 자료의 역할
- 제품에 대한 신뢰감을 형성하고 장애물을 극복하게 함으로써 인적 판매 활동을 보조

» 그 제품의 가치가 경쟁사 제품과 어떻게 다른지 잠재 고객들에게 알리는 역할
» 그 제품과 브랜드가 실질적 혹은 감정적 니즈를 어떻게 충족시키며 고객이 현재 겪는 문제를 어떻게 해결하는지 판단할 수 있도록 보조
» 다이렉트 메일 캠페인을 통해 리드 창출

브로슈어용 카피를 개발할 때에는 제품의 감성적 판매 제안(ESP, 제2장 참조)을 검토하라. 브로슈어의 표지에 들어가는 헤드라인에는 브랜드의 ESP가 녹아 있어야 하고, 몇 가지로 요약된 핵심 카피는 그런 ESP를 제품이 어떻게 구현하는지에 초점을 맞춰야 한다. '한눈에 들어오는 전단지'에 사용된(앞서 다뤘던 '실질적인 효과를 내는 전단지 디자인' 섹션 참조) 주요 카피 문구들을 다시 살펴보고, 각 카피에 더 세부적인 내용 및 증거, 사례로 살을 붙여라.

같은 제품의 카피는 고객들과 만나는 모든 접점에서 일관된 내용으로 전달돼야 한다. 단지 제품의 주장을 뒷받침하는 정보(주장의 신빙성을 높이기 위해 권위자들의 의견이나 참고 자료를 활용하라)의 양에서 차이가 날 수 있다.

브랜드 스토리를 전달할 때는 글머리표로 정보를 요약하는 대신 내용을 하나의 섹션으로 묶고 그 내용을 함축적으로 설명하는 헤드라인을 상단에 달아라.

공간이 충분하다면 다음 내용 중 일부를 추가할 수도 있다.

» 경쟁 제품 대비 주요 차별점, 고유한 특징, 장점
» 고객만족도 수치, 순추천지수, 사용자의 증언
» 고객의 제품 사용 경험이나 사례
» 고객 만족과 더 나은 품질을 위해 직원들이 얼마나 노력하고 있는지를 나타내는 인용문

효과적인 브로슈어 레이아웃 개발하기

효과적인 브로슈어는 다음과 같은 표준 레이아웃을 따른다.

» 브로슈어의 표지(접는 형태의 브로슈어라면 겉면)는 마음을 끄는 헤드라인과 설득력 높은 카피 및 비주얼을 통해 매력을 발산해야 한다.

» 안쪽 페이지에는 제품의 핵심 특장점을 세 가지로 정리한다.
» 서브 헤드라인 아래에 놓이는 카피나 삽화는 독자가 참고할 수 있도록 사실에 기초한 내용으로 구성돼야 한다.
» 봉투가 따로 없는, 접힌 형태의 브로슈어 맨 뒷면에는 우편 발송용 정보 및 인장이 들어가야 하며, 그만큼의 여백이 필요하다. 우편 발송용 브로슈어는 인쇄하기 전에 www.usps.com에서 관련 지침을 먼저 확인하라. 인쇄를 마친 브로슈어가 규제 요건에 어긋나는 불상사는 피해야 한다.

브로슈어의 크기는 클 수도 있고 작을 수도 있으며, 양쪽 모두 효과적일 수 있다. 크기가 큰 브로슈어의 경우에는 28×43센티미터 크기의 페이지를 채울 수 있도록 카피와 디자인 요소를 준비해야 한다. 이를 반으로 접으면 21.5×28센티미터 크기의 면이 4개 나온다. 작은 브로슈어의 크기는 21.5×28센티미터로, 보통은 신문 칼럼처럼 폭이 좁은 3개의 면이 나오도록 접어서 나온다.

브로슈어 디자인은 상대적으로 쉽다. 그냥 가장 좋아하는 출판 소프트웨어를 선택하고 디자인을 시작하라. 맥(Mac)을 사용하든 일반 PC를 사용하든 크고 작은 브로슈어를 디자인할 수 있는 방법은 많다.

브로슈어 디자인에서 각 요소들이 어떤 역할을 하는지 잘 모르겠다면 디자인을 다시 하는 게 나을 수도 있다. 그렇지 않으면 시간과 돈만 낭비한 브로슈어가 줄줄이 인쇄될 것이다.

브로슈어 디자인을 배치하는 방법은 다양하지만 가장 경제적으로 제작할 수 있으면서 우편 발송에도 편리한 형태를 정해야 한다. 만약 브로슈어 뒷면에 우편 배송을 위한 공간을 만들기 싫다면, 요금이 가장 저렴한 우편물 사양에 맞춰 브로슈어를 제작하는 것이 좋다. 아마도 21.5×28센티미터 종이를 3단으로 접었을 때 들어가는 봉투가 이에 해당할 것이다. 물론 21.5×28센티미터 크기나 이를 반으로 접은 크기의 브로슈어에 맞는 봉투도 있다. 보통은 크기가 큰 우편물이 작은 우편물보다 더 높은 응답률을 얻는다. 그러나 접은 브로슈어 사이즈가 크면 클수록 중량도 더 나가므로 우편 요금도 올라가기 마련이다.

대부분의 인쇄소는 이메일로 받은 브로슈어 파일(팸플릿, 카탈로그 등 다른 인쇄물도 마찬가지다)을 가지고 자료를 인쇄해준다. 하지만 브로슈어를 수천 부 찍어야 한다면 **오프**

셋 인쇄를 택하는 편이 비용이나 품질 면에서 더 낫다. 대부분의 책이나 잡지, 신문은 오프셋 인쇄 방식으로 제작된다. 이는 각 페이지마다 필름판을 만들고 인쇄기가 자동으로 잉크를 필름판에 묻히면, 그 잉크를 고무 블랭킷에 전사하고 이를 다시 종이로 전사함으로써 인쇄가 진행된다.

물론 100부 이하는 회사나 개인의 컬러 프린터로 직접 인쇄할 수도 있다. 보유한 프린터 사양을 고려해서 원하는 재질의 용지(보통은 광택이 나는 브로슈어용 용지)를 구입한 후 프린터 설정에서 적당한 용지 옵션을 선택하면 된다. 요즘 프린터들은 멋진 브로슈어를 출력하기에 충분한 사양을 갖추고 있지만, 문제는 출력된 브로슈어를 직접 접고 절단하는 작업이다. 또 잉크 카트리지는 비용도 꽤 나가므로 딱 원하는 수만큼 브로슈어를 인쇄하는 것이 좋다.

리드를 창출하는 지면 광고 집행 전략

지면 광고는 여전히 비용 면에서 효율적이고 효과도 있는 마케팅 도구로, 틈새시장이나 중소기업에 특히 효과가 높다. 어떤 크기의 광고든 인쇄 매체를 성공적으로 구입하는 핵심 비밀은 두 가지다.

- 잠재 고객들이 많이 구독하거나 보는 출판물 중 그들의 관심과 구매의향까지 높일 수 있는 매체의 지면 구입하기
- 마음속에 목표 정하기. 애플이나 펩시, 혼다처럼 전 세계 모든 사람이 알고 있는 브랜드의 마케팅 담당자가 아니라면, 브랜드를 홍보하는 광고는 빨리 성과를 내기 힘들다. 리드를 창출하기 위해서는 구체적인 콜투액션을 제시해야 한다. 성공적인 지면 광고들을 보면 시즌 세일이나 정해진 기간 동안 제품을 구매하면 제공되는 사은품 등 가치를 더하는 오퍼를 광고에 분명히 명시하는 경우가 많다.

꼭 예산이 충분한 빅 브랜드만 광고 공간을 구입할 수 있는 것은 아니지만 현명한 판단이 필요하다. 대도시에 거주하는 사람들을 타깃으로 한다면 일간 신문에 광고 하나를 싣는 데도 큰 비용이 들 것이다. 하지만 비용을 많이 들이지 않고도 브랜드

인지도 및 관심을 높일 수 있는 옵션은 많다. 다음은 마케터들이 고려할 수 있는 몇 가지 아이디어다. 특정 매체를 결정하기 전에 이런 요인들에 대해 생각해보라.

- 공시요금(rack rate)은 어떻게 되는가? 보통 광고비는 도달 독자 1,000명당 비용을 기준으로 책정된다. 광고비 단가는 그 광고의 구입비를 그 출판물을 읽는 독자 수로 나눈 다음 1,000을 곱하면 된다. 이론상 지불하는 광고비만큼 많은 사람들에게 광고를 노출시키는 게 된다. 구독자 수가 적은 출판물에 광고를 실으면 특수한 니치 집단을 더 효과적으로 접근할 수 있고, 구독자 수가 많은 대중 매체에 광고를 냈을 때 발생할 수 있는 위협을 피함으로써 투자수익률을 높일 수 있다.
- 해당 매체는 어떤 사람들이 주로 보는가? 의사결정자나 영향력을 가진 사람들이 보는 매체인가? 구독자들의 인구통계적 구성을 알고 싶다면 매체의 영업 담당자에게 관련 정보를 요청하라. 그래야 그 매체의 구독자들이 원하는 고객층을 제대로 반영하는지 확실히 파악할 수 있다.
- 해당 매체의 독자 중에는 가치가 높은 잠재 고객들이 얼마나 많이 포함돼 있는가? 매체의 구독자가 1만 명인데, 그중 10분의 1만 잠재 고객에 해당된다면 전체 광고비 중 10%만 원하는 고객층에 다가가는 데 활용되고 90%는 낭비하는 꼴이 된다.
- 광고비는 얼마인가? 디지털 매체와 마찬가지로 인쇄 매체의 경우에도 도달 고객 수에 따른 광고비를 결정해야 한다. 소도시의 출판물이거나 비영리 단체의 뉴스레터가 아니라면 매체의 영업 담당자는 기존 광고주들이 달성한 평균 응답률를 알려줄 것이다. 이를 통해 해당 매체가 얼마나 비용 효율적인지 판단할 수 있다.
- 비용을 어느 정도까지 협상할 수 있는가? 영업사원이 제시한 매체 소개 자료에 기재된 광고비가 실제로 내는 광고비와 다른 경우도 많다. 만약 해당 매체를 처음으로 이용하는 회사라면 실험이 따르는 만큼 초기 단가를 낮춰달라고 해보라. 또한 광고를 1회 이상 실을 예정이라면 3회, 6회, 12회당 요율이 어떤지 확인하라. 지면 광고와 함께 디지털 광고도 함께 진행할 경우 할인 혜택이 있는지도 파악하라.
- 해당 매체를 통해 얻을 수 있는 가치는 얼마인가? 선택한 매체가 가진 금

> 전적 가치를 뛰어넘어 그곳에 광고를 실음으로써 브랜드가 얻을 수 있는 가치 및 명분을 생각하라. 앞선 장에서 언급했듯이 브랜드의 가치 및 매출을 높이는 데는 그 브랜드와 같은 가치 및 명분을 지지하는 대상들과 협력하는 것이 중요하다. 단지 광고비가 낮다는 이유만으로 그 매체를 선택한다면 장기적으로 브랜드 명성에 해를 줄 수 있는 그릇된 가치와 관계를 맺을 수도 있다.

매체의 발행주기도 고려하라. 어떤 대상이 소비자의 마음속에 자리 잡기 위해서는 그것을 적어도 세 번은 봐야 하고, 인지 단계를 넘어 행동을 이끌기 위해서는 그 보다 더 많이 노출돼야 하므로, 광고를 한 번만 집행하면 실망스러운 결과를 낳을 수 있다. 광고를 지속적으로 노출해서 브랜드 인지도를 높이려면 정해진 예산으로 연속해서 구입 가능한 매체를 선정하는 편이 좋다. 만약 현재 가진 예산으로는 딱 한 번만 광고를 집행할 수 있는 매체라면 다른 출판물을 고려하는 게 낫다. 보통의 경우 단발성 광고로는 기본적인 목표를 달성하기 힘들기 때문이다.

정해진 예산으로 정기적으로 광고를 게재할 수 있는 매체를 찾는 것과 더불어 브로슈어나 블로그, 우편물, 이메일 같이 비용 효율적인 매체를 같이 활용하라(브로슈어를 디자인하는 방법에 대해서는 이 장의 앞에서 이미 설명한 바 있다). 지면 광고를 낼 만큼 충분한 예산이 없거나 소액으로만 진행할 수 있는 상황이라면 괜찮은 전단지를 만들어 우편 발송하는 방법도 좋다. 500명에게 전단지를 보낸 후 어떤 일이 벌어지는지 기다려보라. 이 방법이 20만 명(이 중 일부는 그 제품에 전혀 관심이 없을 것이다)이 구독하는 잡지의 광고란을 사는 것보다 훨씬 위험도 적으면서 비용도 덜 들 수 있다. 아니면 구독자 수가 적으면서 특정 지역 중심으로 배포되는 전문지를 활용할 수도 있다. 보통 이런 출판물들의 광고 단가는 훨씬 더 저렴하다.

저렴하면서도 효과가 강력한 기타 출판물

다음은 비용도 저렴하면서 브랜드가 공략하려는 목표 고객 집단에 도달 가능하고 브랜드 포지셔닝까지 강화할 수 있는 출판물을 발간하는 지역 단체에 대한 정보를 공유하려 한다. 더 큰 효과를 내려면 단순한 판매용 메시지보다 브랜드가 지지하는 명분을 전달할 수 있는 문구를 포함하라.

지면 광고를 예산이 허락하는 수준으로만 계속 집행하면 매출에는 전혀 도움이 안 될 수도 있다. 판매량 제로가 목표인 사람은 아무도 없겠지만 이 또한 가능하다는 점을 기억하자. 또 효과적인 광고 매체를 이것저것 실험해보는 것은 좋은 일이지만, 대부분의 마케터들은 판매를 높일 수 있는 가능성을 근거로 매체를 선정할 것이다.

비영리기관 및 자선단체

도심 한 가운데, 변두리, 리조트 타운 등 어디에 살든 다양한 지역 단체가 그 지역 사람들을 대상으로 정기적인 커뮤니케이션 활동을 벌인다. 그리고 단체의 뉴스레터를 발행하는 제작비를 충당하기 위해 늘 광고주들을 찾고 있다. 결과적으로 이런 지역 단체들은 자신들의 지면 뉴스레터와 디지털 뉴스레터에 적은 비용으로 광고를 낼 수 있는 기회를 제공한다. 이들의 뉴스레터는 어떤 의미 있는 가치를 위해 한데 엮인 사람들에게 도달할 수 있는 효과적인 채널이다. 그런 매체의 구독자들은 자신이 후원하는 단체를 똑같이 지원하는 브랜드를 그렇지 않은 브랜드보다 더 선호하게 돼 있다. 이런 비영리 단체에는 다음과 같은 곳이 있다.

- 로터리 클럽, 엘크 클럽, 라이온스 클럽
- 도서관지구
- 미국암협회, 근육장애협회, 적십자 같은 자선단체. 이런 단체들은 자선기금 마련과 후원자들과 소통하기 위해 회원지를 발행한다.
- 유소년 축구단, 스키 레이싱, 배구, 라크로스 등의 스포츠클럽
- 주택소유주협회. 많은 주택소유주협회에서는 지역민들에게 정보를 전하고 유대감을 형성할 목적으로 잡지를 발간한다. 이런 잡지들은 카펫 청소 회사나 동물병원, 식당, 스파처럼 그 지역에서 사업을 벌이는 업체들이 잠재 고객들에게 접근하는 데 특히 효과적이다.

극장 광고물

지역 극장은 저렴하게 광고를 집행할 수 있는 또 하나의 훌륭한 자원이다. 영화 전단지나 연극 팸플릿에 광고를 게재하면 그 브랜드가 예술을 적극적으로 후원한다는 사실을 알릴 수 있다.

전문협회나 네트워킹 집단

크고 작은 도시 그 어느 곳이든 전문 단체들의 지부가 있고, 이들은 단체들의 회원들과 정기적으로 소통하기 위해 뉴스레터나 협회지를 발간한다. 보통 한 단체 안에도 활용할 수 있는 다양한 옵션이 있다.

» 상공회의소
» 비즈니스 파트너십 조직
» 전문 단체의 지부. 보통 각 산업별 단체의 지부를 찾으려면 조사가 필요하다. 마케팅 산업에서 대도시에 지부가 둔 단체 중에는 다음과 같은 곳이 있다.
  - 비즈니스마케팅협회
  - 데이터앤마케팅협회
  - 미국마케팅협회
  - 국제비즈니스커뮤니케이터협회
  - 광고연합
  - 미국광고대행사협회

지역 신문

수십에서 수천의 판매 부수를 갖고 있으면서 광고 단가가 대도시에서 발행되는 신문의 5분의 1 혹은 10분의 1 수준밖에 안 되는(전국 규모로 발행되는 잡지와 비교하면 그보다 더 저렴한) 지역 신문이나 주간지는 수없이 많다. 물론 이런 신문이나 잡지에 광고를 게재하면 많은 사람에게 노출되지는 않지만 잠재력이 높은 고객층에 노출될 수 있다. 어떤 신문을 선정할지 검토할 때에는 판매 부수 트렌드에 대해 물어라. 온라인 매체에 독자들을 급격히 뺏기고 있는 신문들도 있으므로 투자할 만큼 가치가 있을지 확실히 따져봐야 한다. 여기서 어려운 점은 지역 신문 구독률은 전반적으로 감소하고 있는 추세이며, 요즘에는 온라인 매체만 운영하는 신문사도 많다는 사실이다.

광고 사이즈

어떤 크기의 광고 면을 사야 할까? 이 질문에 대한 답은 광고 디자인에 따라 다르다는 것이다. 준비한 광고가 신문 전면의 3분의 1 크기지만 단순하면서도 강렬한 비주얼에 시선을 끄는 헤드라인을 갖고 있는가? 아니면 광고 크기가 커져야 제대로 효과를 발휘할 만한 디자인인가?

고려해야 할 또 다른 요인은 광고를 게재하는 목적이다. 광고의 목적이 시즌 말 정기 세일을 홍보함으로써 재고 상품을 일사천리에 판매하는 것이라면 수많은 사람들의 눈에 띄어 그들의 발길이 매장으로 향하도록 큼지막한 광고를 집행하는 것이 좋을 것이다. 브랜드를 새로운 소비층에 알리고 인지도를 높이려 한다면 브랜드 스토리를 매력적으로 전달하는 강렬한 카피 중심의 소형 광고를 시리즈로 진행할 수 있다.

표 9-1은 카너스 출판사가 수행한 연구 결과로, 광고의 크기에 따른 독자의 주목률을 보여주는 통계 자료다.

광고 크기가 커질수록 주목 효과가 커진다는 것은 놀랄 만한 사실이 아니다. 그러나 광고에 대한 독자들의 주목률이 광고 크기와 비례해서 증가하지 않는다는 것을 알 수 있다. 광고 크기를 2배로 키웠을 때, 광고에 주목하는 독자 비율은 2배가 아니라 4분의 1 정도만 늘어난다. 이는 신문의 전면 광고가 반 페이지짜리 광고비의 2배가 아닌 이유로도 설명할 수 있다. 예를 들어, 헬스 잡지의 전면 컬러 광고는 반 페이지짜리 컬러 광고보다 그 비용이 59% 정도 더 비싸다. 아마 전면 컬러 광고의 시선을 붙든 독자의 수도 반면 컬러 광고로 붙든 독자 수보다 기껏해야 3분의 1 정도 더 많을 테고, 이는 광고에 노출된 독자 한 사람당 광고비는 전면 광고가 반면 광고보다 더 높다는 것을 의미한다(물론 광고를 본 독자가 받은 영향은 전면 광고가 반면 광고보다 더 높을 수 있고, 전면 광고의 독자 한 사람당 단가가 더 높은 것도 그런 이유일 것이다).

표 9-1 올바른 광고 사이즈 선정하기

광고 크기	광고에 주목한 독자 비율(%)
칼럼(페이지의 일부) 광고	24
한 페이지 전면 광고	40
두 페이지 전면 스프레드 광고	55

광고 효과

광고를 집행했다면 이제 자리에 앉아 전화기가 울리기만 기다리면 될까? 그렇게 쉽게 처리할 수 있다면 좋겠지만 아닐 수도 있다. 인쇄 광고의 효과는 판매 실적을 특정 프로모션 효과로 연결하는 것처럼 직접적인 반응으로 측정하기 어렵다. 그리고 새로운 리드 고객에게 어떤 방법으로 그 브랜드에 대해 알게 됐는지 직접 조사한 결과도 그다지 신뢰할 수 없다. 왜냐하면 많은 사람들은 그 브랜드 광고를 라디오에서 들었다고 대답할 것이기 때문이다.

사실 광고 효과 측정은 그 광고를 게재하기 훨씬 전부터 시작돼야 한다. 괜찮은 비용으로 광고 디자인과 메시지, 오퍼, 매체 선정이 효과적이었는지 간단하게 확인할 수 있는 몇 가지 방법을 여기서 소개하겠다.

- **피드백을 요청하라.** 예전에는 집단심층면접(focus group interviews, FGI)으로 소비자들의 피드백을 얻는 회사가 많았다. 그러나 상대적으로 높은 가격과 집단사고에서 오는 문제 및 다른 이슈들로 인해 신뢰성이 떨어진다는 이유로 요즘에는 예전만큼 많이 활용되지 않는다. 또 지인들에게 솔직한 의견을 물으면 FGI 결과에 어느 정도 상응하는 통찰을 무료로 얻을 수 있다. 동종 업계에 종사하는 사람들과 개인적으로 아는 지인들에게 광고의 첫인상과 광고에서 나온 오퍼에 어떤 반응을 보이고 싶은지 물어보라. 그들이 당신의 목표 고객에 해당하지 않을지라도 광고의 가독성과 헤드라인에 대한 감성적 가치, 바디 카피에 대한 관심도를 파악하는 데 있어서는 충분한 가치가 있는 것이다.
- **매체와 메시지, 오퍼, 디자인을 테스트하라.** 그동안 집행했던 지면 광고들을 광고의 크기와 게재 요일, 오퍼별로 코드를 부여해 어떤 조합이 최상의 효과를 발휘하고 최대 ROI를 내는지 판단하라.
- **링크드인이나 페이스북에 광고를 포스트하라.** 인쇄 광고로 많은 비용을 지출하기 전에 광고를 브랜드 소셜미디어 페이지에 창의적으로 게시하라. 광고 오퍼와 메시지에 사람들이 어떤 반응을 보이는지 판단하기 위해 포스트가 공유된 횟수와 '좋아요'가 달린 개수를 확인하라. '좋아요'나 공유된 횟수가 하나도 없다면 어떨까? 또 다른 광고를 게시한 후 사람들이 피드백을 주도록 스타벅스 기프트 카드처럼 작은 선물을 인센티브로 제시하라.

» **이메일로 광고를 보내라.** 이는 광고 오퍼의 가치를 저렴한 비용으로 테스트할 수 있는 탁월한 방법이며, 특히 헤드라인의 효과를 판단하기에 좋다. 헤드라인을 이메일 제목으로 사용해서 얼마나 많은 수신인들이 메일을 열었는지 확인하라. 여러 버전의 헤드라인을 사용한 다음 가장 많은 사람들이 개봉한 것을 지면 광고에 실제로 활용하면 최고의 성과를 낳을 수 있다. 이메일은 친구들과 협회 회원, 소셜미디어 팔로워 등에게 보내면 된다. 광고를 소셜미디어 뉴스피드에 올리면 사람들이 이를 놓칠 가능성이 높다. 응답할 가능성이 높은 지인들에게 이메일로 보내면 광고에 대한 의견을 더 많이 받을 수 있다.

» **집행한 광고마다 코드를 부여하라.** 매체에 게재한 모든 지면 광고에는 개별 코드를 부여해서 각 광고가 고객 리드를 얼마만큼 창출했는지 확인하자. 각 광고를 게재한 채널, 광고 특징, 콜투액션, 광고 오퍼를 쉽게 파악할 수 있도록 코드 체계를 마련하라. 다음은 집행한 각 광고를 코딩할 때 고려할 사항이다.

- 광고 매체마다 연락 정보로 서로 다른 전화번호나 이메일 주소를 넣어라.
- 채널 혹은 광고에 넣은 오퍼에 따라 독자들이 방문할 웹사이트로 다른 URL을 넣어라. 어떤 매체에 실은 광고 혹은 어떤 오퍼가 가장 많은 트래픽을 유도했는지 파악할 수 있는 랜딩 페이지를 이용하라.
- 각 광고 매체마다 별도의 할인 코드를 사용하라. 지역 주간지나 생활정보지 등에 광고를 했다면 어떤 오퍼와 어떤 매체가 가장 큰 효과를 냈는지 판단할 수 있도록 코드를 부여하면 된다. 예컨대 한 주간지에 가격을 20% 할인해주는 오퍼로 광고를 실었다면, 광고를 본 고객이 전화나 온라인으로 제품을 주문할 때 '20OFFWEEK'란 코드를 이용하게 하는 것이다(또 온라인 주문과 전화 주문은 'web'과 'print'란 말로 구분할 수 있다). 또한 생활정보지에 실은 광고의 할인 코드에는 '20OFFFUN'이란 말을 넣을 수 있다.

각 채널마다 그리고 디지털 광고인지 지면 광고인지 매체의 형태에 따라 각기 다른 코드와 반응 메커니즘을 사용하면 향후 매체비를 가장 효과적으로 활용할 수 있는 방법을 찾는 데 도움이 된다.

마케팅 활동에 활용하는 실험들은 모두 어떤 것이 효과적이고, 또 어떤 것이 효과적이지 않은지에 대한 유용한 피드백을 제공한다. 광고를 집행할 때마다 각 옵션이 어떤 성과를 내는지 비교할 수 있는 방법을 고민하면 광고 효과에 대한 유용한 통찰을 얻을 수 있다.

PART

4

고객생애가치와 투자수익률을 높이는 강력한 방법

제4부 미리보기

- 다이렉트 마케팅의 힘을 발견하고 데이터의 중요성과 활용 방법 이해하기
- 고객의 관심을 높이고 고객 관계를 구축하며 매출을 일으키는 강력한 웹사이트 만들기
- 네트워크를 형성하고 이벤트와 전시회를 통해 뒷받침하기

Chapter

10

데이터와 개인화, 영업 활동을 통한 다이렉트 마케팅 추진하기

제10장 미리보기

- 업종과 상관없이 다이렉트 마케팅이 중요한 이유 발견하기
- 데이터의 중요성과 활용 방법 이해하기
- 효과적인 다이렉트 메일과 이메일 캠페인 개발하기
- 콜센터 및 상담 센터에 다이렉트 마케팅 프로그램 활용하기

우선 다이렉트 마케팅은 단순히 다이렉트 메일이나 대부분의 고객들이 '광고 전단지'라 부르는 우편물을 뜻하는 말이 아니다. 다이렉트 마케팅이란 다양한 채널을 통해 고객들을 직접 접촉하는 마케팅 프로세스나 방법을 말하며, 그중 하나가 우체국 서비스를 통해 전달되는 우편물인 것이다.

다이렉트 마케팅의 목표는 고객의 생애가치(제16장 참조)를 높이는 일대일 관계를 직접적으로 구축하는 것이다.

비록 다이렉트 마케팅 전략 및 전술과 관련된 용어들이 새로운 기술이나 앱의 등장으로 자주 바뀌고 있지만, 인간 본성이 그 의미적 해석에 따라 변하지 않는 것처럼 다이렉트 마케팅의 원칙 또한 변하지 않고 지속된다. 이런 점에서 직접 마케팅을 일

컫는 또 다른 용어에는 **관계 마케팅, 일대일 마케팅, 개인화, 직접 반응** 등이 포함된다. 어떤 용어를 사용하든 혹은 어떤 채널을 채택하든 그 목표는 다음의 내용과 같이 동일하다.

> 직접 판매를 촉진하고 구매를 이끄는 정서적 유대감과 관계를 형성하며, 충성심과 생애가치를 높이고, 그 제품과 브랜드에 대한 에반젤리즘을 유발하기 위해 고객을 직접 접촉하는 것이다.

다이렉트 마케팅은 이런 목표를 달성하는 가장 강력한 형태의 마케팅이다. 고객이 모든 활동의 중심에 있는 직접 커뮤니케이션은 관계를 시작하고, 그 관계를 더욱 공고히 하며, 조직에 가장 높은 가치로 공헌하는 고객들의 생애가치를 높이는 최선의 방법이 된다. 모든 채널에서 고도로 개인화된 직접 커뮤니케이션 활동을 벌이기 위해서는 데이터와 프로세스, 기술에 대한 투자가 필요하다. 이렇게 하면 수익률을 증대하는 데 있어서도, 경쟁자를 따돌리는 데 있어서도 게임 역량을 향상시킬 수 있다. 이 둘 모두 사업의 지속가능성을 높이는 데 매우 중요한 조건이다.

다이렉트 마케팅 평가지표 이해하기

다음 정리된 몇 가지 통계 정보는 데이터앤마케팅협회(DMA)에서 발표한 2016년 수요 지표 응답률 보고서에서 가져온 수치들로, 데이터에 기초한 다이렉트 마케팅 활동의 중요성을 입증한다(자세한 정보는 www.thedma.org 참조).

어떤 매체 혹은 광고비에 있어서 가장 중요한 지표는 유입비용(cost per acquisition, CPA)이다. 이는 새로운 고객 한 사람을 확보하기 위해 들어가는 비용을 말한다. ROI와 수익성을 극대화하기 위해서는 CPA를 가능한 한 낮춰야 한다. DMA 보고서를 보면 B2C 분야에서 유료로 구입한 고객 이메일 명단을 가지고 집행한 이메일 캠페인은 평균 비용이 6~7달러로 모든 디지털 매체 중 가장 낮은 CPA가 들었다. 반면 디지털 매체 중 CPA가 가장 높았던 것은 일반적인 단어를 사용한 유료 검색 광고로, 평균 비용이 36~37달러나 됐다. 이 수치만 봐도 고객의 연락처를 관리하고, 이를 통해 고객과 직접 커뮤니케이션 활동을 벌이는 게 얼마나 중요한지 알 수 있다.

매체별 응답률

매체	응답률
모바일	0.2%
유료 검색 광고	0.5%
온라인 디스플레이 광고	0.9%
소셜미디어	0.6%
유료 이메일 리스트(외부 업체에서 구매)	0.6%
잠재 고객 이메일 명단	0.3%
구매 고객 및 잠재 고객에게 보낸 다이렉트 메일(인쇄물)	2.9%
유료로 구입한 고객의 주소로 보낸 다이렉트 메일(인쇄물)	5.3%

주 : 모든 디지털 채널(모바일, 이메일 등)에 대한 반응률은 클릭률(CTR)에 전환율을 곱해서 산출했다.

다이렉트 마케팅의 효과를 일깨워주는 매체별 고객 응답률 수치가 여기 몇 개 더 있다.

- 일반적으로 잡지 전면 광고의 응답률은 전체 구독자의 0.05~0.2% 정도다. 이는 꽤 괜찮은 광고라 할지라도 1,000명당 2명만 신규 고객으로 유입될 수 있다는 의미다.
- 개인별로 맞춤화한 다이렉트 메일은 보통 편지를 받은 전체 고객들 중 3~5%의 반응을 이끌어낸다. 즉 메시지의 설득력이 강하면 1,000명당 50명이 그 편지에 반응할 것이다.
- 카탈로그나 쿠폰북처럼 많은 제품들 사이에 당신의 제품도 포함돼 있는 다이렉트 메일 인쇄물은 대개 개인별로 맞춤화된 우편물보다 응답률이 훨씬 낮다. 이런 형태의 광고물의 평균 응답률은 1,000명당 50명의 응답률을 인쇄물에 포함된 모든 상품 수로 나누면 된다. 예를 들어, 광고물에 총 50개 상품 정보가 들어가 있다면, 당신 제품에 대한 최대 응답률은 1,000명당 1명 정도일 것이다. 거의 무시할 만한 수치다.
- B2B 업종에서 검증된 고객 명단을 가지고 콜센터에서 돌리는 전화는 대략 10% 정도의 응답률을 보인다. 그러나 콜센터 직원들의 노무비를 감안하면 다이렉트 메일보다 CPA가 훨씬 더 높다. 대부분의 사람들이 원치 않는 전화를 꺼리고, 그 결과 브랜드를 이탈하는 고객들도 생길 수 있으므로 콜센터를 통한 직접 마케팅은 신중하게 행해야 한다.

> » 이메일의 오픈율은 평균 10~20% 정도지만 이보다 훨씬 더 중요한 지표는 클릭률(CTR)로, 보통 소비재의 경우에는 1.5~3%, 그리고 B2B 상품의 경우에는 4.5% 정도의 클릭률을 갖는다.

이 장에서 응답률을 통해 무언가를 얻게 된다면, 그중 특히 중요한 것은 결국 사업 ROI를 높이기 위해서는 관계가 중요하며 인쇄물 형태의 다이렉트 메일의 효력은 아직 건재하다는 사실이다. 일부 연구에 의하면 소비자의 약 80%는 요즘도 집에 도착한 우편물을 하나하나 살펴보거나 봉투를 열고 그 내용물을 확인한다고 한다. 특히 자신이 신뢰하는 브랜드에서 보낸 우편물은 반드시 열어보는 사람들이 많다.

DMA의 2016년 응답률 보고서에서 발췌한 일부 매체별 다이렉트 마케팅 활동에 대한 응답률이다.

소셜미디어	28%
온라인 디스플레이 광고	18%
유료 검색 광고	25%
다이렉트 메일	27%
이메일	122%

또 한 가지 눈여겨볼 점은 B2B든 B2C든 대부분의 기업들이 가장 선호하는 마케팅 채널로 다이렉트 메일과 이메일을 많이 활용한다는 점이다. 예를 들면 다음과 같다.

다이렉트 메일	이메일
B2B와 B2C 사업을 모두 하는 회사의 56%	B2B와 B2C 사업을 모두 하는 회사의 80%
B2B 사업만 하는 회사의 38%	B2B 사업만 하는 회사의 91%
B2C 사업만 하는 회사의 59%	B2C 사업만 하는 회사의 71%

이렇게 봤을 때 당신의 경쟁사들도 당신이 공략하려는 고객들과 정서적으로 충만한 관계를 형성하기 위해 다이렉트 마케팅 활동을 벌이고 있을 가능성은 충분히 높다. 만약 아직 그 대열에 합류하지 못했다면 그만큼 사업이 더 힘들어질 것이다.

다이렉트 마케팅의 기본 요소

이번에는 ROI와 고객생애가치를 극대화하는 성공적인 다이렉트 마케팅 프로그램을 시작하기 위한 도구 및 기법들에 대한 기초 지식을 설명하겠다.

첫째, 다이렉트 마케팅의 기본은 개인의 니즈와 생애주기, 가치 등을 바탕으로 고객 데이터를 개발하고 관리하는 데 있다. 이런 데이터를 통해 고객과 관련성이 높으면서 개인화된 정보를 개발하고 전달할 수 있다. 기존 고객 및 잠재 고객에 관한 구체적이고 견고한 데이터베이스와 고객관계관리(CRM) 플랫폼을 구축하면, 고객의 선호도와 인터넷 브라우징 패턴, 쇼핑주기, 기존 구매 내역, 과거 제공된 오퍼 등을 기준으로 이메일을 자동 발송할 수 있다. 더불어 원하는 응답률을 이끌어내도록 광고 메시지와 채널, 오퍼를 저렴한 비용에 최적의 조합으로 구성하고 전달할 수 있다. 고객 데이터베이스는 가치가 높은 잠재 고객들을 식별하고, 충분한 가치를 제공할 수 있는 유료 고객 명단을 찾는 데 도움을 준다.

또한 좋은 데이터베이스 프로그램은 고객들을 공략하는 방법을 새롭게 제안해준다. 즉 그들이 실제로 자주 방문하는 소셜 사이트를 파악할 수 있고, 고객들이 그런 사이트를 방문했을 때 측면에 광고를 게재할 수 있게 된다. 이렇게 되면 이메일 등 마케팅 캠페인에 포함된 오퍼 및 메시지를 더욱 강화할 수 있다.

어떤 채널을 활용하든 직접 마케팅은 그 콘텐츠와 메시지, 오퍼가 감정적으로 어필해야 효과를 발휘한다. 실행에 앞서 타깃 고객들의 심리적 특성을 파악하고, 이에 따라 제품의 감성적 판매 제안(ESP) 메시지를 개발해서 그 메시지와 오퍼가 수신인들의 시선을 붙잡고 원하는 방향으로 반응을 이끌어 최종적으로 그 제품을 사용하게 만들어야 한다.

다이렉트 마케팅의 아버지인 레스터 분더맨 시대에는 보통 직접 마케팅은 긴박감을 조성하는 강력한 콜투액션을 통해 직접 판매를 이끈 다음, 그 고객과 계속 좋은 관계를 이어나가 추가 판매를 계속해서 유도하는 식으로 전개됐다. 레스터 분더맨은 구독을 기초로 한 판매 및 로열티 프로그램을 소개하기도 했다.

오늘날의 다이렉트 마케팅은 판매와 충성심, 추천, 브랜드 자산 구축을 중심으로 기획된 고도로 개인화되고 고객과 관련성이 높은 커뮤니케이션 메시지를 전달하는 데 집중돼 있다. 최신 기술과 프로세스는 마케터들로 하여금 고객 니즈를 확인하고, 그들의 특징이나 페르소나에 따라 유사 집단으로 분류하고, 과거의 특정 행동이나 관심사, 심지어는 실시간으로 표현되는 감정 상태에 따라 커뮤니케이션할 수 있는 힘을 부여한다. 그 결과 다이렉트 마케팅 메시지는 모든 요소를 개인에게 맞춘 오퍼로 진화했다. 이 마케팅 기법의 효과가 높은 것도 바로 이런 이유 때문이다.

다이렉트 마케팅이 소비자 반응과 실적 면에서 대중 매체를 훨씬 앞서다 보니 다른 마케팅 유형들을 빠르게 대체하고 있다. 이제 디스플레이 광고, 옥외 광고, TV, 라디오 같은 대중 매체를 통한 마케팅 활동들은 브랜드명을 노출시키는 데 집중함으로써 그 브랜드가 개인 맞춤화된 메시지를 전달됐을 때 수신인들이 그 우편물을 개봉하고 내용에 따라 반응할 수 있는 가능성을 높인다.

이 장에서는 적당한 가격으로 집행할 수 있고 효과도 좋은 최선의 다이렉트 마케팅 채널들에 대한 몇 가지 통찰을 전달할 것이다. 바로 우편물과 이메일이다. 그밖의 다이렉트 마케팅 유형으로는 제8장에서 다뤘던 디지털 채널이 있다. 텔레마케팅은 고객과 직접 접촉하기 위해 전통적으로 활용해온 좋은 수단이었지만, 이메일 및 인쇄물에 비해 비용이 높기 때문에 점점 효과가 떨어지고 있다. 또한 전화기의 발신자 차단 옵션 및 오늘날 소비자들이 많이 우려하는 개인 정보 보호 문제로 실행이 점점 더 어려워지고 있다.

다이렉트 마케팅 속성 학습

어떤 채널을 활용하든 다이렉트 마케팅을 통해 강력한 성과를 얻으려면 주요 도구로 데이터가 필요하다. 다음의 정보를 전해주는 데이터가 필요하다.

- 제품의 고객들은 누구인가?
- 제품의 고객들은 어디서 쇼핑을 하고 그 품목의 쇼핑을 얼마나 자주 하는가?
- 그 품목에서 선호하는 제품은 무엇인가?
- 고객들은 그 브랜드와 어떤 관계를 맺고 있는가?
- 고객들은 어떤 라이프스타일과 사회적 특성, 태도를 갖고 있는가?
- 고객들은 그 품목과 제품, 브랜드에 대해 어떤 감정을 갖고 있는가?

- 어떤 채널을 가장 많이 이용하는가?
- 어떤 종류의 오퍼가 그들의 행동과 구매를 가장 자극하는가?
- 자신이 선택한 브랜드에 대해 어떤 기대감을 갖고 있는가?
- 연령과 성별, 가구 소득, 거주 지역, 교육 수준, 직업 등과 같은 기초적 인구 통계적 특성은 어떤가?

좋은 데이터가 없으면 고객에게 적절한 메시지나 오퍼를 만들어낼 수 없고, 잘못된 고객을 타깃으로 삼거나 옳은 고객도 잘못된 메시지로 공략함으로써 시간 및 비용만 끝없이 낭비하고 만다. 좋은 데이터와 좋은 다이렉트 마케팅 채널이 주는 혜택은 엄청나게 크다. 데이터가 갖고 있는 능력을 몇 가지만 제시하자면 다음과 같다.

- 커뮤니케이션 요소들에 대한 개인 맞춤화 가능
  - 고객의 과거 거래 이력
  - 고객 니즈(예를 들면, "엔진오일을 갈아야 할 때군.")
  - 라이프스타일(10대 자녀나 유아를 자녀로 둔 부모인지, 싱글인지, LGBT인지 등)
  - 연령과 수입
  - 성별
  - 해당 품목의 생애주기상 단계
- 마케팅 자료나 오퍼를 전한 소비자들의 개인별 반응을 추적 가능(다른 매체들은 불가능)
- 다양한 채널과 시장을 아울러 마케팅 메시지와 크리에이티브, 오퍼를 저렴한 비용으로 테스트함으로써 특정 시장에서 연령, 인구통계적 특성, 채널별(이메일, 우편, 모바일 등)로 어떤 메시지가 가장 큰 효과를 내는지 판단 가능

더 많이 진행할수록 더 많이 얻을 수 있다!

이는 간단한 원리다. 더 많이 보내면 더 많이 테스트할 수 있고, 그러면 무엇이 효과적이고 무엇이 효과적이지 않은지 더 많이 학습하게 되고, 그럼으로써 다음번에는 더 좋은 결과를 얻게 된다. 마케팅 캠페인 효과를 철저하게 테스트하고 트래킹하면 우편 봉투 디자인이나 컬러, 제목에 들어간 단어 하나처럼 아주 사소한 요소라도 어떤 변화로 응답률을 높일 수 있는지 분별할 수 있게 된다. 다이렉트 마케팅 지식이나

경험이 거의 없을지라도 작은 노력으로 다음번에 더 나은 캠페인을 더 큰 규모로 집행하는 데 도움을 줄 수 있는 정보를 만들어낼 수 있다는 사실만은 기억하자.

DMA가 발표한 통계 수치에서 알 수 있듯(이 장 초반에 나왔던 '다이렉트 마케팅 평가지표 이해하기' 참조) 우편물과 이메일을 발송할 고객 명단을 회사 내부에서 개발하고 관리하는 것은 다이렉트 마케팅에서 성공을 이루는 데 매우 중요한 요소다. 고객 명단을 확보하고 키워나가는 방법에 대해서는 이 장 전체에서 설명하겠지만, 짧게 요약하자면 다음과 같다.

- 고객에게 구매한 제품을 발송할 때 품질보증 등록 카드를 동봉하고 웹사이트에도 품질보증서 등록 옵션을 추가하라.
- 검증된 리스트 중개인으로부터 잠재 고객 명단을 구입하고 명단의 가치를 우편물이나 이메일 마케팅으로 테스트하라. 테스트에서 긍정적인 반응을 보인 고객들을 내부 고객 명단에 추가하라. 내부 관리 명단에 포함된 고객들에게는 우편이나 이메일 메시지를 정기적으로 보냄으로써 제품에 대한 최신 정보를 전달하고 브랜드를 상기시켜라.
- 링크드인 인맥들을 접촉해 제품 관련 정보나 설문지를 보내도 될지 요청하라. 아니면 그저 이메일 주소만 교환해도 된다.
- 페이스북, 핀터레스트, 트위터 팔로워들에게 작은 사은품을 제공하는 조건으로 이메일 주소를 요청하고, 직접 이메일로 연락해도 좋을지 허락을 받아라.
- 그로스해킹 활동으로 고객 데이터베이스를 확충하라. 이는 소셜미디어 같은 디지털 채널에서 또래 집단이나 잠재 고객, 사상적 리더, 기타 영향력자들과 인맥을 구축함으로써 마케팅 활동을 하는 기법이다.

다이렉트 마케팅은 다른 채널보다 위험 요인이 낮다. 특히 마케팅 자료를 실제로 인쇄하기 전에 이메일로 소규모 테스트를 해보면 효과가 떨어지는 콘텐츠는 미리 차단함으로써 비용을 더 효율적으로 사용하면서 마케팅 효과를 높이고 측정할 수 있는 일석삼조의 혜택을 얻을 수 있다.

데이터에 대한 투자는 마케터로서 해야 할 가장 중요한 일 중 하나다. 이는 현재 고객들과 비슷한 소비자들의 집주소나 이메일 명단뿐 아니라 그 고객들을 페르소나, ESP, 상품 구매 빈도, 기타 구매 특징에 따라 세부 집단으로 자동 분류하는 데이터 시스템에 투자하는 일로, 이를 통해 비슷한 특징을 가진 개인들에게 적절한 마케팅 캠페인을 더 쉽고 빠르게 집행할 수 있다. 데이터 관리를 위해서는 고객 개개인의 다양한 특징을 저장한 CRM 시스템이 필요한데, 이를 통해 개인 맞춤화된 마케팅 메시지를 실시간으로 전달하고 커뮤니케이션 활동을 자동화하고 고객 리드를 관리하고 그들의 전체적인 가치를 측정하고 각 고객 집단 및 개인이 회사에 공헌하는 ROI까지 추적 가능하다. 데이터 관리 플랫폼(DMP)과 디멘드 사이드 플랫폼(DSP : 광고 사이트 구매 플랫폼)을 활용하면 잠재 고객들에게도 충분히 관련성 높은 마케팅 커뮤니케이션 활동을 할 수 있다. DMP는 그 제품의 타깃이 되는 잠재 고객들의 온라인 활동을 추적하고, DSP는 그런 행동 분석 결과를 토대로 타깃 고객에게 가장 쉽게 도달할 수 있는 사이트에 광고를 게재할 수 있게 한다. 소셜미디어에 브랜드 계정을 갖고 있다면 거기서도 이런 광고들을 꽤 자주 볼 수 있을 것이다.

CRM 시스템 활용하기

CRM 소프트웨어는 아주 다양한 플랫폼이 존재한다. 회사의 예산과 플랫폼의 확장성, 조직의 성장 목표에 중요한 역할을 하는 기능적 특징을 가진 시스템을 찾기 위해서는 사전 조사가 필요하다. 요즘에는 많은 CRM 시스템이 클라우드 기반으로 운영되기 때문에 자체적으로 인프라를 구축하고 관리할 필요도 없다. 그저 클라우드 시스템에 로그인하면 데이터와 분석 기법, 도구들에 접근할 수 있다.

CRM 시스템은 분석 기능을 통해 중요한 통찰을 얻을 수 있으므로 이전보다 훨씬 더 스마트하고 효율적인 마케팅 활동이 가능하다. 다음 내용이 그 예다.

» 마케팅 채널과 캠페인, 온라인 커뮤니티를 아우르며 고객 정보를 포괄적으로 분석이 가능하다. 즉 매장 방문 이력, 온라인/오프라인 구매 내역, 블로그 글이나 댓글, 파트너 사이트 방문, ESP 유발 요인, 구매 트렌드 같은 고

객 행동을 종합적으로 파악함으로써 고객을 그들의 행동, 가격민감도, 캠페인에 대한 반응률을 기준으로 분류할 수 있다.

» 개별 고객 및 고객 집단별로 어떤 캠페인과 블로그, 소셜미디어 포스트, 오퍼에 가장 높은 관심을 보일지, 그리고 참여 수준이 어느 정도일지 예측이 가능하다.

» 회사의 지속적인 성장에 중요한 고객생애가치(자세한 내용은 제16장 참조)를 분석 가능하다. CRM 시스템을 활용하면 각 고객들의 순가치를 분석할 수 있다. 이를 통해 많은 비용이 투입되지만 공헌하는 이익률은 낮은 고객들은 누구인지, 반대로 관리 비용이 낮으면서 거래당 높은 이익을 가져다주는 고객은 누구인지 알 수 있다.

CRM 시스템마다 몇 가지 차별적 특징이 있지만, 대부분은 비슷한 기능을 제공한다. 요즘 가장 인기 있는 시스템에는 다음과 같은 것이 있다.

» **오라클의 마케팅 CRM 온디맨드** : 중소기업부터 대기업까지 캠페인 디자인과 집행, 리드 관리와 활성화, ROI 측정까지 모든 마케팅 프로세스를 자동화하는 데 도움을 주는 단순하고 통합적인 솔루션이다. 이 시스템은 자체적으로 이메일과 웹 마케팅 자동화 도구 및 분석 도구를 갖고 있다. 또한 견고한 반응 관리 시스템이 있어서 사용자들은 적절한 데이터베이스를 쉽게 구축할 수 있다.

» **세일즈포스의 마케팅 클라우드** : 이 CRM 시스템의 특징적인 기능으로는 오디언스 빌더(audience builder)를 들 수 있다. 이 기능을 활용하면 개별 고객에 대한 모든 정보를 한눈에 파악할 수 있고, 각 마케팅 채널별로 고객의 여정을 자동화하며, 고객 프로필에 머신러닝 알고리즘을 매칭함으로써 각 고객에게 가장 적절한 콘텐츠를 자동으로 보낼 수 있다. 또 이 시스템에는 콘텐츠 빌더(content builder)라는 효과 예측 분석 도구가 있어서 고객들에 대한 새로운 통찰을 제공한다.

» **마이크로소프트의 다이내믹스 365** : 이 견고한 CRM 시스템은 마이크로소프트가 어도비 마케팅 클라우드와 제휴해 개발한 것으로, 비즈니스의 성장 수준에 맞춰 데이터 수용 능력과 규모를 쉽고 저렴한 비용으로 확대할 수 있다. 다이내믹스 365는 일대일 고객 커뮤니케이션이 가능하고, 고객

행동을 기반으로 콘텐츠와 오퍼를 전달할 수 있으며, 마케팅 효과와 고객 이탈에 대한 실시간 정보를 제공한다.

CRM 시스템에 대한 더 자세한 정보와 사용 방법을 알고 싶다면 조엘 스콧, 데이비드 리, 스콧 바이스가 쓴 『더미를 위한 마이크로소프트 다이내믹스 CRM 4(Microsoft Dynamics For Dummies CRM 4)』나 톰 웡과 리즈 카오, 매트 코프먼이 쓴 『더미를 위한 세일즈포스닷컴(Salesforce.com For Dummies)』, 카일 레이시, 스테파니 다이아몬드, 존 페라라가 쓴 『더미를 위한 소셜 CRM(Social CRM For Dummies)』을 참조하라.

회사 내부에서 CRM 시스템으로 고객 데이터를 효과적으로 관리하면 장기적으로 마케팅 비용을 엄청나게 절감할 수 있다. 앞서 언급한 DMA의 응답률 보고서를 보면 외부에서 구입한 고객 명단보다 내부 관리 명단을 활용했을 때 CPA가 급격히 낮아진다는 것을 알 수 있다. 다음 표를 보자.

다이렉트 메일	이메일(B2B와 B2C)
내부 고객 명단을 통한 CPA : 27.35달러	내부 고객 명단을 통한 CPA : 10.23달러
외부 고객 명단을 통한 CPA : 42.20달러	외부 고객 명단을 통한 CPA : 25.61달러

소매유통 회사들의 경우 판매 기록 및 회원 관리 프로그램, 소셜미디어 활동, 유통사 브랜드의 신용카드와 관련 앱이 있다면 고객 데이터를 일 단위로 구축해나갈 수 있다. 이렇게 되면 신규 거래 고객들에 대해서도 핵심 고객들에 대한 분석 결과를 바탕으로 생애가치를 높이는 방향으로 마케팅 활동을 전개할 수 있다.

오라클 데이터 클라우드 중심의 리테일 마케팅 전략의 상무인 스벤 타란티크는 어떻게 하면 중소기업부터 대기업까지 데이터 관리를 통해 회사의 CRM 활동과 고객 맞춤화 마케팅을 개선할 수 있는지 몇 가지 팁을 전한다. 그중 실용성이 높은 팁을 몇 가지만 언급하자면 다음과 같다.

» 두 가지 우선순위에 집중해 사업에 적합한 디지털 전략을 구축하라.
  - 첫 거래 고객 데이터를 모으고, 이해하고, 체계적으로 분류하라. 그리고 이 데이터를 효과적으로 활용할 수 있는 도구를 확보하라.
  - 양질의 고객 데이터와 분석 도구로 마케팅 규모를 확대하는 데 도움이 될

만한 고객 리스트를 판매하는 외부 업체를 발굴하라. 이때 내부 고객 데이터를 가지고 분석한 결과에 부합되는 고객 리스트를 가진 업체를 찾는 게 관건이다(예를 들어, 비슷한 속성과 특징, 구매 경향 등).

» 데이터 전략과 마케팅 팀을 조정하고 정비하는 데 핵심성과지표(KPI)를 사용하라. 이렇게 하면 멋지고 기술적으로 앞선 커뮤니케이션이 가능할 뿐 아니라 지속 가능한 사업 목표를 달성할 수 있다. 또한 데이터 관리 활동이 어떤 성과를 낳고 있는지, 사업 목표에 잘 부합되는지를 직접적으로 평가할 수 있다.

타란티크는 어떤 산업에 종사하든 가장 먼저 할 일은 내부에서 관리하는 데이터베이스를 살펴본 후 데이터를 더 효율적이고 체계적으로 관리하는 방법을 찾는 것이라고 말한다. 그래야 소비자들의 실제 쇼핑 시점에 맞춰 다이렉트 마케팅 캠페인을 전개할 수 있다는 것이다. 내부에 어떤 데이터가 있는지 알면 CRM 시스템에 대한 추가 투자가 얼마나 더 필요한지 파악할 수 있다. 회사의 모든 데이터는 한 곳에 축적돼 있어야 어떤 데이터를 갖고 있는지, 그중 어떤 것이 유용한지, 고객에 대한 통찰력을 높이고 더 개인 맞춤화된 커뮤니케이션을 위해 어떤 측면을 개선해야 하는지 알 수 있다.

고객 명단을 확충하고 마케팅 캠페인을 실행해 나갈 때 고객의 반응을 높이기 위해서는 다양한 고객 접점을 활용해야 한다. 고객과 거래를 맺기 위해서는 이메일, 전화, 편지 등을 다양하고 적극적으로 이용해서 마침내 고객의 지갑을 열게 만들거나 원하는 만남을 성사시켜야 한다.

이메일을 보낼 때는 설사 구매 고객에게 보낸다 할지라도 늘 메일에 옵트 아웃(opt-out) 옵션을 넣어야 스팸 메일로 처리되는 위험을 피할 수 있다. 고객이 당신의 마케팅 메시지를 스팸으로 인식하기 시작하면 좋은 관계는 구축될 수 없다.

CRM 시스템은 매출 및 고객 커뮤니케이션을 견인하기 위해 기획된다. 사업 규모가 확대되면 데이터 관리에 대한 니즈도 커지고 회사의 마케팅 프로그램 규모를 효과적으로 확대할 수 있는 시스템을 구입해야 한다. 그래서 더 많은 고객의 거래 내역을 추적할 수 있고, 더 많은 분석 작업을 처리할 수 있고, 데이터베이스에 더 많은 이름들을 추가할 수 있어야 한다.

ROI 증대를 위해 DMP와 DSP 결합하기

데이터 기반 마케팅 프로그램의 규모를 조정하는 방법 중 하나가 데이터 관리 플랫폼(DMP)을 활용하는 것이다. DMP는 소비자들의 온라인 행동을 추적하면서 회사의 데이터베이스에 있는 고객들과 비슷한 특징들을 찾고, 그들의 인구통계적 특징 및 심리적 · 행동적 트렌드를 더 심도 깊게 분석해 세부 데이터를 제공한다. 또 이런 정보들을 기존 내부 데이터에 결합함으로써 계획 중인 마케팅 활동에 딱 들어맞는 고객 세그먼트를 판별할 수 있다. 마케터는 이런 정보들을 가지고 캠페인에 적합한 소셜미디어 사이트, 페이스북 그룹 등을 정확히 집어낼 수 있고, 목표 고객들이 실제로 이용하는 공간에 광고를 올릴 수 있다.

타란티크가 말한 대로 DMP는 비슷한 특징을 공유하면서 필요에 따라 정확히 공략할 수 있는 고객 세그먼트를 창출하고, 광고를 효과적으로 전개할 수 있는 온라인 사이트를 판별해주며, B2B든 B2C든 상관없이 마케터들이 상대적으로 적은 비용으로 신규 고객을 확보할 수 있는 효과적인 방법을 제공한다. 마케팅 담당자는 DMP를 통해 회사 데이터베이스에 있는 특정 고객들을 공략하기 위해 온라인 사이트부터 페이스북까지 어떤 곳에 광고를 게재해야 할지 매체 계획을 조정할 수 있고, 결과적으로 소셜미디어 마케팅에서 노력의 대가를 더 높일 수 있다.

CRM과 마찬가지로 DMP도 다양한 업체들의 플랫폼을 이용할 수 있다. 고려할 만한 상품에는 어도비 오디언스 매니저, 오라클 블루카이, 뉴스타 플랫폼원이 있다.

DMP는 DSP와 연동해서 함께 작동한다. DSP는 다양한 온라인 플랫폼과 웹사이트를 대상으로 광고주들이 디지털 광고를 구입하고 관리하고 그 결과를 추적할 수 있는 사이트를 말한다. 정교한 DSP를 활용하면 온라인에서 쇼핑객들을 구글부터 페이스북, 그밖에 잘 알려져 있지 않은 사이트들을 포함해 여러 사이트에서 실시간으로 동시에 공략할 수 있으므로 온라인 광고에서 매우 중요한 역할을 한다. 또 클릭률과 매출 등 웹사이트의 성과를 기초로 온라인 채널을 구입할 수 있다. 수많은 광고 사이트들에 구글의 애드워즈를 활용한다고 생각하면 이해하기 쉬울 것이다.

예를 들면, DSP를 이용하면 페이스북 뉴스피드에 올린 광고를 다른 온라인 뉴스 플랫폼에 올린 광고 효과와 비교해서 그중 어떤 채널의 성과가 더 좋았는지 비교할 수

【 어난 로만의 전설적인 통찰력 】

ERDM의 회장으로 2011년에는 다이렉트 마케팅 협회의 마케팅 명예의 전당에도 오른 어난 로만은 현대 다이렉트 마케팅의 선구자다. 오늘날 마케팅에서 데이터가 담당하는 역할에 대한 그의 통찰력 몇 가지를 여기서 소개하겠다. 어난의 통찰력이 더 궁금하다면 그가 마케팅 모범 사례들에 대해 자신의 생각을 올리는 개인 블로그를 살펴보라. 블로그 내용은 「허핑턴 포스트」나 CMO닷컴, 「포브스」 같은 곳에서도 자주 볼 수 있다.

휴먼 데이터는 무엇이며 고객경험과 데이터 전략에 왜 중요합니까?

마케터라면 이제 명확하고, 고객들 스스로 생성한 선호 데이터인 휴먼 데이터를 깊이 있게 이해할 줄 알아야 합니다. 휴먼 데이터는 다른 무엇보다 메시지, 매체, 빈도에 대한 개인적 니즈와 이슈, 기대감을 고객 스스로 파악할 수 있게 해줍니다.

저희는 IBM, 매스뮤추얼, 마이크로소프트, QVC, 길트 같은 회사를 위해 약 1만 5,000시간 동안 고객의 목소리를 듣는 조사를 실시했습니다. 그 결과를 보면 오늘날 고객들은 모든 마케팅 채널에서 고도로 개인화된 커뮤니케이션을 기대합니다. 또 자신의 개인적 선호도에 맞는 개인 맞춤화된 경험과 상호작용을 원하죠. 우리가 진행한 연구를 보면 소비자들의 웹 브라우징 행태와 온라인 장바구니 및 위시리스트에 담긴 상품, 과거에 구매한 상품 등을 통해 얻은 데이터와, 소셜미디어에서 얻은 데이터는 각 고객에게 딱 맞는 커뮤니케이션 메시지와 오퍼를 제공할 수 있을 만큼 심도 깊은 데이터를 제공합니다. 하지만 오늘날의 개인 맞춤화 노력들은 고객들의 기대 수준보다 한참 뒤떨어져 있습니다.

휴먼 데이터는 고객 스스로 표출한 성격 유형과 태도, 생애 단계 등을 이해할 수 있어서 고객 세그멘테이션에도 아주 적합하다는 특징이 있습니다. 과거 구매 이력, 인구통계적 특성, 구매 행태 등 전통적인 고객 데이터베이스 정보를 이런 휴먼 데이터로 반드시 보완해야 합니다.

데이터에 기초한 명확한 분석으로 고객들과 개인화된 관계를 형성할 수 있는 일곱 가지 주요 접점은 무엇인가요?

1. 구매
2. 온보딩(onboarding : 고객이 새로운 제품이나 서비스에 적응하도록 돕는 것-역주)
3. 관계(매장 방문, 응답, 구매 등) 저하가 예상되는 선행적 반응
4. 부정적 경험에 대한 즉각적 반응
5. 놀라움과 즐거움을 선사하는 감사 메시지
6. 부가가치를 갖는 교차판매(cross-selling : 어떤 상품을 구매하려는 고객에게 연관된 다른 상품까지 함께 판매하는 기술-역주) 및 상향이동판매(upselling: 고객이 원래 구매하려던 제품보다 더 가치가 높고 가격도 비싼 제품을 구매하도록 제시하는 기술-역주)
7. 상품 재구매 및 구독 갱신

효과적인 개인 맞춤화 활동과 고객경험 프로그램을 시작하려면 올바른 데이터와 지표, 세그먼트를 가지고 무엇부터 먼저 해야 할까요?

고객경험을 혁신하기 위해서는 가장 먼저 고객에 대한 깊은 이해와 통찰력이 필요합니다. 이를 통해 회사는 고객이 느끼는 가치와

그들의 시각을 바탕으로 고객 접점 경험과 상호작용을 바라볼 수 있습니다. 고객들이 자신에게 딱 맞는 브랜드 경험을 어떤 식으로 접하길 원하는지 구체적으로 이해할 수 있는 조사를 수행해도 됩니다. 그래야 의미 있고 적절한 개인 맞춤화 정보를 전달할 수 있는 유용한 데이터베이스를 구축할 수 있기 때문이죠. 그런 정보는 고객들이 사전 동의하에 제공한 개인 정보를 통해 생성됩니다.

다음으로는 고객경험과 데이터베이스, 충성도 전략을 성공적으로 이행할 수 있는 기준을 규정해야 합니다. 벤치마크를 설정하고 발전 정도와 성공 여부를 판단하기 위해서는 어떤 요인과 데이터를 정기적으로 모니터할지도 결정해야 합니다. 그러면 소비자들이 당신의 브랜드와 어떻게 교류하고 있는지 이해할 수 있어서 마케팅 전략을 더 정교하게 조정할 수 있습니다.

있다. 그러면 하루 동안의 광고 효과를 비교해서 그 결과에 따라 리소스를 할당할 수 있을 것이다. 현재 활용 가능한 DSP 옵션들을 확인하기 위해 톱 20위에 속하는 사이트를 검색해보면 여러 뛰어난 옵션들과 함께 포레스터 같은 기관이 발표한 분석 보고서도 확인할 수 있다.

DSP 모델을 활용하면 온라인 광고를 실시간 트래킹하고 비교할 수 있으므로 최적화된 매체 구입과 광고 게재가 가능하다. 또 DSP는 광고 기회 및 조건들에 대한 소셜 사이트의 지침과 알고리즘이 어떻게 변하는지 계속 업데이트한다. 가장 최신의 정보를 자동으로 인지하는 시스템이 있으면 집행 중인 광고를 검토하고 관리하는 시간을 엄청나게 절감할 수 있다.

DMP와 DSP를 통해 데이터 기반 광고를 전개하면 고객들에게 적절한 제품 및 채널을 즉각적으로 찾을 수 있으므로, 채널과 상품에 맞는 고객들을 제대로 공략할 수 있다. 그러면 ROI도 즉각적으로 상승할 것이다. 당신의 제품을 고려하고 있거나 경쟁 상품을 쇼핑하고 있는 소비자들에게 바로 광고를 전달할 수 있기 때문이다. 다시 말해 쇼핑 중인 고객들과 실시간 커뮤니케이션이 가능하다.

수익률을 즉시 높이는 다이렉트 캠페인 개발하기

다이렉트 마케팅의 힘을 극대화하려면 고객 데이터를 비슷한 사람들의 세그먼트로 분류하라. CRM 분석 기술로 세그먼트를 확인할 수 있다. 데이터 분석 기법을 통해 최신성(얼마나 최근에), 빈도(얼마나 자주), 금전적 가치(얼마나 많이), 인터넷 브라우징 습관, 쇼핑 습관, 소셜미디어 활동 특성, 생애주기, 고객생애가치 등을 기준으로 분류할 수 있다. 중요한 고객 세그먼트에 대해서는 ESP 프로필을 만들어라. 그러면 그들의 페르소나를 개발할 수 있으므로 훨씬 더 적절한 커뮤니케이션 활동을 벌일 수 있다.

목표 세그먼트를 대상으로 개발하는 다이렉트 마케팅 전략과 캠페인은 고객들의 종합적인 모습을 대변할 수 있도록 다양한 채널을 통해 전개해야 하고 그들에게 실질적으로 가장 중요한 채널에서 실시간으로 커뮤니케이션해야 한다.

올바른 메시지 개발

올바른 기술과 올바른 메시지가 있으면 마케팅 ROI, 매출, 고객생애가치를 높일 수 있는 캠페인을 개발할 수 있는 준비가 갖춰졌다고 할 수 있다. 메시지는 캠페인의 성공에 핵심 요소로, 인쇄 매체를 활용하든 디지털 매체를 활용하든 다음 기본 조건들을 충족해야 한다.

» **관련성** : 소비자 니즈, 라이프스타일, 관심사와 직접적으로 관련된 콘텐츠, 비주얼, 오퍼
» **개인화** : 고객의 이름, 브랜드와의 관계, 과거 구매 이력 등 개인의 세부 정보를 바탕으로 혹은 그런 정보가 반영된 카피나 비주얼, 그래픽 개발
» **솔루션** : 그 제품이 고객이 가진 진짜 문제를 해결하는 진짜 솔루션을 제공한다는 것을 사례로 보여주는 증거. 긴박감과 함께 감성적으로 어필할 수 있는 사례를 제시하면 성공에 더 가까워진다.
» **콜투액션** : 메시지를 받은 고객에게 기대하는 행동으로, 한정 기간 오퍼나 할인 혜택과 연결된 경우가 많다. 회사가 고객에게 바라는 행동이 판매업체에 전화를 거는 것이든 온라인 주문을 하는 것이든 아니면 무언가를 신청하거나 기부하는 것이든 콜투액션은 다이렉트 마케팅 활동의 궁극적인 목표며, 마케팅의 모든 활동은 고객에게 바라는 콜투액션을 이끌어야 한다. 강력한 콜투액션이 없으면 고객은 그 편지나 이메일은 나중에 확인하기로 미루거나 잊어버린다.
» **미끼** : 이메일의 미끼는 제목이다. 인쇄물의 미끼는 주요 카피가 나오기 전에 눈에 띄는 헤드라인이 될 것이다. 어떤 형태를 사용하든 이런 미끼는 독

> 자의 시선을 강탈하고 구체적인 정보가 담긴 메시지로 이끌어 회사가 바라는 콜투액션을 완수하게 만드는 첫 번째 기회를 만든다.

외형도 중요하다

인쇄물의 경우에는 봉투나 우편물 겉에 있는 카피도 그것을 뜯어보는 독자들이 더 많은 정보를 접하는 데 중요한 역할을 한다. 이메일에서 이와 같은 역할을 하는 것이 제목인데, 이에 대해서는 이 장 끝에 나오는 '이메일을 통해 다이렉트 마케팅 전개하기' 섹션에서 더 자세히 다룰 것이다. 다음은 우편물 수신인으로 하여금 봉투를 열게 하는 몇 가지 기술이다.

- » **위장형 봉투** : 영수증이나 사적인 편지처럼 보이는 봉투 디자인을 활용하라. 고객들은 무슨 편지인지 궁금한 마음에 봉투를 뜯어볼 것이다. 특히 봉투가 전기세 납부서나 신용카드 고지서와 비슷해 보인다면 더 그렇다.
- » **티저 봉투** : 안에 있는 오퍼나 메시지에 대한 호기심을 불러일으키는 기발한 문구를 봉투에 적어라. "수백만 원을 절약할 수 있는 절호의 기회" 혹은 "당신을 위해 준비한 특별한 선물을 확인하세요" 같은 티저 카피는 오퍼에 관심이 있는 사람들의 손을 움직인다.
- » **스페셜 오퍼 봉투** : 원하는 콜투액션 내용을 봉투에 직접 표기하라. 그 내용이 1억 원의 행운을 거머쥘 수 있는 행운권이든 무료 샘플이든 첫 달 무료 서비스권이든 혹은 유용한 쿠폰이든 다 좋다. 티저 봉투와 마찬가지로 이런 유형의 봉투도 고객들이 겉봉을 찢고 더 많은 정보를 찾게 만들 것이다.
- » **창의적 봉투** : 봉투의 디자인이나 티저 카피가 강력하고 독특하면 사람들은 궁금해서라도 그 내용물을 확인한다. 여러 집단을 대상으로 한 실험 결과를 보면 작은 박스 혹은 커다란 우편엽서나 브로슈어처럼 이례적 크기의 우편물은 전형적인 형태보다 더 높은 효과를 낳는다.

일반적으로 한 장짜리 전단지나 작은 브로슈어 등과 결합된 편지는 편지만 있을 때보다 사람들의 관심을 높인다. 물론 인쇄물을 하나 더 넣으면 제작비나 우편비가 올라가므로 테스트를 해보고 결정하는 게 더 안정적이다(이 장 뒤에 나오는 '다이렉트 마케팅 테스트하기' 내용 참조).

콜투액션의 중요성

다이렉트 마케팅 용도로 보내는 모든 편지에는 콜투액션이 포함돼야 한다. 그렇지 않으면 마케팅 활동이 실제 효과로 연결되지 않는다. 콜투액션은 콘텐츠의 클라이맥스에 해당된다. 여기서 액션은 그 고객이 마침내 당신의 상품을 구매하는 데 필요한 행동이나 고객의 반응이나 ROI를 판단하는 지표로 연결되는 행동이다. 콜투액션에는 다음과 같은 것들이 있다.

- 수신자 부담 번호로 전화를 걸어 상품 주문하기
- 온라인 양식으로 프로그램 가입하기
- 제품에 대한 세부 정보를 이메일로 요청하거나 무료 상담 예약하기
- 상품 쿠폰이나 할인권 신청하기
- 온라인 설문조사에 참여하기(이를 통해 고객의 의견뿐 아니라 이메일 주소도 확보할 수 있다)
- 구매나 구독신청서, 또는 후원신청서를 동봉된 수신인 요금부담 봉투에 넣어 우편으로 발송하기

콜투액션의 소스는 추적 가능해야 한다. 만약 마케팅 캠페인을 여러 개 동시에 전개한다면 각 캠페인에 다른 코드를 부여해야 한다. 그래야 수신자 부담 번호로 전화하기처럼 동일한 콜투액션을 적용한 경우에도 고객 전화가 어떤 캠페인, 어떤 고객 명단 혹은 어떤 고객 세그먼트를 통해 왔는지 구분할 수 있다. 가장 간단한 방법은 보내는 우편물마다 서로 다른 전화번호를 넣거나 이메일이나 온라인 광고마다 서로 다른 랜딩 페이지로 연결되게 하는 것이다. 똑같은 광고를 가지고 다른 소스에서 확보한 고객 명단을 테스트한다면, 반드시 고객 집단별로 별개의 반응 메커니즘을 이용해야 한다. 그래야 어떤 고객 명단에서 더 높은 성과가 났는지 알 수 있다.

쿠폰은 보통 응답률을 높이고 이를 통해 발생한 매출도 쉽게 추적할 수 있다. 각 쿠폰마다 고유 코드를 넣으면 어떤 캠페인, 어떤 우편물, 또 어떤 고객을 통해 발생한 매출인지 바로 파악할 수 있다.

다이렉트 마케팅 수신인들을 온라인 랜딩 페이지로 연결되게 하면 추후 커뮤니케이션을 위한 허락과 고객 데이터를 확보할 수 있다. 따라서 고객이 추가 정보를 얻을

수 있는 연락처나 소스를 광고물에 꼭 기재하는 것이 좋다.

레터 패키지를 우편으로 보내는 경우에는 일반 우편, 특급 우편, 익일 배송과 같은 옵션을 선택할 수 있다. 예전에는 익일 배송이 가장 많은 오픈율을 가져왔지만, 실제 매출로 이어지지 않으면 값비싼 익일 배송 요금을 지불한 가치가 없을 것이다.

우편발송의 팁

만약 우편으로 보낼 광고물을 회사에서 직접 인쇄하기에 너무 크거나 발송하기 어렵다면 전문 인쇄업체를 활용하는 편이 좋다. 인쇄물 크기나 형태와 상관없이 모두 오프셋이나 디지털로 인쇄 가능한 대형 프린터를 대여하거나 알파그래픽이나 알레그라처럼 급속 인쇄가 가능한 매장도 이용할 수 있다. 어떤 방법을 쓰든 괜찮은 가격으로 우편 발송 업무를 빨리 처리할 수 있다.

만약 자체적으로 인쇄 및 발송 업무를 처리할 생각이라면 지역 우체국을 통해 대량 발송 우편물에 대한 프로세스나 규격 및 요금 원칙을 미리 확인하라.

옥외 보도블록을 디자인하고 설치하는 선도 기업인 시스템 페이버스(www.systempavers.com)는 전통적인 다이렉트 마케팅 기법으로 한동안 효과를 봤지만 언제부턴가 성과가 줄기 시작했다. 회사는 제2장에서 논의했던 고객의 심리적 가치를 기초로 다이렉트 마케팅 캠페인을 개발했고, 기존 방식 대비 효과를 테스트했다. 이 책에서 설명한 모든 마케팅 원칙을 적용해 만든 광고물을 다이렉트 마케딩 채널에 집행한 결과, 시스템 페이버스는 3,100%의 ROI를 달성했고, 기존 방식으로 다이렉트 마케팅을 실행했을 때보다 매출도 200% 이상 증가했다. 이런 엄청난 성과를 가져온 프로세스를 요약하자면 다음과 같다.

- **메시지** : 잠재 고객들의 마음을 움직일 감성적 가치를 찾아라. 시스템 페이버스는 주로 집 진입로나 보도, 바비큐장, 실외 주방, 분수대 등에 까는 아름다운 보도블록을 만든다. 이들이 만드는 상품은 생활필수품이 아니며, 품격 있는 실외 환경을 조성하기 위한 것으로 가격도 비싸다. 회사는 비감성적인 보도블록 상품에 감성적 가치를 부여할 필요가 있었다.
- **설문조사와 연구** : 중상층 가정의 집 리모델링 욕구를 부추길 수 있는 올

바른 감성적 가치를 찾기 위해 회사는 기존 고객들이 리모델링 후 새로운 환경에서 어떤 '기분'을 느꼈는지 파악하는 설문조사를 실시했다. 그들은 조사 결과와 고객들의 생생한 증언을 통해 이후 몇 년간 시스템 페이버스의 ESP를 발굴하고 개발했다. 이 과정에서 회사는 많은 사람들이 집을 가족의 일부로 여긴다는 것을 알 수 있었다. 이에 따라 새 집에 처음 들어섰을 때, 그리고 아빠와 엄마가 처음으로 사랑을 느꼈을 때처럼 가족의 가치와 사랑의 불꽃을 되살리는 ESP 메시지를 개발할 수 있었다.

» **형태** : 정원이나 마당 같은 옥외 공간을 업그레이드하고 리모델링하는 데는 좀 복잡한 결정 과정이 따르므로, 시스템 페이버스는 상품 사진 및 한정 기간 오퍼로 구성된 우편 광고로는 한계가 있다고 판단했다. 그래서 브랜드 뉴스레터를 만들기로 했다. 이는 4페이지로 된 커다란 브로슈어 형태로 브랜드의 ESP를 전달하고 고객의 의사결정 과정을 돕는 풍부한 콘텐츠로 꾸며졌다. "당신의 집을 다시 사랑해주세요"란 주제를 중심으로 카피가 들어갔다. 가족 사이도 그렇듯, 관계가 처음 시작됐을 때에는 서로의 허물도 덮고 살아가지만 시간이 지나면서 바꿔야 할 점들이 하나둘씩 눈에 띄기 시작한다. 뉴스레터 안에는 시스템 페이버스에 대한 유명인들의 의견과 고객만족도 결과를 넣어서 브랜드에 대한 신뢰와 확신을 높였다.

» **테스트** : 시스템 페이버스는 "당신의 집을 다시 사랑해주세요"란 주제와 관련 광고를 실험군으로 해서 통제군 광고와 비교하는 테스트를 실시했다. 대형 크기에 일반 우편물 형태로 조사 지역 주민들에게 발송됐다. 조사 지역은 시스템 페이버스가 사업을 하는 비슷한 조건의 두 지역으로 선정해 지역적 특징에 따른 편차를 없애고자 했다. 그리고 두 우편물을 보낸 집들도 비슷한 조건의 가구들로 구성해 메시지와 광고 형태 이외에는 어떤 경제적 조건이나 사회적 변수가 결과에 영향을 미치지 못하도록 했다. 실험 가구들에게 총 세 가지 유형의 우편 광고물이 발송됐다.

조사 대상에는 이전에도 광고물을 보냈던 기존 고객 및 잠재 고객뿐 아니라 이전에 전혀 접촉이 없었던 사람들도 포함됐다. 그리고 우편 방식에 덧붙여 이메일 다이렉트 메일을 또 다른 통제 채널로 포함했다.

실험 결과는 강력했다. ESP가 반영된 신규 다이렉트 마케팅은 3,100%의 ROI를 달성했고 뉴스레터 형태의 광고물은 통제 광고물보다 더 높은 매

> 출 실적을 냈으므로, 시스템 페이버스의 판단이 맞았다는 것을 증명했다. 사람들의 삶에서 감성적인 영역에 해당되는 대상에 큰 변화를 줄 때에는 촉감을 느낄 수 있는 마케팅 채널이 더 효과적이다.

그림 10-1은 "당신의 집을 다시 사랑해주세요"란 ESP가 적용된 시스템 페이버스의 첫 번째 광고 비주얼이다.

고객 명단 구입하기

DMA 데이터와 이 장에서 앞서 보여준 캠페인 사례들을 통해서도 입증됐지만 회사 내부의 고객 명단을 사용했을 때 더 좋은 성과가 나오는 것은 다이렉트 마케팅의 일반적인 트렌드다. 그러나 잠재 고객 명단을 외부에서 구입하는 것도 신규 고객들을 확보하고 검증된 리드 명단을 지속적으로 구축해나가는 측면에서 중요한 일이다.

다음 예들을 포함해 고객 명단을 구입하는 방법은 많다.

- **원하는 특징을 가진 잠재 고객 명단을 한시적으로 빌리기** : 이 중 다이렉트 마케팅에 응답한 고객들에 대해서는 적어도 그들의 이름은 알고 있으므로 내부 고객 명단에 추가할 수 있다.
- **가구들의 인구통계적 데이터가 확보되는 센서스 조사를 통해 명단 구입하기** : 고객 집단, 구매 이력, 행동, 기타 특징들을 심층 분석한 결과로 도출되는 모델링 고객 데이터보다 센서스를 통해 축적된 고객 데이터는 비용이 더 저렴하다.
- **수천만 가구를 통해 축적한 인적 데이터를 관리하고 판매하는 데이터 전문 업체로부터 모델링 데이터 구입하기** : 이런 리스트는 데이터 회사들이 자체적으로 실시하는 설문조사나 선호도와 니즈, 생활사건 등에 따라 고객 세그먼트를 분류하기 위해 모은 가구 데이터를 기초로 구축한 고객 명단을 말한다.
- **시장에 새롭게 등장했거나 이주한 고객들의 명단을 구입하기** : 이런 명단을 제공하는 업체는 몇 군데밖에 없으므로, 최선의 파트너를 찾는 데 공을 들여야 한다.

Tips for Creating the Perfect Outdoor Living Area from the Nation's Leading Provider.

LOVE YOUR HOME *again!*

Issue 1: Spring 2011 www.systempavers.com/loveyourhome 877-728-3165
System Pavers, 3750 S. Susan Street, Suite 200, Santa Ana, CA 92704

The Perfect Summer is Just Days Away

*Tips to help you unwind, relax and **escape** in your own backyard.*

You don't have to travel to an exotic expensive resort to relax this summer. According to AAA, a family vacation to common destinations such as Hawaii can top $10,000. And with that comes the stress of airport travel, heavy road traffic, long lines at amusement parks and restaurants, packing and unpacking, again and again.

With advances in outdoor living systems, you can spend less money, experience less stress, and enjoy elegant and relaxing days and nights in your own backyard year round. The key to a successful staycation that lasts far beyond the precious time off work, is to create a peaceful outdoor environment that reflects your personality and lifestyle. Doing this is more simple, affordable, and faster than you might think.

Enter to win a $5000
outdoor makeover from System Pavers.
Visit **www.systempavers.com/sweepstakes**
to enter!

And unlike a high priced vacation, outdoor home improvements with System Pavers can be interest free for 36 months.

The first step is to ask yourself: *how do you currently use your outdoor spaces, and how would you like to better use them?*

- If you like cooking and eating outdoors, consider an outdoor kitchen center and grill area. These not only add functionality to your home but property value as well.
- Like unwinding under the stars at night? Add a fire pit to create that "vacation" ambiance and added warmth year round.
- If you like to entertain, explore outdoor lighting possibilities. The right system not only protects your home, it creates a safe, upscale ambiance that lets you party all night long.
- If you put off entertaining because of embarrassing cracked concrete, brown, patchy lawns, or lack of privacy, consider a custom stone pavers patio with planters and a retaining wall. The complete change in ambiance is beyond imagination.
- Need a peaceful place to unwind after a day of playing or working hard? Install a maintenance free stone patio, and a water feature. With stone instead of wood decks, your peace of mind won't be interrupted by nagging scratches, dents or damage you need to repair in your "spare time." By adding a built in water feature or pond to a retaining wall or patio, you will add a sense of calm and tranquility, and, according to Feng Shui experts, increase your property's harmony.

These are just a few ideas for how you can enjoy relaxing "summer days" all year every year. **Call System Pavers today at 877.728.3165 for a consultation and get a design and rendering valued at $300 for free.**

Browse our photo gallery of outdoor living systems to start planning your personal escape. Register for a free no-obligation custom design, valued at $300.
Get started at www.systempavers.com/gallery or call 877-728-3165.

그림 10-1 시스템 페이버스의 다이렉트 마케팅 광고물의 예

Image courtesy of System Pavers.

이밖에도 코업 데이터베이스(co-op database)라는 방법도 있는데, 이는 비슷한 고객층을 대상으로 사업을 하는 회사들이 각자 보유한 고객 명단을 전부 합쳐서 활용하는 것이다. 이런 데이터베이스에는 중복되는 고객 데이터도 있지만 어쨌든 참여한

회사들은 전체 정보에 접근할 수 있는 권한을 갖는다. 이런 명단은 경쟁 브랜드들이 고려했던 고객들로 구성돼 있고, 그들의 구매 행동도 알 수 있다는 점에서 가치가 높다. 하지만 자신의 데이터도 남들과 공유해야 하므로 경쟁사도 똑같은 이점을 얻는다.

브랜드 ESP에 따라 고객 프로필을 개발하고 고객들이 일반적으로 가진 감성적 · 인구통계적 · 기능적 특징들을 파악하기 위해 데이터를 분석한 후 그런 특징들을 보유한 고객 명단을 외부에서 추가로 구입하라.

외부 업체에서 분석한 보고서를 그냥 읽기보다 그들에게서 받은 고객 명단을 가지고 직접 테스트를 한 후 그 결과를 검토하라. 시간이 걸리는 일이지만 요약 보고서를 통해서는 알 수 없었을 잠재 고객에 대한 통찰을 더 많이 발견할 수 있을 것이다.

예를 들어, 필자가 한 전기 · 가스 회사를 위한 컨설팅 프로젝트를 수행했을 때 고객 리드를 확보하고 부가 서비스를 개발하기 위해 잠재 고객 명단을 구입하려 했다. 그래서 데이터 업체 한 곳을 고용해서 고객사의 기존 고객에 해당되는 가구들에 대한 분석 작업을 의뢰했다. 구매, 생활패턴, 인구통계, 정치적 성향 등을 포함한 그들의 특징들을 알아내는 게 그들이 할 일이었다. 그리고 데이터 업체가 전달한 보고서에는 포함돼 있지 않았지만 나중에 알게 된 중요한 사실이 하나 있었다. 대부분의 사람들은 신용카드 비용을 매달 완납하며, 일부 비용을 다음 달로 미루는 경우가 거의 없다는 점이었다. 즉 소비자들은 상당히 책임 있는 소비를 하고 있었다. 필자와 고객사는 고객들의 그런 특징을 기초로 마케팅 메시지를 개발했으며, 향후 데이터 모델 개발을 위한 고객 프로필 개발에도 활용했다.

다양한 데이터 모델들을 비교해야 한다. 데이터 제공 업체로부터 분석 결과나 보고서를 받으면, 특정 고객 세그먼트에서 가장 가치가 높은 상위 백분위 수에 속한 고객들을 또 다른 세그먼트의 상위 고객들과 비교함으로써 최고의 성과를 얻기 위해서는 어떤 고객들을 공략해야 할지 더 정확하게 식별하라.

명단 제공 업체들이 갖고 있는 고객 명단은 그리 많지 않다. 일단은 소량의 명단을 구입해서 테스트하라. 그러면 긍정적인 효과를 가져올 수 있는 유형의 명단을 더 효과적으로 판단할 수 있을 것이다.

다이렉트 마케팅을 전체 마케팅 계획의 핵심 요소로 만들고 싶다면(그리고 지금 당장 성공적 결과를 보고 싶다면) 신뢰할 수 있는 명단 제공 업체부터 찾아야 한다. 몇몇 후보를 찾았다면 그들이 어디서 고객 정보를 얻는지, 그 정보를 최신 상태로 업데이트하고 유용성을 높이기 위해 어떻게 관리하는지, 어떤 프로세스로 분석하는지 등을 확인하라. 그들의 명단이 얼마나 실속 있는지, 혹시 수취인 불명 정보 등 허수는 없는지 확인할 수 있도록 참고 자료를 요청하라.

명단을 구입하는 기본 원칙을 기억하라. 향후 구매를 가장 잘 예측할 수 있는 것은 과거 구매 이력이다. 단순히 인구통계적 특징을 기준으로 삼는 대신 회사가 판매하는 상품과 유사한 상품을 과거에 구매했던 사람들의 명단을 찾아야 한다.

이메일을 통해 다이렉트 마케팅 전개하기

이메일은 비용효율성도 높으면서 생산성도 높은 다이렉트 마케팅 채널 중 하나로, 특히 기존 고객들 사이에서 효과가 높다. DMA의 2016년 보고서를 통해 앞서 언급했지만 이메일의 광고수익률(return on ad spend, ROAS) 혹은 매체비 ROI는 평균 122% 정도다. 다른 유형의 광고나 커뮤니케이션 채널에서 이보다 더 좋은 효과를 내려면 상당한 부담이 따를 것이다. 또한 이메일 개봉률이나 클릭률, 전환율의 결과도 해마다 점점 더 개선되고 있다.

이 섹션에서는 고객의 반응을 높이고 관계를 구축하는 이메일 마케팅에 대해 소개할 것이다. 그리고 그들이 어떤 이메일에 가장 잘 반응하는지 그 비밀도 가르쳐줄 것이다.

이메일의 장점 중 하나는 다른 채널에서는 측정이 불가능한 것을 이메일에서는 측정할 수 있다는 점이다. 인쇄물 형태의 다이렉트 메일에서는 고객이 반응을 보이지 않은 경우에 애초에 그 우편물을 개봉했는지 혹은 오퍼를 확인했는지 등은 전혀 알 수 없다. 하지만 이메일은 다음에 열거된 행동을 이행한 사람들이 각각 얼마였는지 알 수 있다.

- 이메일을 개봉했는가
- 오퍼와 메시지에 대해 더 많은 정보를 얻고자 연결된 링크를 클릭했는가
- 전화나 이메일, 기타 방법으로 회사를 접촉했는가
- 그밖에도 광고주가 바라는 행동을 이행했는가

또한 메시지, 오퍼, 제목, 발송 요일 및 시간, 발송 빈도, 명단의 출처, 유형 등에 따라 어떤 판매 효과가 있었는지를 개별 고객별로 자세히 알 수 있다.

이메일이 일반적으로 어느 정도의 효과를 내는지 알면 그것을 벤치마크로 삼아 특정 캠페인 결과가 정말 효과적이었는지 객관적으로 비교할 수 있다. 이메일에 대한 많은 연구 데이터에 따르면 오픈율과 클릭률은 매출 성장에 매우 중요한 역할을 하지만, 실제로 광고주가 달성해야 할 목표는 사실 상황에 따라 다르다. 보통 이메일은 자주 보낼수록 오픈율과 클릭률이 모두 상승하지만, 그러다 발송 빈도가 임계치에 달하면 그때부터는 두 수치 모두 떨어지기 시작한다.

다음은 2016년 DMA 보고서에 포함돼 있는 이메일 관련 반응 데이터로, 회사의 내부 명단에 있는 고객들에게 발송한 이메일을 대상으로 집계됐다.

- 오픈율 : 21%
- 클릭률 : 10%(2015년 대비 약 4포인트 상승)
- 전환율 : 5.5%(2012년에는 1.5%, 2015년에는 2.9%로 꾸준히 상승 중)

CRM, 마케팅, 영업 시스템용 소프트웨어를 개발하는 허브스폿이 실시한 조사를 보면 이메일을 많이 보낼수록 얻는 것도 더 많다는 사실을 알 수 있다. 해당 조사에서 확인한 이메일 발송의 '스위트 스폿(sweet spot)'은 다양한 고객 세그먼트를 대상으로 한 달에 16~30회 정도의 이메일을 보내는 것이다. 이런 식으로 이메일 마케팅을 전개한 회사들은 한 달에 한두 번만 이메일을 보내는 회사들보다 2배 이상 높은 클릭률을 얻을 수 있었다.

이 정도 빈도로 이메일 캠페인을 진행하려면 의미 있는 콘텐츠를 충분히 개발해놔야 한다. 또한 이렇게 자주 그리고 지속적으로 이메일 캠페인을 전개하려면 마케팅 콘텐츠를 고객 세그먼트별로 재빨리 맞추고 조정해야 한다. 그러기 위해서는 콘텐츠 관리 프로세스나 디지털 자산 관리 시스템이 필요하다. 허브스폿에 따르면 한 달에

16~30회씩 이메일 캠페인을 꾸준히 집행하면 다음과 같은 결과를 낳을 수 있다.

- 오픈율 : 32.4%
- 클릭률 : 6.5%

그밖에도 B2B 회사들이 진행한 이메일 캠페인의 평균 오픈율은 30%며, 이중 한 달에 16~30번 정도 발송하는 회사들의 클릭률은 6%라는 중앙값으로 가장 높은 성과를 냈다.

단기적이든 장기적이든 가장 효과가 뛰어난 이메일은 고객별로 맞춤화된 트리거 이메일이다. 고객의 관심사와 과거 거래 이력, 온라인 브라우징 내역, 데이터 프로필이 있어야 가능한 일이다.

트리거 이메일

트리거 이메일이란 CRM 시스템이 고객의 인터넷 브라우징이나 쇼핑 행동, 이벤트, 활동, 안타깝게 놓친 기회 혹은 지위나 행동상의 변화를 근거로 자동으로 발송하는 이메일을 말한다. 엡실론의 조사에 따르면 트리거 이메일은 보통 57.5%의 오픈율을 보인다. 이 숫자를 앞에서 언급한 DMA와 허브스폿의 오픈율 데이터와 비교하면 회사 유형을 막론하고 트리거 이메일이 얼마나 중요한지 쉽게 이해할 수 있을 것이다.

트리거 이메일의 가장 효과적인 용도 중 하나는 사람들로 하여금 그동안 방치했던 온라인 장바구니의 존재를 상기하고 되찾게 하는 것이다. 특히 전자상거래 회사에게 트리거 이메일은 일반 이메일 활동은 물론 전반적인 마케팅 전략의 아주 중요한 요소다.

온라인 고용실태 전문기업인 슈어페이롤이 추정한 바에 따르면 온라인 장바구니에 담긴 채로 사라진 상품의 가치를 전부 합치면 연간 총 180억 달러 규모로, 만약 이를 실제 매출로 전환했다면 많이 기업들이 존폐의 갈림길에서 살아남았을 것이다. 또 다른 온라인 B2B 회사인 브론토앤마젠토가 실시한 연구에서는 장바구니 담긴 전체 상품 중 70%가 결국 버려진다는 놀라운 결과를 말한다. 즉 매장 문을 열고 들어와서 장바구니에 상품을 열심히 담은 후 그 바구니를 잠깐 놓고 나간 손님이 돌아오지 않고 그대로 사라지는 것이다. 이런 손님들이 늘면 사업의 부담이 가중될 수밖에 없다.

다음은 이메일 마케팅 전략의 전문가이자 컨설턴트인 진 제닝스가 전하는 강력한 이메일 캠페인에 대한 몇 가지 통찰이다(www.JeauneJennings.com).

- » 브론토앤마젠토와 세일사이클의 조사에 따르면 온라인 쇼핑객들의 최소 85%는 장바구니 알람이 도움이 된다고 느끼며, 그런 리마인드 장치 덕분에 장바구니를 클릭한 사람들의 35% 이상은 결국 그 물건을 구입한다.
- » 온라인 쇼핑객들의 60% 이상은 장바구니 알람을 계기로 해당 사이트를 다시 방문한다.
- » 장바구니 알람을 보내는 소매업체는 전체의 21% 미만으로, 이 중에는 당신의 경쟁사도 포함돼 있다.

트리거 이메일 캠페인을 실행하면 그렇지 않은 업체들 사이에서 그 회사를 부각시킬 뿐 아니라 경쟁사들이 놓친 지갑 점유율을 채울 수도 있다. 특히 전자상거래 회사 중 방치된 장바구니들을 확인하지 않고 알람도 보내지 않는다면, 상당한 수입을 놓치게 될 것이다.

제닝스는 소매업체들이 장바구니 알람을 효과적으로 이용할 수 있는 몇 가지 팁을 전수한다.

- » **무료로 배송하라.** 요즘 소비자들은 대부분 무료배송을 자연스레 기대하며, 그 사이트를 다시 찾은 데 대한 보상으로 여기기도 한다.
- » **상품 이미지를 포함하되 너무 많이는 넣지 말라.** 근사한 상품 이미지를 몇 개 넣으면 고객의 클릭을 이끄는 계기가 된다. 하지만 그 수가 너무 많으면 오히려 무시하게 된다.
- » **긴박감을 조성하라.** 다이렉트 마케팅의 기본 원칙과 마케터의 생존 DNA로 다시 돌아가 오퍼 기간을 제한하라. "오퍼가 xx에 종료됩니다"나 "지금 남은 상품은 딱 하나" 같은 말을 넣으면 사람들은 불안함에 재빨리 행동을 취하게 된다.
- » **할인권을 제공하라.** 장바구니를 되찾은 고객에게는 뭔가 보상이 필요하다. 그런 사람들에게 할인권을 제공함으로써 이번만큼은 확실히 거래를 성사시켜라.
- » **도움을 주라.** 이메일이나 전화로 어떻게 상품을 주문할 수 있는지 명확히

설명하고 되도록이면 실시간 채팅 같은 기회를 제공함으로써 부담 없이 구매를 완료하게 만들어라.

» **한 번 이상 알람을 하라.** 첫 번째 알람에 반응하지 않는다면 또 한 번 보내라.

개인화 이메일

인쇄형 다이렉트 메일과 마찬가지로 이메일도 개인별로 맞춤화했을 때 효과가 가장 높다. 허브스폿의 연구에 따르면 이메일 제목에 수신인의 이름이 들어가 있으면 클릭률이 올라간다. 스테티스타가 실시한 또 다른 조사에서 개인화된 이메일의 오픈율은 17%였지만 그렇지 않은 경우에는 11%에 그쳤다.

개인화는 오늘날의 다이렉트 마케팅에서 성공을 좌우하는 열쇠로 이런 트렌드가 금방 바뀔 것 같지는 않다. 이는 마케팅 콘텐츠를 다양한 페르소나, 문화, 언어, 세그먼트, 채널에 따라 맞춤화할 수 있는 강력한 CRM 시스템과 콘텐츠 관리 시스템(콘텐츠 마케팅에 대한 내용은 제6장 참조) 덕분이다.

다이렉트 메일은 인쇄물이든 이메일이든 모두 연속적인 커뮤니케이션이 돼야 한다. 처음 메일을 보낼 때도 궁극적인 목표는 판매겠지만, 소비자에게서 원하는 행동을 이끌기 위해서는 일반적으로 서너 번 정도는 접촉해야 한다. 따라서 연속적으로 고객 접점을 만들면, 그들이 회사에 접근해서 대화를 시도할 가능성이 커진다. 채널도 여러 가지를 섞는 게 좋다. 처음에는 편지를 보낸 다음 메시지를 더 강화하는 이메일을 연이어 보내고, 그런 다음 고도로 개인화되고 강력한 오퍼 및 콜투액션도 포함된 편지를 다시 한번 보내는 것이다.

인쇄물 메일의 봉투와 이메일 제목은 고객들이 처음으로 접하는 전략적 메시지에 해당된다. 이런 '미끼' 요소를 완벽히 이해함으로써 고객의 행동을 이끌어라. 좋은 카피의 가치를 절대 과소평가하지 말라.

다이렉트 마케팅 테스트하기

가장 효과적인 결과를 위해서는 다양한 메시지와 채널을 테스트해서 그중 어떤 것이 해당 산업과 고객 데이터베이스, 오퍼 측면에서 가장 효과적인지 따져봐야 한다.

시간과 비용을 절감하기 위해서는 값비싼 채널을 이용하기 전에 같은 오퍼와 메시지를 이메일로 먼저 보내라. 그 브랜드와 고객들에게 맞는 완벽한 조합을 찾기 위해서는 채널과 메시지, 오퍼 등의 변수를 다양한 방식으로 테스트해야 한다.

다이렉트 마케팅의 가장 큰 장점 중 하나는 간단한 테스트가 가능하다는 것이다. 다이렉트 마케팅을 전개하면서 사전 테스트를 하지 말아야 할 이유는 없다. 테스트를 안 하는 것이 돈을 낭비하는 길이 된다. 어떤 형태가 효과적인지, 고객의 선호도는 어떤지, 어떻게 효과를 극대화할 수 있는지 확인할 수 있는 엄청난 기회를 날려 보내는 셈이기 때문이다.

테스트 변수는 표 10-1에서 보는 것처럼 그야말로 광범위하다. 테스트만 한다고 모든 게 해결되는 것도 아니다. 진실을 엿보고 정확히 알아낼 수 있도록 테스트를 기획하고 실시하는 것이 중요하다.

다음은 확실한 결과를 도출할 수 있도록 테스트를 실행하는 몇 가지 지침이다.

» **변수** : 변수는 한번에 한두 가지만 테스트하라. 한 테스트에 변수를 너무 많이 포함시키면 변수의 개별 효과를 구분하기 어려워진다. 예를 들어 두 가지 광고 크리에이티브를 시험한다면 오퍼는 동일한 것을 사용해야 메일 수신인의 반응을 이끈 것이 과연 크리에이티브였는지 오퍼였는지 알 수 있다.

» **평가지표** : 명확한 지표를 선정해서 각 다이렉트 캠페인을 통해 발생한 고객 반응이나 매출을 문서로 정리할 수 있어야 한다. 오퍼와 인센티브, 캠페인 시기 등에 대해 코드를 매겨라. 이를테면, 기존 고객 및 잠재 고객들에게 10% 가격 할인권이 포함된 레터 패키지를 보냈다면 그리고 발송 시기가 2017년 5월이라면, 잠재 고객에게 보낸 레터 패키지의 코드는 다음과 같은 형태로 만들 수 있다.

  DM0517NC10-Direct Mail May 2017 New Customer 10% off

» **A/B 테스트** : A와 B 중에 어느 것이 더 좋은지를 비교하는 테스트는 가장 단순한 방법 중 하나다. 동일한 마케팅 캠페인을 두 가지 다른 버전으로 만들어 같은 테스트 샘플에게 보낸 후 둘 중 어느 것이 더 많은 반응을 이끄는지 확인하는 것이다. 승자를 파악한 다음에는 그 버전을 기준으로 또

다른 아이디어 및 오퍼를 테스트할 수 있다. 이는 작은 변화가 어떤 차이를 만드는지 알 수 있는 단순하지만 파워풀한 방법이다. 결과를 빨리 습득할 수 있는 데다 결과에 맞춰 광고물을 재빨리 변경할 수 있다.

A/B 방식 테스트를 빨리 실행하고 분석하기 위해서는 마케팅 자동화 소프트웨어를 활용하면 된다. 이렇게 하면 테스트를 계속 실시하면서 그 효과를 학습해나갈 수 있다. A/B 테스트는 광고에 사용할 색상뿐 아니라 광고물의 크기와 콜투액션 그래픽을 넣을 자리, 인센티브 종류, 헤드라인이나 제목을 선택할 때 간단하게 활용할 수 있다.

테스트를 여러 번 진행할 만한 비용이나 시간이 없다면 www.behave.org를 참조하라. 거의 모든 유형의 다이렉트 메일 캠페인에 대한 테스트 결과를 볼 수 있다.

» **기록관리** : 캠페인 오퍼, 형태, 크리에이티브, 고객 명단 등을 테스트할 때에는 어떤 고객이 어떤 오퍼에, 언제 반응했는지를 계속해서 추적해야 한다. 그렇게 해야 구매할 가능성이 가장 높은 시기와 구매할 가능성이 가장 높은 상품에 맞춰 고객들을 어떻게 세분화할지 알 수 있다.

» **목표** : 테스트를 실시하기 전에 학습 계획과 목표를 정하라. 무엇을 알고 싶은지, 그런 지식이 언제 필요한지, 또 테스트를 언제, 어떻게 할 것인지 등을 결정해야 한다. 어떤 크리에이티브와 오퍼의 조합으로 가장 많은 상품을 팔고 가장 많은 리드를 창출할 수 있을지에 더해 고객에 대해 무엇을 학습할 것인지에 대해 목표를 확정해야 한다. 각 테스트를 통해 어떤 정보를 얻어야 고객의 구매주기, 생활방식, 선호도 등에 따라 세분화하고, 향후 다이렉트 메일의 개인화와 실적을 높일 수 있는지 알 수 있다.

표 10-1은 인쇄 및 이메일 형태의 다이렉트 마케팅 효과를 측정할 때 고려할 만한 변수들을 보여준다.

직접 반응 온라인 캠페인

앞에서 주장했듯이 여러 채널에서 동시에 다이렉트 마케팅 활동을 전개하는 것은 고객 리드를 구축하고 발전시키고 판매로 전환하고 그들의 생애가치를 극대화하는 가장 효과적인 방법 중 하나다. 가령, 한 소비자가 이메일을 열고 그 안에 있는 링크를

표 10-1 인쇄 및 이메일 형태의 다이렉트 마케팅 효과 측정에 활용되는 변수

인쇄	이메일
고객 명단 및 세그먼트	이메일 대상 명단 및 세그먼트
콜투액션(CTA)에 기초한 고객 반응	오픈율과 클릭률
삽입물 여부	구글 스폰서 광고(수신메일함 상단에 위치)
오퍼	오퍼
답장용 카드 vs. 전화번호	URL과 랜딩페이지 이미지
사은품 포함 여부	사은품 포함 여부
사은품 쿠폰 vs. 제품 할인권	사은품 쿠폰 vs. 제품 할인권
반응 메커니즘	반응 메커니즘
크리에이티브 및 레이아웃	문자로만 구성된 본문 vs. 창의적 디자인
봉투 겉면 카피 및 그래픽	이메일 제목
콜투액션(CTA)	콜투액션(CTA)
봉투 색깔과 답장을 보낼 주소	발신인 정보
우편물 도착 시기(요일)	발송 시기(요일 및 시간)

클릭해서 광고주의 웹사이트로 넘어갔다면, 제품을 구매하지는 않았다고 할지라도 광고주는 DMP와 DSP 기술을 통해 그 소비자가 관심을 보였던 상품을 소셜사이트에서 또 한번 마케팅할 수 있다.

또한 검색엔진 마케팅을 통해 그 회사의 상품과 관련된 키워드를 화면의 제일 상단에 나타나게 하는 옵션도 있다. 올바른 시스템만 있다면 이전에 특정 상품 관련 정보를 열심히 검색했던 사람이 자주 방문하는 사이트의 측면에 그 광고가 나타나게 할 수도 있다.

팝업 광고도 인센티브를 결합하고 시기적절한 콜투액션 요소를 넣음으로써 성공하는 다이렉트 마케팅의 특징을 똑같이 적용해야 한다. 할인권이나 무료배송, 그밖에도 한정 기간 할인 오퍼 등을 고려하자.

공략하려는 고객층과 관련된 웹사이트도 직접 반응 광고를 올리는 좋은 채널이 될 수 있다. 여러 사이트에서 알고리즘을 파악하면 혹시 잠재 고객들에게 지나치게 광고를 많이 노출함으로써 악영향을 일으키는 건 아닌지 혹은 제품을 구매한 고객들은 광고 대상에서 빼야 하는 건 아닐지(그렇지 않으면 계속되는 광고에 짜증을 낼 수도 있다) 등 광고 노출 빈도를 더 잘 판단할 수 있다. 사이트에 올린 광고가 방문자들에게 어떤 식으로 작동하는지 알기 위해 전문가 수준의 알고리즘 기술을 배울 필요는 없겠지만, 광고가 분별 있게 노출될 수 있도록 관리해야 할 필요성은 분명하다. 알고리즘 관리가 불가능하다면 같은 광고를 영원히 노출시키는 실수를 범하지 않도록 광고 노출 빈도를 직접 조정하는 것도 가능하다.

온라인 광고 효과를 모니터함으로써 성과가 저조한 사이트에서는 광고를 내리고 효과가 높은 사이트에 집중하라. 온라인 캠페인은 효과에 대한 피드백을 빨리 얻을 수 있으므로, 관련 수치를 자주 요청하고 확인하라. 흥미로운 트래킹 데이터 항목으로 **뷰스루**(viewthrough)라는 게 있다. 이는 어떤 제품의 직접 반응 광고를 본 사람들 중 (이를테면) 한 시간 내에 그 제품 사이트를 방문한 이들의 비율을 말한다. 뷰스루는 온라인 광고를 직접 클릭하지 않고도 이후 판매가 될 가능성을 제시하므로, 추적해야 할 흥미로운 수치임에 틀림없다.

다이렉트 마케팅에 콜센터와 상담센터 업무 포함시키기

콜센터 및 상담센터를 조직 내부에서 관리하든 외부 업체를 활용하든 고객이 회사를 접촉했을 때 받는 서비스나 경험도 직접 반응 캠페인의 메시지 및 톤과 일치해야 한다. 요즘도 주로 전화로 고객 서비스를 제공하는 회사들이 많다. 따라서 모든 다이렉트 마케팅 캠페인에는 고객이 연락할 수 있는 전화번호가 포함돼 있어야 한다.

소비자 상담 프로세스를 유연하게 처리함으로써 다이렉트 메일 캠페인으로 시작된 마케팅 활동이 마침내 제품 구매로 마무리될 수 있는 몇 가지 팁이 있다.

» 먼저 한 회사의 모든 직원은 자신이 콜센터 직원이나 온라인 채팅 담당자와 다름없다는 사실을 명심해야 한다. 대부분의 사람들은 이를 깨닫지 못

한다. 고객들과 접촉하는 모든 상황들은 매우 신중하게 관리돼야 한다. 고객 전화와 이메일에 어떻게 응대해야 하는지, 브랜드 응대자로서 어떤 톤을 사용해야 하는지, 고객의 질문은 어떤 프로세스로 답해야 하는지, 고객과 이후에도 관계를 지속하고 행동을 유인하려면 어떻게 전화를 끊어야 하는지 등에 대한 원칙을 미리 수립해야 한다. 고객 응대 스크립트를 만들고 회의를 통해 해당 프로토콜을 검토하는 것은 브랜드 커뮤니케이션을 관리하는 아주 중요한 방법이다.

- » 고객이 온라인 채팅이나 이메일 등을 통해 접촉한 경우에도 빠른 대응의 중요성을 과소평가해서는 안 된다. 온라인에서도 질문의 답을 기다리거나 상품 구매를 위해 대기하는 소비자들은 인내심이 부족하다. 얼마간 대응이 없다면 그들은 사이트를 빠져나가 다른 사이트를 찾을 것이다.
- » 상품을 문의할 수 있는 다양한 옵션들을 제공하면 고객이 그 회사에 접촉할 가능성은 그만큼 커지고 그 회사에 대한 신뢰감도 높아진다.

고객 상담 전화의 시간 관리하기

고객들이 언제라도 회사에 접근할 수 있으려면 그들이 전화하기 편한 시간에 그들을 대응할 수 있는 직원들이 배치돼 있어야 한다. 고객들에게 수화기를 든 채 오랫동안 기다리는 불편함을 안겨줘서는 안 된다. 조사 결과에 따르면 고객이 원하는 것을 얻기 위해 기다리는 시간이 짧을수록 상품 구매의 가능성이 높아진다고 한다.

전화가 연결되는 동안 나오는 자동 메시지의 내용도 중요하다. 상품을 홍보하는 메시지만 틀지 말고, 고객의 기분을 가볍게 풀어줄 수 있는 메시지를 이용하라. 꼭 전화로 이야기하지 않아도 되는 고객은 이메일이나 웹사이트를 이용하는 옵션을 전하고, 통화가 연결될 때까지 예상되는 대기 시간도 잊지 말고 고지하라.

통화 대기 시간은 사람들이 일반적으로 수용할 수 있는 수준이어야 한다. 제품이나 고객들의 성격에 따라 다르겠지만, 보통 통화 대기 시간은 인지된 시간 기준으로 2분 이내여야 한다. 인지된 시간이란 통화를 기다리는 고객이 느끼는 대기 시간을 말한다. 평균적으로, 고객들 1분이라고 느낀 대기 시간은 실제로 40초라고 한다.

외부 콜센터 업체를 이용할 때에는 온라인 채팅 서비스도 함께 제공할 수 있는 곳을 찾아라. 그래야 모든 채널에 대해 메시지를 통합할 수 있다.

고객 상담 전화 중에 유용 정보 확보하기

콜센터가 담당하는 가장 중요한 역할 중 하나는 다양한 다이렉트 마케팅 캠페인을 통해 접촉한 고객들의 요청이나 상품 주문을 처리하는 일이다. 회사에 직접 전화를 걸어온 사람들은 고객 정보를 제공할 만한 좋은 리드가 된다. 그들에게 회사를 처음에 어떻게 알게 됐는지 묻고, 향후 어떤 문제가 생겼을 때 도움을 줄 수 있도록 대화를 기록하고, 그들의 프로필을 데이터베이스에 추가하라.

텔레마케팅, 하느냐 마느냐?

예전에는 고객에게 직접 반응을 받아내는 텔레마케팅의 효과가 상당히 괜찮았다. 전화를 한 고객들은 다른 채널보다 회사의 요청에 긍정적인 반응을 보이는 경향이 더 높았기 때문이다. 그러나 개인 정보 보호에 대한 우려 및 각종 규제가 많아지고, '발신인 차단' 기능도 생기면서 텔레마케팅은 점점 더 활용하기 어려운 채널이 되고 있다. 콜센터 대신 점점 인기가 높아지는 온라인 채팅을 생각해보라. 이런 트렌드를 보면 고객에게 직접 전화를 하면 안 되는 이유는 앞으로 더 많아질 것으로 보인다.

다이렉트 마케팅 활동에 텔레마케팅을 포함할 계획이라면 다음의 팁을 활용하라.

» **이미 관계를 맺은 소비자들에게만 전화하라.** 낯모르는 사람에게 갑자기 걸려온 전화는 냉담한 반응을 낳고 돈만 낭비할 수 있다. 게다가 소비자에게 자신의 프라이버시가 침해됐다는 불쾌감을 일으켜 오히려 화를 불러올 수 있다. 오늘날에는 이미 소셜미디어를 통해 접촉했거나 제품이나 회사에 대한 정보를 먼저 문의한 고객들에게만 전화를 하는 회사가 많다. 만약 회사의 콘텐츠 마케팅 계획이 고객에게 무료로 백서나 조사 보고서, 체크리스트, 제품 매뉴얼을 배포하는 것이라면 고객이 관련 자료를 다운받은 직후에 전화를 걸어서 불편 사항은 없는지 혹은 제품을 직접 테스트해볼 마음은 없는지 문의하는 정도는 괜찮다. 그런 전화를 할 경우에도 연락을 한 이유를 분명히 밝혀라. 일단은 고객의 문의 사항부터 확인한 후에 제품 데모나 무료 상담 등 원하는 마케팅 활동에 들어가는 것이 바람직하다.

- **역량 있고 훈련된 영업사원에게 콜센터 업무를 맡겨라.** 콜센터 담당 직원은 전문적 지식과 호감을 주는 태도로 회사의 얼굴이 돼야 한다. 어려운 고객 전화를 임기응변식으로 처리하면 절대 안 된다. 고객의 문제나 의견, 불만 사항 등을 예측하라. 그런 고객의 요청에 응대하는 방법을 스크립트로 개발하고 직원들에게 관련 내용과 메시지 전달 방식을 교육해야 프로페셔널하고 일관적인 태도로 고객을 응대할 수 있다.
- **고객 전화 대응 스크립트를 준비하고 여러 시나리오별로 조정하라.** 고객이 먼저 전화를 했을 경우와 회사에서 먼저 전화를 했을 경우에 따라 별도로 메시지를 개발하고, 고객의 다양한 우려와 불만과 고충에 따라 응대 방법 및 메시지를 조정하라. 제품의 ESP가 있다면 전화 응대 스크립트에도 그 ESP가 녹아 있어야 한다.
- **후속 전화를 하라.** 어떤 사업을 하든 제품을 구매했거나 서비스를 받은 고객들에게 담당 직원들이 전화를 하면 그 브랜드에 대한 충성심과 관계를 발전시킬 수 있는 좋은 기회가 된다.
- **전화를 끊기 전에 설문조사 질문을 하는 방법도 고려하라.** 이런 질문은 주간이든 월간이든 원하는 빈도로 이행할 수 있다. 설문 문항 형식의 질문을 하면 고객에 대한 지식을 습득할 수 있어 ESP나 마케팅 메시지를 발전시키는 데 도움이 된다.

Chapter

11

관심을 일으키고 판매를 유도하는 웹사이트 개발하기

제11장 미리보기

- 온라인 전체에서 브랜드 아이덴티티 관리하기
- 고객의 관심을 이끌고 관계를 구축하는 매력적인 웹사이트 만들기
- 사이트 밀착도를 높이는 디자인 요소 활용하기
- 웹 마케팅 전략 개발하기
- 랜딩 페이지, PURL, 블로그를 통해 매출 견인하기
- 웹 트래픽으로 돈 벌기

브랜드 웹사이트가 그저 그 회사와 제품, 관련 정보를 전달하는 디지털 브로슈어 역할을 했던 게 오래전 일도 아니다. 그러나 이제 웹사이트는 아이디어를 공유하고 조언을 전달하고 실시간 참여가 일어나는 역동적인 공동체가 돼가고 있다. 특히 제품을 구매하기 전에 가능한 옵션들을 충분히 조사하고 신중한 선택을 하려는 경향이 소비자들 사이에서 점점 더 강해짐에 따라 웹사이트는 제품과 브랜드에 대한 종합적인 정보를 얻고 브랜드 담당자와 직접 접촉해서 더 많은 지식을 확보할 수 있는 곳으로 간주되고 있다.

사람들의 귀를 솔깃하게 만들고 많은 사람들이 브랜드 스토리의 일부가 되고 싶다

는 마음을 품도록 자극하는 웹사이트를 개발하려면 회사의 모든 디지털 자산이 사이트의 톤과 페르소나를 뒷받침해야 한다. 웹사이트는 그 브랜드와 관련된 모든 아이덴티티의 허브와 같으므로 그런 일관성은 매우 중요하다. 페이스북, 트위터, 기타 브랜드가 활동하는 디지털 자산들은 고객들을 브랜드의 허브로 다시 인도해야 한다. 그래서 고객들이 거기서 사람들과 어울리고 브랜드 스토리와 제품을 배우고 그 브랜드와 함께 여정을 떠날 것인지 선택하게 만들어야 한다.

이 장에서는 브랜드 웹사이트에 강력한 아이덴티티를 구축하고, 그 아이덴티티를 다른 디지털 자산에 대해서도 일관적으로 유지할 수 있는 몇 가지 전술 및 기법을 전달하겠다.

웹 아이덴티티 개발하고 관리하기

웹 아이덴티티는 브랜드 사이트뿐 아니라 블로그, 소셜미디어, 검색엔진, 제품 리뷰 사이트 등의 디지털 사이트에 반영된 그 브랜드의 메시지 및 페르소나의 총합과 같다. 브랜드의 아이덴티티를 관리하고 통제하는 일은 마케팅 팀의 업무 중 가장 우선시돼야 한다. 이를 가볍게 여겨서는 안 된다. 브랜드가 투사하는 가치, 페르소나, 신뢰감은 그 브랜드와 거래를 할 것인지를 결정하는 고객의 마음에 영향을 주기 때문이다.

브랜드 아이덴티티를 관리하는 미션에는 회사를 관리하는 일도 포함된다. 한 사람을 그가 어울리는 친구들을 통해 판단하는 것과 마찬가지로 브랜드도 그 로고와 메시지가 표시돼 있거나 관련 프로모션이 진행 중인 사이트들을 통해 판단하기 때문이다. 건강에 해로운 브랜드로 보이지 않으려면 건강하지 않은 식습관을 조장하는 사이트에 광고를 해서는 안 된다. 그런 사이트에 등장하는 것만으로 그 브랜드도 같은 가치를 추구한다는 메시지를 간접적으로 전달하기 때문이다. 평판 관리에 실패하고 싶지 않다면 이 미션을 절대 가볍게 생각해서는 안 된다.

웹사이트를 개발할 때는 웹사이트가 근사하게 디자인된 정보 센터가 아니라 브랜드와 관련된 모든 웹 활동들의 허브이자 브랜드 아이덴티티와 이미지를 구축하는 도구라고 생각해야 한다. 예를 들어, 사람들이 어떤 브랜드의 홈페이지에서 받은 첫인상은 그 브랜드에 대한 첫인상과 상통할 것이다. 또 브랜드 사이트에는 소셜미디어 페이지나 검색엔진, 그 브랜드에서 진행하는 온라인 콘테스트, 마케팅 오퍼, 이벤트 등록 및 제품 관련 자료를 다운받을 수 있는 링크 같은 마케팅 활동을 통해 방문객들이 접속하는 여러 랜딩 페이지도 포함될 것이다.

이런 랜딩 페이지들도 홈페이지와 동일한 페르소나, 가치, 아이덴티티를 가져야 한다. 또한 랜딩 페이지에 온 방문객들이 메인 홈페이지로 가서 다른 메뉴들도 찾아볼 수 있는 역할을 해야 한다.

이어지는 섹션에서는 브랜드 웹사이트를 구축하고 관리하기 위해 알아야 할 요소들을 면밀히 살펴볼 것이다.

소비자가 브랜드 웹사이트에서 기대하는 것들

인식이 모든 것을 좌우하듯 마케팅에서는 '기대'가 전부일 수 있다. 대부분의 사람들은 쇼핑을 할 때 구매 후보들을 살펴보면서 제품의 가격이나 품질, 기능, 혜택 등에 대한 기대감을 품게 된다. 구매 과정 중에 브랜드 웹사이트를 방문한 소비자들은 그 공간에서 자신의 기대에 부합되는 특정 요소들을 발견하길 바란다. 소비자의 기대는 단지 제품 기능과 가격에만 국한되는 게 아니라 브랜드, 시장 리더십, 가치 등도 포함된다. 특히 B2B 상품에 있어서는 후자들이 더 중요하다. 소비자가 자신의 기대에 대한 충족 여부를 확인하기 위해 다음의 정보들을 찾아본다.

- » **제품 세부 정보** : 제품 세부 정보란 기능부터 특징, 사양, 가격까지 제품에 대한 모든 것이 포함될 수 있다. 소비자들은 구매할 상품을 탐색할 때 여러 제품의 사양을 서로 비교하기 때문에 이런 정보들은 중요하다. 제품에 대한 정보를 더 자세히 공유할수록 소비자의 선택을 받을 가능성은 더 커진다.
- » **리더십** : 많은 구매자, 그중에서도 B2B 구매자들은 관련 산업에서 그 회사의 리더십이 어느 정도인지를 알고 싶어 한다. 만약 IT 응용 프로그램을 구입한다면 적어도 그 제품을 2년 동안 사용해야 하므로 그 회사가 업계에서 얼마나 오랫동안 탄탄한 입지를 지켜왔는지를 알면 그 제품이 충분히

안정적이라는 것을 판단할 수 있기 때문이다. 제품에 대한 신뢰성을 더욱 높이기 위해 그 회사의 성장을 지원하는 투자자 정보까지 원하는 사람들도 있다.

» **테스티모니얼** : 소비자들은 그 제품을 이미 사용해본 사람들이 그 제품과 전체적인 페르소나에 대해 어떤 경험을 했고, 어떤 생각을 갖고 있는지 듣고 싶어 한다. 물론 브랜드 웹사이트에 불만을 쏟아놓는 사람은 드물고 거의 긍정적인 평이 주를 이루지만, 그래도 다른 사람들의 의견은 소비자들의 기대감을 형성하는 데 도움이 되다.

» **기업의 사회적 책임**(CSR) : 이 책에서 여러 번 언급했지만 소비자들은 어떤 브랜드가 공동체의 이익을 위해 그리고 더 나은 세상을 위해 어떻게 공헌하고 있는지 궁금해한다. 많은 사람들은 탐스나 파타고니아 같은 브랜드들이 벌이는 사회적 활동들을 지지한다. 브랜드가 사회를 위해 어떤 활동을 전개하고 있는지, 그 회사의 CSR 철학은 무엇인지, 어떤 계획과 성과를 갖고 있는지를 확인하기 위해 웹사이트를 방문하는 소비자도 많고, 거기서 발견한 내용들은 그들의 선택에 영향을 준다.

» **참여 및 상호작용** : 소비자들이 그저 앉아서 제품에 대한 질문만 하거나 환불 조건을 묻는 시대는 이제 끝났다. 사람들은 이제 직접 웹사이트를 찾아가서 모든 정보를 갖고 있는 고객 서비스 담당자와 실시간 채팅을 신청한다. 온라인 상호작용과 채팅은 일반 웹사이트와 특히 전자상거래 사이트에서 점점 중요성이 커지고 있다.

» **FAQ, 정책 및 조건** : 소비자들은 제품의 반품 정책이나 배송 방법, 배송비, 고객 서비스 프로세스, 사이즈 가이드 등의 정보를 빨리 확인하고 싶어 한다. 이런 정보를 금방 찾을 수 있으면 그들의 제품 탐색 과정이 간소화된다. 제품 웹사이트에서 이런 정보를 찾을 수 없다면 다른 사이트로 가서 관련 정보를 확인한 후 구매를 결정할지도 모른다.

» **제품 커뮤니티** : 사람들은 자신과 비슷한 가치를 가진 이들과 관계를 맺고 자신의 생각과 제품에 대한 의견, 통찰을 공유하길 원한다. 자동차 애호가, PC 전문가, 프로그래머, 요리 애호가들로 구성된 각종 온라인 커뮤니티를 보라. 브랜드 웹사이트를 단순히 제품 정보를 제공하는 곳이 아닌 소비자들이 함께 참여할 수 있는 공간으로 만들면 그들은 해당 사이트에서 더 많

은 시간을 보내고 자주 방문하게 될 것이다. 이 두 가지는 어떤 회사든 웹 마케팅을 통해 달성하려는 두 가지 기본 목표다.

» **효율성** : 전자상거래 사이트들의 경우 사람들은 자신이 원하는 물건을 되도록 빨리 그리고 쉽게 찾을 수 있기를 기대한다. 주문 및 결재 과정이 복잡하고 길어질수록 그들이 그 사이트를 떠나버릴 가능성은 점점 더 높아진다는 사실을 잊지 마라.

소비자들이 원하는 정보들을 그들이 금방 찾을 수 있게끔 브랜드 사이트에 배치하는 것은 사이트에 투자한 비용과 노력의 결실을 얻고 판매량을 높이는 데 결정적인 역할을 한다. 사람들이 사이트에서 원하는 것을 더 빨리 찾을 수 있으면 거기서 더 오래 머물게 되고, 그렇게 되면 상품을 구매할 가능성도 더 커진다. 사이트의 '밀착도(stickiness)', 즉 어떤 사람이 또 다른 사이트로 건너가기 전에 그 사이트에 얼마나 오래 '머무르는지'는 브랜드 웹사이트의 성공 여부를 가늠하는 웹 분석 기법으로, 쉽게 측정 가능한 중요한 지표다.

웹 아이덴티티 표준화하기

웹 아이덴티티를 명확하고 일관된 형태로 개발할 때 그 브랜드와 핵심 가치를 규정하는 ESP 및 가치 제안을 강화하는 데 초점을 맞춰야 한다. 웹 아이덴티티를 개발하는 목표는 온 · 오프라인 어디에서든 그 브랜드의 존재를 인식하고 강화하는 것이다.

간단하지만 URL도 중요하다. 회사명과 마찬가지로 URL을 통해서도 사업 정체성을 알려야 한다. 가령 '펫토피아'라는 애완동물 카페를 운영하고 있다면, 그 이름을 URL로 사용하는 것(www.petopia.com)은 물론이고, www.petcafe.com이나 www.luxurycafefordogs.com 혹은 www.safecafeforpets.com처럼 고객들이 애견 카페를 검색할 때 주로 사용하는 단어로 된 URL까지 구입하는 것도 고려하라. 트위터나 블로그에서 그 주제와 관련된 다른 용어들을 해시태그로 다는 것과 비슷한 원리다.

브랜드 URL은 블로그나 페이스북, 트위터, 인스타그램 계정 등 브랜드의 다른 소셜 사이트 이름과도 일관성을 유지해야 한다. 브랜드명은 가능한 자주 사용할수록 존재감이 높아지는데, 간혹 다른 회사가 이미 비슷한 URL을 사용하고 있는 경우가 있다. 이런 때에는 best, leading, info, blog처럼 간단한 형용사를 붙이는 방법이 있다. 예를 들어, 앞에서 언급한 애견 카페의 경우 페이스북이나 블로그 계정의 이름으로 UtopiaCafeBlogforPets.com 같은 이름을 붙일 수 있다.

충분한 시간을 들여 브랜드와 연관될 가능성이 있는 URL들을 가능한 여러 개 등록하라. 그렇지 않으면 발 빠른 누군가로부터 수백, 수천만 원을 주고 구입해야 할 상황이 생길 수도 있다. 특정 분야에서 지명도가 있는 컨설턴트라면 개인의 이름과 브랜드를 모두 URL로 등록하는 것도 좋은 방법이다. 만약 앞뒤에 지역명이 붙은 브랜드라면 지역명이 붙은 버전과 브랜드만 있는 버전 모두 등록하는 것이 더 안전하다.

또한 도메인명이 누군가의 상표를 침해하면 안 된다. 상표 데이터베이스가 있는 사이트(미국은 www.uspto.gov에서 무료로 상표 검색이 가능하다)에서 원하는 웹 주소를 아직 누군가가 상표로 등록하지 않았는지 확인하고 이슈가 될 만한 상황은 변호사나 변리사에게 문의하라. 아직 아무도 등록하지 않은 도메인명은 www.register.com 같은 사이트에서 등록할 수 있다. 하지만 누군가가 이미 등록한 도메인을 상업적으로 사용하면 소송에 걸릴 수 있다.

웹사이트를 등록했다면 다음에는 새로운 도메인명을 보호받을 수 있는 절차를 밟아야 한다. 보호 기간을 선택하고 비용을 연체했을 때라도 그 기간 동안 보호받을 수 있는 옵션을 선택하라. 세상에는 상표권 기간이 만료되기만 기다렸다 잽싸게 등록해서 실제 상표 사용자에게 되팔려는 사람들이 꽤 많다는 사실도 알아야 한다. 사이트 소유자의 개인 정보가 호스트에 노출되지 않는 개인 도메인으로 등록하는 방법도 있다.

도메인명이 비슷하면서 철자만 하나 틀린 사이트가 있다면 가능하면 전부 등록하는 게 안전하다. 그러면 잘못된 철자로 사이트를 검색한 사람들도 원하는 사이트로 데리고 올 수 있어서 경쟁자나 일반인이 악용하는 경우를 막을 수 있다.

시선을 사로잡는 웹사이트 만들기

이는 재밌고도 복잡한 미션이다. 당신 앞에 텅 빈 스토리보드와 손끝으로 브랜드 스토리를 전하고 그 색을 입힐 수 있는 갖가지 도구들이 있다면, 이를 통해 고객들을 브랜드의 일부로 만들 수 있다는 점에서 아주 즐거운 작업이 된다. 반면 이 글을 쓰고 있는 현재 인터넷 공간에는 11억 개 이상의 웹사이트가 활발히 활동하고 있다는 점에서 복잡한 작업이라 할 수 있다. 사람들의 시선을 끌고 웹사이트로 데리고 가서 그곳에 머물게 하기 위해서는 많은 경쟁자를 따돌려야 하기 때문이다.

인터넷에서 '콜로라도 가구 매장'이란 말을 치면 300만 개 이상의 사이트가 나온다. 운 좋게 소비자가 그중 하나인 당신의 사이트를 클릭했다 해도 그걸로 끝은 아니다. 그들의 시선을 계속 당신의 사이트에 머무르게 해야 하는 또 다른 도전이 남는다. 홈페이지 디자인과 메시지가 그저 깔끔하고 예쁘다는 말로는 충분하지 않은 이유도 바로 이 때문이다.

사이트를 처음 방문한 사람들이 받는 첫인상은 페이지를 이루는 컬러, 폰트, 레이아웃이 영향을 미친다. 브랜드와 제품에서 흥분과 에너지를 주고 싶다면 사람들에게 행복하고 즐거운 기분을 전달할 수 있는 에너지 가득한 색상을 선택하면 된다. 또한 폰트도 그런 사람들의 페르소나와 자아감을 반영한 것을 선택해야 한다. 즐겁고 유머감이 묻어나는 Chalkboard 같은 폰트나 학문적이면서 뉴스 톤이 베어나는 Times New Roman 같은 전통적인 폰트를 사용해도 좋을 것이다. 두 폰트 모두 방문자들로 하여금 그 사이트와 자신의 관련성을 즉각적으로 판단하게 만들기 때문이다(색감과 이미지와 관련된 심리에 대해서는 제2장과 제7장 참조).

초기 화면의 색감과 스타일로 목표 소비자들의 페르소나를 표현해서 그들의 무의식에 어필했다면, 다음으로는 그들이 원하는 것을 금방 찾을 수 있게 해서 소비자의 관심을 높임으로써 그들을 사이트에 좀 더 오랫동안 머무르게 해야 한다. 이 목표를 효과적으로 달성할 수 있는 방법은 다양하다. 다만 디자인 요소에 대한 구체적인 설명을 하기 전에 사이트를 디자인할 때는 몇 가지 목표가 있어야 한다. 이 부분에 대해서는 다음 섹션에서 설명하겠다.

핵심성과지표 살펴보기

웹사이트를 개발하는 1차 목표가 트래픽을 유도하는 일인 것만은 분명하다. 이 책의 내용 대부분은 각종 마케팅 활동을 통해 고객의 트래픽을 어떻게 하면 그 브랜드로 이끌 수 있는지에 할당한다. 하지만 측정해야 할 항목은 트래픽보다 더 많다. 일단 사람들이 브랜드 웹사이트에 들어가면 무엇을 하는지, 거기서 얼마나 오래 머무르는지도 알아야 한다. 이런 정보가 없으면 웹사이트에 들어간 투자에 과연 가치가 있었는지 알 수 없고, 그곳에 있는 메시지나 브랜드 요소에 대해 그리고 구매 과정에서 고객들이 구체적으로 어떤 인식과 경험을 하는지 파악할 수 없다.

다음 섹션에서는 웹사이트 분석 및 마케팅 분야 전문가들이 전하는 핵심성과지표(KPI)에 대해 설명할 것이다.

이탈률

이탈률(bounce rate)은 어떤 웹사이트를 방문한 사람들 중 처음 들어간 랜딩 페이지에만 머물렀다 빠져나온 사람들의 비중을 말한다. 마케터의 목표는 그들의 관심을 높여서 브랜드의 세부 메시지를 파악하게 만들고, 궁극적으로는 구매에까지 이르게 하는 것이다.

여러 분석 보고서에 따르면 사이트 이탈률은 방문 고객들의 20~90%로 다양하다. 이 정도의 사람들이 랜딩 페이지만 확인하고 그곳을 떠난다는 의미다. 그 폭이 매우 넓은 것을 보면 대부분의 사람들이 이런 경험이 있다는 말이다.

보통 전자상거래 및 소매 사이트들의 이탈률은 낮은 편이고, 뉴스나 정보 공유 사이트들의 이탈률이 가장 높다. 사이트 이탈률이 50%를 넘으면 위험하다.

구글 애널리틱스 데이터를 보면 산업 유형별 사이트 이탈률은 다음과 같다. 이 숫자들을 벤치마크로 해서 자사의 사이트 이탈률이 이보다 높은지 혹은 낮은지를 구글 애널리틱스로 확인해보라. 구글 애널리틱스는 그 사이트가 얼마나 효과적으로 운영되고 있는지를 확인할 수 있도록 일별 데이터를 제공한다. www.google.com/analytics에 등록하면 관련 서비스를 받을 수 있다.

웹사이트 유형	평균 이탈률(%)	웹사이트 유형	평균 이탈률(%)
콘텐츠 웹사이트	40~60	소매 사이트	20~40
리드 창출 사이트	30~50	서비스 사이트	10~30
블로그	70~98	랜딩 페이지	70~90

이탈률을 낮추려면 다음의 내용을 숙지하라.

- 놓치고 싶지 않은 프로모션 혜택처럼 방문객들에게 그곳에 머물 만한 이유를 제공하라.
- 소비자들의 문제를 해결하거나 이 세상을 더 나은 곳으로 만드는 아이디어를 동영상으로 올려서 방문객들에게 영감을 불러 일으켜라.
- 다른 곳으로 연결되는 링크는 금물이다. 협력 업체 사이트나 다른 기관의 사이트를 확인하라거나 쿠폰을 다운받기 위해 다른 사이트로 이동하도록 설계돼 있으면 안 된다. 일단 사이트를 떠난 방문객들은 되돌아오지 않는다는 것을 명심하자.
- 고객이 바라는 정보를 쉽게 찾을 수 있도록 UI 디자인과 콘텐츠 흐름에 신경 써라.

평균방문시간

어떤 웹사이트에 오래 머무르면 그 사람이 고객으로 전환될 확률도 높아진다는 것은 당연한 일이다. 평균방문시간은 사이트마다 제각각이지만 담당 사이트의 평균방문시간을 정기적으로 모니터하는 것은 꼭 필요하다. 이는 각 방문객이 그 사이트에 머문 평균 시간으로 구글 애널리틱스에서도 확인할 수 있으며, 각 사용자가 그 사이트에 머문 세션(session : 쉽게 말하면 한 방문자가 사이트에 들어왔다 나갈 때까지 머문 시간이다. 다만 구글 애널리틱스에서는 사용자가 접속 후 30분간 아무 행동을 하지 않으면 사이트를 이탈했다고 가정하므로, 특정 사이트에 2시간 동안 있으면서 중간에 40분 정도 점심을 먹으러 나갔다 와서 다시 사이트 활동을 한 경우에는 2개 세션으로 집계된다-역자)의 총길이를 세션의 수로 나누어 산출한다. 하지만 이는 사이트의 특정 페이지에 각 방문자가 머문 시간 혹은 전체 방문자가 머문 시간의 평균인 페이지체류시간과는 개념이 다르다.

다시 한번 말하지만 여기서 목표는 사람들로 하여금 그 사이트를 재방문하고 거기서 더 오래 머물 만한 이유를 제시하는 것이다. 만약 관리 사이트의 평균방문시간과 페이지체류시간이 짧아지고 있다면 사이트를 변경할 시기가 왔음을 의미한다. 그래야 사용자들이 다시 사이트를 찾았을 때 새로운 경험을 할 수 있고, 전과는 다른 방식으로 사이트에 참여함으로써 브랜드에 대한 관심을 회복할 수 있다.

다음은 이런 목적을 달성하는 몇 가지 방법이다.

- 브랜드 홈페이지에 짧지만 소비자들이 공감할 만한 동영상을 올려라. 이를 통해 방문자들에게 브랜드가 제공하는 가치를 전달하고, 그와 관련된 분위기를 조성할 수 있다.

  예를 들어, 콜로라도 주에 있는 인터마운틴 헬스케어의 홈페이지(ihc.org)를 들어가보면 건강과 행복한 삶을 누리는 사람들의 적극적이고 활동적인 모습들을 담은 동영상이 제일 먼저 방문자들을 반긴다. 이 동영상 위에는 회사의 미션 문구도 적혀 있는데, 인터마운틴 헬스케어와 파트너가 되면 건강한 삶을 더 쉽게 즐길 수 있다는 메시지를 전달한다. 사이트의 나머지 페이지들은 아직 개선의 여지가 있지만, 인터마운틴의 홈페이지는 전체적으로 고객의 감성에 공감과 흥미를 일으키며 자신의 역할을 훌륭하게 수행한다.

  삼성의 사이트도 동영상(그들은 이를 파일이라고 부르지만)을 근사하게 잘 활용한다. 방문자들은 그런 동영상을 보면서 삼성 스마트폰과 기어핏이 있으면 더 건강하고 활력 넘치는 삶을 영위할 수 있을 것 같은 영감을 받는다. 개인의 피트니스 목표를 정하는 과정도 재밌고 흥미롭다. 인터마운틴 헬스케어의 홈페이지와 달리 삼성의 랜딩 페이지에 있는 동영상은 직접 클릭을 해야 볼 수 있다. 삼성은 동영상을 자주 교체함으로써 방문자들에게 신제품을 홍보하고, 그들의 참여를 독려하며, 삼성 사이트를 재방문해서 다양한 경험을 접할 수 있게 자극한다.
- 슬라이드쇼를 통해 회사와 제품을 소개하는 방법도 있다. 홈페이지에 동영상이 등장한 이후에도 여전히 많은 회사들이 사이트에 슬라이드쇼 방식을 활용한다. 사실 고객에게 적절한 메시지와 흡입력 있는 이미지만 있다면 슬라이드쇼도 동영상만큼 강력한 효과를 미칠 수 있다. 예를 들어 애플 사이트를 가보면 전체 화면 크기의 슬라이드쇼로 최신 제품들을 소개한다.
- 사무실에 라이브웹캠을 설치한 후 직원들이 일하는 모습을 보여주는 것도 좋은 방법이다. 이런 홈페이지는 방문객이 마치 그 회사 사무실 안으로 직접 걸어 들어가는 듯한 생생한 '기분'을 느낄 수 있다. 커스토미디아랩스 사이트(customedialabs.com)가 바로 이런 예로, 홈페이지에서 회사 로비와

사무실 정경을 볼 수 있다. 이보다 더 흥미로운 장면을 올리면(이를테면 새로운 주방 인테리어를 하는 모습이나 공공 놀이터의 풍경, 강에 빠진 강아지를 구출하는 모습 등) 페이지체류시간이나 평균방문시간을 크게 높일 수 있다.

세션당 페이지 수

사람들은 원하는 정보나 상품을 쉽게 찾을 수 있고 자신에게 의미 있는 사이트를 찾으면 그 안에 있는 페이지들을 더 많이 구경하게 된다. 간단한 이치다. 홈페이지가 맡은 역할을 제대로 수행하고 있는지 확인하려면 페이지뷰(page view)와 순페이지뷰(unique page view) 수치를 살펴봐야 한다. 개인이 같은 페이지를 두 번 이상 클릭한 경우 페이지뷰는 이를 모두 합산하지만, 순페이지뷰는 한 번으로 집계한다. 이렇게 하면 동일인이 짧은 시간 동안 특정 페이지를 반복 접속했을 때 나타날 수 있는 데이터 왜곡 현상을 바로잡을 수 있다. 페이지뷰 데이터만 보면 어떤 제품이 실제보다 더 인기 있다고 인식될 수 있다.

다시 한번 강조하지만 이런 지표들은 사이트 종류에 따라 천차만별이다. 다만 사람들이 세션별로 2개 이상 페이지를 클릭하거나 한 세션에 2분 이상 체류했다면 그 홈페이지는 제 역할을 다하고 있다고 생각해도 무방할 것이다.

웹사이트에 콘텐츠 킹 만들기

수많은 상품 페이지들로 구성된 전자상거래 사이트가 아닌 이상 홈페이지를 방문한 사람들이 어떻게 하면 그 공간에 더 오래 머물면서 2개 이상 페이지를 살펴보고 제품을 구매하게 만들 수 있을까? 아마 전에도 많이 들었겠지만 일단 콘텐츠를 개선하라.

제6장에서 우리는 채널별 콘텐츠 마케팅에 대해 이야기했었다. 이번에는 그 초점을 웹사이트와 웹페이지에 맞춰보자. 사이트를 더 자주 방문하고 세션방문시간을 늘리는 웹사이트 '밀착도'를 높이기 위해서는 웹페이지 방문자들이 가장 중요시여기는 것들에 콘텐츠의 초점이 맞춰져 있어야 한다. 이런 식으로 콘텐츠를 관리하기 위해서는 다음과 같은 훈련이 필요하다.

1. 다른 채널을 통해 유입되기보다는 직접 그 사이트를 찾을 만한 주요 이유들을 열거해보라.

- 제품 정보를 얻기 위해
- 가격을 확인하기 위해
- 반품 규정을 확인하기 위해
- 세일 정보를 찾기 위해
- 얼마나 유명한 브랜드인지 확인하기 위해
- 제품이나 서비스, 시스템, 결과, 능력 등이 자신이 원하는 수준에 부합되는지 파악하기 위해
- 제품이나 서비스, 시스템, 결과, 능력 등을 경쟁사 제품과 비교하기 위해

2. 고객들이 가장 자주 찾는 콘텐츠 주제나 제목들을 열거해보라.

그 예로는 다음과 같은 것이 있을 것이다.

- **제품 비교** : 용감해질 필요가 있다. 제품의 기능 및 가격이 경쟁사 제품 대비 어떤지 직접 보여줘라. 이런 투명한 정보는 고객에게 신뢰를 주기 때문에 궁극적으로는 가격이 구매 방정식에서 빠지는 효과를 낸다.
- **구매 가이드** : 사고 나서 후회하고 싶은 사람은 아무도 없으므로 구매 결정에 필요한 가이드는 B2B나 B2C 고객 모두가 바라는 것이다. 구매 가이드에는 바가지를 쓰지 않는 방법, 보험 관련 정보, 경제력에 맞는 제품 가격대 등이 있다.
- **제품 매뉴얼** : 판매업체에서 서비스를 제공한다 할지라도 고객들은 자신이 직접 문제를 해결할 수 있도록 가이드를 주는 브랜드에게 유대감을 느낀다. 고객들은 자신이 전문가가 아니며 시간도 없다는 사실을 잘 알고 있다. 이럴 때 부담 없이 접근해서 도움을 받을 수 있는 사이트가 돼야 한다.
- **마케팅, 판매, 기술 관련 백서** : 의미 있고 실행 가능한 정보 위주로 가능한 한 간단하게 작성하라.
- **연구 및 조사 결과** : 인간은 보통 다른 사람들이 어떻게 생각하는지를 궁금해 한다. 닐슨은 회사 웹사이트에 이런 조사 보고서들을 많이 올려놓는다. 이는 허브스폿도 마찬가지로, 이들의 사이트에 가보면 발표 자료에 효과적으로 따서 쓸 만한 다양한 인포그래픽들을 볼 수 있다. 이런 식으로 인포그래픽 데이터를 사용하는 사람들은 점점 더 허브스폿을 마케팅 및 CRM의 전문가로 생각하게 되므로, 이런 정책은 꽤 효과가 높다고 할 수 있다.

이 방법들을 이행하기 어렵다면 그저 고객 설문조사 형식으로(제4장 참조) 새로운 질문을 1~2개씩 올려놓는 것도 괜찮다(다음 섹션에 계속 설명할 것이다).

콘텐츠를 통해 트래픽 높이기

콘텐츠를 통해 사이트의 페이지체류시간 및 방문자들의 참여도와 관심을 높이려면 광고 회사보다는 신문사 같은 사고방식이 필요하다. 같은 뉴스를 반복해서 보려는 사람은 없으며, 웹사이트 콘텐츠에도 같은 원칙이 적용된다.

방문객들의 관심과 참여도를 높이기 위해서는 뉴스거리가 될 만한 콘텐츠로 사이트를 구성하라. 이때 무료로 뉴스를 제공하는 사이트가 아닌 회사에도 보상이 따르는 사이트로 만들기 위해서는 판매 목표에 부합돼는 콘텐츠가 필요하다. 방문자들에게 의미가 있는 메시지와 자료, 통찰, 가이드를 기술적으로 개발함으로써 그들의 재방문을 회사의 목표도 달성해야 한다.

오늘날 흥미로운 웹 콘텐츠들은 먼저 소셜미디어를 통해 나간 다음 트위터나 유튜브에 게시된 링크를 통해 브랜드 메인 홈페이지로 연결되는 경우가 많다.

사람들의 방문을 높이기 위해 사이트에 올리는 유용하고 흥미로운 콘텐츠와 매출을 높이는 콜투액션의 역할은 서로 다르다. 웹사이트나 프로모션 페이지를 디자인할 때는 콜투액션과 설득력 강한 세일즈 카피를 최상단에 두고 그 아래에 콘텐츠를 배치해서 지원사격을 해야 한다. 그렇지 않으면 콘텐츠 때문에 구매 행동에 방해가 되는 상황이 생길 수 있다.

웹사이트에 트래픽이 몰리도록 할 수 있는 방법을 모두 적용했는데도 아무도 사이트를 방문하지 않는다면 어떻게 해야 할까? 이럴 때는 검색엔진 최적화 컨설턴트나 대행사의 힘을 빌리자. 이런 회사들(세부 내용은 퀵리스트라는 서비스를 제공하는 W프로모트 같은 업체들 참조)을 접촉하면 상당히 괜찮은 가격으로 서비스를 받을 수 있다.

웹 설문조사

웹사이트에 들어온 고객들의 참여를 이끄는 아주 좋은 방법은 질문 하나로 된 설문조사를 진행함으로써 그들에게 가장 중요한 것이 무엇인지 이해하는 것이다. 다른 사람들의 대답이나 투표 결과를 확인하고 싶어서 설문조사에 응하는 사람들도 많다. 방문자들의 호기심을 자극하고, 그들 스스로 자신의 문제나 니즈를 확인할 수 있는 질문을 하라. 만약 마케팅 서비스를 제공하는 B2B 회사라면 다음과 같은 질문이 좋은 예가 될 것이다.

- 현재 마케팅 측면에서 겪고 있는 큰 어려움이 있다면 무엇인가요?
- 회사의 최고경영자는 마케팅 팀을 신뢰하나요?
- 차년도 사업에서 가장 강력한 효과를 발휘할 것으로 예상되는 마케팅 도구는 무엇인가요?

이런 질문을 하면 보통 마케터들은 다른 이들이 한 답을 궁금해하기 마련이다. 방문객들의 참여도와 사이트 밀착도를 높이는 데 설문조사를 활용한다면 여기 몇 가지 지침이 있다.

- 이메일 주소를 등록한 사람들에게만 다른 참여자들의 응답 및 투표 결과를 확인할 수 있는 권한을 부여하라.
- 질문에 응답을 한 사람들에게는 예전에 진행했던 설문조사의 결과도 확인하고 싶은지 물어라. 이는 방문자들이 해당 사이트에 더 오래 머물면서 브랜드와 상호작용을 하게 되는 계기가 된다.
- 설문 문항에 답변을 한 사람들은 관련 주제에 대해 더 많은 콘텐츠를 접할 수 있도록 그 사이트 안의 다른 페이지로 연결되게 하라. 마케팅 도구에 대한 질문이라면 판매하고 있는 마케팅 도구/서비스에 대한 백서를 무료로 다운받을 수 있는 페이지로 바로 갈 수 있게 하는 것이다.

콘텐츠를 이루는 중요한 요소들

브랜드 웹사이트를 제품, 프로모션, 고객 테스티모니얼, 전문가 의견, 경쟁 제품 대비 장점 등에 대한 페이지로 구성하는 것도 중요하지만, 고객들이 구입할 제품을 고르기 위한 조사를 할 때 특히 중요한 역할을 하는 몇 가지 기본 콘텐츠가 있다.

- **호환 제품 혹은 보완 제품** : 이는 기술 회사에 특히 중요한 콘텐츠다. 구매자들은 그 회사가 다른 어떤 회사들과 제휴관계에 있는지 궁금해한다. 그

래야 자신이 구입한 제품 및 프로그램과의 호환성과 응용프로그램 인터페이스를 파악할 수 있기 때문이다.

» **회사나 제품 관련 기사** : 회사와 관련된 뉴스를 모두 수록할 수 있는 페이지를 만들어라. 회사 경영진의 인터뷰가 실린 글이나 홍보 기사, 또 회사 직원이나 브랜드가 언급된 기사들도 모두 포함하라.

» **블로그** : 많은 사람들이 회사와 브랜드의 생각 및 철학을 경험하고 싶어 하는데, 블로그의 용도가 바로 이것이다. 블로그는 누구나 쉽게 찾을 수 있어야 하고, 그 안에 있는 전문가의 글들도 일반인이 쉽게 이해할 수 있는 수준이어야 한다. 블로그 메시지가 시류에 맞고 업계에서 영향력을 발휘할 수 있도록 늘 부지런히 업데이트하라.

» **동영상** : 제품 데모나 고객 테스티모니얼 동영상 혹은 회사 리더들이 전하는 브랜드 관련 메시지를 담은 동영상이 있다면 홈페이지에 전용 공간을 만들어 모두 모아둬라. 동영상은 사람들이 쉽게 찾을 수 있고 공유할 수 있어야 효과가 극대화된다.

» **자원** : 보통 소비자들이 어떤 기업의 사이트나 브랜드 웹사이트를 찾는 계기가 되는 백서나 연구 자료, 조사 결과, NPS 보고서 등의 정보를 잘 갖추고 있는가? 회사 웹사이트에 걸린 링크로 이런 자료들이 저장돼 있는 사이트로 이동할 수 있는 경우도 있지만 이런 유용 자원들은 되도록 웹사이트의 별도 페이지에 함께 보관돼 있어야 접근하기에 편리하다. 자료를 다운받으려는 사람에게 먼저 이메일 주소를 요청함으로써 고객 명단 확보에 도움이 되도록 하자.

» **채용 정보** : 회사의 페르소나를 반영하면서 조직 문화와 잘 맞는 사람들의 관심을 끌 수 있도록 채용 관련 페이지도 잊지 말고 포함해야 한다. 그리고 채용 섹션은 회사의 가치와 경험, 열정, 팀워크를 전달할 수 있는 미니 페이지로 만들면 좋다. 채용 페이지는 회사의 성장과 역량에 영향을 준다는 점에서 특히 중요도가 높다.

웹사이트 콘텐츠는 정적인 것과 동적인 것으로 구분된다. 정적인 콘텐츠란 경영진 프로필이나 계약 정보, 회사의 미션과 가치처럼 시간이 지나도 거의 바뀌지 않는 내용을 말한다. 동적 콘텐츠란 그 사이트를 방문하는 기존 고객이나 잠재 고객들이 접하는 경험에 변화를 주기 위해 자주 바꾸는 내용들을 말한다. 동적 콘텐츠에는 프로모션, 웹 콘텐츠, 신규 백서, 한정 기간 오퍼, 회사 관련 뉴스, 제품 특징 및 혜택, 고객 및 파트너 관련 정보 등이 포함된다. 이런 정보들은 매주나 격주 혹은 고객들이 사이트를 재방문하는 사이클에 맞춰 교체해야 한다.

이제는 사람들의 관심을 끌고 효과를 발휘하는 웹사이트 디자인에 대해 배워보자.

주요 디자인 요소 결합하기

깊은 산속에서 인터넷 없이 사는 사람이 아니라면 웹사이트 디자인 트렌드가 얼마나 자주 바뀌는지 대부분 잘 알고 있을 것이다. 정말 정치인들이 말을 바꾸는 것만큼이나 자주 바뀌는 게 웹사이트 트렌드다.

몇 년 전에는 「USA 투데이」의 디지털 버전 같은 방식이 유행이었다. 즉 메일 페이지에 티저 헤드라인을 넣어 사람들이 세부 내용들을 읽도록 호기심을 끄는 식이었다. 그러다 프로모션 내용 및 구매 버튼 그리고 가치 제안 문구를 마치 신문의 1면 박스 기사처럼 큼지막하게 넣은 다음, 메뉴 목록을 배치하고 동영상이나 세부 제품 페이지 등으로 연결되도록 박스를 여러 개 넣는 게 유행이던 시절도 있었다.

그러다 요즘에는 아주 단순하지만 시각적으로 강렬한 프레젠테이션 슬라이드 같은 홈페이지 디자인이 인기를 얻고 있다. 보통은 첫 페이지가 큼직한 이미지나 슬라이드쇼 페이지 하나 혹은 동영상 하나로 시작된 후, 엔터 버튼이나 메뉴를 찾기 위해서는 마우스를 한참 스크롤해야 하는 형태다. 그러다 또 내년이면 「USA 투데이」 인터넷 버전으로 되돌아갈지도 모른다. 이렇게 트렌드가 자주 바뀐다 할지라도 중요한 디자인 전략 몇 가지는 인간의 무의식이 정보를 처리하는 방식을 따르기 때문에 절대 변하지 않는다. 그리고 인간의 본성도 절대 변하지 않는다. 웹 브라우징에 있어서 그런 정보 처리 방식을 **황금의 삼각지대**라 부른다. 이어지는 섹션에서는 황금의 삼각지대뿐 아니라 웹사이트 페르소나를 어떻게 개발하는지 그리고 콘셉트를 바탕으로 실제로 어떻게 웹사이트를 구축하는지에 대한 내용을 다룬다.

황금의 삼각지대 활용하기

구글은 사람들이 검색 결과를 어떤 식으로 살펴보는지를 연구했다. 그 결과 사람들의 시선은 대부분 페이지의 상단 왼쪽에서 시작해 오른쪽으로 이동하며, 보통 상단에 배치된 3개 항목을 읽은 다음 그중 하나를 선정한다고 한다. 이 결과는 검색엔진 최적화(SEO)와 검색엔진 마케팅(SEM) 비용을 책정하는 기준으로도 활용된다. 마케팅셰르파 같은 또 다른 단체들이 실시한 조사 결과를 봐도 사람들이 이와 유사한 웹 브라우징 패턴을 갖는다는 사실을 알 수 있다. 즉 화면 왼쪽에서 시작해 상단 오른쪽 코너로 이동한 다음 페이지의 왼쪽 아래로 내려간다. 이것이 당신에게 말하는 것은 무엇인가? 이는 웹사이트를 개발할 때 중요한 지침이 된다.

해당 사이트에서 방문객들을 세부 정보로 이끄는 가장 가치 있는 내용, 즉 브랜드의 핵심 메시지나 콜투액션을 이 삼각지대 안쪽에 넣어야 하기 때문이다. 만약 콜투액션 버튼이나 무료 혜택 같은 메시지가 황금의 삼각지대 밖 어딘가 광활한 공간에 있다면, 사이트를 찾은 사람들은 자신이 원하는 것을 재빨리 발견하지 못한 채 거기서 빠져나가 다른 사이트로 옮겨갈 가능성이 높다. 이는 판매로 전환될 수도 있는 고객의 관심을 놓친다는 점에서 회사에 엄청난 손실이 될 수 있다.

웹사이트 디자인 트렌드는 몰라도 좋다. 다만 소비자들이 온라인 공간을 브라우징하는 패턴을 기준으로 웹사이트의 외관을 개발하고 디자인하라.

황금의 삼각지대 측면에서 보면 웹사이트 페이지의 최상단 혹은 마스터헤드는 그곳을 방문한 사람들의 시선이 처음 시작되는 곳이므로 가장 중요하다. 즉 마스터헤드는 일관성 있고 기억할 만하며 명료한 브랜드 아이덴티티를 강하게 새겨놓거나 현재 진행 중인 프로모션에 대한 호기심을 불러일으키거나 새로운 뉴스를 홍보해야 할 공간이다. CNN.com이나 FoxNews.com 같은 사이트를 가보면 페이지의 최상단에 현재 가장 중요한 뉴스 속보를 띄우고(요즘에는 큰 비용을 지불한 회사의 광고가 뜨는 경우도 물론 있지만), 황금의 삼각지대를 따라 다른 주요 뉴스들을 배치한 것을 볼 수 있다.

웹디자이너나 회사들은 일반적으로 웹 페이지 상단의 3~5센티미터 정도를 브랜드 관련 내용으로 채운다. 즉 브랜드명, 로고, 짧은 슬로건, 특별 프로모션 링크, 메시지 등을 넣는 것이다. 하지만 이 공간이 중요한 만큼 로고나 메시지, 프로모션 내용 등 너무 많은 요소들로 번잡해질 수 있으므로 조심해야 한다.

이 귀중한 공간이 가진 이점을 완벽히 활용하기 위해서는 전체 브랜드 전략과 조화를 이룰 수 있는 색상과 폰트, 로고 디자인 등을 선택해야 한다. 재방문자들에게 지속적인 관심을 받으려면 아이콘과 뉴스, 프로모션에 변화를 줘서 신선함을 유지해야 한다. 현재 웹사이트에 반영돼 있는 브랜드 아이덴티티가 올바른지 쉽게 판단할 수 있는 방법으로 일단 브랜드 사이트의 각 페이지 상단을 살펴보라. 일관성을 이루면서 충분한 흡입력을 발휘하는가?

웹 페르소나 개발하기

웹사이트 디자인은 매일 입는 옷의 스타일처럼 개인마다 다르다. 그 브랜드가 어떤 페르소나, 에너지, 가치를 갖고 있는지를 반영하면서 그와 비슷한 사람들의 집단의 일부로 포지셔닝함으로써 그들을 웹사이트로 이끌어야 한다. 따라서 다른 사람의 의견에 따라 웹사이트 디자인이 결정되기 전에 바라는 페르소나와 그곳으로 이끌고 싶은 사람들의 프로필을 직접 정리해보자. 다음의 방법에 따라 이를 실습해보자(실습 전에 제2장에서 다뤘던 감성적 판매 제안 내용을 다시 들여다보라).

- 브랜드는 어떤 개성을 갖고 있는가? 대담한가, 전통적인가, 내성적인가, 외향적인가, 저항적인가, 트렌드를 이끄는가?
- 그 개성을 구현할 수 있는 유명인이나 지인, 캐릭터에는 누가 있을까? 후보를 열거해보라.
- 그런 사람들은 보통 어떤 옷차림을 하고 있는가? 정장 차림을 즐기는가? 턱시도에 검정색 넥타이를 매고, 빨간색 스니커즈를 신은 모습으로 행사장에 나타날까? 혹은 검정색 드레스를 입고 결혼식을 올릴까?
- 그들은 어떤 포부와 목표, 지위를 추구할까?
- 주로 읽는 책은 어떤 것들일까? 또 어떤 TV 프로그램을 즐겨 볼까? 트위터나 인스타그램에서는 어떤 인물들을 팔로잉할까?
- 신규 고객들의 마음을 사로잡기 위한 웹사이트 전략에 기존 고객들을 참여시킬 수 있는 방법은 없을까?
- 브랜드 페르소나를 중심으로 어떤 움직임을 시작할 수는 없을까? 어떤 가

> 치와 명분이 그들을 움직이게 할까? 공동 가치를 통해 그들과 관계를 구축할 수는 없을까?

이제는 한 발자국 뒤로 물러나 이런 페르소나를 표현하는 창의적인 요소들에 대해 생각해보라. 그런 요소들로 고객들을 어필할 수 있는 방법은 없을까? 어떻게 하면 그래픽 요소나 단어, 헤드라인 등을 통해 고객들이 (의식적이든 무의식적이든) 그 웹사이트가 자신과 비슷하며, 자신과 그 브랜드가 같은 집단의 일부이자 동족이라는 사실을 재빨리 깨닫고 공통 가치를 추구하는 움직임에 합류할 수 있을까?

이 실습을 반복적으로 하면 로고 디자인 및 마케팅 자료의 방향을 설정하는 데 도움을 받을 수 있다.

와일드팡이라는 여성의류 브랜드는 이 전략을 매우 잘 구사하는 모범사례다. 이 브랜드는 와일드한 페미니스트라는 슬로건에 따라 페미니스트들의 스타일이 반영된 상품들을 판매한다. 이들의 옷을 즐겨 입는 고객들도 브랜드가 추구하는 가치의 일부라는 사실은 와일드팡 브랜드 홈페이지를 들어간 순간 알게 될 것이다. www.wildfang.com을 확인하라.

디자인 콘셉트를 바탕으로 실제 웹사이트 개발하기

몇 가지 아이디어를 구상했다면 홈페이지에 투영하길 원하는 이미지와 요소에 대한 스토리보드를 그려라. 그리고 사이트 페이지마다 브랜드 주제가 녹아들 수 있도록 세부 요소들을 조정하라. 이제 디자인 작업에 돌입하라. 직접 할지 아니면 작업을 더 빠르게 완료할 수 있는 전문 디자이너를 고용할지 선택하라. DIY 방식을 선호한다면 웹사이트 디자인에 대한 템플릿을 제공하는 업체들도 수없이 많다. 템플릿을 그대로 차용하거나 원하는 스타일과 니즈에 맞게 변형할 수 있다. 고대디, 워드프레스, e호스트, 스퀘어스페이스 같은 사이트에는 활용할 수 있는 도구가 많다.

이런 사이트에 프리미엄(freemium, 처음에는 무료로 가입하지만 결국은 비용이 발생한다는 점에서) 계정을 등록하기 전에 다른 사람들은 어떤 플랫폼과 도구들이 많이 사용하는지 확인하라. 또 사용과 배치, 업데이트 측면에서 특히 편리한 옵션은 없는지 서비스 담당자에게 질문하라. 처음에 업체에서 약속한 것처럼 문제없이 쉽게 작동하지 않는 프로그램도 많다. 이럴 경우 시간만 엄청나게 낭비하게 된다.

맘에 드는 템플릿을 발견했다면 이제 거기에 사진과 콘텐츠를 추가하기 시작하라. 원래 갖고 있던 사진을 사용한다면 해상도나 퀄리티가 충분한지 확인하라. 그래야 소비자들에게 전문적인 브랜드로 인식될 수 있다. 괜찮은 가격으로 좋은 이미지를 구입할 수 있는 사이트도 많다. 특히 웹사이트에 사용할 용도로만 구입한다면 더 적은 비용을 들여서 해상도가 좀 낮은 이미지를 구입해도 된다. 이런 이미지 제공 사이트로는 코르비스(www.corbisimages.com), 게티이미지(www.gettyimages.com), 아이스톡(www.istockphoto.com), 셔터스톡(www.shutterstock.com) 등이 있다. 또한 전문 사진작가들이 개인 페이지를 만들어 작품을 공유하는 플리커 같은 사이트에서도 유용한 이미지를 찾을 수 있다. 마음에 드는 이미지를 발견하면 해당 사진작가와 직접 계약을 맺을 수 있다. 플리커 이미지는 저렴한 가격으로 활용할 수 있는 데다 운이 좋으면 무료로도 쓸 수 있다. 플리커의 게시 작품 수는 최근 급속도로 증가하고 있다.

웹사이트 경험을 전반적으로 향상시킬 수 있는 몇 가지 아이디어를 소개하겠다.

- **스트리밍 동영상이나 애니메이션으로 관심을 높여라.** 신제품을 소개하거나 서비스를 제공하고 온라인에서 소비자를 지원하는 데 이런 동영상을 활용할 수 있다.
- **방문자가 사이트를 쉽고 편리하게 둘러볼 수 있게 하라.** 사이트는 돌아다니기 편리해야 하고, 메뉴는 쉽게 찾고 따를 수 있어야 한다. 보통은 드롭다운 메뉴가 이해하기도 쉽고, 원하는 것을 찾기도 용이하다.
- **인터넷 서비스 사업자(ISP)를 신중하게 선택하라.** 웹사이트로 사업 구축에 도움을 받고 싶다면 현재 갖고 있는 니즈를 충족하면서 사업이 성장했을 때 같이 성장 가능한 시스템을 찾아라. 나중에 사업자를 변경하는 건 생각보다 까다롭기 때문이다. 사이트를 개발하기 위해 기존 ISP의 템플릿을 사용했는데 ISP를 변경한다면, 그 템플릿을 잃게 되므로 사이트를 다시 만들어야 한다. 어떤 기능이 표준이고 또 어떤 기능이 부가적인 것인지, 장바구니 기능이 포함돼 있는지도 미리 따져봐야 한다. 기본 웹사이트 템플릿에는 장바구니 기능이 없는 경우가 많으므로, 필요하다면 그 기능이 포함된 사업자를 선택해야 한다.

» **『더미를 위한 웹사이트 한번에 개발하기(Building Websites All-in-One For Dummies)』를 참조하라.** 데이비드 칼린스와 더그 사린은 이 책에서 웹사이트를 개발하는 기본 지식뿐 아니라 모바일 사이트 및 소셜미디어를 통합하는 데 필요한 정보도 전해준다.

요즘 소비자들은 다양한 기기(스마트폰, 태블릿, 데스크탑, 노트북 등)로 웹사이트를 살펴보기 때문에 웹사이트는 그런 기기들에 맞게 자동으로 조정돼야 한다. 오늘날 대부분의 웹사이트 개발자들은 하나의 코드로 스크린 사이즈에 맞게 웹사이트 뷰를 자동으로 조정하는 반응형 웹사이트 디자인(responsive website design, RWD) 기술을 갖고 있으므로 이 점은 크게 걱정할 이슈가 아니다. 웹사이트가 개발되면 먼저 다양한 기기들로 웹사이트에 접속해서 결함 없이 화면에 잘 맞춰져 있는지 확인하라.

» **콘텐츠를 변경하고 업그레이드하라.** 웹사이트는 고객과 관계를 구축하고 정보를 제공하는 도구이므로, 그들의 관심을 지속시키기 위해서는 웹사이트가 제공하는 경험 및 콘텐츠를 바꿔줘야 한다. 전자상거래 사이트의 경우에 매일 동일한 상품을 메인 페이지에서 홍보하거나 같은 프로모션을 진행해서는 안 된다. 매일 그 사이트를 방문하는 고객들은 이런 모습에 '뭐야, 다 봤던 거잖아?' 하며 관심을 잃을 것이다.

» **사이트를 전체적으로 둘러 본 후 콜투액션을 수행할 수 있는 분명하고 간단한 방법을 제시하라.** 방문객들이 사이트에서 단 몇 번의 클릭만으로 원하는 것을 금방 찾을 수 있으면 상품을 구매할 가능성도 커진다. 단순히 '여성용 스웨터'라고 표시하는 대신에 사이즈와 컬러, 상황에 따라서도 상품을 검색할 수 있게 하라. 이렇게 하면 사이트 전체를 돌아다니면서 수십 개의 상품 사진을 확인하지 않고도 찾던 물건을 빨리 발견할 수 있다. 원하는 상품이 재빨리 눈에 띄지 않으면 사람들은 지루함과 좌절감을 느끼면서 사이트를 이탈한다.

» **방문객들에게 바로 옵트인(opt-in) 요청을 하라.** 웹사이트를 통해 달성하고자 하는 최우선 목표 중 하나는 방문객들로 하여금 개인 정보를 등록하게 만드는 것이다. 그러면 방문객들은 회사의 고객 데이터베이스에 추가돼 관심사에 따라 관계를 발전시킬 수 있는 관리 대상이 되고, 그들을 다시 사이트로 유인할 수 있기 때문이다. 즉 고객 할인, 서비스 업그레이드, 뉴스

레터 구독, 프리미엄 고객 서비스 등 고객 유형에 맞춘 혜택을 제공할 수 있다.

» **개인적인 관계를 구축하라.** 아마존 사이트에 가보면 과거 구매 이력이나 개인적인 브라우징 패턴을 통해 아마존이 각 방문객에게 제안하는 상품들을 볼 수 있다. 고맙게도 인터넷 기술은 대부분 아주 빠르게 진화하고 있어서 이제는 중소기업도 적은 비용으로 이런 서비스를 제공할 수 있게 됐다. 개인화 플랫폼은 모든 방문객들이 어디서 유입됐는지 추적할 수 있고 그들의 행동과 의도를 확인할 수 있으며, 이전에 했던 웹 행동들을 바탕으로 개인별 웹 경험을 제공할 수도 있다. 또한 각 소비자 세그먼트마다 웹 페이지를 개별적으로 맞춰 줄 수 있고, 그 세그먼트가 브라우징하는 상품 정보를 기반으로 상품을 추천할 수 있다.

» **테스트하라.** 많은 웹 콘텐츠 관리 시스템들은 A 아니면 B 형식의 테스트 기술을 갖고 있다. 그래서 어떤 메시지, 오퍼, 레이아웃, 템플릿이 방문객들을 세부 사이트로 유인했는지 혹은 콜투액션을 완수하게 했는지를 꾸준히 테스트할 수 있다. 앞으로 계속해서 전진하려면 배움을 멈춰서는 안 된다.

고객에게 딱 맞는 콘텐츠를 전달하고 개인 맞춤화를 실행하고 랜딩 페이지를 만들고 블로그를 통합하고 방문자들의 행동과 시선을 모니터하기 위해 고려해볼 만한 맞춤화 플랫폼 및 웹 콘텐츠 관리 시스템에는 꽤 다양한 것들이 있다. 개인화 웹메일 플랫폼과 웹 콘텐츠 관리 시스댐을 검색한 다음 그 가격들을 비교해보라. 그러면 예산에 맞는 시스템을 찾을 수 있을 것이다. 개인화 플랫폼들은 일반적으로 구독 기반 서비스나 사스 기반 모델을 제공하며 서비스 가격은 개발하려는 웹사이트 수와 기타 변수들에 따라 한 달에 59달러부터 250달러 이상까지 폭이 꽤 넓다.

SEM과 SEO를 통해 웹사이트 트래픽 높이기

SEM은 **검색엔진 마케팅**(search engine marketing)을 말하며, 온라인 사용자들의 검색 활동으로 나온 리스트에서 자사 웹사이트가 더 눈에 띌 수 있도록 하는 모든 활동을 말한다. SEO는 **검색엔진 최적화**(search engine optimization)로, SEM의 한 방식이다. 이는 모든 검색 활동에서 자사 사이트가 최우선적으로 도출되게 함으로써 사이트를 찾는 방문객 수를 극대화하는 것을 말한다. 허브스폿은 이 둘을 다음과 같이 정의한다.

- SEM은 유료 검색이나 클릭당 비용 지불(PPC) 광고 같은 기법들과 관련된다.
- SEO에는 웹페이지 안팎에서 적용되는 기법들이 모두 포함된다. 온페이지 기법에는 사이트 전체에 키워드를 배치하는 방법과 블로그 게시물이나 콘텐츠가 더 많은 사람들에게 전달될 수 있도록 소셜미디어 공유 옵션을 다는 방법 등이 해당된다. 오프페이지 기법의 예로 해당 사이트를 지원하거나 보충하는 다른 사이트로 연결되는 링크를 거는 방법이 있다. 브랜드 웹사이트에 협력사 사이트를 링크로 걸어서 검색엔진에서 더 많은 방문객들의 유입을 유도하는 방법이 이에 해당한다. 레딧, 스텀블어폰 같은 소셜미디어를 북마크로 다는 것도 어떤 온라인 공간에서 검색하든 그 웹사이트를 상위에 오르게 하는 좋은 방법이다.

SEO와 SEM 활동을 할 때 고려해야 할 몇 가지 사항이 있다. 만약 SEM 활동을 해야 할 가치를 못 느낀다면 이것만 기억하라. 우리 주위에는 10억 개 이상의 웹사이트가 있고, 어떤 사람들은 사실상 1조 개에 가까운 숫자가 있다고 주장하기도 한다. 이런 상황에서 당신의 사이트가 우연히 눈에 들어온다는 게 얼마나 대단한 행운인지 감이 오는가?

- **온라인 공간에서 강력한 위상을 만들고, 그 위상을 관리하라.** 온라인 위상은 그 이름을 가진 모든 사이트와 계정을 통해 형성되며, 사람들을 관련 URL로 이끄는 역할을 한다. 온라인 위상을 높일 수 있는 채널에는 유튜브, 페이스북, 링크드인, 플리커, 브랜드 블로그 사이트 등 아주 많다. 이런 채널들은 그 브랜드가 경쟁사들보다 더 자주 그리고 더 상단에 오르게 하는 데 도움을 준다.
- **사이트맵을 제공하라.** 검색엔진이 특정 검색 용어와 관련된 콘텐츠를 찾기 위해 인터넷 공간을 살필 때, 그 사이트를 찾는 데 필요한 링크 수가 적을수록 더 높은 순위에 오른다. 따라서 사이트맵을 정교하게 디자인하면 검색엔진은 2개의 링크로도 검색 여정을 마칠 수 있다. 따라서 규모가 크고 복잡한 웹사이트는 사이트맵을 위한 별도 페이지가 필요하다. 반면에

몇 개의 페이지로 구성된 단순한 사이트라면 사이트맵이 모든 페이지에서 보일 수 있게끔 내비게이션 바에 넣어도 좋다. 내비게이션 바 혹은 메뉴 바에는 웹사이트에 있는 모든 페이지를 그 제목이나 주제로 표시하고, 각 페이지로 바로 연결될 수 있는 링크를 걸어라.

» **트래픽을 구축하기 위해 고객과 직접 커뮤니케이션 하라.** 검색엔진은 페이지의 순위를 정할 때 트래픽을 고려한다. 따라서 페이지 트래픽을 높이기 위해 고객과 직접 소통하는 것은 무엇이든 도움이 된다. 사람들이 그 사이트를 방문해 다운로드할 만한 무료 정보나 재밌는 콘텐츠를 올리는 것도 좋다. 기존 고객이든 아니든 똑같이 그 웹사이트를 유용한 자료원으로 생각하면 방문객들과 주고받는 상호작용의 양을 극대화할 수 있다. 웨비나나 백서를 무료로 제공하는 것도 온라인 공간에서 웹사이트의 위상을 높이는 데 효과적이다.

» **페이지 순위를 높이기 위해 관련 사이트로 가는 링크를 걸어라.** 홈페이지에 탭이나 버튼으로 링크를 표시하거나 좀 더 눈에 띄게 하려면 '베스트 링크'나 '추천 링크' 같은 문구를 달아라. 링크할 사이트는 관련 주제로 직접 인터넷 검색을 하면서 어떤 사이트들이 톱 10에 올라와 있는지 확인보라. 각 사이트를 구체적으로 살펴본 후 자신의 사이트에 링크를 걸 만한 곳인지 결정하라(반대의 상황도 고려하라). 보통은 회사 제품을 유통하는 업체 사이트나 업계에서 유명한 전문기관을 링크로 거는 경우가 많다. 또 인터넷 검색에서 상위에 오른 사이트들을 링크하면 더 많은 사람들을 사이트로 유도할 수 있다. 하지만 그런 링크들이 실제 효과를 보기 위해서는 유용한 콘텐츠를 올려놔야 한다는 점을 잊지 말자! 링크한 사이트를 소개하는 간단한 정보를 붙이면 링크 페이지의 가치가 올라가 트래픽을 더욱 향상시킬 수 있다.

» **허브 사이트를 중심으로 패밀리 사이트 및 소셜 네트워킹 사이트를 개발하라.** 이렇게 하면 더 많은 경로로 형성된 트래픽을 브랜드 허브 사이트로 돌릴 수 있다. 단일 주제에 대해 단일 목적으로 웹사이트를 만들고 이런 사이트들의 메타 태그(META tags : HTML 문서의 맨 위쪽에 위치하는 태그. 헤드 태그 사이 또는 뒤에 있어도 되지만 반드시 바디 태그 앞쪽에 위치해야 한다. 브라우저와 검색엔진을 사용할 수 있도록 문서의 정보를 포함한다-역주)를 최적화하면 그 주제를 검

【 자영업자나 니치 마케터가 고려할 점 】

컨설턴트나 회계사, 컴퓨터 전문가 같은 자영업자들의 경우에는 큰돈을 들여 많은 사람 대상의 웹사이트를 만들 필요가 없다. 물론 이런 사이트들도 트래픽이 많으면 좋겠지만, 이보다 더 중요한 것은 가까운 지역에서 그들의 서비스를 받을 만한 한정된 규모의 사람들 눈에 띄는 것이다. 이런 사람들은 다른 경로로 전문 자영업자들을 이미 알고 있는 경우가 많다. 따라서 그들에게 당신의 사이트를 찾아올 만한 이유를 지속적으로 제공해야 한다. 관련 산업에 대한 정보나 보고서, 뉴스, 쿠폰 등을 이메일로 보내면서 거기에 사이트에 대한 링크를 걸거나 공개 강연을 할 경우에는 일정을 공유하는 것도 좋은 방법이다.

자영업자의 사이트를 더 많은 사람들에게 노출해 더 많은 고객 기반을 확보하기 위해서는 효과적인 키워드를 사용해야 한다. 그 산업에서 특히 전문성이 높고 중요한 용어들을 구글에서 입찰로 구입하라.

이런 니치 마케터들의 경우에는 자신의 전문성을 강조해서 브랜드 가치를 높이는 방법이 아주 효과적이라는 사실을 알게 될 것이다. 따라서 자신의 이름으로 블로그를 개설해서 간단한 동영상 세미나를 올리거나 자신의 서비스에 대한 데모 영상을 유튜브에 올리는 것도 좋은 아이디어다. 여기에 전문적인 온라인 사이트에서 자신의 위상을 높이는 방법도 모색하라. 그 산업과 관련된 전문협회에 등록한 후 그 사이트를 자신의 홈페이지에 링크로 걸어라. 혹은 그들의 뉴스레터에 콘텐츠를 제공하라. 관련 산업에서 그 분야의 전문가로서 목소리와 입지가 커지면 회사 홈페이지로 향하는 트래픽도 더 많아질 수밖에 없다. 이렇게 되면 다른 전문가들에게 더 매력적인 존재로 인식될 수 있어 그들의 사이트에 회사 홈페이지가 링크로 걸릴 수 있고 상호 신뢰도 쌓을 수 있다.

색했을 때 허브 사이트보다 이런 사이트들이 더 상위에 오른다.

» **검색엔진 트래픽을 높이기 위해 충분한 광고를 꾸준히 집행하라.** 트래픽은 대부분의 검색엔진에서 검색 순위를 올리는 역할을 한다. 따라서 더 많은 트래픽을 웹사이트로 유도하는 프로모션을 진행하면 검색엔진에서 가시성이 높아지면서 트래픽이 더 많이 생성되고, 이에 따라 브랜드와 그 웹사이트의 가시성은 더욱 증가하는 선순환이 창출된다.

랜딩 페이지와 블로그, 기타 사이트 개발하기

앞서 언급했듯이 홈페이지 외에도 브랜드 웹사이트에 접속할 수 있는 지점은 많다. 요즘에는 이차적인 진입 지점(랜딩 페이지로도 불리는)을 만드는 것이 보편적으로 행해지고 있으며, 이는 잠재 고객들을 더 자연스럽게 브랜드 사이트로 유입시키는 현명한 기술이다. 또한 이런 랜딩 페이지는 이메일이나 모바일, 소셜미디어, 인쇄 매체를 통해 벌이는 마케팅 캠페인들의 효과를 추적하는 데도 도움이 된다. 구글 애널리틱스는 홈페이지를 찾은 사람들이 어떤 페이지를 통해 접속했는지를 알려준다. 이는 저렴한 비용으로 캠페인 효과를 명확히 측정할 수 있는 방법이다. 랜딩 페이지는 허브 홈페이지에 대한 이차적인 페이지로, 다른 페이지들과 마찬가지로 트래픽을 홈페이지로 연결하는 링크를 포함한다.

랜딩 페이지는 다음과 같은 목적을 위해 만든다.

» 신규 캠페인 메시지나 오퍼에 얼마나 많은 사람들이 반응했는지를 테스트하기 위해
» 제품을 구입할 때 활용할 수 있는 할인쿠폰이나 백서를 다운받고, 무료 사은품을 신청하려는 사람들을 메인 홈페이지로 유도하기 위해
» 잠재 고객들과 커뮤니케이션을 시작하는 객관적인 방법으로 설문조사 참여를 높이기 위해
» 신제품이나 서비스를 출시했을 때 이를 일정 기간 고객 커뮤니케이션의 중심에 두기 위해
» 특정 고객 집단을 유인하려는 목적으로 별도의 웹사이트를 만들 때
» 캠페인 기간 동안 오퍼나 메시지가 계속 탄력을 받을 수 있도록 지원하려는 경우

이어지는 내용은 랜딩 페이지를 전체 마케팅 프로그램과 웹사이트 전략의 일부로 효과적으로 활용하는 방법과 블로그를 통해 브랜드를 포지셔닝하고 전문성을 확보하는 방법을 몇 가지 가이드라인으로 설명한다.

랜딩 페이지 효과적으로 활용하기

온라인 광고를 진행할 때에는 각 광고 캠페인마다 별도의 랜딩 페이지를 만드는 방법을 고려하라. 이는 광고뿐 아니라 마케팅 캠페인 전체에 적용되는 말이다. 어떤 제품이나 서비스를 알리는 캠페인이 3~5개 정도의 광고로 구성돼 있다고 가정해보자. 그렇다면 이 광고들은 모두 캠페인 전략과 목표를 보조하는 동일한 랜딩 페이지로 연결되는 링크를 갖고 있어야 한다. 그래야 캠페인 메시지와 콜투액션이 가진 모멘

텀을 유지하면서 캠페인 결과도 제대로 측정할 수 있다.

다음은 전통적으로 랜딩 페이지를 활용하는 방법이다.

- **거래형 랜딩 페이지**(transactional landing page : **리드 확보 페이지**로도 불린다)는 방문자들로 하여금 제품 구매, 회원 등록, 스페셜 오퍼 신청 같은 일종의 거래적 행동을 하도록 설득하는 광고 형태를 갖는다. 보통 특별 체험형 오퍼도 거래형 랜딩 페이지에서 효과를 얻는다. 좋은 광고나 카탈로그 카피를 개발하는 것처럼 거래형 랜딩 페이지도 핵심만 간단하게 작성해야 방문자들이 그 사이트에 머물면서 원하는 행동을 하는 데 더 효과적이다. 페이지에 접속해도 원하는 콜투액션을 하지 않는 사람들이 더 많으므로, 그들의 관심을 이끌 만한 다른 방법도 활용해야 한다. 무료 보고서를 제공하거나 당장은 아니더라도 향후 이용할 수 있는 첫 구매 할인 쿠폰 등을 지급하라. 그러면 그들과 계속 커뮤니케이션을 이어나갈 수 있고 고객 데이터베이스에 추가할 수 있는 기본 정보도 확보할 수 있다.
- **참고형 랜딩 페이지**(reference landing page)는 링크나 제품 리뷰, 전문가 의견 등 유용한 정보를 제공함으로써 사이트 방문객들의 정보 욕구를 충족시키도록 디자인된다. 협회나 비영리기관의 마케터들이 영리 단체의 마케터들보다 참고형 랜딩 페이지를 더 많이 활용하는 경향이 있지만, 사실 이는 폭넓은 분야의 광고 캠페인에 도움이 된다. 풍부하고 알찬 콘텐츠로 참고형 랜딩 페이지를 구축하고 한 달에 수천 명 정도의 사람들이 꾸준히 사이트를 찾게 한다면 그 사이트에 광고도 실을 수 있어서 또 다른 수입원을 창출할 수 있다.
- *PURL*은 개인화 URL로, URL에 수신인의 이름이 표시되는 것이 특징이다. www.johndoe.ABCInsurancerate.com이나 www.bestinsurancerates/johndoe.com이 그 예다. 고객들은 PURL을 통해 개인화된 경험을 할 수 있고, 웹사이트는 개인화 효과를 증진할 수 있다. 이메일이나 모바일, 심지어 인쇄 매체를 활용한 디지털 캠페인에 PURL을 링크로 걸 수 있다. 실제로 PURL은 처음에는 인쇄용 다이렉트 메일에서 많이 사용됐으며, PURL이 없는 일반 랜딩 페이지 대비 탁월한 광고 효과를 발휘했다. 현실적으로 보면 요즘에는 PURL이 처음 소개됐을 때보다 흔해

> 졌기 때문에 응답률을 높이는 데 예전만큼 큰 효과를 내지 못한다. 하지만 PURL은 수신인으로 하여금 상대가 자신을 인식하고 있고 개인 맞춤화된 커뮤니케이션을 시도한다는 느낌을 주므로 고객과 관계를 발전시키는 데 좋은 출발점이 될 수 있다.

회사의 사업 및 제품 포트폴리오가 복잡하다면 각 유형별로 랜딩 페이지를 별도로 만드는 것도 좋다. IBM이 좋은 예다. IBM 안에는 다양한 사업 부문이 있고 각 사업별로 다양한 상품들이 존재하므로 매우 복잡한 웹사이트들로 이뤄진 랜딩 페이지를 갖고 있다. IBM이 펼치는 사업 중에는 인공지능 서비스인 왓슨(Watson)도 있는데, 이는 일종의 슈퍼컴퓨터로, 소비자들과 디지털 대화를 나누는 데 가이드를 줄 수 있도록 인공지능과 딥 러닝 분석을 결합한다.

어떤 유형의 랜딩 페이지를 선택하든 방문객들의 트래픽과 전환율을 반드시 측정해야 한다. 아무리 많은 사람들이 사이트에 접속한다 할지라도, 그저 브라우징만 하고 금방 나간다면 관계를 구축하고 지속 가능한 매출 및 수익을 창출하는 데 아무 도움도 되지 않을 것이다. 방문객 중 콜투액션을 완수한 사람의 비중인 **전환율**을 측정하는 것은 매우 중요하다. 자신의 이메일을 등록하거나 스페셜 오퍼를 수락하거나 향후 회사에서 보내는 뉴스레터나 할인 코드를 받아 보기로 신청하거나 상품을 구매하는 행동이 모두 콜투액션에 포함된다. 광고는 물론 랜딩 페이지의 레이아웃이나 거기에 있는 카피, 오퍼 등을 다양하게 실험해봄으로써 어떤 방식이 전환율을 높이는 데 가장 효과적인지 파악하라. 더 많은 실험을 할수록 전환율을 개선하는 더 효과적인 방식을 발견하게 될 것이다.

블로그로 브랜드 가치 높이기

블로그는 업종과 상관없이 회사가 원하는 목적을 달성하는 데 도움을 준다. 어떤 회사들은 소비자들에게 더 구체적인 정보를 제공해서 궁극적으로는 거래를 성사시키고자 그들을 메인 홈페이지로 이끄는 데 블로그를 활용한다. 또 다른 회사들은 관련 산업에서 자신들의 목소리와 신뢰감을 증대하기 위해 블로그를 관리한다. 그리고 광고주들이 원하는 다수의 팔로워들을 확보하기 위한 공간으로 블로그를 활용하는 경우도 있다.

또한 블로그는 관련 업계에서 권위자의 입지를 구축하고 협력사나 고객들의 마음을 사로잡는 데도 효과적이다. 그밖에도 블로그가 가져다주는 긍정적인 효과는 크다. 그러나 충분한 자원을 투입하지 않고 블로그 활동도 뜨문뜨문할 경우에는 도리어 교착 상태에 빠질 수도 있다. 예전의 뉴스레터와 비슷하다고 보면 된다. 첫 번째 뉴스레터를 받은 다음 한참이 지나도 후속 뉴스레터가 오지 않은 경우가 얼마나 많았던가? 블로그 또한 그런 사태에 이르면 안 된다.

목적이 무엇이든 블로그는 웹 전략과 전반적인 마케팅 프로그램을 이루는 중요한 요소다. 허브스폿이 발표한 조사 보고에 의하면 웹 전략의 일환으로 블로그를 활용하는 회사들은 그렇지 않은 회사들보다 리드를 67% 더 확보한다.

간단히 말해 **블로그**는 관련 산업과 사회 그리고 개인적 네트워크 안에서 그 사람의 목소리를 전달하는 하나의 칼럼이라고 할 수 있다. 비즈니스 블로그는 그 사람을 관련 분야에서 리더나 전문가로서 입지를 심어주는 데 도움이 된다. 일반적으로 사람들은 제품이나 서비스, 관련 정보를 탐색할 때 그 분야에서 최고 전문가로 일컬어지는 사람들의 의견에 의존하는 경향이 있으므로 블로그는 점진적으로 신뢰감을 높이는 역할을 한다.

성공적인 블로그가 되는 비밀은 단순하다. 청중들과 관련 있고, 실행력이 있는 글을 자주 올림으로써 관련 분야에서 청중들의 의식 속에 가장 먼저 떠오르는 정보원으로 자리매김하는 것이다.

블로그는 글이나 비주얼 스토리텔링, 포토 에세이 등의 서브 역할을 할 수 있다. 이미지와 동영상을 이용한 블로그는 그렇지 않은 블로그보다 더 높은 효과를 낸다. 실제로 동영상 블로그(서면으로 된 콘텐츠 대신 동영상을 활용)는 **브이로깅**(vlogging : video+blogging)이라는 새로운 용어를 탄생시킬 정도로 인기를 얻고 있다. 일례로 케이시 네이스탯의 브이로그는 지금까지 3,000만에 가까운 조회수를 기록했고 300만 뷰가 넘는 포스트도 여러 개 있다. 그는 주로 모험심 가득한 자신의 일상이나 흥미로운 대상들을 브이로그로 남긴다. 자신의 브이로그를 전파하는 유튜브 채널을 만들면 조회 수도 높이면서 콘텐츠 수입도 얻을 수 있어 일석이조의 효과를 얻는다.

웹사이트 개발 플랫폼들은 웹사이트 템플릿과 호스팅 계획의 일부로 블로그를 포함하는 경우가 많다. 블로그를 개발하고 관리할 수 있는 서비스는 그밖에도 많다. 특히 중요한 것은 블로그에 접속하는 트래픽 양과 페이지체류시간 같은 지표는 물론, 블로그에 접속한 사람들이 브랜드의 메인 홈페이지로 연결되는지 측정해야 한다는 점이다.

웹사이트는 보통 사람들이 그 브랜드에 대해 갖는 첫인상을 좌우하므로 그 안에는 고객들의 관심을 끌 수 있는 모든 장치들이 갖춰져 있어야 한다. 사람들이 브랜드나 제품 웹사이트를 살펴볼 때 그 공간에서 어떤 것들을 원하는지 조사를 해볼 필요도 있다. 일단 소비자들의 니즈를 충족시키는 데 초점을 두고, 그들의 개인적 관심사를 통해 사이트의 세부 영역들을 탐색하게 만들고, 마침내는 사이트가 최종 목표로 삼은 행동이나 구매를 할 수 있도록 그들과 커뮤니케이션을 전개하라.

꿈에 그리던 직장에 들어가기 위해 면접 기회를 얻은 사람은 사소한 것 하나도 그냥 지나치지 않을 것이다. 그 회사에 대한 지식과 자신이 조직에서 어떻게 공헌할 수 있는지, 그런 조직 활동을 위해 자신이 어떤 자질과 능력을 갖추고 있는지는 말할 것도 없고 외모와 복장에서도 흠 하나 없이 프로다운 모습을 표출할 수 있도록 완벽을 다할 것이다. 웹사이트에 대해서도 같은 자세를 가져야 한다. 어떻게 보면 브랜드 홈페이지는 기존 고객 및 잠재 고객을 대상으로 전개하는 일방향 커뮤니케이션으로 볼 수 있다. 그러나 웹사이트에 방문객들이 참여할 수 있는 활동이나 채팅 기능이 추가되면(자세한 내용은 제16장 참조) 이는 쌍방향 대화가 될 수 있다. 어떤 경우든 고객들의 흥미와 관심을 붙들 수 있도록 대비하자.

웹 트래픽으로 수입 창출하기

이 장에서 설명한 방법들을 제대로 실행해 트래픽을 웹사이트로 유인하는 데 성공하면 유료 광고를 유치해서 새로운 수입을 창출할 수 있다. 사이트에 광고를 싣는 최선의 방법은 명확하다. 사이트에 구축한 흥미로운 콘텐츠와 경험, 커뮤니티 등을 통해 다른 업체들이 광고를 낼 만큼 가치 있는 공간이 되는 것이다. 그다음으로 좋은 방법은 제휴 네트워크와 연합하는 방법이다. 이들은 상품을 유통하는 중간상처럼 온라인 광고를 중개하는 업체들을 말한다.

지금부터 설명할 웹 트래픽의 수입화 방법들로 실제로 성과를 낼 수 있는 비밀은 간단하다. 그 사이트를 방문할 만한 가치가 있도록 좋은 콘텐츠를 개발하는 것이다. 좋은 콘텐츠란 제2장에서 설명했듯이 사람들에게 공감을 일으킬 뿐 아니라 행동을 이끄는 콘텐츠를 말한다. 그냥 어떤 웹사이트에 들어갔다는 이유만으로 거기 있는 것들을 다 읽을 만큼 한가한 사람은 거의 없다. 사람들은 그곳에 있는 콘텐츠나 자신에게 직접적인 가치를 줄 때만 읽는다. 훌륭한 콘텐츠는 개인적 · 직업적 목표를 달성하는 방법에 답을 제시하는 경우가 많다.

제휴 네트워크를 활용하면 몇 가지 다른 비용 책정 방법을 활용할 수도 있다. 가장 흔한 방법으로는 노출당 비용(pay per impression)과 클릭당 비용(pay per click)이 있으며, 이 둘에 대해서는 다음 섹션에서 구체적으로 알아보자(이 지표들은 제8장에서도 간단하게 다룬 적이 있다).

노출당 비용

이 방법은 사이트에서 광고가 노출된 회수에 따라 수입이 축적된다. 새로운 방문객이 그 광고를 볼 때마다 **임프레션**(impression) 한 번으로 집계된다. 이 글을 쓰는 현재 www.monitizepros.com이라는 사이트에 따르면 웹사이트에 게시하는 디스플레이 광고의 경우에는 노출 1,000회당 평균 비용이 2.8달러이며, 이메일에 들어가는 광고는 노출 1,000회당 평균 비용이 5달러다. 또한 동영상 연계 광고의 경우에는 노출 1,000회당 3달러가 책정된다.

사업과 관련된 사이트에 직접 광고를 올려도 보고, www.buysellads.com 같은 유명 사이트에 어떤 광고들이 올라오는지도 살펴보라. 이 책을 쓰고 있는 지금, 온라인 광고의 노출 1,000회당 평균 광고비(cost per thousand impressions, CPM)는 0.25~8달러 선이다.

클릭당 비용

클릭당 광고비를 선택하면 사이트에 있는 광고를 누군가 클릭할 때마다 광고비가 발생한다. 사실 클릭당 광고비는 1,000번을 기준으로 보면 앞에서 다뤘던 노출당 광고비보다 더 많은 비용이 든다. 광고비는 상황에 따라 그 폭이 상당히 넓으므로, 개인적으로 어떤 방법이 가장 나을지 판단하려면 어느 정도의 조사가 필요하다.

구글 같은 공룡 기업의 출현으로 웹 마케팅 업계에는 새로 등장하는 업체만큼 사라지는 업체도 많고 변화도 빠르다. 따라서 개인적인 조사를 통해 가장 가치가 높은 옵션을 찾아내야 한다.

가장 좋은 제휴 네트워크는 자신의 사업, 상품, 카테고리, 고객 니즈와 유사한 업체들에 초점을 맞추는 것이다. 만약 영양제 판매 회사가 그 제품을 보완하는 관련 상품의 광고를 유치하고 싶다면, 같은 지역에서 어느 정도의 입지를 구축한 업체들을 찾아보라.

구글 애드센스는 광고를 게재할 만한 개별 웹사이트를 찾는 데 도움이 된다. 기본적으로 구글 애드센스는 일련의 알고리즘을 통해 광고주에게 적당한 웹사이트들을 파악한 후 거기에 스폰서 광고를 집행한다. 애드센스 프로그램에 포함되기 위해서는 사이트의 HTML 코드에 쉽게 추가할 수 있는 코드 하나를 애드센스에서 받으면 된다.

Chapter

12

네트워크와 이벤트 활용하기

제12장 미리보기

- 네트워크를 개발하고 고객 활용하기
- 지역 이벤트 활용하기
- 사회적 가치를 실현하는 이벤트로 지지자 확보하기
- 전시회 ROI 극대화하기

"무엇을 알고 있느냐보다 누구를 알고 있느냐가 더 중요하다"는 옛 격언은 지금도 맞는 말이며, 앞으로도 쭉 그럴 것이다.

마케팅에서 네트워크는 가장 값진 자산 중 하나다. 조직이 가진 네트워크와 고객들이 가진 네트워크를 활용할 줄 아는 능력은 그 무엇보다 꼭 배워야 할 기술이다. 이 장에서는 네트워크를 통해 고객과 대화를 시작하고 브랜드에 대한 그들의 관심을 높이는 방법에 대해 배울 것이다. 또 현재 보유한 고객 집단들 사이에 네트워크를 형성해서 그들의 열정에 불을 지피고 브랜드를 스스로 홍보하게 만들고 고객의 충성심을 높이고 매출을 증대하는 이벤트를 여는 방법에 대해서도 알게 될 것이다.

사회적 집단이 가진 힘 이용하기

인간은 삶의 모든 영역에서 집단을 찾고 형성한다. 우리는 많은 사람들 안에서 편안함을 느끼고 자신의 존재를 입증하며 안도감을 느끼고 자신과 동질감을 가진 사람들과 함께 지내려는 경향이 있다. 개인이 속한 사회적 집단들은 비슷한 옷차림에 비슷한 오락거리와 유머, 비슷한 활동을 좋아하고 같은 종교를 믿으며 정치적 견해나 소속 단체에 있어서 공통점을 갖는다. 직업적 집단들은 같은 계통의 일을 하고 유사한 업적을 달성한 사람들로 구성된다.

한 회사나 제품의 고객들도 다양한 집단에 속해 있다는 점을 감안하면 그런 집단에 속한 현재 고객들과 비슷한 사람들에게 접근할 수 있는 가능성이 있다. 고객들이 속한 집단에 접근할 수 있는 능력은 최저 비용으로 새로운 고객을 확보하고, 마케팅에서 성공하는 데 아주 중요한 역할을 한다.

대부분의 사람들은 공식적이든 비공식적이든 자신과 비슷한 사람들로 구성된 여러 가지 단체들에 소속돼 있다. 이런 집단들은 하나의 지원 체계 및 구조로서 같은 신념을 가진 사람들과 협력하거나 즐거움을 함께 누리는 기회를 모색한다. 특히 이런 집단들은 같은 명분을 공유함으로써 쉽게 깨질 수 없는 정서적 유대감과 충성심을 형성한다.

예를 들어, 릭 워렌은 기독교인들의 예배 참석률이 감소하던 시기에 목사가 되기로 결심했다. 그는 집집마다 돌며 사람들이 교회에서 무엇을 원하는지 일일이 파악했다. 그 결과 많은 신도들은 교회가 전통적으로 중시해온 형식을 탈피하고 감화를 받을 수 있는 무언가를 원한다는 사실을 발견했다. 이에 그는 새들백 교회를 세웠고, 신도들이 옷이나 예배 형식에 구애 없이 편한 마음으로 교회에 와서, 비슷한 사람들과 함께 자신의 목적을 이루는 영감을 받는 데 집중했다. 릭은 자신이 교회에서 강론한 신학 내용을 기초로 목적에 관한 책을 한 권 집필했다. 그리고 그의 목적은 금방 응답을 받았다. 그의 설교는 작은 예배당에서 시작해 엄청난 발전을 이뤘다. 혼자서 모든 신자들을 관리할 수 없을 때에는 신자들끼리 모임을 만들어 자신의 베스트셀러인 『목적이 이끄는 삶』을 중심으로 커리큘럼을 짜서 공부하게 했다. 그는 자신의 추종자들을 중심으로 집단을 만들어 가치가 비슷한 사람들이 매주 한 번씩 모이는 계기를 마련했고, 자신에게 중요한 문제를 서로 나눔으로써 영감을 받고, 다른 이들도 모임에 가입해서 성도들이 경험한 기쁨을 느낄 수 있도록 이끈 것이다. 새들백 교회는 미국 역사상 가장 빠르게 성장한 교회 중 하나가 됐고(2015년 기준으로 미국에서 여섯 번째로 큰 대형 교회다), 그의 책은 성경 다음으로 많이 읽힌 베스트셀러가 됐다.

브랜드도 이런 역할을 할 수 있다. 게다가 가장 강력한 형태의 마케팅은 실생활과 디지털 세상 모두에 적용되는 소비자 대 소비자 간의 C2C 마케팅이라는 점에서 응당 그래야 한다. 많은 이들이 '소셜미디어' 공간에서 그렇게 많은 시간을 보내는 데도 불구하고 사람들은 여전히 스크린을 사이에 뒀을 때보다 얼굴을 직접 맞대고 타인과 접촉하는 가운데서 발전해나간다. 고객들을 한데 모으는 이벤트는 메시지를 전달하고 제품 데모를 수행하고 신제품을 소개하는 데 강력한 힘을 발휘할 뿐 아니라 브랜드에 대한 고객들의 열정을 검증하고 충성심을 고취시키는 데도 큰 영향을 미친다. 어떤 브랜드를 떠난다는 것은 그 브랜드의 지원 체계 그리고 그 브랜드와 관련된 친구들 및 소셜 네트워크를 떠난다는 것을 의미한다. 게다가 그 브랜드 집단에 들어가라고 권했던 사람들을 당황하게 만드는 위험까지 따른다.

네트워크는 자신들이 추구하는 중요한 가치를 위해 남들에게 도움을 요청한다는 점에서도 강력한 힘을 발휘한다. 찰스 두히그는 자신의 책 『습관의 힘(The Power of Habit)』에서 로자 파크스가 어떻게 시민 권익 운동의 상징이 됐는지를 이렇게 설명한다. 사실 그녀는 최초로 버스에서 자리를 양보하길 거부했던 흑인이 아니었다. 하지만 그녀 주위에는 교회, 바느질 모임, 자선단체, 사회 집단 등을 통해 알고 지내는 지인 및 친구들이 많았다. 그녀는 이런 네트워크의 도움은 물론, 각 집단에 속한 회원들이 가진 개별 네트워크를 동원할 수 있었던 것이다. 로자가 체포된 후 이들 소집단 리더들은 몽고메리 버스 보이콧 운동을 조직적으로 계획했고, 단 며칠 만에 대규모 시민권 운동을 일으킬 수 있었다.

담당 상품군 및 브랜드의 고객들이 가진 개인적 · 사회적 네트워크를 통해 어떤 운동을 전개할 수 있을지 상상해보라. 당신의 고객들은 어떤 명분을 위해 혹은 어떤 집단들을 따라 그 운동에 참여하기로 결정할 것 같은가? 이 질문을 구매 시점에 고객들에게 직접 묻거나 설문조사로 파악하라. 현재 고객들에게 가장 중요한 가치가 무엇인지 확인하고, 브랜드가 제휴 활동을 통해 공동 가치를 추구할 만한 단체들이 있

는지 찾아라. 이런 단체들은 실시간 상호작용이나 콘텐츠 마케팅, 후원, 광고 활동을 위한 기회를 제공할 때가 많다.

고객을 '직접' 만나라 : 관심, 충성심, 추천의 계기가 되는 이벤트

온라인에서 여러 다양한 도구를 통해 대규모 네트워크와 자동으로 커뮤니케이션을 할 수 있는 시대를 살고 있지만, 직접 얼굴을 맞대고 형성한 관계에서 나오는 힘을 절대 과소평가하면 안 된다. 사실 디지털 세상에서도 인간적 접촉에 대한 욕구는 존재한다. 사람들은 여전히 실제 매장에서 쇼핑하는 것을 즐기고, 남들에게 제품 관련 조언을 받고 싶어 하며, 제품을 직접 눈으로 확인하길 원한다. 이것은 앞으로도 절대 변하지 않을 인간의 본능이다.

고객과 얼굴을 맞대고 할 수 있는 마케팅 활동을 많다. 그중 무엇을 선택하든 그리고 현실에서든 디지털 세상에서든 모든 상호작용은 고객에게 적절하고 의미 있는 경험을 제공해야 하며 제품 또한 그들의 삶을 더 단순하게 만들고 향상시키는 데 도움이 돼야 한다. 고객과 직접 상호 작용을 하는 목적은 그들이 실제로 회사에 공헌하는 이익이 어느 정도이든 그들 스스로 자신이 가장 가치 있는 고객임을 느끼게 하는 것이다.

고객과의 유대감을 강화하는 오프라인 마케팅 이벤트에 대한 몇 가지 아이디어를 소개하겠다.

» 고객 이벤트 : 이벤트는 단순히 고객 만족을 뛰어넘어 충성심을 높이는 방향으로 고객 관계를 구축한다는 점에서 중요하다. 오늘날에는 이런 고객 이벤트를 온라인과 오프라인 양쪽에서 전개한다. 온라인 이벤트에는 인스턴트 메시지(IM)와 트위터나 스카이프, 웨비나 같은 사이트에서 진행되는 음성 채팅이 있다. 오프라인 이벤트는 말 그대로 실제 현실에서 진행되는 것들로, 스크린 뒤에 있던 사람들이 밖으로 나와 사람들과 교류하는 행사들을 말한다. 이런 이벤트의 성공 비결은 브랜드나 제품에 대해 일방적으로 소개하기보다 참석자들이 직접 다른 이들과 교류함으로써 의미 있는 시간을 갖게 하는 것이다. 당신의 고객들이 관심을 기울이고 참여할 만한 이벤트에는 어떤 것들이 있을지 생각해보라.

H.O.G.를 생각해보자(Harley Owners Group의 약자인 H.O.G.는 '할리 데이비슨 오

토바이를 타는 사람들의 모임'으로, 현재까지도 가장 성공적으로 운영되는 고객 커뮤니티 중 하나다). H.O.G.는 1983년에 처음 결성됐으며 2016년 기준으로 100만 명 이상의 회원 수를 자랑한다. H.O.G. 회원들은 정기적으로 모여 함께 오토바이를 타기도 하고, 때로는 근육위축증 환자들을 위한 자선 행사 목적으로 라이딩을 할 때도 있다. '비슷한 사람들'끼리 짜릿한 모험을 즐기기도 한다. 미국 전역에서 열리는 이런 이벤트들은 포춘 100대 기업의 CEO부터 반항심 가득한 바이크 클럽 회장까지 다양한 유형의 할리 데이비슨 고객들을 한데 모이게 한다. H.O.G. 회원들은 경제력이나 직업 등에서 아주 다양하지만 오토바이를 함께 탈 때만큼은 할리 데이비슨이라는 브랜드가 부여하는 의미와 열정을 중심으로 끈끈한 유대감을 갖는다. H.O.G. 프로그램은 할리 데이비슨이 사업 초기에 매출을 크게 성장시키는 계기가 됐고, 오늘날 가장 인기 있는 오토바이 브랜드가 될 수 있었다. 심지어는 오토바이 주인들이 "할리 데이비슨을 살 때는 두 대를 사야 해. 한 대는 라이딩용으로, 그리고 다른 한 대는 고장 나면 부품을 빼서 쓸 용도로"라는 우스갯소리를 할 때도 그 인기는 사그라지지 않았다.

» **전시회** : 전시회는 고객들과 잠재 파트너들 사이에서 회사나 브랜드의 존재감과 가시성을 구축할 수 있는 아주 좋은 기회다. 잠재 고객 및 파트너 앞에 제품을 전시하는 것만으로도, 그리고 때로는 제품을 전시하지 않고 그냥 행사장에서 사람들과 교류하는 것만으로도 많은 혜택을 얻을 수 있기 때문이다. 전시회에 등록을 하면 참관객들이 일정 중 어떤 세션에 많이 참석하는지 확인할 수 있고, 같은 공간에서 참석자들을 만나고 소통할 수 있는 많은 기회들이 주어진다. 요즘에는 전시회 주관 단체가 구축한 온라인 플랫폼에서 원하는 업체들과 미팅을 할 수도 있다.

전시회에서는 중요한 잠재 고객이나 영향력 있는 인사들과 미팅을 하는 것이 전시 자체보다 더 가치가 높을 때도 많다. 참관객이 회사 전시 부스를 방문할 때까지 기다리는 것보다 누구를 만날지 직접 선택할 수 있기 때문이다. 전시회에 직접 참가할 경우에는 참가업체 리스트를 미리 구입하는 것이 좋다. 잠재 고객이 회사 부스를 들릴 만한 인센티브를 제공하라. 성공적인 전시회 진행을 위한 마케팅 기법에 대해서는 이 장 끝에 나오는 '전시회를 통해 ROI 극대화하기'에서 더 많은 내용을 접할 수 있을 것이다.

» **고객 감사 이벤트** : 고객의 가치를 인정하고 그들에게 즐거움을 선사하는 감사 이벤트는 고객 관계를 강화하는 아주 좋은 방법이다. 한때는 자동차 제조사인 새턴의 고객 감사 이벤트에 3만 명 이상이 참석했던 적이 있었다. 심지어 이 행사는 유료 이벤트였다. 미국 47개 주에서 약 3만 8,000명이 참석했던 새턴의 '홈커밍 주말' 행사는 새턴 차주들의 열정을 끓어올리며 아주 즐거운 시간을 선사했다. 이런 고객 감사 이벤트는 고객들이 교류하고 그 제품에 대한 관심에 다시 불을 붙이는 좋은 기회가 된다. 현재 새턴이란 브랜드는 역사 속으로 사라졌지만, 홈커밍 주말 이벤트에 참석했던 사람들은 아직도 그때 이야기를 추억하고 있으니 말이다!

유명 브랜드들이 B2B 고객들을 위해 여는 이벤트도 참석자들 규모에 있어서는 밀리지 않는다. 예컨대 마이크로소프트가 2015년에 개최한 이그나이트 이벤트의 경우에는 2만여 명이 행사에 참여함으로써 매진 사례를 이뤘다(물론 참가비는 없었지만).

» **자선기금 마련 석식** : 제2장에서 언급했듯이 브랜드는 어떤 가치 있는 일을 지지함으로써 고객들 사이에 신뢰와 지원 그리고 충성심을 형성할 수 있다. 2015년 5월 콘커뮤니케이션즈가 실시한 연구에 따르면 소비자 70% 이상은 자신이 신뢰하는 브랜드가 지원하는 단체를 위한 기부나 자선 활동에 기꺼이 동참하겠다고 말했다. 어떤 공통 가치를 위해 고객들과 회사 직원들을 동원하는 것은 그들과 정서적 유대감을 형성하는 데 아주 강력한 힘을 발휘한다. 이렇게 유대감이 구축되면 그 브랜드에 대한 고객의 구매 방정식에서 가격이라는 변수는 사라지게 된다.

» **가족 단위의 지역 공동체 이벤트** : 모든 브랜드 행사를 사업적 의도로 개최한다면 별로 매력적이지 않다. 여유 자원이 있다면 그냥 고객과 한데 어울려 우정을 쌓을 수 있는 재밌는 이벤트를 기획해보자. 고객들이 참석할 만한 가치를 전달하는 자리라면 핼러윈 파티도 좋고 교육 행사도 괜찮다. 지역 장기 자랑을 여는 것도 많은 사람들의 관심을 얻고 브랜드를 쉽게 홍보할 수 있다. 이런 공동체 이벤트로 회사의 위상을 높이고 지역 네트워크를 강화하라.

» **고객 자문 위원회** : 우수 고객들을 선발해 자문 위원회를 구성하라. 고객 위원회를 조직하고 회원들끼리 흥미로운 공간에서 모임을 갖도록 후원하

면, 그들은 회사나 제품을 위한 신선한 아이디어를 내고고 자신들의 네트워크를 그 브랜드에 활짝 개방할 것이다.

» **지역 상권에 도매가로 물건을 공급하는 지역 공급망 구축** : 예전에 유행했던 트렁크쇼(trunk show : 내부 직원이나 특별히 선정된 고객들을 대상으로 미리 제품 샘플을 공개하고 선주문을 받거나 할인 가격에 제품을 판매하는 행사-역주) 개념처럼 들릴 수도 있겠지만 사실 그게 핵심이다! 어떤 판매 압박도 부여하지 않고 사람 대 사람으로 지역 상권과의 관계를 발전시키기 때문이다. 실제로 트렁크쇼 방식이 최근 다시 유행하고 있으며 효과도 꽤 괜찮다고 한다. 특히 의류 브랜드에서 많이 애용되고 있다.

» **경험을 공유하고 참석자들의 문제를 해결하는 워크숍** : 오프라인 워크숍은 참석자들과 상호작용을 높이고, 친분을 쌓고, 기존 고객은 물론 잠재 고객들과도 신뢰를 구축할 수 있는 뛰어난 플랫폼이다. 예를 들어 애견용품 매장을 운영하는 사람이라면 애견 영양관리나 강아지와 고양이를 함께 키우는 방법을 주제로 워크숍을 기획한 후 관련 분야의 전문가를 초빙하고 고객들을 무료로 초대하는 것이다. 행사 전에 RSVP를 보내 참석자 명단을 미리 받으면 고객 데이터베이스를 보강하는 데도 도움이 된다.

실제로 고객들과 얼굴을 맞대고 하는 이벤트는 브랜드 네트워크 및 고객들과 유대감을 강화할 수 있는 뛰어난 방법으로 사람들을 하나의 집단으로 대면할 수 있는 자리가 된다. 고객들에게 행사 초대장을 보내고 지인들과 함께 참여하게끔 유도하라. 이벤트 참석자들에게는 회사에서 그들의 가치를 특별하게 여기고 있다는 사실을 분명히 전달하라.

기존 고객들과 잠재 고객들이 서로 교류할 수 있는 기회를 만들어라. 그런 자리에 참석한 기존 고객들은 스스로 브랜드 대사로서 브랜드의 가치와 메시지를 전파할 것이다. 참석자들의 이름과 개인 정보를 꼭 수집해서 고객 데이터베이스에 추가하라. 그리고 이후 마케팅 활동에 활용하라.

B2B 고객들을 위한 행사의 경우에는 참석자들을 그들이 대표하는 회사가 아닌 한 인간으로 대함으로써 그들의 마음을 얻어야 한다. 결국 당신이 관심을 가져야 할 대상은 그 회사에서 의사결정을 하는 사람들이기 때문이다. 명심하라. B2B 행사는 관

련 산업이 아닌 그 산업을 이끄는 사람들에게 초점을 맞춰라.

다채로운 이벤트로 관심과 ROI 높이기

참석자들의 관심을 끄는 오락적 요소도 있으면서 전문적이고 정보력도 있어야 한다는 점을 유념하자. 업계에 등장한 새로운 기술에 대한 이틀짜리 강의든 신제품을 시연하는 자리든 이벤트에 즐거움과 사교성이 추가되면 사람들의 참여를 더 높일 수 있다. 어떤 사람들이 참석하는지 미리 파악한 후 칵테일 리셉션, 골프 경기, 석양과 함께 하는 하이킹, 디너 콘서트 등 그들이 관심을 가질 만한 친교의 자리를 행사에 넣어라. 또한 라스베이거스처럼 관광객들이 일반적으로 좋아하고 행사 이후 즐길 거리가 많은 곳에서 이벤트를 열면 참석자 수를 늘릴 수 있다. 그러나 B2B 고객들을 대상으로 하는 이벤트는 더 신중해야 한다. 최근 기업들의 출장비 예산이 축소되고 있으므로 본질적인 내용은 적고 오락 요소만 너무 많으면 괜한 오해를 살 수 있고, 출장 승인을 받지 못할 가능성도 높다.

행사가 반복될수록 그 영향력과 존재감이 커지는 이벤트들이 있다. 예를 들어 세일즈포스나 어도비, 마이크로소프트 등이 주관하는 고객 이벤트는 매년 수천 명의 참석자들이 참석하며, 이제는 무역협회가 오랫동안 주관해온 다른 이벤트들의 참석률을 위협하는 존재가 됐다.

이벤트가 성공적이었다면 비슷한 행사를 다시 개최할 수 있는 방법을 찾고, 아울러 행사의 신뢰성과 가치도 높일 수 있으면서 자금 지원에도 도움이 될 만한 후원 단체를 통해 행사 규모를 더 키울 수 있는 방법을 모색하라.

공개 이벤트 열기

영민한 광고 캠페인보다 뛰어난 고객경험을 제공하는 것이 더 중요한 세상에서 이벤트를 개최하는 것은 판매 제품 및 서비스를 뛰어넘어 브랜드 가치를 높이고 고객 관계를 원하는 방향으로 구축하는 열쇠가 된다. 성공적인 이벤트를 여는 두 가지 원칙은 다음과 같다.

성공의 첫 번째 원칙 : 회사가 아닌 참석자들을 위한 행사를 만들어라. 판매 홍보를 목적으로 한 자리를 고객 감사 이벤트나 전문가 강연, 자선 행사로 둔갑시킨다면 이미 고객들과 쌓은 신뢰마저 무너뜨리고 새로운 관계를 촉발할 수 있는 기회는 물 건너간다.

성공의 두 번째 원칙 : 그냥 형식적인 이벤트는 안 하니만 못하다. 고객들에게 의미 있고 실질적인 혜택을 전달할 수 있을 때에만 행사를 열어라.

이벤트를 여는 목적은 전적으로 사람과 사람으로서 관계를 구축하고 기존 네트워크를 통해 그 브랜드를 다른 사람들에게 더 많이 소개하려는 것이다. 사람들은 브랜드와 관계를 맺지 않는다. 그들은 그 브랜드 안에 있는 사람들과 관계를 맺길 원한다. 그런 관계를 통해 자신의 욕구를 충족했을 때 그들은 비로소 타인들에게도 그 브랜드를 추천한다.

네트워크를 활용하는 가장 훌륭한 예로는 MCI(미국의 장거리 통신업체로, 월드컴에 인수된 후 파산하였으나 이후 버라이즌에 인수되었다-역주)의 프렌즈앤패밀리 캠페인을 들 수 있다. 친구나 가족을 MCI 서비스에 가입시키면 이들과 무료로 통화할 수 있는 혜택을 제공한다. 이처럼 고객 네트워크에 그 브랜드를 선택할 만한 분명한 이유를 주고, 새로운 고객이 될 만한 친지를 소개한 고객들에게는 그에 상응하는 보상을 제공하라.

다음 섹션에서는 의미 있는 이벤트를 여는 다양한 아이디어들에 대해 살펴볼 것이다. 또한 이벤트 자금을 마련하고, 이를 통해 수익을 창출하는 방법도 터득하게 될 것이다.

의미 있는 이벤트 열기

다른 마케팅 활동에서와 마찬가지로 관련성(relevance)은 이벤트를 성공으로 이끄는데 중요한 역할을 한다. 행사에서 얻은 경험과 의미, 혜택이 고객에게 직접적인 가치를 제공하지 않으면 실망스러운 결과를 낳고, 그 결과 잠재 고객은 물론 기존 고객들과도 관계를 구축할 수 없을 것이다. 성공적인 이벤트는 고객들의 삶의 질과 그들이 속한 공동체, 그들이 강하게 느끼는 사회가치에 직접적인 의미와 가치를 준다. 다음에 그 예들이 있다.

- 고속도로를 청소하는 자원봉사 활동을 조직하라. 활동이 끝난 후 작은 파티를 열고 '여행용품'을 사은품으로 제공함으로써 그들의 노고에 보답하라.
- 회사나 근처 공원에서 석식 행사를 열고 발야구처럼 야외 활동으로 좋은 게임 경기를 포함시켜라. 참석자들에게 입장료 대신 음식을 기부하도록 요청하라.
- 의류 매장을 운영하고 있다면 고객들이 더 이상 입지 않는 옷을 기부하도록 바자회를 열어라. 애피타이저와 칵테일, 그리고 간단한 오락거리를 준비하라. 수집한 옷들은 도움이 필요한 사람들을 지원하는 지역 보호 단체에 전달하라.

이벤트 자금 마련하기 그리고 이벤트를 통해 수익 창출하기

이벤트에는 돈이 든다. 새로운 고객을 통해 판매를 높일 수 있으리란 희망에 따라 계획한 이벤트에 가용 예산보다 더 큰 돈이 필요할 수도 있다. 이벤트 비용을 외부에서 확보할 수 있는 아이디어를 몇 가지 소개하겠다.

- 지역 레스토랑이나 케이터링 업체와 제휴한다. 행사장이나 행사 자료에 업체 이름을 표기하는 조건으로 간단한 간식과 음료를 제공받을 수 있는지 문의하라.
- 최근 개업해서 홍보가 필요한 곳들도 좋은 파트너가 될 수 있다. 무료로 장소를 대여받는 대가로 행사 때 후원업체로 소개해주겠다는 조건으로 협상을 타진하라.
- 대학이나 지역 아트센터가 있다면 이벤트 동안 미술가나 음악가들이 무료로 재능을 선보일 수 있는 자리를 마련하라. 행사 자료를 무료로 디자인해줄 수 있는지 요청해볼 수도 있다.

B2B 관련 업체가 콘퍼런스나 전문 연사를 초빙한 워크숍을 열 경우에는 참가비를 부가해도 괜찮다. 여기서 중요한 점은 유사 주제를 다루는 다른 강연보다 콘텐츠가 독특하고 실용적이어야 한다는 점이다. 그러면 유료 워크숍도 성공할 수 있다. 콘퍼런스나 전문 학회 등을 개최하면 관련 분야에서 회사의 권위를 높일 수 있다는 장점이 있다. 이런 식으로 권위를 인정받으면 업계에서 자연스럽게 선도 기업이나 리더,

전문가로 인식됨으로써 사업 성공의 가능성도 커진다.

콘퍼런스를 통해 수익을 창출할 수 있는 방법으로는 다음과 같은 예가 있다.

» 일단은 참가비를 부가하라. 그런 다음 기존 고객들에게는 무료로 참가할 수 있는 기회를 선사하고, 지인을 데리고 오면 그 사람에게도 참가비를 대폭 할인하라.
» 강연비가 높은 인사를 연사로 초청할 경우에는 같은 고객들을 대상으로 사업을 벌이는 업체나 협력사를 참여시킴으로써 공동 비용을 부담할 수 있는 방법을 찾아라.
» 행사 비용을 분담해줄 용의가 있는 후원 기관을 찾아라.
» 행사 내용을 동영상으로 녹화한 다음 원하는 사람들에게는 온라인에서 유료로 제공하라.

이벤트 대행사 활용받기

마케팅 팀원이 한두 사람밖에 없는 중소기업이라면 일상 업무를 수행하면서 대규모 이벤트를 기획할 만한 시간이 부족할 것이다. 다행히 우리 주위에는 이벤트와 관련된 모든 일을 기획하고 관리해주는 대행사들과 컨설턴트들이 있다. 이들은 강연자 섭외부터 행사 구성, 케이터링, 장소 예약, 보안 관리 등 대규모 이벤트를 기획할 때 신경 써야 할 모든 세부 사항들을 능숙하게 처리할 줄 안다. 검증된 이벤트 기획자들을 찾아볼 수 있는 곳으로는 이벤트플래너협회가 운영하는 www.eventplannerassociation.com 사이트를 방문해보라. 연락 가능한 업체 리스트를 볼 수 있을 것이다.

이밖에도 도움을 받을 수 있는 사이트로는 blog.cvent.com(시벤트는 이벤트 관리 및 마케팅을 위한 소프트웨어도 판매한다)과 www.eventmanagerblog.com이 있다. 이런 사이트를 방문하면 다른 업체들이 진행했던 이벤트 사례뿐 아니라 프로모션 전략과 관련 아이디어도 얻을 수 있다.

스페셜 이벤트 후원하기

이것저것 준비할 필요 없이 고객과 직접 대면할 수 있는 좋은 마케팅 기회로 스페셜 이벤트를 후원하는 방법이 있다. 모든 책임과 비용을 부담하지 않고도 브랜드의 가시성을 높일 수 있으므로 어찌 보면 다른 업체의 투자와 노력에 편승하는 방법일 수도 있다. 원하는 고객층을 대상으로 열리는 이벤트 중 많이 홍보되지 않은 행사를 선택하는 게 효과적이다.

후원 마케팅 부문에서 가장 많이 활용되는 후보는 스포츠 이벤트(전체의 70%)지만, 엔터테인먼트, 여행, 관광지, 축제, 예술 행사 등 다른 옵션도 많다. 후원하기에 가장 적당한 이벤트를 물색할 때는 고객들에게 직접 묻는 것이 좋다. 웹사이트에 투표 기능을 넣거나 매장 계산대에 투표용지를 배치해 고객들의 의견을 파악하라. 아니면 회사에서 고려하고 있는 스페셜 이벤트에 고객들이 참가할 의향이 있는지 물어라.

이어지는 내용은 스페셜 이벤트를 후원하고자 할 때 이행해야 할 네 가지 사항을 설명한다. 정리한 지침을 따르면 이벤트 후원을 통해 더 값진 경험을 하게 될 것이다.

어떤 특별 이벤트를 후원하든 어디서, 어떻게, 그리고 얼마나 자주 회사 브랜드가 표기되고 언급될지에 대해 분명하고 구체적인 합의가 사전에 이뤄져야 한다. 브랜드 노출은 후원금에 대한 대가이기 때문이다. 행사를 후원한 업체들이 기대했던 것만큼 브랜드가 많이 노출되지 않았다고 투덜대는 경우를 종종 본다. 후원사 브랜드의 노출 정도에 대해서는 후원사와 이벤트 주관사가 사전에 분명히 이해하고 합의해야 한다.

공익 캠페인 주관하고 후원하기

"어떤 것도 지지하지 않으면 그 어떤 것에도 넘어질 것이다"란 말을 들어본 적 있을 것이다. 오늘날 무언가를 지지한다는 것은 새로운 의미를 갖는다. 대다수의 소비자들이 사회와 환경적 문제에 대한 의무를 다하는 브랜드와 함께하려 하기 때문이다. 다음의 내용은 콘커뮤니케이션즈가 2015년에 실시한 조사 결과의 일부다.

» 글로벌 소비자의 91%는 기업이 사회 문제나 환경 문제를 다뤄야 한다고 여긴다.
» 84%는 가능하다면 책임감 있는 브랜드를 이용하길 원한다.
» 90%는 기만적이고 무책임한 사업 관행을 보인 회사에 대해 보이콧을 취할 것이다.

공익과 관련된 이벤트를 직접 주관하거나 후원하면 그에 상응하는 위상을 가질 수 있다.

마케팅 캠페인에 공익 문제를 처음으로 다룬 사례 중 하나로 1990년대 초반부터 시작된 아메리칸 익스프레스의 "Charge Against Hunger(결식 문제를 해결하고 싶다면 카드로 결재하세요)" 캠페인이 있다. 아메리칸 익스프레스는 이 캠페인으로 4년 만에 2,100만 달러 이상의 모금을 마련했고, 미국 전역의 600여 개 기아 퇴치 후원 단체에 도움을 줄 수 있었다. 또한 이 캠페인은 미국 사회에서 기아 문제에 대한 대중의 관심을 높이면서 빈곤층의 고통 해소를 위한 공동체적 노력을 이끄는 역할을 했다. 이 캠페인은 공익 마케팅이라는 새로운 장르를 개척했을 뿐 아니라 아메리칸 익스프레스가 음식점 점주들과 관계를 개선하고 브랜드 가치를 높이는 데도 도움이 됐다.

공익적 마케팅 캠페인과 관련 행사를 기획할 때는 첫째로 어떤 가치를 지지할 것인지 결정해야 한다. 회사 차원에서는 어떤 사회적 니즈가 가장 중요하고 관련 상품군이나 브랜드와 잘 연계될 수 있을까? 고객들은 어떤 사회적 가치를 가장 지지할까? 회사가 위치한 지역에 결손 가정 청소년들이 상대적으로 많이 거주하고 있진 않은가? 독거노인들은 어떤가? 기아 문제가 사회적 이슈로 부각되고 있는가? 자폐증이나 암 등 조직의 일원이 직접적으로 겪고 있는 문제는 없는가?

이상적으로는 고객 및 브랜드와 관련된 프로그램을 후원하는 것이 바람직하다. 공익적 가치는 다른 어떤 마케팅 활동보다 고객 관계와 충성심, 대의, 심지어는 수익성 측면에서도 강력한 힘을 발휘하며 고객과 브랜드를 한데 묶는다.

그 규모가 크든 작든 조직은 공익적 마케팅 캠페인과 이벤트를 적은 비용으로 쉽게 후원할 수 있고 직접 주관할 수도 있다. 세일 기간 동안 발생하는 수익의 일부를 기부하는 캠페인에 착수하라. 그리고 고객과 기부자 등 캠페인의 성공을 함께 축하해

줄 만한 사람들을 초대하는 행사를 열어라. 조직과 고객이 함께 성공적으로 달성한 미션을 축하하는 자리는 두 집단 사이에 엄청나게 강력한 유대감을 형성해줄 수 있다.

공익을 위해 고객과 공동 협력을 추진하는 것은 브랜드 네트워크를 발전시키고, 고객 및 협력사, 지역 공동체와 기존에 형성한 관계를 더욱 공고하게 만드는 방법이다. 공익을 직접 후원하고, 회사가 주관하거나 후원하는 행사에 고객 참여를 높이도록 네트워크를 활용하고, 고객들도 자신의 네트워크를 활용할 수 있도록 유도하라. 이런 방법으로 조직이 추구하는 공익에 더 큰 영향력을 발휘하고 기존 네트워크에 비슷한 가치를 가진 사람들을 더 많이 추가할 수 있다. 고객들에게 미리 행사를 신청하도록 요청해서 그들의 연락처를 수집하고, 이후 커뮤니케이션 활동에 활용하라.

공익 관련 이벤트 후원하기

자체적으로 행사를 기획하는 것보다 기존에 있는 자선기금 마련 행사를 후원하면 매체나 지역 공동체로부터 더 긍정적인 관심을 받을 수 있다. 실제로 공익 후원 활동으로 회사에 대한 상당한 호의를 이끌어낼 수 있다. 특히 후원하는 공적 가치와 행사가 타깃 시장에 적절하면 행사 기획부터 실행까지 세부 사항에 대한 부담은 줄기 마련이다.

어떤 단체를 후원하거나 도움을 주는 행사를 기획하고 있다면 먼저 그 단체의 회계장부와 면세 상황을 면밀히 조사하라. 자선단체로서의 조건을 완전히 갖추고 있는지(미국의 경우에는 501(c)(3)형 법령으로 규정) 확인하고 재무제표도 감사를 제대로 받고 있는지, 관리자들의 연봉은 어느 정도인지까지 꼼꼼하게 검토하라. 열심히 후원했는데 알고 보니 방만한 운영으로 문제를 일으키는 단체도 종종 눈에 띄기 때문이다. 자선단체의 재무 자료나 기타 기록은 외부에 공개되므로 요청할 권리가 있다. 만약 관계자가 정보 제공을 꺼린다면 다른 단체를 찾아라.

행사 후원 외에도 지역사회의 자선 위원회나 자문 위원회의 회원이 되는 것도 좋은 방법이다. 이런 움직임은 단지 비즈니스 차원이 아니라 공익사업에 지속적으로 봉사하는 조직이라는 사실을 보여줌으로써 고객들에게 진정성의 신호를 보낼 수 있다. 투명성과 진정성은 모든 고객 집단에 중요한 의미를 갖는다. 따라서 마케팅 활동을 자선 활동으로 위장하는 행위만은 절대 하지 말아라. 예외 없이 역풍을 맞을 것이다.

좋은 궁합 찾기

조직의 목적과 사업 성격에 잘 맞는 이벤트나 공익적 가치를 찾는 것은 회사의 전반적인 브랜드 활동에 있어서나 진정한 차별화를 이끄는 데 중요하다. 다음 정보원들은 각 시장별로 활용할 수 있는 이벤트 유형에 대한 정보를 제공한다.

» **IEG** : IEG는 국제 이벤트 그룹(International Events Group)의 약자로, 규모가 큰 스페셜 이벤트들에 대한 정보는 대부분 찾을 수 있다. 더 많은 정보는 www.sponsorship.com 사이트를 참조하라.

» **지역 상공회의소** : 상공회의소도 해당 지역에서 계획 중인 행사 정보들을 제공하며 행사별 특징과 혜택을 확인할 수 있다.

» **산업 관련 단체와 공익 단체** : 이런 단체들도 회사의 후원 활동에 적당한 행사 정보를 알고 있을 것이다. 가령, 스포츠 장비와 교육용 게임 혹은 아동용 상품을 판매하고 있다면 전미농구협회(NBA)를 접촉해보라. NBA는 어린이들을 위해 다양한 이벤트를 벌이므로, 그중 하나에 참여할 수 있는지 타진해볼 만하다.

» **대학 및 학교** : 교육기관들도 지역사회에 대한 지원 활동의 발판이 된다. 게다가 학교 동창회나 대학 내 스포츠 팀, 저명한 교수 등을 통해 더 많은 네트워크에 접근할 수 있다는 장점도 있다. 학교의 홍보 팀에 연락해 후원할 만한 행사가 없는지 문의해보자.

» **인터넷** : 완벽한 후원 대상을 찾는 데 도움을 줄 수 있는 회사는 인터넷에도 많다. 예를 들어 www.eventcrazy.com 같은 사이트에 가보면 스포츠 경기부터 예술 공연에서 박물관 전시까지 수백 개의 공연 및 이벤트 정보를 확인할 수 있다. 특히 이 사이트는 우편번호를 넣으면 그 지역에서 열리는 행사들만 추려서 볼 수 있어서 지역 기반의 작은 행사들을 찾는 데 도움이 된다.

» **지역 방송국** : 지역 방송국에 전화를 걸어서 올해 취재 예정인 지역 행사들에 대해 문의해보라. 일단 텔레비전에 나오면 더 많은 시청자들이 접할 수 있으므로 이런 행사들은 좋은 후원 후보가 된다.

다른 마케팅 프로그램들과 마찬가지로 이벤트도 후원하는 비용만큼 원하는 고객들에게 도달할 수 있어야 한다. 따라서 행사에 얼마나 많은 사람들이 참석하고 그중 얼마나 많은 사람들이 회사의 후원 사실을 알게 될지 예측하라. 또 그중 몇 퍼센트가 타깃 고객에 부합될지도 따져보라. 그 숫자가 바로 행사 후원을 통한 브랜드 **도달률**(reach)이 될 것이다. 이벤트 후원 비용을 이 수치로 나눈 후 1,000을 곱하면 1,000명에게 브랜드를 전달하는 데 (혹은 노출하는 데) 드는 비용이 된다. 이 비용을 인쇄 광고나 라디오 광고 혹은 다이렉트 메일의 도달률과 비교해보라.

제품과 브랜드가 함께 결합됐으면 하는 가치에 맞는 이벤트를 찾아라. 담당 제품 및 서비스와 명확하게 한데 엮일 수 있는 이벤트와 연계 활동을 벌여라. 예를 들어, 헬스케어 기업이라면 헌혈 활동이나 빈민 지역에 의료봉사 활동을 벌이는 단체들을 후원하는 것도 좋은 아이디어다. 이런 후원 활동은 관련 산업 안에서 회사의 브랜드 이미지를 강력하게 각인시키는 계기를 만들 수 있다.

직접적으로 관련이 없는 단체도 괜찮은 후원 효과를 낼 때가 있다. 특히 특정 지역 중심으로 사업을 하는 조직이라면 이런 후원 활동을 고려하되 늘 장단점을 따져보라. 예컨대 대부업체의 경우에는 지역 내 유소년 축구 팀이나 노숙자 쉼터를 지원하는 캠페인을 후원하거나 지역 내 개발보호지역을 보존하는 기금 마련에 동참할 수 있을 것이다. 이는 순전히 지역사회의 공익을 위한 활동이므로 지역 주민들을 대상으로 서비스를 제공하는 대부 회사라면 관심을 가져야 하기 때문이다.

어떤 자선단체를 후원하든 그들이 자사에 중요한 문제를 위해 앞장서는 사람들이란 점은 분명히 해야 한다. 후원이란 개인이나 조직의 가치를 사업적 이익에 연계하는 뛰어난 방법이다. 예컨대 환경 친화적인 사업을 목적으로 후원 행사나 자선 활동을 벌이는 조직은 같은 가치를 추구하는 고객들의 관심을 끌 수 있기 때문이다.

물론 항상 사업적 의도를 가지고 행사를 후원하는 것은 바람직하지 않다. 그저 좋은 의도로 좋은 일을 하는 것이 더 훌륭하기 때문이다. 게다가 자선 활동에 대한 투자가 가져오는 보상 중에는 단지 재무 지표로 측정할 수 없는 것도 있기 때문이다.

전시회를 통해 ROI 극대화하기

전시회는 잠재 고객들과 얼굴을 맞대고 교류할 수 있고 기존 고객 네트워크를 더욱 육성할 수 있는 가장 전통적이면서 여전히 효과적인 방법이다. 하지만 그저 전시회에 참가한다고 사람들이 자기 발로 부스를 찾을 것으로 기대해서는 안 된다. 다른 마케팅 캠페인을 전개할 때처럼 전시회에도 메시지와 계획이 필요하다. 그런 계획에는 다음과 같은 요소가 포함된다.

- **전시회 참가자들에게 적절한 메시지** : 밀레니얼 세대들이 주로 참가하는 전시회는 이들 집단에게 의미를 전달하는 메시지를 결합해야 한다. 밀레니얼 세대는 투명성과 개인이 사회에 미치는 영향력, 자신의 목적과 관련된 약속을 중시한다는 사실을 기억하라.
- **즉석에서 공통점을 형성할 수 있도록 참가자의 페르소나가 반영된 비주얼** : 전시회장에 들어선 방문자들은 그들의 시선을 붙잡고자 아우성치는 수많은 장치들을 접하게 된다. 그중에서 돋보이려면 전시회 방문자들의 '워너비' 목표와 현재 그들의 자아에 가장 어필할 수 있는 색상과 폰트, 이미지를 사용해야 한다.
- **방문객들에게 맞는 경험** : 다른 마케팅 활동들과 마찬가지로 전시회 방문객들에게도 그들과 관련된 경험을 제공해야 한다. 그저 상대의 이름표만 눈으로 훑는 영업사원의 태도로는 참관객들에게 어떤 관심이나 공감도 일으키지 못한다. 복도를 지나치는 사람들의 시선을 돌리고 호기심을 일깨워 그 부스로 향하게 하는 재밌고 특별한 무언가가 필요하다. 일반적으로 효과가 있는 아이템으로는 마술사나 코미디언의 쇼, 간단한 음식과 음료, 부스에서 직접 인쇄해서 주는 티셔츠 사은품, 무료 마사지, 게임을 통한 경품 행사 등이 있다.

다음은 전시회에 대한 마케팅 투자에서 가장 큰 성과를 내는 몇 가지 팁이다.

- **주관사의 회원이라면 그들이 올해 개최하는 모든 전시회 리스트를 확보하라.** 가능하면 전시회에 등록한 참가업체들과 세부 행사 그리고 참가업체들을 유인하기 위해 주관사가 계획 중인 활동에 대해서도 정보를 요청하라.

- **같은 전시회에 작년에 참가했던 업체들의 명단을 얻고, 방문자 트래픽 및 전시회에서 확보한 영업 리드에 대한 그들의 만족도를 파악하라.** 부스 주위를 지나가는 사람 수가 엄청나게 많다고 해서 그들 모두가 시간과 비용을 투자할 만큼 가치 있는 리드라는 뜻은 아니다.
- **부스 전시를 신청한 업체들의 사전 명단을 요청하라.** 경쟁사가 참가하는 전시회라면 놓치지 않는 편이 좋다.
- **참가업체 명단에서 잠재적 파트너들을 찾아라.** 제휴 프로모션이나 공동 프레젠테이션 등을 통해 서로의 부스에 더 많은 가치를 창출하고 방문객들의 숫자를 높이는 효과를 낼 수 있다.

좋은 전시부스 만들기

대부분의 마케팅 담당자들은 전시회 관리는 부스에서 시작된다고 여긴다. 그러나 부스는 전체적인 전시회 마케팅의 일부일 뿐이다. 다음 질문에 대한 답을 고민하면서 성공적인 전시회 전략을 세워보자.

- 어떻게 하면 원하는 사람들이 전시회 및 부스를 찾게 만들 수 있을까?
- 방문객들이 전시회와 부스에서 무엇을 경험하길 원하는가?
- 방문객들이 부스에 도착했을 때 어떤 대화를 나누고, 또 어떤 식으로 동기부여하고 싶은가?
- 방문객들에 대한 정보 및 관심사, 욕구를 어떻게 파악할 수 있을까?
- 전시회가 끝난 다음에도 방문객들과 계속 연락하려면 그들이 부스를 떠나기 전 어떻게 해야 할까?
- 부스 방문객들과 관계를 구축하고 유지하기 위해서는 어떤 노력이 뒤따라야 할까?

부스는 다양한 형태로 만들 수 있고, 형태에 따라 방문객들과 교류하는 방식도 달라질 수 있다. 다음 사항을 고려하라.

- 3×3미터 면적의 부스에 테이블 위쪽으로 전시 벽면을 설치하고 방문객들과 편안하게 대화를 나눌 수 있는 의자를 2~3개만 배치해도 괜찮은 리드를 창출할 수 있는, 충분히 의미 있는 공간을 만들 수 있다.

- 테이블 위에 제품 샘플 및 마케팅 자료를 진열해서 지나가는 사람들도 쉽게 훑어볼 수 있게 만들어라.
- 규모가 큰 부스라면 디지털 인터랙티브 전시물을 몇 개 설치하고 고객과 회의를 할 수 있는 공간과 일대일 면담이 가능한 작은 탁자를 배치할 수 있다.

전시회 전략 또한 잠재 고객들과 장기적인 관계를 쌓기 시작하는 데 가장 효과적인 방법을 정해진 예산 안에서 개발해야 한다. 일단 중요한 것은 타깃 고객들을 가능한 한 많이 만나 보는 것이다. 그렇지 않은 전시회는 마케팅 예산과 시간만 낭비하는 원흉이 된다.

싱싱한 생화나 간식거리처럼 사람들을 부스로 이끄는 간단한 장치들의 효과를 간과하면 안 된다. 방금 구운 쿠키나 마사지 의자 혹은 시원한 생수 한 병으로도 많은 방문객들의 발길을 멈추게 할 수 있다.

전시회 정보 파악하기

전시회에 관한 가장 믿을 만한 정보를 얻을 수 있는 소스는 바로 고객이다. 전시회에 제품을 선보이는 이유는 고객과 접촉하기 위해서이므로, 어떤 전시회에 나가는 것이 가장 좋을지 고객에게 직접 묻는 것은 상당히 타당한 접근 방식이다. 관계가 좋은 고객들에게 이메일을 보내 어떤 전시회에 언제 출품하는 것이 가장 좋을지를 물어라. 그들은 요즘 뜨는 전시회에 어떤 것들 있는지 꽤 잘 알고 있다.

다음은 전시회에 대한 최신 정보를 얻을 수 있는 또 다른 소스다.

- **가상 프레스 오피스** : 최근 언론에서 다룬 전시회 및 기타 업계 행사들에 대한 리스트를 볼 수 있다. www.virtualpressoffice.com를 참조하라.
- **전시 및 이벤트 마케팅 협회** : 이 협회는 산업별 전시회 정보를 제공한다. 또한 전시회 부스 디자인과 전시 업무에 대한 전반적인 지식을 습득할 수 있는 매우 훌륭한 사이트다. www.e2ma.org를 참조하라.
- **전시회 뉴스 네트워크** : 이 단체의 웹사이트(www.tsnn.com)에서는 전시회를 주관하는 업체 및 관련 기업들의 명단을 한 곳에서 볼 수 있다. 미국의

톱 250 전시회 리스트를 보면 회사의 전시회 마케팅 대상으로 적당한 후보들을 확인할 수 있다.

전시 공간 선정하기

단순히 부스 크기보다 부스 위치가 훨씬 더 중요하다. 만약 통로에서 한참 벗어난 구석에 부스가 있다면 방문객 트래픽 수가 떨어질 수밖에 없다. 사람들이 많이 지나다니는 통로 옆에 있는 부스가 가장 이상적이다. 보통은 전시장 입구 근처 혹은 카페테리아나 휴게실로 가는 길목 또는 많은 사람들이 몰릴 수밖에 없는 대기업 부스 바로 옆이 노른자 자리다.

예산상 작은 부스만 대여할 수 있다면 정식 부스 대신 테이블톱(table-top) 진열대를 사용할 수도 있다. 그러면 세미나나 포럼 같은 다른 이벤트에도 활용할 수 있기 때문이다. 소규모 진열대도 위치만 좋으면 적은 비용으로 정식 부스만큼 효과를 낼 수 있다.

부스 디자인 및 전시물 배치, 전시회 프로그램 관리, 영업 리드 창출 등에 대해서는 전문가의 도움을 받는 것도 좋은 방법이다. 전시회 부스와 키오스크, 테이블톱 진열대 등을 기획하는 대행사들은 엄청나게 많다. 계획한 전시 프로그램에 적당한 전시부스 형태와 예산을 정한 다음 인터넷에서 적당한 업체들을 검색해보라. 리드 창출 전략을 포함해 전시회 마케팅을 전체적으로 대행해주는 회사들도 많다.

업체를 최종 선정하기 전에 가능한 여러 곳을 연락해 그들의 의견과 견적을 받아라. 업체의 신용 정보도 조회해보고, 그들을 최근에 이용했던 회사의 담당자들을 통해 그들의 실제 역량을 확인하라. 대행사와 계약을 맺기 전에는 전시회 예산 한도를 명확히 밝혀야 한다. 소규모 전시회를 경제적으로 진행하는 데 발군의 실력을 보이는 업체도 있지만, 주로 대기업을 상대로 하는 대형 전시회 위주로 작업하는 회사들도 있기 때문이다.

경제적이고 효과적인 전시회 진행하기

대형 국제 전시회나 컨벤션의 주요 부스는 가격이 엄청나게 비싸다(전시회에 따라 다르지만 기본 부스가 1만 5,000~5만 달러 정도다). 이 정도의 예산을 할애할 수 없다면 좀 더 경제적으로 전시회에 참여할 수 있는 방법을 찾아야 한다.

- **공동 부스를 이용하라.** 부스 대여비가 너무 높고 투자한 만큼 보상을 얻을 수 있을지 확신이 없다면 비슷한 회사와 부스를 공유하는 방법을 고려하자. 만약 계열사들이 같은 전시회에 출전한다면 그중 한 곳과 부스를 공동으로 사용하는 것도 좋다.
- **영업 대리점들과 협력하라.** 공동 부스도 대여할 만한 여력이 없을지라도 전시회에 제품을 출품할 수 있는 방법은 있다. 대리점을 이용하면 된다. 같은 품목을 취급하는 대리점 중 한 곳과 계약을 맺어 주요 전시회에서 회사 제품들을 그들 부스에 진열하는 것이다.
- **전시회에서 프레젠테이션을 하라.** 대부분의 전시회에는 콘퍼런스나 세미나를 비롯해 다양한 부대 행사가 기획된다. 행사 담당자를 미리 접촉해 발표자로 참여할 수 있는 기회가 있는지 알아보라. 보통 주요 전시회에 딸린 행사의 강연자는 거의 1년 전에 확정되는 경우가 많으므로 미리 서둘러야 한다. 그런 자리에서 프레젠테이션을 한 사람의 부스로는 더 많은 트래픽이 몰리게 되므로 투자한 보상을 높일 수 있다.

부스로 사람들 유인하기

다른 형태의 마케팅과 다름없이 전시회에 출전하는 회사들도 더 많은 트래픽을 자신의 부스로 이끌기 위해 다른 업체들과 경쟁하게 된다. 그냥 부스만 세우고 제품만 설치하면 아무리 방문객들을 유인하는 술수나 근사한 전시물이 있을지라도 트래픽 측면에서 실망스러운 결과를 얻을 수 있다. 방문객들이 전시회를 찾기 전부터 작업을 시작해야 한다. 가장 좋은 방법은 전시회 주관사를 통해 미리 참가자 리스트를 확보하는 것이다. 보통은 리스트는 유료로 제공되는 경우가 많지만 그만한 가치를 톡톡히 한다.

전시회 ROI를 극대화하기 위해 참가자 리스트를 가지고 사전 다이렉트 마케팅을 할 수 있는 몇 가지 방법을 소개하겠다.

- **오퍼** : 사람들이 전시회에서 그 부스를 방문할 만한 이유를 제시하라. 고객들이 관심을 가질 만한 백서를 제공하거나 무료로 제품을 체험할 수 있는

기회 혹은 아이패드나 최신 스마트폰을 경품으로 탈 수 있는 행사 등을 기획하자.

- **경험** : 그 부스에서 보내는 시간이 아깝지 않을 특별한 경험이나 오퍼를 제공하라. 관련 분야에서 인정받는 명사를 초대해 무료로 작은 세미나를 여는 것도 좋은 방법이다.
- **콘테스트** : 아이패드나 라스베이거스 여행, 선불카드처럼 고객들이 원하는 경품을 건 콘텐스트를 연다.
- **사은품** : 무료로 나눠주는 작은 선물도 효과가 있다. 볼펜 같은 것보다는 여러 사은품 중에서 빛을 발할 수 있는 독특한 아이디어를 내보자.

효과적인 사은품 제공하기

사은품 혹은 증정품이란 기업들이 고객이나 협력사 혹은 직원들에게 무료로 나눠주는 선물을 말한다. 전시회에 참가한 회사들은 보통 사람들을 자신들의 부스로 유인하기 위해 사은품을 나눠준다. 그러나 업체 대부분이 볼펜이나 사탕 같은 것들을 나눠주는 상황에서는 평범한 사은품으로 투자한 만큼 원하는 효과를 내기 힘들다.

세이노모어 프로모션즈의 최고운영책임자(COO)인 어거스트 위튼버그는 전시회에 참가하는 업체들이 사은품을 정할 때 다음과 같은 사항을 고려하라고 제안한다.

- **인구통계적 특성** : 어떤 사람들이 전시회를 방문하고 그들의 관심사는 무엇일지 그들의 연령과 라이프스타일, 직급이나 직무 등을 기초로 예측하라.
- **사은품 사용 장소** : 사은품을 받은 사람들은 그 물건을 직장과 가정 중 어디서 사용할까? 어떤 장소에서 사용하는 것이 그들로 하여금 사은품을 준 브랜드에 대해 더 많이 생각하게 만들까? 한번은 전시회에서 마케터들에게 오븐용 장갑을 사은품으로 나눠주는 회사를 본 적이 있었다. 과연 마케터들이 빵을 구우면서 그 업체를 생각하게 될까?

  사은품에서 고려할 만한 또 다른 사항으로는 휴대성과 안전성이다. 고객들이 그 사은품을 집으로 가져가기로 결정했다면 일단 공항 보안 심사부터 무사히 통과해야 한다. 필자는 한 전시회에서 누구나 알 법한 한 대기업으로부터 꽤 묵직한 박스용 칼을 사은품으로 받은 적이 있었다. 음, 그들이 무슨 의도로 그런 사은품을 선택했는지 의심스러웠다.

커다란 카탈로그나 브로슈어처럼 너무 큰 사은품은 바람직하지 않다. 전시회 쓰레기통에서 가장 많이 눈에 띄는 것들이 그런 커다란 물품들이다. 정보성이 있으면서 휴대가 간편한 소형 브로슈어가 고객의 집까지 당도할 가능성이 크다. 특히 그 안에 할인 쿠폰이나 특별 오퍼가 들어 있다면 말이다.

» **수명** : 만약 브랜드가 표기된 사은품의 수명이 막대사탕을 먹어 치우거나 값싼 볼펜이 고장 날 때까지 걸리는 시간보다 길다면 브랜드 인지도 측면에서 더 높은 효과를 발휘할 것이다.

» **접근성** : 복도와 접해 있는 탁자 위에 사은품을 올려놓으면 사람들은 굳이 부스 담당자와 대화를 하지 않고도 집어갈 수 있다. 사은품을 방문객들 눈에 띄는 장소에 두되 사은품만 낚아채게 해서는 안 된다. 또한 사은품을 받은 사람들의 이름표를 스캔해서 투자한 비용에 대한 최소 보상은 받아야 한다.

예를 들어, 트위터는 전시회에서 트위터 브랜드가 찍힌 티셔츠를 나눠주는 경우가 많은데 보통은 이 사은품을 영업 담당자가 앉아 있는 바로 옆에 놓는다. 트위터 티셔츠를 받고 싶은 사람은 어쩔 수 없이 영업 담당자가 앉아 있는 4개의 탁자에서 적어도 3분 정도는 그들이 전하는 트위터 스토리를 들어야 한다. 그리고 트위터는 방문객들의 명함을 스캔한 다음 티셔츠를 나눠줌으로써 고객들의 개인 정보를 확보한다.

전시회용 사은품을 구매할 때는 다른 마케팅 활동에도 활용할 수 있는 아이템을 구매하는 것이 좋다. 베일러대학교에서 수행한 연구에 따르면 영업 과정에서 사은품을 사용하면 성과를 20%나 높일 수 있다고 한다.

위튼버그는 사은품을 구입할 때에는 평균 계약 체결률과 매출당 이윤을 고려하라고 권한다. 만약 전시회에서 만난 모든 잠재 고객에게 사은품을 증정함으로써 계약 체결률을 20% 높일 수 있다면, 고객 100명과 영업회의를 할 때마다 계약을 20개 더 따낼 수 있음을 의미한다. 만약 거래를 한 번 할 때마다 평균 이윤이 1,000달러라면, 회사의 순수익이 2만 달러나 증가하는 게 된다. ROI를 현실적으로 예측함으로써 전시회 예산을 합리적으로 책정하도록 하자.

만약 전시회에서 사은품을 주기로 결정했다면 소셜미디어 마케팅을 통해 이와 관련된 내용을 미리 홍보하는 것도 좋은 방법이다. 몇 가지 아이디어를 공유하자면 다음과 같다.

- 브랜드와 전시회 부스 번호, 사은품 등을 해시태그로 달아서 트위터에 트윗을 올리자.
- 브랜드 온라인 사이트에 개인 정보를 미리 등록하고 쿠폰을 신청한 고객들에게는 전시회 부스에서 더 좋은 사은품을 제공하자. 이 경우에는 전시회에 방문하지 않은 사람들의 연락처까지 얻을 수 있다.
- 링크드인, 페이스북 등 소셜미디어 채널에서 전시 프로그램과 사은품을 홍보하자. 성격이 맞을 경우에는 인스타그램이나 스냅챗에서 사은품을 살짝 보여주는 방법도 있다.

회사에서 자체적으로 주관하는 행사든 아니면 전시회든 고객들을 한데 모아 서로 교류할 수 있는 장을 만들면 장기적으로 가치를 발휘할 관계를 구축하는 좋은 출발점이 될 수 있다. 그리고 행사를 통해 고객들이 기꺼이 자신의 시간을 들일 만한 가치를 느끼고 오랫동안 기억할 수 있는 의미 있는 경험을 제공하라.

PART

5

반복 구매를 이끄는 브랜드 만들기

제5부 미리보기

- 고객에게 브랜드 가치를 전달하는 방법과 브랜드 아이덴티티 및 제품 라인을 구축하는 방법 이해하기
- 가격 전략의 기회와 장애물을 인식하고 가격 책정과 변경, 스페셜 오퍼에 대한 홍보 방법 마스터하기
- 강력한 유통 전략을 통해 사업 발전시키기
- 제품 및 서비스에 적합한 최선의 마케팅 채널 구조를 찾고, 소매 판매를 극대화하는 방법을 발견하고, 고객을 유인하고 보유하도록 판매 채널 관리하기

Chapter

13

브랜드 차별화 전략

제13장 미리보기

- 고객을 위해 브랜드 가치 규정하기
- 브랜드 스토리 개발하고 전달하기
- 브랜드 아이덴티티와 제품 라인 구축하기
- 제품을 도입하고 개선하고 확장하기

브랜드는 모든 마케팅 활동의 꽃이다. 좋은 제품에 브랜드까지 믿음직하고 매력적인 아이덴티티를 갖고 있다면 마케팅과 고객경험 프로그램에서 성공할 가능성은 그만큼 높다.

어떤 산업에 속해 있든 혹은 유명한 브랜드든 아니든 브랜드 관리는 마케팅 도구함에서 꺼내 쓸 수 있는 가장 강력한 도구 중 하나다. 매년 전 세계를 대상으로 브랜드 순위를 발표하는 인터브랜드는 글로벌 최고의 브랜드들은 현실을 재구성하는 살아 있는 개체와 같다고 말했다. 당신의 브랜드는 관련 산업과 시장, 소비자 그리고 직원들의 현실을 어떻게 재구성하고 있는가?

인터브랜드가 발표하는 자산 기준의 브랜드 리스트와 별개로, 브랜드 파이낸스는 친숙함, 충성도, 프로모션, 직원 만족도 그리고 명성을 기준으로 브랜드의 점수를 매긴다. 브랜드 파이낸스가 발표한 글로벌 최강 브랜드는 2014년 페라리의 뒤를 이어 2015년에 레고로 선정됐다. 레고가 높은 점수를 받을 수 있었던 주요 원인은 제품과 콘텐츠를 개발하는 데 고객을 참여시킨 혁신적인 방식 덕분이었다. 이 장에서는 브랜드 파워를 높이는 몇 가지 방법에 대해 논의할 것이다. 레고의 콘텐츠 전략에 대한 세부 내용은 제6장에서 확인하라.

지속 가능한 브랜드 자산 구축하기

브랜드는 심벌이나 미션 선언문 혹은 지위가 아니다. 브랜드는 소비자와 그 브랜드 사이의 관계가 발전해나가는 과정에서 소비자들이 개인적 자산을 투입해서 구축한 파트너십이라고 할 수 있다. 소비자가 어떤 브랜드에 대해 갖고 있는 자산은 제품 구매에 들인 비용뿐 아니라 그들이 브랜드에 쏟은 감정적 투자까지 다 포함된다.

다음과 같은 상황에서 사람들은 브랜드에 자신의 감정을 투자한다.

- 소비자의 기대를 뛰어 넘는 놀라운 서비스나 품질을 경험했을 경우
- 자신의 거래와 충성심을 인정받거나 그에 대한 보상을 받았을 경우
- 온라인이나 오프라인에서 브랜드 경험과 제품을 홍보하는 에반젤리스트 역할을 자처할 경우
- 다른 사람들에게 그 브랜드를 추천하고 구입을 권할 경우

이와 같은 상황이 일상적으로 벌어지면 그 브랜드에 대한 감정적 자산이 높아지면서 다른 브랜드로 바꾸는 데 드는 브랜드 교체 비용도 높아진다. 대부분의 충성 고객들에게 브랜드를 바꾸는 것은 부정적 경험이 되고, 다음과 같은 손실을 얻게 될 것이다.

- '놀랍도록' 훌륭한 고객 서비스에서 느끼던 흥분의 상실
- 지금까지 쌓은 회원 포인트의 상실
- 타인에게 입이 아프게 칭찬했던 브랜드를 스스로 저버린 데 대한 자긍심 상실
- 충성고객으로 누려왔던 할인이나 기타 혜택의 상실

오늘날 현명한 브랜드들은 지금 당장의 이익 대신 오랫동안 브랜드 자산을 높일 수 있도록 고객경험과 리워드 프로그램, 서비스 프로토콜을 기획한다. 회사의 규모와 상관없이 또는 B2B든 B2C든 상관없이 브랜드 자산을 구축하는 것은 가장 가치 있는 고객들의 충성심을 유지하고, 그들 스스로 브랜드를 추천하게 하는 데 매우 중요한 몫을 한다. 이 장에서 다루는 내용은 전부 그런 이야기에 관한 것이다.

브랜드의 가치는 소비자에게 전달하는 기능적 · 감성적 가치로 규정된다. 그런 가치는 고객 서비스, 전반적인 경험, 혁신, 지위, 명품 이미지 등으로 정해진다.

서비스로 정의되는 브랜드

다음은 품격 있는 서비스로 유명한 브랜드의 예다.

- 노드스트롬은 유명 패션 브랜드를 취급하는 백화점이지만 '노드스트롬' 하면 가장 먼저 떠오르는 것이 '서비스'다. 노드스트롬이 자랑하는 무조건적인 환불정책은 고객의 구매과정에서 두려움을 없앰으로써 그들의 지갑을 과감하게 열게 한다. 노드스트롬 고객들은 실패라는 위험을 잊고 더 매력적인 자신의 모습을 적극적으로 탐색하게 된다.
- 특히 서비스업에 속한 브랜드는 서비스로 승부를 거는 경우가 많다. 럭셔리 호텔들의 마케팅 활동만 따라 해도 서비스로 돋보일 수 있다. 케리 힝이 총괄 지배인으로 있는 뉴욕의 최고급 호텔인 월도프아스토리아 호텔도 예외가 아니다. 그는 탁월한 서비스로 고객들에게 감동을 선사함으로써 수년간 힐튼 호텔 체인으로부터 최고 수준의 보너스를 받아왔다. 월도프아스토리아 호텔은 4성급 호텔이 기본적으로 제공하는 훌륭한 서비스를 초월하는 특출한 서비스를 자랑한다. 예를 들면, 하루 종일 스키를 탄 고객 한 사람이 지나가는 말로 맥주 한 캔이 간절하다고 하자 객실로 6캔들이 맥주 한 팩을 보내는 것처럼 말이다. 그의 놀라운 서비스를 곁에서 목격하거나 몸소 체험한 고객들이 뉴욕을 방문할 때마다 지인을 데리고 아스토리아 호텔을 다시 찾는 것은 당연하다.

경험으로 정의되는 브랜드

서비스업이나 놀이공원처럼 경험 중심의 산업에서만 구매 시점에 탁월한 경험을 제공할 수 있는 것은 아니다. 그냥 일반적인 방식으로 쇼핑 경험을 하게 되는 브랜드도 제품의 새로움이 사라지거나 수명이 다한 뒤에도 고객들이 구매 시점에 느꼈던 긍정적인 경험을 오래토록 기억한다면 성공했다고 볼 수 있다.

그런 예로는 다음과 같은 브랜드가 있다.

- **애플** : 항상 입에 오르는 브랜드라 신선함은 좀 떨어지지만, 그만큼 애플이 좋은 브랜드라는 증거다. 고객이 애플스토어에 들어가면 직원들은 인사를 한 후 고객을 도와줄 수 있는 일종의 퍼스널 쇼퍼 같은 직원을 붙여준다. 물론 고객이 원치 않는 경우에는 혼자서 자유롭게 돌아다닐 수 있다. 상품을 구매할 경우에도 애플 직원들은 다른 매장에서처럼 거대한 카운터를 사이에 두고 계산을 하는 대신, 고객 옆에서 그저 함께 쇼핑 온 친구처럼 필요한 일들을 처리한다. 도움이 필요하면 지니어스바에서 전문가와 무료로 상담을 받을 수도 있다. 애플스토어에 가면 늘 이전에 방문했을 때보다 더 많은 경험을 접할 수 있다. 필자는 키보드를 수리하러 애플스토어를 방문한 적이 있었는데, 그곳을 나올 때는 소프트웨어 업데이트에 배터리 교체까지 모두 받은 후였다. 애플스토어를 방문하지 않았다면 필요한지도 몰랐던 것이었고 서비스는 모두 무료였다. 그리고 그때의 경험은 더 이상 그 맥북을 사용하지 않는 오늘날까지 기억에 남아 있다. 사실 그러니까 이 책에서 지금 이렇게 이야기하는 거 아니겠는가?
- **에보닷컴** : 에보닷컴(evo.com)은 아웃도어 스포츠 장비를 판매하는 온라인 매장으로, 개성도 강하고 일사천리로 진행되는 편리한 서비스 덕분에 더 이상 살 물건이 없는데도 자주 찾게 된다. 그들이 보내는 이메일은 고객을 자연스레 미소 짓게 하고 제품 가격이나 환불정책도 감동적이며 마치 아웃도어 스포츠 시장에서 친구 한 사람을 사귄 기분이 든다. 무스조닷컴(moosejaw.com)도 친절한 서비스와 고객 중심 정책으로 유명하면서 즐거움을 선사하는 온라인 사이트 중 하나다.
- **니만마커스** : "고객은 늘 옳다"라는 철학을 처음으로 사업에 적용한 백화

점으로 유명한 니만마커스는 고객에게 개인화된 쇼핑 경험을 제공함으로써 가격을 구매 방정식에서 사라지게 했다. 니만마커스에서 퍼스널 쇼퍼로 전문 역량을 인정받았으며 최근에는 아르마니 익스체인지와 리드 크라코프의 CEO를 역임했던 할란 브래처는 고객의 쇼핑을 도울 때마다 그의 마음속에 강한 자신의 이미지를 각인시켰다고 한다. 그저 고객에게 명품 옷과 액세서리를 이것저것 입히기보다 고객이 이전에 느끼지 못했던 새로운 자아와 고유의 아름다움을 발견할 수 있도록 보조했던 것이다. 고객으로 하여금 성취감과 스스로의 매력을 느끼게 했다면, 그게 어떤 품목이든 그들은 그 브랜드를 다시 찾을 것이다.

제품의 독특함과 혁신으로 정의되는 브랜드

2016년에 갤럭시 노트7이 배터리 폭발 사고로 논란의 중심에 있기 전까지 삼성은 애플과 실제로 경쟁 구도를 갖는 혁신적인 기업으로 업계에 지각 변동을 일으켰다. 「포브스」는 갤럭시 S7이 애플의 아이폰 6S보다 8~10가지 기능에서 월등히 앞선다는 보고서도 냈다. 그중에는 스마트폰 판매의 핵심 속성인 카메라 품질도 포함돼 있었다. 이런 혁신성 덕분에 삼성은 스마트폰 시장에서 애플의 경쟁자라 부를 만한 몇 안 되는 브랜드가 됐다. 실제로 2015년 3분기 기준으로 삼성은 시장점유율에서 애플을 10%나 앞섰다.

브랜드의 이런 경쟁력은 어디서 생기는 걸까? 서비스, 품질, 고객경험 중 그 브랜드에 지속 가능한 경쟁 우위를 부여하는 차별화 포인트는 무엇일까? 만약 이 세 가지 요소 중 어떤 것도 충족시키지 못한다면 사업 모델을 재고할 필요가 있다. 그냥 적당히 좋은 제품이라면, 더 좋은 제품을 지속적으로 원하는 소비자들이 움직이는 이 변화무쌍한 세상에서 고충을 겪을 것이다.

이제 막 사업을 시작한 신생회사든 오랫동안 그 시장에 몸담았던 중견기업이든 회사의 마케팅 프로그램에 브랜드의 가치와 혜택이 어떤 식으로 반영돼 있는지 살펴보라. 브랜드는 판매하는 제품 이상을 전달해야 한다. 고객의 가치와 오늘날의 환경 속에서 고객이 바라보는 개인의 모습과 조화를 이룸으로써 그들에게 정서적인 충족감을 심어줘야 한다.

브랜드 아이덴티티는 단지 제품 광고나 웹사이트에 사용되는 로고나 색상, 이미지를 의미하지 않는다. 소셜미디어의 브랜드 계정에 올려놓는 게시물도 아니다. 브랜드란 그것을 통해 고객이 의식적 · 무의식적으로 느끼는 정서적 충족감이며, 세상에 선한 행동을 함으로써 얻는 명성이며, 그것이 지켜나가는 약속이다. 브랜드는 그것을 통해 전달하려는 스토리고, 고객들로 하여금 그 제품과 서비스, 그리고 세상에 미치는 영향력을 전하도록 자극하는 스토리들이다.

브랜드 스토리 들려주기

사람과 마찬가지로 모든 브랜드에게는 저마다의 스토리가 있다. 그 스토리에는 브랜드의 유산, 비전, 가치, 다른 이들에게 전하는 혜택들이 녹아 있다. 그것은 브랜드 페르소나를 규정하고 같은 목적 및 공익을 추구하는 사람들과 연합하게 한다. 성공적인 브랜드 스토리는 그 안에 소비자들의 모습을 투영한다. 소비자들은 애용하는 브랜드를 통해 행복하고 충만하며 태평하고 자아를 실현하며 목적의식이 있고 존경받는 자신의 모습을 보고 싶어 한다. 이렇게 강력한 스토리를 가진 브랜드는 제품 품질을 뛰어넘어 많은 것들이 요구되는 소비자 중심 세상에서 번성할 수 있다.

제품을 초월해 의미 있는 스토리로 이 세상에 하나의 움직임을 만든 강력한 브랜드로 탐스가 있다. 탐스는 고객이 신발을 한 켤레 살 때마다 또 한 켤레의 신발을 도움이 필요한 빈곤 지역 어린이에게 기증한다. 와비 파커도 자사 안경으로 비슷한 선행을 베푼다. 파타고니아는 회사의 이익보다 자연환경을 개선하는 데 더 많은 시간을 투입한다. 그밖에도 고프로나 베일리조트, REI 같은 브랜드는 개인의 모험과 즐거운 삶에 대한 즐거운 스토리들을 갖고 있다. 어떤 욕구를 가진 사람들과 그 욕구를 해결해줄 수 있는 사람들을 한데 연결하는 에어비앤비나 우버, 태스크래빗 같은 브랜드들도 공유나 믿음직한 지역 공동체와 관련된 풍부한 스토리를 전한다.

무턱대고 이런 성공을 추구하기 전에 브랜드 스토리의 방향부터 정해야 한다. 다음은 이와 관련된 두 가지 팁이다.

» **개인적으로 가장 좋아하는 스토리를 생각해보라.** 『오만과 편견(Pride and Prejudice)』에서 엘리자베스와 미스터 다시가 서로 사랑한다는 사실을 깨닫고 고백하는 순간이 왔을 때 느끼는 짜릿함은 어떤가? 손톱을 물어뜯으며 영화 '오션스 12'를 보면서 그 기발한 이야기가 힘을 잃지 않고 계속 이어지기를 바라는 사람은 없을까? 영화 '머나먼 여정'에서 애완견들의 내면을 보면서 주인에 대한 그들의 무조건적인 사랑을 느끼는 순간을 최고로 꼽는 사람도 있을 것이다.

» **이 질문들을 자문해보라.** 어떤 감정적 경험 때문에 그런 이야기를 가장 좋아하는 걸까? 보상에 대한 기대나 미스터리를 풀고 싶은 마음, 이 세상에 대해 커가는 사랑 때문일까? 회사의 브랜드 그리고 브랜드의 감성적 판매 제안(ESP)에 어떤 감성적 경험을 결합시켜야 할까? 그리고 고객이 느끼는 그런 감성적 욕구는 어떻게 전달할 수 있을까?

브랜드의 스토리 또한 흥미로운 소설처럼 이야기가 전개돼야 한다. 소비자가 자신을 투영할 수 있는 캐릭터와 원인, 의도, 클라이맥스 그리고 모든 이들이 만족할 만한 결과와 그 브랜드를 또 찾고 싶은 흥분을 안겨줘야 한다.

브랜드 전략가이자 저자인 안드레아 사이버슨은 마케터들에게 다음과 같은 질문을 스스로 던져봄으로써 출판 편집자처럼 생각하라고 조언한다. "브랜드의 속편은 어떤 내용으로 전개할 것인가?" 브랜드를 단편 소설로 끝내지 말고 브랜드 팬들에게 더 많은 스토리를 지속적으로 전달하라. '트와일라잇' 시리즈를 기억하는가? 이 영화는 한 편으로 끝내기에는 너무 흥미진진한 요소가 많았다. 영화 팬들은 벨라와 에드워드의 이야기를 계속 원했고, 그 열망은 단순히 책과 영화의 성공을 뛰어넘어 많은 현상을 일으켰다. '트와일라잇' 시리즈가 낳은 부수적인 상품들을 생각해보라.

사이버슨은 다음 단계들을 통해 브랜드 스토리를 개발해나가라고 권한다.

1. **브랜드의 이상적인 고객 명단을 열거하라.**
   브랜드의 바람직한 고객들에 대해 깊이 생각해보라. 그들은 어떤 가치를 갖고 있는가? 당신의 제품과 경험은 그런 가치를 어떻게 지원해줄 수 있을까?

2. **브랜드를 다른 경쟁 브랜드들과 다르게 만드는 특징을 결정하라.**
   그런 특징들을 포스트잇에 하나씩 적어라. 그런 다음 여러 마케팅 채널에 사용할 수 있는 의미 있는 단어나 간단한 구절을 만들어라.

3. **소비자들이 그 상품군 및 브랜드를 구입하는 과정에서 겪는 두려움과 불안, 의심들을 파악하라.**
   소비자들이 겪는 그런 불편을 해결할 수 있는 방안들을 적어라.

4. **브랜드 선언문을 작성하라.**
   브랜드의 비전과 미션은 무엇인가? 그런 비전과 미션은 고객과 직원들의 현실을 어떻게 변화시킬 수 있을까?

5. **미니 브로슈어를 만들어라.**
   10×6센티미터 크기로 접은 종이에 브랜드 스토리를 정리하라. 브랜드가 제공하는 서비스를 고객들이 요청하고 받을 수 있도록 자극하기 위해서는 어떤 말을 하는 것이 가장 중요할까? 그 브랜드에 대해 어떤 식으로 이야기해야 소비자들이 느끼는 두려움을 가라앉히고 그들의 욕구를 충족하며 신뢰할 수 있는 파트너가 될 수 있을까?

브랜드 스토리를 구성하는 요소들(주인공, 줄거리, 클라이맥스 그리고 행복한 결말 등)을 요약하라. 그 줄거리를 더욱 흥미 있게 만들고, 고객들의 관심을 높일 수 있는 방법을 찾아라. 소비자들도 그 브랜드 스토리에서 큰 역할을 차지하여 원하는 줄거리가 전개되는 과정에 직접 참여하게 함으로써 결국 그들의 스토리가 되도록 만들어야 한다. 그래야 소비자들은 그 이야기를 다른 사람들에게 적극적으로 전달함으로써 그 브랜드를 더욱 발전시킬 수 있다. 제6장에서 다뤘던 사용자 생성 콘텐츠 관련 내용을 참조하라.

주인공

스토리의 주인공들은 브랜드가 관심을 끌려는 사람들의 가치와 페르소나를 반영해야 한다. 그 이유를 다시 말하자면 사람들은 자신과 비슷한 가치와 성격을 가진 사람들과 관계를 맺으려 하기 때문이다.

블레이크 마이코스키 같은 사람을 주인공으로 브랜드 스토리를 만든다면 어떨까? 아시아에서 봉사 활동을 한 후 자신의 사업 능력으로 세상을 구하겠다고 나선 탐스의 창업자(블레이크 마이코스키는 자신의 직함을 CEO 대신 Chief Shoe Giver인 CSG, 즉 최고신발 기부자로 표현한다-역주) 말이다. 혹은 스티브 잡스 같은 주인공은 어떤가? 뛰어난 품성으로 유명한 경영인은 아니지만 가장 혁신적인 생각과 열정으로 뜻하는 바를 이루고야 마는 집념의 사나이 말이다. 아니면 브랜드 스토리의 가장 강력한 주인공인 메이텍 맨(Maytag Man : 1950년대 후반부터 가전제품 회사인 메이텍이 광고캠페인에 지속적으로 활용한 메이텍의 수리기사 캐릭터-역주) 같은 가상의 주인공이라면 어떨까? 절대 고장 나지 않는 튼튼한 가전제품 덕분에 무료하게 사무실에만 앉아 있는 인물이다. 혹은 프로그레시브 보험이 수년째 활용하고 있는 지나치게 열정적인 괴짜 영업사원인 플로도 있다.

프로그레시브는 브랜드 페르소나인 플로를 주인공으로 한 캠페인을 전개할 이래로 꾸준히 성장해왔다. 모닝스타에 의하면 프로그레시브의 순수입은 2008년 7,000만 달러 적자에서 플로가 등장하는 광고가 시작된 후 2015년 말에는 1조 2,670억 달러로 성장했다. 이 기간 동안 회사는 플로를 모델로 만든 100편 이상의 광고를 선보였다. 플로라는 여성 캐릭터의 인기가 얼마나 뛰어났던지 핼러윈 축제에 플로 분장을 하고 나타난 사람들이 생겼고, 그녀는 탄생한 지 고작 1년 만에 꽤 유명한 브랜드 캐릭터가 됐다.

꼭 프로그레시브처럼 막대한 매체비를 투자할 필요는 없겠지만 소비자들이 그 안에 자신의 모습을 투영할 수 있는 스토리를 만들어야 한다는 것은 분명하다. 그리고 그런 브랜드 스토리를 콘텐츠와 소셜미디어, 경험, 아이콘 등의 다양한 마케팅 프로그램에도 담아야 한다.

줄거리

좋은 스토리에는 줄거리와 클라이맥스가 있다. 줄거리는 그 이야기에서 벌어지는 일련의 중요한 사건들로 구성돼 궁극적 결론으로 이어진다. 탐스의 이야기는 빈곤을 중심으로 전개되며, 이런 줄거리는 극빈 지역에서 노예 노동에 시달리며 살아가는 아이들에게 무료로 신발을 나눠주고 사람들의 인식을 높이는 활동들을 더 많이 전개함으로써 탐스라는 브랜드의 가치를 구축해나간다. 탐스의 이야기에서 클라이맥스는 바로 회사가 고객들에게 목표로 삼았던 기부 미션을 달성했다는 보고서를 전달하는 순간이다. 탐스 신발을 구입하고 자원 봉사에 동참한 고객들 덕분에 전 세계

불우한 아이들에게 수천 켤레의 신발이 기부되고 이 세상이 좀 더 나은 공간으로 개선된 것이다.

당신이 관리하는 브랜드의 스토리는 무엇인가? 공동의 가치를 중심으로 개발된 제품인가? 파괴적 혁신으로 유명한 기업인가? 혹은 시장을 새롭게 정의한 고객 서비스인가? 아니면 늘 고객을 우선으로 삼는 브랜드인가?

클라이맥스

모든 이야기가 그렇듯이 모든 브랜드에도 클라이맥스가 있다. 클라이맥스는 어떤 이야기에서 갈등이 해결되거나 모든 사건이 한데 엮여 독자들에게 최고의 긴장감을 조성하는 순간을 말한다. 범인이 밝혀지거나 장애물이 있었던 남녀 관계가 마침내 사랑으로 결실을 맺는 순간처럼 말이다. 애플의 클라이맥스는 이 회사가 가진 혁신성을 이 세상에 가장 확실히 증명하면서 최고의 베스트셀러가 된 아이폰의 출시라고 할 수 있다. 유명 IT 블로그인 아심코의 운영자이자 브랜드 애널리스트인 호레이스 데이우에 따르면, 아이폰은 지금까지 10억 개 이상이 판매됐다고 한다. 동네 애견용품점의 클라이맥스는 장애물 넘기 훈련, 애완견의 외로움 달래주기 시간 등으로 구성된 '펫 케어 데이' 행사가 될 것이다. 아이폰을 갖고 있으면 애플의 다른 제품들도 손쉽게 사용할 수 있어서 그 가치가 더 증대되고, 즐거운 펫 케어 데이의 가치는 그날 밤 주인이 애완견을 찾으러 왔을 때 강아지의 행복한 모습을 보며 느끼는 뿌듯한 만족감이 될 것이다.

당신이 관리하는 브랜드 스토리의 클라이맥스는 무엇인가? 고객만족도 조사에서 90%라는 높은 점수를 얻거나 70점이라는 높은 순추천지수를 기록했을 때인가? 아니면 해당 품목 중에서 고객들에게 가장 좋은 리뷰를 받은 순간인가?

브랜드 아이덴티티 개발하기

마케터들에게는 수세기 전에 가축업자들이 불에 달군 쇠붙이로 찍었던 브랜드만큼이나 강력하고 명료하고 확고한 브랜드 기준이 필요하다. 브랜드 아이덴티티가 그런 쇠붙이 도장만큼 강하지도 일관적이지도 않다면 이를 재고하라. 그리고 평생 모든 매체에 사용할 수 있는 강력한 아이덴티티를 다시 개발하라.

담당 브랜드의 이름은 충족시키려는 감성적 제안에 적절하고 그 의미가 있는가? 브랜드 색상은 소비자들에게 애착을 일으키고 판매를 유도하도록 분위기를 조성하는가? 그 무엇보다 브랜드가 고객과 만나는 모든 접점과 커뮤니케이션 활동마다 일관적인 이미지와 페르소나 그리고 감성이 전달되는가? 브랜드가 표현하는 것들이 그때그때 제각각이면 소비자들은 혼란스러워하고 브랜드를 쉽게 인식하지 못하며, 그 결과 브랜드는 힘을 잃는다. 따라서 브랜드에는 마케팅 활동에 지침이 되며 시간이 지나도 쉽게 변하지 않는 기준이 필요하다.

브랜드 아이덴티티 통일하기

회사가 성장한다는 것은 좋은 일이지만, 이에 따라 여러 계열사가 생기면 브랜드 관리는 오히려 까다로워진다. 각 계열사가 서로 다른 아이덴티티를 쌓아나가면 다른 계열사나 기업 전체의 브랜드를 강화하고 그 가치를 높이는 데는 어려움이 따르기 때문이다.

계열사나 지사가 많을 때 생길 수 있는 역효과는 매사추세츠주 올드디어필드의 옛 식민지 마을에 있는 한 비영리기관에 엿볼 수 있다. 포쿰턱계곡 기념협회라는 이 협회는 역사가 상당히 오래돼서 오늘날의 단체 성격과는 잘 어울리지 않는 이름을 갖게 됐다. 기념협회는 미국 역사에서 중요한 지역이나 그곳 사람들을 조각상과 명판 등을 두고 기념하기 위해 설립된 민간단체에 주로 붙는 이름이다. 이 협회 역시 그런 목적으로 시작됐다. 하지만 이윽고 올드디어필드에 정식으로 기념관이 생기면서 협회는 그 지역의 역사적인 유물들을 수집하고 보관하는 기능도 맡게 됐다. 그리고 언제부턴가 박물관 입구나 기관 웹사이트, 협회 팸플릿 그리고 정부 보조금 신청서 등의 외부 커뮤니케이션에는 주로 '올드디어필드 기념관'이란 이름을 사용하게 됐다. 이 협회의 웹사이트인 www.deerfield-ma.org는 그 주소만 보면 올드디어필드 지역의 역사적 가치에 초점이 맞춰져 있어서 또 다른 브랜드 아이덴티티를 나타낸다. 게다가 이 단체는 인디언가옥 어린이박물관이란 곳도 관리하는데, 꽤 많은 방문객들이 찾는 이 박물관은 협회에 또 다른 브랜드 아이덴티티를 추가한다. 여기서 끝이 아니다. 협회는 학교 교사들을 대상으로 바른 역사 교육을 지도하는 '디어필드 교사센터'도 운영한다. 이 뜻 깊은 활동 덕분에 포쿰턱계곡 기념협회에는 브랜드 아이덴티티가 또 하나 추가됐다.

이렇게 다양한 브랜드들을 통합하기 위해 협회는 PVMA 디어필드라는 새로운 엄브렐라 아이덴티티를 사용하기 시작했다. 원래 이름의 약자인 PVMA에 다른 하위 기관들의 아이덴티티를 반영한 '디어필드'를 붙인 것이다. 하위 단체마다 고유한 아이덴티티 및 기능을 갖고 있으므로 아직은 각 단체들을 홍보해야 할 분명한 니즈가 존재한다. 이 협회는 소비재 회사의 많은 마케터들과 동일한 딜레마를 갖는다. 즉 다른 단체들과 이미지가 좀 괴리돼 있더라도 각 단체를 개별 브랜드 자산으로 관리해 나가야 하는지 아니면 브랜드 아이덴티티를 통일하기 위해 하위 브랜드들을 조금씩 조정해야 하는지가 문제다. 이는 전략적인 문제며, 이들이 내린 결정에 따라 각 브랜드에 투입될 자원과 비용의 규모가 달라질 것이다.

브랜드 미션 및 핵심 경쟁력에 잘 어울리지 않는 프로젝트를 운영함으로써 브랜드 파워가 약화되는 상황을 어떻게 막을 수 있을까? 과도한 다양성으로 매출과 브랜드 양쪽 모두에 부정적인 영향을 미치는 브랜드들을 살펴보자. 소니가 좋은 예다. 텔레비전과 스테레오 시스템 분야의 선구 기업인 소니는 지난 몇 년간 다양한 사업에 진출했지만 좋은 실적을 거둔 분야는 별로 없었다. 영화와 음악 사업은 기대했던 수익을 내지 못했고, 최근에는 온라인 엔터테인먼트 사업에 대한 기업분할도 있었다. 컴퓨터 시장에서 입지를 강화하려 했지만 2014년에 결국 바이오라인을 매각하면서 종지부를 찍었다. 한때는 인터브랜드가 선정한 글로벌 최상급 브랜드였지만 소니의 순위는 계속 떨어져 2013년에 46위, 그다음 해에 52위, 2016년에는 58위로 밀려났다.

브랜드 아이코노그래피 개발하기

앞서 제7장에서 설명했지만 모든 브랜드에는 그 제품이 사용자들의 삶에서 담당하는 역할을 표명하는 아이코놀로지(iconology)나 아이코노그래피(iconography)가 있다. 아이코노그래피란 시각적 이미지를 연구하는 학문이다. 마케팅에서 아이코노그래피는 브랜드를 매력적으로 만들고 그에 대한 일관적인 아이덴티티를 구축하는 일련의 동족 이미지들을 개발하는 것이다.

이를테면 아디다스는 위쪽으로 퍼지는 3개의 꽃잎 모양 위에 3개의 선(선 3개로 된 심벌은 1949년부터 모든 아디다스 신발에 적용됐다)이 가로지르는 이미지를 심벌로 사용해왔다. 아디다스에게는 이 삼엽형 심벌과 어울리는 아이코노그래피, 즉 서브 이미지들이 필요했다. 그래서 몇 년간 운동을 하는 듯 움직이는 인간의 형상을 검정 실루엣으로 깔끔하게 표현한 이미지들을 제품과 마케팅에 사용했다.

하지만 시간이 흐르면서 이런 이미지들이 지루하고 정체된 느낌을 줬다. 이에 따라 아디다스는 독일 함부르크에 있는 EIGA 디자인에 이미지를 새롭게 개선해달라는 미션을 줬다. 그들이 제안한 새로운 심벌들도 블랙 앤 화이트로 인간이 움직이는 모습을 형상화했다는 점은 기존과 비슷했다. 그러나 이번에는 펠트펜으로 터치한 짧은 선들로 역동성을 강조하면서 우아함도 높였다. 아디다스의 새로운 아이코노그래피는 해당 이미지들을 가지고 만든 그들의 애니메이션 광고에서 확인할 수 있다. 인터넷에 'Adidas brand iconography'란 용어로 검색해보라.

아디다스처럼 같은 주제의 여러 이미지들로 브랜드 아이코노그래피를 개발하려는 회사들도 있을 것이다. 또는 마케팅 자료를 개발하는 디자이너들에게 지침이 될 수 있도록 브랜드와 어울린다고 생각되는 여러 이미지를 수집해놓는 경우도 많다. 예를 들어, 천연 재료를 가지고 전통 방식으로 구운 쿠키 브랜드가 있다면 옛 정취가 물씬 풍기는 정겨운 시골 농장과 부엌의 모습을 플리커 같은 이미지 사이트에서 찾아 모을 수 있다. 그 이미지들을 마케팅에 그대로 사용하지는 않을지라도 광고나 패키지, 프로모션 포스터, 블로그와 웹사이트 등을 디자인할 때 참조할 수 있고, 다른 마케팅 담당자들도 제품의 스타일을 표현하고 매장에 제품을 진열할 때 동일한 분위기를 연출하려 할 것이다.

브랜드 성격을 형성하는 특징 파악하기

심리학자들은 어떤 문제에 대해 쉽게 합의를 이루는 사람들이 아니지만 인간의 성격이 다섯 가지 형태로 외부에 표출된다는 사실에 대해서는 대체로 동의한다. 개인마다 이 다섯 가지 유형 중에 어디에 속하는지 알면 자신을 규정하는 데 도움이 될 것이다. 이 다섯 가지 성격적 특징은 외향성, 상냥함, 성실성, 감정적 안정성, 경험에 대한 개방성으로, 브랜드를 더 명확하게 정의하고 고객의 심리에 적절히 대응하기 위해서는 이에 맞춰 마케팅 커뮤니케이션을 전개해야 한다.

표 13-1은 현재 고객들에게 이 다섯 가지 성격이 얼마나 강하게 나타나는지를 확인할 수 있는 간단한 방법이다. 물론 별도 조사를 수행함으로써 고객들의 성향을 파악하는 방법도 있다. 소비자들의 연령, 생활패턴, 태도, 가치를 연구하거나 소비자 트렌드를 파악하는 것도 좋은 방법이다. 이와 관련된 내용은 제4장에서 설명한 바 있다. 가치가 높은 고객들을 대상으로, 그들이 각 열에 요약된 성격적 특징들과 얼마나 잘 부합되는지를 1점부터 5점으로 평가하라. 이 결과를 바탕으로 브랜드 아이코노그래피, 메시지, 콘텐츠, 페르소나, 성격을 개발하라. 고객들이 새로운 아이디어와 경험에 좀 더 열린 마음을 갖고 있다면 브랜드 아이콘에도 창의성과 혁신성, 재미를 부각하는 폰트와 색상, 이미지를 활용하라. 이 표의 주된 목적은 현재 수행하는 마케팅 커뮤니케이션 활동들이 브랜드 성격과 일관적인지 확인하는 것이다.

표 13-2에서 평가한 브랜드 페르소나가 고객들의 성격적 특징과 비슷한가? 만약 그렇지 않다면 이를 바로 잡을 수 있는 브랜드 측면의 노력이 필요하다.

예컨대 이 평가를 통해 브랜드와 고객 모두 성실성이 강하다는 사실이 드러났다고 가정해보자. 이런 성향은 중요한 파일을 체계적으로 관리하고 필요할 때 바로 활용할 수 있도록 도움을 주는 업무 보조 상품에 잘 어울린다. 성실성은 불이익을 당한 사람들을 도와주고, 불공정한 상황을 바로잡는 법률 사무소에도 적절한 특징이다.

표 13-1 고객의 성격 특징 파악하기

당신의 고객은 아래의 각 성향에 얼마나 가까운가?	평가
외향성 : 외향적인, 친구를 쉽게 사귀는, 사교적인, 보스 기질이 있는	1 2 3 4 5
상냥함 : 사람들을 편하게 하는, 누구와도 잘 지내는, 사람을 신뢰하는, 자신보다 남을 먼저 생각하는	1 2 3 4 5
성실성 : 일을 빈틈없이 처리하는, 준비를 철저히 하는, 바로바로 일을 처리하는, 계획에 따라 일을 하는	1 2 3 4 5
감정적 안정성 : 여유가 있는, 차분한, 스트레스를 잘 처리하는, 쉽게 흥분하지 않는	1 2 3 4 5
경험에 대한 개방성 : 상상력이 풍부한, 창의적인, 지적인, 호기심이 풍부한, 이해력이 빠른	1 2 3 4 5

출처 : Alex Hiam, The Big Five Personality Test, Trainer's Spectrum, 2009

표 13-2 브랜드의 고유한 페르소나 파악하기

당신의 브랜드는 아래의 각 성향에 얼마나 가까운가?	평가
외향성 : 외향적인, 친구를 쉽게 사귀는, 사교적인, 보스 기질이 있는	예/아니요
상냥함 : 사람들을 편하게 하는, 누구와도 잘 지내는, 사람을 신뢰하는, 자신보다 남을 먼저 생각하는	예/아니요
성실성 : 일을 빈틈없이 처리하는, 준비를 철저히 하는, 바로바로 일을 처리하는, 계획에 따라 일을 하는	예/아니요
감정적 안정성 : 여유가 있는, 차분한, 스트레스를 잘 처리하는, 쉽게 흥분하지 않는	예/아니요
경험에 대한 개방성 : 상상력이 풍부한, 창의적인, 지적인, 호기심이 풍부한, 이해력이 빠른	예/아니요

출처 : Alex Hiam, The Big Five Personality Test, Trainer's Spectrum, 2009

고객의 성격은 말할 것도 없고 브랜드의 성격도 바꾸기 쉬운 일은 아니지만, 브랜드 마케팅에 가장 도움이 될 만한 성격을 정해야 한다. 예를 들어, 새로 출시한 화장품 라인에 외향적이면서 여러 경험에 개방적인 성격을 부여한다면, 그런 사교적이고 창조적이며 열정 가득한 성격을 전달하기 위해 역동적이고 발랄한 색상과 사운드를 마케팅에 활용해야 한다. 그러면 자신의 삶에 그런 특징을 더하고 싶은 소비자들은 그 화장품을 더 쉽게 구입 브랜드로 고려할 것이다.

서브 브랜드 개발하기

제품 라인과 관련 기능, 경험에 어떤 이름을 붙이느냐에 따라 다양한 소비자 세그먼트 사이에서 그 제품을 더 돋보이게 하면서 관심을 끌 수 있다. 제품 라인에 서브 브랜드를 만들면 각 세그먼트에 어떤 식으로든 부가 가치를 조금씩 전달하기 때문에 고객 접근성과 관련성, 수익성을 높일 수 있다. 중고 자동차 판매점을 운영하는 사람이 가게 이름은 레몬(lemon에는 '불량품'이란 의미도 있다-역주)중고차로 정하거나 파티 플래닝 서비스에 그림앤그레이(Grimm의 동음 이어인 Grim에는 '엄숙한/암울한'이란 의미가 있고 노년의 이미지를 가진 gray도 파티와는 어울리지 않는 단어다-역주)라는 이름 붙일 사람은 없는 것처럼 제품과 프로그램에는 그에 걸맞는 매력적인 이름이 필요하다. 토요타자동차를 살펴보자. 토요타라는 브랜드는 많은 사람들에게 내구성, 품질, 성능, 신뢰를 상징한다. 토요타라는 기업 브랜드 밑에는 각기 다른 생활패턴을 가진 다양한 소비자 세그먼트를 겨냥한 다음과 같은 하위 자동차 브랜드들이 존재한다.

» 아발론 : 너무 고가는 아니면서 안락한 승차감과 품격 있는 이미지를 원하는 중년 소비자들을 위한 세단
» 하이랜더 : 야외 활동과 모험을 즐기는 소비자들을 겨냥한 매끈한 디자인의 고성능 SUV. 더 근사한 모델을 원하는 고객들을 위한 럭셔리 옵션도 있다.
» 코롤라 : 내 차를 처음으로 구입한 사람들을 위한 합리적인 가격의 소형차로 뛰어난 성능과 안전성을 겸비

토요타는 차량의 수리 및 관리 그리고 24시간 견인 서비스를 패키지로 제공하는 토요타케어라는 서비스 브랜드도 갖고 있다. '케어'라는 말에는 두 가지 의미가 있는데, 먼저 고객의 차량을 '케어'해주는 무료 서비스라는 뜻과 토요타가 고객들을 진심으로 '케어'하는 마음을 이 프로그램에 모두 담았다는 뜻이다. 재미 요소가 있는 우의적 표현은 소비자들의 머릿속에 오래 남는다.

이밖에도 서브 브랜드를 개발할 때 다음의 팁을 활용하라.

» 제품 라인별로 공략하고자 하는 고객들의 가치와 열망, 라이프스타일을 반영하는 이름을 부여해 관심을 일으켜라. 가능하면 소비자들이 쉽게 기억할 수 있도록 흥미롭고 재밌는 이름을 만들어라.
만약 여러 상품들을 취급하는 소매점이라면 각 상품군을 재밌게 표현할 수 있는 서브 브랜드를 찾아라. 가령, 애견용품 온라인 매장에서 판매하는 각 품목을 '애완견 사료', '애완견 장난감', '애완견 액세서리' 같은 평범한 이름보다 '간식거리와 밥거리', '놀아줘', '이건 꼭 사야 돼!'처럼 독특한 제목을 붙이는 것이다. 창의적인 브랜드는 소비자의 시선과 관심을 받을 뿐 아니라 단순한 고객이 아니라 브랜드의 친구가 된 것 같은 느낌을 부여한다.
» 평범한 이름밖에 생각나지 않는다면 어떻게 해야 할까? 그렇다면 단어를 조합해서 브랜드를 만들어보라. 뜻을 가진 말의 가장 작은 단위인 형태소를 여러 가지 방식으로 조합해 브랜드명을 만드는 것이다. 예를 들어 샌프란시스코에 본사가 있는 브랜드 네이밍 전문 업체인 네임랩은 accurate(accuratus라는 라틴어 어원에서 유래)란 단어에서 형태소를 추출해 새로운 자동차 모델의 브랜드로 개발했다. 바로 아큐라(Acura)다. 컴팩

(Compaq)과 오토존(Autozone), 루미나(Lumina), 잽메일(Zapmail)도 이 회사에서 같은 방식으로 개발한 브랜드들이다. 이런 브랜드는 이전에 없던 새로운 단어지만 어떤 단어의 형태소를 갖고 있으므로 소비자들이 자연스럽게 그와 관련된 의미를 떠올리게 된다.

» 어근들을 반과학적으로 재구성해서 만든 브랜드들도 많은데, 이런 이름들은 좀 반과학적으로 들린다. 멜로디를 가진 말들은 기계적인 말보다 더 쉽게 기억할 수 있다. 사람들은 시나 노래는 물론 리듬이 있는 광고 카피도 그렇지 않는 경우보다 더 잘 기억한다. 예를 들어, 진을 베이스로 한 칵테일인 진 슬링을 싱가폴 슬링으로 이름을 바꿨더니 매출이 몇 배 뛰었다는 사실은 유명하다.

브랜드 업데이트하기

마케터가 담당하는 브랜드의 이미지 및 관련 제품에서 싫증을 났다고 해서 고객들까지 그러리란 법은 없다. 무언가를 바꿀 수 있다는 이유만으로 바꾸는 것은 바보 같은 짓이다. 엄청나게 유명하면서 엄청나게 돈을 낭비한 뉴코크의 실패를 기억하라. 사실 제품과 브랜드에 변화를 준 후 성공하는 경우는 드물다. 보통 신규 광고대행사들이 업계에서 존재감을 나타내기 위해 달려드는 로고 변경 프로젝트도 성공한 경우를 찾기 힘들다. 물론 성공하는 경우도 있지만(제7장에서 언급한 것처럼), 브랜드의 새로운 가치나 특징을 전달하는 경우가 아니라면 로고 변경은 위험하고 막대한 비용만 낭비하기 쉽다. 전략적인 근거가 결여된 변화는 역효과를 낸다.

갭은 누구나 쉽게 떠올릴 만한 회사 로고(사각형의 짙은 청색 바탕에 하얀 글자가 새겨진)를 평범하기 짝이 없는 검정색 글씨의 로고로 바꾼 적이 있었다(물론 브랜드 유산인 파란 네모를 귀퉁이에 붙였지만). 갭의 브랜드 자산은 바로 손상됐다. 새로운 로고를 좋아하는 사람은 아무도 없었기 때문이다. 지금은 예전 로고를 다시 사용하고 있고, 신규 로고는 슬그머니 사라졌다. 「USA 투데이」의 로고는 또 어떤가? 많은 사람들이 기억하는 파란색 박스 안에 대문자로 큼직하게 박힌 브랜드 로고를 생뚱맞은 하늘색 원 옆에 붙은 따분한 검정 글씨로 대체한 것이다. 도대체 무엇을 위한 변화란 말인가?

정말로 변화를 원한다면 뭔가 의미 있는 변화를 부여하라. 고객들이 변했고 그들의 새로운 관심사와 가치에 부응하기 위해 변화가 필요하다면, 그런 변화는 꼭 단행해야 한다. 제품의 기능이 뒤떨어져 있다면 변화를 강구하라. 제품은 최신 기술을 반영했는데 아이콘들이 구닥다리 디자인이라면 제품에 맞게 바꿔 브랜드를 신선하게 만들어야 할 것이다. 브랜드가 시대에 뒤떨어지고 아무도 관리하지 않는 것처럼 보이면 사람들은 무의식적으로 그 제품 또한 그러리라 여긴다.

제품 라인 설계하기

제품 라인이란 소비자에게 제공되는 제품들을 논리적으로 분류한 그룹을 말한다. 보통 제품 라인은 여러 개의 개별적인 브랜드 아이덴티티를 하나로 묶는 엄브렐라 브랜드(umbrella brand)의 이름으로 식별한다. 강력한 브랜드를 하나 구축하면 그 브랜드를 여러 라인의 제품으로 확장할 수 있다. 강력한 브랜드의 경우에는 그 아래에 제품 라인들을 줄줄이 갖고 있는 경우가 많지만, 앞서 소니의 사례로 설명했던 것처럼 제품 라인들을 브랜드의 핵심 경쟁력과 브랜드가 가장 잘한다고 인식되는 영역에 논리적으로 부합되게 만들기 위해서는 신중해야 한다. 유명 브랜드들도 때때로 상식적으로 이해할 수 없는 제품 라인을 추가하는 경우가 있기 때문이다. 근육통 소염제인 벤게이가 두통약 제품으로 확장한 사례를 보자. 벤게이 아스피린은 역사상 가장 크게 실패한 라인 확장 사례 중 하나로 남았다. 그 이유는 쉽게 납득할 수 있을 것이다.

지금부터 이어지는 내용은 제품 라인을 개발하고 관리하며 그 아이덴티티를 지키기 위해 고려해야 할 요인들에 대한 값진 통찰을 제공한다.

제품 라인의 깊이와 폭 살펴보기

제품 라인을 기획할 때에는 고려해야 할 두 가지 사항이 있다. 바로 깊이와 폭이다.

깊이

소비자 관점에서는 한 품목 안에 얼마나 다양한 선택적 대안들이 있는 게 바람직할까? 이를테면 한 가지 디자인에 모든 사이즈가 구비된 티셔츠는 어떨까? 아니면 한

가지 디자인에 다양한 색상을 넣는 건 어떤가? 고객들에게 더 많은 상품 옵션을 준다는 점에서 둘 다 제품의 깊이를 더한다고 볼 수 있다. 제품에 깊이를 더하면 상품에 관심을 가진 고객과 상품 사이에 적합성을 더 높일 수 있으므로 혜택을 부여하는 방법이 된다.

고객에게 딱 맞는 상품이 없어서 고객을 잃을 가능성이 있을 때에는 제품에 깊이를 더해야 한다. 선택의 깊이를 더하면 잠재 고객들에게 실망을 일으킬 가능성도 낮아진다.

폭

폭은 제품의 카테고리나 유형이 증가함으로써 더해진다. 예컨대 인기 있는 티셔츠 디자인이 하나 있다면 더 많은 디자인을 추가하거나 운동셔츠나 야구모자 등 관련 아이템을 늘림으로써 제품의 폭을 넓힐 수 있다. 같은 아이템의 다른 옵션이 아니라 아예 다른 아이템으로 인식될 만한 것을 제품 라인에 추가하는 것이 폭을 넓히는 것이다. 누군가 어떤 티셔츠 라인의 폭이 넓다고 하면 그 티셔츠에는 수십 가지의 다른 디자인이 있다는 것이다. 폭도 넓고 깊이도 있는 티셔츠 라인이라면 디자인도 다양하면서 사이즈와 색상도 골고루 구비돼 있을 것이다.

새로운 제품이 기존 제품 라인과 어울리면서 수익률도 해치지 않고 매출을 상승시킬 수 있다면 효과적으로 폭을 넓혔다고 할 수 있다. 여기서 제품 라인과 '어울린다'는 말은, 고객들도 신제품이 기존 라인의 일부라고 분명히 인식한다는 것이다. 어울리지 않는 제품들을 마구잡이로 추가할 경우에는 제품 라인의 아이덴티티가 모호해지고 논리성을 잃는다. 하지만 매출을 증대할 수 있다면 성공적인 라인 확대를 모색하는 것은 바람직하고 그 이유 또한 명확하다. 오래된 고객들에게 새로운 상품을 판매할 수 있기 때문이다. 물론 라인 확장은 신규 고객에게 다다갈 수 있는 전술이며 그럴 수 있다면 환영할 만한 일이다. 하지만 그보다 더 주목할 점은 제품 라인에 새로운 상품을 추가하면 기존 고객에게 더 쉽고 경제적인 판매 활동을 할 수 있으므로 상부상조의 효과가 있다.

제품 라인의 효과적인 관리

훌륭한 제품 관리의 비밀은 "아무리 상황이 좋아도 너무 오래 방치하면 안 된다"는 교훈으로 대변될 수 있다. 줄곧 성장 가도를 달린 제품 라인도 언젠가는 한계에 부딪칠 수밖에 없다. 무턱대고 새로운 수입원 창출을 위해 신제품을 도입하기보다는 계획을 먼저 수립하고 그대로 따르라. 회사의 핵심 경쟁력에서 너무 벗어난 제품을 기획함으로써 출시한 신제품이 바로 시장에서 사라지는 경우가 많다.

제품을 개발할 때 스스로에게 다음 질문을 던져보라.

- **소비자들이 납득할 만한 제품인가?** 사람들이 삶의 여러 단면들에 대해 다른 기대감을 품는 것처럼 각 브랜드에 대해서도 기대감이 다르다. 스타벅스에서 새로운 라떼 음료를 출시한 경우 고객들은 그 음료도 스타벅스에서 마셨던 다른 커피들처럼 퀄리티가 좋을 것으로 기대한다. 하지만 서브웨이가 출시한 라떼에 대해 그런 기대감을 갖는 소비자는 적을 것이다. 서브웨이는 맛 좋은 커피의 대명사가 아니기 때문이다.
- **기존 제품 라인을 뒷받침하는가?** 제품 확장, 특히 중소기업의 제품 확장은 새로운 브랜드를 추가하는 것보다는 현재 제품 라인을 보강하는 새로운 제품을 추가하는 쪽에 초점을 맞춰야 한다. 애플을 생각해보라. 애플이 스마트폰 시장에 진입하기로 결정했을 때 그들은 스마트폰을 가지고 전개할 수 있는 관련 서비스를 개발하거나 인수하는 과정에 재빨리 돌입했다. 현재 애플에는 스마트폰 액세서리와 앱 분야의 리더인 비츠라는 계열사가 있다. 비츠는 애플의 핵심 역량을 뒷받침하면서 스마트폰이 고객들에게 제공하는 경험을 더 풍부하고 완전하게 하는 데 꼭 필요한 기능을 담당한다. 또한 애플의 경우에는 애프터마켓이 거의 없기 때문에 고객들은 자연스럽게 비츠 제품에 대한 충성심을 갖게 된다. 가장 좋은 예가 아이폰7이다. 아이폰7은 애플의 무선 블루투스 이어버드를 사용하도록 기획됐으므로 폰에 헤드폰 잭이 없다.
- **제품 성공을 지원할 만큼 충분한 자금을 갖고 있는가?** 끝낼 수 없는 여정은 절대 시작하는 게 아니다. 라인 확장으로 출시된 신제품이 실패하면 그 효과는 나머지 제품들의 가치에도 미치고 고객들에게도 그 시그널이 전달

되기 때문에 기존의 경쟁우위를 잃거나 곤란한 상황에 처할 수 있다. 시장에서 실패할 수 있다고 여겨지는 제품들은 잘 판매되지 않는다. 게다가 부가 서비스나 액세서리가 나오지 않는 경우에는 그 제품을 떠나버린다.

제품 라인과 브랜드 보호하기

식별자(unique identifier)에 대한 법적 승인을 받아놓으면 제품은 물론 특정 라인, 심지어는 회사 전체에 대한 법적 보호를 받을 수 있다. 이런 보호는 브랜드 네임과 짧은 기술적 표현, 시각적인 심벌 등에 모두 적용된다. 이런 식별자들은 거기에 투영된 아이덴티티를 표시하는 역할을 한다. 제품 이름과 시각적인 심벌은 **상표**(trademark)로, 그리고 서비스 네임은 **서비스 상표**(미국에서는 서비스 상표도 일반 상표와 비슷한 권리를 갖는다)로서 법적 보호를 받는다. 사업명은 **등록상표**(trade name)로서 보호를 받는다.

미국에서는 상표를 실제로 사용해야 비로소 독점 권한을 설정하고 보호받을 수 있다. 물론 상표 등록(미국 특허상표국을 통해)이 선행돼야 한다. 하지만 미국에서는 상표 등록을 실제 사용만큼 중요하게 받아들이지 않는다. 사용과 등록이 모두 똑같이 중요한 나라도 있지만, 미국과 반대로 등록이 훨씬 더 중요하게 치부되는 나라도 있다. 즉 등록되지 않은 상표는 아무리 오래 사용해도 법적 보호를 받지 못하는 경우를 말한다. 따라서 글로벌 브랜드의 경우에는 각국의 상표 보호 규정을 살펴보고 그에 따라 전략과 계획을 세워라.

상표를 정하고 강화하는 방법에 대해서는 변호사(한국의 경우에는 변리사) 혹은 브랜드 마케팅에 경험이 풍부한 광고대행사나 브랜드 네이밍 회사를 접촉하라. 관련 내용에 대해 훨씬 더 구체적인 정보가 궁금한 독자는『더미를 위한 특허, 저작권과 상표권(Patents, Copyrights & Trademarks For Dummies)』을 참조하라. 미국 특허상표국에서 운영하는 상표 전문 웹사이트(www.uspto.gov/trademarks/index.jsp)를 방문하면 상표권 관리에 대한 자세한 내용을 확인할 수 있다. 이 사이트에서는 상표권 관련 서적도 디지털 버전을 무료로 다운받을 수 있어서 미국 상표권 법에 대한 많은 정보를 얻을 수 있다. 전자상표출원시스템(trademark electornic application system, TEAS) 사이트에서 온라인 상표 출원 양식을 작성할 수도 있다. 하지만 관련 지식이나 경험이 풍부하지 않다면 개인적으로 상표를 출원하고 등록하는 방법은 그다지 권하지 않는다.

다른 나라에서 상표를 등록할 계획이라면 지적 자산에 특화된 현지 변호사를 찾아라. 대부분의 국가들(미국 포함)은 베른 조약(1886년 스위스의 수도 베른에서 국제적으로 저작권을 서로 보호하자는 취지로 체결된 조약-역주)을 따르므로 가맹국 중 한 국가에서 공표된 저작물(심지어 상표 라벨이나 광고도)은 다른 가맹국에서도 법적 보호를 받는다.

기존 제품 강화하기

기존 제품이라면 모두 어느 정도의 브랜드 아이덴티티와 고객충성도를 갖고 있다. 대개 최고의 마케팅 투자는 브랜드 이미지를 강화하거나 제품 디자인 및 패키지를 개선하는 것이다. 이렇게 하면 기존 브랜드 자산을 이용할 수 있으므로 처음부터 새로운 제품을 기획하는 것보다 더 쉽게 원하는 목표를 달성할 수 있다.

이미 형성된 고객충성도를 이용하면서 기존 제품을 통해 매출을 증대할 수 있는 간단하고 빠른 방법을 몇 가지 소개하겠다.

» **제품 외관에 변화를 줘라.** 품질이나 기능은 훌륭한데, 그에 걸맞지 않은 엉성한 외관과 디자인 때문에 성공하지 못하는 경우도 많다. 제품을 곰곰이 살펴보라. 컬러와 모양, 미적 감각이 핵심 고객들에게 어필할 만한가? 브랜드 네임은 독특하고 눈에 띄는가? 미니멀리즘이 추앙되는 시대에 그 제품은 콤팩트한 디자인으로 공간 효율성을 높이는가?

» **패키지를 재고하라.** 대다수의 경우에는 제품 자체의 외관을 변경하는 것보다 패키지 디자인을 바꾸는 편이 쉽다. 제품의 가격을 인상한다면 새로운 가격표에 어울리도록 패키지 디자인도 변경하라. 소비재의 경우에는 "기능성 강화"라는 말을 덧붙이면 대부분 효과가 있다. 패키지를 변경할 때에는 브랜드 ESP에 부합되는지 반드시 확인하고, 브랜드가 가진 핵심 역량과 차별화 특징을 반영하는 색상을 선택해야 한다. 패키지에 "98%의 고객들이 추천하는 브랜드" 같은 말을 넣거나 핵심 특징을 부각하라. 재생 용지를 활용한 패키지는 세대를 초월해 고객들에게 좋은 반응을 얻는다는 점에서 늘 고려해볼 만한 일이다.

- **제품이 매력적이고 사용이 편리한지 확인하라.** 제품은 촉감도 좋아야 한다. 부드럽고, 매끄럽고, 촉촉한 것처럼 제품의 용도에 따라 최적의 질감을 제공하라. 촉감을 통한 경험은 요즘 같은 디지털 세상에서도 제품의 가치를 높인다. 제품의 겉모습과 감촉, 기능의 아주 사소한 변화로도 고객의 만족도와 매력을 높일 수 있다.
- **제품에 따라오는 인쇄물에 신선한 변화를 줘라.** 인쇄물의 외관을 지금보다 더 개선할 순 없을까? 거기에 멋진 옷을 입힐 수 있는 방법은 무엇일까? 아니면 명료성과 실용성을 더 높일 수는 없을까? 인쇄물에 어떤 변화를 주든 그로 인해 제품을 가진 사람들이 더 큰 자부심을 가져야 한다. 전문적이면서도 근사한 웹사이트도 제품을 지원하는 큰 무기가 될 수 있다.
- **최고의 품질을 다각도로 홍보하라.** 브랜드 ESP를 효과적으로 전달할 수 있는 짧은 구문을 만들고, 제품 패키지나 마케팅 인쇄물처럼 고객의 눈에 쉽게 띌 만한 공간에 새겨 넣어라. 제품 배송이나 보관에 사용되는 대형 박스들도 유용한 마케팅 자료로 활용할 수 있다. 제품의 신기능이나 혜택을 스티커로 붙여라.
- **제품의 용도와 목표 고객에 대한 혼란을 없애라.** 여러 고객 세그먼트를 대상으로 다양한 제품 및 모델을 판매하고 있다면, 각 제품에 고유한 브랜드명을 붙이고 가격 정책도 차별화함으로써 제품 간에 명확한 차이를 부여해야 한다. 같은 회사에서 판매되는 제품 라인들이 평범한 소비자 눈에는 다 고만고만해 보일 수 있다는 점을 기억하라.

요약하자면 제품이 좋아야 성공할 수 있다. 뭔가 바꾸거나 개선할 사항은 없는지 혹은 현재의 제품을 교체할 필요는 없는지 항상 검토하라. 그것만이 장기적으로 효과를 내는 마케팅 전략이다. 소비자의 욕구, 필요, 스타일, 선호하는 특징, 트렌드는 생각보다 더 빨리 변한다. 그들이 찾는 것을 제때 전달하지 못하면 그들은 지체 없이 다른 누군가를 찾아 나선다.

새롭고 성공적인 제품 도입하기

혁신은 강력한 경쟁 우위를 심어줄 수 있다. 경쟁자가 강력한 신제품을 도입하면 시장의 구도는 재빨리 바뀌고, 경쟁사의 매출과 수익 전망에는 먹구름이 낀다. 이런 일이 적어도 몇 년에 한 번씩 일어난다. 따라서 신제품 개발은 어떤 회사든 무시할 수 없는 중요한 숙제다. 여력만 있다면 가능한 자주 신제품을 도입해야 한다.

신제품을 개발할 때 첫 번째 도전 과제는 새로운 아이디어를 발굴하는 것이다. 제7장에서도 마케팅 캠페인과 신제품에 대한 창의적인 아이디어를 얻는 방법들에 대해 소개했지만, 이보다 한 걸음 더 나아가 설문조사로 소비자의 생각을 탐색하거나 영업 담당자들의 의견을 묻는 것도 좋은 방법이다. 신제품을 개발하는 공식은 한 가지만 있는 게 아니다.

신제품 개발에 고객들을 참여시켜라. 소니 온라인 엔터테인먼트에서 새롭게 탈바꿈한 데이브레이크 게임컴퍼니는 새로운 온라인 게임을 개발할 때마다 게이머들을 그 과정에 참여시킴으로써 고객의 충성심은 물론 브랜드 자산에도 놀라운 효과를 얻을 수 있었다. 창의적인 아이디어 개발을 위해서는 기존과 다른 새로운 사고 프로세스가 필요하다.

기억하라. 뭔가 새로운 걸 개발하려면 뭔가 새로운 방식이 필요하다.

전문가와 함께 신제품 개발하기

신제품을 개발하고 출시하는 가장 효과적이고 강력한 방법 중 하나는 해당 분야의 전문가 혹은 전문 업체와 손을 잡는 것이다. 그들은 관련 분야에 대한 뛰어난 통찰력과 최신 기술로 신제품 개발 과정에 공헌할 수 있고, 관련 사업에 대한 독점 파트너이자 공동 특허권자로 참여할 수도 있다. 이런 공동 제품 개발은 보통 쌍방의 이익과 권리를 보호하는 라이선스나 로열티 계약을 통해 이뤄진다.

이런 전문가들은 학계나 연구기관에 속한 교수나 과학자들인 경우가 많다. 한 스포츠 용품 회사가 스포츠와 야외 활동을 적극적으로 즐기는 중년 소비자들을 대상으로 그들의 여가생활을 향상하면서 건강도 고려한 제품 라인을 개발한다고 가정해보

자. 이런 경우에는 스포츠 활동에 대한 기능성은 높이면서 부상 가능성을 최소화하는 제품 개발을 위해 스포츠 과학자들과 협력하는 방법이 가장 이상적일 것이다.

킴 구스타프손은 운동 중 인대 손상을 막아주는 압박 타이즈 전문 업체인 오피딕스를 출시할 때 바로 이런 일을 했다. 그의 목표는 프로 선수들과 아마추어 모두 더 오랫동안 스포츠 경기를 즐기면서 실력도 향상시키고, 상해까지 막을 수 있는 제품을 개발하는 것이었다. 구스타프손은 부상 예방과 기능 향상을 위해 출시된 유사 제품 중 자신들의 마케팅 메시지에 대한 과학적 데이터를 실제로 제시하는 곳이 없다는 사실을 발견했다. 그는 세계적인 스포츠의학 연구소인 스테드먼필리픈 연구소 및 인간역학 연구소와 손을 잡았다.

킴 구스타프손과 연구원들은 비탄력 밴드 소재를 기존 압박 타이즈 디자인에 전략적으로 결합하면 해부학 관점에서 기능성이 더 나아질 수 있다는 가설을 가졌다. 그들은 첨단 모션 분석 시스템을 활용해서 자신들의 가설이 옳다는 것을 증명했다. 이렇게 해서 탄생한 신제품은 '방향성 압축' 기능을 가질 수 있었고, 연구 팀은 오피딕스 니테크 타이즈(Opedix Knee-Tec Tights, www.opedix.com에서 확인해보라) 제품을 가지고 이 기술에 대한 특허도 받았다. 방향성 압축은 육상, 스키 등 다양한 운동 종목에서 그 효과가 입증됐다.

그들은 스포츠 시장과 의료 시장 모두에서 제품의 판매 기회를 발견했다. 특히 스포츠 시장은 진입 저항이 낮다는 장점이 있었다.

킴 구스타프손 혼자서 이런 혁신 제품을 개발했다면 난관도 많고 비용이 더 많이 들었을 것이다. 하지만 관련 전문가들과 협력함으로써 제품의 주요 기능에 과학적 신뢰성을 부여하여 뛰어난 신제품을 출시할 수 있었다.

과학 및 기술 분야에서 전문과와 함께 팀을 이루면 제품에 여러 기능적 장점을 부가할 수 있다. 게다가 이런 협업을 추진할 수 있는 방법도 다양하다.

- 계약금을 먼저 지불한 후 전문가를 통해 앱이나 기술 제품을 개발하고 제품의 특허권은 인도받는다.
- 연구 및 개발 비용을 함께 부담한 후 제품이 출시된 이후 판매량에 따라 개발자에게 로열티를 지급한다.

> » 계약 파트너는 R&D와 생산을, 그리고 의뢰 회사는 마케팅과 유통을 책임진다. 그런 다음 양쪽이 투자한 비용의 비중에 따라 수익을 나눠 갖는다.

어떤 방식을 선택하든 계약이 미치는 단기적 영향력은 물론 장기적 파급력까지 모두 고려해야 한다. 전문가와 파트너십을 통해 제품을 개발하면 경쟁사에게는 없는 제품을 훨씬 더 경제적인 방식으로 출시할 수 있다. 그 결과로 관련 업계에서 혁신성을 떨치고 소비자와 투자자, 이해관계자들의 눈에 띌 수 있다.

게임에서 이기려면 경쟁자보다 여러 걸음도 아닌 단 한 걸음만 앞서면 된다. 하지만 확실히 앞서야 한다. 그 브랜드에만 존재하는 독특한 제품을 지속적으로 도입하는 것은 남보다 늘 한 발자국 앞설 수 있는 확실한 방법이다.

고객에게서 통찰력 얻기

제4장에서 조사 방법론을 다룰 때 설명한 것처럼 브랜드의 경쟁력을 활용하면서 고객이 갖고 있는 브랜드 인식에도 적합한 신제품 아이디어를 얻을 수 있는 최선의 방법 중 하나는 그들에게 직접 묻는 것이다. 고객만족도 조사를 할 때 다음과 같은 질문을 하나씩만 더 추가하라. 그러면 남다른 통찰력을 가질 수 있다.

> » 현재 이 브랜드의 제품 라인에 없는 것 중 귀하가 개인적으로 바라는 제품이 있다면 무엇인가요?
>
> » 귀하가 현재 사용 중인 이 브랜드의 제품에서 기능성과 효율성을 개선하기 위해 필요하다고 생각되는 서비스가 있다면 무엇인가요?
>
> » 다음에 열거된 제품 및 서비스 중에서 기존 제품과 동일한 품질이라면 어떤 제품이 출시됐을 때 가장 믿음이 갈 것 같은가요?(신제품이나 서비스 후보 리스트 제시)

의미 있는 차이 제공하기

대부분의 신제품은 실패한다. 한때 시장을 주름잡았던 유명 브랜드도 실패할 수 있다. 출시한 후 10년 안에 사라진 브랜드들을 검색해보라. 길고 긴 리스트를 찾을 수 있을 것이다. 그들이 실패했던 원인을 살펴보고, 적어도 그들이 갔던 길은 되밟지 말자.

진짜로 성공하고 싶다면 기존 시장에서 접할 수 없었던 정말 새롭고 다른 상품을 소개해야 한다. 제품에 분명히 차별화된 특징이 있어야 한다는 말이다. 소비자가 재빨리 알아볼 수 있는 혁신은 마케터에게 엄청난 보상을 가져다준다. 성공하는 신제품에 대해 연구한 학자들은 이런 현상을 **강도**(intensity)란 말로 설명한다. 신제품과 기존 제품 사이의 차이가 더 강할수록 신제품이 성공할 확률이 더 높아진다는 뜻이다.

미국 제품개발관리협회(PDMA)는 협회 웹사이트(www.pdma.org)에 제품개발을 주제로 한 신간 중 좋은 책들에 대한 리뷰를 싣는다. PDMA는 이밖에도 회원들을 대상으로 제품개발 및 상품기획에 대한 콘퍼런스나 교육 등도 제공한다.

기존 제품 개선 및 라인 확장하기

고객들의 마음에 쏙 들 정도로 완벽한 제품이라면 그대로 둬도 된다. 세대를 넘어 사랑받는 코카콜라의 오리지널 맛이 바로 그런 예다. 현재 판매하고 있는 상품에서 어떤 결점이 발견되거나 매출이 감소하지 않는다면 멀쩡한 제품에 변화를 주기보다는 그 상품을 확장할 수 있는 방법을 찾아라. 새로운 맛의 뉴코크가 참담하게 실패한 후 코카콜라는 클래식 상품에 코카콜라 바닐라 맛, 블랙체리 맛, 라임 맛, 오렌지 맛 등을 추가하기 시작했고 급기야 다이어트 코크 같은 또 다른 히트 제품이 탄생했다. 다이어트 코크(우리나라에서는 '코카콜라 라이트'란 브랜드로 판매되고 있다-역주)를 제외한 다른 제품들은 탄산음료 시장의 쇠퇴와 함께 이제 존재감이 많이 떨어졌지만 한때는 매출을 증대하는 데 큰 역할을 했다.

제품을 개선하거나 확장하는 데에는 얼마나 많은 비용이 들까? 또한 그 보상을 받는 데까지 어느 정도 시간이 걸릴까? 제품 개선이나 확장으로 단 얼마간이라도 수익률 향상이 크게 예상된다면 그런 변화는 추구할 만한 가치가 충분하다. 투입될 비용과 창출될 성과를 비교하라. 또한 신제품의 비참한 최후를 피하려면 소비자들의 니즈 및 태도에도 잘 부합되는지 먼저 확인하라. 개선된 제품이 더 이상 근사하지도 않고 판리지도 않는다면 손해를 감수하고 다른 기회를 찾아라. 꺼져가는 불빛이 되살아나리라는 희망으로 인기도 없는 제품을 붙잡고 있으면 안 된다. 그런 식의 고집은 더 큰 손해를 불러올 뿐이다.

마케팅이라는 전쟁터는 끊임없이 변한다. 경쟁자들은 남보다 조금이라도 더 나은 제품을 만들려고 피땀 흘려 싸우고 그렇지 않은 회사는 낙오된다. 현재의 제품을 어떻게 개선할 수 있을지 항상 새로운 통찰을 모색해야 한다. 경쟁자들이 제품을 개선하려는 움직임은 없는지 관련 신호들을 조기에 감지하고 그들보다 늘 한 발자국 더 앞서야 한다. 제품을 어떤 식으로 개선해야 할지 통찰력이 필요하다면 마케팅의 영원한 신탁인 고객에게 가라.

지금부터는 제품이 계속해서 경쟁력을 갖기 위해 꼭 통과해야 할 두 가지 테스트에 대해 설명하겠다. 이 테스트들을 통과하지 못한 제품은 어떤 식으로든 개선하거나 바꿔야 한다.

차별화 테스트

먼저 거쳐야 것은 차별화 테스트다. 고유한 디자인 특징이나 부가 서비스 같은 요소들로 특정 항목에서 경쟁자들을 따돌려야 한다. 아니면 제품 자체는 경쟁사 제품들과 비슷한 수준이더라도 오랫동안 쌓은 브랜드 가치로 고객들에게 전체적으로 더 큰 충족감을 전달하면 된다. 제품의 차별화 포인트를 영원히 지켜낼 수 없다면 그에 따라 가격을 올리거나 낮춰서는 안 된다. 음식점들의 경우에 신규 메뉴를 추가하거나 더 비싼 가격을 지불할 만큼 가치 있는 새로운 서비스를 도입하지 않은 상태에서 가격을 올리면 일반적으로는 실망스러운 결과를 낳는다. 반면에 매출 활성화를 목표로 가격을 내리면 나중에 가격을 다시 올릴 때 고객들의 저항을 겪게 되므로 계속 낮은 가격대를 유지해야 하는 폐단이 있다.

챔피언 테스트

챔피언이란 어떤 상품을 정말로 아끼는 고객들을 말한다. 다른 상품을 마다하고 그 제품만을 고수하고 친구나 지인들에게 그 제품을 적극 추천하는 사람들이다. 챔피언 고객은 제품에 정말 귀중한 존재이자 드문 존재기도 하다.

챔피언 테스트는 차별화 테스트보다 통과하기가 더 어렵다. 일단 챔피언 고객이 귀한 제품들이 많기 때문이다. 하지만 챔피언 고객을 많이 확보한 상품은 수익을 누리며 오랫동안 장수할 수 있다. 제품에 대한 엄청난 애정으로 에반젤리스트 역할을 자처해서 가족과 지인들에게 브랜드를 홍보하는 챔피언 고객들을 만들어내는 것은 제품생애주기를 관리할 때 지속적인 목표로 삼아야 한다.

챔피언 고객이 있는 제품들은 입소문이 빨리 나기 때문에 회사에서 따로 큰돈을 들이거나 노력을 하지 않아도 판매와 시장점유율이 쉽게 올라간다. 더 좋은 것은, 챔피언들은 브랜드에 대한 큰 믿음에 따라 그 제품은 반복적으로 구매한다는 점이다. 기존 고객에 의한 반복 구매는 새로운 고객들을 찾아서 판매를 유도하는 활동에 비해 비용이 거의 들지 않으므로 수익 향상에 큰 도움이 된다. 챔피언 고객들과는 늘 접촉하고 그들의 의견을 요청하고 그들의 노력에 보상하며 그들이 전하는 피드백을 경청해야 한다. 그들의 무조건적인 애정이 사소한 문제로 다른 브랜드로 옮겨갈 수 있다는 사실을 명심하라.

마케팅 채널을 아우르는 브랜드 관리

마케팅에 활용하는 모든 채널에 대해서는 일관적인 브랜드 활동을 전개해야 한다. 브랜드 계정으로 블로그를 운영하든 유튜브 채널을 관리하거나 동영상 활동을 하든 옥외 광고를 게시하든 브로슈어를 제작하든 이벤트를 개최하든 한 브랜드에 대해서는 동일한 가치와 페르소나를 전달해야 한다. 브랜드 아이덴티티가 가능한 모든 채널에서 일관적으로 표현될 수 있도록 평가하라. 색상 팔레트와 폰트도 정해진 것을 일관적으로 사용함으로써 소비자들이 관련 요소들을 보면 바로 그 브랜드를 연상할 수 있게 만들어라.

브랜드 네임이나 로고 디자인이 꼭 유려하고 세련되고 영리해야만 성공하는 것은 아니다. 글로벌 톱 브랜드 중에도 극도로 단순한 브랜드나 로고를 가진 경우가 많다. 다만 다른 브랜드들과 차이점이 있다면 그런 유명 브랜드들은 쉽게 인식하고 판별할 수 있어서 더 많이 팔리고 높은 가치를 가질 수 있다는 점이다. 일관적이고 강력한 브랜드 활동을 전개하는 것은 완벽한 로고 디자인보다 훨씬 더 중요한 일이다. 브랜드의 가치와 페르소나를 반영하는 명확하고 단순한 디자인을 개발한 후 한번 정한 브랜드 디자인은 무슨 일이 있어도 고수하는 것이 최선의 전략이다.

Chapter

14

올바른 가격 전략 찾기

제14장 미리보기

- 가격 책정의 기회와 장애 인식하기
- 가격, 가격 변화, 스페셜 오퍼에 대해 마스터하기
- 공정거래 관련 규정 숙지하기

가격 전략은 간단해 보이면서도 마케팅에서 가장 복잡한 주제 중 하나다. 올바른 가격 전략을 개발하기 위해서는 목표 고객들이 그 상품군과 담당 브랜드에 얼마를 기꺼이 지불할 것인지 판단할 수 있어야 한다. 가격을 낮게 설정해 매출을 빨리 키우는 것이 최선의 전략일까? 아니면 수익률을 높이기 위해 고가 정책을 수립하는 게 더 나을까? 가격과 브랜드 가치를 훼손하지 않으면서 할인이나 프로모션을 하는 최선의 방법은 무엇일까? 이 장에서는 브랜드의 장기적인 성장과 지속적인 수익률 확보에 가격이 미치는 역할에 대한 통찰을 전달할 것이다.

가격 책정의 기회와 장애물

제품을 더 많이 팔고 싶을 때 가격은 가장 주된 무기며 가격이 저렴할수록 고객들의 선택과 충성심을 얻을 수 있다고 생각하기 쉽다. 하지만 앞선 장에서 인간의 선택에 작용하는 심리적 요인들에 대해 설명했듯이 저렴한 가격으로 승부를 걸면 장기적으로는 제품 성공에 장애가 될 수 있다. 가격과 관련된 기회와 장애물에는 시장과 그 안에서 일어나는 경쟁구도, 필요한 이익률, 고객 수요, 제품 및 브랜드에 대한 소비자 인식 등 많은 변수들이 작용하기 때문이다. 표 14-1에서 몇 가지 예를 보자.

가격 인상과 매출 증대의 두 마리 토끼 잡기

가격을 관리하는 이유는 물건을 더 많이 팔기 위해서다. 일단 저가 전략으로 사업을 시작하면 그 위치에서 벗어나기 어렵다는 사실을 명심하라. 이런 어려움을 극복하려면 가격 인상을 합리화하는 공격적인 브랜드 캠페인이 필요할지도 모르고, 그렇게 되면 막대한 광고비로 제품의 수익률에 똑같이 악영향을 미친다.

가격을 인상하고도 제품을 더 많이 판매하고 싶다면 다음 조언을 따르라.

- **브랜드 인지도 쌓기** : 인지도가 더 높은 브랜드는 프리미엄 가격을 받을 수 있다. 제7장과 제8장에서 설명했던 그로스해킹이나 소셜미디어, 기타 홍보 활동을 통해 브랜드의 인지도 개선에 투자하라.
- **제품 품질 높이기** : 제품을 개선하고 새로움을 부여함으로써 소비자들이 더 높은 비용을 기꺼이 지불할 만한 근거를 제공하라.

표 14-1 가격 책정과 관련된 기회 및 장애

기회	장애
제품을 큰 부담 없이 시도해볼 수 있도록 초기 가격 설정	시장 주도 브랜드들에 맞춘 가격 전략
상품의 가치와 수요가 증가함에 따라 가격 인상 고려	신규 고객들을 견인하기 위한 저가 전략
매출과 고객충성도를 견인하기 위해 스페셜 오퍼 제공	지나친 할인으로 기존 고객 관계 및 장기적인 매출에 악영향
수익률 증대를 위해 가격 책정	수익률에 영향을 주는 가격 정책

- **소셜 대화를 확대하기** : 제품에 만족한 고객들에게 그들의 행복한 경험을 소셜미디어에 게시함으로써 입소문을 내게 만들어라. 입소문이 형성되면 경쟁 제품보다 가격을 5~10% 더 높게 책정할 수 있다.
- **명품 가격 전략 활용하기** : 좀 더 고급스럽고 세련된 제품 패키지나 광고를 기획하면 제품 가격을 20%에서 최고 100%까지 더 높일 수 있다. 현재 패키지 디자인을 보라. 할인 가판대와 베스트셀러 진열대 중 어느 곳에 더 어울리는가?

이 모든 활동에는 돈과 자원, 시간이 필요하다. 따라서 잠재적 결과와 성과를 따져보고 최적 옵션을 선택해야 한다.

때로는 경쟁 제품의 가격 때문에 수익률이 떨어진다는 것을 알면서도 어쩔 수 없이 가격을 내리는 경우가 있다. 이런 상황에 처해 있다면 제품 유통 전략의 변화를 모색하라. 아무리 생각해도 방법이 없다면 그 제품 라인은 아예 접는 편이 나을 수도 있다.

지나친 할인이 초래하는 위험에 대처하기

잠재 고객들의 제품 구입을 유도하기 위해 제품 가격을 대폭 할인하는 방법은 상당히 그럴듯하지만 조심해야 한다. 그루폰처럼 특가 할인을 주도하는 플랫폼이나 프로그램을 활용하면 보상보다는 위험이 더 많이 따른다. 여기 비즈니스 인사이더에서 실시한 흥미로운 설문조사 결과가 있다.

- 설문 대상 회사 중 그루폰 사용 업체의 약 80%는 원래의 제품 가격을 50~75% 할인했다고 밝혔다.
- 할인을 통해 정상 수준의 25%밖에 안 되는 수익을 달성한 회사들도 많았다.
- 이윤이 6~8% 수준이었던 음식점들은 할인 행사 후 이윤이 3%대로 줄었고, 이는 장기적인 사업 운영에 도움이 되지 않았다.
- 참여 기업의 50% 이상은 그루폰 고객의 극히 일부만 브랜드 고객으로 유치할 수 있었다. 그 수치가 25%인 회사도 있었지만 50% 이상 고객들을 유치한 회사는 없었다.
- 그루폰 프로그램에 참여한 업체 대다수는 두 번 다시 이 플랫폼을 사용하지 않겠다고 했고, 50%는 지인에게 추천하지 않겠다고 밝혔다.

실망스러운 수익은 차치하고, 신규 고객을 확보하기 위해 벌이는 특가 할인 활동에는 또 다른 위험이 따른다. 그중 하나는 특가를 제공받지 못했던 기존 충성 고객들이 배신감을 느끼고 거래를 단절할 수 있다는 점이다. 게다가 브랜드의 가치도 떨어질 수 있다. 일단 가격을 확 낮추면 그 제품에 대해 고객들이 느끼는 고급스러운 이미지는 가격과 함께 떨어지고, 이는 당연히 사업에 악영향을 미친다.

많은 소비재 브랜드들이 자주 세일에 들어가기 때문에 다음 세일이 올 때까지 구매를 보류하는 고객들이 많다. 이런 상황은 오랫동안 소매유통의 제왕으로 군림해왔던 백화점의 입지를 약화시켰고, 이에 따라 통합되거나 폐점되는 매장들이 늘고 있다.

가격 인하는 인상보다 손쉬운 대책이다. 그러나 일단 가격을 낮추면 사람들은 그 제품을 더 높은 가격으로 사고 싶은 생각이 없어진다. 이렇게 되면 제품의 판매량은 증가하거나 유지된다 할지라도 수익률은 하락한다.

가격 책정이 고객의 제품 구매에 미치는 영향 탐색하기

가격민감도(price sensitivity)란 가격이 구매에 미치는 영향력의 정도를 말한다. 마케터는 고객들이 해당 제품의 가격에 어느 정도로 민감한지 그리고 가격을 일정 수준으로 인상하거나 인하하면 제품의 수익은 어느 정도 영향을 받는지 측정해야 한다.

이를 파악하는 최선의 방법은 소규모로 테스트를 하는 것이다. 하지만 이 경우에는 고객들에게 직접 묻는 방법은 바람직하지 않다. 일단 가격 인상을 환영하는 소비자는 없고, 그들에게 추가 지불 의향을 묻는 것은 회사의 탐욕을 드러내면서 브랜드에 적신호가 되기 때문이다. 따라서 이런 식의 방법은 고객충성도나 매출 개선에 아무런 도움이 되지 않는다.

가격 관련 테스트로 신뢰할 만한 결과를 얻기 위해서는 다음 방법을 고려하라.

- 월간 매출과 연간 매출 면에서 일반적인 판매 트렌드를 보이는 시장을 선택하라.
- 특별한 마케팅 활동이 없는 상태에서 가격을 인상하라.
- 다른 변수들은 일정하게 유지함으로써 오직 가격이 판매에 영향을 미친 유일한 요소가 되게 하라.

» 다른 시장과 동일한 제품 패키지 및 마케팅 메시지를 사용하라. 가격 외에 제품에 차이가 있을 경우에는 판매 변화를 일으킨 주체가 무엇인지 분석하는 데 어려움을 겪게 된다.

더 높은 가격으로도 판매량이 유지되거나 오히려 상승했다면 테스트에 적용된 가격까지는 인상해도 큰 무리가 없을 것이다.

가격민감도를 나타내는 또 다른 지표는 경쟁자가 가격을 인하했을 때 매출에 미치는 영향이다. 만약 이런 상황에 직면했다면 시장점유율과 수익에 미칠 악영향을 방지하기 위해 경쟁사와 동일하게 가격을 낮추거나 생산 비용을 통제함으로써 수익 구조를 개선하라.

제품 가격은 똑같더라도 시장이 변함에 따라 가격민감도가 달라질 수 있다. 시장과 경제 상황을 주시함으로써 문제가 발생하기 전에 대비를 해놓도록 하자.

가격 인상 없이 수익률 높이기

회사의 현금 흐름과 수익에 영향을 미치는 요인에는 가격만 있는 게 아니다. 여기 가격을 인상하지 않고도 수익률을 높일 수 있는 몇 가지 방법이 있다.

» **할인 빈도와 영향력을 추적하라.** 제품을 할인할 때에만 판매가 일어나는가? 가격이 떨어졌을 때 제품을 대량 구매해서 쟁여 놓는 고객들이 많은가? 만약 그렇다면 가격보다는 프로모션 유형을 바꾸는 게 낫다.

» **요금 산정 방법을 검토하라.** 고객들에게서 거둬들인 요금 수입이 줄어드는 경우도 있다. 이는 특히 어떤 서비스에 대해 기본 가격을 책정하거나 구입 후 별도의 유지 · 관리 서비스가 필요하거나 특별 옵션이나 서비스를 위해 부가 요금을 납부하는 제품의 경우에 더 중요하다. 이런 경우에는 서비스 비용을 충당하면서 수익을 창출할 수 있도록 요금이 제대로 책정돼 있는지 확인하라. 시장에서 인식하는 제품에 대한 가치도 함께 확인해야 한다.

» **요금 구조가 현재 상황에 맞는지 확인하라.** 온라인에서 상품을 확인하는 고객들이 많아지면서 이제 사람들은 대부분의 거래를 무료로 받을 것으로

기대하는 경우가 많다. 이런 측면에서 은행들은 거래 수수료를 재고해봐야 한다. 실제로 많은 은행들이 계좌이체 등의 거래를 할 때마다 수수료를 부가하는 대신에 통장 잔고가 기준보다 적은 경우에는 월간 수수료를 부가하는 방식으로 정책을 바꾸고 있다. 이처럼 시장 수요나 니즈가 변화함에 따라 제공하는 서비스와 수수료 책정 방식도 바뀌어야 한다.

상품의 정가 책정하기 혹은 변경하기

지금부터는 제품 가격을 책정하거나 변경할 때 고려해야 할 몇 가지 지침에 대해 설명할 것이다. 그림 14-1은 가격 책정 프로세스를 보여준다.

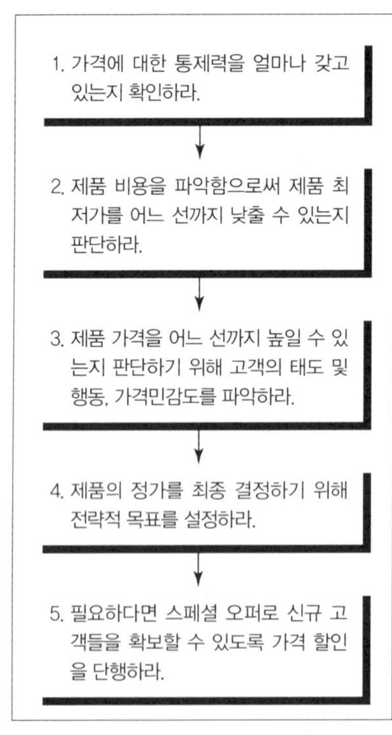

그림 14-1
가격 책정 프로세스

1단계 : 모든 요인을 고려하라

가격은 회사가 원하는 대로 정할 수 있지만 고객들에게는 가격의 상한선이라는 게 있다. 그래서 결국에는 회사가 원하는 수익 목표에 맞는 가격이 결정되고 시장에 공표된다. 가격을 결정할 때는 그 제품을 유통하는 도매업체나 소매업체들의 존재도 고려해야 한다. 그들이 취하는 마진이 제품의 수익에 미치는 영향력을 고려하면서 그들이 자신들의 채널에서 그 제품을 적극적으로 진열하고 유통할 만큼의 수익은 보존해줘야 한다.

가격을 결정할 때에는 도매업자를 포함한 유통 파트너들의 의견도 수렴해서 그들 관점에서 찾을 수 있는 가격의 잠재적 문제를 확인해야 한다. 유통에서 진행하는 할인 프로모션에 대한 정보는 그들이 더 많이 알고 있기 때문에 회사가 정한 수익 목표에 그런 유통의 변수까지 고려해서 가격을 책정하라. 그래야 사업 목표와 재무 목표를 모두 달성할 수 있다.

다단계 유통 채널(도매상, 중간도매상, 소매상, 대리점 등 중간 유통업체상)을 통해 제품을 판매하는 회사는 먼저 영업 할인 구조부터 확립해야 한다. **영업 할인**(기능 **할인**이라고도 부른다)이란 중간 유통업체에 제공하는 할인율을 의미한다. 유통사들은 제품 판매가에서 자신들이 취할 이윤을 뺀 가격으로 제품을 매입하기 때문에 거래를 결정하기 전에 중간상의 영업 할인 구조부터 파악해야 한다. 보통 마케터는 중간상의 할인 구조를 일련 숫자로 표시한다. 중간상의 할인율을 적용할 때에는 정가를 기준으로 하지 말고 유통 프로세스 중 바로 앞 단계에 있는 중간상에 판매하는 가격을 기준으로 한다.

2단계 : 제품 원가를 확인하라

어떤 제품이나 서비스의 실제 원가를 정확하게 파악하기란 쉽지 않다. 따라서 그 제품을 생산하고 판매하는 과정에서 발생하는 모든 비용을 꼼꼼히 따져봐야 실제 원가를 정확하게 산정할 수 있다. 원가에는 기회비용과 창고에 보관 중인 제품에서 발생하는 휴면비용 등도 포함해야 한다. 사무실 전기세나 직원 교통비, 창고비 등도 모두 경상비에 포함돼 있는가? 그밖의 세부 지출 항목들도 확인하고 추가하라.

제품 원가를 빠짐없이 정확하게 파악해야 적자를 일으키지 않는 최저 가격을 책정할 수 있다. 때로는 신규 고객 확보를 위해 적자를 감수하고 싼 가격에 제품을 판매하는 경우도 있지만, 이런 전략은 덤핑 문제로 고소될 수 있으므로 신중해야 한다(비윤리적인 덤핑 행위에 대해서는 이 장의 마지막 섹션에 있는 '공정거래 관련 규정 숙지하기' 내용을 참조하라).

일반적으로 제품 가격은 보통 제품 원가에 가격의 20~30% 선의 이윤을 부가해 정한다. 이 경우에 제품 원가는 판가의 70~80% 정도가 된다. 이렇게 정한 가격이 소비자들에게도 적당한지 테스트하라.

원가에 목표 수익을 더한 숫치가 책정할 수 있는 가격 범위의 최저선이 된다(그림 14-2 참조). 마케터가 해야 할 일은 제품의 인지된 가치를 높여서 시장 수요뿐 아니라 조직의 수익 목표에도 부합될 수 있도록 가격을 최대한 높이는 것이다.

3단계 : 고객의 가격 선호도 평가하기

3단계는 간단히 말해 그 상품이 속한 품목과 그 상품에 대해 고객들이 일반적으로 얼마를 기꺼이 지불할 의향이 있는지 확인하는 것이다. 소비자 지불 의향 가격이 늘 논리적인 것은 아니다. 폭스바겐 투아렉과 포르쉐 카이엔은 같은 플랫폼에서 비슷한 부품으로 제조되지만, 대부분의 소비자는 포르쉐 카이엔에 훨씬 더 높은 비용을 지불하려 할 것이다. 제2장에서 설명했던 것처럼 제품의 가치는 고객이 그 브랜드에서 취하는 정서적 충족 정도에 따라 결정되기 때문이다.

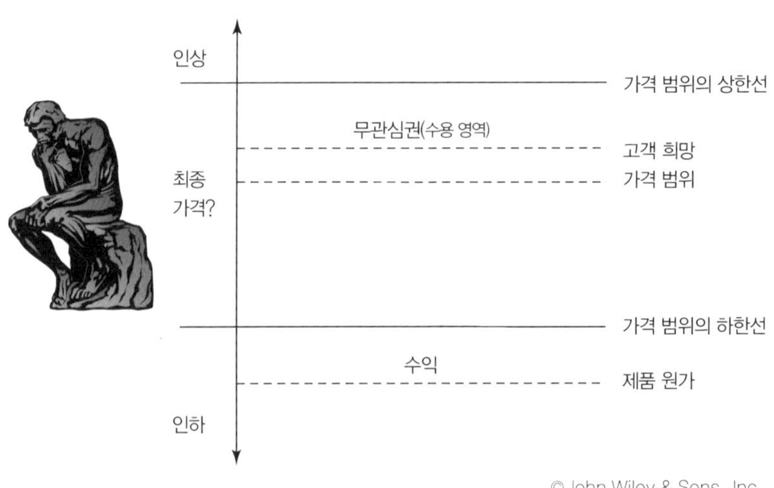

그림 14-2
가격 책정 범위 정하기

이런 측면에서 보면 고객이 기꺼이 지불하겠다고 말한 가격이 실제의 상한선은 아닐 수도 있다. 고객이 원하는 가격 중 최고가와 최저가의 사이를 **무관심권**(indifference zone)이라 부른다. 그 범위 내에서는 가격을 인상하든 인하하든 고객이 크게 관여하지 않는다는 말이다. 그러나 제품 가격이 인상되면 무관심권 영역이 좁아진다(퍼센트 기준으로). 회사의 제품은 무관심권의 크기가 넓은가? 아니면 좁은가? 제품에 대한 고객의 가격민감도가 높으면 무관심권의 크기는 좁고, 가격민감도가 낮으면 무관심권은 넓어진다.

비슷한 규모로 판매되는 유사 제품들의 가격대를 보면 가격에 대한 소비자 선호도를 판단할 수 있다. 그 가격들이 높아지고 있나? 아니면 낮아지고 있나? 혹은 동일 가격을 지속하고 있는가?

가격을 분석할 때는 실제 매장에서 판매되는 가격뿐 아니라 온라인 판매 가격도 포함해야 한다. 온라인과 오프라인에서 제품 가격 및 할인 전략을 다르게 구사함으로써 고객들에게 다양한 옵션을 제공하는 것도 하나의 방법이다.

가장 단순한 방법은 앞서 '가격 인상과 매출 증대의 두 마리 토끼 잡기'에서 설명했던 제안들을 따름으로써 고객의 무관심권의 상한선에 맞춰 가격을 책정하는 것이다. 가격이 원가보다 높으면서 원하는 수익을 창출할 수만 있다면 안전하다. 그러나 이런 말이 현실 세계에서 늘 가능한 것은 아니다. 다음에 이어지는 4단계에서 제품 가격을 최종적으로 결정할 때 고려할 만한 팁을 몇 가지 더 알려주겠다.

4단계 : 가격에 대한 부차적인 요인 고려하기

제품 원가와 고객의 지불 의향 외에 가격을 가능 책정 범위의 상한선 대신 중간이나 하한선으로 책정할 수밖에 없는 요인들이 존재할 수 있다. 그리고 때로는 이런 가격 전략으로 경쟁 판도를 바꾸는 중소기업들도 있다. 이런 부차적인 성공 요인으로 고려할 만한 것은 다음과 같다.

» **경쟁 이슈** : 막상막하의 경쟁 브랜드로부터 시장점유율을 뺏고 싶은가? 그렇다면 그 제품 가격보다 조금 낮게, 그러면서도 고객들이 인식할 수 있을 정도로 낮게 가격을 책정하라. 하지만 상대도 더 낮은 가격으로 역공할 경

우에는 결국 서로의 이익만 갉아먹는 가격 전쟁으로 번질 수도 있으니 신중하게 판단하라.

» **향후 가격 트렌드 예측** : 관련 제품들의 시장 가격이 떨어지는 추세인가? 그 상품군이 소모품화되고 있거나 저가로 시장을 잠식하는 브랜드에 위협당하고 있는가? 이런 일이 벌어지면 제품 원가를 조정해서 수익률을 보존하는 등 어떤 대응이 필요할 수 있다.

» **통화 변동** : 통화나 환율 변화도 제품 원가와 가격 정책에 영향을 미칠 수 있다. 만약 급작스러운 환율 변화로 제품 원재료비가 급격히 치솟을 것으로 예상된다면 무관심권의 상한선으로 가격을 조정함으로써 미리 대비해야 한다.

» **제품 라인 관리** : 제품 라인 관리 측면에서 가격을 조금 올리거나 낮출 수도 있다. 예를 들어, 같은 제품 라인에서 가장 프리미엄 이미지가 강한 제품은 다른 제품들의 가격보다 훨씬 높게 책정해야 한다. 그래야 그 제품의 시장 포지셔닝을 고객들에게 확실히 인식시킬 수 있다.

5단계 : 전략 목표 설정하기

가격을 확정하기 이전에 장 · 단기 사업 전략부터 명확히 수립해야 한다. 이를 위해 스스로에게 던져야 할 질문에는 다음과 같은 것이 있다.

» 투자자와 새로운 고객의 마음을 얻기 위해 시장점유율을 높여야 하는가?

» 럭셔리 시장에서 리더가 됨으로써 더 높은 가격을 부가하고 특정 니치 시장을 충족시켜야 하는가?

» 이 제품의 주요 목표는 수익을 환원해 신제품 개발과 시장 확장에 필요한 자금을 지원하는 것인가?

» 새로운 수입원을 확보하기 위해 애플처럼 주요 제품을 지원하는 부가 서비스나 액세서리가 필요한가?

이런 질문들에 대한 답을 하다 보면 시장에 진입하고 제품 기반을 확장하고 미래 성장에 영향을 주는 올바른 가격을 책정할 수 있다.

신제품을 시장에 도입할 때 고가 전략을 구사함으로써 판매량을 최소화하는 경우도 있다. 대중시장을 공략해 제품을 대량으로 생산하는 대신에 초기에는 가격에 덜 민감한 부유층을 대상으로 고가로 판매하고, 이후 수익 목표를 달성하기 위해 가격을 낮추고 생산량을 확대하는 **스키밍**(skimming) 가격 전략이다. 그런 다음 수익 목표를 달성할 수 있도록 가격을 낮추고 생산량을 확대하는 전략을 펼친다. 이는 명품 시장에서 흔히 볼 수 있는 전략이다. 한때는 특정 매장에서만 독점적으로 판매하던 명품이 이제는 JC페니나 시어스 같은 대중 백화점에서 판매되는 경우가 종종 있다.

이런 유통 전략을 전개하면 명품으로서의 포지셔닝을 잃게 되므로 이런 결과가 원하는 목표와 부합하는지 분명히 확인해야 한다. 적극적 시장 공략을 통해 단기에 사업성과를 창출해야 할 경우에는 스키밍 가격 전략이 적당하지 않다.

6단계 : 제품 가격에 대한 고객 심리 마스터하기

이 책에서 전반적으로 다루는 내용이지만 가격 책정에 있어서도 심리적 요인이 강하게 작용한다. 가격을 어떻게 책정하느냐에 따라 제품 가치에 대한 소비자들의 인식 및 구매 욕구에 영향을 미치기 때문이다. 다음의 내용은 인간의 심리를 바탕으로 구사하는 가격 책정 방법에 대한 몇 가지 통찰이다.

홀수-짝수 가격 책정

소비자들의 제품 선택에서 홀수 가격은 짝수 가격보다 훨씬 더 효과적이다. 이를 증명하는 연구는 많다. 일부 연구에서 소비자의 70%는 10달러가 찍힌 가격표보다 9.99달러가 찍힌 가격표를 선호한다고 말한다. 그 차이는 불과 1페니밖에 안 되지만 9.99달러는 10달러보다 훨씬 더 낮은 가격으로 느껴진다는 의미다. 이는 인간의 마음이 때에 따라 얼마나 비합리적으로 작동하는지 보여준다. 가격을 1페니 낮추는 이런 전략은 제품 수익에 거의 해를 입히지 않으므로 그렇게 하지 않을 이유가 없다. 월마트는 이 전략에서 한 걸음 더 나아가 매장에서 판매하는 제품들의 상당수에 99센트 대신 98센트나 88센트로 끝나는 가격을 매겼고, 이를 통해 월마트 제품들이 경쟁 매장에서 판매하는 제품들보다 훨씬 더 저렴하다는 인식을 소비자들 사이에 심어줄 수 있었다.

제품 가격을 99센트나 98센트, 심지어 95센트로 내리면 단지 몇 센트가 아니라 몇 달러를 할인하는 것 같은 효과를 낸다. 2달러나 200달러보다 1.99달러나 199달러를 가격으로 택하라.

가격 단계화 전략

가격 단계화(price lining) 일명 가격 기준점 전략을 활용하는 것은 제품을 다양한 대안들로 구성함으로써 소비자들 마음에 그 제품에 대한 논리적 기준을 만드는 방법이다. 듀크대학교의 행동심리학 교수이자 심리학자인 댄 애리얼리 박사는 다양한 상황에서 이 현상을 연구했다. 그는 비슷한 제품들에 대해 여러 가격을 매겨서 제시하면 일반적으로 사람들이 중간 가격의 제품을 선택한다는 사실을 발견했다. 가장 비싼 제품 대신 중간 가격 제품을 선택함으로써 책임 있는 소비를 했다는 느낌을 갖는 것이다. 가장 저렴한 제품을 택하지 않는 것은, 자신이 그보다는 더 나은 제품을 가질 만한 가치가 있다고 느끼기 때문이다.

인간의 이런 반응, 즉 이런 인지적 편향을 심리학 용어로는 **정신적 기준점**(mental anchoring)이라 일컫는다. 인간은 보통 처음 확인한 정보의 파편을 중심으로 선택이라는 프레임을 정한다는 것이다. 이는 투자에 있어서도 흔히 나타나는 인간의 성향으로, 행동경제학 연구들을 보면 더 세부적인 내용을 찾을 수 있다.

가격 기준점 전략은 요식업에서 많이 쓰인다. 식당 메뉴판에 스페셜 메뉴로 아주 값비싼 음식이 있는 것을 종종 본다. 이런 고가의 메뉴를 주문하는 사람은 거의 없지만, 이보다 조금 가격대가 낮은 메뉴가 있으면 여전히 고가임에도 불구하고 그 음식을 주문하는 사람들이 꽤 생긴다. 이는 비합리적인 요인을 활용해서 인간에게 '합리적인' 사고의 혜택을 부각시키는 쉽고 효과적인 전략이다. 평소라면 3만원이 넘는 음식은 주문하지 않은 사람이 10만원짜리 메뉴를 발견한 다음, 그보다는 좀 저렴한 5만 원짜리 음식을 시키는 것이다.

프레임 전략

제품에 대한 오퍼를 어떤 식으로 표현하느냐 혹은 어떤 프레임으로 제시하느냐에 따라 소비자들이 인식하는 가치가 달라진다. 연구 결과에 따르면 "하나를 구입하면 또 하나가 무료입니다"라는 오퍼가 "한 개 가격으로 두 개를 구입하세요"라는 오퍼보다 판매량을 늘리는 데 더 효과적이라고 한다. 마찬가지로 "한 달에 600달러만 지불하고 이 차의 주인이 되세요"라는 말은 "이 차를 4만 달러에 구입하세요"라는 말보다 소비자의 행동을 이끄는 데 더 큰 힘을 발휘한다. 이 모든 것이 어떤 식의 프레임을 사용하느냐의 문제로 소비자들이 심리적으로 수용할 만한 가격을 책정하는 것이 핵심이다. 소비자의 구매 행동을 압도하기보다 더 합리적인 선택으로 보이게 하면 심리적 안정을 이끌어 구매 과정에서 두려움을 없앨 수 있다.

서술적 방법

프레임 전략에 덧붙여 형용사 같은 사소한 표현을 하나 덧붙여도 효과가 높아진다. 가령 카네기멜론대학교에서 수행한 연구를 보면 진열대에 붙은 가격에 '작은(small)'이라는 단어를 붙였더니 판매량이 20%나 증가했다.

경쟁적 가격 전략

경쟁적 가격 전략(competitive pricing)은 경쟁사의 가격을 기준으로 가격을 책정하는 방법이다. 제품이 경쟁사 제품보다 더 큰 편익과 가치를 제공한다면 더 비싼 가격을 책정하라. 반대의 경우라면 경쟁사보다 낮은 가격으로 출시하라. 경쟁사보다 덜 알려진 브랜드나 제품의 경우에도 가격을 낮춰야 사람들이 제품을 더 쉽게 시도할 수 있다.

가격이 제품의 명성을 높이기도 하는데, 명품 시장이 바로 그렇다. 명품은 가격이 하락하면 그 브랜드의 위상에도 영향을 미친다. 명품의 경우에는 감성적 충족감이 기능적 가치를 뛰어넘기 때문이다. 에이본이 티파니앤코를 인수했을 때 이런 일이 벌어졌다. 에이본은 저렴한 가격대의 보석 제품을 추가함으로써 티파니라는 브랜드를 대중 시장으로 확장하려 했다. 하지만 이 전략은 수백만 달러의 손실을 가져왔고, 결국 에이본은 브랜드를 다시 매각할 수밖에 없었다. 덕분에 티파니앤코는 고가 전략을 다시 구사함으로써 예전의 영예를 되찾을 수 있었다.

경쟁이 극심한 시장이라면 경쟁적 가격 전략을 고려할 만하다. 소비자들이 어떤 경쟁사 제품을 당신의 제품과 가장 비슷하다고 여기는지 판단한 다음, 그 제품 대비 확

실히 차별화할 수 있도록 가격의 차이를 충분히 벌려라. 경쟁 제품보다 가격을 얼마나 높일지 혹은 낮출지는 앞에서 '3단계 : 고객의 가격 선호도 평가하기' 섹션에서 설명한 고객의 무관심권의 폭에 따라 달라진다.

스페셜 오퍼 기획하기

스페셜 오퍼는 마케팅에서 특별한 위치를 점하고 있으므로, 특별히 신경 써서 기획해야 역효과를 내거나 브랜드 가치를 손상시키지 않는다. 다음은 프로모션과 쿠폰, 스페셜 오퍼를 통해 최대의 효과를 낼 수 있는 몇 가지 팁이다.

쿠폰과 할인 행사 진행하기

쿠폰과 무료 환불, 사은품, 증정품, 무료 샘플, 경품 등은 모두 새로운 고객을 유인하고 고객의 만족도를 높일 수 있는 스페셜 오퍼에 해당된다. 이런 마케팅 활동을 통해 고객은 자신이 좋아하는 브랜드로부터 좋은 조건에 제품을 구매하거나 시험해볼 수 있다. 여기서 중요한 점은 스페셜 오퍼를 적당한 주기로 시행함으로써 기존 고객은 물론 잠재 고객들이 그 가치를 진심으로 인정하고 원하게 만들어야 한다는 것이다.

인쇄형 쿠폰은 스페셜 오퍼의 가장 전통적인 형태로, 보통은 신문에 삽입되는 전단지로 배포되거나 매장에서 직접 나눠주거나 웹사이트에서 다운로드해서 사용하기도 한다. 쿠폰코드는 이메일로 고객에게 전송되는 경우도 있고, 전자상거래 사이트에 게시되기도 하며, www.retailmenot.com이나 www.coupons.com, www.groupon.com 같은 오픈마켓이나 소셜마켓 사이트에서도 찾을 수 있다.

또한 페이스북 같은 소셜미디어에서도 쿠폰코드를 배포해 팔로워들이 지인들과 공유하게 만들 수 있다. 이런 방법을 활용하면 별도의 비용 없이도 더 많은 잠재 고객들에게 접근할 수 있다는 장점이 있다.

요즘은 인기가 예전만 못하지만 QR 코드도 여전히 활용되고 있다. 다음번에 소비자들을 대상으로 설문조사를 할 때 QR 코드 이용 현황을 묻는 질문을 포함하는 것도 의미 있을 것이다.

최근 쿠폰을 배포하는 가장 흥미로운 방법은 증강현실(AR)을 이용하는 방법이다. DM 및 쿠폰 시장의 선도 기업인 발팍은 디지털 쿠폰용 AR 앱을 제공한다. 소비자가 이 앱을 다운받은 후 AR 아이콘을 탭하면 근처에 있는 매장 쿠폰들이 지평선 위에 뜬다. 소비자들은 실시간으로 스마트폰에 있는 쿠폰을 매장에 제시해 혜택을 받을 수 있다. 이보다 더 편할 수 있을까?

쿠폰은 타깃 고객에 맞는 채널에서 지급해야 한다. 예를 들어, 밀레니얼 세대에게 쿠폰을 뿌리고자 한다면 AR이나 모바일, 소셜미디어 채널을 활용하는 것이 좋다. 반면에 베이비붐 세대를 공략한다면 신문이나 특정 세그먼트를 대상으로 하는 전문 잡지를 이용하는 것이 바람직하다.

디지털 쿠폰 코드를 활용할 경우에는 누군가 그 제품을 검색하면 결과 페이지 상단에 쿠폰 페이지가 뜰 수 있도록 검색엔진 마케팅 전략을 세워라. 페이스북이나 구글 광고를 활용하면 쿠폰 이용률을 높이는 데 효과적이다.

다이렉트 메일도 쿠폰을 배포하는 오래된 방법 중 하나로, 요즘에도 지역 신문에 광고를 게재하는 정도의 효과를 발휘한다. 다양한 연령이나 특징을 가진 소비자들을 대상으로 프로모션을 진행할 경우에는 가능한 여러 매체를 사용하는 것이 효과적이다. 그리고 스페셜 오퍼 유형에 따라 어떤 채널이 가장 효과적인지 결과를 비교하라.

잊지 말아야 할 점은 쿠폰에 있는 코드를 추적해서 어떤 매체가 고객의 반응을 일으키는 데 가장 효과적이었는지 확인하는 것이다. 이를 위해 라디오, 인쇄물, 신문, 이메일 등 매체에 따라 다른 코드를 적용하라. 웹 분석 도구들을 활용하면 어떤 사이트가 가장 많은 트래픽을 이끌었는지 확인할 수 있어서 향후 디지털 마케팅의 효과를 더 높일 수 있다.

어떤 오퍼를 얼마나 많이 제공할 것인가?

대부분의 오퍼가 대다수 소비자의 마음을 움직이지 못한다는 사실을 염두에 두고, 스페셜 오퍼가 눈에 띌 수 있는 방법을 찾아야 한다. 애플이 몇 해 전 블랙프라이데이를 기념해 제품 가격을 할인한 적이 있었다. 맥북 프로를 100달러나 할인된 가격으로 구입할 수 있는 절호의 기회였으므로 사람들의 시선을 사로잡기에 충분했고 할인 행사는 엄청난 호응을 얻었다. 맥북의 가격을 생각하면 100달러를 깎아주는 것은 대단히 큰 할인 폭도 아니지만, 1년에 딱 한 번 있는 할인 행사라는 점에서 사람들은 조바심 속에 행사가 시작되는 시간에 맞춰 일제히 관련 사이트에 접속했던 것이다.

어떤 오퍼를 얼마나 많이 제공할 것인지 파악하는 몇 가지 팁을 알려주겠다.

» 할인 혜택이 50센트 이상인 경우에 80% 이상의 소비자들은 쿠폰이 굉장히 매력적인 오퍼라고 여긴다. 이렇게 많은 사람들의 마음을 움직일 수 있다면 충성 고객들의 구매량을 증대하고 경쟁사 고객들의 마음을 돌리는 데 쿠폰을 활용하자.

» 고객들에게 제값 주고 살 필요 없는 저렴한 브랜드로 인식되기 싫다면 쿠폰과 세일은 비정기적으로 실행하라.

» 쌍방의 이득이 기대되는 오퍼를 개발하라. 만약 제품 가격을 20% 할인해준다면 고객의 개인 정보를 제공하거나 회사에서 보내는 마케팅 이메일 수신을 동의함으로써 고객들도 당신에게 일종의 보상을 지급하는 것은 타당한 생각이다. 소비자들도 이 정도의 상호 이익은 납득하기 마련이다.

오퍼 교환율 예측하기

스페셜 오퍼를 실행할 때 가장 어려운 것이 **교환율**(쿠폰을 실제로 사용한 사람들의 비율)을 예상하는 것이다. 혜택의 폭을 높이면 투입되는 예산도 높아지므로 결과에 위험 요인이 커진다. 일단은 소규모로 오퍼를 테스트함으로써 효과에 대한 실제 데이터를 수집하라. 그리고 이 섹션에서 설명하는 내용들을 고려해 오퍼 교환율을 정확하게 예측해보자.

미국의 평균 쿠폰 교환율은 3%가 조금 넘는다(그리고 쿠폰의 평균 할인액은 정상 가격 기준으로 50센트 정도다). 스페셜 오퍼의 효과를 예측할 때 이런 평균 수치는 도움이 되지만 실제 교환율은 고객들이 그 오퍼를 얼마나 매력적으로 느끼느냐에 따라 더 높아지거나 낮아질 것이다. 마케팅의 모든 측면이 그렇듯 쿠폰 교환율도 소비자 연관성이 핵심이다.

구매 시점에 배포되는 교환이 용이한 오퍼는 구매 시점에서 멀리 떨어져 있는 오퍼보다 교환율이 훨씬 더 높다. 예를 들어, 신문 전단지나 웹사이트 배너로 들어간 오퍼는 교환율이 2% 정도지만, 동일한 오퍼가 구매 시점에 전자 방식으로 부여되면 교환율은 12%까지 높아진다. GPS 기반 쇼핑과 모바일 마케팅(제8장 참조)의 가치가 높아지는 것도 이런 측면 때문이다.

기획한 쿠폰의 교환율을 더 제대로 예측하고 싶다면 다른 오퍼들의 결과를 참조하라. 과거에 제공했던 오퍼보다 할인율도 높고 교환도 더 편리한가? 경쟁사 오퍼와 비교했을 때 혜택이 더 많은가? 그렇다면 평균 교환율보다 더 높은 결과를 예측해도 좋다. 특히 혜택이 큰 오퍼라면 꼭 소규모로 테스트한 이후에 진행하라. 그 오퍼를 웹사이트에 한 시간 동안 게시한 다음 어떤 일이 벌어지는지 지켜보라. 교환율을 확인하고 오퍼 규모에 따른 비용을 산정하라. 그러면 너무 많은 비용을 들이지 않고 효과를 낼 수 있는 최적의 방법을 더 잘 판단할 수 있다.

쿠폰이나 할인 오퍼의 효과를 측정하는 수학 공식이 별도로 있지만, 복잡해서 사용하기 어렵고 실용성보다는 이론적 개념이 강하다. 오퍼의 효과를 측정하는 최선의 방법은 소규모로 직접 실행해보는 것이다. 원하는 매출 상승이 실제로 발생한다면 규모를 확대해서 실행하라. 하지만 기대했던 결과가 나오지 않는다면 오퍼 내용이나 커뮤니케이션 채널을 변경함으로써 더 높은 효과를 낼 수 있는 대안을 찾아라.

매출을 증대하는 오퍼를 발견했다면 수익성에도 도움이 되는지 따져봐야 한다. 매출양은 조금 늘어났지만 고객들 대부분이 평소에 사던 양만큼을 할인 기간에 구입한다면 해당 오퍼로 수익을 증대하기는 어려울 것이다. 훨씬 더 바람직한 경우는 오퍼 덕분에 많은 신규 고객들이 그 제품을 처음으로 구입하고, 이후 일반적인 사용자로 정착하는 것이다.

스페셜 오퍼의 비용 예측하기

프로모션을 진행할 때는 항상 그 비용을 고려해야 한다. 늘어난 판매량에 비해 투입된 비용이 더 높다면 수익을 증대하는 효과는 당연히 없다. 예상하는 추가 매출에서 비용을 차감해서 프로모션의 실제 효과를 확인해보라. 전체 비용에는 광고비, 프로모션 비용, 심지어는 늘어난 수요에 대응하기 위해 직원들의 근무 시간이 늘어난 경우 그에 따른 추가 임금도 포함돼야 한다. 그래야 해당 오퍼가 실행됐을 때 비용에 따른 매출 효과를 정확히 산출할 수 있다.

기회비용도 계산하라. 가령, 할인 행사 덕분에 11월 매출이 급등했다면 12월 매출에는 아무 영향이 없을까?

이 공식대로 계산해보자. 제품을 구입한 고객 중 4%가 정상 판매가에서 10%를 할인해주는 쿠폰을 사용했을 경우 프로모션의 ROI를 측정하라. 쿠폰 프로그램을 실행하는 데 들어간 비용을 계산하기 위해서는 먼저 4%의 고객들이 구입한 제품의 양이 쿠폰 프로모션 기간에 발생한 전체 매출 중 4%를 차지하는지 확인해야 한다. 아마 그렇지 않을 것이다. 보통 사람들은 할인 혜택을 극대화하기 위해 평소보다 제품을 더 많이 구입하기 때문이다. 따라서 쿠폰을 실제 교환한 고객들이 얼마만큼 제품을 구입했는지 따져봐야 한다.

만약 쿠폰을 교환한 고객들이 평소 구매량보다 2배 더 많이 제품을 구입할 것으로 예상된다면(이는 꽤 높은 수치지만 편의상 그렇다고 가정하자) 평균 구매량의 2배를 적용하라. 해당 제품을 구입한 고객 중 4%가 한 달 평균 구매하는 제품량의 2배를 구입하는 게 된다. 이렇게 나온 숫자를 매출로 환산하라. 그런 다음 10% 할인가를 고려해 그만큼을 매출액에서 차감하라. 그러면 오퍼를 실행하는 비용을 파악할 수 있다. 자, 이 프로모션은 실행할 만한 가치가 있을까? 이런 식으로 간단한 산수만 해봐도 프로모션 효과를 어떤 식으로 개선할 수 있을지 방법이 떠오른다.

스페셜 오퍼의 특별함 유지하기

가격 인하는 쉽게 단행할 수 있지만 되돌리기가 어렵다. 그런 의미에서 일시적으로만 제품을 할인하고 정상가를 그대로 유지할 수 있는 스페셜 오퍼가 더 나은 옵션이 된다. 오퍼 기간이 끝나면 가격을 정상가로 되돌릴 수 있어서 매출과 브랜드 이미지를 영원히 할인하지 않을 수 있다.

정상 가격을 꾸준히 유지하면서 가끔씩 할인 행사를 진행하면 다음과 같이 특별한 니즈가 있을 때 가격에 변화를 줄 수 있는 유연함을 발휘할 수 있다.

» 경쟁사의 스페셜 오퍼나 신제품 출시에 대응하기 위해
» 고객들의 가격민감도를 테스트해서 실제 데이터를 확인한 후 효과가 타당한 경우에만 가격 할인을 단행하기 위해
» 제품을 사용해본 고객들이라면 제품 가격이 정상가로 회복해도 계속 사용할 것이라는 확신이 있을 경우
» 고품질 제품이라는 점을 강조하기 위해 고가 전략을 취하거나(명품 가격 전략), 같은 제품 라인에 속한 다른 제품들의 가격과 조화를 이루기 위해 고가 전략을 취할 경우(가격 단계화 전략)
» 경쟁사의 스페셜 오퍼 가격에 대응하거나 다른 시장의 기대에 부응하기 위해

만약 경쟁사가 할인 행사를 너무 자주 진행해사 고객들이 할인 행사가 됐을 때에만 제품을 구매한다면 경쟁사의 판매 가격이 사실상 인하됐다고 보는 게 맞다. 이런 경우에는 경쟁사의 할인가를 정상가로 간주해 경쟁 전략을 수립해야 할 것이다.

경쟁사들이 다른 회사의 스페셜 오퍼에 민감하게 대응할 경우 고객들은 가격 프로모션의 홍수를 겪게 된다. 이제 각 기업들은 브랜드의 힘을 키우는 마케팅 메시지보다 할인이나 무료 사은품 마케팅에 훨씬 더 많이 치중하게 되고, 고객들도 브랜드 가치나 혜택보다 가격에 따라 구매를 결정하게 된다. 스페셜 오퍼가 자주 진행되면 고객들의 가격민감도는 커진다. 그 결과 가격에 따라 브랜드를 교체하는 소비자가 늘어나므로 브랜드 충성도는 약해지고, 그저 가격에 따라 쇼핑을 하는 양상이 커진다. 스페셜 오퍼를 지나치게 자주 진행하면 가격에 따라 브랜드를 옮겨 다니는 소비자를 키우는 결과를 낳는다. 브랜드마다 핵심 고객 기반은 약해지고 비주류 고객들의 수만 늘어난다.

결과적으로 스페셜 오퍼는 브랜드 자산을 갉아먹고 고객충성도를 약화시키며 수익을 떨어뜨릴 위험을 동반한다. 이렇게 미끄러운 경사에서 발을 헛디디지 않도록 조심하라.

공정거래 관련 규정 숙지하기

스페셜 오퍼에 대한 최종 결정을 내리기 전에 그 내용을 변호사와 함께 검토하는 과정을 가져야 하지만, 미국 마케터라면 미국 연방법에 명시된 가격과 관련된 심각한 불법 관행들에 대해서는 미리 숙지하고 있어야 한다. 다음 사항을 어김으로써 위험에 빠지는 일은 반드시 피하자.

- **가격 담합** : 간단히 말해 가격 담합이란 같은 업종에 속한 경쟁사들이 서로 협상을 통해 가격을 미리 정함으로써 소비자가 가격에 따라 제품을 선택할 수 있는 기회를 박탈하는 것이다. 이런 가격 담합은 어떤 형태로든 불법으로 간주된다.
- **구매자들의 가격 담합** : 제조사로부터 제품을 받아 판매하는 소매업자들이 연합해서 제품의 도매가를 미리 결정하는 경우를 말한다. 이 또한 가격 담합으로 치부된다. 이런 상황이 벌어지면 회사 변호사들을 통해 검토하라.
- **가격 정보 교환** : 회사의 가격을 경쟁사에게 전달해서는 안 된다. 회사 직원 중 누군가가 상품 가격에 대한 정보를 경쟁사에 전하고 어떤 식으로든 그에 대한 보상을 받는다면 문제가 될 수 있다. 곧 시행 예정인 가격 인상을 공표하는 것을 가격 시그널 보내기라 부르는데, 이 또한 가격 정보를 관련자끼리 공유함으로써 다른 업체들도 가격을 인상해야 한다는 신호를 전달하는 불공정한 행위로 간주된다.
- **담합 입찰** : 입찰에 참여하는 경우에도 앞에서 설명했던 내용들이 똑같이 적용된다. 관련 정보를 다른 사람들과 공유하면 안 되고, 입찰 가격을 다른 참여자와 비교해서도 안 된다. 동일한 가격으로 입찰하지 않도록 하라. 경쟁 입찰에 참여하지 않기로 담합함으로써 한 프로젝트를 나눠 먹기 식으로 진행해서도 안 된다. 입찰 과정에서 어떤 형태로든 상대 업체에 메시지를 전달하는 것은 담합 입찰로 간주돼 문제가 될 수 있다.
- **평행가격책정** : 경쟁사에게 가격 정보를 유출하지 않았는데도 비슷한 가격 구조를 갖고 있을 경우에 미국 정부가 이를 가격 담합으로 치부할 수 있다. 경쟁사들이 가격을 동시에 불공정하게 높이는 결과를 똑같이 초래하기 때문이다. 물론 비슷한 가격 구조를 자연스러운 상황으로 인식하는

경우도 있다. 하지만 가능한 위험한 상황에 처하지 않으려면 경쟁사의 가격을 그대로 따라 하지 않는 게 상책이다.

» **가격압착, 약탈가격, 진입제한가격, 덤핑** : 이 네 가지 불법 행위는 실질적으로 의미가 같다(물론 미국 법령에서는 다른 조항으로 명시돼 있지만). 이 행위들은 모두 경쟁자가 시장에 진입하지 못하도록 혹은 사업을 하지 못하거나 특정 시장에서 몰아내도록 압력을 행사하는 불공정 행위이다.

가격은 상거래라는 방정식을 구성하는 하나의 변수일 뿐이다. 소비자들이 유형, 무형의 목적을 달성하는 데 보조하는 제품의 능력을 어떻게 포지셔닝하느냐에 따라 브랜드의 인지 가치와 고객들의 지불 의향 가격은 달라질 수 있다. 또 할인이나 스페셜 오퍼는 일상적인 가격 책정 방식이 아닌 고객의 충성도에 대한 보답이자 제품을 처음 시도하는 고객들을 유도하는 보조 수단으로 활용해야 한다.

Chapter 15

증강된 세상에서의 상품 계획과 유통 관리

제15장 미리보기

- 강력한 유통 전략으로 사업 키우기
- 최적의 유통 파트너와 소매업체 찾기
- 최적의 마케팅 채널 구조를 파악하고 소매 매출 극대화하기
- 구매 시점 인센티브와 전시물 기획하기

이제까지 발명된 적 없는 아주 위대한 제품을 개발했다 할지라도 그것을 유통할 뛰어난 채널과 전략이 없다면 아무 소용이 없다.

소매 유통의 질과 양은 B2B든 B2C든 모든 사업체가 고려해야 할 중요한 요인으로 제품에 대한 소비자들의 접근성뿐만 아니라 제품 가격을 결정하는 브랜드 명성과 가치에도 영향을 준다. 명품을 생산하는 회사의 경우에는 제품을 어디서 판매하느냐가 특히 중요하다. 보통 사람들은 삭스피프스애브뉴나 니만마커스 같은 고급 백화점에서 더 많은 비용을 지불할 준비가 돼 있기 때문이다. 하지만 명품을 JC페니 같은 할인 상품 위주의 백화점에서 판매하기 시작하면, 그 순간부터 브랜드의 인지된 가치는 급격히 떨어지고, 제품 가격도 할인된 가격으로 영원히 고착될 수 있다.

제품의 유통 전략도 브랜드 전략 및 가격 전략과 관련된 모든 측면을 고려해야 한다. 명품 브랜드라면 고가 전략으로 배타성과 명품 이미지를 고수할 수 있다. 명품을 다수의 채널에 유통하고 저가로 판매하면 많은 사람들이 그 상품에 접근할 수 있으므로 명품이나 고가 제품으로서의 이미지를 잃게 된다. 입생로랑이나 할스턴, 리즈클레이본, 쥬시꾸뛰르 등을 생각해보라.

명품 브랜드가 아웃렛 매장(요즘은 디지털 세상에서도 성장 중이지만)에 입점하면 단기적으로는 매출을 증대할 수 있지만 장기적으로는 브랜드 이미지에 타격을 입는다. 그 브랜드에 이 사람 저 사람 할 것 없이 쉽게 접근하고 사용하게 되면서 남과 다른 모습을 위해 큰돈도 기꺼이 지불했던 사람들이 추구해온 브랜드의 배타성이 사라지기 때문이다. 또한 아웃렛에서는 다른 채널보다 더 저렴한 가격으로 상품에 접근할 수 있어서 다른 유통사와의 관계뿐 아니라 회사의 수익률에도 영향을 준다.

이 장에서는 업종과 상관없이 모든 브랜드가 지속 가능한 유통 전략을 통해 매출과 수익, 브랜드 자산을 키울 수 있는 방법에 대해 소개할 것이다.

유통 전략 고려하기

대개 마케터가 제품의 매출을 높이기 위해 제일 먼저 하는 일은 소매점 및 유통업체 수를 늘려서 더 많은 제품들이 매장에 진열되고 판매될 수 있게 하는 것이다. 그러나 이런 전략이 늘 최선의 효과를 가져오지는 않는다. 특히 장기적으로 강력한 브랜드 자산을 구축하고 싶다면 이는 올바른 전략이 아닐 수도 있다. 유통 전략은 회사의 전체 목표 및 마케팅 목표를 기반으로 수립돼야 한다.

오늘날에는 어떤 제품이든 선택할 수 있는 유통 채널이 더 많아졌다.

- 온라인 전자상거래 채널
- 다단계 마케팅 채널
- 주요 소매점
- 도매상

» 할인매장
» 카탈로그 판매

채널 전략에는 해당 매장에서 제품을 어떤 식으로 진열하고 표현할 것인지 결정하는 것도 포함된다. 소매점의 경우라면 식품점의 엔드매대나 백화점 입구에 있는 키오스크처럼 핵심 진열 공간을 구입하는 것과 관련돼 있고, 온라인 공간에서는 사람들이 검색에서 많이 사용하는 주요 용어를 구입하거나 장바구니 페이지에 게시되는 '이 상품을 구입한 고객이 함께 산 상품' 같은 프로그래머틱 마케팅이나 팝업 광고를 진행하는 것이 해당된다.

B2B 마케터들에게 유통 전략이란 해당 산업과 관련된 각종 컨벤션, 전시회, 박람회 등은 물론 온라인 디렉토리에서 고객사 구매 담당자들의 관심을 끌도록 마련한 모든 활동을 의미한다. 다른 마케팅 요소들과 마찬가지로 최근 유통 공간에도 많은 혁신이 일어나고 있다. 이 장에서는 전통적인 유통 기법들은 물론 새로운 옵션들에 대해서도 핵심 내용을 전달할 것이다.

유통 전략은 어떤 산업이든 새로운 사업을 시작하고 성장시키는 데 매우 중요한 역할을 한다. 제품을 세상에 내놓기 전에 다음 요인을 고려하라.

» **선택적 유통 전략**(selective distribution strategy) : 명품 산업에서 많이 활용하는 전략으로, 말 그대로 유통 채널을 선별적으로 운영하는 것을 뜻한다. 제품 이미지와 가치에 맞는 소수의 매장을 선정한 후 고가 정책으로 소량 판매의 단점을 보충하고 럭셔리한 브랜드 이미지를 구축한다.
» **독점적 유통 전략**(exclusive distribution strategy) : 선택적 유통 전략의 극단적 형태로 제품을 한두 곳의 전문 매장에서만 판매하는 것을 말한다. 희소성과 배타성을 원하는 독특한 상품에 대해서는 고가 정책을 정당하게 하면서 유통비를 줄일 수 있는 효과적인 전략이다.
» **개방적 유통 전략**(intensive distribution strategy) : 일반 대중을 대상으로 판매하는 소매 제품에는 개방적 유통이 최선의 옵션이 될 수 있다. 제품을 가능한 많은 채널에 진열함으로써 판매를 극대화하기 때문이다. 이를 위해서는 타깃이나 월마트 같은 거대 소매 체인점에 입점하는 것이 중요하다. 개방적 유통을 선택하면 가격 책정이나 재고 관리 권한을 거대 소매점

에 넘겨줘야 하는 경우가 많다. 그리고 유통사가 요구하는 생산 조건에 부응하기 위해 많은 투자가 필요하다. 월마트 같은 대형 유통과 거래 계약을 체결하기 전에 위험 요인을 최소화한 상태로 그들이 원하는 납품 조건을 맞출 수 있는지 먼저 확인하자.

» **80/20 전략** : 대부분의 제품이 상위 20%의 소매점에서 전체 매출의 80%를 벌어들이는 경우가 많으므로 이 전략 또한 중요하다. 간단히 말해서 가장 효과가 높은 유통 채널에 가장 좋은 조건으로 제품을 납품하거나 지원 서비스와 마케팅 활동을 집중함으로써 제품 진열에 있어서 유통업체의 충성심을 얻는 방법이다. 물론 실적이 저조한 유통 채널에서 판매량을 증대하는 것도 중요하다. 이런 소매점에서는 매출이 조금만 늘어도 수익률에 큰 영향을 미치기 때문이다.

여기에 **평행 유통 채널**(parallel distribution channel)도 개발할 것인지 결정해야 한다. 평행 유통이란 **경쟁적 채널**(competitive channel)로도 알려져 있는데, 소매점이나 중간상을 통하지 않고 소비자에게 상품을 직접 판매하는 것을 말한다. 평행 유통 채널 전략을 취할 경우에는 제품 판매를 위해 의존 관계에 있는 유통사들과 직접적인 경쟁 구도에 놓이게 된다. 예전에는 평행 유통 채널 전략을 터부시하는 경향이 있었지만 최근 들어 점점 더 일반적으로 수용되고 있다. 예를 들어, 애플은 오프라인 소매점뿐 아니라 애플스토어, 컴퓨터 판매 웹사이트, 애플의 자체 웹사이트에서 자사 제품을 판매한다. 델도 이런 판매 방식을 갖고 있고 파타고니아도 마찬가지다. 회사가 속한 산업에서는 이런 유통 전략이 어떤 식으로 행해지고 있는지 살펴보라. 또한 기존에 충성심을 보였던 유통 파트너들에 부가하는 위협을 최소화하면서 평행 유통 채널 전략을 효과적으로 구사할 수 있는 방법은 없는지 강구해보라.

다음의 내용을 보면 유통 프로그램으로 최상의 효과를 낼 수 있는 방법이 몇 가지 더 있다.

» **유통 네트워크를 확장하라.** 제품을 판매할 수 있는 신규 채널을 탐색하는 일을 멈춰서는 안 된다. 온라인 채널과 지역 공동체에서 벌어지는 각종 이벤트, 전자상거래 사이트는 물론이고 사업 거래에 대한 기회를 모색하는 전시회도 판매 채널이 될 수 있다.

» **제품의 가시성을 높여라.** 유통 전략을 통해 매출을 증대하는 방법 중 하나

는 기존 유통 채널 안에서 진열 방법이나 커뮤니케이션 기법을 개선함으로써 제품이나 서비스의 가시성을 높이는 것이다.
대부분의 체인형 소매업체들은 제품 매입가에 특별 프로모션 할인율을 적용하거나 공동 광고비를 내면 더 좋은 공간(엔드매대나 눈높이에 맞는 진열 공간)에 제품이 진열될 수 있는 기회를 준다. 이런 기회들을 찾아 매장에서 제품 가시성을 최대한 높여라.

매대 진열 전략

제품을 진열대에 전시할 때 성공 원칙은 실제 매대든 디지털 매대든 트래픽이 가장 많은 공간을 확보하는 것이다. 그 공간에서 해당 제품을 가장 눈에 띄게 하는 것은 두 번째 과제다. 유통업체의 자체 브랜드로 판매되는 PB(private brand) 상품이 늘고 하루에도 수많은 신상품들이 쏟아지면서, 자신의 제품을 소비자의 눈높이에 맞는 매대 공간에 전시하려는 경쟁도 점점 더 치열해지고 있다. 자칫 잘못하면 제품이 거의 눈에 띄지도 않는 바닥 바로 위 진열대에 놓일 수도 있다. 디지털 채널의 경우에는 사람들이 관련 상품군을 검색했을 때 그 제품이 결과 화면의 맨 아래보다 가능한 상단에 나타나도록 하는 게 중요하다.

이 지점에서 유통 전략에도 데이터가 등장한다. 데이터 분석은 다이렉트 마케팅 캠페인이나 개인 맞춤화 커뮤니케이션을 위해서만 필요한 게 아니기 때문이다. 최고의 고객들은 어떤 요인으로 인해 매장에 들어가는지, 어떤 매장에 들어가고 거기서 어떤 제품들을 쇼핑하는지에 대한 정보가 필요하다. 쇼핑객들의 트래픽 패턴에 맞춰 경쟁 제품들보다 눈에 더 잘 띄는 자리에 들어갈 수 있도록 유통 파트너들과 협상을 해야 한다. 디지털 매장에 제품을 게시할 때도 최상의 위치를 점하기 위해 비슷한 협상을 거쳐야 한다. 컴퓨터 화면에 팝업돼 나오는 상품들은 그저 무작위로 나타나는 것이 아니라 마케터가 지불한 금액에 따라 검색 화면에서 위치를 배정받는다.

판매 데이터를 활용하면 더 나은 자리에서 더 높은 가시성을 확보할 수 있다. 가령, 회사 제품이 그 소매점에서 판매되는 해당 품목의 전체 판매액 중 30%를 차지한다고 가정해보자. 그렇다면 관련 데이터를 소매점 담당자에게 제시하라. 그리고 그 품목을 진열하는 전체 매대의 적어도 30%에는 당신의 제품이 들어가야 하고 가장 많이 팔리는 브랜드로서 고객의 눈높이에 맞는 높이에 당당히 진열되도록 논리적인 협상이 가능하다. 결국 회사 제품은 그 매장에서 고객들의 눈에 더 잘 띄는 공간에 더 많이 진열됨으로써 판매가 더욱 증대될 수 있을 것이다.

엔드매대는 소매점에서 모든 업체가 가장 탐내는 공간이다. 엔드매대는 쇼핑객들의 시선을 붙들고, 그들의 손길이 더 쉽게 닿을 수 있으므로 신규 매출을 창출할 가능성도 크다. 월마트의 엔드매대에 틀어 놓는 제품 동영상은 이에 대한 아주 좋은 사례다. 이런 동영상은 제품 데모 영상이나 현재 진행 중인 프로모션 내용을 담은 짧은 동영상 등 내용이 다양하다. 신제품의 경우에는 소매점에 비용을 조금 더 지불하고 엔드매대에 전시하면 지나가는 쇼핑객들이 제품을 더 쉽게 발견하고 시도할 수 있으므로 효과를 높일 수 있다. 엔드매대 앞에서 제품 관련 이벤트를 진행하면 지나가던 쇼핑객들이 더 쉽게 제품을 체험해볼 수 있다. 예를 들어, 새로 나온 수건의 재질을 만지고 양초의 냄새를 맡아보고 화장품 제품의 색조도 테스트해볼 수 있다.

제10장에서 언급했던 다른 마케팅 기법들을 결합하면 엔드매대에 투자한 비용을 더 빨리 회수할 수 있을 것이다.

어떤 채널을 선택하든 유통점에서 일어나는 판매 프로세스에서 최고의 가시성을 발휘하고, 그 제품을 찾아 매장을 방문한 사람들의 눈에 바로 띌 수 있도록 만들어야 한다. 또한 현장에서 판매율을 바로 높이기 위해서는 관련 품목 옆에 진열하는 방법도 효과적이다. 예를 들면, 체리 잼을 판매하는 회사라면 치즈를 진열할 냉장고 공간도 구입해서 그곳에 잼을 진열해보라. 애피타이저를 구입하려고 매장을 찾은 쇼핑객들의 눈길을 받게 될 것이다.

전자상거래 채널의 장점과 약점

현재 최대 전자상거래 사이트는 당연히 아마존과 이베이로, 두 채널 모두 대중 시장에 제품을 판매하는 데 강력한 힘을 발휘한다. 하지만 이 두 사이트는 성격이 좀 다르다. 아마존은 일반 소매점과 같은 구조를 갖고 있어서 업체들은 수수료를 내고 아마존 사이트에 제품을 게시한 후 판매를 시작할 수 있다. 이베이는 일종의 온라인 시장으로, 이 사이트를 찾는 방문객들에게 그 제품을 더 잘 홍보할 수 있는 도구들을 제공한다. 아마존과 이베이에서 거래를 하는 업체들은 수많은 쇼핑객들에게 다가갈 수 있지만 그 만큼 판매 경쟁도 치열하다. 다음은 이 두 사이트에 대한 간단한 수치들이다.

	아마존	이베이
활성 사용자	2억 4,400만 명	1억 5,700만 명
연간 수입(2014년 기준)	889억 달러	179억 4,000만 달러
판매자 수	200만 개	2,500만개
거래 상품 수	4억 8,000만 개	10억 개

이 표에서도 볼 수 있는 것처럼 이 두 사이트에서는 그야말로 수많은 거래가 일어나고 있다. 만약 이베이에서 제품을 판매하기로 결심했다면 당신의 제품은 그곳에서 판매되는 10억 개 중 하나가 될 것이다. 하지만 그만큼 실속도 있다. 아마존에서 판매를 시작한 업체들 중 실제로 매출이 증대했고, 늘어난 매출액이 아마존에 지불하는 수수료보다 훨씬 더 크다고 증언한 곳들이 많기 때문이다.

그렇다면 아마존과 이베이 중 어느 곳을 이용하는 것이 더 나을까? 이베이가 가진 차별성은 굉장히 단순하다.

- 분위기가 다르다. 이베이는 개인들이 제품을 내놓고 할인가에 판매하는 시장 성격이 강하다.
- 이베이는 아마존처럼 상품 재고까지 맡아서 보관하거나 업체를 위해 판매를 대행하지 않는다. 이베이는 개별 업체들이 상품을 성공적으로 판매할 수 있는 지침과 기법을 제공하지만 실제 판매 활동은 각 업체들이 모두 해야 한다. 아마존에서 제품을 판매할 경우에는 아마존에 월 수수료를 지불하면 아마존 판매자 자격을 얻어 제품을 아마존닷컴에 등록할 수 있다. 이후 고객의 장바구니에 들어간 상품은 아마존닷컴 사이트의 결재 처리 시스템에 따라 판매가 진행된다.
- 판매자가 지불하는 비용은 이베이가 더 저렴하다. 그만큼 평균 판매량도 더 적다.
- 보통 소비자들의 인식 속에 이베이는 몇 가지 신상품이 포함된 대형 중고물품 판매업자에 가깝고, 아마존은 트렌디한 신제품을 모두 취급하면서 제품 환불도 편리한 믿음직한 쇼핑몰에 가깝다.

어떤 전자상거래 사이트에서 제품을 판매하든 성공의 핵심은 고객이 상품을 검색했을 때 가능한 첫 페이지 상단에 등장하는 것이다. 검색 결과 가시성을 높일 수 있는 방법을 몇 가지 소개한다.

- » **상품을 두 카테고리에 등록하라.** 소비자 중에는 검색하는 상품이 어떤 카테고리에 속하는지 정확히 모르는 사람도 있다. 따라서 사람들이 상위 카테고리라고 여길 만한 품목 모두에 상품을 등록하는 것이 좋다. 예를 들어, 방한용 코트를 판매한다면 재킷과 스포츠 의류 카테고리에 동시에 등록시킨 후 어떤 결과가 나오는지 살펴보라. 어떤 카테고리에서 상품이 더 많이 검색됐고 구매로 연결됐는지도 추적하라. 비용은 더 들겠지만 상품이 검색되지 않아 판매되지 않는 것보다는 훨씬 낫다.
- » **무료 배송 서비스를 제공하라.** 이베이는 무료배송 서비스를 제공하는 판매자를 선호하기 때문에 검색 결과로도 그런 상품들이 상위에 랭크된다. 아마존이 프라임 고객들에게 상품을 무료로 배송해주면서 무료 배송에 대한 고객들의 기대치는 점점 더 커지고 있다. 무료배송을 해주는 상품이면 판매 가격에 일반 배송비를 포함시켜야 한다는 점을 기억하라.
- » **스팸 키워드를 피하라.** **스팸 키워드**란 상품 설명글에 물품과 상관없는 단어나 브랜드명을 슬쩍 끼워 넣는 것을 말한다. 가령, "랄프로렌을 좋아하는 고객들이 애장하는 목욕타월" 같은 문구는 이베이 정책에 어긋나며 만약 그 타월이 실제로 랄프로렌 상품이 아니면 사이트에서 퇴출될 수도 있다.
- » **파워셀러가 되라.** 아마존과 이베이 모두 각 판매자들과 상품 리뷰에 대한 등급을 매긴다. 고객 문의에 빠르게 대응하고 정직한 상거래 활동을 벌이면 판매자 등급을 계속해서 높일 수 있다. 단 하나의 나쁜 리뷰 때문에 고객은 다음에 등록된 상품으로 넘어갈 수 있다. 온라인 상점에서는 단 몇 초면 다른 상품을 찾을 수 있다는 점을 기억하자.

아마존과 이베이에 모두 상품을 등록하는 것도 고려하라. 이 두 사이트는 하루에도 수백만 명의 사람들이 드나드는 곳이므로 매력적인 인센티브 및 오퍼로 고객에게 적절한 광고를 진행하면 투자한 것 이상의 수익을 낼 수 있다. 아마존에서 어떤 상품을 검색하면 아마존 카탈로그에 포함된 상품뿐 아니라 외부 사이트에서 판매하는 상품도 스폰서 링크 광고 형태(이런 상품도 아마존 고객에게 판매된다)로 검색 페이지에 뜬다. 따라서 아마존닷컴에 직접 상품을 등록하든 스폰서 광고를 계약해 브랜드 웹사이트에서 상품을 제공하든 다양한 방식으로 아마존이 보유한 수백만 명의 고객들과 접촉할 수 있다.

이상적인 유통 파트너 찾기

유통업체들은 고객이 원하는 상품을 원한다. 당연한 일이다. 따라서 제품을 담당하는 마케터가 할 일은 어떤 유통업체가 원하는 고객에 가장 잘 접근할 수 있고, 고객들이 원하는 쇼핑 채널들을 제대로 갖추고 있는지 판단하는 것이다. 이와 관련해 다음 질문을 확인해보자.

- 어떤 소매 채널(이를테면 월마트나 노드스트롬 등)이 그 제품이 가진 감성적 · 사회적 가치와 가장 잘 부합되는가?
- 어떤 소매 채널이 고객 서비스와 환불정책 등에서 가장 신뢰할 만한가?
- 어떤 채널이 그 상품을 유통해보겠다는 의지가 강한가? 도매상이나 다른 중간상들도 제품 유통에 도움이 될까? 구체적으로 어떤 업체들이 도움이 될 것이며, 얼마나 많은 업체 및 매장을 활용하는 게 좋을까?

제품에 맞는 유통 채널을 파악하는 데 도움이 될 만한 정보원에는 다음과 같은 것들이 있다.

- **관련 산업에 전문화된 무역협회나 무역 전시회를 찾아라.** 예컨대 국제식품서비스유통협회(www.ifdaonline.org)는 식품 유통과 관련된 전시회 및 학회에 대한 연간 일정을 사이트에 게시한다.
- **해당 산업과 관련 있는 주요 행사에 참석하라.** 전시회장을 둘러보면서 가장 적당한 유통업체를 찾아라.

유통 채널의 구조 파악하기

유통 채널 전략을 개발할 때 가장 중요한 목표는 효율성을 확보하는 것이다. 채널

효율성이란 제품을 최종 고객에게 전달하는 과정에 발생하는 거래의 수를 최소화하는 것이다.

그림 15-1은 네 사람의 생산자가 네 사람의 소비자에게 직접 거래를 하는 채널을 보여주는데, 이 경우에는 16(4×4)번의 상거래가 발생할 수 있다. 각 생산자가 자신의 제품을 네 사람의 소비자 모두에게 판매하려면 네 번의 거래를 개별적으로 처리해야 하기 때문이다. 실제 시장에는 수백 개의 상품과 수백, 수천만 명의 소비자들이 존재하기 때문에 상거래의 숫자는 이보다 훨씬 더 커질 것이다.

이때 그림 15-1의 아래쪽 그림처럼 중간에 업체를 하나만 두면(회사 대신 상거래를 대행하는) 거래의 수는 급격히 낮아질 수 있다. 그림에서 보듯이 네 사람의 생산자가 중간상과 네 번의 거래를 하면, 이후에는 중간상이 네 사람의 소비자들과 네 번의 거래를 하므로 여덟 번의 거래만으로 4개의 상품이 네 사람의 소비자에게 전달될 수 있기 때문이다. 물론 중간상에게 지급하는 수수료나 마진이 추가로 발생하지만 유통 과정에 필요한 거래 숫자가 줄어들기 때문에 전반적인 유통 비용은 줄어들기 마련이다.

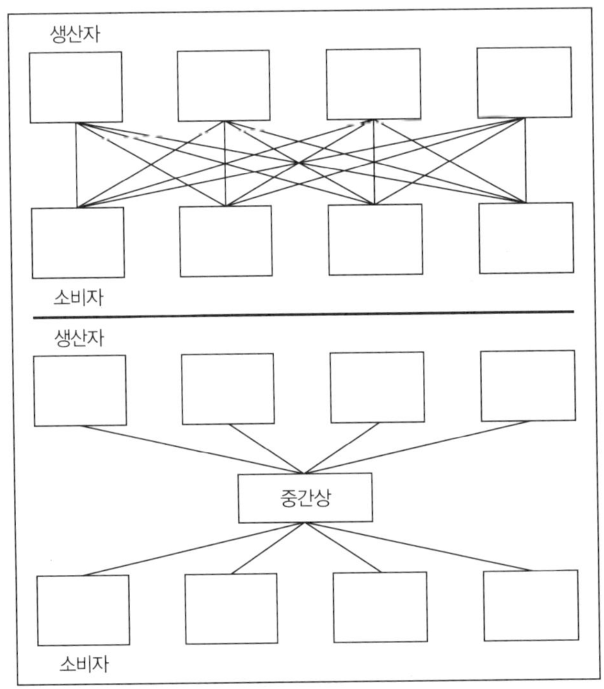

그림 15-1
중간상을 통해 거래 수 줄이기

©John Wiley & Sons, Inc.

이 예는 단순화됐지만 더 규모가 크고 복잡한 실제 유통 채널에 대해서도 같은 논리가 적용된다. 소비자와 생산자 수가 많다면 이들 사이에 중간상을 여러 개 넣어서 연결하라. 그러면 **간접 마케팅 채널**(indirect marketing channel)이 만들어질 것이다.

만약 상품의 판매와 서비스, 환불 등을 고객에게 직접 처리해주는 직접 채널 전략을 택했다면 회사가 담당할 업무가 훨씬 더 많아질 것이다. 이는 시간과 기회비용 측면에서 가치가 떨어지는 일이다. 그 비용과 시간을 새로운 고객과 매출을 창출하는 마케팅 프로그램에 투입하는 편이 낫다.

최근 트렌드는 더 단순하면서 직접적인 채널 전략으로 움직이고 있다. 이에 따라 다수의 고객들과 벌이는 거래를 한두 단계만으로 간단하게 처리하는 트렌드에 편승할 수 있도록 준비하라. 마케터로서 일반적인 원칙은 고객에게 접근하는 데 꼭 필요한 단계에서만 중간상을 활용하는 것이다. 판매 채널을 모두 혼자서 관리할 수는 없겠지만 되도록 단순한 구조로 만들어야 한다.

제품을 시장에 전달하는 과정을 도와줄 유통업체 및 중간상을 검토할 때에는 제품을 진열대나 온라인 공간에 배치하는 일 외에 그들이 대행해줄 가장 중요한 역할에 대해 생각하라. 다음에 열거된 일은 중간상들이 상품 제조사들에게 대행해주는 기능이다.

- 제품을 판매할 고객들을 더 많이 찾기
- 고객들의 태도와 욕구 조사하기
- 제품 매입과 판매
- 대량 매입한 물품을 재판매하도록 나누기
- 판매 가격 책정
- 구매 시점 프로모션 관리
- 지역 중심 광고(소비자를 매장으로 유도하거나 거래로 유인하는 광고 활동)
- 제품 배송
- 제품 재고 관리
- 구매 자금 조달
- 영업 리드 검증(가치 있는 리드 선별)
- 고객 서비스와 지원 활동 제공

» 사업에 따르는 위험 요인 분담
» 제품 성격에 맞춰 적절한 조합 상품 구성하기

소매 전략과 전술 검토하기

회사가 자체적으로 매장을 소유하고 있다면 성공적인 소매 전략을 개발하는 데 고려해야 할 사항이 많다. 플라노그램(planogram : 편리한 쇼핑 및 구매를 위해 상품을 배치하고 진열하는 계획)부터 SKU 개수(stock-keeping units : 재고관리코드로 보통 매장에서 판매하는 개별 상품의 수), 엔드매대 진열 계획, 제품 진열 방법까지 여러 가지 전술이 필요하다. 이 모든 것이 상품 판매에 영향을 미치지만 그중에서도 가장 중요한 것은 고객 트래픽을 극대화하고 최적화하는 것이다.

트래픽 유인하기

고객을 매장으로 유인하는 데 가장 기본적인 역할을 하는 것은 매장의 위치겠지만, 그만큼 중요한 것이 지나가는 사람들의 눈길을 확 끌 만한 외관이다. 만약 매장이 쇼핑몰 안이나 상가 밀집 지역에 있다면 간판이나 전시물 그리고 외관 분위기로 매장의 페르소나와 감성적 가치를 전달해야 한다. 물론 매력적인 매장 외관을 만들고 사람들을 그 안으로 유인하는 데에는 진열된 상품과 브랜드가 큰 역할을 하지만, 매장의 분위기는 그곳에 들어온 사람들을 계속 머물게 하고 거래를 성사시키는 데 아주 중요한 역할을 한다.

전면에 있는 입구로 들어갈 수 있는 매장 하나를 생각해보자. 은은한 조명에 밝고 선명한 벽면 색상, 그 안에 향긋한 향기를 자아내는 캔들을 켜두고 기분 좋은 음악까지 흐른다면 쇼핑객들이 매력을 느끼기에 충분할까?

할란 브래처가 아르마니 익스체인지의 CEO였을 때 그는 단순히 판매에만 집중하기보다는 목표 고객들이 감성적으로 공감할 수 있는 매장 분위기를 만들어냄으로써 매출을 높일 수 있었다. 아르마니 익스체인지의 목표 고객은 대도시에 살면서 사교생활을 적극적으로 즐기는 젊은 미혼 남녀들이다. 이에 할란 브래처는 아르마니 익스체인지 매장을 마치 나이트클럽이 연상되도록 디자인했다. 그와 회사 직원들은 젊은이들이 춤을 출 때 즐겨 듣는 음악들을 조사해서 매장용 플레이리스트를 개발한 다음 볼륨을 최대한 키워 매장에서 틀었다. 또 화려한 조명을 달아 나이트클럽 분위기를 한껏 냈다. 그 효과는 바로 매출로 나타났다. 그의 전략은 사람들에게 즐겁고 매력적이며 화려한 느낌을 전달함으로써 상품을 더 많이 구입하게 만들었을 뿐 아니라 매장 앞을 지나가는 사람들까지 신나는 음악과 분위기에 매료돼 매장으로 발길을 돌리게 했다.

매장 분위기 연출하기

매장 **분위기**는 그곳을 디자인하고 장식한 방식, 또 그 안에서 고객들이 갖는 감각적인 경험들을 통해 투영된 이미지를 말한다. 올바른 매장 분위기를 연출하기 위해서는 고객들의 라이프스타일과 페르소나 그리고 그들이 쇼핑을 하는 이유를 제대로 이해하는 데 초점을 맞춰라. 분위기는 상품뿐 아니라 아주 많은 것들에 의해 결정된다.

소비자가 중심이 되는 사회에서 쇼핑은 그 자체로 소비자의 권리이자 중요한 활동이다. 설문조사에 따르면 몰에서 쇼핑을 하는 사람들 중 특정 상품을 미리 정하고 그곳에 온 경우는 25%도 안 된다고 한다. 사람들은 지루함과 외로움을 떨치고 싶을 때 혹은 일상 속 골치 아픈 일들을 잠시 잊고 싶을 때도 쇼핑에 나선다. 또 쇼핑 자체를 취미처럼 즐기는 사람들도 많다. 어떤 요인들이 소비자들의 구매 동기를 유도하며, 그에 따라 매장 분위기를 어떻게 연출해야 할지 판단하라.

세련된 매장 분위기를 원하는 브랜드들은 유명 건축가나 인테리어 디자이너를 고용하는 것은 물론 매장에 설치할 조명과 오브제, 장식, 마감 등에 엄청난 비용을 투자한다. 매장 인테리어 작업을 할 때 가장 피해야 할 것은 다른 매장들과 비슷한 분위기를 연출하는 것이다. 각 시기마다 유행하는 인테리어 트렌드가 업종이나 브랜드를 초월해 휩쓸어버리면, 수많은 '미투(me too)' 매장들을 낳음으로써 결국 그 매장만의 고유한 이미지나 분위기는 사라지고 만다.

자신의 직감과 상상력을 믿어라. 몇 가지 아이디어를 가지고 실험해보고 남들과 다른 매장을 기획할 수 있도록 대담함을 발휘하라. REI는 매장에 암벽을 설치함으로써 개성 있는 분위기를 연출하는 데 성공했다. 단순한 상품 거래를 뛰어넘어 그곳에서

가졌던 쇼핑 경험을 뭔가 기억할 만한 추억으로 만들고 고객들이 다시 오고 싶은 곳으로 만들려면 어떤 분위기를 만들어야 할까?

인형 제조 회사인 아메리칸걸은 고객들이 매장에서 갖는 경험에 진정한 변화를 일으킨 첫 번째 브랜드 중 하나다. 뉴욕 5번가에 있는 아메리칸걸 매장은 여행객들이 꼭 방문하는 관광 명소 중 하나로, 특히 딸을 가진 엄마들은 그곳에서 만나는 사랑스럽고 재기 넘치는 인형들과 특별한 경험을 하게 된다. 아메리칸걸 매장에는 카페와 응접실도 있어서 모녀가 함께 인형과 둘러앉아 티타임을 즐길 수 있고, 한때는 매장 안 극장에서 인형들이 뮤지컬 공연을 펼치기도 했다. 아이들이 원하는 인형과 사진을 찍을 수 있는 사진관과 미용실도 있다. 아메리칸걸은 가끔 뉴욕 라디오 시티 홀에서 고객들을 대상으로 특별 공연을 여는데, 행사에서 소녀들은 자신이 직접 디자인한 옷을 입은 인형과 패션쇼를 할 때도 있다. 이 라디오 시티홀 행사는 상당히 유명해져서 호텔과 제휴한 여행 패키지 상품까지 등장했다.

어떻게 하면 매장을 단순히 상품을 구입하는 장소가 아닌 특별한 경험을 위한 목적지로 만들 수 있을까? 이는 점점 늘어나는 온라인 매장들과 경쟁에서 이기는 데 승부수가 될 수 있다. 차를 타고 교통 체증을 뚫고 계산대 앞에서 길게 늘어선 줄을 기다리면서도 다시 방문하고 싶은 매장을 만들어야 한다.

머천다이징 전략 개발하기

판매할 상품을 선정하고 구성하는 **머천다이징 전략**(merchandising strategy)은 소매점의 경쟁 우위를 결정하는 기반이 된다. 구성 상품들이 독창적일수록 다른 매장들보다 경쟁에서 앞설 수 있기 때문이다.

지금부터는 새로운 방식으로 사업을 전개하는 데 도움이 되는 전략 및 아이디어에 대해 설명하겠다.

종합소매업

종합소매업(general merchandise retailing)은 폭넓은 품목들의 다양한 상품들을 한 자리에서 볼 수 있다는 점에서 분명한 장점이 있다. 하지만 그런 특징으로 인해 지속적인 사업 성공을 위해서는 더 많은 자원이 필요하다. 종합소매점의 예로는 메이시와 로

드앤테일러 같은 백화점, 타깃이나 월마트 같은 대형할인점 등이 있다. 이런 회사들이 생긴 지는 이미 꽤 오래 됐고, 제조사들을 상대로 하는 가격 협상에서도 다양한 방식으로 뛰어난 수완을 보여왔기 때문에 일반 소매점들이 종합소매점의 가격 경쟁력을 따라잡기는 거의 불가능하다. 여기에 최근에는 슈퍼 타깃이나 월마트 슈퍼센터 같은 초대형 할인매장까지 가세하면서, 어떤 품목이든 이들의 머천다이징 능력을 뛰어넘기는 더 어려워졌다.

리미티드 라인 소매업

리미티드 라인(limited-line) 소매 전략은 전문점이나 부티크 매장의 또 다른 이름이다. 베이커리 전문점에서는 일반 슈퍼마켓의 제과 섹션보다 더 전문화되고 다양한 종류의 빵과 케이크들을 볼 수 있다. 스타벅스도 리미티드 라인 전략을 택한 소매업체의 대표적 예다. 스타벅스는 커피와 더불어 머그컵이나 보틀 같은 커피 관련 상품, 그리고 커피와 함께 먹는 쿠키나 샌드위치 같은 음식들만 판매하기 때문이다.

스타벅스 같은 유명 브랜드와 경쟁하고 있다면, 새로움과 지역적 특징을 가미해서 그 매장만의 독특한 경험을 부여하는 것도 좋은 전략이다. 필자가 거주하는 지역에는 스타벅스와 경쟁에서 승리한 커피숍이 하나 있는데, 이들의 성공 비밀은 건강을 중시하는 스포츠 애호가들의 전폭적인 지지에 있었다. 그 커피숍은 프로 바이크 팀을 후원하므로 매장에 가면 카페보다는 스포츠바에 온 듯한 느낌이 들고, 음료뿐 아니라 오토바이 관련 용품들도 판매한다. 이 때문에 스포츠를 사랑하는 지역 주민들이 운동을 마치고 으레 들리는 곳이 된 것이다. 이곳의 음료 가격은 스타벅스와 비슷하지만 당 함유량과 칼로리가 높은 빵 대신 건강에 좋은 간식거리들이 구비돼 있어 지역 주민들의 라이프스타일에 더 잘 부합한다. 이 커피숍은 수년째 성행 중이며 덕분에 체인점도 몇 개 더 냈다.

혼합 머천다이징

보통 소비자들에게는 어떤 품목에 어떤 제품들이 속한다는 개념이 형성돼 있다. 그러나 이런 선입견을 성공적으로 바꾼 소매업자들이 있다. 사람들은 신선한 야채를 구입하기 위해 동네 슈퍼마켓을 가고 문구를 구입하기 위해서는 문구점을 가곤 했다. 하지만 이제는 대형할인매장 안에 패스트푸드점이 있고 주유소와 서점 옆에 커피숍이 있는 것처럼 서로 다른 품목의 상품을 한 곳에서 구입할 수 있다. 이렇게 서로 관련이 없는 상품 카테고리를 결합해서 함께 판매하는 것을 **혼합 머천다이징**(scrambled merchandising)이라고 부른다. 또한 이런 형태의 매장은 소비자들에게 색다른 쇼핑 경험과 편리함을 제공하기 때문에 실적도 괜찮다. 목표 고객층이 가진 라이프스타일과 관심사를 기준으로 어떤 품목들을 한 공간에 결합할 수 있을지 고민해보라. 사람들이 동시에 구입하고 싶어 하는 물건들은 생각보다 많다.

구매 시점에 구매 자극하기

구매 시점(point of purchase, POP)이란 소비자가 상품을 만나는 접점으로 제품 판매를 높일 수 있는 아주 중요한 기회가 된다. 조사 결과를 보면 어떤 상품을 구입할지 미리 정해두고 매장을 방문한 고객들도 대다수는 결국 계획하지 않았던 물건까지 구입한다는 것을 알 수 있다. 브로콜리를 사러 슈퍼마켓에 간 사람이 매장을 나올 때는 100달러 상당의 물건들이 가득 든 장바구니를 들고 있는 것은 드문 광경이 아니다. 이것이 바로 POP 광고의 효과다. 엔드매대마다 걸리 각종 광고판들이 우리에게 인간은 늘 사야 할 물건들이 아주 많다는 사실을 '상기시켜주는' 덕분이다. 표 15-1은 소비자들이 슈퍼마켓 및 할인매장에서 구입한 상품 중 원래 계획하지 않았던 상품의 비중을 보여준다. 이것만 봐도 POP의 역할이 얼마나 중요한지 알 수 있다.

어떤 형태의 마케팅 메시지(다이렉트 메일, 디스플레이 광고, 옥외 광고, 소셜미디어 메시지 등)든 사람들을 매장으로 이끄는 데 도움이 된다. 매장에서의 상품 구성과 POP 광고 및 메시지, 가격, 진열 전략, 매장 분위기, 소비자가 직접 참여할 수 있는 경험은 구매량을 높이는 데 도움이 된다. 그리고 이 모든 기법들이 한데 어울려 소비자의 공감을

표 15-1 소비자의 구매 결정 성향

	슈퍼마켓(%)	할인매장(%)
계획에 없었던 상품	60	53
대체 상품	4	3
대략적으로 계획했던 상품	6	18
구체적으로 계획했던 상품	30	26

사고 그들의 욕구를 자극하면, 그들은 매장을 다시 찾을 뿐 아니라 지인들까지 데려온다. 이것이 마케터들의 궁극적인 목표가 돼야 한다.

여기 매장에서 쇼핑을 하는 고객의 관심과 욕구를 높이는 데 도움이 되는 몇 가지 기법이 있다.

- » 매출을 증대하려는 상품에 고객들의 시선이 머무르도록 진열대에 광고물을 부탁하라.
- » 쇼핑객들이 제품과 할인 가격을 확인할 수 있도록 POP물을 설치하라.
- » 매장 광고와 가격 라벨, POP물 등에 QR 코드를 넣어서 소비자들로 하여금 프로모션 세부 정보가 있는 웹사이트에 직접 접속하게 하라.
- » POP 전시물이나 가격 라벨에 앱 코드를 부착해서 쇼핑객이 이를 스마트폰으로 스캔하면 증강현실(AR)로 콘텐츠가 뜨게 하라. 가령 패션용품이라면 스마트폰 앱으로 상품을 실제 착용한 자신의 모습이 어떨지 확인해볼 수 있다. 최신 기술을 통해 좀 더 '현실'에 가까운 경험을 제공하면 소비자들은 제품의 가치를 내재화하고 정서적인 애착감을 갖게 되며, 이로써 구매 가능성이 높아진다. 증강현실의 효과를 좀 더 알고 싶다면 '증강현실 더 자세히 알아보기'를 확인하라.

재밌고 흥미로운 디스플레이는 매장 분위기를 살리고 고객의 쇼핑 경험을 더 재밌게 하면서 오락적 가치를 높여준다. 소매유통 담당자라면 매장의 특별함을 높이는 디스플레이를 개발하라. 제조업자라면 소매점에서 그 상품을 더 많이 팔 수 있도록 디스플레이로 지원하라. 좋은 매장 디스플레이는 다음과 같은 성과를 창출한다.

- » **시선 집중** : 새롭고, 재밌고, 호기심을 자극할 만한 매장 디스플레이로 사람들의 시선을 사로잡는다.
- » **관심과 참여 유발** : 쇼핑객들에게 생각할 거리를 주고 디스플레이에 직접 참여할 기회를 선사한다. 다시 한번 강조하지만 엔드매대를 활용한 제품 시연회나 홍보 동영상은 효과가 뛰어나다.
- » **제품 판매 증대** : 매장 디스플레이를 통해 브랜드 포지셔닝과 제품의 기능적 · 감성적 가치를 전달한다. 쇼핑객들의 공감을 얻고 욕구를 불러일으킨다.

소매점에 설치할 디스플레이 개발 및 제작에 큰 비용을 지출하기에 앞서 유통업체에서 그런 홍보물을 원하는지 파악해야 한다. 마케터들이 제작하는 POP 중 50~60%는 실제로 매장에 적용되지 않는다고 한다. 상품 마케팅 담당자로서 제작한 POP가 실제로 매장에 깔리는 것을 보고 싶다면 각오가 필요하다. 다른 광고물보다 2배 정도 월등히 뛰어나지 않은 POP물은 사용되지도 못한 채 유통 관계자들에 의해 가까운 쓰레기장으로 직행한다는 조사 자료도 있으니 말이다.

POP 광고를 사용할 수 없는 전자상거래 채널의 경우에도 쇼핑 중에 있는 고객의 관심을 유발해 계획하지 않았던 구매에 이르게 하는 장치들이 존재한다. 인간의 욕망을 자극하는 사진이나 제품의 효과를 보여주는 스트리밍 동영상, 사용자들의 테스티모니얼, 한정된 시간 동안 실시되는 특가 혜택 등을 활용하면 고객들 사이에 긴박감을 조성할 수 있다. 제품의 기능과 효과를 보여주는 동영상 블로그도 온라인 매장으로 고객 트래픽을 유도하는 좋은 방법이다.

어떤 사업이든 관련 기술은 끊임없이 진보한다. 제품을 홍보하고 유통하고 판매하는 데 영향을 미치는 마케팅 기술과 그에 따라 고객에게 제공할 수 있는 경험의 유형에 대해서는 감을 잃지 않도록 항상 꿰뚫고 있어야 한다. 그런 노력을 기울이지 않으면 경쟁사에 밀리고 생존 경쟁에서도 밀려난다. 오늘날의 마케팅 담당자에게 전하는 최고의 조언은 무엇일까? 눈 깜빡할 시간에도 세상은 변한다!

【 증강현실 더 자세히 알아보기 】

'증강현실(AR)'은 앞에 보이는 현실 세상에 디지털 이미지(주로 3D 이미지)를 입히는 것이다. 가령 어떤 사람이 쇼핑몰을 걸어가는데 "이 시계를 찬 당신의 모습이 궁금하세요?"라는 광고물이 보인다. 시계를 향해 손을 내밀면 갑자기 눈앞에 시계를 찬 자신의 모습이 나타난다. B2B 상황이라면 장비를 판매하는 영업사원이 태블릿 PC로 고객사의 공장 내부 사진을 찍은 다음 AR 프로그램으로 새로운 장비가 설치된 공장의 모습을 3D 시뮬레이션으로 보여줄 수 있다.

레이어(www.layar.com)나 어그먼트(www.augmentedev.com)는 3D 팝업 이미지 소스나 관련 정보들을 제공해주는 업체들로, 이들의 데이터를 활용하면 매장에서 더 풍부한 쇼핑 경험을 제공할 수 있다. 방법을 간단히 설명하자면 먼저 AR 공급업체 사이트에서 계정을 등록하고 3D 이미지를 업로드한다. 그다음으로는 스마트폰으로 스캔 가능한 AR 심벌을 제품 패키지나 광고물에 넣는다. 쇼핑객들이 AR 무료 앱을 다운받으면 매장에서 쇼핑을 하면서 구매 시점(물론 매장이 아니더라도 제품 브로슈어나 카탈로그, 지하철 전시물에서도 3D 이미지나 동영상이 AR로 뜨게 할 수 있다)에 쌍방향적인 흥미로운 경험을 할 수 있다. 이런 AR 경험을 이메일 캠페인으로 전달하는 것도 재밌고 쌍방향적인 마케팅이 될 수 있다.

Chapter

16

판매 활동과 서비스로 승부 걸기

제16장 미리보기

- 고객생애가치와 고객충성도 파악하기
- 신규 고객을 확보하고 유지하는 판매 채널 구축하기
- 판매 과정에서 ESP 효과적으로 활용하기
- 영업 직원 관리하고 보상하기
- 탁월한 서비스 체계를 확립하고 고객 불만족 해결하기

판매란 더 이상 제품을 출시하고 주문을 받고 주문받은 상품을 예산에 맞게 제시간에 전달하는 것만을 의미하진 않는다. 사실 그 정도로 충분했던 적은 없었다. 효과적인 판매 활동이란 고객과의 관계를 육성하고 일방적인 제품 홍보 대신 대화를 전개하며 고객이 제품을 통해 얻고자 하는 기능적 · 감성적 욕구를 충족시키는 일에 관한 것이다.

어떤 산업에서든 성공적인 조직은 단순히 판매 계획과 마케팅 자료만 개발하지 않는다. 그들은 영업 문화를 육성한다. 성공하는 조직 문화는 그곳에서 일하는 모든 직원들로 하여금 자신이 담당할 가장 중요한 역할은 고객의 니즈를 충족시키고 그들

의 세부 요구 사항에 귀를 기울이며 각 고객마다 자신이 그 회사의 유일한 고객인 것 같은 아니면 적어도 자신이 가장 가치 있는 고객이라는 사실을 느낄 수 있도록 그들에게 지속적인 관심을 기울이는 것이라고 인식하게 만든다. 누군가는 너무 이상적인 말이라고 할지도 모르지만, 그렇지 않다. 직원들이 그런 자세로 일하지 않더라도 경쟁사는 이미 그럴 수 있기 때문이다.

고객 서비스에 대한 강력한 조직 문화에 덧붙여 회사가 지속 가능한 수익 체계를 확보하려면 기존 고객들로부터 평생에 걸친 충성심을 얻고, 새로운 고객들을 통해 신규 매출을 창출하며, 가치가 높은 영업 리드를 확보하는 탄탄한 전략을 보유하는 것이 핵심이다. 말을 바꾸면 각 고객의 생애가치를 확보하는 데 초점을 맞춰 기존 고객을 지키고 신규 고객을 획득하는 강력한 프로그램들이 필요하다.

이 장에서는 고객을 획득하고 유지할 수 있는 판매 전략과 강력한 판매 채널을 구축하는 몇 가지 팁을 배우게 될 것이다.

평생을 내다보는 판매 활동

생애가치(lifetime value)는 지속 가능한 브랜드를 만드는 기초가 된다. 기술적으로 설명했을 때 고객생애가치란 어떤 고객이 한 브랜드에 대해 평생에 걸쳐 전달할 순가치(net value)를 전망한 값이다.

어떤 산업에 속한 어떤 조직이든, B2B 기업이든 B2C 기업이든, 고객의 생애가치를 확보하는 것은 상당히 중요하다. 새로운 고객을 얻는 것보다 기존 고객을 유지하는 비용이 훨씬 더 적게 들기 때문이다. 또한 고객에게 지속적인 만족감을 선사하고 유지한다면 그들은 아무 대가 없이 스스로 브랜드 홍보대사 역할을 맡아 새로운 고객을 데려오고 판매 기회를 창출한다.

고객생애가치를 높이는 계획을 수립할 때 기억할 것은 생애가치가 고객충성도와는 다르다는 점이다. 고객이 회사에 부여하는 생애가치는 그 상품에 대해 그들이 평생 동안 전달할 전체 가치로 계산된다. 마케팅 계획 관점에서 보면 생애가치는 고객이 그 회사에 전하는 모든 가치를 반영해야 한다. 따라서 마케팅 계획과 판매 전략을 수립할 때는 고객이 추천 활동을 통해 회사에 가치를 증대했을 때 그에 대한 인센티브도 고려해야 한다.

생애가치 계산하기

고객의 생애가치는 세 가지 방법으로 계산할 수 있다. 어떤 방법을 사용하든 제품 판매 전략은 고객의 생애가치를 기준으로 개발돼야 한다. 결국 마케터의 목적은 고객이 수익을 낼 수 있도록 관리하는 것이기 때문이다. 회사가 이미 보유하고 있는 고객에게 제품을 계속 판매하는 것이 힘겹게 새로운 고객을 획득하는 것보다 훨씬 비용이 적게 들기 때문이다.

고객만족도가 높아지면 그 제품에 대한 고객의 생애가치도 덩달아 높아진다. 하버드 경영대학원이 발표한 보고서에 따르면, 고객 보유율이 5%만 증가해도 수익은 25~95%까지 더 상승할 수 있다고 한다. 이 숫자만 봐도 판매 전략의 우선순위로 무엇을 삼아야 할지 분명해진다.

수익성을 내려면 고객획득비용(cost of acquisition, COA)이 수입보다 낮아야 하고, 목표로 정한 수익률을 달성해야 한다.

단순 계산법

다음에 있는 단순한 공식은 고객의 주당 평균 가치를 산정함으로써 고객들이 회사에 매년, 그리고 평생 얼마만큼의 가치를 가져다줄지 전망한다.

52주 × 주당 평균 고객 가치 × 고객의 수명

예를 들어, 당신이 샌드위치 가게를 운영하고 있는데 평균적으로 한 고객이 일주일에 3회씩 매장을 방문해서 주당 총 25달러를 음식 구입에 쓴다고 가정해보자. 그리고 평균적으로 고객이 당신의 매장을 드나들며 20년을 산다면, 고객생애가치는 다음과 같이 산정할 수 있다.

52 × 25 × 20 = 26,000달러(한 고객당 20년 동안의 가치)

복잡한 계산법

이 공식은 각 고객이 가진 개인적 변수와 고객별 평균 이익률을 고려해 계산한다.

52주 × 고객 수명 × 방문당 평균 구매 비용 × 주당 방문 수 × 고객당 수익률

여기서도 샌드위치 매장을 예로 들어보자. 고객당 이익률이 20%라면 생애가치는 다음과 같을 것이다.

52 × 20 × 8.3 × 3 × 0.20 = 5,179달러

과학적 계산법

이 공식은 할인율까지 고려하므로 세 가지 중에서 가장 복잡하다.

$M \times (r/1 + i - r)$

이 공식에서 M은 한 고객이 전체 생애주기에 걸쳐 창출하는 총수익이고, r은 그 고객의 유지율이며, i는 미래의 현금 흐름을 현재 가치로 나타내는 할인율을 말한다. 보통 할인율은 8~15% 선으로 한다.

한 고객이 평생 창출하는 총 수익이 1,000달러이고 할인율이 10%, 그리고 고객 유지율이 75%라면 그 고객의 생애가치는 다음과 같을 것이다.

1000 × (0.75/1 + 0.10 - 0.75) = 2,142달러

고객충성도의 중요성 이해하기

한 고객의 생애가치는 앞에서 설명했던 공식들로 계산한 값보다 대개 더 크다. 고객들을 그들의 수명 혹은 전체 생애주기에 걸쳐 유지한다는 것은, 고객들이 그 제품을 남들에게 추천할 정도로 큰 만족도를 갖고 있다는 뜻이다. 앞서 언급한 샌드위치 가게에서 총생애가치가 26,000달러인 고객들이 각각 세 사람의 지인에게 그 가게를 추천해서 그 사람들도 20년 동안 고객으로 남는다면 실질적으로 그 가게의 고객이 갖는 생애가치는 104,000달러(26,000×4명)라고 할 수 있다. 이 사례만 봐도 고객의 충성도와 추천이 얼마나 중요한지 알 수 있다. 특히 고객이 추천을 통해 창출한 78,000달

러에 대해서는 별도 마케팅 비용도 들지 않았다는 점에서 그 효과는 실로 엄청나다.

고객 관계와 충성도를 높이기 위해 활용할 수 있는 마케팅 기술은 다양하지만 이 목표를 달성하는 것은 매우 어렵다. 충성도에 관한 소비자 협의회에서 낸 보고서를 포함해 많은 연구 자료들을 보면, 소비재 회사들은 보통 1년간 고객의 40%를 잃게 되고, 치리오스 같은 저렴한 시리얼 제품도 회사에 가장 높은 가치를 창출했던 충성심 강한 고객 중 50%가 이탈함으로써 상당한 매출 손실을 입는다고 한다. 한번 브랜드를 이탈한 고객들의 마음을 되돌리기 위해서는 매년 엄청난 자원과 비용이 필요하다.

지속가능성을 추구하는 판매 활동

오늘날의 성공적인 판매 전략은 가격 정책과 구독 모델을 통해 획득한 고객을 계속 유지하는 데 초점을 맞춘다. 이런 전략은 취하면 브랜드를 교체하는 데 상당한 비용이(시간과 비용, 편의성의 손실로 인해) 따르므로 고객 이탈을 최소화하는 방향으로 브랜드 자산을 구축할 수 있다.

지금부터 고객을 획득하고 유지하는 판매 전략의 몇 가지 지침을 전수하겠다.

구독과 고객 유지 중심의 판매 전략

고객을 유지하는 최고의 전략은 통신 사업자들에게서 쉽게 찾을 수 있다. 이동통신 서비스에 가입하면 동네 슈퍼마켓에서 치약이나 파스타 소스, 아이스크림을 살 때처럼 자유롭게 브랜드나 상품을 바꾸기가 어렵다. 일단 한 회사와 이동통신 서비스 계약을 맺은 사람은 그 순간부터 자신의 의지와 상관없이 '보유' 고객이 된다. 더군다나 1,000달러가 넘는 휴대폰 단말기까지 무료로 받으려면 적어도 2년간은 그 통신 서비스를 유지하는 데 동의해야 한다. 고객이 2년을 다 못 채우고 서비스를 해제할 경우에는 기기 가격을 다시 내거나 서비스 해제 수수료를 지급해야 한다. 물론 대부분의 고객들은 2년을 다 채운다. 그 회사의 통신 서비스가 만족스럽지 않더라도 고객은 금전적 손실을 막기 위해 참고 기다린다.

B2B 분야에서는 많은 회사들이 단발적인 프로젝트를 판매하는 것보다 기존 고객들에게 서비스를 판매하는 데 훨씬 더 공을 들인다. 그래야 고객 관리 비용을 낮추면서 프로젝트에서 더 많은 수익을 낼 수 있기 때문이다. 직원들의 임금을 안정적으로 지급하기 위해서도 매달 새로운 고객을 불안하게 찾는 것보다 믿을 수 있는 기존 고객들에게서 꾸준히 수입을 확보하는 편이 낫다. 이제는 소프트웨어 회사들도 소프트웨어를 서비스화(SaaS)하거나 인프라를 서비스화(IaaS)하는함으로써 기존 고객들을 통해 꾸준히 매출을 창출할 수 있는 전략을 모색한다. 한 고객에게 상품을 판매하고 그 상품을 사줄 만한 유사 고객들을 찾는 것보다 응용 프로그램, 서버, 플랫폼, 기타 인프라에 대한 사용 권한을 월 단위로 판매하는 것이다. 이렇게 하면 지속적으로 안정적인 수입을 낼 수 있고, 고객들도 복잡한 시스템을 스스로 유지하고 관리해야 하는 부담에서 벗어날 수 있다.

어떻게 하면 상품을 월간 구독 방식으로 판매할 수 있을까? 또 고객들이 자진해서 브랜드 교체를 꺼릴 만큼 강력한 서비스 계약을 개발하는 방법은 없을까?

이런 판매 모델이 갖는 장점은 고객들을 통해 판매자가 의지할 수 있는 매출 흐름을 꾸준히 일으킬 수 있다는 점이다. 샌드위치 가게의 경우에는 고객들이 원할 때만 매장을 방문하기 때문에 가게 사장은 그들이 언제 다시 방문할지 쉽게 예측할 수 없다. 따라서 구독 서비스 모델을 적용하기 상품이라면 포인트나 리워드, 펀치 카드 등의 장치로 고객들이 브랜드를 이탈하기 어렵게 만들어라.

달러 셰이브 클럽은 월간으로 서비스를 구독하면 정기적으로 면도기날을 리필해주는 B2C 사업의 좋은 예다. 이런 사업 모델 덕분에 회사는 매출을 유지하기 위해 신규 고객을 계속 획득해야 한다는 부담 없이 일정한 수입을 꾸준히 창출한다. 이런 판매 전략을 활용하면 고객의 생애가치를 높일 수 있는 가능성도 커진다. 구독 서비스를 취소할 경우에는 부담이 따르기 때문에 서비스가 아주 만족스럽지 않은 고객들도 관계를 지속하는 경향이 높기 때문이다.

고객 유지율을 높이기 위해 다음 사항을 고려하라.

> » 브랜드와 고객의 관계를 계약을 통해 수립하고, 브랜드 교체 비용을 높일 수 있는 방법을 모색하라.

» 판매한 상품에 대한 서비스를 그 회사만 담당할 수 있게 하라. 초음파 기기 같은 고가 의료장비를 제조하는 회사들은 기기에 잠금장치를 설치함으로써 상대적으로 저렴한 비용으로 서비스를 제공하는 다른 업체들이 그 장비를 수리하거나 관리하지 못하게 한다. 이런 식으로 제품을 설계하면 고객은 장비 제조사와 모든 유지 · 관리 계약을 맺을 수밖에 없다. 이런 판매 방식은 불공정 계약으로 치부되는 지역도 있으므로, 관련 규제부터 먼저 꼼꼼히 검토하라.

» 항공사의 고객 등급이나 마일리지 포인트 같은 충성도 프로그램은 다른 항공사로 교체하면 자격을 박탈하도록 기획하라.

» 소비자가 그 상품군에서 일반적으로 기대하는 수준을 뛰어넘는 서비스를 제공함으로써 고객들의 만족도와 자긍심을 높여라.

판매 채널

오늘날처럼 분열된 시장에서 판매 활동을 하다 보면 마케터들은 혼란에 빠지게 된다. 그냥 상품을 매장 진열대에 놓고 판매한 다음, 재고를 채워 넣으면 됐던 예전과는 상황이 완전히 달라졌기 때문이다. 이제는 고객 세그먼트별로 프라임 채널을 개발해야 한다. 모바일 채널을 가장 선호하는 소비자들도 있지만 모바일을 어려워하는 어르신들도 있다. 어떤 사람들은 온라인 쇼핑을 선호하지만 또 어떤 사람들은 직접 매장에 가서 물건을 확인하지 않고는 제품을 구입하지 않는다.

고객의 생애가치를 극대화하고 매출 목표를 지속적으로 달성하기 위해서는 고객 세그먼트별 니즈와 라이프스타일, 기대에 부응할 수 있도록 다양한 판매 채널을 최적화해야 한다.

고객 중심 사업을 전개하기 위한 판매 채널 전략에는 다음과 같은 것이 있다.

직접 판매

이 방법에는 위험 요소가 따르지만 잘만 하면 큰 수익을 낼 수 있다. 다음과 같은 직접 판매 방식을 가장 많이 활용한다.

» **회사 소유의 소매 채널 활용** : 마이크로소프트, 델, 게이트웨이 컴퓨터는 전부 한때 자체 매장을 소유했던 적이 있었다. 이 전략을 택하면 제품을 유통하는 다른 협력사들과 경쟁을 해야 하는 부담이 있어서 보통 매장 관리에 더 많은 노력이 필요하지만 그만큼 매출을 증대하지는 못한다. 그러나 고객들과 직접 접촉하면서 관계를 발전시킬 수 있다는 뚜렷한 장점이 있다.

» **멀티 레벨 마케팅**(MLM) : MLM 회사들은 개인 판매업자들을 통해 장사를 하며, 각 판매업자 아래에 또 다른 개인들이 있어서 제품을 판매할 때마다 일정량의 수수료를 상위 판매업자에게 지급한다. 보통 많은 MLM 회사들이 개인 판매자들과 처음 계약을 맺을 때 받는 사업 계약 비용으로 돈을 번다. 하지만 개인 판매자 중에는 사업 계약 비용을 충당하지 못할 정도로 실적이 저조한 경우도 많다. 이 때문에 보통 MLM 사업에 대한 부정적인 인식이 형성돼 있다. 게다가 별도의 사무실 없이 개별적으로 영업을 하는 판매자들은 장기적으로 성공하기 힘들기 때문에 하부 판매업자들을 늘리는 데만 신경을 쓰게 된다. 그럼에도 불구하고 누스킨, 메리 케이, 암웨이 같은 MLM 회사들은 이런 어려움을 극복하고 연간 10억 달러 이상의 매출을 내고 있다. 일단 자신이 하는 일의 본질을 파악하면 사업 확장은 시간 문제다.

» **전자상거래** : 외부 유통 채널을 활용하는 회사들도 전자상거래를 병행하는 회사가 많고 이런 회사들의 수익률 또한 점점 증가하고 있다. 파타고니아는 회사 웹사이트와 REI 같은 온라인 매장을 통해 소비자에게 제품을 직접 판매한다.

전자상거래로 성공하는 비밀은 주문을 받는 웹사이트가 아닌 하나의 커뮤니티가 되는 것이다. 아마존닷컴은 이를 증명하는 살아 있는 예다. 아마존은 원하는 상품에 대한 사용자들의 리뷰를 보고 다른 고객들과 연결되고 원하는 것은 무엇이든 살 수 있고(보통은 무료 배송으로) 그만큼 다양한 물건을 판매할 수도 있는 공간이다. 심지어는 원하는 라디오 방송국이나 뮤지션을 선택해 음악을 들을 수도 있고 동영상이나 TV 프로그램도 볼 수 있다.

하나 더 강조할 점은 온라인 고객들에게도 실제 매장을 방문하는 고객들과 동일한 대우를 해줘야 한다는 것이다. 일단 전자상거래 사이트를 방문한 쇼핑객들로 하여금 그곳에 더 오래 머물면서 이것저것 둘러볼 수 있도

> 록 의미 있는 경험을 제공하라. 온라인 쇼핑 경험은 상품 검색부터 장바구니에 있는 물건을 결재해서 주문하는 단계까지 전 과정이 불편함 없이 부드럽게 진행돼야 한다. 또한 효율성과 경제성을 높여야 한다. 처음 방문한 고객에게는 배송비를 면제해주거나 할인해주는 인센티브를 제공해야 부담 없이 제품을 구매할 수 있는 빌미가 된다. 또 고객이 구입한 상품은 약속한 시간에 빨리 배송해야 한다. 장바구니에 들어간 채 방치된 상품을 해결하는 방법은 다이렉트 마케팅에 대해 설명했던 제10장을 참조하라.

고객이 매장으로 들어가면 거기 있는 누군가가 인사를 하고 도움이 필요한지 묻고 고객이 하는 질문에 대답을 한다. 온라인 매장에서도 이런 식의 응대가 필요한데, 온라인 채팅 기술을 활용하면 적은 비용으로 고객과 상호작용이 가능하다. 이제는 온라인 채팅 기능이 없으면 경쟁에서 뒤지고 정상적인 판매 활동이 힘든 시대가 됐다.

다음의 내용은 ATG 글로벌 컨슈머 리서치에서 조사한 소비자들이 전자상거래에 대해 갖는 기대감인데, 그 수치가 꽤 인상적이다.

> » 온라인 쇼핑객의 90%는 판매자와 나누는 실시간 채팅이 쇼핑 과정에 도움이 된다고 말했다.
>
> » 63%의 소비자는 실시간 채팅 기능이 있는 사이트를 재방문하거나 그곳에서 상품을 구입할 가능성이 더 높다고 말했다.
>
> » 40%의 소비자는 온라인 채팅을 통해 받은 도움으로 상품을 구입한 적이 있다고 응답했다.

월 사용료 방식으로 사스(SaaS) 시스템을 구입하면 판매 사이트에 온라인 채팅 기능을 추가할 수 있다. 채팅을 담당한 직원을 선정하고 회사에서 정한 원칙과 프로토콜에 따라 고객의 문의 사항에 답하고 도움을 제공하라. 또는 소프트웨어와 함께 채팅 인력을 제공하는 회사도 있다. 이런 회사들은 채팅 데이터를 분석할 수 있는 도구들과 관련 보고서도 제공함으로써 판매 전환율을 개선하는 데 도움을 준다.

컨버턴트(convertant)는 고객의 온라인 참여와 관련된 서비스를 제공하는 시스템이다. 이 회사는 고객사에 담당 직원을 파견하는 것은 물론, 전자상거래 전문가 양성을 위한 교육 서비스 및 고객들의 정서적 관여도를 높이는 대화 프로토콜도 제공한다.

컨버턴트는 자신들의 서비스를 활용하면 구매 전환율을 300%나 높일 수 있다고 말한다.

어떤 업체를 활용하든 확실한 건 고객과 채팅을 하고 고객 데이터를 수집하고(어떤 사람들이 그 사이트를 방문하고 그들의 관심사는 무엇이며 또 구매 전환율은 어느 정도인지) 관련 보고서를 생성하기 위해서는 시스템이 필요하다는 점이다. 좋은 시스템은 온라인 쇼핑객들의 브라우징 정보와 채팅 활동 전체를 분석해서 데이터 모델을 추천하고 관련 매출을 전망해준다.

www.capterra.com이란 사이트에 가보면 아주 다양한 온라인 채팅 소프트웨어들을 살펴볼 수 있고, 각 소프트웨어에 대한 사용자들의 리뷰를 확인할 수 있다. 또한 대기업들을 주로 상대하는 세일즈포스부터 직원이 99명 이하인 중소기업들을 주로 상대하는 돈고까지 다양한 업체들의 시스템을 비교해볼 수 있다. 서비스의 종류만큼 가격대도 다양하므로 소프트웨어를 어느 정도 사용할 것인지, 회사에서 누가 사용할 것인지, 그리고 구체적으로 어떤 도움을 받고자 하는지 충분히 고민한 후 결정하자.

M-커머스 혹은 모바일

간과하기 쉽지만 그래서는 안 되는 채널이 M-커머스다. 2015년에 M-커머스 혹은 모바일 판매는 전자상거래에서 발생한 전체 매출의 24%를 차지했다. 그리고 2016년에 그 숫자가 29%로 다시 뛰어올랐다. 모바일 판매는 계속해서 성장해서 2020년에는 전체 전자상거래의 49%를 차지할 것으로 보인다.

또 다른 조사 내용을 보면 소비자들의 98%는 매일 스마트폰과 컴퓨터 스크린을 오가며 생활한다. 사람들은 평균적으로 하루에 휴대폰을 40~76회 확인하고, 미국 국민 중 1억 8,500명 이상은 스마트폰을 사용한다. 이 수치를 합하면 미국인들이 하루에 휴대폰을 확인하는 회수는 총 80억 번에 달한다.

이런 수치를 생각했을 때 마케팅 믹스에 M-커머스나 모바일 커뮤니케이션을 넣지 않는다는 것은 분명한 실수다. 모바일 판매 전술에는 다음과 같이 여러 가지 유형이 있다.

- **무료 모바일 앱에 광고 게시** : 무료 앱들은 실행되기 전에 광고가 여러 개 뜨는 경우가 많다. 이 방법을 사용하면 단 몇 초라도 사용자에게 브랜드를 노출시킬 수 있고 링크를 통해 사용자를 모바일 사이트로 연결할 수 있다.
- **마케팅 메시지에 수신 동의를 한 고객에게 SMS나 문자로 쿠폰 및 할인 정보 제공** : 베드배스앤비욘드는 문자로 20% 할인 쿠폰을 보내곤 한다. 문자를 받은 고객들은 실제 매장이나 온라인에서 쇼핑을 할 때 이 쿠폰을 요긴하게 쓸 수 있다. 또한 클라우드 기반 계정에서 쿠폰을 다운받아 실제 쇼핑을 하면서 그동안 받은 마케팅 혜택들을 관리할 수 있다. 요즘은 많은 소비자들이 매장에서 상품을 둘러보면서 구매는 가격 혜택이 더 많은 온라인 매장에서 하는 경우가 많으므로 문자 메시지는 실시간 판매 활동에 큰 영향을 미친다.
- **GPS 쇼핑 앱** : 이 앱을 깔면 스마트폰이 인터랙티브 쇼핑 도우미로 변신한다. 오프라인에서 실제 매장에 들어간 쇼핑객이 GPS 쇼핑앱으로 제품 바코드를 스캔하면 상품 재고도 확인할 수 있고 지역 기반의 프로모션 정보도 파악할 수 있어서 생각지 않았던 제품을 충동적으로 사기도 하고 쇼핑을 하면서 상품을 예약해놓기도 한다.
- **비콘** : 이는 상대적으로 저렴한 비용으로 고객이 쇼핑을 하는 동안 판매를 증대할 수 있는 방법으로, 기본적으로는 100미터 이내 근거리 통신이 가능한 저전력 블루투스(bluetooth low energy, BLE) 기술을 사용한다. 이 앱을 폰에 다운받은 고객이 GPS 기능을 활성화한 채 매장에 들어오면 쇼핑을 하는 동안 비콘(beacon) 메시지를 받을 수 있다. 예를 들면 14번 매대 끝에서 사은품을 준다든지, 가전 매장에서 특별 행사가 진행되고 있다든지, 매장에서 어떤 제품을 구입하든 20% 할인을 받을 수 있다든지, 단순하게는 "고객님, 환영합니다. 좋은 쇼핑 하세요!" 같은 메시지를 받는다.

  애플이나 구글 같은 기업들은 비콘 기술을 능수능란하게 활용하는데, 실행 비용이 저렴하다는 것도 큰 장점이다. 신호 거리나 배터리 수명, 제조사에 따라 보통 비콘 하나당 5~30달러 정도가 부가된다.

  비콘이 근사한 최신 기술로 보일 수도 있겠지만 매출 증대 측면에서는 다른 매장 디스플레이 기법보다 딱히 효과가 높지는 않다. 활용도를 더 높이기 위해서는 조만간 보다 차별화된 접근 방법이 나와야 할 것이다. 사업주

> 입장에서 비콘이 제공하는 장점은 매장에서 쇼핑객들의 상품 구입을 부추기거나 구매 프로세스에 영향을 미치는 것을 물론, 24시간 내내 작동하는 통신 기술로 몇 미터 근방에 있는 고객들의 핸드폰 번호를 수집해서 휴대폰으로 고객과 직접 소통할 수 있는 권한을 받을 수 있다는 점이다.

아웃렛 매장

온라인 구매가 얼마나 확대되든 소매점은 앞으로도 판매 채널로서 나름의 역할을 할 것이다. 사람들은 여전히 대형 쇼핑몰이나 전문 부티크 또는 아스펜이나 콜로라도, 뉴욕 5번가 같은 쇼핑 명소를 즐겨 찾는다. 쇼핑은 필요보다 경험의 산물이기 때문이다.

인간은 촉감을 중시하는 존재다. 우리는 대상을 만져보길 원하고, 서로의 손길을 그리워한다. 부드러운 천의 재질을 손끝으로 느끼고, 반짝이는 표면을 손바닥에 대 보고, 반짝이는 불빛과 장인의 솜씨를 직접 눈으로 확인하고, 향도 맡아보길 원한다. 즉 인간은 자신의 감각을 활용한 '경험'을 원한다. 디지털 기술이 편의성에 대한 니즈는 더 많이 충족시켜 주지만, 실제 매장에서 행하는 쇼핑을 통해 인간은 사회적 · 인간적인 욕구를 충족시킨다.

역실적인 일은 전자상거래 분야를 개척하고 지금도 선도자 자리를 꿋꿋이 지키고 있는 아마존이 현재는 사람들이 여유 시간을 보내고, 손으로 두꺼운 표지를 넘겨가며 내용을 읽고, 원하는 책을 바로 구입할 수 있는 오프라인 서점을 준비하고 있다는 점이다. 사람들이 디지털 책 대신 종이책을 다시 찾고, 커피 한 잔을 마주한 채 다른 사람들과 어울리고 독서도 할 수 있는 공간을 원하게 되자 2012년 이후부터 커피숍을 겸비한 작은 서점들이 다시 하나 둘씩 다시 생기고 있다.

오늘날의 소매 환경에서 성공할 수 있는 핵심은 간편한 음료 및 음식을 통해 사람들이 서로 편안하게 어울리며 독창적인 경험을 할 수 있는 쾌적한 환경을 조성하는 것이다. 이런 장소를 만들면 소비자들에게 만남의 공간을 부여할 뿐 아니라 새로운 수입원을 창출할 수 있다. 예를 들어, 커피를 판매하는 서점들의 경우에는 매출의 30% 이상이 비서적 분야에서 창출된다고 한다.

소비자들의 생각을 깨우치고 기억할 만한 추억을 만들고 효율성도 높일 수 있는 경험을 제공함으로써 다시 찾고 싶은 환경을 조성할 수 있는 방법을 찾아라.

비콘이나 GPS 기반의 쇼핑 기능을 추가하면 소비자들의 직접적인 니즈를 충족시키는 쇼핑 경험을 부여할 수 있으므로 재미와 관심을 동시에 높이는 독창적인 쇼핑 채널로 자리매김할 수 있다. 또한 소비자들이 궁금한 내용을 직원을 통하지 않고 자신의 스마트폰에서 직접 확인할 수 있다면, 고객의 편익은 더 높이면서 비용을 절감할 수 있다.

ESP를 통해 '예스' 받아내기

판매 관리를 효과적으로 하고 싶다면 그 과정을 여러 단계로 나눠라. 그리고 매출을 향상시키는 방법을 모색하거나 판매 계획을 수립할 때 한번에 한 단계에만 집중하라. 복잡한 과정들이 다 그렇듯 어디에나 약한 고리는 존재하기 때문이다. 현재 판매 과정에서 가장 취약한 영역을 찾고 그것을 개선할 수 있도록 노력하라.

그림 16-1은 판매 및 서비스 프로세스를 하나의 순서도로 설명한다. 이 도표는 처음부터 끝까지 자동적으로 흘러가지 않는다는 점을 인식하라. 일이 제대로 진행되지 않을 경우에는 처음으로 다시 되돌아가야 할 때도 있다. 그러나 프로세스가 이상적으로 흐른다면 기존 고객은 물론 잠재 고객들도 영원히 당신 곁에 머무를 것이다. 구매를 마친 고객들은 다시 영업 리드 형태로 돌아가고, 마케터는 그들을 설득해 반복 구매를 이끌기 위해 새로운 노력을 기울일 것이다.

이 순서도를 각 고객 세그먼트에 대하 감성적 판매 제안(ESP)에 맞춰 조정하라. 가령 하이테크 기업에 근무하는 30대 관리자에게 서비스를 판매하려는 광고 디자이너라면 그가 집중할 첫 단계는 과거에 이행했던 프로젝트 경험과 그 결과를 고객에게 제시함으로써 제품과 그의 능력에 대한 신뢰감을 형성해야 한다. 반면 베이비붐 세대를 대상으로 서비스를 판매할 경우에는 브랜드의 유산과 역사를 강조함으로써 그 명성을 부각하는 것이 더 올바른 방향이 될 것이다.

그림 16-1은 판매와 서비스가 서로 분리될 수 없는 영역이라는 점에서 그 프로세스를 통합했다. 고객이 파트너를 선정할 때는 가격과 기능, 품질 측면에서 전체 가치가 가장 높은 것도 중요하지만 자신을 최선의 방법으로 지원할 수 있는 역량을 더 중요하게 여긴다. 이는 B2B든 B2C든 마찬가지다. 고객이 주문서를 넣고 구매를 완료했

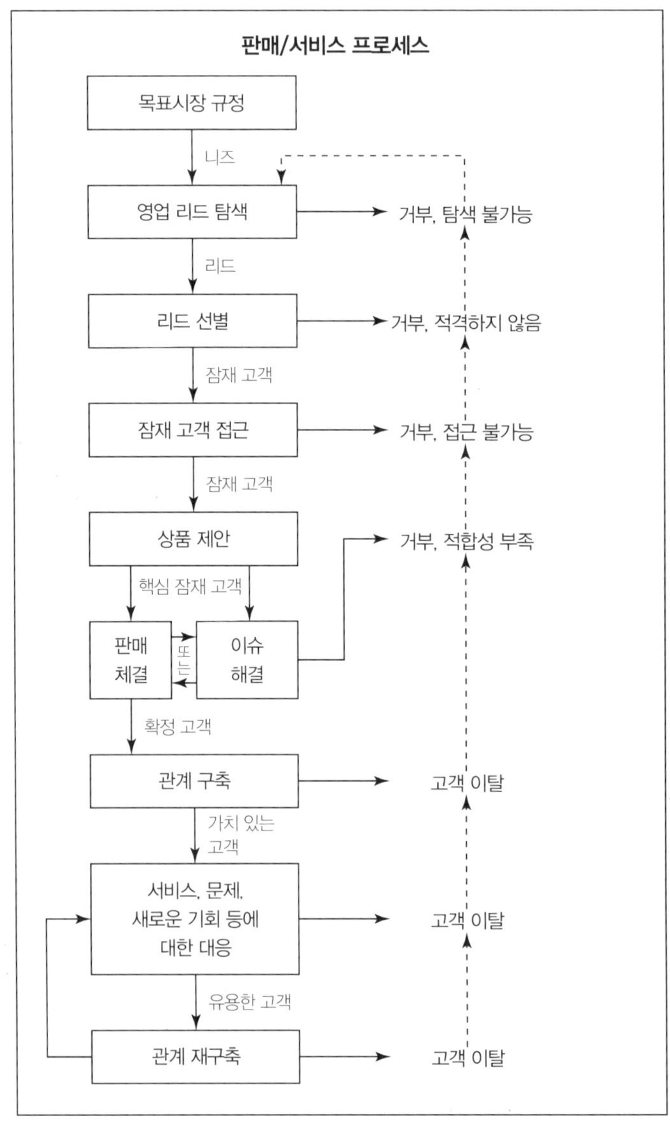

©John Wiley & Sons, Inc.

그림 16-1
판매 및 서비스 프로세스를 보여주는 순서도

다고 해서 판매 관리가 끝나서는 안 된다. 고객의 생애가치를 확보하기 위해서는 그 관계를 계속 발전시켜야 한다. 경쟁사 또한 놓친 고객을 다시 빼앗기 위해 호시탐탐 기회를 엿볼 것이다. 따라서 고객과 거래가 완결됐다면 이를 관계 구축 프로세스의 시작으로 간주해야 한다. 고객의 니즈를 충족시키는 새로운 방법을 찾기 위해 더 많이 노력을 기울이고, 관련 상품을 제시하고, 더 많은 주문을 받아내야 그 계정을 유지하고 더 성장시킬 수 있다. 다음에 이어지는 섹션은 이 순서도를 더 심층적으로 살펴봄으로써 고객과의 관계를 완전히 봉쇄하는 방법을 설명한다.

영업 리드 개발하기

어떤 사업이든 영업 리드를 개발하는 것으로 판매의 기초를 다지기 위한 당연한 작업이자 가장 힘든 과업이기도 하다. 지금 훌륭한 고객을 얼마나 많이 보유하고 있든 현재의 수익률을 유지하고, 이탈하거나 변절하는 고객들을 보충하고, 사업을 새로운 수준으로 발전시키기 위해서는 계속해서 더 많은 고객을 유치해야 한다.

성공적인 리드 창출 프로그램은 그 과정의 처음부터 끝까지 리드를 추적해야 한다. 그리고 가장 빨리 상품 거래를 완료한 사람, 거래 규모가 가장 컸던 사람, 반복 거래가 가장 많았던 사람 등의 구분은 물론, 비슷한 인구통계적 특징, 라이프스타일 요인 등에 따라 리드를 세분화한 다음 데이터베이스로 구축해야 한다.

좋은 CRM 프로그램은 이런 고객 데이터베이스가 확보된 다음에야 비로소 제대로 작동할 수 있다. 리드 개발에 들어간 노력과 투자비가 최상의 성과를 내기 위해서는 가장 효과적인 요인들을 파악하고 그 요인들을 중심으로 활동이 전개돼야 한다. 리드에 대한 세부 정보를 갖고 있으면 새로운 리드를 개발할 때 어떤 유형의 사람들이 상품 제안에 더 관심을 기울이고, 그런 리드를 어디서 발견할 수 있는지 파악할 수 있으므로 더 효율적인 활동이 가능하다.

다음에 이어지는 내용은 리드 창출 노력을 더 효과적으로 전개할 수 있는 몇 가지 팁이다.

리드 분류하기

특정 기간 안에 거래를 성사시킬 가능성에 따라 리드를 선별하는 것은 꽤 효과적이다. 리드가 최초로 판매 프로세스나 시스템에 진입했을 때 그 가치를 적절히 판단할 수 있으면 정해진 기간 안에 그들이 거래를 완수할 가능성도 가늠할 수 있다. 이런 방식을 취하면 가장 가치가 높은 리드를 더 잘 파악할 수 있으므로 영업과 마케팅 노력을 그런 리드를 공략하는 데 집중할 수 있다.

브랜드와 관계를 맺고, 그 브랜드를 신뢰하고 구입하는 데 가장 영향력을 많이 미치는 감정에 따라 리드를 분류할 수도 있다. 고객의 ESP 프로필(제2장 참조)을 검토한 다음, 그들이 가진 감정적 가치에 따라 영업 자료나 제안서, 마케팅 메시지를 개발하라. 리드 개발 과정의 초기에 그들의 두려움이나 불안감을 낮추면 그들에게서 긍정적인 신호를 더 쉽게 받아낼 수 있다. 고객의 ESP 프로필을 중심으로 리드를 창출하는 질문과 기준을 개발하면 가치가 높은 리드를 선별하고, 가치가 낮은 리드는 재빨리 솎아낼 수 있다.

각 판매 채널은 구매 프로세스의 각 단계별로 고객들에게 접근할 수 있는 고유의 장점과 방법을 제공한다. 더 많은 채널과 더 많은 방법을 실험해보면 회사의 시간과 자원을 최고로 잘 활용할 수 있는 방법과 각 채널이 가진 장점을 더 정확히 파악할 수 있다. 예를 들면 다음과 같다.

- » 브랜드 웹사이트는 상품 구입 가능성이 가장 높은 리드를 얻을 수 있는 가능성이 높다.
- » 전문협회나 단체에 가입하면 가치가 높은 리드와 관계를 맺을 수 있지만 거래를 완료하는 데에는 시간이 걸린다.
- » 다이렉트 메일 캠페인은 현재 고객들 중에서 리드를 얻을 수 있다.
- » 직접 반응 광고는 충동적인 쇼핑 성향이 높은 리드를 발견하는 데 도움이 된다.
- » 온라인 채팅과 텔레마케팅, 전시회, 행사 등을 통해서도 리드를 개발할 수 있다.

브랜드 웹사이트에서 효과적으로 리드 창출하기

웹사이트가 리드를 창출하고 고객과의 관계를 개발하는 데 좋은 메커니즘을 갖고 있다는 것은 확실하지만, 브랜드 웹사이트에 지나치게 의존하는 것은 위험하다. 아직 대부분의 웹사이트는 수동적인 경향이 강하기 때문이다. 콘텐츠를 전달하는 데는 효과적이지만 가치 있는 리드를 찾기에는 아직 미흡한 점이 있다.

차라리 다른 채널을 활용해서 잠재 리드를 브랜드 웹사이트로 이끄는 것이 더 효과적일 수 있다. 일단 리드를 웹사이트로 유인하면 사이트에서 리드와 더 많은 상호작용을 할 수 있도록 노력하고, 그들이 개인 정보를 공유할 만한 기회를 제시하고, 그들이 사이트를 더 적극적으로 탐색하고 참여 수준을 높일 수 있도록 자극하라.

웹사이트 방문객을 리드로 전환하기 위해서는 다음 지침을 따르라.

» 방문객들이 사이트에 계정을 등록해서 백서나 업계 보고서, 유용한 주제에 대해 최근 업데이트한 브랜드 블로그에 접근할 수 있게 유도하라.

» 사상적 리더들과 가진 인터뷰, 상품 사용과 관련된 유용한 팁, 새로운 기술이나 상품을 직접 시연한 내용을 동영상으로 제작하라. 웹사이트 방문객들이 이메일 주소를 등록하면 관련 자료에 접근할 수 있게 유도하라.

» 한 가지 질문으로 된 간단한 설문조사를 게시하고 주마다 새로운 문항으로 교체하라. 웹사이트 방문객들과 의미 있는 대화를 시작할 수 있고 그들에게 사이트의 세부 정보를 탐색하는 계기를 만들어줄 만한 질문을 개발하라. 개인 이메일 주소를 등록해서 설문에 참여하게 하고, 참여자들이 설문 결과를 확인함으로써 다른 사람들의 생각을 자신의 생각과 비교할 수 있게 하라.

» 그 제품에 관심이 있는 소셜미디어 팔로워들을 접촉해서 브랜드 웹사이트로 유인하라. 그들로 하여금 계정을 등록해 사이트에 업로드된 백서나 브랜드가 주관하는 웨비나 등에 참여할 수 있도록 독려하라.

B2B 리드 창출을 목적으로 고객 명단 구입하기

가구와 소비자 명단을 구입하는 것이 어떤 회사의 실제 의사결정자들 명단을 구입하는 것보다는 쉽다. 그러나 좋은 B2B 고객사 명단을 찾는 것은 가능하다.

던앤브래드스트리트는 기업별 의사결정자들에 대한 데이터베이스를 구축하는 선도 회사 중 하나다. 이들이 개발한 데이터베이스는 상품의 유형 및 기업의 위치, 규모(연간 매출)에 따라 미국 정부가 정한 *SIC*(standard industrial classification : 표준산업분류) 코드로 분류된다. 따라서 이들의 명단을 활용하면 산업과 도시별로 원하는 기업을 공략할 수 있고 너무 규모가 작은 기업은 제외할 수 있다. 던앤브래드스트리트의 기업 데이터베이스는 월간 사용료를 지급하면 구독 서비스 방식으로 활용할 수 있다. 또 관련 데이터를 엑셀 파일 등 원하는 포맷으로 다운받아 재구매할 필요 없이 원하는 회수만큼 이용할 수 있다. 사용자가 조건을 넣으면 그에 부합되는 기업 리드가 생성되기 때문에 원하는 상품 및 세그먼트별로 고도로 맞춤화된 명단을 얻을 수 있다.

이런 식으로 기업 리드를 구입한 후 추가 선별 작업을 위해 잠재 고객들을 전화로 접촉하면 계약 체결률을 70%까지 상승시킬 수 있다. 이렇게 해서 나온 리드는 관련 상품에 관심이 있는 고객사의 의사결정자라는 사실이 이미 판별된 상태기 때문이다.

회사가 갖고 있는 고객의 ESP 프로필 및 데이터베이스 분석 기법 등을 통해 검증된 리드의 특징들을 파악한 후, 그들의 가치와 행동 특징에 부합되는 마케팅 콘텐츠를 개발하고 콘텐츠 마케팅 활동을 전개하라. 그 브랜드를 관련 분야의 전문가로 포지셔닝하면 브랜드 인지도와 명성을 높일 수 있어서 원하는 리드 기업들이 더 쉽게 반응을 보일 수 있다.

예를 들어, ERP 시스템을 판매하는 회사가 원하는 고객사의 의사결정자는 파악했지만 그들의 관심을 얻는 데 고군분투하고 있다면, 일단은 소셜미디어 채널이나 블로그에 기업 ERP와 관련된 기사를 게재하는 것으로 활동을 시작하라. ERP 시스템을 통해 인력을 교육하고, 조직을 효과적으로 구성하고, 원하는 ROI를 달성하고, 비용 절감 효과를 가능한 빨리 얻는 방법을 콘텐츠로 작성해 여러 채널에 올리는 것이다. 이런 식으로 회사 경영진을 관련 분야의 전문가로 포지셔닝한 후 리드 기업들에 무료 컨설팅 기회를 제안하는 이메일을 보내라.

온라인에서 형성한 비즈니스 네트워크를 활용해도 검증된 리드를 매우 효과적으로 얻을 수 있다. 링크드인에서 관계를 맺은 사람들은 상품 및 서비스를 판매할 수 있는 강력한 후보들이며, 아직 일촌 관계가 아닌 사람들도 잠재적인 리드로서 연결될 수 있는 방법을 찾아라. 일촌 관계를 원하는 사람들의 신청을 수락하면 향후 부담 없이 그들에게 다가갈 수 있는 권한이 생긴다.

상담판매

상담판매는 말 그대로다. 판매 대신 상담에 주력하는 것이다. 소비자든 고객사든 누구나 직접적인 판매 활동보다 정보를 제공해주는 접근법을 선호한다. 상담판매는 예산 활용이나 실적 달성 등 고객이 원하는 목표를 달성하는 데 도움이 되는 정보나 통찰을 제공하는 활동이다.

의사결정 프로세스에 도움이 되는 정보를 객관적으로 제공하는 것 이상의 상담판매를 전개하고 싶다면 다음 요인을 염두에 둬라.

1. **자문을 먼저 하고 신뢰를 두 번째로 쌓고 판매는 마지막에 하라.**

2. **고객 니즈에 귀를 기울임으로써 관계를 시작하고, 그들의 가치 중 판매하는 상품군과 관련된 것을 파악하며, 그들과 비슷한 사람으로서 그들을 이해한다는 태도로 관계를 구축해나가라.**

3. **견적 대신 그들의 목표에 부응하는 제안과 해법을 제시하라.**

4. **그들이 가진 두려움을 없애라.**
   고객이 가진 가장 큰 두려움을 확인하고 그들이 두려움을 극복할 수 있도록 메시지와 약속을 전달하고 해결책을 제시하라(필요하다면 제2장으로 돌아가 생존을 위한 인간의 무의식 세계를 다시 학습하라).

5. **그들의 생각을 자극할 만한 질문을 던져라. 잠재 고객들이 자신의 문제와 해결책을 새로운 관점에서 바라볼 수 있도록 질문으로 영감을 불러일으켜라.**

이 지침들을 따르면 구매 방정식에서 가격이라는 변수를 없앨 수 있고, 경쟁사는 따라 할 수 없는 가치를 고객에게 전달할 수 있다.

상담판매에 대한 팁을 몇 가지 더 전달하겠다.

» 기존 고객과 잠재 고객들에 대한 정보를 수집해 다음 사항을 파악하라.
- 그들이 일을 하면서 갖는 구체적인 이슈와 니즈, 그리고 현재 시장 환경에서 영향을 받는 요인
- 향후 어떤 경쟁자들이 시장에서 위협적인 존재로 부상할 것이며, 이에

따라 그들의 메시지와 약속을 어떻게 조정해야 할지 방향성 파악

» 기존 고객과 잠재 고객이 할 수 있는 질문을 예상하며 그 질문에 대해 효과가 검증된 사실에 기반을 둔 대답을 준비하라.
» 고객이 제품이나 협력사를 선정할 때 어떤 기준을 사용하는지 질문하라. 그에 대한 대답을 이미 알고 있다고 섣불리 단정하지 말라.

상담판매에는 첫 거래를 성사시키는 것 이상의 준비가 필요하다. 이는 그 고객과의 관계를 평생에 걸쳐 발전시키는 일이며 그 과정에서 새로운 차원의 가치를 창출하는 것이다. 고객을 유지하고 이탈률을 낮추기 위해서는 다음 사항을 늘 명심하라.

» 거래가 완료된 후에도 고객이 기대했던 모든 요소가 충족됐는지 계속 확인하라.
» 정기적으로 리뷰 시간을 갖고 더 개선할 만한 이슈나 새로운 기회가 없는지 확인하라.
» 고객에게 꾸준히 통찰을 제공함으로써 도움을 줄 수 있는 방법을 다방면으로 모색하라.

경쟁사에게 판매 기회를 박탈당했다면 그 고객에게 몇 달 후에 연락해 선택에 얼마나 만족하고 있는지 질문하라. 만약 고객이 선택을 후회한다면 두 번째 기회를 위한 문을 두드려라. 두 번째는 경쟁자 수가 감소한 만큼 성공 확률이 더 높을 것이다.

고객의 ESP가 반영된 영업 프레젠테이션 개발하기

뛰어난 영업 프레젠테이션의 특징은 무엇일까? 고객의 수락을 재빨리 이끌어내고 고객 스스로 상품의 홍보대사가 돼서 열정을 가지고 조직 내 구매 승인 절차를 일사천리로 밟아나간다면 그것이야말로 뛰어난 영업의 효과가 아닐까? 영업 프레젠테이션을 고객의 감성적 가치와 ESP, 기능적 약속, 업계 통계 자료, 업계 권위자의 의견이나 사회적 검증, 신뢰 등의 심리적 동인을 기초로 개발하면 고객에게 그런 열정을 부여함으로써 수락을 받아낼 가능성이 더욱 커진다.

정보를 제공하고 고객 참여를 유도하고 자극하라

어떤 영업 활동이든 그 목표는 잠재 고객들을 설득해서 고객으로 만드는 것이다. 심리적 동인들과 3I 프로세스, 즉 정보 제공(inform), 고객 참여 유도(involve), 자극(inspire)에 따라 개발된 영업 활동은 그 상품을 의사결정자들의 머릿속에 각인시키는 데 도움을 준다.

» **정보 제공** : 구매자가 현명한 판단을 내릴 수 있도록 보조하는 정보를 제공하면 판매자는 단순히 제품을 납품하는 업체가 아닌 구매자의 파트너가 될 수 있다. 사람들은 일반적으로 영업사원보다는 파트너를 더 신뢰하고 파트너의 의견과 조언에 귀를 기울이게 된다. 백서나 업계 보고서가 고객 관계를 발전시켜 평생 고객으로 만드는 데 도움이 되는 것도 바로 이런 이유 때문이다.

» **고객 참여 유도** : 자신의 아이디어가 상대의 아이디어처럼 보이도록 포장함으로써 얻는 효과는 다들 잘 알고 있을 것이다. 이 방법은 판매 활동에 있어서도 탁월한 효과를 낸다. 단순히 솔루션을 제공하는 대신 고객과 협의를 통해 함께 솔루션을 이끌면 이런 효과를 낼 수 있다. 고객이 일을 제대로 하고 있다는 것을 알리고, 칭찬하고, 그 성과를 기반으로 더 큰 성공을 이루는 데 당신이 어떤 도움을 줄 수 있는지 제시하라.

» **자극** : 고객이 가진 문제를 협의할 때에는 그들의 신뢰를 확보함으로써 당신의 제품이나 서비스를 활용하게 만들어야 한다. 당신이 이룬 검증된 업적들을 제시하고 함께 일하면 그보다 한 단계 더 높은 성공을 이룰 수 있다는 확신을 심어줘야 한다. 계약서에 단순히 사인만 한다고 이뤄지는 게 아니다. 다음과 같이 다양한 방식을 고민하라.

- 당신에 대한 부정적인 의견은 절대 듣지 못하게 하라.
- 현재의 성공을 기반으로 더 큰 성공을 이룰 수 있는 새로운 기법과 통찰을 제시하라.
- 다른 회사들도 비슷한 선택을 내림으로써 혹은 같은 업체와 협력함으로써 성공했다는 사실을 인식시켜라.
- 상품이나 서비스를 시험해보는 것은 위험이 없고, 언제든지 원하면 마음을 바꿀 수 있다는 사실을 알려서 고객의 부담감을 없애라.

> 상품을 무료로 시험 사용하도록 유인하는 효과적인 방법이 있다. 사실 누구나 알고 있는 방법이다. 30일간 무료 체험 기간을 거쳐 구매를 결정하는 것으로 영화나 음악 채널, 신문 구독, 심지어는 아마존 프라임도 이런 방법으로 회원을 모집한다. 무료 체험 기회를 이용하기 위해서는 신용카드로 해당 서비스를 결재하면 된다. 무료 체험 기간이 끝나는 순간부터 요금이 자동으로 신용카드에 부가된다. 대부분의 사람들이 이런 무료 체험 상품을 좋아하며 프로모션 기간이 끝나도 서비스를 해지하지 않는다. 그런 만큼 이런 '무료' 체험 서비스는 수익을 내는 경우가 많다. 가장 중요한 것은 고객에게 서비스 해지에 대한 두려움 없이 편안한 마음으로 구매를 결정하게 유도한다는 점이다.

현명하고 사려 깊게 개발된 영업 프레젠테이션은 객관적인 사실과 감정적 동인 그리고 고객의 욕구와 니즈를 반영한다. 이런 자료는 잠재 고객을 편안하게 하는 동시에 흥분시키고 유용한 정보도 제공한다. 마치 채용 면접을 보는 사람이 고용 회사에 대해 미리 알아보는 것처럼 영업 담당자도 미리 고객에 대해 알아본 다음 자신감 있는 태도로 영업에 임해야 할 것이다.

당신의 브랜드 스토리를 전달하라

영업 프레젠테이션은 브랜드 스토리와 비슷한 방식으로 개발해야 한다. 제13장에서 논의했던 것처럼 설득력 있는 브랜드 스토리는 타인들도 그 안에서 긍정적이며 열정적인 자신의 모습을 발견할 수 있다. 영업 프레젠테이션 또한 이런 미션을 중요한 목표로 간주하고 달성해야 한다.

영업 프레젠테이션이 브랜드 스토리와 분명히 다른 점이 있다면 청중을 감정적으로 충족시킬 뿐만 아니라 그 사람들이 담당자를 신뢰하고, 그 사람에게 투자하고, 그들에게 공을 들인 다른 경쟁자들 대신 그 사람을 선택하게 만들어야 한다는 점이다.

거래를 성사시키는 '스토리'를 개발하는 몇 가지 팁은 다음과 같다.

> » **핵심 메시지 개발하기** : 설득을 목표로 한 커뮤니케이션을 할 때는 핵심 메시지를 분명히 정하고 상대의 관심을 끌 수 있는 방법으로 그 메시지를 제

시해야 한다. 브랜드 ESP를 뒷받침하는 소구 포인트를 3~5개 정도 정하고, 고객에게 약속한 제품의 기능과 효과에 문제가 없다는 것을 입증하고, 경쟁사들과 다른 차별점을 부각함으로써 시장 포지셔닝을 확고히 하라.

» **핵심 메시지 뒷받침하기** : 그 제품의 장점과 약속, 성공 사례, 그밖에도 마케터가 그 브랜드를 홍보하면서 주장하는 모든 포인트들을 사람들이 무턱대고 믿을 것으로 기대해서는 안 된다. 다른 영업 담당자들도 다들 비슷한 말을 하기 때문이다. 모든 마케팅 메시지를 통계 데이터나 사실, 객관적인 테스티모니얼 자료로 뒷받침해서 주장의 신빙성을 높여라. 더 좋은 방법은 그들 스스로 효과를 확인해볼 수 있도록 할인 가격으로 시험 사용의 기회를 제공하는 것이다.

제품의 혜택이 '너무 훌륭해서 오히려 신빙성이 떨어진다면' 그 말을 증명할 수 있는 방법을 찾아라. 필자가 한번은 대행사를 통해 컨설팅 프로젝트를 의뢰받은 적이 있었는데, 대행사 담당자는 "ROI 3,100% 달성" 같은 업적은 어차피 믿는 사람이 없을 테니 제안서에서 빼라고 조언을 했다. 하지만 그건 거짓이 아니었으므로 필자는 관련 내용을 포함시켰고 상대가 믿을 만한 근거도 함께 제시했다.

» **보여주기와 말하기** : 보통 보여주는 것이 말하는 것보다 더 낫다. 이는 제품 홍보와 판매 활동에 동영상을 활용하는 경우가 점점 더 늘어나는 것을 봐도 알 수 있다. 동영상은 감각에 호소하는 비중이 높으므로 메시지 회상률을 높이고, 상대적으로 저렴한 비용으로 만들어서 유튜브나 페이스북, 링크드인, 브랜드 웹사이트, 전시회 등 여러 채널에 손쉽게 적용할 수 있다. 아무리 훌륭한 동영상이나 슬라이드쇼도 고객과 직접 대면하는 자리를 대체할 수는 없다. 상품의 전략적인 특장점을 직접 전달하고 그 과정에서 고객에게 얻은 정보를 기초로 판매 전략을 보완하라. 마케팅 메시지를 뒷받침하기 위해 외부 단체의 객관적인 의견이나 제품의 효과를 직접 보여주고 싶다면 동영상을 활용하라.

문제에 대응하기

관계를 맺은 고객과의 사이에서 문제가 발생하지 않으려면 그 관계가 얼마나 오래

됐든 그들을 잠재 고객처럼 대해야 한다. 제품이나 서비스에서 어떤 실수도 일어나지 않도록 그리고 조직 전체적으로 고객 니즈에 맞는 서비스를 제공할 수 있도록 그들에게 세세한 관심을 기울여라.

역설적인 사실은 기존에 문제가 있었지만 그것을 타당하고 만족스러운 방식으로 해결한 고객이 보통 그 브랜드를 가장 신뢰하게 된다는 점이다. 이 사실을 뒷받침하는 연구나 조사 자료는 상당히 많다. 고객을 짜증나게 하고 실망시키고 심지어는 분노를 일으킬 만한 문제는 불가피하게 일어날 수 있다. 영업 프로세스 중 서비스 회복 단계가 포함돼 있는 것도 바로 이런 이유 때문이다. 여기서 중요한 것은 고객에게 문제가 발생했을 때 누구에게 연락해야 하는지를 명확히 알리고, 회사의 전 직원이 그 문제를 즉각 처리할 수 있도록 훈련돼 있다는 믿음을 줘야 한다.

실망감에 빠진 고객을 다시 행복하게 만들기 위해서라면 영업 팀이 그 어떤 일이든 다 할 수 있도록 권한을 부여하는 프로토콜과 프로세스를 확립하라. 이렇게 되면 고객은 판매자가 자신들의 니즈에 관심을 갖고 문제가 생기면 해결해주리라는 것을 알게 되므로 충성도가 더 강해질 수밖에 없다. 이는 판매자가 고객을 위해 어떤 희생도 감수할 의지가 있어야 가능한 일이다. 고객이 회사에 공헌하는 현재와 미래 가치를 기반으로 그들을 계속 보유하기 위해 어떻게 문제 해결에 민첩한 조직 구조를 만들고 그에 따른 비용을 얼마나 투자할지 결정하라.

서비스 회복은 문제가 발생하기 이전에 중요한 질문들에 대답해보고, 직원들에게 대응 프로토콜을 교육하는 것으로 시작된다. 예를 들어, 잠재적으로 어떤 문제가 발생할 수 있을지, 과거에 무슨 일로 고객이 불편을 겪었는지, 고객이 어떤 경우에 좌절감을 느끼는지 세세히 파악하라.

영업 조직 구축하기

누가, 무엇을, 언제, 어디서 하는가? 이런 조직 관련 질문들은 많은 영업, 마케팅 관리자들에게 성가신 문제지만 영업 생산성에 큰 차이를 만든다. 회사의 영업 담당자들이 그 국가나 지역 사무실을 본거지로 일해야 할까? 사무직 직원들이 그들의 업무를 보조하고, 관리자로부터 직접 업무 지시사항 및 조언을 받을 수 있도록 사무실에서 일해야 할까? 아니면 재택근무든 현장에서 주로 시간을 보내든 그들이 원하는 방식대로 자유를 주는 게 좋을까? 그리고 중소기업의 경우에는 회사에서 직접 영업 활동을 벌이는 게 나을까? 아니면 외부 대리점이나 개인을 통해 제품을 판매하고 커미션을 주는 게 나을까?

지금부터 이런 질문에 답할 수 있는 몇 가지 헤안과 각자 처한 상황과 니즈에 맞는 최선의 대응 방식을 제시할 것이다.

영업 직원은 몇 명이 적당할까?

원래 영업 인력이 있는 조직이라면 직원을 보강해야 할 영역은 어디고, 반대로 더 적은 수로도 운영이 가능한 영역은 어디인지, 또 기본적인 영업 서비스 중 빈틈이 발견되는 영역은 어디인지 직무별로 현 상황을 확인해야 할 것이다. 영업 조직을 최적화하기 위해서는 먼저 다음 질문에 답해보라.

- 영업사원들이 일일이 다 만나보지 못할 정도로 잠재 고객들이 넘쳐나는 지역이 있는가? 그렇다면 지역을 분리하거나 직원 수를 보강하는 쪽을 고려하라.
- 미흡한 서비스나 기타 이유로 고객 이탈이 증가하는 지역이 있는가?
- 매출 잠재력이 거의 없는데도 활동을 벌임으로써 성장 잠재력이 높은 곳에 피해를 주는 곳은 없는가?

내부 직원을 고용할 것인가, 대리점을 활용할 것인가?

정규직 영업사원을 채용할 것인지 아니면 계약직 판매원이나 대리점을 활용할 것인지 결정해야 한다. 대부분의 산업에는 판매원들을 채용하고 관리하는 전문화된 회사들이 있다. 이런 회사들을 보통 **판매 대리점**이라고 부르는데, 일반적으로 판가의 10~20% 정도의 수수료를 받고 판매 활동을 대행해준다. 물론 수수료는 산업 유형과 가격 구조에 따라 차이가 있다. 보통 상담판매 및 맞춤 서비스까지 제공하는 대리점은 조금 더 높은 수수료를 받는다.

회사 규모가 작거나 제품 라인이 간단하다면 대리점을 활용하는 편이 더 합리적이다. 정규직 영업사원을 뽑으면 사업 규모에 변동이 생겼을 때 비용 부담이 되고 유연한 대처도 어렵기 때문이다. 규모의 문제는 제품 라인이 너무 단순할 때도 생긴다. 말하자면 영업사원이 고객에게 판매할 만한 제품이 거의 없거나 전화비도 충당할 수 없을 만큼 주문량이 적은 경우를 말한다. 대리점들은 보통 여러 회사들과 동시에 판매 계약을 맺으므로, 잠재 고객을 접촉할 때도 활용할 수 있는 제품 옵션이 많고, 그래서 더 높은 수익을 기대할 수 있다.

제품 라인이 많고 다양하다면 직접 영업사원을 뽑아서 판매 활동을 벌이는 쪽이 관리와 시장 대응에 더 바람직하다. 내부 정규직 영업사원은 회사 제품들만 집중적으로 판매하므로 대리점 직원보다 2배에서 10배 더 많은 제품을 판매한다.

좋은 대리점 찾기

대리점은 어떻게 찾을 수 있을까? 아는 사람에게 직접 소개를 받거나 업계 전시회나 학회를 이용하면 경험이 많으면서 평판도 좋은 대리점을 발견하는 데 큰 도움을 받을 수 있다. 이보다 더 간단한 방법도 있다. 고객사나 제품 구매자에게 관련 상품을 영업하는 담당자 중 괜찮은 사람이 있는지 직접 물어보는 것이다.

요즘에는 허브 웹사이트를 통해서도 판매 대리점이나 단기 계약으로 움직이는 프리랜서 영업맨들을 쉽게 구할 수 있다. 이런 사이트들은 보통 가능한 후보들만 제시해주므로 스스로 좋은 대리점을 선별할 수 있는 능력을 갖춰야 한다. 특히 판매대리인을 처음으로 고용할 때에는 시험 삼아 활용해보고 결정하는 편이 좋다. 웹사이트에서 판매대리인을 찾고 싶다면 다음과 같은 옵션을 고려하라.

- 굿콜(www.goodcall.io) 사이트를 방문해보라. 그들 말로는 '아웃소싱 영업 인력을 운영하는 데 필요한 모든 것'을 갖고 있다고 하니 말이다.
- 타임투하이어(www.timetohire.com)도 판매대리인을 찾는 데 도움을 준다.
- 그루(www.guru.com)는 제조업 회사들을 대상으로 대리점과 독립 대리점을 전문적으로 알선해준다.
- 세일즈에이전트허브(www.salesagenthub.com)에 접속해 기업 회원으로 등록하고 판매대리인을 찾으라.

» 그레이트랩(www.greatrep.com)은 판매대리인에 대한 데이터베이스를 갖고 있어서 대리점과 판매회사 모두 원하는 잠재 파트너를 검색할 수 있다.

효과적인 판매대리인 관리

일단 지역별로 판매대리인을 확보했다면 그들의 영업 활동을 정기적으로 모니터해야 한다. 어떤 대리점이 최고의 (혹은 최악의) 판매 실적을 보였나? 보통 상위 10~15%를 차지하는 대리점이 거의 모든 판매 실적을 낸다. 대리점 실적을 확인하고 손실을 내는 곳은 빨리 방법을 바꾸거나 교체함으로써 영업력을 극대화해야 한다. 그들에게 브랜드 스토리에 대한 교육함으로써 모든 대리점과 마케팅 채널에서 일관된 메시지와 ESP가 전달될 수 있도록 하라.

영업 직원 보상하기

최고 수준의 영업 인력을 채용하고 싶다면 최고 수준의 연봉과 보너스를 지급할 준비가 돼 있어야 한다. 사람을 찾고 있는 영업 직무를 정말 돋보이게 하고 싶다면 업계 표준과 차별화된 보상 체계를 마련하라. 예를 들어, 영업 담당자가 철저한 서비스와 고객 컨설팅으로 고객과 장기적인 관계를 구축하게 하고 싶다면 연봉과 보상도 그런 역량에 따라 지급해야 한다. 영업직 직원들에게 판매 인센티브를 지급할 계획이라면 담당 고객들의 장기 보유율이나 고객을 통해 창출한 부가 가치 등을 기준으로 보너스를 지급하는 방법을 모색하라. 그렇게 하면 회사의 보상 체계는 경쟁사 대비 확실히 돋보일 수 있고, 그 회사가 원하는 영업 담당자의 역량이 무엇인지도 분명히 전달할 수 있을 것이다. 마찬가지로 대리점이 스스로 동기부여를 받고 적극적으로 판매 활동을 전개하려면 다른 회사들보다 더 높은 커미션을 줘야 한다.

기본급과 커미션의 세부 조건은 산업과 지역에 따라 천차만별이다. 따라서 임금 및 보상 체계를 수립하기 전에 유사 업종에 속한 경쟁사들의 수준은 어떤지 선행 조사가 필요하다.

그리고 기본급과 별개로 직원들의 업무 범위를 명확히 규정하고 노력한 만큼 보상이 따른다는 사실을 입증하면 영업사원과 대리점 모두 최선을 다할 것이다. 그들이 효과적으로 영업 활동을 벌일 수 있도록 좋은 제품과 영업 리드, 관련 지식, 조직적 지원이 잘 갖춰져 있는지 확인하라. 그런 지원의 도움으로 성공을 맛보면 그 자체가 또 다른 동기부여가 되므로, 영업 담당자들 스스로 판매 활동을 즐기게 될 것이다.

뛰어난 서비스로 고객 유지하기

판매와 서비스의 관계는 서로 분리할 수 없다. 특히 인적판매(personal selling)에 의존하고 있다면(많은 B2B 회사와 소비재 회사들도 그렇듯이) 훌륭한 서비스 없이 성공하기는 불가능하다.

회사의 **고객이탈률**(customer turnover rate 혹은 churn rate : 매년 거래를 끊은 고객의 비중)이 어느 정도인지 알고 있는가? 대부분의 산업에서 고객이탈률이 5% 이상이면 고객 서비스에 문제가 있다는 신호이므로, 이를 낮추는 방안을 마련해야 한다. 올해와 작년의 고객 명단을 비교해보라. 만약 금방 비교할 수 있는 고객 데이터베이스가 마련돼 있지 않다면 영업 팀 직원들을 통해 명단을 확보하라.

제4장에서 설명했듯이 고객들을 대상으로 설문조사를 실시해서 제품 만족도나 서비스 만족도, 순추천지수 등을 확인해도 고객과의 관계에서 어떤 프로토콜에 문제가 있는지 쉽게 발견할 수 있다.

일부 회사들은 원래보다 거래량이 절반 이상 줄은 고객들도 이탈 고객으로 규정하는데, 이 경우에는 완전히 거래가 끊긴 고객들을 이탈 고객으로 규정하는 회사보다 더 보수적인 지표를 갖게 된다.

고객이탈률은 다음과 같은 방법으로 측정할 수 있다.

1. **작년과 올해의 고객 명단을 비교해서 지난 한 해 동안 거래가 끊긴 고객 수를 파악하라.**
   신규 고객은 계산에 포함하지 말아라.

2. **작년 거래 명단에 있는 고객 수를 확인하라.**
   이 수가 전체 고객 수가 된다.

3. **1단계에서 파악한 손실 고객 수를 2단계에서 구한 전체 고객 수로 나눠라. 이렇게 해서 나온 수가 고객이탈률이다.**

예를 들어, 작년 말 기준으로 거래 고객 수가 1,500개였는데 그중 250개가 사라졌다면, 이 회사의 고객이탈률은 약 17%가 된다. 이런 상황에 처해 있다면 다른 무엇보다 고객 서비스에 집중해야 한다.

성공적인 판매 활동은 좋은 영업 시스템과 서비스 프로토콜뿐 아니라 사람들이 원하는 좋은 상품을 갖고 있느냐에 달려 있다. 만약 회사의 상품이나 서비스가 고객에게 적합하지 않다면 아무리 영업을 열심히 한들 그만큼의 성과가 나오지 않을 것이다.

회사의 상품과 서비스가 적절한지 확인하기 위해서는 판매 채널에만 집중하면 안 되고 고객 니즈와 시장 트렌드, 기술 혁신이 어떤 식으로 변하고 있는지도 항상 주시해야 한다.

PART

6

10가지 지침으로 마케팅 효과 높이기

제6부 미리보기

- 흔히 저지르기 쉬운 마케팅 실수 발견하기
- 마케팅 캠페인에서 실질적인 성과를 얻기 위한 평가 항목 확인하기

Chapter

17

흔히 저지르기 쉬운 마케팅 실수 10가지 (그리고 이를 피하는 방법)

제17장 미리보기

- 전체 대중을 상대로 마케팅을 하고 할인에만 의존하면 왜 수익에는 악영향을 일어나는지 이해하기
- 모든 고객(화가 난 사람들까지)을 공손하게 대하는 것의 중요성 인식하기

스스로 실수를 저지르는 것보다는 다른 이의 실수를 통해 교훈을 터득하는 것이 늘 더 나은 법이다. 이 장에서는 대기업과 중소기업 모두 저지르기 쉬운 10가지 마케팅 실수에 대해 설명할 것이다. 그리고 어떻게 그런 실수를 피함으로써 순조롭게 마케팅 활동을 전개하고 원하는 매출을 달성할 수 있는지 알아보자.

가정하기

자신의 고객이 어떤 사람들인지, 그들이 원하는 것이 무엇인지, 고객의 충성도가 어느 정도인지, 시장의 경쟁 환경이 어떤지 이미 다 알고 있다고 가정하는 것은 가장

큰 대가를 치를 수 있는 커다란 마케팅 실수 중 하나다. 그리고 대부분의 경우에 마케터가 가진 이런 가정들은 틀리다.

오늘날에는 고객의 의견과 니즈 그리고 태도를 추적할 수 있는 조사 및 피드백 도구가 우리 주변에 많이 있어서 추측을 할 이유도 없다. 고객들이 그 브랜드와 상품, 서비스에 대해 어떤 점을 좋아하고, 또 어떤 점을 싫어하는지 파악하기 위해 정기적으로 소비자 설문조사를 실시하라. 고객의 순추천지수(NPS)를 업데이트하는 설문조사도 수행하라. 고객과 거래를 할 때 개인적인 의견을 직접 묻고 소셜리스닝 기법도 활용하라. 조사 결과를 분석함으로써 시장 트렌드와 더불어 고객의 만족도를 유지하고 증대하기 위해 마케터로서 해야 할 일들을 파악하라.

소비자 불만사항 무시하기

요즘은 각종 소셜미디어 채널 덕분에 소비자가 어떤 브랜드를 통해 겪은 불쾌한 경험을 실제로 단 몇 분 만에 수천 명에게 퍼뜨릴 수 있다. 페이스북과 트위터 같은 소셜 플랫폼들 외에도 옐프나 구글, 아마존처럼 수많은 소비자들이 매일 훑어보는 사이트들에 어떤 회사나 제품을 험담하는 리뷰들이 줄줄이 올라온다. 이런 일이 발생하면(사실 이런 일은 거의 모든 브랜드에 발생한다) 고객이 불만을 표출한 사이트에서 즉각적으로 대응함으로써 회사가 모든 고객에 대해 신경 쓰고 있다는 사실을 해당 고객은 물론 다른 사람들에게 알려야 한다. 또한 불쾌감을 느낀 고객에게 어떻게 하면 문제를 바로잡을 수 있을지 직접 물어보라.

가짜 인기 포장하기

'가짜 뉴스'들이 판을 치는 소셜미디어 채널에는 '가짜 좋아요'도 많다. 트위터 메시지들만 봐도, '팔로워' 수를 늘리려는 목적으로 어떤 혜택을 제공하는 사람들을 쉽게 발견할 수 있다. 의도가 뻔히 보이는 이런 마케팅 활동은 가짜 뉴스와 마찬가지로 용납되지 않는다. 어떤 회사나 브랜드를 사실보다 더 인기 있고 성공적인 모습으로 포장하면 소비자를 오해하게 만들어 잘못된 선택을 내리게 할 수 있기 때문이다.

잘못된 데이터 활용하기

오랫동안 사용해온 브랜드에서 엄청난 프로모션 혜택을 이메일을 보냈는데, 알고 보니 그 혜택은 신규 고객만 받을 수 있다면 기분이 어떨까? 이런 상황은 보통 그 회사에서 고객 데이터를 제대로 분류하지 않았을 때 벌어진다. 요즘에는 좋은 고객관계관리(CRM) 시스템이나 데이터 관리 시스템을 다양한 가격대로 활용할 수 있으므로 이런 실수는 더 이상 용납되지 않는다. 고객들은 어떤 브랜드와 관계를 맺으면 좀 더 개인화된 커뮤니케이션을 기대한다. 게다가 수년 동안 그 회사의 매출에 공헌해온 보람도 없이 한번도 그 상품을 구입해본 적 없는 사람들이 자신보다 더 큰 혜택을 얻는다면 고객 관계는 회복 불가능한 상태로 무너질 수도 있다.

가격으로 경쟁하기

할인과 가격 인하는 나름의 효과를 발휘하지만 그 또한 일시적이다. 신규 고객에게 제품을 처음으로 구입하는 계기를 만들고, 향후 이메일 마케팅과 소셜미디어 캠페인을 전개할 고객 기반으로 구축하는 정도의 목표를 잡아야 한다. 정해진 기간 없이 할인 가격을 계속 밀어붙이고 시도 때도 없이 가격을 인하하면 소비자들은 점점 할인 행사만 기다리고 그 제품을 정가로 구입할 의지를 잃는다. 어느새 그 제품은 염가 제품으로 인식되면서 기존의 매력도 잃는다. 한번 떨어진 가격을 다시 인상하는 것은 정말이지 힘든 일이다. 매출 목표를 달성하기 위해 가격 인하를 고려하는 것은 가능한 일이다. 하지만 반복적인 가격 프로모션은 브랜드 가치를 깎아먹고, 경쟁사의 프로모션 혜택을 취하고자 언제라도 그 제품을 포기하는 변덕스러운 고객만 더 많이 만들어낸다는 것을 명심하자.

선택을 유도하는 감성적 요인 경시하기

제2장에서 언급했던 것처럼 사람들의 생각과 행동의 90%는 무의식적으로 진행된다. 영민한 광고나 특가 행사보다 희열감과 무한한 자신감을 부여하는 도파민이나 연결감과 수용감, 사랑받고 있다는 느낌을 부여하는 옥시토신이 분출될 때 사람들은 더 쉽게 반응하게 된다. 자신을 둘러싼 이 세상과 자기 자신에 대해 느끼는 인간의 감정에 영향을 주는 감성적인 요인을 제대로 활용하면 소비자의 행동을 효과적으로 유도할 수 있다. 모든 마케팅 활동은 고객에게 긍정적인 감정을 불러일으키고 신뢰를 구축하는 방향으로 전개돼야 한다. 신뢰가 없으면 아무리 효과적인 무기도 힘을 발휘할 수 없다.

검토 과정 잊기

어떤 브랜드가 보낸 이메일이나 전단지, 인쇄 광고, 옥외 광고 등에 오탈자가 있으면 사람들은 그 실수만 기억하고 나머지 내용은 다 잊는다. 이런 사소하고 엉성한 실수들은 잠재 고객들에게 그 브랜드에 대한 나쁜 인상을 심어줄 뿐만 아니라 제품 생산, 인보이스 관리, 고객 서비스 활동에 있어서도 회사의 꼼꼼함에 대해 의문을 품게 만든다. 마케팅 자료를 개발할 때는 늘 꼼꼼하게 처리하고 다른 사람의 검수를 받아서 어떤 실수도 없게 만들어야 한다. 브랜드는 명성이 전부다.

지킬 수 없는 약속하기

지킬 수 있을지 확신할 수 없는 약속을 고객과 하는 것은 자신을 믿을 수 없는 나쁜 영업사원으로 만드는 일이다. 또한 기능이나 효과가 입증되지 않았거나 문제 해결 방안이 확정되지 않은 상태에서 신제품을 출시하면 고객에게 나쁜 경험을 예약해놓는 것과 같은 꼴이다. 결국 고객은 그 회사나 브랜드에 대한 신뢰를 잃게 되고, 다시는 그 상품을 구입하지 않을 것이다. 전부는 아닐지라도 대부분의 경우 실망한 고객들은 자신의 충성심을 맡길 만한 다른 대안을 찾아나선다.

고객을 비인간적으로 대하기

모든 고객은 고객으로서의 대접을 받길 원한다. 숫자로 취급되길 원하는 사람은 없다. 오늘날에는 진보된 CRM 기술 덕분에 수화기 반대편에 어떤 사람이 있는지를 파악할 수 있다. 따라서 가능하다면 고객을 이름으로 부르고 고객의 거래에 감사를 표하며 더 큰 만족을 전달하기 위해 개선할 만한 사항을 직접 물어보라.

고객과 상호작용을 할 때는 늘 고객의 입장에서 생각해보고 모든 것을 꼼꼼히 살펴라. 그들이 기대하는 방식대로 고객을 한 사람의 인격체로 대하고 있는가? 그렇게 할 수 없다면 고객 데이터베이스 관리에 더 많은 투자를 하고 서비스 담당자들이 고객의 이름을 제대로 발음할 수 있도록 교육시켜라. 모든 고객을 중요한 개인으로 대접하기 위해서라면 무슨 일이든 하라.

고객 탓하기

분노에 가득 찬 고객을 만나면 지나치게 흥분하고 상식에도 벗어난다고 생각하기 쉽다. 타당한 이유가 있다면 고객이 늘 옳다는 것을 적극적으로 인정하라. "고객은 늘 옳다"라는 니만마커스의 모토처럼 고객은 자신이 기대하는 서비스를 받아야 하고, 상품을 구입할 때 기대했던 품질을 당연히 확인할 수 있어야 한다. 그렇다고 사람들이 그런 고객의 위치를 통해 기업을 이용해도 된다는 말은 아니다. 하지만 고객이 분노를 터뜨린다면 그 이유를 들어라. 그리고 판매자와 구매자 모두 만족할 만한 해결책을 제안하라. 고객의 문제를 해결할 수 있든 아니든 판매자는 전문적이고 논리적이며 차분하고 공손해야 한다. 설사 억울한 상황이라고 할지라도 판매자가 통제력을 잃고 고객을 탓한다면 고객은 그 사실을 온라인에 마구 퍼 나를 것이다. 그리고 그 대가는 보통 온전하게 판매자 몫이 된다.

Chapter

18

마케팅 성과를 측정하는 10가지 방법

제18장 미리보기

- 마케팅 캠페인에서 실질적인 성과를 얻기 위해 측정할 평가지표 이해하기
- 순수익에 실제로 영향을 미치는 요인을 측정하고, 향후 마케팅 노력을 위한 핵심 통찰력 발견하기

마케팅과 효과 측정은 과학이자 예술이다. 이 두 가지 작업을 통해 지속 가능한 성과와 수익을 창출하기 위해서는 많은 노력과 학습이 필요하다. 이 장에서는 마케팅 캠페인 및 프로그램들의 실제 효과를 측정하는 10가지 방법을 설명하고 향후 캠페인을 통해 마케팅 성과와 효율성을 높이려면 어떻게 해야 할지 중요한 통찰력을 얻게 될 것이다.

마케팅 평가지표 분야의 선구자이자 「타깃마케팅」 잡지의 유명 기고자인 척 맥리스터는 장기적인 사업 성공에 가장 중요한 사항들을 측정하는 단계 및 방법을 전수한다. 이에 대한 세부 내용 및 척의 마케팅 통찰을 더 자세히 알고 싶다면 www.measuredmarketingllc.com을 방문해보라.

명확한 목표 수립하기

어떤 투자나 사업을 시작할 때는 그 일을 통해 달성하려는 목표와 함께 목표 달성 여부를 어떻게 측정할 것인지 정해야 한다. 마케팅 캠페인을 완수한 후 그에 대한 성과를 효과적으로 측정할 수 있는 올바른 데이터가 없는 경우가 많다. 이런 상황에 처하는 주된 이유는 캠페인을 시작할 때 원하는 목표와 효과 측정 방법을 미리 정하지 않았기 때문이다.

사업을 전개하는 각 단계마다 관련 활동들이 원하는 속도로 잘 전개되고 있는지 판단하기 위해서는 어떤 요소들을 측정해야 할까? 이 중 꼭 측정해야 할 지표로는 각 리드를 창출하는 데 투입된 비용과 각 리드를 수익성 있는 고객으로 성장시키는 데 투입된 비용이 포함된다.

평가지표를 목표와 결합하기

단순하게 처리할 수 있어야 혼란 없이 측정 결과를 확인할 수 있다. 한 가지 방법은 목표와 직접적으로 관련돼 있는 지표만 측정하는 것이다. 혹시 나중에 필요할 수도 있고, 경영진이 어떤 질문을 할지 모르니 '하나에서 열까지 모두' 측정해야 한다고 답하는 사람도 있겠지만 그것은 바람직한 방향이 아니다.

우선순위 정하기

이전 단계를 기반으로 수집해야 할 데이터 유형과 수집 빈도를 정하라. 특히 온라인 지표의 경우 방문자들의 사이트 유입 경로와 페이지 조회 양상을 전부 다 파악할 필요는 없다. 데이터가 너무 많으면 혼란만 가중되고 해석도 어려워지므로 의미 있는 대응책을 수립하는 데 효과가 떨어진다. 따라서 무엇을 파악해야 할지 우선순위가 필요하다. 첫째, 지금 당장 알아야 할 정보, 둘째, 알아야 하지만 조금 천천히 파악해도 괜찮은 정보, 셋째, 당장은 필요 없는 정보의 순서라면 어떨까?

ROI 목표 설정하기

마케터가 ROI를 측정하는 방법에는 주로 두 가지가 있다.

» 해당 마케팅 캠페인을 통해 창출된 매출(측정할 수 있다면)을 해당 마케팅 활동에 투입된 비용으로 나눠 ROI 산출하기
» 캠페인을 통해 창출된 매출에서 마케팅 비용을 차감해서 ROI 산출하기

이 중 어떤 방법을 사용하든 고객생애가치(R)와 고객획득비용의 허용 한도(I)라는 대표적 마케팅 원칙에 부합돼야 한다. 이 두 가지 원칙에 대해서는 다음에 이어지는 섹션에서 설명하겠다(고객생애가치 계산법은 제16장에서 이미 자세히 다뤘다).

고객생애가치 파악하기

모든 마케터는 다음 질문에 답할 수 있어야 한다. "어떤 고객이 시간이 흐르면서 회사에 얼마만큼의 가치를 부여할까?" 고객생애가치를 첫해 매출로만 한정하는 회사들도 있지만, 만약 그 고객이 첫 거래 이후에도 계속 그 회사 상품을 구매한다면 1년 데이터로는 고객생애가치의 개념을 거의 반영하지 못하게 된다. 다른 회사들은 그 고객이 3년부터 5년, 심지어는 10년 이상 계속해서 그 회사 제품을 구매할 수 있다는 가능성을 염두에 두고 생애가치를 산정한다. 고객의 구매 데이터를 통해 회사의 고객들이 평균 몇 년이나 충성심을 유지하는지, 거래를 할 때마다 평균 얼마를 지불하는지, 브랜드를 타인에게 얼마나 추천하는지 살펴보라. 이를 위해서는 고객들의 브랜드 추천 활동을 추적할 수 있어야 하므로, 관련 활동도 효과 측정 계획의 일부로 넣어라.

고객획득비용의 허용 한도 파악하기

고객 한 사람을 획득하는 데 들어가는 비용을 파악하는 것은 회사 규모와 상관없이 모든 마케터에게 중요한 일이다. 목표 ROI와 고객생애가치에 직접적인 영향력을 주기 때문이다. 가령, 고객이 그 상품을 구매하는 기간 동안 창출되는 고객 가치가 100달러고 ROI 목표가 2 : 1이라면, 고객 한 사람을 획득하기 위해 최대 50달러까지 사용해도 된다. 즉 허용 가능한 고객획득비용은 50달러다.

벤치마크 수립하기

마케터라면 온라인 광고의 임프레션이 어떻게 매출로 이어지고, 마케팅 성과를 예측하는 데 그런 관계를 이용하는 마케팅 깔때기(marketing funnel) 개념에 대해 잘 알고 있을 것이다. 예를 들어, 온라인 캠페인을 통해 창출될 임프레션 수는 얼마일지 예측하고 그 임프레션 중 실제로 캠페인에 반응을 보일 수, 그중 조건에 맞는 리드 수, 실제 판매 접촉을 시도한 수, 최종 매출을 차례로 예측할 수 있다. 매출로 연결된 임프레션 수를 통해 매출 대비 캠페인 비용을 산출할 수 있다. 그리고 이 숫자로 연간 마케팅 예산 중 온라인 캠페인 비용을 계획할 수 있다.

마케팅 깔때기 거꾸로 놓기

고객획득비용을 산정할 때 보통 마케터들은 깔때기의 위에서 아래로 계산을 해나간다. 즉 전체 잠재 고객의 수에서 시작해 판매 사이클의 각 단계별로 고객 반응률(이전 기록이나 전망치)을 적용해나가는 식이다. 하지만 이와 반대로 깔대기의 바닥에서 시작해 위쪽으로 가면서 조건에 맞는 영업 리드를 획득하기 위해 필요한 비용을 산정하는 경우도 있다. 고객 한 사람을 획득하는 데 드는 비용을 실제 데이터나 예측치로 적용한 다음, 판매 전환율을 통해 한 건의 거래를 이끄는 데 필요한 유효 리드 수, 반응 수, 임프레션 수를 차례로 계산하는 것이다. 이렇게 해서 나온 벤치마크 숫자들로 마케팅 캠페인의 목표를 정한다. 둘 중 어떤 방식을 취하든 실제 효과를 측정하기 위해서는 지속적으로 테스트하라.

실제 데이터로 벤치마크 예측 값 조정하기

캠페인을 집행해서 실제 데이터를 확보했다면 예측치로 도출한 시나리오에 실제 데이터를 넣어 다시 계산을 돌려보자. 마케팅 깔때기 프로세스에 적용됐던 가정들을 실제 데이터에 맞춰 수정한 후, 다음 캠페인을 출시할 때는 좀 더 현실적인 목표를 세워라. 실제 캠페인 데이터를 적용해보면 ROI 목표와 마케팅 계획에 변화가 따를 수 있다. 예를 들면 매체비를 줄여 프로모션 비용을 낮춤으로써 목표로 정한 ROI를 달성하거나 생각보다 높은 고객획득비용을 인정하고 ROI 목표를 조금 낮춰야 할지도 모른다.

대시보드의 함정 피하기

마케팅 효과를 나타내는 데이터를 모두 한 곳에서 검토할 수 있는 대시보드가 반드시 필요한 것은 아니다. 너무 측정에만 집착하지 말라. 수익과 손실, 기회를 파악하기 위해 무엇을 계산할지에 집중하라. 매출 및 수익률 목표와 직접 연계된 효과들만 신중하게 측정해야 올바른 의사결정을 이끄는 유용한 정보를 제공할 수 있다. 그렇지 않으면 마케터의 심신만 고달프고 확실한 용도도 없는 지표들이 나온다.

지은이

지넷 맥머트리(Jeanette McMurtry)

전 세계 다양한 마케팅 행사의 강연자로, 마케팅 잡지의 칼럼니스트로, 그리고 CNBC와 「포브스」 등의 매체에서 마케팅 전문가로 활발한 활동을 벌이고 있다. 그녀는 언론학 학사 학위를 받기 직전 우연히 발견한 마케팅 교재에서 마케팅의 매력에 푹 빠지게 된 이후 DDB 월드와이드와 케첨, 아메리칸 익스프레스, 인터마운틴 헬스케어, 하이테크 관련 벤처기업에서 다양한 마케팅 역량을 쌓아나갔으며, 덴버의 한 다이렉트 마케팅 대행사의 CMO를 거쳐 자신의 이름을 걸고 컨설팅 회사를 설립하였다. 저서로는 『적은 예산으로 큰 효과를 내는 비즈니스 마케팅(Big Business Marketing for Small Business Budgets)』과 그녀가 열정을 바치는 또 다른 분야인 동물구조 활동 기금 마련을 위해 저술한 『캣 다이어리(Cat Diaries)』가 있다.

옮긴이

김성아

미국 듀크대학교 MBA를 졸업한 후 미국 시티그룹 본사 마케팅 부서에서 매니저로 근무하였다. 이후 삼성전자와 제일모직에서 마케팅을 담당하였으며, 현재 번역에이전시 엔터스코리아에서 전문 번역가로 활동하고 있다. 역서로는 『마케팅 평가 바이블 : 세계 최고의 마케팅 MBA 켈로그 경영대학원 강의』, 『심플하게 생각하기 : 생각의 전환으로 결정적 순간을 만드는 10가지』, 『타인의 힘 : 한계를 뛰어넘은 사람 들의 비밀』 등이 있다.